寧鄉年鑒

NINGXIANG NIANJIAN

·2022·

宁乡市地方志编纂室◎编

方志出版社
Publishing House of Local Records

图书在版编目（CIP）数据

宁乡年鉴. 2022 / 宁乡市地方志编纂室编. —北京：方志出版社，2022. 12

ISBN 978-7-5144-5525-0

Ⅰ. ①宁…　Ⅱ. ①宁…　Ⅲ. ①宁乡-2022-年鉴
Ⅳ. ①Z526. 44

中国版本图书馆 CIP 数据核字（2022）第 252646 号

责任编辑：顾　洁
责任校对：刘玉霞
责任印制：梅中英
出 版 者：方志出版社
地　　址：北京市朝阳区潘家园东里 9 号（国家方志馆 4 层）
邮　　编：100021
网　　址：http://www.zgfzcb.cn
发　　行：方志出版社图书营销中心（010-67110500）
印　　刷：长沙市雅高彩印有限公司
开　　本：889 毫米×1194 毫米　1/16
印　　张：18. 5
字　　数：649 千字
版　　次：2022 年 12 月第 1 版
印　　次：2022 年 12 月第 1 次印刷
定　　价：180. 00 元

《宁乡年鉴（2022）》编纂委员会

主　任　贺立权

副主任　李　磊　陈德奇　刘骥扬

编　委　李志勇　潘志武　熊佑新

欧正坤　潘顺秋　彭智勇

王春林　杨新貌　欧子强

《宁乡年鉴(2022)》编辑部

主　编　彭智勇

副主编　姜小平　姜治国

编　辑　高　丽　罗再良　屈　云

李　岚　杨彭鼎

宁乡市行政

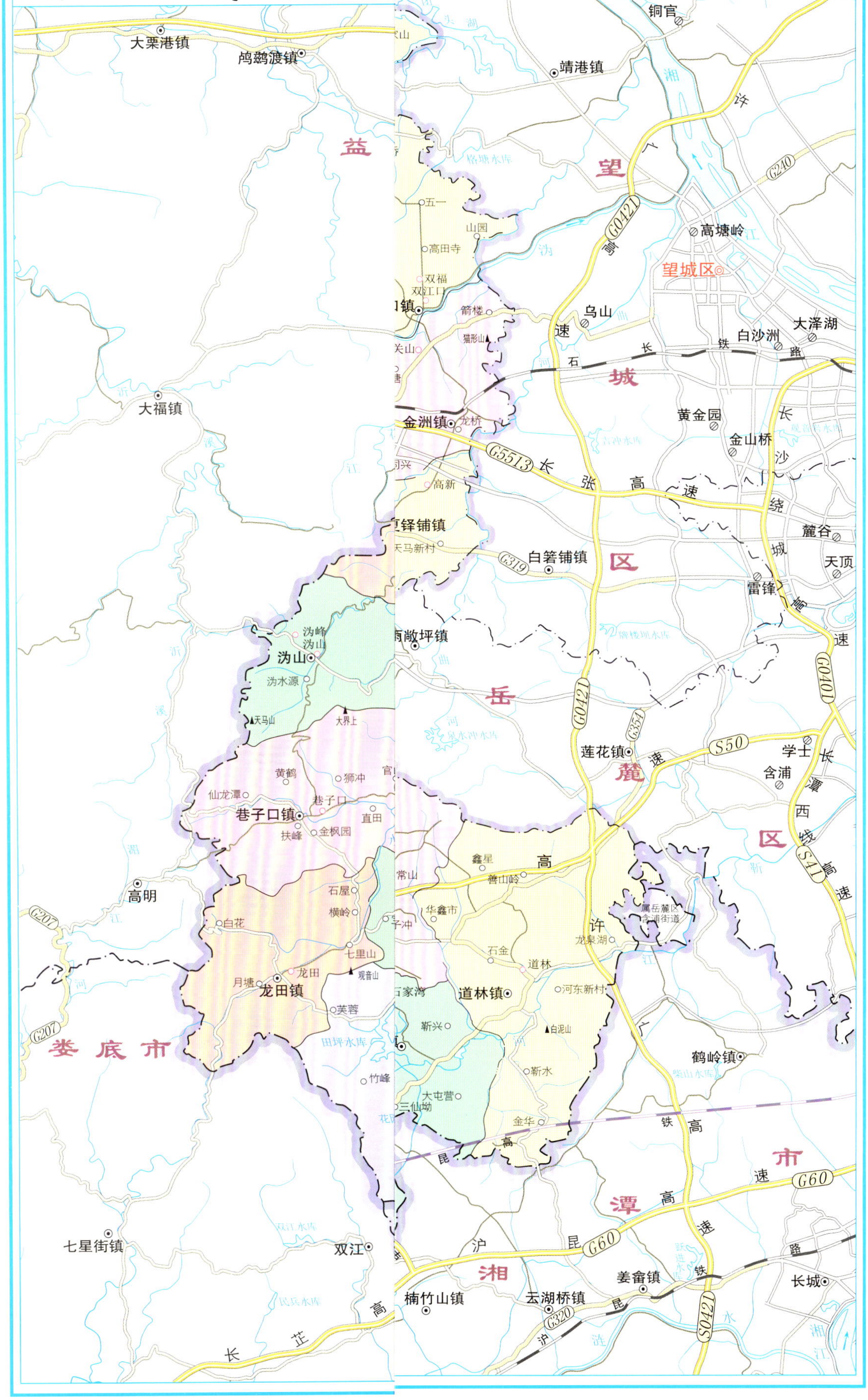

审图号 湘S（2019）182号　　源厅 监制　湖南省第三测绘院 编制　二〇二〇年十一月

编辑说明

一、《宁乡年鉴（2022）》坚持以马克思列宁主义、毛泽东思想、邓小平理论、“三个代表”重要思想、科学发展观、习近平新时代中国特色社会主义思想为指导，坚持辩证唯物主义和历史唯物主义的立场、观点和方法，围绕中共宁乡市委、宁乡市人民政府决策部署，全面、客观、系统地记载宁乡市自然、政治、经济、文化、社会和生态等方面概貌和发展情况。记述时限为2021年1月1日至12月31日。

二、《宁乡年鉴》是中共宁乡市委、宁乡市人民政府主办，宁乡市地方志编纂室承办的年度资料性文献，2004年首次出版，每年出版一卷，是社会各界了解宁乡的权威性工具书。

三、《宁乡年鉴（2022）》采用分类编辑法，设类目、分目、条目三个层次。全书设置特载、大事记、宁乡概览等26个类目。书中插排彩色专版，图片除注明供图单位或个人外，均由宁乡市融媒体中心提供。

四、数字用法、标点符号用法分别采用国家标准《出版物上数字用法》（GB/T 15835—2011）、《标点符号用法》（GB/T 15834—2011），计量单位采用国家技术监督局1993年12月发布的《量和单位》系列国家标准。

五、《宁乡年鉴（2022）》所载资料均由全市各部门专人撰写、领导审核、年鉴编辑部编辑加工、编委会审定。统计资料由市统计局提供，文稿中有些地域性、部门性数据，由于口径不同等，与统计局公布的可能不完全一致，请读者在查阅和引用时注意。数据采用时，使用四舍五入的办法保留小数点后两位数字，因此存在个别数据的总数与其部分数之和有细微出入的情况。

六、《宁乡年鉴（2022）》收录市直单位和乡镇（街道）负责人名单，均以2021年在职者为准，有任免的分别予以注明。名单由市直各单位和各乡镇（街道）提供，年鉴编辑部初审，市委组织部审定。

2021 · 宁乡荣誉

1 月 29 日 湖南省全域旅游示范区

5 月 10 日 湖南省首批法治政府建设示范市

11 月 2 日 全国旅游百强县第 46 位

11 月 19 日 中国智慧城市百佳县市

11 月 23 日 全国营商环境百强县第 24 位

12 月 6 日 全国县域经济基本竞争力百强县第 18 位

12 月 6 日 全国县域经济与县域综合发展排名第 15 位

2021 · 宁乡数字

综　合

地区生产总值：1167.02 亿元

第一产业增加值：131.29 亿元

第二产业增加值：492.99 亿元

第三产业增加值：542.73 亿元

人　口

年末总户数：44.83 万户

总人数：141.54 万人

人口密度：487 人 / 平方千米

人口出生率：6.98‰

死亡率：9.38‰

财政　金融

一般公共预算收入：103.97 亿元

公共财政预算支出：120.59 亿元

年末金融机构本外币各项存款余额：965.44 亿元

金融机构本外币各项贷款余额：1100.05 亿元

农　业

农林牧渔业总产值：225.58 亿元

农业产值：130.17 亿元

林业产值：7.61 亿元

牧业产值：66.95 亿元

渔业产值：7.24 亿元

粮食种植面积：10.6500 万公顷

粮食总产量：72.92 万吨

工业　建筑业

规模以上工业企业：622 家

规模以上工业总产值：1583.33 亿元

建筑业增加值：51.48 亿元

房屋建筑施工面积：806.33 万平方米

房屋竣工面积：106.70 万平方米

服务业

批发和零售业增加值：139.30 亿元

交通运输、仓储和邮政业增加值：29.44 亿元

住宿和餐饮业增加值：47.74 亿元

金融业增加值：24.03 亿元

房地产业增加值：66 亿元

其他营利性服务业增加值：136.95 亿元

其他非营利性服务业增加值：95.94 亿元，增长 15.2%

交通　邮电

公路建设通车里程：10399.61 千米

客运量：480 万人

邮政业务总量：3.38 亿元

年末移动电话用户：124.45 万户

宽带接入用户 38.79 万户

对外经济和旅游

新引进产业项目：176 个

合同引资：646.61 亿元

接待游客：1039.50 万人次

旅游收入：88.36 亿元

科学技术

高新技术企业和生产高新技术产品的企业：353 家

高新技术产值：1323.41 亿元

授权专利：3167 件

国家级高新技术产业化基地：1 个

国家级农业科技园区：1 个

国家级科技企业孵化器：1 个

博士后科研工作站：5 家

院士工作站：9 家

国家级工业设计中心：1 家

国家级企业技术中心：3 家

环境保护

城镇生活垃圾无害化处理率：100%

饮用水源水质达标率：100%

全年空气优良天数：344 天

空气优良率：94.2%

人民生活

城乡居民人均可支配收入：43992 元

城镇居民人均可支配收入：52690 元

农村居民人均可支配收入：34788 元

城乡居民人均消费性支出：30835 元

城镇居民人均消费性支出：33600 元

农村居民人均生活消费支出：27909 元

社会保障

参加城镇职工基本养老保险人数：20.31 万人

参加城乡居民基本养老保险人数：77.49 万人

参加城镇职工基本医疗保险人数：18.04 万人

参加城乡居民基本医疗保险人数：106.97 万人

享受城市居民最低生活保障：920 人

享受农村居民最低生活保障：18366 人

农村特困人员救助供养：10059 人

临时救助：4860 人次

乡村振兴

人居环境

▲坝塘镇横塘屋场

▲资福镇窑里屋场

▼山清水秀的金洲镇关山社区

▲菁华铺乡陈家桥村

▲大成桥镇鹊山村一角

▲双江口镇农耕文化园

▲流沙河集镇楚江风光带区域

▲回龙铺镇美丽村庄泥湾里

▼回龙铺镇葵花屋场

农村产业项目

▲回龙铺镇白金村湘莲种植基地内，莲农在采摘莲蓬

▲大屯营镇七彩烟田

▲龙田镇横岭村辣椒基地

▲位于沩山的茶园

▲煤炭坝农业苗木基地

▲现代化养殖场内圈养的宁乡花猪

▲巷子口镇官山村猕猴桃基地

▲资福镇珊瑚村芦笋种植基地

▲青山桥镇发展红薯种植加工。图为村民在包装红薯粉

工业发展

重大活动

▲ 2021 年 3 月，宁乡经开区美妆谷一期项目开工动员活动现场

▲ 2021 年 9 月，宁乡市奋力实施“三高四新”战略重大项目集中开工仪式举行

重点企业

▲楚天科技股份有限公司

▲湖南星邦重工有限公司生产车间

▲湖南中伟新能源科技有限公司

▲湖南松井新材料股份有限公司

▲三一汽车起重机械有限公司

▼长沙格力暖通制冷设备有限公司

文旅建设

节会活动

▲ 2021 年 3 月 21 日，陈家桥“一起趣嗨”乡村花田音乐节开幕

▲ 2021 年五一期间，炭河古城游人如织

▲ 2021 年 4 月 1 日，“我们的节日．清明．忆百年峥嵘”主题活动在何叔衡烈士广场举行

▲ 2021 年 5 月 20 日，“中国．宁乡（喻家坳）栀子花文化旅游节”开幕

▲宁乡市红色文化资源分布图

▲刘少奇故里门楼

▲刘少奇同志纪念馆

▲何叔衡故居

▲谢觉哉故居

宁乡胜景

▲道林古镇千年铁魂景区

▲炭河古城

▲灰汤国家级旅游度假区

▲沩山国家级风景名胜区密印寺雪景

▲神仙岭秋景

▲方特东方神画全景鸟瞰

总　目

<<< 目 录

特 载

大事记

宁乡概览

中国共产党宁乡市委员会

宁乡市人民代表大会

宁乡市人民政府

中国人民政治协商会议宁乡市委员会

中共宁乡市纪律检查委员会·宁乡市监察委员会

民主党派·工商联

群众团体

法治·军事

园区经济

农业·农村发展

工 业

交通 · 邮政 · 通信

商贸服务业

旅游业

财税·金融

科技·教育

文　化

卫生·健康

社会生活

乡镇·街道

人　物

附　录

特　　载

做好“加减乘除”四篇文章推进产业链建设

2021 年 12 月 16 日

制造业是立国之本、强国之基、兴国之要。产业链建设是抓好制造业的关键性基础性工作。习近平总书记赋予湖南“三高四新”战略使命，强调“着力筑牢产业基础，推动产业链现代化，坚持补短板和锻长板相结合，统筹强链补链延链”，为我们推进产业链建设提供了根本遵循。宁乡在培育和推进产业链建设中着力抓实了以下几个方面的工作，敬请各位领导批评指正。

一、舍得做“减法”，精准定位，做好“选链建链”文章

方向与赛道的选择决定未来的发展。宁乡的产业链发展经历了几个阶段：从“乡乡点火、园外有园”“拣到篮子就是菜”到拉拼凑、以群代链、多达六七条，再到近 2 年，我们根据省市产业链总体布局安排，紧密结合宁乡实际，瞄准全球产业发展趋势，践行舍得理念，集中资源与精力，着重发展三条产业链，方向越来越清晰，定位越来越精准。第一条是工程机械产业链，聚集了 160 多家企业，形成了从整机到配套的主干基础链条，2021 年 1—11 月，实现产值 420 亿元，增长 8.1%，税收增长 25.2%。宁乡已和长沙经开区、长沙高新区形成协同配合、三足鼎立，共建工程机械世界级产业集群，未来五年我们的目标是 700 亿元以上。第二条是储能材料产业链，集聚了 21 家上下游企业，已形成前驱体（中伟新能源、雅城新材）—正极材料（巴斯夫杉杉、邦盛新能源、鹏博新材料）—负极材料（中科星城石墨、镕锂新材料）—隔膜（中材中锂）—电解液（多氟多新能源、航盛新能源）—匣钵（德景源、中瓷）—电芯及 PACK（比亚迪弗迪电池、华兴新能源）—废旧电池回收（宁德时代邦普循环、五创循环、金源新材）的闭环产业链条，是国内少数拥有完整储能产业链地区之一，2021 年 1—11 月，实现产值 347 亿元，增长 121%，税收增长 61.3%。随着全球“碳达峰”共识的达成，汽车电动化正大幅加速（2021 年 1—10 月，新能源汽车产销分别完成 256.6 万辆和 254.2 万辆，同比均增长 1.8 倍，2021 年 10 月新能源乘用车辆市场渗透率达 18.2%；动力电池产量累计 159.8GWh，增长 250%），化学储能电站已在爆发前夜，电池的需求正经历以克为单位（手机用）—以公斤为单位（汽车用）—以吨为单位（储能电站用）的嬗变，储能产业领域“水深鱼大”，将出现更多千亿级、万亿级市值的大型企业，储能电池市场进入高速扩张期，我们认为宁乡应该抢抓机遇大力发展，未来要争取培育成千亿级产业。第三条是智能家电、智能硬件产业链。中国是全球最大与最活跃的家电市场，随着“万物互联”和“数字化、智能化、品质化、个性化”的加速，中部地区迎来了智能家电智能硬件产业大升级和产业大转移的宝贵机遇，宁乡已基本形成以格力暖通、海信、欣旺达、斗禾电子等 20 余家企业为主的产业链条，1—11 月产值实现 107 亿元，增长 57.0%，税收增长 63.5%。该产业链在宁乡即将进入高速增长期，目前一批大项目好项目正在加速落地，未来五年，我们的目标是 600 亿元以上。目前，宁乡两个园区的工业总产值仅次于长沙经开区。

二、重在做“乘法”，培育龙头，做好“强链引链”文章

龙头企业是“链主”、是“旗舰”，无龙头形不成

产业链，无大龙头强不了产业链，抓龙头企业的培育对建设产业链具有事半功倍、引领吸聚的乘法效应。根据工信部等六部门关于《加快培育发展制造业优质企业的指导意见》和长沙市党代会提出的“十百千”工程的要求，2021年，宁乡市委、市政府提出了“双十工程计划”（即未来五年，新增十家左右百亿产值工业企业、新增十家左右上市公司），建立“书记、市长企业直通车”“企业点单、政府备菜、用时即有”“龙头企业优先级”三项制度，优先协调和集中保障好重点企业的用地、用工、用能、融资、引才等企业诉求，着力推进龙头企业“倍增计划”。三一重起1—11月完成产值200亿元，全年预计220亿元，随着三一中起、三一塔机、三一“两室”三个项目陆续建成和投产，三一在宁乡的制造业产值未来五年将达400亿元以上。中伟新能源1—11月完成产值120亿元，成为长沙2021年第8家突破百亿产值的企业，其三元前驱体产品全球市场占有率超26%，位居第一，2022年将开启第二个千亩产业园区建设。格力暖通1—11月完成产值83亿元，三期200万台冰箱项目预计12月底投产，第二研发中心已开建，2022年产值将突破100亿元，下一步按照打造格力全球第二大综合基地的规划还将继续加大项目建设。宁德时代邦普循环1—11月完成产值79亿元，2021年又新上了6期、7期项目，2022年销售收入将突破100亿元。比亚迪弗迪刀片电池项目，一期10GW进入产能放量阶段，2023年将实现100亿产值。2021年8月新引进的邦盛新能源30万吨磷酸铁锂项目，一期15万吨预计2022年6月投产，按目前每吨价格10万元计算，后年有望成为新一个百亿产值项目。楚天科技的R&D常年保持10%左右，承接了国内新冠肺炎疫苗生产设备80%以上的产能，4万平方米的中央工厂已经投产，制定了4年内产值破百亿的执行规划。中科星城石墨负极出货量2022年将达全国第四，根据目前的巨量合约订单，每年新扩建5~6万吨产能，2022年产值将达50亿元，在2024年左右将破百亿。2021年9月，星邦智能千亩智造产业园正式签约，也正瞄准全力冲刺工程机械世界50强和百亿产业园目标努力。目前，巴斯夫杉杉的扩产计划与某500强企业智能家电520万台商用中央空调+400万台冰箱项目，都是百亿产值种子项目。我们将努力通过5年时间，使宁乡百亿产值制造业企业达10家左右。

三、精于做“加法”，靶向招商，做好“延链补链”文章

产业链要真正成“链”，“链”而有效，需链上企业真正形成相互合作、互利共赢的“供应链”“共生链”“价值链”，需要按照关键环节缺什么补什么，哪个点位价值更高少什么招什么的原则进行靶向招商、延链补链。为此，我们与链内优秀企业家和专家交朋友，不断完善产业链的“两图两报告”（产业全景图和现状图，产业链招商报告和分析报告），按图索骥、挂图作战、重点突破，招商工作十分高效。楚天科技要做百亿企业，缺微米级甚至纳米级的超精密机械加工企业，我们请他推介，2021年9月就把代表国内最高水平的企业彼联科技引进来了。围绕楚天，在微球生物、生物辅料等高精尖领域，先后引进美国Cytiva、德国Romaco等10家产业链核心配套企业。围绕三一起重事业部，已先后引进和培育42家配套企业，产值超过80亿元，税收近4亿元。宁乡在智能家电研发上薄弱，我们就引进了格力的第二研发中心。

四、用心做“除法”，生态服务，做好“养链融链”文章

产业链的蓬勃发展必需良好的生态系统支撑，好的产业生态是一个区域的核心竞争力，只有尽力让它就近获得“全元素的营养”和“综合成本低的环境”，才能全力破除企业外在的发展烦恼。首先是齐全的产业链配套。2021年我们之所以在30万吨磷酸铁锂重大项目引进上能抢赢某个省由省市领导带队的高规格招商团队，在于我们的决心和速度，更在于储能产业链配套齐全。其次是优质的营商环境。出台营商环境30条，行政审批服务成为全省标杆，连续多年获省政府真抓实干奖。坚持对企业“急难愁盼”问题，多说“行”少说“不”。我们利用宁乡职教优势，根据企业规划提前招生办班，着力解决“技工荒”问题。建设全省首家区域性公共热电厂，节约企业用能成本3.9亿元。构建天麓检测、储能材料知识产权服务平台等公共服务平台，支持企业共性需求。大力使用和推广“地产品”，为新技术新产品提供应用场景。设立产业基金、担保基金、转贷过桥基金、金融超市等，为企业解决融资难问题。目前，宁乡正全力加快东进融城步伐，结合宁乡经开区、宁乡高新区调规扩园，规划建设“三生融合、三态协同”的金洲产业新城，宁乡的产业生态环境将进一步提升。

下一步，宁乡将深入贯彻本次会议精神，按照省、市的决策部署，全面落实“三高四新”战略，推进“五好”园区建设，奋力建设工业强市，大力实施“双十”计划，努力在五年内建成省会副中心、挺进全国前十强，为湖南建设制造强省贡献宁乡力量！

（宁乡市人民政府）

宁乡市推动党史学习教育走深走实

2021年，宁乡市委按照中央、省委和长沙市委部署要求，始终坚持把开展党史学习教育作为一项重大政治任务，强化组织领导，强力推进落实，矢志做实“四联五到位”等任务部署，矢志创新“极简审批”等亮点特色，获得省委巡回指导组党史学习教育调研访谈会上作经验交流，获得省委第九巡回指导组给予充分肯定。

一、深化理论武装，筑牢思想基础

宁乡市各级党组织和广大党员按照中央和省委、长沙市委部署，紧扣目标要求和学习重点，高质量高标准开展好党史学习教育。**突出抓好指定书目学习。**积极做好习近平《论中国共产党党史》《毛泽东、邓小平、江泽民、胡锦涛关于中国共产党历史论述摘编》《习近平新时代中国特色社会主义思想学习问答》《中国共产党党史》等党中央指定的学习资料的征订工作，书本发行量超4.5万套，居长沙市参学单位第一。引导全市党员干部原原本本学、及时跟进学、全面系统学、结合实际学，不断提高运用党的创新理论解决实际问题的能力。**发挥市委牵头抓总作用。**采取理论学习中心组学习、举办读书班、“三会一课”、主题党日等形式，精心组织“明理、增信、崇德、力行”专题学习和习近平总书记“七一”重要讲话精神、党的十九届六中全会精神理论研讨学习，宁乡市市委书记于新凡带头讲授系列主题党课、撰写系列理论文章，引领和督促全市各级党员干部对标对标，注重学思用、知信行相统一。市委班子成员和各参学单位主要负责同志率先垂范，主动结合工作实际开展理论研究，在《湖南日报》《长沙晚报》《新湘评论》等重要刊物、媒体平台发表理论文章22篇。市委内刊《崛起》分2期择优刊发理论文章73篇。编辑2本党史学习教育专题《楚沩理论文集》。《今日宁乡》报特别策划学习“七一”重要讲话精神理论版，分批次刊发29个乡镇（街道）理论学习中心组理论文章。**打造党性教育精品课程。**突出学习的系统性、计划性、做到党史学习教育“四个纳入”，即纳入各级党委（党组）理论学习中心组学习、纳入党校主体班次、纳入入党积极分子培训班、纳入各级党组织主题党日活动。党校设置“传承红色基因、走好新的征程”红色教育现场教学精品课程，吸引来自江西、常德和长沙市内的30余批次党员干部来宁参训。**创新形式浓厚学习氛围。**策划开展“百炼成钢路 音乐颂党史”音乐党史课、“我们的节日·清明·忆百年峥嵘 做时代新人”两场主题活动，均获省委常委同志肯定性批示；原创现代花鼓戏《永远的叔衡》在省委党校等地开展巡演4场，并入选长沙市岳麓山青年红色戏剧节；《英雄归来》入选全省“百团百角唱百年”活动展演；出品红色主题电影《何叔衡》；开展红色故事绘连环画展暨“永远跟党走”非遗剪纸展等精品活动，全市党史学习教育有声有色。

二、用好红色资源，搞好宣传宣讲

坚持用好用活本土红色资源，创新形式载体开展宣传宣讲，针对不同群体党员特点，开展多形式、分众化、互动式的宣传宣讲，确保党史学习教育全覆盖、显成效。**开展集中宣讲。**在全市率先组织长沙市委宣讲团到宁乡召开“七一”重要讲话精神、十九届六中全会精神等宣讲报告会8场，市直机关、乡镇（街道）党员干部2000余人聆听报告。**打造宣讲品牌。**选聘一批省市专家组成宣讲团，做强“宁来讲”宣讲品牌，通过组织开展微宣讲7100余场、评选精品文艺宣讲作品12个、开设思政微课80堂次，举行基层理论宣讲大赛和全市大巡讲等形式，全力推动总书记讲话精神进农村、进社区、进景区、进企业、进爱教基地、进学校，中央电视台新闻频道进行专题报道，并作为我省唯一案例被《新华每日电讯》头版和《人民日报》要闻版推介。**广泛开展宣传。**截至2021年12月上旬，在央媒、省媒分别推稿1479条、3661条。其中《人民日报》16条，新华社66条，中央电视台新闻联播2条，《光明日报》14条，学习强国总平台16条。先后举办12场党史学习教育直播活动，其中宁乡市老干部大学庆祝中国共产党成立100周年声乐大赛、“牡丹花开心向党”中国曲艺牡丹奖艺术团“送欢笑”宁乡专场演出等直播观看人数均达30万+人次。以“毛泽东游学路+交响乐+全民合唱”形式拍摄创作MV作品《实景交响诗·宁乡红》，网络累计阅读量达200万。电视台、电台持续推出“光影铸魂·100部红色影视作品展播”“致敬百年·100首红色歌曲展播”等活动。**用好红色资源。**大力挖掘红色有形资源，加强对狮子山战备工程遗址等革命历史类纪念设施、遗址的保护，为红色文化资源点“树碑立标”120处。深入阐释红色资源的精神实质和当代价值，编印《中国共产党宁乡历史简明读本》《宁乡红色故事集锦》《宁乡红色文化资源详注》等书籍。组织评选中共宁党支部旧址和陈列馆等5家爱国主义教育基地，提升基地建管用水平。创新红色资源利用模式，加强区域合作，推出“沐温泉 瞻伟人”“三天两晚 梦回千年”等4条精品旅游线路，壮大红色旅游产业，将红色资源变成致富资源。

三、聚焦民生需求，办好民生实事

宁乡市创新党员干部“四联五到位”民情大走访开展“我为群众办实事”实践活动，取得扎实成效，2个案例入选中央党史学习教育“我为群众办实事”经验做法（全国共审核发布261件，我市为长沙市唯一入选单位），并获省委办公厅《要情汇报》、省委宣传部《湖南宣传》、省委党史学习教育简报多次专稿推介。**扛牢责任办实事。**出台《宁乡市委常委会党史学习教育“我为群众办实事”任务清单》，市级116项“我为群众办实事”项目清单任务、市委理论学习中心组成员领办的26项实事、长沙市委常委会联系的2项实事，均已办结。市委组织召开“我为群众办实事”书记专题会议2次，研究重大疑难问题30个，已经办结8个，其余22件按时间节点正在深入推进。加强对群众反映强烈的房地产遗留问题整治力度，31个历史遗留问题全部清零，问题解决率排九区县（市）第一。**聚焦重点办实事。**持续推进“十大重点民生实事项目”，下大力解决“五位”问题。全市新增义务教育阶段学位6690个、公办幼儿园学位1110个；新改建农村户厕4280座、公厕40座；医院新增床位1349个；新增停车位9881个；完成既有多层住宅增设电梯2台次；改造老旧小区52个，完成棚户区改造250户，新建公租房260套，筹集租赁奖补房源3110套；提质改造农村公路630公里；新建5G基站992个，建设节能路灯2000盏；新增城镇就业8082人，城镇登记失业率控制在2.98%，零就业家庭实现动态清零；铁腕整治交通顽瘴痼疾，整改问题隐患20355条，亡人交通事故起数较去年同期分别下降22.9%。**着眼长效办实事。**深入实施“党建聚合力”工程，创新推出党员干部“四联五到位”民情大走访，截至11月底，为群众协调解决问题共19882个，问题解决率93.6%。推出书记（市长）信箱“码”上办电子政务创新服务，通过线上反映、线下交办，实现市委主要领导直接掌握社情民意，直接监督办事效能，直接解决群众问题，截至12月13日，平台共办理群众留言226件，办结率达100%。全市信访举报量同比下降73%，“12345”平台投诉减少28.5%，群众综合满意度98.65%，成为长沙市唯一创建省级信访“三无”的区县（市），综治民调近十年内首次在十区县（市）排名第一。

四、严抓组织纪律，严肃组织生活

会前准备充分。按照党史学习教育专题组织生活会的具体要求，各级党委（党组）认真做好会前学习教育、听取意见、查摆问题、谈心谈话、制定专题组织生活会方案、撰写对照检查材料等工作，确保把握原则与方向。**查摆问题深刻。**7月9日，于新凡带头以普通党员身份参加市委办机关支部“学党史、悟思想、办实事、开新局”专题组织生活会并讲授专题党课。8月上旬，全市各级领导干部均以普通党员身份参加了所在党支部党史学习教育专题组织生活会。14个巡回指导组认真做好组织生活会的督导工作，确保各级聚焦查找问题，自我批评深刻。**会议成效明显。**67名县处级以上领导干部参加了专题组织生活会，共计谈心谈话388次，查摆问题215个，制定整改措施241条，查摆问题整改完成213个、讲专题党课46场，努力把学党史、悟思想的成果转化为办实事、开新局的成效。

五、紧盯战略目标，结合中心工作

宁乡市坚持以习近平新时代中国特色社会主义思想为指导，围绕学习贯彻总书记“七一”重要讲话精神和最新重要论述、重要指示及考察湖南重要讲话精神，紧扣省第十二次、长沙市第十四次及宁乡市第二次党代会精神，将发展经济作为最大的实事，把党史学习教育和中心工作相结合引向深入，不断加快建设“工业强市、幸福宁乡”进程。**营商环境不断优化。**开展“三抓两促”企业大帮扶1146次，摸排问题141个，已解决118个，解决率84%；派驻240名党建指导员到466家两新组织，摸排问题312个，已解决258个，解决率83%，实现规模以上企业和重点社会组织全覆盖；全面推进“五好”园区建设，聚焦园区和企业用地、用电、用水、用工、用人等“急难愁盼”问题，坚持靶向服务、精准发力。行政审批进入“极简”时代，创建“无证明城市”，共沉淀证明81939份；打造“无收费园区”，共减免费用3390.91万元；推行“无跑腿审批”，累计办理审批业务7572件，帮代办项目292个；提供“三印”免费服务，为群众减费80万元；企业开办首套印章免费，惠及企业近2500家。**经济发展质效齐升。**全年预计实现地区生产总值1200亿元，同比增长8%；规模以上工业增加值400亿元，增长10%，社零总额475亿元，增长12%；完成地方一般公共预算收入63.04亿元，增长17%，税占比达77.7%，县域经济与县域综合发展排名全国第15位，县域经济基本竞争力跃居全国第18位。实施“企业倍增”计划，全市40家企业实现产值倍增，其中，20家“双十”（培育产值过100亿元和上市企业各10家）企业完成产值702.2亿元，增长72.3%；178家企业实现税收倍增。加快重大产业项目建设，2021年全市共铺排项目553个，总投资2592.46亿元。**“强省会”责任上肩。**作为省会副中心，坚持工业强市发展定位，着力建强优势产业链，加快形成“核心+配套”的产业链条，打造先进装备制造（含智能家电家居）、新材料（含先进储能）、食品及农产品加工3大千亿产业集群。不断加快推进金洲新城、长宁磁悬浮快线、长吉高速的规划建设，加强与湘潭市、望城区等地区域协同发展，主动融入长株潭都市圈。加快打造活力型中小城市样板，努力建成城区人口规模达50万—100万的中等城市，以宁乡一地一域的高质量发展服务长沙发展大局。

六、强化组织领导，统筹部署落实

全市党史学习教育在市委常委会的领导下开展。**谋划部署走在前。**第一时间成立以市委书记于新凡为组长的市委党史学习教育领导小组，领导小组办公室设在市国税局三楼，抽调26名工作人员集中办公。先后召开市委常委会会议以及市委党史学习教育领导小组会议13次，及时传达学习、贯彻落实中央和省委、长沙市委关于党史学习教育的重要讲话指示精神。**推动落实走在前。**市委宣传部、市委组织部作为牵头单位密切配合、通力协作，市委党史学习教育领导小组办公室统筹协调、科学调度，领导小组办公室召开34次办公室会议，下发各类文件和工作提示85个，编发简报67期，采写“一日一报”191批次620条，被长沙市委学教办信息快报采用248条，确保宁乡市委党史学习教育高标准推进。**严督实导走在前。**根据市委下发的《党史学习教育巡回指导方案》，34名县级领导和14个巡回指导组发扬连续作战的精神，对照具体任务和进度要求，通过制定任务清单、细化落实举措，开展巡回指导470余次，市委召开3轮巡回指导工作汇报会，有效督促各参学单位按时开展学习研讨、全面启动专题宣讲、组织生活严肃规范、扎实办好民生实事。

（杨惠明）

以“四联五到位”推动实践活动落地落实

（2021年4月）

2021年2月，习近平总书记在党史学习教育动员会上深刻指出，江山就是人民，人民就是江山。宁乡市认真贯彻落实习近平总书记重要讲话精神和党中央开展党史学习教育的决策部署，创新开展党员干部“四联五到位”民情大走访工作，推动“我为群众办实事”实践活动落地落实，有效提升了全市人民群众的获得感、幸福感、安全感。

坚持党建引领，撬动干部作风的提档升级。基层是服务群众的最前沿。为群众办实事，要把党的政治优势、组织优势、制度优势等转化为基层社会治理的优势，充分发挥党组织战斗堡垒作用和党员先锋模范作用。我们牢固树立大抓基层、直达群众的鲜明导向，变被动服务为主动作为。一方面，建立市领导联乡镇（街道）、市直部门单位负责人联村（社区）、乡镇（街道）干部联组（网络）、党员干部和社会贤达联户的“四联”机制，以党员为主体，进一步强化群众工作联动；另一方面，明确“政策法规宣传到位、社情民意了解到位、群众诉求收集到位、矛盾纠纷化解到位、镇村履职监督到位”五项任务，把群众工作向更高层级的服务延伸。大家走进群众家中，了解群众对镇村班子队伍建设、党的建设、产业项目、村级集体经济发展、人居环境整治等大事、要事的意见和镇村对重要突发事项的处理，掌握基层动态，关注群众舆论；大家贴近群众生活，让一些真实存在却未反映的群众家庭困难，被主动发现了并积极解决了。2021年一季度，全市信访量环比明显下降，城郊街道承办的“12345”热线问题同比减少50%。

坚持人民主体，联出党群干群的真情实感。中国共产党人的初心和使命，就是为中国人民谋幸福，为中华民族谋复兴。作为党员干部不仅要做到下沉一线，更要初心如磐，使命在肩，养成为民办实事、办好事的自觉。我们以党员、干部、社会贤达为主体，遵循便捷务实、常态贴近服务群众的工作逻辑，按照“就地、就近、就便、就熟”的原则，领导干部联系重点户、信访户、困难户，普通党员干部联系楼上楼下、周围邻舍、亲朋好友，实现全市29个乡镇（街道）、278个村（社区）、2680个组（网络）、48万余村（居）户全覆盖。办实事必须要有真感情，在全覆盖的基础上，我们的联户党员、干部利用8小时之外的时间，每季度上一次门，每月“线上”联系一次联户对象，串串门、聊聊天、谈谈心。让领导干部在一线体察民情，让党员干部在一线接受教育，零距离的民情走访，架起了党员干部和广大群众之间的“直通车”“连心桥”，也就联出了党群干群“鱼水情”。

坚持问题导向，搭建解决诉求的有效平台。党史是最好的营养剂。中共“一大”代表、“宁乡四髯”之一的何叔衡经常带着“三件宝（布袋子、记事簿、手电筒）”深入中央苏区农村调查，形成了“走进屋、送下去、带回来”的群众工作经验。民情大走访也是要做到畅达社情民意，切实解决群众“急难愁盼”问题。我们充分发挥联户党员、干部在听取群众意见、搜集群众诉求、了解群众困难等方面的“探头”作用，对走访收集到的问题，按照“容易问题现场解决、较难问题协调解决、特殊问题集中解决”的分类分级解决机制，统筹网格服务、“乡街吹哨部门报到”、新时代文明实践志愿服务、主题党日活动等工作，凝聚乡镇（街道）、市直部门单位的合力，确保“事事有人管、件件有落实”。目前，参与联户的党员、干部已走访41.4万余户群众，收集群众问题线索12632个，解决问题9605个，解决率76%，其中镇村就近解决问题8529个，占比88%。通过现场办公、屋场夜话、民主协商等途径，许多长期未解决的问题得到解决，影响稳定的因素得以化解。

坚持共建共享，实现推动发展的目标任务。满足人民日益增长的美好生活需要是“我为群众办实事”实践活动的落脚点和归宿。我们充分利用“四联五到位”民情大走访来解决好群众身边的小纠纷、小困难、小问题，推动“身边人解决身边事”，引导人民群众“小事讲风格，大事讲规则，满意在网格”，让各级党组织进一步吃透群众的“喜怒哀乐、酸甜苦辣”，最大程度地争取群众认同和工作支持，使各项工作和决策的推进更加顺畅，更加符合人民群众的意愿和内在诉求。通过宣传政策、打通堵点、收获支持、形成合力，实施“三高四新”战略、推动高质量发展以及建设“工业强市、幸福宁乡”等目标方向，已越来越成为全市干群的共识自觉。同时，广大群众珍惜发展环境、参与建设的热情也被激发出来。一季度，全市经济社会发展稳中向好，民间投资比重达到65.2%，工业技改投资同比增长120%，项目审批服务好评率达100%，成功申报323个乡村振兴项目。

（宁乡经开区党工委书记、宁乡市委书记于新凡）

宁乡市第三次国土调查主要数据公报

2018年9月，国务院统一部署开展第三次全国国土调查（以下简称“三调”）。市委、市政府高度重视“三调”工作，将其纳入市委常委会年度工作要点、市政府工作报告进行部署，全市各级党委、政府主动履责，相关部门密切协作，百余名调查人员攻坚克难，历时三年，圆满完成了“三调”工作。宁乡市按照“全图斑调查、全野外核查”的模式，率先使用全国领先的1：2000数据统一制作调查底图，充分运用卫星遥感、地理信息、无人机、“互联网+”、云计算等新技术，以2019年12月31日为统一时点，全面查清了全市国土利用状况和自然资源家底。宁乡市调查图斑共计555134个。为确保调查数据真实准确，自下而上开展了7轮次县级自查、市州监理、省级核查，2020年11月，宁乡市“三调”成果一次性通过国家级核查。宁乡市主要地类数据：

（一）耕地74384.41公顷（111.58万亩）。其中，水田68496.32公顷（102.74万亩），占比92.08%；旱地5886.54公顷（8.83万亩），占比7.91%；水浇地1.55公顷（0.002万亩）。另外还有57.32公顷（0.09万亩）位于城镇村庄范围内尚未建设的土地中，现状为耕地，其中水田19.67公顷（0.03万亩），旱地37.65公顷（0.06万亩），其中灰汤镇、双江口镇、坝塘镇、流沙河镇、老粮仓镇等地区占全市耕地的32%。

宁乡市耕地整体位于国家划定的一年两熟制区域，均降水量1000毫米以上地区。位于2度以下坡度（含2度）的耕地39765.26公顷（59.65万亩），占比53.46%；位于2—6度坡度（含6度）的耕地20663.13公顷（30.99万亩），占比27.78%；位于6—15度坡度（含15度）的耕地11222.14公顷（16.83万亩），占比15.09%；位于15—25度坡度（含25度）的耕地2333.95公顷（3.50万亩），占比3.14%；位于25度以上坡度的耕地399.93公顷（0.60万亩），占比0.54%。

（二）园地4303.52公顷（6.46万亩）。其中，果园1087.94公顷（1.63万亩），占比25.28%；茶园1097.26公顷（1.65万亩），占比25.50%；其他园地2118.32公顷（3.18万亩），占比49.22%。总体来看，园地主要分布在喻家坳乡、沩山乡、双江口镇、灰汤镇、横市镇等地区，占全市园地的52%。

（三）林地134249.12公顷（201.37万亩）。其中，乔木林地111961.08公顷（167.94万亩），占比83.40%；竹林地10469.20公顷（15.70万亩），占比7.80%；灌木林地2713.05公顷（4.07万亩），占比2.02%；其他林地9105.79公顷（13.66万亩），占比6.78%。其中黄材镇、灰汤镇、坝塘镇、青山桥镇、东湖塘镇等地区占全市林地的35%。

（四）草地640.83公顷（0.96万亩）。其中，宁乡市全部为其他草地。总体来看，草地主要分布在双江口镇、夏铎铺镇、黄材镇、玉潭街道、城郊街道、菁华铺乡、历经铺街道等地区，占全市草地的50%。

（五）湿地320.76公顷（0.48万亩）。湿地是“三调”新增的一级地类，包括8个二级地类，宁乡市仅涉及内陆滩涂。总体来看，内陆滩涂主要分布在黄材镇、老粮仓镇、横市镇、双凫铺镇、双江口镇等地区，占全市湿地的67%。

（六）城镇村及工矿用地42715.19公顷（64.07万亩）。其中，城市用地4849.57公顷（7.27万亩），占比11.35%；建制镇用地2497.84公顷（3.75万亩），占比5.85%；村庄用地34119.15公顷（51.18万亩），占比79.88%；采矿用地764.38公顷（1.15万亩），占比1.79%；风景名胜及特殊用地484.25公顷（0.73万亩），占比1.13%。总体来看，镇村及工矿用地主要分布在灰汤镇、双江口镇、坝塘镇、城郊街道、道林镇等地区，占全市城镇村及工矿用地的27%。

（七）交通运输用地7479.57公顷（11.22万亩）。其中，铁路用地272.88公顷（0.41万亩），占比3.65%；公路用地2569.02公顷（3.85万亩），占比34.35%；农村道路4637.67公顷（6.96万亩），占比62.00%。总体来看，交通运输用地中面积占比最大的地类是农村道路和公路用地，占全市交通运输用地的96.35%。

（八）水域及水利设施用地21820.56公顷（32.73万亩）。其中，河流水面3156.12公顷（4.73万亩），占比14.46%；湖泊水面231.17公顷（0.35万亩），占比1.06%；水库水面2013.30公顷（3.02万亩），占比9.23%；坑塘水面13645.23公顷（20.47万亩），占比62.53%；沟渠2318.52公顷（3.48万亩），占比10.63%；水工建筑用地456.22公顷（0.68万亩），占比2.09%。其中双江口镇、灰汤镇、坝塘镇、黄材镇、道林镇等地区的水域及水利设施用地面积占全市水域及水利设施用地的34%。

（九）其他土地5294.54公顷（7.94万亩）。其中，设施农用地609.50公顷（0.91万亩），占比11.51%；田坎4655.41公顷（6.98万亩），占比87.93%；裸土地24.62公顷（0.04万亩），占比0.47%；裸岩石砾地

5.01 公顷（0.01 万亩），占比 0.09%。

“三调”数据成果全面客观反映了宁乡市国土利用状况和自然资源家底，同时也反映了耕地“非粮化”趋势明显、生态状况在局部地区不稳定、节约集约用地水平不高等方面的问题，必须采取有针对性的措施加以解决。要坚持落实最严格的耕地保护制度。压实乡镇党委、政府耕地保护责任，实施耕地全程一体化保护，坚决遏制耕地“非农化”、严格管控“非粮化”，从严控制耕地转为其他农用地，从严查处各类违法违规占用耕地行为。要坚持最严格的生态环境保护制度。坚持系统观念，统筹开展生态建设，强化监测保护，实施山水林田湖草生态保护修复和全域土地综合整治，逐步提升生态环境状况。要坚持最严格的节约用地制度。优化国土空间布局和结构，科学划定城镇开发边界，严格控制新增建设用地，盘活城乡存量用地，加强开发园区管理，着力提高土地利用效率。要加强数据共享应用。各级各部门应充分应用“三调”成果，将其作为推进生态文明建设，科学制定国民经济和社会发展规划，编制国土空间规划和相关专项规划，支撑自然资源管理等工作的底图底数，有力推进治理体系和治理能力现代化。

宁乡市第三次国土调查领导小组办公室
宁乡市自然资源局
宁乡市统计局

大事记

1月

5日　宁乡市创建全国文明城市工作总结表彰暨建设更高水准全国文明城市推进大会在宁乡市会议中心举行。长沙市委常委、市委宣传部部长、市文明委副主任陈刚，宁乡经开区党工委书记、宁乡市委书记于新凡出席会议并作讲话；宁乡市委副书记、市长付旭明主持会议；长沙市委宣传部副部长朱锦辉，宁乡市委副书记沈光、宁乡市人大常委会主任喻亚军、宁乡市政协主席刘永红等宁乡市领导出席会议。表彰创建全国文明城市工作的先进单位100个、先进个人305人、优秀志愿者20人、文明市民10人。

是日　宁乡经开区组织“园区人看园区”项目观摩活动，宁乡经开区党工委副书记、管委会主任张毅率队，园区领导黄瑶、洪健、黄梁、王子进以及宁乡经开区调研员、部门和公司、驻区分局、管委会副科级、平台公司负责人和中层干部参加观摩。

是日　2021年《辛丑年》特种邮票首发式暨金牛原地邮局授牌仪式在宁乡举行。

6日　湖南农信系统最大的社区银行综合体——宁乡新康社区银行综合体开业，占地2400余平方米，其中商超采购区经营面积1200余平方米，为附近居民提供全方位、高品质的购物体验。

是日　省住建厅官网公布全省住房和城乡建设领域2020年度省政府真抓实干督查激励拟推荐名单，宁乡市棚户区改造工作跻身督查激励10个先进县市区推荐名单。

8日　2020年第一批“长沙市技术创新中心”完成公示，宁乡市万鑫精工（湖南）股份有限公司的“长沙市高精密减速器技术创新中心”、湖南星邦智能装备股份有限公司的“长沙市高空作业平台技术创新中心”、湖南航天三丰科工有限公司的“长沙市特种防护涂料技术创新中心”3家企业技术创新中心获批。

15日　宁乡市企业家座谈会暨工业企业协会年会召开。宁乡市领导于新凡、喻亚军、冯智君以及市工信局等相关部门负责人和广大企业家齐聚一堂，共谋宁乡工业发展。

是日　长沙市2021年“三下乡”暨宁乡市2021年“三下乡”集中示范活动在坝塘镇坝塘社区蓝美谷村民文化广场举行。长沙市政协副主席李平出席活动。

18日　宁乡经开区2021年产业项目竞赛年系列活动暨本美生态产业园开工仪式举行。

27日　宁乡市开展“市长企业家接待日”活动，市长付旭明和企业家面对面交流、点对点解决困难和问题。市领导王湘云、冯智君，宁乡高新区、市政府办、市工信局等部门单位相关负责人，以及晨光新材料、万隆智能、新世管道、博邦重工、西丽研磨等企业负责人参加活动。

28日　中共宁乡市委常委班子召开2020年度民主生活会。会议以“认真学习贯彻习近平新时代中国特色社会主义思想，加强政治建设，提高政治能力，坚守人民情怀，夺取全面建成小康社会、实现第一个百年奋斗目标的伟大胜利，开启全面建设社会主义现代化国家新征程”为主题。长沙市委常委、市委政法委书记廖建华，长沙市委督导组到会指导。于新凡主持会议并作总结讲话，宁乡市委常委出席会议。

29日　湖南省政府第七次全体会议公布2020年度真抓实干成效明显地区予以表扬激励的名单。宁乡市推进“一件事一次办”改革、政府职能转变和深化“放管服”改革，落实制造强省建设等政策措施，深入推进乡村振兴战略，落实粮食安全责任制和高标准农田建设，城镇老旧小区改造、棚户区改造、农村危房改造和城乡供水提质、污水治理和黑臭水体整治等城乡环境基础设施建设工作，深化商事制度改革、推进质量强省和知识产权强省工作，在国务院真抓实干督查激励、国务院第七次大督查和省政府综合大督查中受到表扬激励或经验推介等七项工作成效明显，受到通报表扬。

是日　省文旅厅发布的2020年湖南省全域旅游示范区名单完成公示，全省12个县（市、区）共16家单位入选，宁乡市名列其中。

30日　宁乡市完成所有村（社区）“两委”换届。

2月

6日　宁乡17家非煤矿山企业全面停工。

11日　由湖南华翔增量制造股份有限公司与南华大学附属第一医院脊柱外科团队联合研发的多孔型椎体融合器产品通过国家药品监督管理局审批。这是国内首个利用选区激光熔融技术（SLM）研发骨科植入假体获得三类医疗器械许可证的产品。

20日　长沙市奋力实施“三高四新”战略、全面推进高质量发展暨重大项目集中开工仪式举行，宁乡市、浏阳市和长沙高新区三地总计71个项目集中开工，总投资317.36亿元。省委常委、省政府副省长、长沙市委书记吴桂英参加宁乡主会场开工仪式。长沙市委副书记、市长、湖南湘江新区党工委书记郑建新，三一集团董事长梁稳根在宁乡主会场开工仪式上致辞。

25日　全国脱贫攻坚总结表彰大会在北京举行，黄材镇党委书记罗健获评全国脱贫攻坚先进个人。

3月

2日　由宁乡市委、市政府、市委宣传部和潇湘电影集团有限公司、湖南宁影文化传媒有限公司、湖南潇影第二影业有限公司联合出品的电影《血铸忠诚》在沙田乡何叔衡纪念广场举行新闻发布会暨开机仪式。湖南省政协原副主席、省文联原主席谭仲池出席活动。

7日　吴桂英到宁乡市调研经济社会发展情况。钟钢、夏建平、张宏益、谭勇等长沙市领导，于新凡、张毅、付旭明、沈光、喻亚军、刘永红等宁乡市领导一同调研。

8日　“巾帼心向党·献礼百周年”宁乡市纪念第111个“三八”国际妇女节各界妇女代表座谈会召开。全市部分市直部门、乡镇（街道）女领导干部代表，部分知名女企业家、女高管、女工匠及女企协、女创协相关人员参加会议。

是日　长沙市各界妇女纪念“三八”国际劳动妇女节暨全国三八红旗手（集体）表彰大会举行，宁乡市委常委、市委宣传部部长彭娟获评2020年度全国巾帼建功标兵，湖南金职伟业集团董事长、湖南省育婴师协会秘书长、宁乡市印刷行业协会会长彭英获评2020年度全国巾帼建功标兵，金洲镇妇联主席、金洲镇巾帼志愿服务分队队长张素飞获评全国巾帼志愿者，中国人寿保险股份有限公司宁乡支公司获评2020年全国巾帼建功先进集体。

是日　宁乡经开区美妆谷一期项目工地开工。

是日　宁乡市2021年村（社区）党组织书记红色主题教育培训班开班。宁乡市领导于新凡、沈光、李佑明出席开班仪式，103名新任村（社区）党组织书记参加培训。

12日　于新凡、付旭明、喻亚军、刘永红等市领导前往金洲镇颜塘村，与市林业局、金洲镇等相关部门单位干部职工和新时代文明实践志愿者一同参加宁乡市2021年义务植树活动，将占地3.33公顷的废弃砖厂地块建设成为绿色园林。

15日　2021宁乡市“3·15”诚信主题晚会在市融媒体中心演播大厅举行。晚会播放诚信主题宣传片《文明宁乡，诚信花开》，对20家获得诚信示范单位荣誉的个体经营户和企业进行表彰。

17日　I♥CS@长沙、2020长沙市新媒体年度影响力评选活动获奖名单公示，宁视界微信公众号上榜2020长沙市最具影响力政务微信。

18日　中国湘菜——宁乡口味菜系列地方标准新闻发布会在宁乡市举行，发布黄焖花猪肉、炭河腊鲢鱼、灰汤贡鸭、沩山豆腐等15道菜的地方标准，也是第十批发布的地方湘菜标准。

20日　宁乡市委、宁乡经开区党工委理论学习中心组围绕“学史明理”主题开展党史学习教育第一次专题学习。

22日　“学史明理”专场宁乡市“就认这个理宁来讲”文艺宣讲决赛在市文体中心举行。10支进入决赛的队伍通过花鼓戏、快板、三句半、歌舞等形式围绕党的十九届五中全会精神、党史学习教育等主题进行宣讲。

是日　“入党第一课”2021年宁乡市新党员党史专题培训示范班在长沙花明楼红色文化教育学院开班。此次培训为期3天，来自全市各乡镇（街道）、市直各单位的100名新党员参加培训。

24日　宁乡市政法队伍教育整顿主题党课举行。宁乡经开区党工委书记、市委书记、市政法队伍教育整顿领导小组组长于新凡结合党史学习教育讲授主题党课。

25日　湖南省召开精神文明表彰大会，大会对2020届湖南省文明城市、文明村镇等先进典型进行集中表彰，宁乡市大成桥镇、灰汤镇花果山村、坝塘镇金河村获评“文明村镇”，刘少奇故里管理局（刘少奇同志纪念馆）获评“文明标兵单位”，道林镇金华村周小林家庭获评“文明家庭”，宁乡市城郊街道中心小学获评“文明校园”。

是日　宁乡市文化创意产业协会换届大会召开，朱志明当选为市文化创意产业协会第二届会长。

26日　省政协副主席易鹏飞率队到宁乡市开展“三进三助”（组织委员进企业、进园区、进乡村、助推企业发展、园区升级、乡村振兴）活动。此次活动聚焦宁乡花猪产业发展，由省政协农业和农村委员会牵头组织，联合中国邮政储蓄银行湖南省分行共同开展。

是日　长沙市委宣传部部务会理论学习中心组（扩大）党史学习教育第一次专题学习在宁乡市沙田乡举行。长沙市委常委、市委宣传部部长陈刚出席并讲授党史学习教育主题党课。

是日　由湖南省工业和信息化厅主办，长沙市工业和信息化局、宁乡市工业和信息化局、宁乡高新区管委会承办的2021年湖南省“工业设计进百园千企”首场对接活动在宁乡高新区举行。旨在促进企业创新发展，提升产品附加值、增强企业核心竞争力、推动生产性服务业与现代制造业深度融合，促进工业转型升级，助力湖南“三高四新”战略落地，推动宁乡加快建设“工业强市”。

29日　湖南省实施“三高四新”战略产业项目建设推进现场观摩会召开，省发改委、省工信厅联合印发《关于表彰2020年度综合绩效优秀产业项目的通报》，宁乡经开区格力智能装备产业园项目、楚天科技智能医疗装备产业园项目、中伟新能源（中国）总部产业基地项目获评“2020年度综合绩效优秀产业项目”。

30日　宁乡市人民法院与宁乡市住房和城乡建设局共同设立宁乡市建筑企业协会诉源治理工作站。

31日　宁乡市召开党史学习教育推进暨巡回指导工作培训会，市委党史学习教育领导小组、市委巡回指导组、宣讲团、各乡镇（街道）、市直部门分管党史学习教育班子成员近200人参加培训。

4月

1日　2021年湖南省“我们的节日·清明·忆百年峥嵘 做时代新人”主题活动在宁乡市沙田乡举行。省委宣传部副部长、省文明办主任肖凌之，长沙市委宣传部副部长唐曙光参加活动。

是日　省政协副主席、省工商联主席张健一行到宁乡，围绕“强化长株潭引领作用，打造国家重要先进制造业高地”重点课题展开调研。深入湖南华力通线缆股份有限公司、湖南星邦智能装备股份有限公司和三一中起等企业，考察企业生产车间、新建项目工地，调研企业产品研发、技术创新和产品市场等方面的情况，倾听企业的发展诉求和意见建议。

2日　宁乡市优秀年轻干部比选竞争演说在市民之家举行，40名入围选手以《假如我是一名乡镇副职》为题进行演说。

6日　中国共产党宁乡市第一届纪律检查委员会第四次全体会议召开。于新凡出席会议并讲话，付旭明主持会议。市委常委、市纪委书记、市监委主任刘强代表市纪委常委会作工作报告。

7日　由市文旅广体局组织的宁乡市2021年乡村振兴文化人才业务培训班开班，宁乡市各乡镇（街道）、村（社区）及相关部门单位的70余名基层文化工作者参加。

8日　宁乡市举行政法英模事迹报告会，学习英模事迹、弘扬英模精神。英模代表讲述钟婷、陈国平、周游、刘梦颀、陈娟、刘传仁、刘文军、文彬、陈义军等政法英模的事迹。

9—11日　“我要上全运”第二届湖南省“康程·协会杯”气排球邀请赛在宁乡市文体中心体育馆举行。来自全省各市州排球（气排球）协会的32支队伍400余名运动员参加比赛。常德武工代表队获得男子中年组第一名；长沙市排协代表队则摘取女子中年组第一名。

9日　2020年宁乡市委巡察情况通报会召开。会议向全体市（区）领导、市管党组织主要负责人通报2020年宁乡市委巡察情况。

15日　“4·15”全民国家安全教育日宣传活动在刘少奇同志铜像广场举行。市国家安全人民防线成员单位负责人、重点区域国家安全人民防线建设小组成员、各界群众代表等200余人参加。

是日　邦弗特新材料股份有限公司获批设立博士后科研流动站协作研发中心授牌仪式举行。这是宁乡市继楚天科技、东鑫环保之后成立的第三家博士后科研工作平台。

16—17日　“2021中国医院竞争力大会”发布中国县级医院排行榜，宁乡市人民医院以总分654.87分的成绩位列全国县级医院28位，居湖南省县（市）级医院第1位。

19日　宁乡市举行2021年工业强市推进大会，会议作工业强市工作报告，宣读《关于2020年度工业经济考核评定结果的通报》。

是日　省委党史学习教育第九巡回指导组到宁乡市进行巡回指导。

是日　总投资12亿元的长沙幼儿师范高等专科学校项目在宁乡市开工建设，该项目位于宁乡市沩东新城，是长沙市产教融合工程首批重点项目，纳入2021年全省重点项目、长沙市十大公共服务设施项目。

21日　岳麓山畜禽种业创新中心宁乡分中心、宁乡花猪种业创新中心在宁乡市揭牌。省政协主席李微微和宁乡市委书记于新凡共同为其揭牌。省政协副主席易鹏飞，中国工程院院士、省政协常委印遇龙，省人民政府办公厅副主任贺丽君，省政协农业农村委主任曹英华，省农业农村厅党组书记、厅长袁延文，省科技厅副厅长周建元，省发展和改革委员会二级巡视员李学斌，中国工程院院士、湖南农业大学校长邹学校，长沙市政协主席文树勋，长沙市副市长李蔚出席活动。

23日　宁乡市与湘潭县、湘乡市、韶山市、雨湖区区域协作联席会议在宁乡市召开。宁乡经开区党工委书记、市委书记于新凡，湘潭市雨湖区委书记白云峰，湘潭县委副书记、县长、天易经开区党工委副书记、管委会主任段伟长，湘乡市委副书记、市长周俊文，韶山市委副书记、市长曹伟宏，及相关市县（区）领导等出席会议。

24日　2021年宁乡市新任村干部乡村振兴专题培训班在宁乡湘都乡村振兴学院开班。此次培训分为四期，邀请多名教授和专家围绕乡村振兴、村级集体经济发展、社区治理三大主题进行统一授课和现场教学，宁乡市各村（社区）新任村干部近700人参与培训。

25日　2021年宁乡市首届“出彩宁乡人”选拔大赛在翡翠湖国际广场开幕。

26日　宁乡市委、宁乡经开区党工委理论学习中心组2021年第四次集体学习暨党史学习教育第二次专题学习活动——《音乐党史课》在宁乡大剧院上演。省委宣传部二级巡视员熊科文，省委党史学习教育领导小组办公室副主任、省社科院党组成员、副院长汤建军，省委党史学习教育第九巡回指导组组长宋建民，湖南广播电视台广播传媒中心党委委员、副主任何良璋，长沙市委宣传部副部长、长沙市委党史学习教育领导小组办公室副主任唐曙光，长沙市委党史学习教育第三巡回指导组组长、长沙市统计局二级调研员张罗先等到场指导；于新凡等宁乡市领导参加学习。

是日　常益长铁路宁乡站特大桥连续梁转体实现精准对接，为常益长铁路顺利建成通车起到关键性作用。

27日　“五一”国际劳动节暨“建功‘十四五’、奋进新征程”主题劳动和技能竞赛动员大会在北京人民大会堂举行，宁乡市楚天科技股份有限公司员工贾志光获评全国五一劳动奖章。

是日　宁乡市召开庆祝“五一”国际劳动节暨“六送”进企业服务活动推进会，学习贯彻习近平总书记在全国劳模和先进工作者表彰大会以及考察湖南等重要讲话精神，落实市委一届七次全会相关精神。

29日　长沙市庆祝“五一”国际劳动节暨表彰大会在长沙市会议中心召开。宁乡市4个单位获评长沙市“五一劳动奖状”先进单位，9人获评长沙市“五一劳动奖章”先进个人，6个集体获得长沙市“工人先锋号”班组称号。

是日　第六届长沙市道德模范候选人完成公示，宁乡市喻家坳乡初级中学党支部书记欧正云获评“敬业奉献模范”、宁乡市第五高级中学学生喻壮获评“孝老爱亲模范”。

5月

7日　长沙市人民政府办公厅发布长沙市第七批市级非物质文化遗产代表性项目名录，灰汤杂技、宁乡剪纸、宁乡协昌裕酱卤菜制作技艺、宁乡沙田包子制作技艺4个项目名列其中。

10日　致公讲堂·智赢未来2021年宁乡经开区蓝月谷大讲堂《智能化时代的制造业高质量发展》专题讲座举行。深圳市卓越汇企业家创新学院联合创始人、中国人民大学深圳研究院教授、致公党湖南省委参政议政委员会主任李序蒙作专题讲座。

是日　湖南省工业和信息化厅发布《关于2021年湖南省专精特新“小巨人”企业拟通过复核名单的公示》，162家企业通过复核，宁乡市桑铼特农业机械设备有限公司、长宇科技发展有限公司、湖南星邦智能装备股份有限公司、赛恩斯环保股份有限公司4家企业上榜。

10—11日　湖南省市场监管系统食品安全暨示范创建工作座谈会在宁乡市召开，省食安办副主任、省市场监督管理局党组成员、副局长廖健，省市场监督管理局相关处室负责人，14个市（州）、21个县（市、区）市场监督管理局食品安全负责人等60余人参会。

11日　宁乡市乡村振兴局挂牌成立。

是日　宁乡市一届人大常委会召开第三十三次会议。会议决定任命黄滔为宁乡市人民政府副市长、代理市长。

是日　宁乡市委党史研究室召开纪念刘少奇回乡调查60周年征文领奖座谈会，为来自各行各业的17名征文获奖作者颁发荣誉证书及奖金。

12日　国家烟草专卖局副局长段铁力一行到宁乡调研。

13日　宁乡市2021年防灾减灾宣传周活动举行应急救援能力演练，是宁乡有史以来规模最大、范围最广、涉及科目最多、首次实现在线直播的防灾救灾综合应急演练。

13—16日　在国家卫生健康委脑卒中防治工程委员会、中国老年保健医学研究会、中华预防医学会主办的“2021年中国脑卒中大会暨第十一届全国心脑血管病论坛”上，宁乡市人民医院接受“国家高级卒中中心”授牌，成为国家高级卒中中心单位。

14日　“湖南省华侨文化交流基地”授牌仪式暨宁乡市“侨心向党 寻红色印记 同心逐梦前行”活动在宁乡市炭河里青铜博物馆举行。省侨联党组书记黄芳为炭河里国家考古遗址公园授牌“湖南省华侨文化交流基地”，并讲授党史学习教育专题党课。长沙市侨联主席陈慧，省侨联宣传联络处处长向行军，宁乡市政协主席刘永红，宁乡市委常委、统战部部长钟利仁，及侨领侨商代表、宁乡市华侨侨眷、归国留学人员代表等参加活动。

17日　吴桂英率长沙市委理论学习中心组成员，到何叔衡、谢觉哉故居开展党史学习教育第三次专题学习。宋建民、郑建新参加学习活动。

19日　北京市异地商会第二联合党委书记、北京安徽企业商会会长、安徽古井集团有限责任公司党委书记、董事长梁金辉率北京市工商代表团到宁乡投资考察交流。代市长黄滔，市委副书记沈光出席活动。

20日　第二届中国·宁乡（喻家坳）栀子花文化旅游节开幕，宁乡栀子成为宁乡继沩山毛尖、宁乡花猪之外的第三个国家地理标志农产品，喻家坳成为中南大学乡村振兴实践基地，并分别进行授牌。

21日　全国工商联扶贫与社会服务部一级巡视员姜建静、全国工商联扶贫与社会服务处处长薛峰一行到宁乡，调研乡村振兴工作开展情况。

24日　2021年宁乡市文明委第一次全体（扩大）会议暨建设新时代文明实践中心试点工作推进会召开。

25日　红色大剧、大型现代花鼓戏《永远的叔衡》在宁乡大剧院公演。长沙市委常委、市委宣传部部长陈刚，长沙市委宣传部常务副部长杨长江，长沙市文旅广电局副局长李小军，长沙市委党史学习教育第三巡回指导组组长、长沙市统计局二级调研员张罗先；于新凡、张毅、黄滔、喻亚军、刘永红等宁乡市领导以及宁乡市委、宁乡经开区党工委党史学习教育领导小组成员、办公室全体成员、巡回指导组全体成员、宣讲团成员和市直部门各单位党政主要负责同志、党史学习教育分管负责人及联络员、29个乡镇（街道）党（工）委书记等观看演出。

28日 宁乡市第一届市长文艺奖颁奖仪式暨宁乡文艺沙龙第4期活动举行，湖南省政协原副主席、湖南省文联原主席、作家谭仲池，湖南省文联副主席、长沙市文联党组书记、副主席王俏出席活动。散文、现代诗歌、音乐、戏剧、美术、摄影等类别的15件文艺作品获奖。

6月

1日 在这里读懂湖南——“在这里读懂初心使命”网络媒体革命老区湖南行之走进宁乡网络主题采访活动举行。人民网、中国网、中国新闻网、星辰在线等媒体的记者和网络名博主等到宁乡采访，宣传推介宁乡市建设工业强市、幸福宁乡取得的成果。

是日 退役军人事务部党组成员、副部长常正国一行到宁乡调研工作。省退役军人事务厅党组书记、厅长唐勇，党组成员、副厅长易德才，长沙市委常委、常务副市长夏建平等一同调研。

2日 宁乡市民营企业家座谈会召开。于新凡等市领导与企业家“面对面”交流、“点对点”解决困难和问题。

4日 长沙市委宣传部副县职干部、长沙市委党史学习教育宣讲团成员，长沙市委党史学习教育办公室联络组组长刘菊娥到宁乡，作《从党的光辉历史中汲取砥砺奋进的智慧和力量》党史学习教育主题宣讲。

10日 宁乡召开中国共产党宁乡市第一届委员会第八次全体会议。会议宣读《中国共产党宁乡市第一届委员会第八次全体会议关于召开中国共产党宁乡市第二次代表大会的决议（草案）》；作《关于召开中国共产党宁乡市第二次代表大会决议（草案）》的说明；表决通过《中国共产党宁乡市第一届委员会第八次全体会议关于召开中国共产党宁乡市第二次代表大会的决议》。

是日 于新凡主持召开党史学习教育“我为群众办实事”书记专题会。

11日 宁乡市委、市人大、市政府、市政协主要负责人以及相关市直部门单位、乡镇（街道）负责人赴浏阳市就重点产业项目、乡村振兴等工作进行考察。

15日 由宁乡市委宣传部与中国日报网合作建设的“幸福宁乡”英文网上线，宁乡市国际传播有了全新平台。

16日 宁乡市召开2021年物业管理工作大会，回顾总结物业管理工作，规范宁乡市物业管理工作，优化物业管理模式，推动宁乡市物业服务行业持续健康有序发展。

18日 于新凡率宁乡市委、市人大、市政府、市政协主要负责人及相关市直部门单位、乡镇（街道）负责人赴望城区考察调研重点产业项目、乡村振兴等工作情况。望城区委书记付旭明，区委副书记、代区长孔令强一同考察。

18—20日 中考持续3天。宁乡市共有初三学生13262人、初二学生13012人参加中考，采取集中组考、交叉监考、集中评卷的办法，设宁乡二中、宁乡五中、宁乡六中、宁乡七中、宁乡九中、宁乡十中、宁乡十一中、宁乡职业中专、宁乡南雅蓝月谷学校、宁乡白马桥中学、宁乡城北中学、宁乡紫金中学、宁乡金海中学十三个考点。

21日 中华人民共和国商务部公示2021年度国家外贸转型升级基地考核认定名单，宁乡高新区获评国家外贸转型升级基地（装备制造），成为全省新认定的4家基地中的一家。

22日 市教育局、市数据资源中心等有关部门合力为民办实事，推动2021年宁乡市城区公民办小学、初中新生报名实现使用“智慧宁乡”APP即可报名。

是日 市女企业家协会举行“胸怀千秋伟业 恰是百年风华”庆祝中国共产党成立100周年大型文艺晚会。

是日 “迎建党百年 谈倍增发展”工业企业家座谈会在食品产业龙头企业长沙小洋人公司举行。

23日 中华全国供销合作总社党组书记、理事会副主任韩立平一行到宁乡市，调研供销合作社综合改革工作。中华全国供销合作总社党组成员、理事会副主任、中国供销集团有限公司董事长侯顺利，湖南省副省长隋忠诚，长沙市副市长李蔚参加调研。

是日 宁乡市委、市人大、市政府、市政协主要负责人以及相关市直部门单位、乡镇（街道）负责人前往长沙县，对重点产业项目、乡村振兴工作等进行考察。6月25日，“健康人生·绿色无毒”宁乡市2021年“6·26”国际禁毒日文艺汇演活动在宁乡大剧院举行。

25日 “牡丹花开心向党”中国曲艺牡丹奖艺术团“送欢笑”志愿服务宁乡专场演出活动在宁乡市沙田乡何叔衡故居广场举行。

27—28日 第四届创新湖南高峰论坛暨麓山求是讲堂创新峰会走基层活动在宁乡市举行。湖南省政协原副主席、中国人工智能教育奠基人蔡自兴；中国工程院院士印遇龙；中共湖南省委党校常务副校长曹健华；湖南日报社党组成员、副总编辑颜斌；省工信厅党组成员、副厅长彭涛；省科技厅党组成员、省科学技术事务中心党委书记、主任，省产业技术协同创新研究院党委书记、院长谢春，宁乡市领导冯智君、杨焕胜以及企业代表，中央与地方主流媒体等近300人参加。

28日 宁乡市举行优秀共产党员、优秀党务工作者和先进基层党组织表彰大会，颁发“光荣在党50年”纪念章，表彰一批优秀共产党员、优秀党务工作者、先进基层党组织、最美联户党员干部和先锋网格员。

是日 “省会副中心 幸福新宁乡”2021年宁乡市

“宜居安宁幸福城”地产招商推介会举行，120余位地产企业家参会，其中包括全国百强地产企业50余家。于新凡、黄滔、沈光、喻亚军、刘永红、王湘云、彭娟、钟利仁、李佑明、蒋君、黄瑶、贺立权、李磊、彭曦明、曾含玲、苏继桃等市领导出席。

是日　宁乡市召开庆祝中国共产党成立100周年座谈会，回顾总结在中国共产党领导下宁乡经济社会发展取得的巨大成就，激发全市广大党员和人民群众爱党爱国爱社会主义情怀，凝聚共识、汇聚力量。

是日　全国“两优一先”表彰大会举行，宁乡市大成桥镇鹊山村党总支书记陈剑获评全国优秀党务工作者。

7月

7日　湖南·沩山第三届康养避暑文化旅游节启动仪式暨宁乡市全民广场舞大赛在沩山乡举行。省林业局自然保护地中心主任李玉平，省卫健委老龄健康处处长许长林出席活动。

12日　吴桂英到宁乡市调研，指导宁乡市委理论学习中心组集体学习。长沙市领导谭勇、李蔚，宁乡市领导于新凡、张毅、黄滔、沈光、喻亚军、刘永红等参加。

15日　宁乡市召开“五老四教”总结表彰暨《银发先锋映楚沩》首发会议。总结宁乡市10年来“五老四教”工作，对10个最佳“五老红”志愿服务大队、10名十佳“五老”宣讲员和91名优秀“五老红”志愿者进行表彰，并首次发布、现场赠送书籍《银发先锋映楚沩》。

15—18日　“健康中国、健康县域”2021中国县域健康大会暨2021中国县域医院院长联盟年会第四届县医院建设大会、第八届中国县域卫生发展论坛在苏州召开。在第五届‘县域医疗榜样力量’系列评选活动中，宁乡市人民医院获评“最美县医院奖”、院长刘亮获评“优秀院长奖”。该院是湖南省唯一一家获“最美县医院奖”的县级医院。

18日　位于宁乡经开区的中电数科项目竣工投产，标志着国内生产规模最大、年产可达20万台智能零售终端的生产线正式运营。当天，中国电子信息行业联合会人工智能产业促进会成果发布暨中电数科项目竣工投产仪式在宁乡经开区举行，集中发布六项最新科技成果。

19日　省委书记、省人大常委会主任许达哲到宁乡市就企业高质量发展、特色小镇建设等工作进行调研。他强调，要推动企业高质量发展，抓好特色小镇建设，夯实产业这个根基，做强做优做大实体经济。省领导张剑飞、吴桂英，长沙市领导郑建新、陈刚、谭勇，宁乡市领导于新凡、张毅、黄滔、彭娟、郑旗、蒋君参加调研。

19日　宁乡市2021年企业职工安全生产知识竞赛决赛在市民之家三楼会议室举行。楚天科技代表队、中伟新能源代表队、华强方特代表队、云起绿色交通代表队等10支队伍参加决赛。

20日　2021长沙市“夏之恋”文化旅游消费季暨华谊兄弟（长沙）电影小镇“天宫”星空探索季启动，重点发布2021年长沙市十大暑期文旅产品，长沙方特东方神画九州潮玩节、炭河古城电音泼水节两大文旅产品入选并发布。

21日　湖南省科技创新奖励大会举行，宁乡籍企业家圣湘生物科技股份有限公司董事长戴立忠获评湖南光召科技奖，长沙标朗住工科技有限公司卡颂技术发明人徐海独立完成的“名侦探之化学探秘”项目获评湖南省科学技术进步奖二等奖，长沙桑铼特农业机械设备有限公司参与的“油菜联合播种关键技术与应用”项目获评湖南省技术发明奖。

是日　宁乡市餐饮协会换届选举大会暨第一届理事会第一次会员代表大会召开。来自市餐饮协会各会员单位、社会各界的200余人参加。

23日　中国共产党宁乡市第一届委员会第九次全体会议召开。于新凡代表市委常委会作报告并讲话，黄滔主持会议。

25日　宁乡市诗歌学会成立大会暨玉山书院诗歌朗诵会举行。宁乡市诗歌学会是宁乡市作家协会的团体会员，首批会员41人。

28—30日　宁乡先后发现3例新冠肺炎疫情核酸检测阳性者（确诊病例1例，无症状感染者2例）。

7月30日—8月1日　中国共产党宁乡市第二次代表大会召开。大会全面总结近五年来宁乡市各项工作取得的成绩，分析当前面临的发展机遇和挑战，理清发展思路，科学规划未来五年政治建设、经济建设、文化建设、社会建设、生态文明建设和党的建设。大会产生中国共产党宁乡市第二届委员会、中国共产党宁乡市第二届纪律检查委员会、出席长沙市第十四次党代会代表等。

8月

1日　中国共产党宁乡市第二届委员会第一次全体会议召开。于新凡主持会议并讲话。

是日　吴桂英督导检查宁乡市疫情防控工作。

是日　宁乡市启动15~17岁人群新冠肺炎疫苗接种工作。

4日　宁乡市首座集成式自动化核酸检测实验室——宁乡市“火眼实验室”落地市人民医院并完成安装。

7日　市新型冠状病毒肺炎防控指挥部派遣8名医护人员支援株洲、张家界两地开展流行病学调查工作。

11日　宁乡市启动12~14岁人群新冠肺炎疫苗接种工作。

13日　长沙市新型冠状病毒肺炎防控指挥部发布

通告，将宁乡市城郊街道馨宁新村小区、未来方舟小区2号栋调整为低风险地区。至此，宁乡全域都为低风险地区。

18日　副省长陈飞到宁乡调研湖南邦普循环科技公司、楚天科技公司等重点企业，督导疫情防控、安全生产、产业发展等工作。

20日　宁乡市举行“就认这个理·宁来讲”学习贯彻习近平总书记“七一”重要讲话精神示范微宣讲活动。

21日　于新凡、黄滔、喻亚军、刘永红等市领导，以普通选民的身份，前往宁乡市第二届人民代表大会市人大代表选举第1选区投票点参加投票，选举市人大代表。

24日　省委副书记、省长毛伟明到湘丰茶业集团有限公司、湖南粮食集团宁乡食品产业园、宁乡花猪养殖示范场调研。省领导吴桂英、隋忠诚，省政府秘书长邓群策参加相关调研。

25日　宁乡市2021年“就认这个理·宁来讲”基层理论宣讲大赛决赛在市融媒体中心演播厅举行，来自全市各行各业的18位优秀选手参加决赛。

是日　湖南省农业农村厅开展第二批8个省级农产品质量安全县创建单位公示，宁乡榜上有名。

9月

2日　益阳市沅江市党政代表团到宁乡市考察产业发展、乡村振兴、智慧城市建设等工作。宁乡经开区党工委书记、市委书记于新凡，沅江市委书记杨智勇，以及两市相关市领导参加活动。

是日　由茶颜悦色、费大厨、文和友等“网红美食”创始人组成的长沙市青年企业家协会考察团走进宁乡经开区、宁乡高新区，对宁乡市商贸物流进行实地考察，并召开专题座谈会。

3日　宁乡市网络作家协会成立大会暨网络创作交流会召开。邓楚杰当选为市网络作家协会主席。

6日　长沙市推进“三高四新”战略暨投资环境推介会在上海举行，250多家驻沪企业、外资企业、跨国公司、金融企业等各界嘉宾参加。在推介会上，康师傅饮品三期及秉信包装长沙生产基地项目、江苏天钧精密技术有限公司宁乡生产基地项目、邦盛集团年产20万吨磷酸铁锂项目三大项目与宁乡市签约，总投资额135.5亿元。

7日　宁乡市第一届职业技能大赛暨2021年宁乡市“十行状元，百优工匠”技能竞赛在宁乡市职业中专举办，模具钳工、电工、焊接、数控车、数控铣、制冷与空调6个项目近300名选手参与竞赛。

9日　中央电视台大型直播节目《三星堆新发现》特别节目第二季来到炭河里青铜博物馆，通过现场连线直播，向观众展现宁乡青铜文化。

16日　宁乡市举行奋力实施“三高四新”战略重大项目集中开工仪式。12个项目集中开工建设，总投资180.2亿元，项目总用地108公顷。

17日　长沙市全域推进美丽宜居村庄建设之创“最美庭院”现场动员会在煤炭坝镇煤炭坝社区“春天里”党建文化园举行。

22日　宁乡市优化营商环境专题培训班在市委党校开班，全市相关市直部门单位及29个乡镇（街道）优化营商环境工作分管负责人和营商优化办工作人员参加培训。

24日　湖南省首届消防安全知识宣讲总决赛在宁乡市举行。此次竞赛活动于2021年1月启动，全省消防救援队伍1000多名防火监督干部和消防宣传人员参加。14名优秀宣讲选手进入全省总决赛。

是日　中央统战部副部长、全国工商联党组书记、常务副主席徐乐江到宁乡调研民营经济发展。

25—26日　2021年长沙市第十届运动会国际式摔跤比赛在宁乡市玉潭中学举行，22支代表队、475名青少年摔跤运动员，分青年、少年组，角逐出36枚金牌、36枚银牌、72枚铜牌。宁乡市玉潭中学摔跤代表队夺得10金7银11铜，获评金牌总数第一、奖牌总数第一、团体总分第一名，并获得“体育道德风尚奖”。

26日　宁乡市召开第一次总林长会议，审议并通过总林长名单和总林长令制度等10项相关制度，会议明确于新凡为宁乡市总林长，黄滔为第一副总林长。

是日　宁乡市环保志愿者协会、百姓河长办组织环保志愿者90多人到历经铺南太湖珍洲取水口开展巡河护水、净滩保洁等环保志愿活动。

28日　国家卫生健康委和国家心血管病中心健康中国心脑血管疾病防治行动工作推进会在成都召开，宁乡市疾控中心获评国家心血管病高危人群早期筛查与综合干预项目2020年度“全国先进单位”。

是日　宁乡市召开“双减”暨规范民办义务教育发展工作推进会，安排部署“双减”和规范民办义务教育发展工作。

10月

1日　金唐公路二期将通车，标志着宁乡市国省干线项目建设全部完成，宁乡市交通路网全面升级。

12日　市委第三巡察组巡察沙田乡工作动员会召开，二届市委第一轮巡察全部完成进驻。此轮巡察共派出4个巡察组，对老粮仓镇、流沙河镇、黄材镇、沙田乡4个乡镇党委进行巡察，采取“巡乡带村”模式，对4个乡镇所辖的16个村（社区）开展村级巡察。

21日　宁乡市举行庆祝湖南省第二十六届环卫工人节表彰大会，对一批环卫战线涌现出的先进集体和先进个人进行表彰。

23日　政协宁乡市第二届委员会第一次会议在市会议中心开幕。大会执行主席、市政协党组书记、主席刘永红代表政协宁乡市第一届委员会常务委员会作工作报告。26日政协宁乡市第二届委员会第一次会议举行第三次全体会议（闭幕大会）完成各项议程后闭幕。

24日　宁乡市第二届人大一次会议召开。市人大常委会主任喻亚军向大会作工作报告。27日，市二届人大一次会议完成预定的各项议程后闭幕。

25日　农业农村部对2021年中国美丽休闲乡村名单及2010—2017年中国美丽休闲乡村监测合格名单进行公示，宁乡市金洲镇关山社区被纳入2010—2017年中国美丽休闲乡村监测合格名单。

29日　宁乡高新区举行“深入贯彻‘两会’精神、全力建设‘五好’园区”重大招商引资项目集中签约仪式，集中签约项目19个，投资总额100.8亿元。

11月

1日　是首个长沙“企业家日”。于新凡前往宁乡经开区、宁乡高新区，对部分工业企业进行走访调研。

是日　“长沙市企业践行‘三高四新’战略百强榜”和优化营商环境专项规划发布，宁乡市10家企业上百强榜，分别为：长沙格力暖通制冷设备有限公司、湖南中伟新能源科技有限公司、湖南星邦智能装备股份有限公司、加加食品集团股份有限公司、楚天科技股份有限公司、湖南松井新材料股份有限公司、邦弗特新材料股份有限公司、万鑫精工（湖南）股份有限公司、湖南联塑科技实业有限公司、湖南中科星城石墨有限公司。

2日　教育部体育卫生与艺术教育司发布“关于第三批全国中小学中华优秀传统文化传承学校认定结果”的公示，玉潭街道紫金中学因花鼓戏、锣鼓、书法3种传统特色文化成绩突出上榜。

4日　宁乡市供销合作社第一届社员代表大会召开。

7日　省委常委、长沙市委书记吴桂英到宁乡市调研文化和旅游产业、乡村治理和基层党组织建设。长沙市领导阚保勇、刘拥兵，宁乡市领导于新凡、黄滔、贺立权参加调研。

8日—12日　宁乡市开展第十二届廉政文化周活动。第十二届廉政文化周的主题为“赓续百年薪火·建设清廉宁乡”，共分“纪律史宣传教育片、廉政党课、青年干部廉政沙龙、微视频大赛、廉政谈话、故事分享会、清廉村居学习推进会”7个系列。

10日　于新凡主持召开宁乡市“十四五”产值过100亿元和拟上市企业座谈会，了解当前企业发展现状与发展思路，听取企业对市委、市政府工作的意见和建议。市委副书记、市长黄滔，市（区）领导贺立权、李磊、黄瑶、宋强、苏继桃等出席会议。

12日　省生态环境厅副厅长刘群带领省、长沙市生态环境部门相关负责人到宁乡市国家级环保设施公众开放单位湖南绿色再生资源有限公司，就环保设施向公众开放情况进行调研。

是日　市政协举行“书香汇·理论之光照亮前行之路”活动。活动为政协搭台、委员带动，吸纳各界读书爱好者参与。

12—13日　市政协党组书记、主席钟利仁，市委常委、副市长蒋改平带领相关部门负责人前往对口帮扶乡镇龙山县咱果乡调研乡村振兴工作。龙山县政协主席杨波，县委常委、副县长、长沙市对口帮扶龙山县工作组组长赵雪峰，副县长、县农业局局长贾高顺先一同调研。

18—19日　市人大代表履职培训班（第二期）举行，200余位市人大代表就如何进一步提高综合素质、纪律意识和依法履职能力等进行为期两天的学习。

21日　宁乡市人民政府办公室印发《宁乡市开展“纾困增效”专项行动十条措施的通知》，明确宁乡市将重点聚焦骨干企业、潜力企业，促进全市经济平稳增长，开展水电气（汽）补贴、加强金融信贷支持、提前兑现技改政策、加快兑现本地采购补贴、有序用电优先保障、支持知识产权保护、支持企业贷款贴息、落实税费优惠政策、强化就业稳岗支持、建立领导联系重点困难企业制度十条措施。

22日　省委常委、长沙市委书记吴桂英在宁乡市调研经济社会发展情况。长沙市领导罗缵吉、刘拥兵、夏建平、邱继兴、周志凯参加调研。

是日　宁乡市2021年度基层团干部党史学习教育及能力提升专题培训班开班。各乡镇（街道）团（工）委专职副书记，公办初中学校、民办中学、市直中学，职业中专、民办职高等部门共青团工作骨干120余人参加培训。

23日　赛迪顾问发布《赛迪投资竞争力百强县（2021）》和《赛迪投资竞争力百强区（2021）》，长沙9区县（市）全部上榜，宁乡市位列全国第24位。

25日　“宁心”统战大讲堂第一讲开讲。市委统一战线工作领导小组、市民族宗教工作领导小组成员单位和各乡镇（街道）统战工作负责人，全市统一战线各领域代表人士及市委统战部机关全体干部职工等180余人参加。

29—30日　市二届政协委员履职能力提升培训班（第一期）举行。全体市政协委员、政协机关干部职工和乡镇（街道）政协工作者等400余人参加培训。

30日　经市国资事务中心批准，由市国资集团出资的宁乡市和信投资有限公司成立，注册资本5000万元，主营资本投资服务、投资咨询、投资管理、以自有资产进行投资、股权投资、债权投资、投融资服务等。

12月

1日　中国纺织工业联合会在宁乡市组织召开“黄麻纤维环保非织造布制备技术”鉴定会。中国麻纺织行业协会会长董春兴率队的专家组考察了位于宁乡经开区湖南南源新材料有限公司生产现场，经质询及讨论，鉴定委员会一致认为该项目完成任务书规定的要求，达到国际领先水平，同意通过鉴定。

2日　宁乡市召开《中长期青年发展规划（2016—2025年）》实施工作联席会议第一次全体会议。

3日　湖南省红十字会在宁乡市召开2021年湖南省造血干细胞捐献业务培训总结会议。

是日　宁乡市举行新就业形态劳动者集中入会暨“工会进万家温暖行动”活动仪式，来自快递、商贸零售等行业的16家企业代表参加活动。

6日　中郡研究所《2021县域经济与县域发展监测评价报告》发布全国2021年县域经济与县域综合发展前100名，宁乡市排名15位，相比2020年上升1位；县域经济基本竞争力居全国第18位、中部第3位，相比2020年前进3位。

8日　由省工信厅、科技厅、教育厅、财政厅主办的2021年“潇湘杯”工业设计大赛成果展暨颁奖典礼在长沙举行，楚天科技COVID-19（新冠肺炎）疫苗预充针自动灯检系统获大赛产业组银奖，成为医药装备领域在此次工业设计大赛中唯一的获奖作品。

10日　长沙市首届智慧城市典型应用和解决方案评选结果发布，宁乡市数据资源中心申报的主动审批大数据服务平台入选“十大典型应用案例”。

是日　2021年宁乡市新时代好少年、向上向善好青年表彰和学习宣传活动举行。40名“新时代好少年”、60名“向上向善好青年”获得表彰。

14日　由省工信厅主办、省企业和工业经济联合会承办的2021年湖南企业家活动日暨企业家年会在长沙举行，会上发布2021湖南企业100强、制造业企业100强等系列榜单。宁乡市长沙格力和邦普循环入选2021年湖南企业100强，这两家企业与楚天科技、中伟新能源、加加集团、星邦智能等企业入选2021年湖南制造业企业100强。

16日　全市宣传系统学习贯彻党的十九届六中全会精神培训班暨宣传干部提升“四力”专题培训班举办。市委常委、市委宣传部部长胡珊珊出席活动并讲话。

是日　湖南省宁乡市、韶山市、雨湖区，江西省井冈山市、修水县，湖北省天门市等3个省份22个城市，以线上视频会议的形式举行政务服务“跨省通办”签约仪式，启动政务服务“跨省通办”合作。

是日　宁乡市退役军人志愿者协会（退役军人志愿者服务队）成立暨揭牌仪式举行。湖南省军区国防动员局局长吴畏，湖南省武警总队原副司令员陈庆强，广东省武警总队原副司令员成河，出席大会。

17日　由湖南省科技厅指导、湖南省科学技术信息研究所主办、长沙高新区管委会承办的《湖南省高新区创新发展绩效评价研究报告2021》成果发布会暨湖南省高新区高质量发展论坛举行。此次绩效评价对象覆盖全省2020年底前认定的44家国家及省级高新区，其中国家高新区8家、省级高新区36家。根据评价结果，宁乡高新区连续第3年位列省级高新区第一名。

18日—19日　湖南省科协第十一次全省代表大会在长沙举行，会上，圣湘生物科技股份有限公司董事长、生命科学研究院院长戴立忠获评2021年“湖南省最美科技工作者”。

20日　制造强省建设推进大会举行。会议以视频会议形式召开，宁乡市委副书记、市长黄滔参加会议，并作为唯一区县代表进行交流发言。

23日　香港中文大学（深圳）、南方科技大学授予宁乡一中“优质生源基地”授牌仪式在宁乡一中举行。至此，向宁乡一中授予“优质生源基地”称号的高校超过百所。

24日　由湖南省电影局、潇湘电影集团有限公司、中共长沙市委宣传部主办的电影《何叔衡》全国首映式在湖南长沙潇湘青春影城举行。省政协原副主席、省文联原主席谭仲池，省委宣传部副部长、省文明办主任、一级巡视员肖凌之，省委宣传部副部长、省电影局局长刘学，长沙市委常委、市委宣传部部长、副市长陈澎，宁乡市领导于新凡、贺立权、胡珊珊等领导嘉宾出席首映活动。

27日　中国共产党宁乡市第二届委员会第二次全体（扩大）会议暨市委经济工作会议召开。于新凡出席会议并讲话，总结2021年工作，研究部署2022年工作，动员全市上下加快建设“工业强市、幸福宁乡”。

是日　宁乡市举行百万头生猪产业链大成桥青泉种猪场竣工移交仪式，青泉种猪场建设项目全部完成。

28日　省人民政府发布《中共湖南省委 湖南省人民政府关于表彰第一届新湖南贡献奖先进集体和先进个人的决定》，宁乡市长沙格力、邦普循环、楚天科技、中伟新能源、加加食品进入“2021三湘民营企业百强榜”；楚天科技、长宇科技获评“新湖南贡献奖先进集体”称号；长沙格力暖通制冷设备有限公司总经理王晓彬，万鑫精工（湖南）股份有限公司董事长周清泉，长沙族兴新材料股份有限公司董事长、总经理梁晓斌获评“新湖南贡献奖先进个人”称号。

是日　工信部官网对拟入选的2021年智能制造试点示范工厂揭榜单位和优秀场景名单进行公示，来自宁乡的湖南星邦智能装备股份有限公司和楚天科技股份有限公司两家企业入围2021年智能制造试点示范工厂揭榜单位。

31日　吴桂英在参加长沙市十六届人大一次会议宁乡市代表团审议时强调，坚决扛起“打造省会副中心”的使命担当，在大力实施强省会战略、加快推进高质量发展、全面建设现代化新长沙中展现更大担当作为。长沙市领导罗缵吉、刘拥兵、谭小平，长沙市人民检察院检察长王勋爵参加审议。

30日　宁乡市召开2021年发展壮大新型村级集体经济工作座谈会，讨论研究支持村级集体经济发展的若干政策。截至2021年12月底，全市240个涉农村（社区）村集体经济总收入10855.56万元，完成收入20万元以上（其中经营性收入5万元以上）的任务村240个，完成率100%。

宁乡概览

自然地理

【区域位置】 宁乡市位于湖南东北部、长沙西部，地处湘江下游西侧和湘东偏北的洞庭湖南缘地区，地理上介于北纬 27°55′—28°29′，东经 111°53′—112°46′之间，东邻望城，南接湘潭、湘乡，西与涟源、安化交界，北与益阳、桃江毗连，东西跨度 88 千米，南北纵长 69 千米。2021 年，宁乡市总面积 2906 平方千米。

【地质地貌】 宁乡市是雪峰山余脉向东北滨湖平原过渡地带，境内地貌有山地、丘冈、平原。地表轮廓大体是北、西、南缘山地环绕，东南丘陵起伏，北部岗地平缓，东北低平开阔，整个地势由西向东呈阶梯状逐级倾斜。西部有瓦子寨、扶王山、尖峰顶等 13 座海拔 800 米以上的山峰，其中瓦子寨海拔 1070.8 米，为境内最高点。东北部海拔多在 100 米以下。其中双江口镇团头湖海拔 28.7 米，为境内最低点。

【自然资源】 宁乡域内地层齐全，地质构造和岩浆岩发育，矿物资源比较丰富。已探明的矿产有 40 多种，开发利用的有煤、铁、锰、铀、金刚石、海泡石、花岗岩等 20 多种。2021 年，宁乡市林地保有量 12.87 万公顷，森林覆盖率 48.79%，林木蓄积量 653.32 万立方米，林业年产值 101 亿元。水质综合达标率 100%，沩水、靳江考核断面年均水质达到地表水Ⅱ类标准，空气质量优良率 94.2%。

【水文气候】 宁乡境内气候属亚热带大陆性季风湿润区，四季分明，雨量充沛，日照适中。境内有沩水、乌江、楚江、靳江四条主要河流，其中沩水、靳江为湘江一级支流，楚江、乌江是沩水一级支流，黄材水库为全国三大土坝水利工程之一。年内最高气温 39.5℃，最低气温-4.5℃；年降水量 1299.8 毫米。

人口·民族

【人口分布及变动】 2021 年年末，全市户籍人口总户数 44.83 万户，总人数 141.54 万人，人口密度为每平方公里 487 人。户籍人口中，人口性别比为 102（以女性为 100），人口出生率 6.98‰，死亡率 9.38‰，自然增长率为-2.4‰。

【民族】 宁乡市是少数民族散居市，少数民族人口以外地婚嫁到宁乡为主。2021 年，全市共有苗族、土家族、侗族、壮族、白族、回族、瑶族、哈萨克族、维吾尔族、藏族、黎族、傣族、水族、哈尼族、畲族、朝鲜族、拉祜族、仡佬族、仫佬族、怒族、赫哲族、傈僳族、毛南族、锡伯族、京族等 38 个少数民族居民共 11974 人。

建置·区划

【建置沿革】 夏、商、周三代宁乡为荆楚地，战国时属楚国黔中郡，秦属长沙郡。汉为益阳县地。东汉建安十三年（208）孙权、刘备于赤壁之战破曹操后属刘，建安二十四年（219）关羽败死后属孙权。吴太平二年（257）始设县，称新阳，设治于长桥（今横市），属衡阳郡。西晋太康元年（280）改称新康县，治所迁于冷水铺（今冷水铺与万寿山之间）。隋开皇九年（589）并入益阳县，改属长沙郡。唐武德四年（621）再从益阳析出置新康县，武德七年（624）又省入益阳。北宋太平兴国二年（977）析益阳、长沙、湘乡部分地置宁乡县，治所迁今玉潭街道，属潭州长沙郡。元初属湖广行中书省湖南道宣慰司潭州路，元天历二年（1329）改属湖广行中书省湖南道宣慰司天临路。明隶湖广布政使司长沙府。清隶湖南省长沙府。1914 年属湘江道，1922

年直属湖南省，1938年属湖南省第一行政督察区，1940年改属湖南省第五行政督察区。中华人民共和国成立后，宁乡归属益阳专区，1952年属湘潭专区，1962年复归益阳专区，1983年划归长沙市辖。2017年4月10日，民政部发布（民函〔2017〕73号）批复：经国务院批准，同意撤销宁乡县，设立县级宁乡市，以原宁乡县的行政区域为宁乡市的行政区域，宁乡市人民政府驻玉潭街道金洲大道5段398号。宁乡市由湖南省直辖，长沙市代管。2017年12月3日，宁乡市成立大会举行。

【行政区划】 1983年，宁乡县辖12个区，3个镇、74个公社，909个大队、7个委，12873个生产队，38个居民组。

1990年划分12个区、1个区级镇，下辖72个乡、4个乡级镇，914个建制村和16个居民委员会，12420个村民小组和98个居民小组。

1995年撤区并乡建镇，撤销12个区公所，实行县直管乡镇，将原77个乡镇并为32个乡镇，即15个乡、17个镇。

2002年，回龙铺乡和偕乐桥乡分别撤乡建镇，宁乡辖18个镇、17个乡。

2005年，祖塔乡与沩山乡合并设立沩山乡，崔坪乡与黄材镇合并设立黄材镇，调整后，宁乡县辖18个镇、15个乡。

2007年，湖南省民政厅（湘民行发〔2007〕10号）批复同意：将宁乡县全民乡更名为金洲乡。同年，撤销大成桥乡设立大成桥镇，撤销青山桥乡设立青山桥镇。

2009年，金洲乡撤乡设镇。调整后，宁乡县辖21镇、12乡。

2013年，省民政厅（湘民行发〔2013〕14号）批复同意：撤销大屯营乡，设立大屯营镇。省民政厅（湘民行发〔2013〕18号）批复同意：撤销玉潭镇、城郊乡、白马桥乡、历经铺乡，分别设立玉潭、城郊、白马桥、历经铺4个街道。

2014年，省民政厅（湘民行发〔2014〕2号）批复同意撤销资福乡，设立资福镇。

2015年11月19日，省民政厅（湘民行发〔2015〕40号）批复同意：同意宁乡县乡镇区划调整方案；同意将枫木桥乡、偕乐桥镇和灰汤镇成建制合并设立灰汤镇，将坝塘镇和南田坪乡成建制合并设立坝塘镇，将双江口镇和朱良桥乡成建制合并设立双江口镇。

2021年，宁乡市辖菁华铺、喻家坳、沩山、沙田4个乡，道林、大屯营、花明楼、东湖塘、夏铎铺、金洲、双江口、煤炭坝、回龙铺、坝塘、资福、灰汤、双凫铺、大成桥、老粮仓、流沙河、青山桥、横市、黄材、巷子口、龙田21个镇，白马桥、历经铺、城郊、玉潭4个街道。共215个村，63个社区。

经济社会发展

【概况】 2021年，宁乡市实现地区生产总值（GDP）1167.02亿元，比上年增长7.3%。其中，第一产业增加值131.29亿元，增长9.5%；第二产业增加值492.99亿元，增长6.2%；第三产业增加值542.73亿元，增长7.6%。三次产业结构由上年的12.2∶40.6∶47.2调整为11.3∶42.2∶46.5，工业增加值占生产总值的比重为37.8%；第一、二、三产业对经济增长的贡献率为16.0%、34.9%和49.1%，分别拉动生产总值增长1.2、2.5和3.6个百分点。按常住人口计算，人均生产总值92098元。第二十一届县域经济基本竞争力排名前移3位，跃居全国百强第18位，中部第3位；县域经济与县域综合发展排名前移1位，居第15位。全年城乡居民人均可支配收入43992元，比上年增长8.7%。城镇居民人均可支配收入52690元，增长7.2%。农村居民人均可支配收入34788元，增长10.2%。

【农业】 2021年，宁乡市全年实现农林牧渔业总产值225.58亿元，比上年增长10.7%。其中农业产值130.17亿元，增长4.0%；林业产值7.61亿元，增长8.1%；牧业产值66.95亿元，增长22.9%；渔业产值7.24亿元，增长5.8%；农林牧渔服务业产值13.62亿元，增长7.3%。

全年粮食种植面积106.5千公顷，比上年增长1.2%，其中稻谷播种面积100.39千公顷，增长1.3%；蔬菜种植面积47.23千公顷，增长3.4%；烟叶种植面积2.55千公顷，增长3.2%。

全年粮食总产量72.92万吨，比上年增长3.8%；烟叶0.53万吨，增长3.0%；蔬菜167.33万吨，增长3.4%；出栏肉猪127.93万头，增长32.4%；出笼家禽2778万羽，增长24.1%。

年末，农机总动力189.82万千瓦，比上年增长2.7%。有联合收割机5100台，大中型拖拉机3034台，高速插秧机342台，分别新购116台、115台、70台。水稻耕、种、收综合机械化水平达82.4%，比上年提高1.5个百分点。

全年完成洞庭湖区重点地区排涝能力建设工程泵站建设工程、农村饮水安全巩固提升工程等重大项目8个，整修加固山塘183口、新建骨干山塘12口、护砌加固水闸26座、沟渠防渗26.62千米、清淤疏浚及维修维护大中型灌区渠道100千米、机埠改造8座、除险加固小型水库5座；新（改）建农村公路454.4千米，危桥改造31座；农村改水改厕4280座，建设乡镇公厕40座。年末，农村自来水普及人数达到93.91万，农村自来水普及率89.6%。

【工业和建筑业】 2021年，宁乡市工业增加值比上年增长6.9%，其中规模以上工业增加值增长8.5%。在规模以上工业中，采矿业增长4.1%，制造业增长8.5%，电力、热力、燃气及水生产和供应业增长7.1%。

全年园区（三区五园）规模以上工业产值占全部规模工业的89.9%，增加值占全部规模工业的89.8%。食品加工、储能材料、智能终端、装备制造、新材料、孕婴童及时尚鞋服六大主导产业产值占全部规模工业比重86.4%，增加值占全部规模工业比重88.3%。

全市规模工业实现主营业务收入1435.86亿元，比上年增长6.4%；利润总额102.59亿元，下降3.3%；利税总额132.94亿元，下降4.7%。

建筑业：全年全社会建筑业增加值51.48亿元，比上年增长1%。55家具有资质等级的总承包和专业承包建筑业企业实现总产值143.98亿元，增长23.2%；房屋建筑施工面积806.33万平方米，下降22.4%；竣工面积106.70万平方米，下降44.4%。

【第三产业】 2021年，宁乡市全年社会消费品零售总额489.44亿元，比上年增长15.3%。全年共接待海内外游客1039.50万人次，实现旅游收入88.36亿元。全年房地产开发投资比上年增长17.7%，占全部投资比重为14.5%；商品房销售面积171.13万平方米，下降20.9%。全年完成邮政行业业务总量3.38亿元，比上年增长25.7%；完成电信业务总量2.13亿元，增长13.9%。年末，全市电话用户总数130.15万户，其中移动电话用户124.45万户。固定互联网宽带接入用户38.79万户，比上年增长11.1%。

【固定资产投资】 2021年，宁乡市全年全社会固定资产投资比上年增长8.3%。其中，工业投资增长5.3%，占全部投资比重为47.2%；工业技改投资增长11.3%，占全部投资比重为39.2%。

【交通和邮电】 2021年，宁乡市市内公路建设通车里程10399.61公里，其中国道161.63公里，省道412.51公里。境内铁路里程84公里；境内通车高速里程171.93公里。全年客运量480万人，客运周转量2.9亿人/公里，旅客周转量比上年下降2%；货运量885万吨，货运周转量4.8亿吨/公里，货物周转量增长2%。年末实有出租汽车数417台，公交车数513台，其中新能源公交车456台。

全年完成邮政行业业务总量3.38亿元，比上年增长25.7%；完成电信业务总量2.13亿元，增长13.9%。年末全市电话用户总数130.15万户，其中移动电话用户124.45万户。固定互联网宽带接入用户38.79万户，比上年增长11.1%。

【金融】 2021年年末，宁乡市金融机构本外币各项存款余额965.44亿元，比年初增加55.85亿元，比上年增长6.1%；其中人民币各项存款余额965.19亿元，增加55.74亿元，增长6.1%。全部金融机构本外币各项贷款余额1100.05亿元，比年初增加96.62亿元，比上年增长9.6%；其中人民币各项贷款余额1100.02亿元，比年初增加96.62亿元，增长9.6%。

【科学技术】 2021年，宁乡市拥有高新技术企业和生产高新技术产品的企业353家，全年实现高新技术产值1323.41亿元，比上年增长15.9%；实现增加值306.51亿元，增长13.4%，占地区生产总值的比重为26.3%。全年授权专利3167件，增长37.2%，其中发明专利授权365件，增长61.5%；有效发明1612件。成功申报国家、省市各级科技项目412项，转化科技成果300项。年末全市已经有国家级高新技术产业化基地1个、国家级农业科技园区1个、国家级科技企业孵化器1个、博士后科研工作站5家、院士工作站9家、国家级工业设计中心1家、国家级企业技术中心3家，省级重点实验室3个、省级科技企业孵化器4个、省级企业技术中心30家、省级工程技术研究中心17家、省市众创空间5个。

【教育】 2021年，宁乡市共有普通中小学298所，中职学校9所，特教学校1所。在校中小学生162070人，其中高中学生39734人（含中职学生13483人），初中学生39011人，小学学生82971人，特教学生354人。全市中小学教职工10956人，其中专任教师10479人。全市共有幼儿园356所，在园幼儿40527人，教职工4183人，其中专任教师1860人。2021年适龄儿童入学率100%，九年义务教育完成率100%，小学升学率100%。高考一本上线1887人，上线率25.3%；二本上线4663人，上线率62.6%。中考合格率98.0%，比2020年提高1.7个百分点。

【文化、卫生和体育】 2021年，宁乡市拥有广播电台1座，电视发射台和转播台1座，广播、电视综合人口覆盖率均达到99.6%，有线电视用户9.21万户（在册用户）。公共图书馆1座，藏书量28.5万册；24小时自助图书馆3个。全年开展送戏下乡活动119场次、阅读推广活动79场次，戏曲进校园60课时、广场舞教学28场次，流动图书服务216场次，送文化器材50套，公益电影放映3470场次。创作《永远的叔衡》《勇往直前》《英雄归来》《存款风波》等大（小）戏、文艺节目40余个。年末，注册登记的群众文艺团队30余家。

宁乡市拥有医院、卫生院55个，市直医卫单位4个，乡镇卫生院27个，街道卫生服务中心4个，民营医院20个。全市医疗机构床位总数9053张，其中市直医疗单位3741张，乡镇卫生院4483张，民营医院829张。在编在岗卫生工作人员3709人，所有工作人员6002人，执业医师及助理医师3433人，注册护士3922人。全年孕产妇住院分娩率100%，死亡率0%，5岁以下儿童死亡率4.62‰。

全市共有体育场馆16座，400米田径场20个，乡镇门球场10个，拥有25个体育协会；新建2个智慧健身驿站。举办灰汤温泉半程马拉松赛、广场舞大赛、乒乒球赛、羽毛球赛、门球赛、气排球赛等大型赛事。体育彩票全年销量 7000 万元。

【城区建设】 2021 年，宁乡市东进融城全面推进。金洲新城初步完成战略规划编制，纳入长沙市重点建设的“三大”产业功能片区。渝长厦高铁和宁韶高速（宁乡段）加速推进，金唐公路二期、黄龙公路、五巷公路等 6 条干线公路建成通车。长宁磁浮快线纳入《长株潭都市圈多层次轨道交通建设规划》项目库并上报国家发改委；长吉高速（宁乡段）完成预工可编制；大坝塘水库完成可研报告初稿；生活垃圾焚烧发电项目完成前期工作；“一江两岸”沿线征拆基本完成。城市功能不断完善。城区建成区面积扩展至 70.88 平方千米，宁乡成为全省建成区面积最大的县级城市。沙河桥、汽车桥维修加固，建成金全路、东城大道等城区道路 4 条。城乡排水一体化项目加快推进，直饮水建设经验成为全省典型。首座 500 千伏安宁变投产送电。新建燃气管道 25.3 千米、5G 基站 1244 个。52 个老旧小区提质改造，筹集保障性租赁住房 3408 套。建成楼台山等城市公园 3 个。依法拆除违建 12.6 万平方米，清零征拆项目 30 个、腾地 262.43 公顷。

【社会事业】 社会事业蓬勃发展。落实“双减”（即减轻义务教育阶段学生作业负担和校外培训负担）政策，创新推进“五课堂”（即“小红花”思政课堂、“小才子”美育课堂、“小健将”体育与健康课堂、“小能手”创新探究实践课堂、“小帮手”劳动综合实践课堂）建设，新（改）建学校 6 所，完成农村集镇寄宿制学校提质等项目 113 个，新增学位 6060 个。基本药物实现全网采购。人民医院流沙河分院、中医医院巷子口分院建成运营；夏铎铺镇纳入国家健康乡镇试点；举办庆祝建党百年系列文艺活动和首届“市长文艺奖”评选，《永远的叔衡》获田汉音乐奖、表演奖。炭河里青铜王国成为全省首个考古研学项目。建成村（社区）综合文化服务中心 25 个、智慧健身中心 17 个。社会治理创新实践。坚持和发展新时代“枫桥经验”，基层民主协商对话、行业协会、社会贤达、志愿者等作用积极发挥，开展“四联五到位”（四联，即市领导联乡镇（街道），相关市领导和部门单位负责人联村（社区），乡镇（街道）干部联组（网格），党员干部和社会贤达联户；五到位，即政策法规宣传到位，社情民意了解到位，群众诉求收集到位，矛盾纠纷化解到位，镇村履职监督到位）民情大走访，累计解决群众身边问题 2 万余个。处置房地产历史遗留问题 32 个。实施“十个一律”（即工作职责一律严明、工作底数一律严排、重点对象一律严管、隐患路段一律严治、违法违规一律严处、重点车辆一律严查、主要路口一律严守、宣传教育一律严抓、工作情况一律严督、事故发生一律严究）治安举措，实施防疫与安全生产“敲门入户全覆盖”行动，道路交通安全风险隐患协同共治新模式获评全省县域警务优秀创新项目，全市道路交通事故起数、亡人数分别下降 24.22%、22.89%。完成 5 批次包机接待疫情防控任务，12 岁及以上人群疫苗全程接种率 97.59%。市工商联获评全国“五好”县级工商联。获评全省平安建设年度考核评估先进县（市区）、食品安全工作先进单位。

【社会保障】 2021 年年末，全市参加城镇职工基本养老保险人数 20.31 万人，参加城乡居民基本养老保险人数 77.49 万人；参加城镇职工基本医疗保险人数 18.04 万人，参加城乡居民基本医疗保险人数 106.97 万人；参加失业保险人数 8.67 万人，领取失业保险金人数 0.32 万人；参加工伤保险人数 13.62 万人；参加生育保险人数 12.9 万人。年末，全市共有 920 人享受城市居民最低生活保障，18366 人享受农村居民最低生活保障，10059 人享受农村特困人员救助供养，全年临时救助 4860 人次。

【乡村振兴】 2021 年，宁乡市农产品加工业实现总产值 552 亿元。新增新型职业农民 806 人、农民合作社 92 家、家庭农场 136 家。建成高标准农田 5353.33 公顷。除险加固小型水库 4 座、小型水闸 26 座，整治山塘 183 口。主要农作物综合机械化水平提升至 82.4%。动物疫病防控工作获省市考核优秀。获评湖南省农产品质量安全县。人居环境持续改善。接续实施农村人居环境整治提升五年行动，新增农村公厕 40 座、改厕 4280 座；打造市级美丽幸福河流 3 条、小微水体示范片区 5 处；新（改）建农村公路 789 千米，加固危桥 20 座；充分发挥“四会一约”作用，文明乡风持续涵养，新增市级乡村治理示范镇 3 个、示范村 15 个，青山桥镇、双凫铺镇获评省卫生镇，大成桥镇获评省文明镇。集体经济提质增量。常态化动态监测帮扶易返贫致贫人口，提供公益性岗位 1878 个，全年未发生返贫致贫现象，对口帮扶龙山县咱果乡工作扎实有效。着力发展“五型”（即土地合作型、资源开发型、物业经营型、文旅融合型和乡村服务型村级集体经济）村级集体经济，108 个村（社区）获评 2021 年省级乡村振兴示范村；全市 240 个涉农村（社区）年集体经济收入全部达 20 万元（经营性收入 5 万元）以上。

【产业项目】 2021 年，宁乡市优势产业不断壮大。工程机械产业链实现产值 457 亿元，三一重起产值达 190 亿元；储能材料产业链实现产值 393 亿元，增长 120.9%，占全省产值份额近 60%；智能家电智能硬件产业链实现产值 107 亿元，增长 38.3%，全国首个智能家电产业小镇建成运营。食品及农产品产业集群实现产值 179 亿元，华润怡宝、康师傅等 11 个项目增资扩产。全市产值、税收实现倍增的工业企业分别达 34 家、85 家，三一重起、格力暖通、楚天科技、邦普循环、华润怡宝、中伟新能源、巴斯夫杉杉、星邦智能等 8 家企业税收过亿元；新增规模以上工业企业 44 家、国家专精特新“小巨人”企业 6 家、国家级绿色工厂 3 家；星邦智能、楚天科技获评国家智能制造示范工厂。园区新引进产业项目176个，其中投资10亿元以上工业项目11个，“三类500强”项目6个。邦普循环六期七期、星城石墨二期、美妆谷、斗禾科技等211个项目加快建设，比亚迪动力电池一期、楚天科技中央工厂、格力晶弘冰箱、三一中起等141个项目建成投产。2021年宁乡经开区、宁乡高新区产值合计1430亿元，制造业占全市生产总值比重38%。宁乡经开区蝉联“中国先进制造业百强园区”。宁乡高新区创新发展绩效评价连续3年居省级高新区第一，获评五星级国家新型工业化产业示范基地。国家创新型县（市）创建工作全面启动。新认定高新技术企业122家，完成R&D（研究与试验发展）投入32亿元、技术合同成交额30.86亿元，转化科技成果300项，新增发明专利365件，微纳坤宸获全市首件中国专利银奖。新增省市企业技术中心10家。宁乡农科园获评全国优秀园区。（高　丽）

中国共产党宁乡市委员会

综　述

2021年，宁乡市委全面贯彻落实党中央和省委、长沙市委决策部署，抬高坐标、真抓实干，经济社会发展呈现提速争先、提质增效的强劲态势。

经济运行保持稳中向好。2021年，宁乡市全年地区生产总值同比增长7.3%，规模工业增加值增长8.5%，固定资产投资增长8.3%，社会消费品零售总额增长15.3%，地方一般公共预算收入72.81亿元，增长19.8%，税收占比77%，在县域经济与县域综合发展排名中上升至全国第15位，实现“十四五”良好开局。

坚持工业强市定位，提升发展能级。工程机械产业链实现产值457亿元，三一重起产值190亿元；储能材料产业链实现产值393亿元，增长120.9%，占全省产值份额近60%；智能家电智能硬件产业链实现产值107亿元，增长38.3%，全国首个智能家电产业小镇建成运营。食品及农产品产业集群实现产值179亿元。全市产值、税收实现倍增的工业企业分别达34家、85家，8家企业税收过亿元；新增规模以上工业企业44家。新引进产业项目176个，其中投资10亿元以上工业项目11个，“三类500强”项目6个。211个项目加快建设，141个项目建成投产。两个园区产值合计达1430亿元，制造业占全市生产总值比重达38%。宁乡经开区蝉联“中国先进制造业百强园区”，宁乡高新区创新发展绩效评价连续3年居省级高新区第一。国家创新型县（市）创建工作全面启动。新认定高新技术企业122家，完成R&D（科学研究与试验发展）投入32亿元，转化科技成果300项，新增发明专利365件。新增省市企业技术中心10家。宁乡农科园获评全国优秀园区。出台“纾困增效”专项行动十条措施，兑现本级各项产业奖补资金1.2亿元。

提升城乡建管水平，拓宽发展空间。国土空间规划编制取得初步成果。金洲新城初步完成战略规划编制，纳入长沙市重点建设的“三大”产业功能片区。长宁磁浮快线纳入《长株潭都市圈多层次轨道交通建设规划》项目库并上报国家发改委；长吉高速（宁乡段）完成预工可编制；大坝塘水库完成可研报告初稿；生活垃圾焚烧发电项目完成前期工作；“一江两岸”沿线征拆基本完成。宁乡花猪获评2021年湖南省“一县一特”农产品优秀品牌。宁乡栀子和五里堆香干获评国家地理标志。粮食与生猪生产获得大丰收，粮食播种面积和产量均居全省第二。建成美丽宜居村庄259个。陈家桥村获评全国乡村治理示范村。年度空气优良率达94.2%，沩水、靳江考核断面年均水质达到地表水Ⅱ类标准，饮用水水源地水质达标率100%。道林古镇“千年铁魂·湖南人”景区开园，成为湖南文旅新地标。成功创建湖南省全域旅游示范区，获评2021年全国旅游百强县。全年接待游客932万人次，实现旅游收入102亿元。

聚焦幸福宁乡建设，彰显发展温度。33项省市重点民生实事全面完成，民生支出占财政总支出的77.38%。聚焦服务民生，新增学位7920个、床位1349个、车位17148个、厕位4320个。坚持和发展新时代“枫桥经验”，发挥基层民主协商对话、行业协会、社会贤达、志愿者等积极作用，创新开展“四联五到位”民情大走访，开通书记（市长）信箱“码上办”，“12345”政务热线投诉同比减少28.9%，综治民调近十年内首次在长沙市排名第一，成功创建首批“全国信访工作示范县”、全省信访工作“三无”县。务实开展“我为群众办实事”实践活动，专题研究最突出的“老大难”“硬骨头”问题，处置房地产历史遗留问题32个。实施铁腕治安举措，道路交通安全风险隐患协同共治新模式获评全省县域警务优秀创新项目，全市道路交通事故起数、死亡人数分别下降24.22%、22.89%。

应对各类风险挑战，克服发展阻力。2021年7月底，宁乡市面对突然发生的新冠肺炎疫情，众志成城、科学应对，实施“公安、公卫、通信”联合快速流调机制与接触人员提级管控措施，35小时内完成38.4万份城区居民核酸采样，没有发生第二代传染病例。在2021年雨量与2017年雨量基本持平的情况下，严格实行“一把手”日调度制度，突出强化预报、预警、预案、预演，成功应对 15 轮强降雨，切实保护人民群众的生命财产安全。坚持以压减债务规模、防控债务风险为主线，出台债务风险防控措施，成立盘活存量国有资产资源专班，债务规模得到控制，退至三类风险地区。

加强党的建设，强化发展保障。推出党群连心、“两新”聚力等十大党建创新项目，创新教育系统“1335”、医疗系统“五五工程”等党建模式。夯实基层党组织建设基础，实施“五星”村党组织、“六零”社区党组织创建活动。紧扣明理、增信、崇德、力行开展专题学习，聚焦中国共产党成立 100 周年和党史学习教育主题，组织集中宣讲报告 203 场，开展屋场会等多种形式的基层理论微宣讲 7000 余场。2 个案例入选中央党史学习教育官网“我为群众办实事”经验做法。围绕“干部清正、政府清廉、政治清明、社会清朗”，纵深推进清廉宁乡建设，落实党风廉政建设主体责任，市乡村三级换届风清气正，组织新当选领导干部集体谈话，精准有效运用监督执纪“四种形态”，构建风清气正的政治生态，培育积极向上的社会风尚。

重要会议

【市委一届八次全体会议】 市委一届八次全体会议于 2021 年 6 月 10 日在会议中心召开。会议宣读《中国共产党宁乡市第一届委员会第八次全体会议关于召开中国共产党宁乡市第二次代表大会的决议（草案）》；作《关于召开中国共产党宁乡市第二次代表大会决议（草案）》的说明；表决通过《中国共产党宁乡市第一届委员会第八次全体会议关于召开中国共产党宁乡市第二次代表大会的决议》。会议强调，要严肃纪律，营造风清气正的换届氛围。要共谋发展，围绕宁乡发展大局献计出力，为全面建设“工业强市、幸福宁乡”而努力奋斗。

【市委一届九次全体会议】 市委一届九次全体会议于 2021 年 7 月 23 日在会议中心一会议室召开。会议审议通过市委报告（草案）、市纪委工作报告（草案），作第二届市委委员、候补委员、市纪委委员和长沙市第十四次党代会代表候选人建议名单的说明，酝酿第二届市委委员、候补委员、市纪委委员、长沙市第十四次党代会代表候选人预备人选名单。

【中国共产党宁乡市第二次代表大会】 中国共产党宁乡市第二次代表大会于 2021 年 7 月 31 日在会议中心一会议室召开。会议指出，县第十二次党代会以来的五年，是宁乡有效应对风险挑战、经济实力进位争先、城乡建设蓬勃发展、民生福祉不断增进的五年。五年来，宁乡市抢抓机遇开拓创新，顶住压力攻坚克难，成功实现撤县设市的历史跨越，顺利实现县第十二次党代会确定的主要目标任务。会议强调，建设“工业强市、幸福宁乡”，是未来五年的现实路径，更是市委重大战略部署。要突出工业主阵地，汇聚更大力量支持工业发展。要着力提高城市的规划建管水平，显著提高群众居住品质和生活水平。

【2021 年市委常委会会议】 2021 年共召开市委常委会会议 40 次。

关于传达学习习近平总书记重要讲话和指示批示精神。市委带头发挥领学促学作用，明确把学习习近平总书记重要讲话和指示精神作为重大决策前的专题学习制度。会议强调，要聚焦到深入学习领会“两个确立”的决定性意义上来，把“两个确立”的政治成果转化为坚决做到“两个维护”的政治自觉，始终沿着习近平总书记指引的方向奋勇前进。

关于经济工作。市委传达学习省委经济工作会议、长沙市委经济工作会议精神。会议指出，要根据全市实际情况抓好贯彻落实各级经济工作会议精神。市委常委会会议组成人员要清楚形势、看准时机、紧盯重点抓牢经济工作主线，统一思想抓工业，营造环境引项目，齐心协力谋发展。

关于党建工作。市委深入学习习近平新时代中国特色社会主义思想、党的十九届五中全会精神和习近平总书记考察湖南重要讲话精神。会议指出，抓好党建是本职、不抓党建是失职、抓不好党建是渎职。要全面提高思想认识，以高质量党建推动高质量发展。要奋力彰显党建之为，全面推动各项重点任务落地落实。要弘扬实干精神，确保交出党建工作更加优异答卷。

关于乡村振兴工作。市委传达学习习近平总书记在全国脱贫攻坚总结表彰大会上的重要讲话精神、习近平总书记在中央农村工作会议上的重要讲话精神。会议要求，要继续巩固脱

2021 年 7 月 31 日，中国共产党宁乡市第二次代表大会第一次会议在会议中心一会议室召开

贫攻坚的成果，对标对表，按照中央、省、市的要求全力做好工作，防止集中返贫现象；加大培育产业，以产业为抓手，牢牢抓紧乡村振兴主线；改善人居环境，建设美丽屋场，打造美丽宜居示范村庄。

关于粮食安全工作。市委传达学习习近平总书记关于国家粮食安全系列重要讲话和关于根治粮食购销系统性腐败的重要指示批示精神、党中央和省委、市委有关部署要求。会议强调，粮食生产历来都是重要的问题，要引起高度重视；要加强土地污染治理；要严格保护耕地；要提高百姓种粮积极性。

关于党史学习教育工作。市委传达学习中央、省委和长沙市委关于党史学习教育的相关指示精神。会议强调，要高度重视党史学习教育，开展形式多样的学习教育活动；要深刻认识党史学习教育的重要意义，要沉下心来学；要着力防止党史学习教育走形式，坚决防范党史学习教育泛化、娱乐化、庸俗化；真正做到学党史、守初心、担使命、办实事、解难题、促发展。

关于政府债务风险防控工作。会议强调，要高度重视政府债务问题，严格控制体量，全市统筹。要降量，不允许再新增负债；要控险，绝对不允许出现破产；要合规，认真研究政策，在合法合规的范畴内开展化债工作；要做实，通过多途径、多手段做实工作。

关于防汛工作。会议指出，保护人民群众的生命财产安全是政府的基本责任。要压实责任，市领导带头联点，责任层层压实；准备要充分，提前准备汛期应急物资，成立应急救援队伍；工程建设要解决，对于河管疏通、水塘固堤等防汛工程，要落实到位；完善应急方案，应急方案要演练，确保符合实际有可行性。

关于安全生产工作。会议强调，要再提高认识，从思想上警觉；要铁腕整治，尤其是道路交通安全要整治规范到位；隐患排查要立行立改；加大宣传发动，不良行为要予以曝光；做好保障工作，有足够的能力应对突发事件。

关于新冠肺炎疫情防控工作。市委传达学习中央、省、长沙市关于新冠疫情常态化防控指示精神。会议指出，把防控疫情作为常态化工作抓好抓实。要时刻保持如履薄冰的谨慎；要突出抓好固强补弱的措施；要统筹落实人员流动的管控；要强化应急处突能力的提升；要抓好防控责任的落细落实。

关于政法工作。市委传达学习全国、全省、长沙市政法委队伍教育整顿工作推进会精神。会议指出，做好政法工作是维护社会长治久安的基本保障。系统内部开展自查自纠；加大巡察整改力度；加强全面依法治市；坚决开展扫黑除恶工作；加大力度开展反诈工作，保障人民群众利益不受侵害。

关于党风廉政建设工作。市委传达学习习近平总书记在中央纪委五次全会上的重要讲话精神。会议指出，要清醒把握反腐败斗争依然严峻复杂的形势，走好新时代全面从严治党"赶考"路；着力打造清廉宁乡，为建设工业强市、幸福宁乡提供坚强保障；要传承红色基因，涵养清风正气。

表 1　　**2021 年宁乡市委发文目录一览表**

序号	文件名称	发布文号	发布机关
1	中共宁乡市委关于制定宁乡市国民经济和社会发展第十四个五年规划和二〇三五年远景目标的建议	宁发〔2021〕1 号	中共宁乡市委
2	中共宁乡市委关于印发《中共宁乡市委常委会 2021 年工作要点》的通知	宁发〔2021〕2 号	中共宁乡市委
3	中共宁乡市委关于转发《宁乡市人大常委会 2021 年工作要点》的通知	宁发〔2021〕3 号	中共宁乡市委
4	中共宁乡市委关于转发《政协宁乡市第一届委员会 2021 年工作要点》的通知	宁发〔2021〕4 号	中共宁乡市委
5	中共宁乡市委印发《关于进一步加强市委制度建设的若干规定》的通知	宁发〔2021〕7 号	中共宁乡市委
6	中共宁乡市委宁乡市人民政府关于议事协调机构清理调整的通知	宁发〔2021〕8 号	中共宁乡市委
7	中共宁乡市委关于做好中国共产党宁乡市第二次代表大会代表选举工作的通知	宁发〔2021〕9 号	中共宁乡市委
8	中共宁乡市委关于表彰优秀共产党员、优秀党务工作者和先进基层党组织的决定	宁发〔2021〕13 号	中共宁乡市委
9	中共宁乡市委印发《关于加强新时代人大工作的实施意见》的通知	宁发〔2021〕14 号	中共宁乡市委

续表1

序号	文件名称	发布文号	发布机关
10	中共宁乡市委宁乡市人民政府关于印发《宁乡市生态环境保护工作责任规定》《宁乡市一般生态环境问题（事件）责任追究办法》的通知	宁发〔2021〕15号	中共宁乡市委 宁乡市人民政府
11	中共宁乡市委关于印发《宁乡市"十四五"法治建设规划》的通知	宁发〔2021〕17号	中共宁乡市委
12	中共宁乡市委印发《关于推进清廉宁乡建设的实施意见》的通知	宁发〔2021〕18号	中共宁乡市委

市委办

【政研工作】 2021年，政研工作紧扣市委中心工作，做好调查研究、材料起草、录音整理、会议记录及纪要、新闻宣传等工作任务。起草讲话、报告专题汇报等各类材料570篇，包括市第二次党代会、两会发言材料、市委经济工作会等大型会议材料。整理录音190余万字，实现市委常委会会议记录当天完成、会议讲话材料按时送达、各项工作较好完成。围绕市委、市政府决策部署，坚持问题导向，抓住决策前的调查研究，决策中的对策建议，决策后的督查反馈等主要环节，开展定期、定题的调研活动，形成《持续筑牢乡村振兴的基层基础——宁乡市陈家桥村乡村振兴模式探索》等专题调研报告。聚焦热点问题，提炼特色亮点。按时按质完成上级主管部门的预约材料。围绕疫情防控等重点中心工作，将特色亮点工作进行总结提炼，形成宁乡工作经验进行宣传推广。其中，《宁乡防疫"快"字诀是怎样炼成的?》发表于《湖南日报》，《"企业倍增"激活县域经济发展"一池春水"》在省委《工作情况交流》上刊发，《推动"四联五到位"民情大走访 为群众办更多的好事实事暖心事》在省委办公厅《送阅件》上刊发。

【全面深化改革】 2021年，宁乡市实施优势产业链"提质行动"、供应链内循环"畅通计划"，推动资源要素向三大产业集群集中，实现产业倍增，出台《宁乡市2021年打造国家重要先进制造业高地示范区行动方案》《宁乡市支持"工业强市"建设的若干政策》，宁乡经开区建成以智能家电为特色的中国先进制造业百强园区，先后获评国家绿色园区、长江经济带国家级转型升级示范区；宁乡高新区建成以智能装备制造为主导、以先进储能材料为特色的全国首个电池产业集群示范区。宁乡市连续四年获评全省落实制造强省真抓实干发展成效明显县（市区），获评中国工业百强县（市）第14名。深化农业农村改革。农村集体产权制度改革稳步推进，农村土地"三权分置"改革获评全省首届管理创新奖，"鹊山模式"土地合作经营入选全国改革年度案例；全市所有涉农村（社区）年集体经济收入全部达到20万元以上，评选集体经济示范村10个以上，评选集体经济进步村20个以上；持续推进美丽宜居村庄创建工作，打造"美丽屋场"204个，创建省级美丽乡村示范村14个。推进优化营商环境改革，组织第三方开展营商环境评价；推进"三集中三到位""三无城市""三超两免"等改革措施，梳理公布"一件事一次办"事项423项，精简证明材料255项，赋权至园区权限173项、乡镇308项，下放村（社区）服务事项159项，"最多跑一次"事项达1110项、"不见面审批"事项达510项，全面建成"市乡村"三级电子政务网络体系，连续三年获评省政府真抓实干激励表彰。推进公共卫生领域改革。践行以人民为中心的发展思想，疫情防控坚实有力。紧密型县域医共体建设成效显著，1—10月，医改监测数据有4项指标远优于考核指标，基层首诊率68.77%，县域住院率91.79%，县域就诊率92.98%，符合医改指标要求。党建引领基层社会治理创新。建立党员干部联系服务群众"四联五到位"制度化、常态化机制，全面开展民情大走访活动；健全完善"综治中心+网格化管理中心+数据中心"的基层社会治理体系，深化"县乡村楼"四级平安创建，推进"雪亮工程"建设。截至2021年底，全市集中治理专项工作中交办案件（230件）全部办结。1—10月，全市到信访接待场所来访总量783人次（其中省、市、县分别是406、228、133人次），同比2019年下降34.0%；国家信访局登记16人次，全市无进京非访登记，无到省、市规模集访；矛盾纠纷调解成功率98.7%，获评全省社会治理创新试点县、全省综治工作先进县。

【接待服务】 2021年，宁乡市接待服务中心全方位、高规格接待来宾125批次。其中，党中央、国家各部委接待9批次；省级领导、省直各部门接待30批次；市级领导、市直各部门接待28批次；外地考察团队接待13批次；客商接待4批次；其他接待41批次。在接待服务工作中，厉行节约，严抓接待纪律。热情周到，体现本土特色。引导乡镇挖掘和开发乡土特色菜品、小吃和水果等，汇编成册，努力形成"一镇一品"的特色菜品格局。强化队伍建设。选派接待人员参加接待系统有关业务培训学习，加强与全国接待同行沟通交流，学习先进的接待理念和工作方法，提升接待队伍能力素质。在党办系统干部业务培训班中，将接待业务纳入课程内容，提升全市接待服务水平。

【信息工作】 2021年，宁乡市向省委办公厅、长沙市委办公厅编报党委信息220篇，上稿156篇。其中，《长沙要情》80篇（经验交流39篇、工作动态 14 篇、贯彻落实类 12 篇、基层反映 15 篇)；《长沙信息》54 篇(单条 18 篇、综合 35 篇)；《湖南要情汇报》13 篇；《湖南信息》9 篇。其中,《宁乡市创新开展“四联五到位”民情大走访工作打通服务群众“最后一公里”》《宁乡市速战速决,35 小时完成城区 38.42 万人核酸采样,坚决快速阻断疫情传播渠道》分别被省委办公厅信息专报经验类单条采用。围绕市委重点工作部署,整理编辑全市经济社会动态以及各部门单位贯彻落实情况,编辑《宁乡要情》85 期。落实紧急信息报送的相关要求,及时、准确、全面掌握相关情况,并第一时间上报,牢守紧急信息责任底线。编报处理紧急信息 260 余条,其中上报长沙 16 条,未发生迟报、漏报、瞒报、谎报导致的追责。

【外事工作】 2021 年,宁乡市坚持党对外事工作的集中统一领导,提高政治站位,严格落实规范因公出国(境)管理的相关规定,2021 年,因公出国(境)经费零支出。解决在宁乡市隔离的外交人员实际难题。针对塞拉利昂驻华大使馆一等秘书班古拉在宁乡市解除集中隔离后 42 天仍无法购买机票入京的问题,发挥疫情防控外事专班能动作用,帮助班古拉顺利入京。对接卫健局和定点接种医院等部门,高效周到做好外籍人员疫苗接种服务工作。2021 年,为来自美国、日本、新加坡、越南等 21 个国家的 53 名外籍人员共接种新冠肺炎疫苗 95 剂次。抓实抓细“外防输入”常态化防控和风险防范。做好长沙市委、市政府交办的 4 批次境外来长航班 760 名入境人员集中隔离观察任务,“外防输入”工作有序开展;做好外籍人员入境集中隔离点、有外籍人员的企业和学校等涉外重点领域风险防范,做好在宁乡市的外籍人士信息沟通和服务保障工作。开展外经外贸工作专题调研及座谈。组织商务、招商、园区等部门深入楚天科技、三一重工等外资外贸企业开展调研座谈,给予政策指导,支持奖补资金申报,协调各级各部门解决企业实际问题。以积极开放的姿态保持对外友好交流。与意向国际友城韩国居昌郡外事工作部门保持密切友好联系,就互派公务员、青少年团项目等进行交流沟通。在外籍专家邀请函审批等方面为碧桂园学校等企业主动提供常态化服务。

【市直机关工委】 2021 年,市直机关工委强化政治理论武装,调研督查抓市直单位机关党组织政治理论学习任务落实,开展集中轮训,培训机关党员 1700 名。铺排“三表率一模范”机关创建活动,结合党史学习教育开展“强政治、悟初心、担使命”系列活动,举办学习、讲座 108 场次,表彰优秀党员 66 人,优秀党务工作者 27 人,先进基层党组织 15 个。制定《市直单位机关党的建设工作考核实施细则》,实地调研促进市直部门单位党建全面提质。做好市第二次党代会代表选举工作,选举市党代表 101 名。发展预备党员 42 人,审批预备党员转正 25 名,完成农村发展党员档案专项清查,慰问困难党员 188 人,发放慰问金 14.06 万元。以“四联五到位”民情大走访活动为抓手,深化在职党员进社区(小区)、结对帮扶、志愿服务等活动,贯彻落实“党建聚合力”工程任务。积极配合换届工作,协助 63 名人大代表、72 名政协委员考察。坚持党建带群建,完成市直属机关工会联合会换届选举工作,举办第四届“健康宁乡”机关运动会。开展第二批“市直部门单位联点帮扶小区党支部”特色工作,获省直机关刊物推介。

(姜治国　钟胜蓝)

【史志档案】 宁乡市档案馆为宁乡市委办所属正科级参照公务员管理事业单位,加挂中共宁乡市委党史研究室、宁乡市地方志编纂室牌子,内设机构包括办公室、查阅利用部、技术保护部、党史部、方志部 5 个部室。

2021 年,市档案馆做好档案开发利用工作征集红色档案(实物)共 30 余件。炭河博物馆“宁乡红色印记陈列馆”开馆,市档案馆共整理出反映宁乡人民革命史的档案(实物)共 120 余件展出。根据国家档案局将脱贫攻坚、疫情防控两类档案列为“新时代新成就国家记忆工程”的部署要求,召开专题会议,限期推进,组织汇总精准扶贫、疫情防控“两类档案”目录数据 4.9 万多条,通过长沙市档案局验收。组织开展国际档案日活动,举行展览、发放新档案法等资料、在全市电子屏宣传档案工作、组织 130 余名档案工作者赴炭河里及沙田参观学习。全年,市档案馆共接待查阅档案人数约 1.2 万人,查阅档案 1 万多卷(件),为民众婚姻、土地确权、养老等切身利益问题提供有效证明,也为各级决策提供咨询参考。争取启动档案信息化工作,打造智能档案馆。9 月 17 日,市委常委会专题研究档案工作。会后,组织人员前往望城、长沙县、浏阳市、益阳市、长沙市、南岳区档案馆开展近一个月的档案信息化调研工作,并咨询档案信息化专家,形成完整全面的档案信息化汇报材料及可研报告,市委、市政府同意开展档案信息化工作。

挖掘保护红色文化资源。历时半年,组织专家对全市所有乡镇(街道)的红色文化资源进行全面调查。调查组行程约 3 万余千米,出动党史调研员 2200 人次,实地踏勘 29 个乡镇(街道),186 个村(社区)1200 多户 5000 多人,对 163 个具有代表性的红色资源点进行实地走访,定位、拍照,拍摄照片近 1500 张,收集党史资料 120 余份,对红色文化资源进行整理、记载和挖掘,随行记载笔记约 25 万余字,发现 1917 年毛主席游学宁乡线路点、1961 年刘少奇回乡调查点等具有重大党史价值的资源,为研究宁乡党史提供极为珍贵的第一手资料。绘制《宁乡红色文化资源分布图》。报请宁乡市委、宁乡市政府同意,根据红色文化调研成果,对 127 处红色文化资源点进行树碑立标,向群众宣扬红色革命精神。指导打造党史学习教育主题场馆。指导打造夏铎铺石仑关《毛泽东主席与宁乡》陈列室、炭河里《红色印记——宁乡陈列馆》、横市《湘中革命摇篮——云山书院红色文化陈列馆》、玉潭梅花中学《中共宁党支部陈列馆》、大屯营镇《文画百年大屯营》展览、道林《千年铁魂》6 个党史学习教育主题场馆,成为党史学习教育的新地标。党史学习教育宣传推介。指导融媒体中心《沩水春秋》栏目播出《中共一大代表何叔衡》《宁党支部》《沩山起义》《红二师斗争》《宁乡抗战》《宁乡解放》等重大党史题材10期，《红色宁乡·英烈谱》栏目播出30位宁乡籍革命烈士故事。协助完成湖南卫视新闻联播《为有牺牲·何叔衡：忘家念家》、长沙电视台《热血湘女·刘石三嫂》制作、武汉《长江日报》“寻找21颗初心”采访。查阅党史资料，为“党史天天学”栏目每天撰写一个党史小故事。组织纪念刘少奇回乡调查60周年征文座谈、党史专家赣南闽西中央苏区行等活动。

编纂《宁乡年鉴（2022）》。争取市委办、政府办下文，对全市组稿单位进行专门培训，优化篇目设计，增加特载专文，加强排版效果，提升整体水平。在全国全省首创编制《宁乡历史地图集》，地图集纪录宁乡自建县以来（公元977年）的行政区划变迁，共60余页地图，并在29个乡镇（街道）进行巡展，让更多基层干部及群众通过地图知晓宁乡历史变迁。指导评审《宁乡地名图志》《大沩山志》《宁乡经开区志》的编写工作，《宁乡经开区志》正式出版。

（杨彭鼎）

组　织

【概况】 2021年，宁乡市委组织部坚持组织路线服务政治路线，围绕中心大局，做好抓基层打基础、选干部配班子、建队伍聚人才等工作。

表2　**2021年宁乡市党的基层组织、党员基本情况统计表**

单位：个、人

党的基层组织	个数	党支部分类	个数	党员	人数
总数	2759	机关	372	总数	71225
其中：党委	75	事业单位	456	2021年发展	1659
总支	387	企业	218	2021年死亡	861
支部	2297	其他	1628		

【基层党建】 2021年，宁乡市基层党组织整体功能不断增强。开展庆祝建党百年系列活动，做好党内集中表彰，陈剑获评全国优秀党务工作者，34名共产党员和党组织获省市“两优一先”表彰，发放1.05万余人“光荣在党50年”纪念章。强化基层队伍素质，278个村（社区）“两委”班子完成换届，班子成员平均年龄下降3.5岁，大专以上学历增加297人，358名致富能人和返乡人才进入村（社区）“两委”班子，268个村（社区）实现书记主任“一肩挑”，占比96.4%。创新基层治理模式，开展“四联五到位”民情大走访，党员干部联组入户解决群众事项1.9万余个，“12345”平台投诉减少28.5%，信访总量相比2020年下降34%。服务“兴工强市”战略，选派240名资历深、威望高、经历经验丰富且没有担任领导职务的干部作为党建指导员，到全市466家两新组织，助力企业高质量发展，楚天科技党委、精良重工党总支获评湖南省两新领域标杆党组织。推出“党建聚合力”工程十大党建创新项目，督促21家单位牵头落实77项具体任务。创建一批先进基层党组织，开展“五星”村（社区）党组织和“六零”社区建设，推出鹊山村、陈家桥村、贺家湾村和中源凝香华都小区党支部等一批基层党组织典型。推进全面脱贫与乡村振兴有效衔接，安排科级后备干部、年轻中层骨干312人派驻到140个村（社区），担任驻村第一书记。

【干部工作】 2021年，宁乡市委组织部选激励干部担当作为。实施科级领导干部初始提名，521名优秀干部进入组织视野。出台《宁乡市选人用人工作不实举报核查处理办法（试行）》《宁乡市识别调整不在状态、不担当不作为科级领导干部的试行办法》等各项政策制度，将20名领导干部纳入甄别考察名单，其中5人被予以免职组织处理。培养优秀年轻干部，选派14名优秀年轻干部开展驻企对点精准服务，为企业协调解决各类重点问题217件，协调争取资金1.43亿元。开展优秀年轻干部比选，全市各单位推荐115名年轻干部参加，产生的37名优秀人选被任用为乡镇领导班子成员。服务市委、市人大、市人民政府、市政协集中换届，做好宁乡市第二次党代会和宁乡市两会的换届选举工作。

【人才工作】 2021年，宁乡市委组织部落实长沙市人才政策，2人获评“全国技术能手”，申报长沙市高层次人才达71人，制造业紧缺急需人才申报人数居9区县首位，园区聚集100余名博士、近2000名硕士。率先完成新型职业农民审核工作，认定初级159人，推荐市级中级、高级认定294人、361人，推荐申报市初级“乡村工匠”100名，现代农业领军人才83人次，居长沙市各区县前列。实施《宁乡市制造业“高端产业人才倍增计划”实施办法》，对来宁的制造业高端人才进行奖补，至2021年底，共引进培育高级工程师、高级技师等高技术技能人才500余名，集聚博士生、硕士生等高学历人才3000余名。

【老干工作】 2021年，宁乡市委组织部强化离退休干部政治建设，推进“美在金秋”老党员之家建设工作，创建离退休干部湖南省示范党支部1

个、长沙市“美在金秋”老党员之家6个、宁乡本级示范支部33个。落实老干部两项待遇，全年发放离休干部及配偶（遗孀）相关费用97万余元，组织全市44名离休干部集中健康体检，日常祝寿、悼念、看望老干部24人次，接待老干部来电来访36人次，组织老干部参加省内、市内参观考察活动3次，举办“银发先锋大课堂”2次。调动老干部积极性，3000余名“五老”进学校、进社区、进村组、进企业开展宣讲6000余场，750多名“五老”志愿者主动投身疫情防控，9528名“五老”结对帮扶2582名困难儿童。

（黎天伦）

宣　传

【概况】2021年，宁乡市委宣传部内设办公室、意识形态科、理教科、文明科、文化文产科、新闻出版和版权科6个科室，下辖市新闻中心、市志愿服务促进中心2个二级事业单位。

【理论武装工作】2021年，市委宣传部按照“每月一学，上下同题”抓好理论学习中心组学习。打造“就认这个理·宁来讲”理论宣讲品牌，扩大党的创新理论普及面。举办学习贯彻习近平总书记“七一”重要讲话精神示范微宣讲、“学史力行在宁乡、实事求是在宁乡、‘三高四新’在宁乡”基层理论宣讲大赛，组织巡讲60余场，“屋场夜话”、读书分享会等微宣讲5000余场。打造“有风景的思政课”，评选优秀“思政微课”80堂。开展文艺宣讲，优秀作品被长沙市多次调演。组织全市宣传系统学习贯彻中共十九届六中全会精神培训班，铺开基层理论示范宣讲工作。宁乡市理论武装工作被中央电视台新闻频道单条报道，获1分钟推介，新华社《新华每日电讯》头版、《人民日报》要闻版点评宁乡市宣讲工作出新意获实效。做好理论研究阐释，在《新湘评论》《湖南日报》等刊物理论版发表理论文章22篇。

【意识形态工作】2021年，市委宣传部召开市委意识形态工作专题会议2次，做好党（工）委书记抓意识形态工作述职评议会各项工作。修订出台《宁乡市党组（党委、工委）意识形态工作责任制实施方案》，建立实施意识形态工作正向激励的述职评议制度、责任倒逼的巡察整改制度和齐抓共管的阵地管理制度。提请市委常委会会议审议通过《2021年宁乡市意识形态风险隐患排查整治工作方案》，严格实行清单管理，梳理意识形态领域风险隐患，部署风险防控工作。统筹开展巡察检查和专项督查工作，动态调整市委巡察意识形态工作专项人才库40人，举行专项培训。部署开展对43家单位巡察整改情况的督查和二届市委第一轮巡察。加强对各级党组织和党员领导干部落实意识形态工作责任制情况的监督力度，对相关问题第一时间问责处理到位。

【新闻舆论工作】2021年，市委宣传部聚焦重要媒体，不断讲好宁乡故事，在央媒、省媒分别推稿1560条、4086条，其中，《人民日报》18条，新华社68条。中央网信办全网指令转发《人民记忆：百年百城——宁乡奔小康》。推出融媒短视频600余条，单个视频最高浏览量达200余万人次，新闻海报《“宁”好，皆安》获中宣部全国县级融媒作品三等奖，省委宣传部《县级融媒体中心建设简报》推介宁乡市媒体融合工作。网络公司事业人员分流转化工作获省委原副书记乌兰表扬，在全省作典型发言，并获省委《改革通报》推介。

【精神文明工作】2021年，宁乡市顺利通过全国文明城市年度复查。率先成立县级志愿服务促进中心，加强对文明实践所、站、基地、驿站的统筹协调调度，一体化打造新时代文明实践活动阵地，建设新时代文明实践“城市驿站”工作经验入选中央文明办《建设新时代文明实践中心工作方法100例》。在全省率先出台《未成年人关爱保护实施意见》和建设区县（市）未成年人心理健康辅导中心，入选“复兴少年宫”建设首批省级试点县（长沙市唯一）。推选全国最美家庭1个，省级文明家庭3个，省级文明校园1个。评选“宁乡好人”10人，开展“扣好人生第一粒扣子”系列活动，评选“新时代好少年”40名、“向上向善好青年”60名。

【文化文产工作】2021年，市委宣传部推动精品力作创排，《存款风波》入选全国“庆祝中国共产党成立100周年舞台精品创作工程”重点扶持作品。《英雄归来》入选全省“百团百角唱百年”活动展演。《永远的叔衡》赴省委党校等地巡演4场，并入选长沙市岳麓山青年红色戏剧节。出品红色主题电影《何叔衡》。编排“大江大河交响季 百里画廊百年歌”《实景交响诗·宁乡红》。“希望小屋”项目获评全国文化科技卫生三下乡示范项目。《英雄若兰》等十余部影视作品选点煤炭坝影视基地拍摄。道林古镇顺利开园，“打铁花”登上湖南卫视中秋晚会。全市版权作品登记达5400余件。

（杨惠明）

统　战

【概况】中共宁乡市委统战部为中共宁乡市委主管统一战线工作的职能部门，对外加挂市民族宗教事务局、市人民政府侨务办公室牌子。市侨联与市委统战部合署办公，市新的社会阶层人士服务中心为市委统战部下属二级事业单位。

2021年，中共宁乡市委统战部推动中央和省委、长沙市委及宁乡市委关于统一战线系列重大决策部署落地落实，坚持大统战工作格局，压实全市各级党委（党组）抓统一战线工作主体责任。推动市委常委与36位党外代表人士联谊交友、全体市领导与114家民营企业和48家商（协）会加强联系。在全市掀起学习宣传贯彻《中国共产党统一战线工作条例》（以下简称《条例》）热潮，推动《条例》纳入全市各级党委（党组）理论学习中心组学习内容。出台《关于在全市开展“同心聚合力”行动深入推进“党建聚合力”工程的实施意见》文件，创新开展“同心聚合力”行动，实施政治领航、人才汇聚、共商共治、和谐平安、助推发展、惠及民生、强“新”赋能、同心示范、寻根同源、联谊交友十大工作任务，得到长沙市委常委、市委统战部部长何朝晖肯定性批示。组织召开各领域代表人士“同心聚合力”座谈会，开设“宁心”统战大讲堂，举办“同心聚合力”摄影大赛。举办或参与各领域统战人士和统战干部培训班18期，持续提升政治素养和履职水平。

【党史学习教育】2021年，中共宁乡市委统战部通过开展教育培训活动、专题党课、参观红色基地、发放书籍、观看爱国主义教育影片等方式，在全市统一战线深入开展党史学习教育。组织100余名统一战线各领域代表人士到花明楼镇开展“赴红色基地，学中共党史，建幸福宁乡”教育培训，邀请长沙市委党校老师陈果以“中国共产党为什么能”为主题讲授党课。邀请市人大民侨外委主任汤命强给全市宗教团体班子成员、全市宗教活动场所负责人讲授专题党课，并组织全市各宗教场所负责人到花明楼刘少奇故居参观学习。以炭河里遗址公园授牌湖南省华侨文化交流基地为契机，在炭河里青铜博物馆举行宁乡市“侨心向党 寻红色印记 同心逐梦前行”活动，省侨联党组书记黄芳应邀讲授专题党课，深入开展党史和国情、省情教育，凝聚侨界爱国报国思想共识。

【民主党派和无党派人士工作】2021年，中共宁乡市委统战部支持民主党派和无党派人士加强自身建设，帮助解决经费、办公场所等方面的问题。开展“不忘合作初心，继续携手前进”主题教育活动，在省社会主义学院举办宁乡市民主党派和无党派人士培训班。组织农工民主党宁乡基层工委到巷子口镇、沙田乡开展“巷子花开季、红色故里行”活动，就湖湘文化底蕴挖掘、重要特色产业发展、乡村振兴等工作进行考察调研。组织召开宁乡市民主党派参政议政、理论调研座谈会，制定《关于支持宁乡市各民主党派开展基层社会治理民主监督的工作方案》，深入花明楼镇、黄材镇、巷子口镇、城郊街道等地开展民主监督。引导民主党派和无党派人士助力喻家坳乡打造“栀子小镇”，推动“宁乡栀子”成功申报国家地理标志农产品，为宁乡香榧、艾叶申报国家地理标志农产品提供智力支持，推动国华制药项目落地宁乡经开区。支持民进省委在青山桥镇花园村、夏铎铺镇龙福新村开展民主监督。加强与港澳台侨代表人士联络联谊，在全省港澳统战经验交流大会上作典型发言。开展中国共产党成立100周年“侨心向党”系列活动，推动侨胞之家建设向村（社区）延伸，夏铎铺镇天马新村创建长沙市“侨胞之家”。

【党外代表人士管理】2021年，中共宁乡市委统战部加强党外代表人士管理，按要求在市人大、政府、政协领导班子中配备党外干部，在政府工作部门配备党外正职，在市人民法院和市人民检察院配备党外副院长、副检察长，在市人大、市政协专门委员会主任和副主任队伍中配备党外干部。建立市委组织部、统战部联席会议制度，共配备科级以上党外干部69人，安排党外人大代表154人、党外政协委员221人。会同市纪委监委、市委组织部首次在宁乡全面开展党外干部队伍建设调研，建立优秀党外干部名册。在宁乡全面开展十二类统战人士摸底工作，建立并动态管理数据库。

【民族宗教工作】宁乡市是全省宗教工作重点市，成立了佛教协会、道教协会和基督教三自爱国会3个社会团体，有宗教活动场所52处。2021年，中共宁乡市委统战部开展民族团结进步创建活动，坝塘镇织女农机合作社获评长沙市“民族团结进步同心创建示范基地”。加强少数民族流动人口服务管理，建立健全流入地与流出地合作共管机制。建立健全宗教工作三级网络两级责任制，把宗教活动场所纳入网格化管理，抓细抓实宗教工作乡、村两级网络和责任制建设管理清单，建立健全分级负责、属地管理和责任追究制度，明确场所主体责任、乡镇属地管理责任、部门主管责任和行业监管责任。坚持宗教中国化方向，开展宁乡市宗教界党史学习教育暨庆祝中国共产党成立100周年活动。协调解决福音堂14年来未办理房屋产权证难题，帮助基督教8处堂点解决38年前的遗留教产补偿问题。开展安全生产三年行动，出台宗教领域安全工作责任清单，被省委统战部权威刊物作为基层经验在全省推介，长沙市委常委、统战部部长何朝晖批示“宁乡市宗教领域安全工作的做法值得肯定”。

【非公有制经济统战工作】2021年，中共宁乡市委统战部组织召开全市民营经济统战工作会议暨民营经济高质量发展大会，印发市领导联系民营企业和商协会工作制度，组织民营企业家代表赴浙江大学开展教育培训。引导非公企业践行新发展理念，制定宁乡市民营经济统战工作协调机制，推动长宇科技、万鑫精工等8家企业入选国家专精特新“小巨人”企业。加强走访调研，建立健全政企沟通协商制度，发布《致企业家的一封信》，浓厚长沙市首个企业家日氛围。明确每月21日为“市长企业接待日”并开展活动8期。创建26个统战扶贫车间，为300名贫困劳动人员提供就业。

【新的社会阶层人士统战工作】2021年，中共宁乡市委统战部做好新的社会阶层人士统一战线工作，组织开展“家乡骄傲刘少奇”红色故事分享会，宁乡新媒体协会创建长沙市新阶层人士统战工作实践基地。推进统战助力乡村振兴的新样板“巷子花开”项目建设，入选国家发改委社会领域公共服务助力脱贫攻坚典型案例，中央统战部六局巡视员许睢宁到宁乡市调研时给予高度评价。

【同心创建】2021年，中共宁乡市委统战部把同心创建作为统一战线发挥作用、助推发展、参与基层治理的抓手，引导统一战线各领域人士投身美丽乡村建设和乡村振兴。开展“知联基层行”“万企兴万村”行动，探索统一战线助力乡村振兴新路径。煤炭坝镇贺家湾村获评省级同心美丽乡村，道林镇道林社区获评长沙市同心宜居社区。2021 年，全市有省级同心创建示范点 12 个，长沙市级同心创建示范点 24 个。坝塘镇洋西塘村等 3 个村获评长沙市“万企兴万村”示范创建基地。

【信息工作】 2021 年，中共宁乡市委统战部推动信息工作规范化、科学化建设。获评全省统战信息工作先进基层单位，9 篇信息被省委统战部权威刊物采用，为长沙市各区县（市）第一，1 篇信息被中央统战部《每日汇报》采用，为长沙市各区县（市）唯一。

网　信

【概况】 2021 年，宁乡市委网信办内设综合科、网络管理与执法科、网络宣传科，下设网络舆情中心。宁乡网信办为建设“工业强市 幸福宁乡”，提供强大网上舆论支持、可靠网络安全保障和有力信息化支持。

落实网络意识形态工作责任制，制定《宁乡市关于加快建立网络综合治理体系的实施方案》《宁乡市 2021 年网信工作要点》等文件。组织召开网络安全和信息化委员会会议 1 次，完成理论学习中心组所有专题重点内容的学习。创新方式开展网络云端宣讲活动，实现多人异地学习、云端连线，推动中共十九届六中全会精神入心入脑。组织全市网信干部开展网络意识形态专题培训，把网络意识形态工作纳入市委巡察内容，开展网络意识形态专项督查，防范化解意识形态领域重大风险。2021 年，在湖南省委网信办组织开展的“解读三湘红色密码 推动湖南网信事业”调研活动大赛中，宁乡市委网信办撰写的《从何叔衡的革命品质论网信干部如何践行“三牛”精神》调研文章，获湖南省委网信办调研活动二等奖。参加长沙市网络安全知识竞赛活动，获团体活动一等奖。

2021 年 6 月 1 日，在这里读懂湖南——“在这里读懂初心使命”网络媒体革命老区湖南行之走进宁乡网络主题采访活动举行。图为采访团在宁乡市民之家实地采访

【网络正面宣传】 2021 年，市委网信办策划制作《“人民记忆：百年百城”——宁乡奔小康》在央视网全媒体同步播出。中央网信办组织的“在这里读懂湖南人——‘在这里读懂初心使命’网络媒体革命老区湖南行”走进宁乡，全方位报道宁乡“一件事一次办”、智能制造、文化文旅。策划“庆祝建党百年 打卡五彩宁乡”网络主题宣传活动，征集参赛短视频 1500 余部，话题总阅读量达 1.5 亿，2 次冲上新浪微博热搜总榜第六，25 次登上抖音热榜，宁乡整体形象出圈出彩。组织市属自媒体平台围绕城市交通体系规划、宜居宜业环境、房产开发等方面进行重点报道，推出爆款文章 20 余篇。通过成立网络作家协会，团结一批网上有影响力的人物，凝聚网上正能量。

【网络舆情处置】 2021 年，市委网信办落实舆情联合会商研判、信息上报、网络诉求回应处置、网上值班等制度，实行“涉宁舆情风险月”摸排报送、季度联合会商制度，组织召开舆情联合会商会 4 次，收集整理舆情风险点 86 个，关口前移做好舆情风险应对。化解妥处“邦普循环科技有限公司燃爆事故”“社会青年欺凌事件”等突发敏感舆情 100 起。交办各类网络诉求 812 件，办结率 100%，连续两年获得“红网网民留言办理工作先进单位”。

【网络生态治理】 2021 年，市委网信办完成网信数据和视频专网节点建设，实现中央、省、市、县四级网信技术系统“一盘棋、一张网、一套标准”建设目标。上线网络安全态势感知平台，及时预警、处置网络安全问题。对全市 46 家重点单位 125 个网站和重要信息系统进行网络安全巡察监测、检测，整改安全隐患问题 1031 个。对市内 3 家重点网络企业开展网络安全现场检查，责令网站主办者整改下架 APP2 个，指导注销功能可兼容替代、使用频率低的业务系统 2 个、网站 2 个。开展 2021“清朗”“净网”等专项整治行动，查删、撤下自媒体违法违规信息 200 条，对发布不实和违规信息的 47 人进行批评教育，行政拘留 2 人，关停违规微博号、网站 2 个，组织拍摄禁毒宣传片在公安部禁毒局官网推介，为宁乡经济社会发展营造清朗网络环境。

【普法作品获评全省一等奖】 2021 年 12 月，湖南省委网信办发布 2021 年度湖南省“网信普法优秀作品征集活动”获奖名单公示，宁乡市委网信办策划制作的《网络数据安全漫画系列》作品获普法作品征集活动一等奖。

【中共宁乡市委网络安全和信息化委员会第四次会议】 2021 年 5 月 26 日，宁乡经开区党工委书记、市委书记、市委网信委主任于新凡主持召开市委网络安全和信息化委员会第四次会议，传达学习中央、省、长沙市委网信委会议精神，听取全市网信工作情况汇报，审议有关文件，研究全市网信工作有关事项。宁乡市委副书记、市长、市委网信委副主任黄滔等出席会议。会议强调，要深入贯彻落实习近平总书记关于网络强国的重要思想，按照中央和省委、长沙市委网信委会议部署，提高政治站位，统筹发展和安全，为奋力实施“三高四新”战略，建设工业强市、幸福宁乡提供强大网上舆论支持、可靠网络安全保障、有力信息化支撑。要做强正面宣传，围绕庆祝建党百年、党史学习教育等，主动设置议题、引导话题，着力讲好宁乡高质量发展故事。要强化网络安全工作责任制，旗帜鲜明开展网上舆论斗争，依法依规、积极稳妥处置网络意识形态领域重大问题，坚决维护网上政治安全和意识形态安全。要净化网络空间，加强对网络平台资质、人员资格、机构资本的监督管理，加强部门联动执法，营造更加清朗的网络空间和生态。要着力数字赋能，加快推进产业数字化和数字产业化，以数字化助力乡村全面振兴，着力打造共建共治共享的社会治理格局。

【宁乡市网络文明志愿服务分队工作】 2021年，宁乡市网络文明志愿服务分队队员：直播宁乡、宁乡故事、宁乡娱乐频道、宁乡短视频产业、南楚风光、分享发现吧，本土网红花猪印象建伢子、八哥、小勇哥、爆笑v5哥等为“五彩宁乡”活动代言，发布《横市·云山书院》《望北峰村·严家湖》《中共一大代表何叔衡的故事》《延安五老谢觉哉》《灰汤足迹岛》《花明楼红色影视基地》等50余部爆款作品，为宁乡小众景点宣传。组织开展“讲好党的故事 学好党的历史——家乡骄傲刘少奇”红色故事分享会。组织20多名网络文明志愿者、市内自媒体大咖、网络名人走进市融媒体中心、智慧宁乡参观学习，交流座谈共谋发展。开展互联网法律法规专题学习会议，集中学习《中华人民共和国网络安全法》《网络信息内容生态治理规定》等互联网法律法规，推进行业自律。发挥宁乡新媒体协会和宁乡市网络文明志愿服务分队作用，加强网络文明建设。2021年，为宁乡16支志愿服务

2021年3月5日，宁乡市网络文明志愿服务分队在新时代文明实践中心参加志愿服务活动

分队拍摄感人的“志愿故事”和丰收的“志愿成果”；组织网络文明志愿服务分队队员开展“年年有鱼”“买土猪 过中秋”“寻乡味 过大年”等网络公益活动，助力乡村振兴发展。

【国家网络安全宣传周宁乡“七个一”系列活动】 2021年，市委网信办策划2021年国家网络安全宣传周系列活动，推出具有宁乡特色的网络安全宣传代言人“宁小安”，开展“宁小安”网络历险记线上答题活动、举办“守护网络安全，构建和谐校园”公益宣讲、组织网络安全线上线下检查、开展全市网络安全能力培训、制作《网络安全“宁”来说》短视频、开设网络安全知识展播专栏、发送网络安全公益短信“七个一”系列活动，参与人数达60余万，以寓教于乐的形式普及网络安全知识。

（荣　娜）

机构编制

【概况】 2021年，中共宁乡市委机构编制委员会办公室（以下简称市委编办）负责处理市委机构编制委员会日常事务，协调督促相关单位落实市委机构编制委员会的决定事项、工作部署和要求，研究拟订全市机构编制工作规划和具体管理办法并组织实施。负责全市党政机关，人大、政协机关，各民主党派、人民团体机关以及事业单位的机构编制工作；审核市委、市政府直属事业单位的内设机构、人员编制、领导职数和各级各类事业单位的机构设置、机构级别、业务范围、人员编制；协调市委、市政府部门的职责配置及调整工作，协调全市各部门之间的事权划分和职责分工；负责全市机关事业单位机构编制实名制管理工作、机构编制统计工作、机构编制电子政务工作；对全市事业单位进行登记管理、检查审核；按权限管理统一社会信用代码赋码工作；负责全市机关事业单位域名和互联网网站标识管理工作；负责事业单位的公章管理等工作。以创新实干精神推动机构编制工作高质量发展，为全面建设“工业强市、幸福宁乡”提供体制机制支撑和机构编制保障。

【市直单位机构编制优化调整】 2021年，根据全面深化改革的要求，进一步优化机构设置、理顺职责关系、严控人员编制、提高管理效能。按照“大科室、扁平化”管理要求推进内设机构精简优化，全市市直部门内设机构由400个精减到292个，减少108个，精简27%。统筹盘活编制资源，按照撤销收回、空编收回、整合精减收回20%、富余编制控编收回和

底线核定、综合核定、重点核定、置换核定、过渡核定等原则，在上轮改革原已收编701名基础上，此次优化调整编制1061名，累计收编919名，精减13%。在改革收回的编制中调剂282名用于保障教育、卫健、应急、交通等民生和重点领域。针对改革后的富余人员，盘活各领域编制资源，用于内部定向择优选调。组织开展4批次面向差额、自筹人员的选调，重点保障基层应急、乡村振兴领域和行政审批服务窗口单位，盘活人员383名（其中农业系统分流消化104人、水利系统40人、文旅系统37人）。规范中层干部职数管理，明确中层干部职数核定原则，全市市直部门中层干部职数减少371名，精简18%。

【事业单位改革】 2021年，宁乡市开展公益类事业单位改革。加大机构整合撤并力度。不再保留编制5名及以下事业单位，整合职责相近事业单位，撤并职能弱化、工作量不饱和事业单位，撤销名存实亡“小散弱”事业单位。改革后，市本级设置事业机构162个，减少86个，精简35%。

【重点领域改革】 2021年，市委编办优化调整园地关系，突出园区主责主业，撤销调整长沙市工商行政管理局、市公安局、市财政局、市市监局等部门单位向经开区、高新区派驻的17个机构（含挂牌机构）。清理后，部门单位根据工作需要采取设置服务窗口、办事场所等形式为园区提供服务。城投、国资、白马桥开发公司、历经铺实体办完成人员双向选择，60人通过考试等形式分流，22人退出编制管理转为企业员工。经过两次精简整合，市城发集团在岗员工由531人调整为340人，精简近36%，内设机构由8个部门合并为7个；国资集团在岗员工由246人调整为164人，精简近33%，内设机构由9部1室精简为5部1中心。

【完善职能体系和体制机制】 2021年，市委编办理顺园区执法机制，对市直各部门涉及园区的所有执法权，采取相对集中行政处罚权改革、委托执法等方式授予园区，厘清园区、市直各部门、乡镇（街道）的职权范围。沩东新城管理委员会更名为沩东新城服务中心，调整为市政府直属事业单位，重新明确工作体制和职责定位，将香山国家森林公园管理处、金洲湖国家湿地公园管理处调整为沩东新城服务中心所属。优化调整炭河里遗址管理处管理体制，将炭河里遗址管理处由市文旅局管理调整为沩管会管理。不再保留湖南宁乡香山国家森林公园管理处、湖南宁乡金洲湖国家湿地公园管理处正科级机构规格，核销科级领导职数。撤销宁乡市动物卫生监督所、市沙河市场管理办公室、市牧业服务站、市城市管理和综合执法局经济开发区分局4个副科级机构，核销科级领导职数。

【事业单位登记管理】 2021年，市委编办依照《事业单位登记管理暂行条例》有关规定，有序组织全市430家事业单位全流程“不见面”报送2020年度的年度报告，报告率100%；并于4月26日前将年度报告书通过宁乡政务网对外公示，接受社会监督。全年办理机关群团登记24家（设立1家，变更23家），事业单位登记192家（设立登记12家，变更登记177家，注销登记3家），证书补领8家，发布事业单位登记公告23期。根据《事业单位法人公示信息抽查办法》（试行）有关规定开展事业单位法人公示信息抽查，通知举办单位（主管部门）组织所属事业单位法人对照抽查事项开展自查，并采取“双随机、一公开”方式，在登记管理系统随机抽取检查人员及8家事业单位进行实地检查。向“信用宁乡”平台报送机关群团和事业单位基础信息520条，保证平台基础数据的准确、完备。

【机构编制核查】 2021年，市委编办结合实际制定并印发《宁乡市机构编制核查工作实施方案》和《关于开展机构编制和人员信息自查自纠工作的通知》。重点抓好信息核查、公示监督两个环节，核实机构编制综合管理平台中机构和人员数据信息，确保数据的真实性。在查核比对各项信息的基础上，核准、更新800余家单位的法人、统一社会信用代码、通讯地址等基本信息。按照“应填尽填”的原则，将编内近2.3万人的政治面貌、学历、身份、公务员登记等46项信息全部补充完善到位。通过系统核查发现个人信息中漏填、不符逻辑、对应错误等13000余条错误数据；通过实地抽查发现问题26个，做到机构信息和人员信息全面准确。

（谢　琳）

党校教育

【概况】 2021年，中共宁乡市委党校以《中国共产党党校工作条例》和省、长沙市党校系统工作会议精神为指导，遵循“党校姓党”一个根本原则，发挥“主渠道、思想库”两大阵地优势，抓紧“教学、科研、服务”三项工作，推进开放化办校、品牌化兴校、精细化管校、制度化治校“四化”工作，为推进全市党员干部教育做出积极贡献。

【干部培训】 2021年，市委党校把干部培训作为党校工作的重点。完成干部教育培训任务，先后举办宁乡市学习贯彻党的十九届五中全会培训班、宁乡市“三高四新”之乡村振兴文旅融合专题培训班、宁乡市“三高四新”之城市品质提升专题培训班、宁乡市2021年“三高四新”之乡村振兴专题培训班、2021年宁乡市村（社区）党组织书记主题教育培训班、宁乡市优化营商环境专题培训班、“入党第一课”2021年党员发展对象培训班、宁乡市人大代表履职能力提升班、宁乡市政协委员履职培训班等52个培训班次，培训学员6619人，教学设计、培训内容、食宿安排方面学员好评率均在95%以上；重点打造“传承红色基因、走好新的征程”红色教育路线，承接江西安源、常德澧县、邵阳隆回、湘西龙山等地区1600余名党员干部到宁乡培训；推进领导干部上讲台，先后邀请7名市委常委到党校授课，21名省、市级专家学者作专题报告40余次。构建“党校+”特色教育品牌。推出“党校+红色”（毛泽东纪念馆、刘少奇纪念馆、何叔衡故居、谢觉哉故居、道林红色剧目等），“党校+绿色”（菁华铺陈家桥村、大成桥鹊山村、夏铎铺石仑关等），“党校+金色”（宁乡经开区格力、楚天、加加，宁乡高新区三一等），“党校+彩色”（宁乡市民馆、社区党建教学点等）为主题的现场教学线路。进行志愿服务宣讲。围绕建党100周年推出各类教学专题课程46个，深入全市各机关、企事业单位、村社区以及高中校园开展党史学习教育宣讲、十九届六中全会精神宣讲等系列志愿宣讲，共宣讲300余场次，受众达27000余人次。

3月8日，2021年宁乡市村（社区）党组织书记主题教育培训班开班

2021年7月，市委党校排演《中共一大代表何叔衡》情景剧，在长沙市党校系统首演

【党校人才建设】 2021年，市委党校加强中青年教师培养，建立完善教师教育培训、内外交流、实践锻炼制度机制，采取“请进来”“走出去”相结合的培训模式提升教师能力素质，先后选送8名专兼职教师赴省委党校及省内外培训机构进修；多渠道壮大专兼职师资队伍，以培育优秀教研人才为根本，借力上级党校聘请基础理论名师30名、各级领导干部担任政策市情名师40名、实践名师30名，社会各界兼职教师达120余名。抽调5名干部作为新时代文明实践中心理论志愿服务分队，将宣讲搬到村（社区）、居民小区、企业、景区、学校等地，深入宣讲习近平总书记“七一讲话”精神、党的十九届六中全会精神、湖南省、长沙市、宁乡市党代会精神等。干部职工排演《中共一大代表何叔衡》情景剧，在长沙市党校系统首演，获得好评。

【精品党课】 2021年，市委党校先后打造《“数”说党的百年奋斗重大成就和历史经验》《以史为鉴 开创未来 实现中华民族伟大复兴——学习党的十九届六中全会精神》《奋斗百年路 启航新征程——学习党的十九届六中全会精神》《锚定现代化新长沙、新宁乡奋斗目标——学习传达长沙市第十四次党代会精神、宁乡党代会精神》《新时代中国共产党人的政治宣言——学习习近平在庆祝中国共产党成立100周年大会上的讲话精神》《百炼成钢：中国共产党百年辉煌》《党的奋斗历程与光辉成就》《黎明前的战斗（黄唐起义）》多堂精品课程，《一腔热血铸忠诚——何叔衡的绝对忠诚精神》《党建理论的不朽篇章——解读〈论共产党员的修养〉》两堂课程获评湖南省干部教育培训“三百工程”精品课程。

【科研咨政】 2021年，市委党校构建具有党校特色的科研体制机制，更好地服务党校主业主课。在省委党校理论征文中获奖三篇，在地级市以上刊物发表论文17篇，出版学术专著3部。教育科研工作得到省委党校、长沙市委党校的高度肯定，相关经验在《湖南党校工作通讯》2021年第6期上推广。创新科研激励机制，鼓励教师结合市委市政府需求，开展教学科研，全力打造咨政精品。在《今日宁乡》开设“党校论坛”栏目，推出11篇理论文章，在推进党史学习教育、服务地方经济社会发展中发挥积极作用。创新课题申报模式，将课题申报工作分层分类推进。加强项目管理，强化跟踪指导，2021年申报省级课题7项，市级课题8项，成功立项、结项6个。 （兰正书）

信　访

【概况】 2021年，宁乡市信访局以

“集中治理重复信访、化解信访积案专项工作”为抓手，压实工作责任，扎实强化源头治理，全力化解信访积案，全市信访形势持续向好。宁乡市成功创建全省信访工作“三无”县和“全国信访工作示范县”，连续五年获评长沙市信访工作责任目标管理考核优秀单位。

【群众来访】 2021 年，全市到信访接待场所来访总量 953 人次（其中省、市、县分别是 491、288、157 人次），同比 2020 年下降 30.03%；国家信访局登记 17 人次，同比 2020 年下降 77.6%；办理来信 366 件，网上信访 1057 件，网信占比 50.9%；全市无到省、市规模集访，无因信访问题引发的极端恶性事件。

【市领导接访】 2021 年，按照“公示、接访、包案领办、推动落实”四个环节推进领导公开接访，让群众找得到人、说得上话，把问题化解在基层。2021 年，市领导共接待来访群众 112 批 313 人次，批示 77 件，到期办结率 100%。

【源头治理】 2021 年，市信访局依托党员干部“四联五到位”民情大走访，将党建工作与基层治理、信访工作深度融合，通过推动干部力量一线下沉、意见一线收集、问题一线解决，将信访问题消除在萌芽、化解在初始。推进信访与“12345”热线的对接，宣传热线电话和网上信访等便捷渠道。统筹推进“最多访一次”信访改革，严格落实首接首办、限期办结、回访反馈等工作机制，尽最大可能缩短办理时间、提升办理效果，2021 年初信初访件办理回访满意率 70%。

【信访积案化解】 2021 年，市信访局深化集中治理重复信访、化解信访积案专项工作，采取领导干部联案包案、责任单位调处、信访联席会协调等方式，推动案件化解。国家信访局交办的第一批 230 件案件全部办结，其中 117 件签订息访息诉协议，占任务数的 50.87%。长沙市信访联席办交办的 26 件信访积案全部化解到位。

【依法治访】 2021 年，市信访局在全市组织开展“法治宣传月”活动，规范信访秩序，增加全民依法信访的意识，引导群众依法逐级上访。市信访联席会议召集人定期组织市委政法委、市人民法院、市人民检察院、市公安局、市信访局等部门召开专题会议，对依法治访工作进行研究部署，对于少数恶意串联、组织、策划重复上访和非正常上访、扰乱公共秩序等触及法律法规的人员，由政法机关依法处置。

【信访制度改革】 2021 年，市信访联席会议下文成立十个信访专项问题工作小组，建立部门配合、上下联动、通力合作、高效运转的运行机制。2021 年，召开 18 次信访问题联席会议，形成 10 次会议纪要，有效化解 10 件信访积案。市信访联席办定期对各单位信访工作情况进行分类排名通报，对工作进展缓慢、化解质量不高和基础工作不实的责任单位进行实地督导，进一步压实工作责任，确保工作实效。（李星宇）

宁乡市人民代表大会

综　述

【概况】 2021年，宁乡市人民代表大会常务委员会坚持以习近平新时代中国特色社会主义思想为指导，坚持党的领导、人民当家作主、依法治国有机统一，紧紧围绕全市工作大局依法履职尽责，先后组织召开人大会1次，常委会会议8次，听取和审议关于“七五”普法开展情况及“八五”普法规划制定、农村饮水及水源地保护、农村公路标准化建设、中小学校教师资源配置、社区矫正、残疾人保障等专项工作报告21个，对《中华人民共和国农产品质量安全法》《社会团体登记管理条例》《中华人民共和国传染病防治法》《物业管理条例》4部法律法规的实施情况进行检查，开展城市立体绿化建设等集中视察8次，作出决议决定3项，为推动宁乡市经济社会高质量发展和民主法治建设提供重要制度支撑和法治保障。坚持党管干部和人大依法任免相统一，先后任免国家机关工作人员95人次。

【自身建设】 2021年，宁乡市人民代表大会常务委员会深入开展党史学习教育，先后开展集中学习活动22次，专题研讨12次，深化作风建设，严格落实长沙市委作风建设“十六条”和宁乡市委“八个严禁”，支持派驻纪检监察组工作，主动接受市委巡察，对反馈的3方面14类38种问题全部完成整改销号。强化与省市人大的工作联动，与乡镇（街道）人大的工作协同，在执法检查、工作调研等方面发挥五级代表的积极作用，汇聚共同推进新时代人大工作的整体合力。深化人大宣传。围绕市人大常委会的工作重点，聚焦人大会议和代表议案、建议办理情况、人大监督工作、代表履职等方面工作，加大宣传报道力度，办好《宁乡人大》4期，《宁乡市人大常委会公报》6期，在宁乡市人大常委会网站推送信息162条，向全国人大、湖南人大、长沙人大报送信息30多条，在国家、省市级刊物上发表文章18篇，宣传人大制度，凝聚社会正能量，把牢意识形态工作的主动权。

重要会议

【宁乡市第二届人民代表大会第一次会议】 宁乡市第二届人民代表大会第一次会议于2021年10月24日至2021年10月27日在玉潭街道召开，会议四天。会议共有十四项议程：听取和审议宁乡市人民政府工作报告；审查宁乡市2017—2021年国民经济和社会发展计划执行情况与2022—2026年国民经济和社会发展计划（草案）的报告（书面）；审查宁乡市2017—2021年财政工作情况和2022—2026年财政工作计划（草案）的报告（书面）；听取和审议宁乡市人大常委会工作报告；听取和审议宁

2021年10月24日，宁乡市第二届人民代表大会第一次会议现场

乡市人民法院工作报告；听取和审议宁乡市人民检察院工作报告；选举宁乡市第二届人民代表大会常务委员会主任、副主任、委员；选举宁乡市人民政府市长、副市长；选举宁乡市监察委员会主任；选举宁乡市人民法院院长；选举宁乡市人民检察院检察长；选举宁乡市出席长沙市第十六届人民代表大会代表；通过宁乡市第二届人民代表大会各专门委员会主任委员、副主任委员、委员名单；其他。会议圆满完成各项议程，号召全市上下要更加紧密地团结在以习近平同志为核心的党中央周围，在省委、长沙市委的坚强领导下，团结依靠全市人民群众，以时不我待、一往无前的奋斗姿态，大力实施“三高四新”战略。

【市委人大工作会议】 2021 年 9 月 15 日，市委人大工作会议召开，出台《中共宁乡市委关于加强新时代人大工作的实施意见》，为新时代宁乡人大工作高质量发展指明方向，提供遵循。

【宁乡市第一届人民代表大会常务委员会会议】 2021 年，市一届人大常委会共召开会议 7 次。

2021 年 1 月 4 日召开宁乡市第一届人大常委会第三十次会议。会议听取和审议关于补选长沙市人大代表（长沙市委常委、秘书长谭勇）的议案。

2021 年 3 月 1 日召开宁乡市第一届人大常委会第三十一次会议。会议传达学习省委常委、副省长、长沙市委书记吴桂英在奋力实施“三高四新”战略全面推进高质量发展大会上的重要讲话精神。听取和审议相关人事任免议案；听取和审议《宁乡市人大常委会审议意见办理办法（草案）》；听取和审议市人民政府关于 2020 年环境状况和环境保护目标完成情况的报告。

2021 年 4 月 28 日召开宁乡市第一届人大常委会第三十二次会议。会议听取和审议市人民政府关于法治政府建设工作的报告；听取和审议市人民政府关于《中华人民共和国农产品质量法》贯彻实施情况的报告；听取和审议市人民政府关于《社会团体登记管理条例》贯彻实施情况的报告；听取和审议市人民政府关于《中华人民共和国传染病防治法》贯彻实施情况的报告。

2021 年 5 月 11 日召开宁乡市第一届人大常委会第三十三次会议。会议听取和审议相关人事任免议案；听取市人大常委会代表资格审查委员会关于个别代表的代表资格的审查报告；听取和审议市人大常委会主任会议关于提请重新确定乡镇人大代表名额的议案。

2021 年 6 月 22 日召开宁乡市第一届人大常委会第三十四次会议。会议听取和审议 2020 年宁乡市财政决算（草案）的报告，审查和批准 2020 年宁乡市财政决算（草案）；听取和审议 2020 年宁乡市同级预算执行审计情况的报告；听取和审议市人大常委会主任会议《关于提请审议决定接受周海滨同志辞去宁乡市第一届人民代表大会代表职务请求的议案》；听取和审议市人大常委会主任会议《关于提请任免颜顶元等同志职务的议案》；听取和审议市人大常委会主任会议《关于提请任命市、乡两级选举委员会组成人员的议案》；听取和审议市人大常委会主任会议《关于提请确定 2021 年宁乡市市乡两级人民代表大会换届选举工作方案的议案》；听取和审议市人民政府关于红色旅游发展情况的报告。

2021 年 8 月 27 日召开宁乡市第一届人大常委会第三十五次会议。会议听取和审议市一届人大常委会代表资格审查委员会关于市二届人大代表的代表资格审查报告；听取和审议市二届人大一次会议筹备方案；听取和审议 2021 年上半年宁乡市国民经济发展计划执行情况的报告；听取和审议 2021 年上半年宁乡市财政预算执行情况的报告；听取和审议相关人事任免议案；听取和审议市人民政府关于《物业管理条例》贯彻实施情况的报告。

2021 年 9 月 28 日召开宁乡市第一届人大常委会第三十六次会议。会议听取和审议市人大常委会工作报告（草案）；听取和审议市人民政府工作报告（草案）（书面）；听取和审议市人民法院工作报告（草案）（书面）；听取和审议市人民检察院工作报告（草案）（书面）；听取和审议市人民政府关于代表建议办理情况的报告；听取和审议市人大法制委关于规范性文件备案审查专项工作报告；听取和审议市人民政府关于公安机关执法规范化建设工作的报告；听取和审议市人民政府关于农村饮水及水资源保护情况的报告。

【宁乡市第二届人民代表大会常务委员会会议】 2021 年，宁乡市第二届人大常委会共召开会议 1 次。

2021 年 11 月 30 日召开宁乡市第二届人大常委会第一次会议。会议传达学习中共十九届六中全会精神；听取和审议《宁乡市人大常委会主任会议关于提请成立宁乡市第二届人民代表大会资格审查委员会的议案》；听取和审议 2021 年 1—10 月宁乡市财政预算执行情况及 2021 年预算调整（草案）的报告，审查和批准 2021 年财政预算调整（草案）；听取和审议市人民政府关于退役军人服务保障工作的报告；听取和审议市人民政府关于“七五普法”规划执行情况及“八五”普法规划制定情况的报告。

依法履职

【换届选举】 2021 年，全市县乡两级人大换届选举工作顺利完成。全市共登记选民 121.03 万人，参加投票人数 116.68 万人，参选率 96.4%，依法选举产生宁乡市人大代表 423 名，乡镇人大代表 1947 名，依法依程序召开新一届县乡两级人大第一次会议。2021 年 10 月 24—27 日，宁乡市第二届人民代表大会第一次会议召开，会议依法选举产生新一届市人大常委会组成人员、市人民政府班子成员，选举产生市监察委员会主任、市人民法院院长和市人民检察院检察长，选举产生宁乡市出席长沙市第十六届人民代表大会代表 73 名，通过宁乡市第二届人民代表大会各专门委员会主任委员、副主任委员、委员。

【监督工作】 2021年，宁乡市人民代表大会常务委员会强化监督工作。依法审议审查2020年财政决算，2021年计划执行、财政预算执行情况以及预算调整方案等议题，切实增强计划和预算执行刚性，助推政府做好“六稳”“六保”工作。推进预算联网监督工作，全年共发出处理预警信息155条次。注重同级预算执行审计监督，就审计查出的国有资产管理、政府采购等6个方面存在的59个问题整改情况进行跟踪督办和满意度测评，推动做好审计整改。深入开展“三抓两促”活动，帮扶企业23家，上门服务90次，解决问题19个。听取2020年环境状况和环境保护目标完成情况的报告，开展农村饮水及水源地保护、城市立体绿化建设专题调研，推动生态环境持续改善，共同守护绿水青山。检查安全生产“一法一条例”贯彻实施情况，开展农村公路标准化建设专题调研，切实守护人民群众生命财产安全。加大对不同群体的关注力度，开展中小学校教师资源配置、社区矫正、残疾人服务保障、退役军人保障等工作的专题调研，找准症结持续发力，让发展成果更公平、更可享。切实维护宪法最高权威，主办“12·4”国家宪法日集中宣传周活动，听取“七五”普法开展情况及“八五”普法规划制定情况的报告，推动全市普法工作稳步开展。听取和审议法治政府建设专项工作报告，开展规范性文件备案审查工作调研和专项清理，推动政府依法行政。检查农产品质量安全法、社会团体登记管理条例、传染病防治法、物业管理条例实施情况，推动法律法规贯彻落实更有力更深入。开展公安机关执法规范化建设专题调研，推动全市公安民警执法更公正更文明。出台审议意见办理办法，开展办理结果测评，确保监督实效。全年受理来信来访及上级批转信访件16件，接待来访群众165人次，维护群众合法权益。

2021年12月，宁乡市人大常委会主办“12·4”国家宪法日集中宣传周活动

代表工作

【代表工作】 2021年，宁乡市人民代表大会常务委员会深入开展“常委会组成人员走访代表、代表联系选民”主题活动，常委会组成人员走访基层人大代表236人，收集意见86条，解决问题37个。全市各级人大代表集中联系群众2万余名，走访或召开座谈会3000余次，收集意见600余条。提升代表建议办理的力度。市一届人大五次会议和闭会期间，代表们共计提出建议104件，均已办理并答复代表，代表满意率100%，其中，问题已经解决或基本解决的78件，占办理总数的75%，较2020年提高2.5个百分点。选取12件事关全市发展大局和群众切身利益的建议作为重点建议，继续实行人大常委会领导牵头督办机制，一批群众关心关注的热点难点问题得到现场解决。提升服务代表履职的深度。持续推进乡镇人大“三化”建设，不断优化代表履职平台，代表联络站逐步向屋场、企业前移，服务功能更加完善，服务群众更加便捷。强化代表培训，组织举办两期宁乡市人大代表履职培训班，有效提升代表的人大意识和履职能力。探索履职活动新办法，依托互联网，实现代表全面、即时、便捷地联系选民，畅通联系渠道，激发履职热情。

【乡镇民生实事项目人大代表票决制】 2021年，全市乡镇民生实事项目代表票决制工作实现全覆盖，2021年各乡镇票决确定项目66个，总投资金额1.58亿元，一系列人民群众“急难愁盼”问题得到集中解决，实现“为民做主”向“由民做主”的转变。（张　丹）

宁乡市人民政府

综 述

2021年，宁乡市科学统筹发展和安全，巩固拓展疫情防控和经济社会发展成果，落实“三高四新”战略定位和使命任务，建设“工业强市、幸福宁乡”，经济运行稳中有进、稳中提质，实现“十四五”良好开局。地区生产总值增长7.3%，地方一般公共预算收入增长20.26%，规模工业增加值增长8.5%，固定资产投资增长8.3%，社会消费品零售总额增长15.3%，城乡居民人均可支配收入增长8.7%。全口径一般公共预算收入103.98亿元，县域经济基本竞争力从全国百强县第21位提升至第18位，县域经济与县域综合发展排名上升至全国第15位。

智能制造汇聚新动能。优势产业不断壮大。工程机械产业链实现产值457亿元，三一重起产值190亿元；储能材料产业链实现产值393亿元，增长120.9%，占全省产值份额近60%；智能家电智能硬件产业链实现产值107亿元，增长38.3%，全国首个智能家电产业小镇建成运营。食品及农产品产业集群实现产值179亿元，华润怡宝、康师傅等11个项目增资扩产。全市产值、税收实现倍增的工业企业分别达34家、85家，三一重起、格力暖通、楚天科技、邦普循环、华润怡宝、中伟新能源、巴斯夫杉杉、星邦智能8家企业税收过亿元；新增规模以上工业企业44家、国家专精特新“小巨人”企业6家、国家级绿色工厂3家；星邦智能、楚天科技获评国家智能制造示范工厂。园区建设成果丰硕。新引进产业项目176个，其中投资10亿元以上工业项目11个，“三类500强”项目6个。邦普循环六期七期、星城石墨二期、美妆谷、斗禾科技等211个项目加快建设，比亚迪动力电池一期、楚天科技中央工厂、格力晶弘冰箱、三一中起等141个项目建成投产，彰显宁乡速度。两个园区产值合计达1430亿元，制造业占全市生产总值比重达38%。宁乡经开区蝉联“中国先进制造业百强园区”。宁乡高新区创新发展绩效评价连续3年居省级高新区第一，获评五星级国家新型工业化产业示范基地。科技创新再添新彩。国家创新型县（市）创建工作全面启动。新认定高新技术企业122家，完成R&D（研究与试验发展）投入32亿元、技术合同成交额30.86亿元，转化科技成果300项，新增发明专利365件，微纳坤宸获全市首件中国专利银奖。新增省市企业技术中心10家。宁乡农科园获评全国优秀园区。产业链高质量发展。中伟新能源产值突破130亿元，成为宁乡第二家、长沙第九家产值过百亿工业企业。新引进的邦盛新能源为长沙市年度内唯一新增的投资过百亿、产值过百亿企业，入选省十大产业项目。楚天科技承接国内新冠肺炎疫苗生产设备80%以上的产能。星邦智能电动臂车助力点亮冬奥圣火。宁乡作为全省唯一区县市代表在全省制造强省建设推进大会上作典型发言。精准推进产业链高质量发展典型经验获省政府大督查通报表扬。

乡村振兴开创新局面。现代农业加速发展，2021年粮食播种总面积10.65万公顷、总产量72.92万吨，粮食播种面积和产量均居全省第二。出栏生猪128万头（其中宁乡花猪38万头）。生产烟叶8.26万担，茶叶、蔬菜、小水果等特色产业获得丰收。全市农产品加工业实现总产值552亿元。新增新型职业农民806人、农民合作社92家、家庭农场136家。建成高标准农田5353.33公顷。除险加固小型水库4座、小型水闸26座，整治山塘183口。主要农作物综合机械化水平提升至82.4%。动物疫病防控工作获省市考核优秀。获评湖南省农产品质量安全县。人居环境持续改善，新增农村公厕40座、改厕4280座；打造市级美丽幸福河流3条、小微水体示范片区5处；新（改）建农村公路789千米，加固危桥20座；文明乡风持续涵养，新增市级乡村治理示范镇3个、示范村15个，青山桥镇、双凫铺镇获评省卫生镇，大成桥镇获评省文明镇。集体经济提质增量。常态化动态监测帮扶易返贫致贫人口，提供公益性岗位1878个，全年未发生返贫致贫现象，对口帮扶龙山县咱果乡工作扎实有效。着力发展村级集体经济，108个村（社区）获评2021年省级乡村振兴示范村；全市240个涉农村（社区）年集体经济收入全部达20万元

（经营性收入5万元）以上。宁乡花猪获评2021年湖南省“一县一特”农产品优秀品牌。宁乡栀子和五里堆香干获评国家地理标志。建成美丽宜居村庄259个。陈家桥村获评全国乡村治理示范村。

东进融城全面推进，城市功能不断完善。金洲新城初步完成战略规划编制，纳入长沙市重点建设的“三大”产业功能片区。渝长厦高铁和宁韶高速（宁乡段）加速推进，金唐公路二期、黄龙公路、五巷公路等6条干线公路建成通车。长宁磁浮快线纳入《长株潭都市圈多层次轨道交通建设规划》项目库并上报国家发改委；长吉高速（宁乡段）完成预工可编制；大坝塘水库完成可行性研究报告初稿；生活垃圾焚烧发电项目完成前期工作；“一江两岸”沿线征拆基本完成。国土空间规划编制取得初步成果。城区建成区面积扩展至70.88平方千米，宁乡成为全省建成区面积最大的县级城市。沙河桥、汽车桥维修加固，建成金全路、东城大道等城区道路4条。城乡排水一体化项目加快推进，直饮水建设经验成为全省典型。首座500千伏安宁变投产送电。新建燃气管道25.3千米、5G基站1244个。52个老旧小区提质改造，筹集保障性租赁住房3408套。建成楼台山等城市公园3个。依法拆除违建12.6万平方米，清零征拆项目30个、腾地262.43公顷。顺利通过全国文明城市复检。获评中国智慧城市百佳县市。新建商品房销售163.3万平方米，“四上”建筑企业完成产值143.98亿元；“您来购·‘宁’有奖”等4项促消费活动惠及千家万户；实现电子商务交易额31亿元，服务业增加值增长7.6%。生态环境持续改善。坚持不懈打好蓝天、碧水、净土保卫战。推进各级环保督察及“回头看”反馈问题整改。全面推行林长制，率先全省设立百姓林长，森林防火经验成为全省典型，年度空气优良率达94.2%；深入实施河（湖）长制，保持常年禁渔水域“四清四无”，沩水、靳江考核断面年均水质达到地表水Ⅱ类标准，饮用水水源地水质达标率100%；巩固调整种植结构9.81万亩。

深化改革优环境。“放管服”改革深入推进，实现“园区事园区办”事项173项、APP“不见面审批”事项510项。“领照即开业”“交地即开工”“交房即交证”的“三即”改革强力实施。供销综合改革获中华全国供销合作总社肯定。城发和国资集团精简人员达40%。园区亩均效益改革取得阶段性成效，盘活低效闲置资产41宗。对外开放持续扩大。全市外贸业绩破零、倍增、过亿元企业分别达20家、26家、7家，外贸进出口总额增长59.4%。宁乡高新区获评国家装备制造外贸转型升级基地。“长株潭一体化”战略加快落实，宁益城际公交开通运营，主动与周边6个区县市明确合作事项72项。营商环境持续优化。推出“书记、市长企业直通车”“企业点单、政府备菜、用时即有”“龙头企业优先级”三项制度，“三抓两促”等服务活动深受企业点赞。转贷应急周转资金累计转贷24.67亿元，兑现本级各项产业奖补资金1.2亿元。全年新增市场主体19965户。营商环境创新创优。率先出台“纾困增效”专项行动十条措施。将每月21日确定为“市长企业接待日”。与3省21个城市签订政务服务“跨省通办”合作协议。主动审批大数据服务平台获评中国数字政府数字治理十佳典型案例。深化“放管服”和“一件事一次办”改革连续4年获省政府真抓实干督查激励。获评全国营商环境百强县第24名。

民生保障扩面提质。33项省市重点民生实事全面完成，民生支出占财政总支出的77.38%。新增城镇就业11340人，城乡居民人均可支配收入达43992元。城乡基本养老保险、基本医疗保险参保率均达98%。留守儿童、残疾人等特殊群体关爱工作深入推进，市社会福利中心建成运营，新增养老床位498张。社会事业蓬勃发展。积极落实“双减”政策，新（改）建学校6所，完成农村集镇寄宿制学校提质等项目113个，新增学位6060个。基本药物实现全网采购。人民医院流沙河分院、中医医院巷子口分院建成运营；夏铎铺镇纳入国家健康乡镇试点；举办建党百年系列文艺活动和首届“市长文艺奖”评选，《永远的叔衡》获田汉音乐奖、表演奖。炭河里青铜王国成为全省首个考古研学项目。建成村（社区）综合文化服务中心25个、智慧健身中心17个。社会治理创新实践。坚持和发展新时代“枫桥经验”，基层民主协商对话、行业协会、社会贤达、志愿者等作用积极发挥，开展“四联五到位”民情大走访，累计解决群众身边问题2万余个。处置房地产历史遗留问题32个。实施铁腕治安举措，率先实施防疫与安全生产“敲门入户全覆盖”行动，道路交通安全风险隐患协同共治新模式获评全省县域警务优秀创新项目，全市道路交通事故起数、死亡人数分别下降24.22%、22.89%。完成5批次包机接待疫情防控任务，12岁及以上人群疫苗全程接种率97.59%。市工商联获评全国“五好”县级工商联。扫黑除恶、双拥等工作领跑长沙，获评全省平安建设年度考核评估先进县（市区）、食品安全工作先进单位。

自身建设。坚持把政治建设摆在首要位置，扎实开展党史学习教育，办好“我为群众办实事”清单项目144个。自觉接受人大法律监督、工作监督和政协民主监督，办理各级人大代表建议128件、政协委员提案105件，办结率100%。邀请人大代表、政协委员、市民代表列席政府常务会议重大民生议题，出台政府合同审查备案管理工作规则，政府决策行为更加民主科学，获评全省首批法治政府创建示范市。全力压控一般性政府投资，切实降低融资成本，出台债务风险防控“十条举措”，全市债务风险退至三类。强化预算执行等审计监督整改。政府门户网站获评“中国政务网站领先奖”。

文旅融合提质增效。道林古镇“千年铁魂·湖南人”景区正式开园，成为湖南文旅新地标。创建湖南省全域旅游示范区，获评2021年全国旅游百强县。举办文化旅游主题节会38场次；“抖游宁乡”短视频大赛话题总播放量超3.6亿次；新发布红色旅游线路4条；新增国家AAA级旅游景区1家、省级工业旅游示范点2个；全年接待游客932万人次，旅游收入102亿元。

疫情防控坚实有力。面对7月底突如其来的新冠肺炎疫情，全市上下众志成城、科学应对，突出“快、准、狠、稳”举措，果断率先实施“公安、公卫、通信”联合快速流调机制与接触人员提级管控措施，35小时内完成38.4万份城区居民核酸采样，没有发生第二代传染病例。

社会治理成效明显。深入实施“四联五到位”民情大走访，主动开通书记、市长信箱“码”上办，“12345”政务热线投诉同比减少28.9%，综治民调近十年来在长沙首次排名第一，信访总量同比大幅下降，创建省级信访“三无”县（市区），获评长沙市唯一的全国信访工作示范县（市区）。

重要会议

【市政府常务会议研究事项】 2021年，宁乡市人民政府共召开政府常务会议11次。

1月12日，传达学习中央、湖南省、长沙市经济工作会议精神，研究宁乡市贯彻落实意见；专题学习习近平总书记关于安全生产的专题论述，听取邦普循环“1·7”燃爆事故的处置情况，安排部署为期三个月安全生产大排查大整治大管控行动；审议《宁乡市加强乡镇（街道）、村（社区）应急能力建设的通知》《宁乡市供水突发事故应急预案》《宁乡市农村房屋安全隐患排查整治暨违法建设和违法违规审批专项清查整治工作实施方案》《宁乡市金融突发事件应急预案》《宁乡市上级专项资金管理办法》《2021年政府性投资项目计划》《宁乡市残疾人联合会改革方案》；研究宁乡市水利水电建设总公司脱钩改制工作和宁乡市2020年度国务院、省政府年度督查激励表扬事项资金发放工作。

3月4日，传达学习中央农村工作会议、全国脱贫攻坚总结表彰大会、中央一号文件、《中共中央、国务院关于实现巩固拓展脱贫攻坚成果同乡村振兴有效衔接的意见》精神；审议《乡村振兴推进年行动方案》《城市管理提标年行动方案（送审稿）》《三高四新深化年行动方案》《营商环境优化年行动方案》《关于促进宁乡市建筑高质量发展的实施意见》《宁乡市补充耕地指标管理办法》《宁乡市公共租赁住房租金管理办法》《宁乡市2020—2035年老旧小区改造专项规划》；研究宁乡市政府投资项目工程变更及项目概算调整和议事协调机构清理工作。

4月6日，传达学习习近平总书记近段关于统计工作的讲话精神和《关于推动县域经济高质量发展的政策措施》；审议《宁乡市园区赋权目录》《关于切实加强耕地保护规范用地行为十项制度》《宁乡市退役军人和其他优抚对象困难援助资金暂行管理办法》《宁乡市建设“工业强市”的若干政策》《城发集团、国资集团内设架构和岗位设置实施方案》《城发集团、国资集团员工薪酬管理办法》《宁乡市创建湖南省食品安全示范市实施方案（送审稿）》《宁乡市创建湖南省食品安全示范市标准及责任分解》；研究全市统计工作、2020年度工业经济奖补情况汇报、2021年争创省政府真抓实干督查激励工作和宁乡市炭河大剧院及西周风情街区舞台专用设备和综合体游乐设备安装及装修装饰工程结算资金支付工作。

5月27日，审议《宁乡市小型水库管理养护实施办法》《关于对各类亡人责任事故进行责任追究的通知》《宁乡市应急系统安全监管目标管理考核工作方案》《宁乡市既有多层住宅增设电梯实施方案及办理细则》《宁乡市既有多层住宅增设电梯管理规定》；研究全市防汛抗旱工作、道路交通安全工作、统计工作、安全生产工作、食品安全工作、非洲猪瘟防控工作、疫情防控工作；听取长沙市对宁乡市绩效考核指标一季度推进完成情况汇报。

6月15日，传达习近平总书记及各级领导关于“6·13”事件相关批示指示、贯彻落实14日全国、全省2021年端午节安全防范视频调度会和全市安全防范视频调度会会议精神；审议《全市燃气、烟花爆竹、仓储、非煤矿山、危险化学品等重点领域大排查工作方案》《宁乡市第三次国土调查耕地质量等级调查评价实施方案》《2020年度市本级预算执行及其他财政收支的审计工作报告》《2020年财政决算报告》《宁乡市2021年高标准农田建设实施方案》；研究重大项目建设工作、“放管服”工作、“12345”热线工作、2020年度招商引资中介人奖励验收工作。

7月9日，传达学习《关于创建“五好”园区推动新发展阶段园区高质量发展的指导意见》及许达哲、毛伟明同志在全省产业园区高质量发展推进会上的讲话，在2021年省总河长会议上的讲话；传达学习《湖南省2021—2024年禁毒人民战争实施方案》；研究全市禁毒工作、全市中小学幼儿园安全保卫及肇事肇祸精神障碍患者服务管理工作、河长制工作、集约节约用地工作及工业用地集约节约状况、上市工作、招商合同清理工作、社区配套用房物业用房工作、国家创新型县（市）的创建工作。

8月27日，审议《关于全面推进林长制的实施方案》《1—6月财政预算执行情况及后段工作重点》《宁乡市月清“三地”存量任务处置三年行动计划》；研究全市居民小区物业管理工作、农村村民建房管理工作、林长制工作、打击治理电信网络新型违法犯罪工作、优化营商环境工作、绩效考核工作、化债工作、8月月清“三地”重点工作。

9月30日，传达学习《防范和处置非法集资条例》《行政处罚法》及党中央国务院法治建设“一规划两纲要”等文件精神；审议《政府工作报告》《关于宁乡市2017—2021年财政工作情况和2022—2026年财政工作计划（草案）的报告》《关于2017—2021年国民经济与社会发展计划执行情况及2022—2026年国民经济与社会发展计划（草案）的报告》《宁乡市防范和化解涉众型非法经营活动稳定风险联席会议制度》《宁乡市支持服务业和建筑业发展若干政策措施》《宁乡市政府合同审查备案工作规则》《宁乡市火灾事故应急预案《宁乡市食品安全监管事权清单》《宁乡市开展打击欺诈骗保套保挪用贪占医保基金集中整治工作方案》；研究全市法治政府建设工作、消防工作、开展打击欺诈骗保套保挪用贪占医保基金集中整治工作、国庆期间安全生产工作。

11月17日，传达学习习近平总书记关于统计工作重要指示批示精神，学习防范和惩治统计造假弄虚作假重要文件选编，开展警示教育，听取国家统计督察情况汇报；审议《统计督察初步反馈问题立行立改十条措施实施方案》《2021年1—10月预算执行情况和预算调整草案》《宁乡市国企改革三年行动工作方案（2020—2022年）》《宁乡市创建国家农产品质量安全县实施方案》《宁乡市基本烟田规划建设与永久保护实施方案》《宁乡市推进“五好”园区建设提高亩均效益盘活产业园区低效工业用地的指导意见》《园区低效用地盘活清理三年行动计划》《宁乡市被征地农民社会保障资金筹集试点实施细则》；研究全市乡村振兴工作、产业链工作“12345”热线办理工作、进一步减轻义务教育阶段学生作业负担和校外培训负担工作、第三次全国国土调查工作。

11月26日，审议《宁乡市生活垃圾焚烧发电项目PPP实施方案、资格预审方案》《宁乡市国土空间总体规划（2020—2035年）》《宁乡市“三高四新”财源建设工程实施方案》《2021年宁乡市符合政府安排工作条件退役士兵（第一批）及军转干部安置岗位计划》《宁乡市市长质量奖评审考核办法》；研究金洲新城概念规划工作、S1线（长宁快线）规划工作、长吉高速规划工作、龙田抽水蓄能电站概念规划工作、全市化债工作、民生实事工作、安全生产（道路交通、消防救援、森林防火）百日大会战工作、信访工作、维稳（扫黑除恶、反电诈、舆情分析）工作、禁毒工作。

12月23日，审议《2020年市级预算执行和其他财政收支审计查出问题整改情况的报告》《宁乡市关于全面推进市容环境卫生常态化精细化管理实施方案》《2021年宁乡市生活垃圾分类工作方案》《宁乡市推动特色小城镇和特色小村庄高质量发展行动计划（2021—2023年）》《宁乡市城市体检评估工作建设方案》《关于进一步加强电梯安全管理工作的通知》；研究全市市容环境整治工作。

表3　**2021年宁政发发文目录一览表**

件号	责任者	文号	题名	发文日期
1	宁乡市人民政府	宁政发〔2021〕1号	关于2021年《政府工作报告》主要目标任务实施责任管理的通知	2021年1月4日
2	宁乡市人民政府	宁政发〔2021〕2号	关于宁乡市G319汽车桥和沙河桥拆除重建工程项目二批国有土地上房屋征收决定的通告	2021年1月8日
3	宁乡市人民政府	宁政发〔2021〕3号	关于印发《宁乡市国民经济和社会发展第十四个五年规划纲要》的通知	2021年1月22日
4	宁乡市人民政府	宁政发〔2021〕4号	关于2021年长沙市《政府工作报告》涉及宁乡市主要目标任务实施责任管理的通知	2021年3月12日
5	宁乡市人民政府	宁政发〔2021〕5号	关于印发宁乡市行政复议体制改革方案的通知	2021年5月27日
6	宁乡市人民政府	宁政发〔2021〕6号	关于宁乡经济技术开发区沩水湾片区综合整治项目（含原氮肥厂老旧房屋征收拆除）国有土地上房屋征收决定的通告	2021年9月22日
7	宁乡市人民政府	宁政发〔2021〕7号	关于印发宁乡市人民政府2021年《政府工作报告》目标任务责任分解的通知	2021年10月27日
8	宁乡市人民政府	2021年第1号	林区禁火令	2021年11月3日
9	宁乡市人民政府	宁政发〔2021〕8号	关于宁乡市防疫医疗设备研发中心项目房屋征收决定的通告	2021年12月22日
10	宁乡市人民政府	宁政发〔2021〕9号	关于印发宁乡市2021年市与乡镇（街道）、园区财政管理体制实施方案的通知	2021年12月25日
11	宁乡市人民政府	宁政发〔2021〕10号	关于禁止猎捕陆生野生动物的通告	2021年12月22日

表 4　　2021 年宁政办发发文目录一览表

件号	责任者	文号	题名	发文日期
1	宁乡市人民政府办公室	宁政办发〔2021〕1 号	关于印发宁乡市推进“极简审批”深化“一件事一次办”改革工作实施方案的通知	2021 年 1 月 4 日
2	宁乡市人民政府办公室	宁政办发〔2021〕2 号	关于印发《宁乡市智慧教育行动计划（2020—2023 年）》的通知	2021 年 1 月 27 日
3	宁乡市人民政府办公室	宁政办发〔2021〕4 号	关于印发宁乡市化工行业安全发展规划（2020 年—2035 年）的通知	2021 年 2 月 9 日
4	宁乡市人民政府办公室	宁政办发〔2021〕5 号	关于印发宁乡市建设工业强市的若干政策的通知	2021 年 4 月 16 日
5	宁乡市人民政府办公室	宁政办发〔2021〕6 号	关于印发宁乡市补充耕地指标管理办法的通知	2021 年 4 月 19 日
6	宁乡市人民政府办公室	宁政办发〔2021〕7 号	印发宁乡市公共租赁住房租金管理办法的通知	2021 年 4 月 13 日
7	宁乡市人民政府办公室	宁政办发〔2021〕8 号	关于印发宁乡市园区赋权目录的通知	2021 年 4 月 13 日
8	宁乡市人民政府办公室	宁政办发〔2021〕9 号	关于印发宁乡市退役军人和其他优抚对象困难援助资金管理暂行办法的通知	2021 年 4 月 13 日
9	宁乡市人民政府办公室	宁政办发〔2021〕10 号	关于调整初中学业水平考试与高中阶段学校招生有关事项的通知	2021 年 4 月 27 日
10	宁乡市人民政府办公室	宁政办发〔2021〕11 号	关于印发《宁乡市 2021 年深化“放管服”改革重点任务分工方案》的通知	2021 年 6 月 24 日
11	宁乡市人民政府办公室	宁政办发〔2021〕12 号	关于印发《宁乡市既有多层住宅增设电梯管理规定》的通知	2021 年 7 月 1 日
12	宁乡市人民政府办公室	宁政办发〔2021〕13 号	关于印发宁乡市精美宁乡建设工作实施方案的通知	2021 年 9 月 15 日
13	宁乡市人民政府办公室	宁政办发〔2021〕14 号	关于废止《宁乡市招商引资中介人奖励实施办法》的通知	2021 年 10 月 11 日
14	宁乡市人民政府办公室	宁政办发〔2021〕15 号	印发宁乡市 2021—2023 年度采石（砂）取土场使用林地计划的通知	2021 年 11 月 2 日
15	宁乡市人民政府办公室	宁政办发〔2021〕16 号	关于印发宁乡市食品安全监管事权清单的通知	2021 年 11 月 3 日
16	宁乡市人民政府办公室	宁政办发〔2021〕17 号	关于印发宁乡市被征地农民社会保障资金筹集试点实施细则的通知	2021 年 11 月 22 日
17	宁乡市人民政府办公室	宁政办发〔2021〕18 号	关于印发宁乡市政府合同审查备案工作规则的通知	2021 年 11 月 19 日
18	宁乡市人民政府办公室	宁政办发〔2021〕19 号	关于印发宁乡市开展“纾困增效”专项行动十条措施的通知	2021 年 11 月 21 日
19	宁乡市人民政府办公室	宁政办发〔2021〕20 号	关于印发宁乡市火灾事故应急预案的通知	2021 年 11 月 26 日

续表4

件号	责任者	文号	题名	发文日期
20	宁乡市人民政府办公室	宁政办发〔2021〕21号	关于印发宁乡市支持服务业和建筑业发展若干政策措施的通知	2021年11月26日
21	宁乡市人民政府办公室	宁政办发〔2021〕22号	关于印发《宁乡市财源建设工程实施方案》的通知	2021年11月29日
22	宁乡市人民政府办公室	宁政办发〔2021〕23号	印发宁乡市市长质量奖评审考核办法的通知	2021年12月22日
23	宁乡市人民政府办公室	宁政办发〔2021〕24号	印发宁乡市2021年宁乡市森林火灾应急预案的通知	2021年12月28日

市政府办

【概况】2021年，市政府办树立服务大局、服务发展、服务基层、服务群众的工作意识，发挥运转中枢作用，提升参谋、协调、服务水平，确保市政府各项工作的高效有序运转。

发挥参谋助手作用，积极服务中心工作。协助开展政府性债务化解日常工作，加快平台公司市场化转型，盘活存量资产资源，打赢打好政府债务化解持久战，守住不发生系统性金融风险的底线。抽调4名干部到疫情防控指挥部工作，协助市领导科学应对，35小时内完成38.4万份城区居民核酸采样，没有发生第二代传染病例。听取民情民意、切实化解民忧民难，深化领导干部接访下访，推行“市长码上办”电子信箱，高效办理“12345”热线工单，群众来电来访来信回访满意率98.65%。做好省政府大督查各项工作，积极沟通汇报、提炼亮点特色，宁乡信访“三无”创建、招引培育百亿企业产业链建设、优化营商环境和“一件事一次办”四项工作获评省政府大督查真抓实干激励表扬。协助做好养老保险待遇限期清理、防汛抗旱、迎峰度夏保电、道路交通安全等工作。

高效办文办会。按照办文、办会、办事“零差错”、“零失误”的标准和要求，着力压减发文数量，规范公文处理程序，提高公文办理效率，全年下发文件109件，较2020年减少9.2%。强化对下级来文单位的业务指导与服务，做到平件快办、急件急办，有效缩短公文办理和流转时间。做好会前通知、会中服务、会后情况收集上报，加强议题、议程安排的协调把关，对市政府常务会议、市长办公会议等高规格会议的议题，认真审核把关，从源头上确保会议的权威性和高效性。2021年召开全市性大会4次，承办政府常务会议12次，全年会议次数较2020年下降30%。

强化综合协调，推动政府工作高效运转。完善值班值守工作机制，严格实行24小时应急值守，做到值班工作“有登记、有报告、有落实、有反馈”，突出抗疫、防汛、法定节假日等关键节点，严格督查人员到岗到位情况，确保全市、各部门应急值班值守管理到位。形成快速响应、信息报送机制，编写值班信息281期，协助市政府领导处置紧急情况568起，确保人民群众生命财产安全和全市平安稳定。

提升机关工作效能。落实主体责任，全年组织召开党组（扩大）会议共20次、理论学习中心组学习12次、意识形态专题研判会议2次，及时传达贯彻上级党风廉政、意识形态有关要求规定，安排部署政府廉政、作风建设等工作。组织开展党组书记讲党课1次，开展班子成员谈心谈话50人次、集体廉政谈话3次。带领市政府办党组全体成员参加市委第十二届“廉政文化周”，提升班子的廉政素养。组织召开政府办党组民主生活会2次。完善网络舆情应急处理机制，履行政府新闻发言人职责，强化舆情监测预警，全办全年没有发生负面舆情。开展学习教育。围绕“明理、增信、崇德、力行”主题，组织开展专题学习研讨4次，组织赴沙田、黄材、老粮仓、夏铎铺、沩山、横市等红色基地现场参观学习，邀请宁乡党校老师讲授微党课，组织观看《半条棉被》《我和我的父辈》等红色电影，开展以“说说我的入党故事”为主题演讲比赛。召开党员大会，完成对政府办党总支、两个支部的换届选举。出台《宁乡市人民政府办公室党组会议制度》《宁乡市人民政府办公室党组理论学习中心组学习制度》《宁乡市政府办“三重一大”事项集体决策制度》《宁乡市人民政府办公室关于进一步严肃财经纪律加强财务管理的通知》等规章制度，强化组织保障，确保用制度管人、靠制度管事。

【政务督查】2021年，市政府督查工作突出督查问效。落实市政府重要决策跟踪督办制度，做好市政府领导交办的、《政府工作报告》确定的、市政府重要会议议定的决策落实落地，全年组织开展专项督查21次，赴现场督查10次，确保督查事项件件有落实、事事有反馈。2021年，宁乡市政府系统共承办各级建议提案共计233件，其中，湖南省建议1件，湖南省提案2件，长沙市建议29件，长沙市提案10件，宁乡市建议98件，宁乡市提案93件，全部按时办复。其中，宁乡市98件代表建议得到解决或基本解决的73件，占比74.48%，较2020年提高2.51个百分点；宁乡市93件提案得到解决或基本解决的74件，占比79.57%，较2020年提高5.79个百分点。

【政府经济研究】 2021年，政府经济研究工作按照“短、实、新”的要求，把好文稿政策关、内容关、文字关，确保文稿的权威性和可操作性。全年累计起草、把关各类文稿300多篇，共计200万字；历时两个多月，修改20多稿，高质量起草前后跨度10年的换届政府工作报告；12月起草2022年政府工作报告。起草经济全会材料4篇、经济形势分析会材料6篇、市域经济运行情况11篇。协助市政府主要领导起草省制造业大会等典型经验发言4篇、整理刊发署名文章5篇。开展各项重要课题研究20项，着力抓好法治政府建设、挺进全国前十强、宁乡产业园区用地、“长望浏宁”主要经济指标对比分析等课题研究，积极协助省优化办制定《湖南省优化营商环境条例》工作，受到省优化办、发改委肯定。新型村级集体经济发展“老粮仓模式”的经验与启示在《人民日报》刊发。每月定期组织学习研讨，汇编专题资料10余本。协助《长沙晚报》、智慧宁乡、宁视界、这里是宁乡、今日宁乡、宁乡新闻、宁乡电台等各类媒体平台完成新闻报道230余篇，在《宁乡文艺》《创作》《美丽新宁乡》等刊物上发表各类原创性作品20篇。

【政府法治工作】 2021年，协助市政府领导搭建依法治市工作体系和平台，将法治建设纳入全市发展总体规划、年度工作计划和年度绩效评估，与经济社会发展同部署、同推进、同督促、同考核、同奖惩。安排法制部门参与政府决策，审查12次政府常务会议的156个议题，提出法律意见475条；审查市本级合同308份、备案合同889份，从源头上防控法律风险，推动全市形成尊重和采纳法律审查意见的氛围，2021年无一件因文件颁布或者合同签订、权利义务不对等等问题而引发诉讼和复议。2021年，宁乡获评全省首批法治政府创建示范市。

【信息宣传工作】 2021年，信息宣传围绕经济社会发展中心工作，及时总结重点特色工作，积极推介先进经验做法，全年上报政务信息124条，上级采用41条，其中10条信息被国务院办公厅采用，宁乡市连续5年获评长沙市政府系统政务信息优秀单位。强化领导新闻稿件质量审核，协助各类媒体完成领导新闻报道300余篇。 （张明敏）

行政审批服务

【概况】 2021年，宁乡市行政审批服务工作持续深化“放管服”改革，深耕细作“一件事一次办”改革，做强政务热线、做实政务公开、做优政务服务，政务服务系统共受理事项3273032件，办结率99.9%，其中全程网办占比57.89%，满意率99.96%，促进审批服务提质、企业办事提速、项目建设提效，政务营商环境持续优化，宁乡市“放管服”和“一件事一次办”改革工作连续四年获省政府真抓实干激励表彰，在各级媒体累计发表宣传报道42篇。2021年4月29日，宁乡市行政审批服务局获评长沙市“五一劳动奖状”。7月15日，宁乡在全省政务服务中心“我与政务服务同行”圆桌会议上，就“一件事一次办”改革作典型经验介绍。11月11日，宁乡在长沙市“放管服”和“一件事一次办”改革经验交流会上作经验交流。11月24日，省政务管理服务局印发《关于全省政务大厅运行管理检查交流有关情况的通报》，通报对“宁乡积极推进人生事项‘一件事一次办’”“宁乡市运用大数据手段推进基层公共服务‘一门式’事项从‘就近办’向‘主动办’升级”典型经验做法予以肯定。

【“人生一件事”工作】 2021年，宁乡市打造“人生一件事”新亮点。梳理公布“一件事一次办”事项472项，推行“一事一码”，2021年累计办件256万余件。围绕公民个人生命周期，将75个“人生事”改造成出生、入学、办证、就业、置业、婚育、就医、救助、退休、身后10大主题“一件事”，按照“一事一标准”编制服务指南，确保每个主题“一件事”都实现“一次办”。2021年累计办理出生“一件事”4804件、新生入学“一件事”12697件、二手车过户400件、二手房水电气过户65件、退休一件事22件、身后“一件事”8279件。

【极简审批】 2021年，宁乡市推行审批事项极简，探索推行工业项目“先建后验”审批模式，通过开展区域评估、联合验收及告知承诺制审批等方式，精简行政审批事项20项、公共服务事项2项，对13项审批事项进行区域评估评审，探索工业项目带方案出让土地，工业项目审批时限提速50%以上；推行办理方式的极简，通过极简搜索、极简导办、极简填报、极简联办，实现信息在线核验、后台快捷联办、审批高效快捷；推行审批方式的极简，实现高频事项不见面审批，依申请事项主动审批，简易事项智能审批，不见面办理事项达到510项，3个“一件事”实现主动办、智慧办，2021年城乡居民养老保险主动发放7140人次，高龄津贴新增发放6432人次，公共卫生许可证等21项智能AI审批事项实现自助申报、智能审核、现场打证。

【“跨省通办”合作】 2021年，宁乡市与湖南省韶山市、湘潭市雨湖区、江西省井冈山市、九江市修水县、湖北省天门市等3个省份21个城市签订政务服务“跨省通办协议”，启动政务服务“跨省通办”合作。合作城市将自愿结成政务服务“跨省通办”合作关系，共同打造“标准规范、相互授权、异地收件、远程办理、协同联动”的“跨省通办”政务服务新模式。宁乡市市民之家自助服务区开辟“跨省通办”栏目，在12台自助服务机部署涉及12省32市76个城市部分自助机事项，办事人可自主选择地区进行相应的事项办理。

【简政放权】 2021年，宁乡市赋权增效到园区，向园区赋权173项，基本实现“园区事园区办”。延伸服务到镇村，赋予乡镇（街道）经济社会管理权限308项，下放下延村（社区）服务事项159项，做到多点快办、就近能办，实现群众办事“大事不出镇、小事不出村”。持续巩固基层公共服务“一门式”全覆盖工作，推行就近制证，2021 年老年优待证就近办证 26795 本，生育服务证就近办证 6948 本，流动党员证 1789 本，林木采伐许可证 238 份。

【优化营商环境】 2021 年，宁乡推行“三即”承诺制，“领照即开业”完成市场主体 11443 户；“交房即交证”完成商品房项目 5 个共 1518 户；“交地即开工”完成 11 个项目。推行“1130”改革。实现企业开办 1 个工作日内完成、不动产登记 1 个工作日完成、园区一般工业项目建设阶段全流程审批 30 个工作日内完成，推动工业项目审批提速增效。“无证明城市”系统沉淀证明材料 47308 份；“无收费园区”减免费用 2537.8 万元；“无跑腿审批”办理审批业务 3092 件，帮代办项目 254 个。巩固“三超两免”改革。建设网上中介超市、网上金融超市、网上地产品超市，着力解决审批难、融资难、销售难的问题，网上中介超市共发布公告 735 个；凡是宁乡核发的材料一律免于提交，凡是有电子证照的一律免于提交实体证照，20 个单位、403 个事项实现群众办事扫码亮证，“两个免于”提交共办件 192 件。

【服务水平提升】 2021 年，市行政审批服务局提升窗口管理水平。坚持以制度管人，以巡查纠正问题，以考核强管理，设立“办不成事受理窗口”，解决政务服务领域的“急难愁盼”问题。下发《工作交办通知》20 余期，11 名大厅工作人员由于服务态度问题被辞退。坚持周例会、月通报、季考核，运行“好差评”制度，评价情况作为对窗口单位考评依据。及时处置差评及大厅各类投诉，处理结果及时在讲评会上进行通报，做到事事有回应、件件有着落。提升热线办理水平，2021 年“12345”政务热线投诉同比 2020 年减少 28.8%，信访总量同比 2019 年减少 34.9%；围绕工单办结率、热线满意率、问题解决率出台举措，开展书记市长信箱“码上办”，2021 年“12345”政务热线累计收到各类诉求 113864 件，群众满意率为 98.48%。提升政务公开水平，加强队伍建设和培训，提升专干业务能力。持续推进基层政务公开，组织牵头单位形成全市 2021 年度 26 个重点领域基层政务公开标准化目录，并按要求对专栏内容进行及时更新。在市本级和七个乡镇（街道）建设政务公开窗口。做实政府信息公开，规范依申请公开事项办理，2021 年市本级共受理政府信息公开申请 38 件。

2021 年 4 月 30 日，宁乡市开展“12345”政务热线第一个“领导接听日”工作。图为时任宁乡市人民政府副市长贺立权接听当日接受记者采访

【宁乡实施二手车过户“一件事一次办”】 2021 年 2 月 4 日，宁乡市二手车过户“一件事一次办”正式实施，二手车过户涉及的道路运输车辆过户转籍登记、机动车登记（含机动车转移登记，补、换领机动车行驶证，换领机动车号牌）、涉税事项等实现“一窗受理、联合审批、快递送达”，市车管所、市车管所金洲分所、市车管所白马桥分所均可办理该项业务，市民可以根据自身情况选择就近车管所办理。

【第一个“领导接听日”工作】 2021 年 4 月 30 日，为推进阳光政府、服务政府、法治政府建设，搭建政府与市民快捷高效的沟通渠道，及时为企业群众排忧解难，宁乡市开展“12345”政务热线“领导接听日”工作。当天上午，市领导接听市民来电 7 个，现场答复 2 个，派单 5 个。

【《宁乡市林木采伐许可“一件事一次办”工作实施方案》印发】 2021 年 5 月，市行政审批服务局、市林业局、市数据资源中心联合印发《宁乡市林木采伐许可“一件事一次办”工作实施方案》，明确林农采伐个人商品材不超过 15 立方米的，实行村（社区）和乡镇（街道）就近承诺制办理。

【“退休一件事”实现不见面审批】 2021 年 8 月，宁乡“退休一件事”正式上线运行，申办人登录“智慧宁乡”APP，选择“人生事”下面的“退休一件事”，选择对应的情形，按照系统提示提交资料即可办理。工作人员在后台审批，在线核验身份信息，当事人全程“零跑腿”，资料极简填报，审批高效安全。

【二手房交易水电气联动过户“一件事”实现全程网办】 2021 年 8 月开始，宁乡市实现二手房交易水电气联动过户全程线上极简办理。此前，在办理不动产转移登记后，办事群众需准备3套材料，分别向供水、供电、供气三个部门申请办理过户，耗时耗力耗资料。8月起，申请人只需登录“智慧宁乡”APP，找到“一件事一次办”模块，全程线上进行申报。

【宁乡市2021年政务公开政务服务工作会议】 2021年8月18日，宁乡市2021年政务公开政务服务工作会议在市民之家三楼大会议室召开。会上观看《宁乡市深化“一件事一次办”改革纪实》宣传片，市行政审批服务局党组书记匡乐红宣读政务公开政务服务先进单位或个人表彰通报并颁奖授牌，市教育局、市交运局、城郊街道分别作交流发言，党组副书记、局长刘宇雄在会上作全市政务公开政务服务工作报告，回顾总结前段工作成绩，安排部署后段工作计划。

【省政务服务检查组到宁乡开展政务服务大厅运行管理情况检查】 2021年9月15日，省政务服务检查组一行到宁乡，检查政务服务大厅运行管理情况。检查组通过实地考察、现场交谈、查看资料等方式对市政务服务大厅运行管理情况进行详细检查。在市民之家政务服务大厅，检查组一行实地查看政务公开窗口设置情况，通过政务服务决策分析系统，详细了解“一件事一次办”套餐办件量，深入各窗口询问办事流程、审批时限，查阅办事指南，并与办事群众交流办事体验。检查组对宁乡行政审批服务工作取得的工作成效表示肯定。

【中央依法治国办督察组到宁乡开展法治政府建设督察】 2021年10月13日，中央依法治国办督察组来宁乡进行法治政府建设督察，就行政审批服务“马上办、网上办、就近办、一次办、自助办”，政务服务“一件事一次办”等相关内容，开展现场体验观摩、听取相关工作汇报、暗访办事流程、听取群众意见和查看工作台账。

【调研接待】 2021年3月7日，省委常委、长沙市委书记吴桂英到宁乡调研经济社会发展情况，考察市民之家政务公开专区。9月2日，沅江市党政代表团来宁考察，考察团一行现场体验市民之家自助服务区功能，通过相关操作演示了解“一件事一次办”改革成效。10月21日，长沙市委常委、市纪委书记、市监委代理主任胡卫兵带队到宁乡调研，了解“放管服”改革、“一件事一次办”、“12345”政务热线等情况。11月8日，省人民政府秘书长、党组成员，办公厅党组书记邓群策，省政府办公厅党组成员、省政务管理服务局局长周运平，省政务管理服务局副局长周述东，长沙市行政审批服务局党组书记、局长魏华松等省市领导调研宁乡政务管理服务工作，实地考察城郊街道怡宁社区、市民之家政务大厅和灰汤镇政务中心，详细了解基层公共服务“一门式”全覆盖、“一件事一次办”、政务公开和政务服务等工作情况。11月16日，长沙市委常委、政法委书记张敏考察调研宁乡市民之家，了解“放管服”和“一件事一次办”改革工作。（吴　婷）

数据资源服务

【概况】 宁乡市数据资源中心负责宁乡市数字政府及新型智慧城市建设相关工作，累计建设基础平台31个，开发便民应用62个，获得各级荣誉奖励85项，接待各级考察学习千余次，被各级媒体宣传报道500余次。2021年1月，宁乡市2021年“放管服”和“一件事一次办”改革工作，获湖南省真抓实干督查激励通报表扬。9月，“智慧宁乡”APP有效打通政务服务“最后一公里”，获湖南省委宣传部经验做法推广。11月，经中国信息化研究与促进网发布《2021年中国优秀政务平台推荐及综合影响力评估结果通报》，宁乡市人民政府网获评“2021年度中国领先政务网站”，宁乡市主动审批大数据服务平台获评“2021年度中国数字政府数字治理典型案例（十佳）之一”（全省唯一）。11月，宁乡市推行“极简审批”着力构建政务服务便利化新格局，获湖南省政府政务管理服务省直部门和市州的经验做法推广。12月，宁乡市数据资源中心申报的主动审批大数据服务平台入选长沙市首届智慧城市典型应用和解决方案评选“十大典型应用案例”。

【数字政府建设】 2021年，宁乡市加强数字政府建设，优化行政审批服务平台能力，为“三无城市”“极简审批”“一件事一次办”“三超两免”等改革工作提供技术探索。2021年，“三无城市”开发无证明系统，沉淀证明材料50461份、累计办理审批业务468660件；极简审批，开发高龄津贴、老年人优待证办理、城乡居民养老保险待遇申领等与群众密切相关的依申请事项主动办，老年优待证就近办证25724本（含主动送证上门2830本），城乡居民养老保险主动发放2317人次，高龄津贴发放80959人次；“一件事一次办”，开发出生、入学、身后、企业开办、二手车过户、企业职工退休、二手房水电气联动过户等“一件事联办系统”，企业开办、身后、入学实现全流程网上办理。2021年出生一件事办理12213件，身后一件事办理8861件，入学一件事办理61243件，二手车过户一件事办理414件；结合智慧宁乡APP开发证照复用系统，实现身份证、营业执照在市民之家办理业务时免于提交纸质材料，累计办件300余件。行政审批服务平台累计推送158万件办件数据至长沙市共享平台汇聚。政府门户网站建设，优化网站界面设计，新增住房服务、社保服务、数据开放平台、问答知识库等专题板块，优化政务信息公开、网上办事大厅和市长信箱等功能和服务。网站内容日益丰富、功能日趋完善、服务水平持续提高，宁乡市人民政府门户网站获评“2021年度中国领先政务网站”。通过统筹电子公文系统、视频会议系统、无纸化办公系统、会议通知系统等数字政府应用建设，累计举办视频会议327场次、无纸化会议34次、电子公文发文万余次，节约办公经费，降低疫情风险及行政成本，提升政府服务效能。制定“十四五”数字乡村振兴规划，精选特色特点乡镇及村（社区）开展数字乡村试点。

【便民应用开发】 2021年，宁乡以

政务服务和公共服务为突破，持续开发各类便民应用。“智慧宁乡”APP，整合远程协助、人脸识别、手写签字、指纹核验、情形导办、实人认证、手写签字、电子签名、网上支付、OCR 识别等基础能力，开发上线政务服务事项 1755 项。以“智慧宁乡”APP 和微信公众号为载体，开发教育微信报名缴费、公交电子站牌、公交扫码支付等应用 60 余项，构建全方位公共服务惠民体系。截至 2021 年底，“智慧宁乡”APP 开发“我要看、我要办、我要问、我要评”四个功能板块，累计用户数量超过 40 万，日常活跃用户数量超过 2 万。2021 年，“智慧宁乡”APP 上线多个新功能。市数据资源中心联合市文旅局、市图书馆，运用移动互联网、大数据、人脸识别等技术，在“智慧宁乡”上线“智慧图书馆”功能，提供在线图书馆入馆预约、馆藏书查询、图书借阅、在线办理借阅证等服务，可以通过人脸识别技术绑定借阅证，方便市民在城区设立的自助借阅机上刷脸借书。新增儿童疫苗线上预约登记服务，通过手机 APP 一站式实现电子接种证、接种提醒、预约、库存查询，还有线上妈妈课堂、问医生、专家讲座、宝宝成长记录，用生动有趣的形式传播疫苗及育儿知识。上线发票中心，市民可扫码付款、通过“智慧宁乡”APP 实时查收电子发票，企业也可以通过政府打造的平台免费申请入驻，实现发票的开具、管理、传输、查询、存储、归集、报账等全流程无纸化电子控制。

2021 年，宁乡市建设旅游大数据平台。图为宁乡市全域旅游大数据中心电子屏

【旅游大数据平台】 2021 年，宁乡市数据资源中心建设旅游大数据平台，推进运营商游客数据、网络舆情监测、气象服务数据、“12345”投诉咨询信息，智慧旅游视频监控等数据对接、建模和分析，为旅游行业主管部门和企业提供客流统计、游客画像、舆情分析、交通监测、气象预报等数据参考，助推旅游政策、营销方案优化调整和落地。

【数据资源基础建设】 2021 年，宁乡市数据资源中心优化骨干网络，规范网络管理。宁乡市电子政务网络与国家、湖南省、长沙市实现互联互通；实现全市 12 个行政办公区、2 个园区、29 个乡镇（街道）、59 个市直部门单位、278 个村（社区）全覆盖，形成较为完善的“市乡村”三级电子政务网络体系，明确入网规范，严格网络管理。为全市各类行政办公应用及乡村振兴、数字乡村等建设提供高效安全的基础网络支撑。政务云平台建成物理主机 57 台、虚拟主机 516 台、存储资源 890TB、内存资源 40.50TB，有效整合迁入政务服务、“12345”信息平台、智慧纪检、新时代文明实践云、“智慧宁乡”APP、水利防洪预警、国土地质灾害预警等全市各单位业务系统 96 个。统筹建设统一支付、统一认证、人脸识别、电子证照、OCR 识别、APP 底座、政务审批等基础能力平台，并通过不断优化升级，形成持续稳定的基础能力输出。依托数据共享交换平台在全省率先完成涵盖 1591 条信息资源、29812 个信息项的智慧城市信息资源目录，建设人口、法人、自然资源、空间地理、电子证照、社会信用等基础数据库，有效归集结构化数据 1.5 亿条、非结构化数据 3 万多条，实现数据实时交互超 160 万条，有效支撑部门数据共享和业务协同。强化组织及制度保障，智慧宁乡领导小组统筹推进数字政府及新型智慧城市建设工作。起草、出台《项目绩效考核管理办法》《信息化建设项目管理实施细则》《网络安全管理制度》《数据资源共享管理制度》《网站内容保障管理制度》《“十四五”信息化规划》等文件，规范项目、资金、网络、数据和安全管理。

【宁乡市部分中小学试卷实现网上阅卷】 2021 年 1 月，5 万多名小学、初中生的近 32 万张中小学期末试卷，利用科大讯飞的阅卷系统在 4 天内完成网上阅卷及分数统计，试卷扫描、图片上传有条不紊，故障少、速度快，有效降低教师评卷、阅卷、计分工作量，节约阅卷时间，为后续智慧教育学情分析打下数字化基础。

【大数据助力宁乡疫情防控】 2021 年，市数据资源中心发挥技术优势，做好视频会议保障工作，确保省市关于疫情防治工作的各项要求和举措，在第一时间落实到全市 29 个乡镇（街道）、278 个村（社区）的一线基层。防疫信息收集发布更及时。数据支撑部门协助指挥部，对人员流动性进行数据处理，加快流调溯源工作进度，精准确定密切接触者和次密切接触者，为决策提供数据支撑。积极做好行政审批服务“不见面审批”的数据支撑，帮助市民尽量在家就完成相关事项审批，助力疫情防控。宁乡市民之家推出数字防疫自动核验，市民直接出示身份证就能读取健康码状态，提高通行效率。

【宁乡市市委书记、市长信箱“码”上办服务】 2021年10月28日，宁乡市创新推出“市委书记信箱”“市长信箱”，是直接面向市民、法人或其他组织与个人的专用公开电子邮件体系。宁乡市民在市民之家一楼大厅扫描二维码，可向市委书记或市长信箱留言反映情况。至2021年底，“码”上办“市委书记信箱”接收群众留言307件、“市长信箱”接收群众留言204件，回复率、办结率均达100%，满意率超99.8%。

2021年10月28日，市委书记、市长信箱“码”上办服务在宁乡市市民之家一楼大厅上线

【宁乡智慧城市运营管理中心项目获全国一等奖】 2021年11月19日，在国家信息中心主办的第一届中国新型智慧城市建设峰会上，举行第一届中国新型智慧城市创新应用大赛颁奖仪式。宁乡市智慧城市运营管理中心获评第一届中国新型智慧城市创新应用大赛优政赛道一等奖，成为湖南省唯一获一等奖的县市。（杨 凤）

机关后勤服务

【概况】 宁乡市机关后勤服务中心（以下简称市后勤中心）内设办公室、财务部、设施保障部、后勤保障部、公车保障部、保卫部6个部室，下辖1个国有独资企业：宁乡市政清接待有限公司。2021年，市机关后勤服务中心全心全力优服务，齐心协力强保障，不断提升新时代机关后勤服务保障效能。切实筑牢疫情防控安全防线，对驻主楼办公人员及外来办事人员逐一落实刷脸、测体温、查验健康码、信息登记等措施，备足备齐防疫消毒物资，从快加强防疫知识宣传，常态化做好各办公区公共区域地面消毒、各类设施设备消杀、会场会后通风等防疫措施，完成市直机关单位干部职工核酸检测及疫苗接种后勤保障工作。推进道林镇金华村美丽宜居村庄、集体菜园工程、艾叶产业基地等建设，收购、代销农副产品50万余元。服务重大产业项目，深入3家企业和1家项目开展现场调研6次，及时传达投资服务优惠政策、新技术申报、企业入规等信息，协助解决问题7个。浓厚公益宣传氛围，播放电子宣传标语11万余条次，组织志愿者开展各类志愿活动100余次，服务4000余人。

【庭院管理】 2021年，市后勤中心坚持每天对所辖办公区进行物业服务、日常保洁、车辆管理及秩序维护等工作，确保行政办公区卫生整洁、环境优美。维修改造水电设备设施、办公用房、管道、下水道等120余处，庭院绿化12处，清理化粪池和下水道38处，优质完成市人大、市政协、市委组织部及其他部门会议室、市农机技术推广站院、市消防救援中队训练场馆提质改造等12个项目。

【会务服务】 2021年，市后勤中心秉承“高效节俭办会、优质服务办会”理念，完成全市重要会议、重大活动服务保障任务。共服务大小各类会议3146次，其中重大会议1327次，外派服务97次。

【餐饮服务】 2021年，市后勤中心为近5000名干部职工提供优质、绿色、健康的餐饮服务，完成重大公务接待100余次，外派服务40次，组织食品和生产安全检查15次，内部质量抽检12次。广泛开展“公筷公勺”行动，“和包食堂”运行良好，“厉行节约、反对浪费”理念成为干部职工的行为习惯和生活方式。

2021年，机关后勤服务中心为全市重要会议提供服务和保障。图为会务工作人员为参会人员添加茶水

【管理资产安全】 2021年，市后勤中心紧扣办公用房使用政策，完成8家单位的办公用房调整，收回办公用房6处。科学制定全市党政机关办公用房指导方案，对各市直部门单位、乡镇开展办公用房指导4次。按照国有资产管理规定及预算申报采购国有资产要求，规范资产台账登记和处置程序，收缴出租收入115.18万余元，聘请专业公司对中心所辖国有资产进行清查。

【公务出行保障】 2021年，市后勤中心按规定管理和使用公务用车，优化公车平台建设，强化司勤人员安全驾驶教育，提升公务用车保障能力。全年累计派车11327趟次，租车640次，旧车置换4台，在全市疫情防控、中央生态环境保护督察、乡村振兴、文明创建等重点工作中提供坚实的公车出勤保障。

【公共机构节能】 2021年，市后勤中心协助市政府办做好公共机构2021年能耗数据统计、公共机构生活垃圾分类、主楼“无纸化”办公推进等工作。指导市委办、市自然资源局等17家单位创建湖南省第二批节约型机关；协助回龙铺、沩东新城创建长沙市公共机构生活垃圾分类示范单位；争取公共机构节能专项资金15万元。开展全市公共机构节能工作指导4次，推进全市公共机构生活垃圾分类志愿服务活动。

【安全机关打造】 2021年，市后勤中心落实安全责任，协助接访个访248人次，处访集访94起1420人次。搞好安全生产，确保所辖办公区水、电、气等设备设施及食堂食品安全，开展安全生产检查9次，排除隐患133处，开展禁毒基地参观学习1次，接受长沙市禁毒办毒品预防宣传教育检查1次，所辖各办公区未发生一起安全责任事故和治安案件。

（曾思宇）

中国人民政治协商会议宁乡市委员会

综　述

【市政协委员构成】 中国人民政治协商会议第一届宁乡市委员会设主席1名，副主席5名（其中兼职副主席2名）；设政协委员368名（实有362名），设政协常务委员会组成人员66名（实有常务委员55名）；设界别21个，分别为：中共、民进、农工、无党派、工商联、工会、共青团、妇联、港澳台侨、少数民族、宗教、新闻、医卫、教育、科技、科协、文艺、社科、农业、经济、特邀等界别。政协机关设“一办六委”，分别为：办公室、委员学习联络委员会、提案委员会、经济科技和外事委员会、农业农村和人口资源环境委员会、文教卫体和文史委员会、社会法制和民族宗教委员会，办公室下设委员服务中心。全市29个乡镇（街道）均由党（工）委副书记兼管政协工作，并配备专职政协专干1名。本届委员会截至2021年10月。

政协宁乡市第二届委员会设主席1名，副主席5名（其中兼职副主席2名）；设政协委员368名（实有364名），设政协委员会常务委员会组成人员60名（实有常务委员49名）；设界别14个，分别为：14个界别，分别为中共、民进、农工党、无党派、工青妇、工商联、科技科协、台侨民族宗教、经济、社科、农业农村、教育卫生、文艺新闻、特邀等界别。政协机关设一办六委，分别为：办公室、委员学习联络委员会、政协提案委员会、经济科技和外事委员会、农业农村和政协人口资源环境委员会、文教卫体和文史委员会、社会法制和民族宗教委员会，办公室下设委员服务中心。全市29个乡镇（街道）均由党（工）委副书记兼管政协工作，并配备专职政协专干1名。

【理论学习】 2021年，共召开党组理论学习中心组学习13次，将学习习近平总书记近期重要讲话精神作为每次会议的第一议题。分批开展市二届政协委员履职能力提升培训班，全体市政协委员、政协机关干部职工和乡镇（街道）政协工作者等400余人参加，学习习近平总书记关于加强和改进人民政协工作的重要思想、党的十九届六中全会精神、湖南省第十二次党代会、长沙市第十四次党代会及宁乡市第二次党代会精神，邀请湖南省政协原副秘书长、研究室主任吴志宪讲授政协履职课程，强化委员履职意识，提高委员参政议政水平。首次采用远程连线方式，邀请清华大学博士、清华大学博士后、清华大学社会科学学院能源转型与社会发展研究中心常务副主任何继江为政协委员作储能材料产业发展和“碳中和”远程“云授课”，讲授碳中和的政策历程、世界前瞻形势以及中国路径。

【服务中心工作】 按照市委、市政府安排部署，在“四联五到位”民情大走访中，政协机关干部、社会贤达践行群众路线，在宣讲政策中淳化民风，在化解矛盾纠纷中体现作为，解决一批群众身边“急难愁盼”问题，融洽党群干群关系；服务乡村振兴，派出政协机关驻村工作队到道林镇鑫星村开展乡村振兴工作，带动当地发展；服务和指挥调度正大集团产业链项目，助力建成双江口花猪示范场等一批重要项目；服务长宁快线项目，结合项目推进工作实际和相关部门单位职责，统筹制定项目推进任务书、路线图、时间表，多次组织发改、资规、财政、园区等部门单位以及长沙市轨道交通集团、铁四院进行专题研究，争取省市对项目线型优化的支持，并协调该项目纳入《长株潭都市圈多层次轨道交通规划》上报国家发改委。

【自身建设】 坚持党对人民政协领导，新一届政协党组制定《宁乡市政协党组成员联系党员委员、党员委员联系党外委员方案》，落实党的组织对党员委员全覆盖、党的工作对政协委员全覆盖要求，建立健全市政协党组成员联系相关界别党员委员、党员委员联系党外委员机制，发挥政协党组领导作用和党员委员先锋模范作用。制定《委员履职管理评价办法（试行）》《委员履职量化评价计分细则》，完善委员活动、考评奖惩等机制。强化委员组织建设。为加强委员联系、更好开展工作，将全体委员按界别、地域划入界别联络组、区域活动小组和委员工作室，建立起市政协党组牵头，主席会议成员分管，专委会具体负责，界别联络组、区域活动小组和委员工作室分级执行的工作责任机制，提高委员工作的组织化程度。

重要会议

【政协宁乡市第二届委员会第一次会议】 中国人民政治协商会议宁乡市第二届委员会第一次会议于2021年10月22—26日在玉潭街道召开。

会议审议通过刘永红代表政协宁乡市第一届委员会常务委员会所作的工作报告，听取并批准曾含玲代表政协宁乡市第一届委员会常务委员会所作的提案工作报告。与会委员列席宁乡市第二届人民代表大会第一次会议，听取并协商讨论《政府工作报告》及其他报告。会议选举产生政协宁乡市第二届委员会主席、副主席、秘书长及常务委员会委员，钟利仁当选政协宁乡市第二届委员会主席，刘骥扬、冯智君、曾含玲、胡宇、陈永胜当选政协宁乡市第二届委员会主席副主席，秘书长苏剑波。

全体政协委员深入协商讨论，积极建言资政，广泛凝聚共识。会议圆满成功，是一次提振信心、团结奋进、务实高效、风清气正的大会。会议认为，在中共宁乡市委的坚强领导下，过去五年全市高举习近平新时代中国特色社会主义思想伟大旗帜，全面贯彻中共十九大和十九届二中、三中、四中、五中全会精神，顶住压力攻坚克难，抢抓机遇开拓创新，成功实现撤县设市，创成全国文明城市，有效应对风险挑战、经济实力不断壮大、城乡建设蓬勃发展、改革发展成效突出、民生福祉持续提升。《政府工作报告》对过去五年工作总结客观全面、实事求是；对未来五年任务部署思路清晰、重点突出，符合中央、省委、长沙市委和宁乡市委要求，符合宁乡经济社会发展实际，符合全市人民群众共同期盼，体现务实担当的奋斗精神，措施鼓舞人心、目标催人奋进。

【政协宁乡市委员会常务委员会会议】 2021年，市政协共召开常委会会议4次，分别为：

3月19日，市政协一届第十五次常委（扩大）会议暨乡镇（街道）政联处工作会议在市民之家三楼大会议室召开，会议由市政协副主席彭曦明主持。会议传达学习2021年全国两会精神；通报市政协2021年工作要点；通报2021年市政协协商监督工作计划；根据《宁乡市进一步加强社会贤达工作的实施方案》安排部署2021年社会贤达工作；安排部署和市政协对乡镇（街道）政协工作2021年度履职考评相关事宜。

6月24日，市政协召开一届十六次常委（扩大）会议暨2021年道路交通安全民主监督工作总结评议会议在市民之家召开，会议由市政协主席刘永红主持。会议听取市政协道路交通安全民主监督工作评议情况，政协常委在会上就宁乡市道路交通安全工作提出意见和建议，市交运局、市公安局交警大队、市教育局、市城管局、市城发集团等本次民主监督的重点部门进行表态发言。市委副书记、代市长黄滔高度评价本次道路交通安全民主监督工作并对民主监督评议提出的相关问题进行现场交办。

9月30日，市政协召开一届十七次常委会会议在会议中心三会议室召开，会议由市政协副主席彭曦明主持。会议书面听取市人民政府关于2021年上半年全市经济社会发展情况；会议协商通过二届政协委员人选和常委建议人选；协商审议宁乡市政协常委会工作报告；协商审议宁乡市政协提案工作报告；协商审议宁乡市政协二届一次会议议程、日程、筹备工作方案、会议执行主席名单和分组讨论联组名单。

11月11日，市政协二届一次常委（扩大）会议在市民之家召开，会议由市政协副主席刘骥扬主持。会上，时任长沙市政协研究室主任李德胜开展主题为《懂政协、会协商、善议政、守纪律、讲规矩、重品行，争当一名合格政协委员》的授课，为新任政协委员们更快熟悉政协工作进行专题指导。会议协商讨论《宁乡市政协社情民意信息和微建议工作方案》；协商讨论《政协宁乡市委员会委员履职管理评价办法（试行）》；协商讨论《宁乡市二届政协委员2021年培训工作方案》，并对下阶段工作进行安排部署。

参政议政

【政协协商】 2021年，市政协共召开全体会议1次，常委会会议4次，主席会议12次。全会期间，邀请市委、市政府领导参与委员联组讨论，当面听取委员意见。5月，召开关于"破解企业用工难题，夯实兴工强市人才基础"专题协商会议。课题组成员汇报课题开展情况，提出意见建议；有关楚天科技、三一重起、格力暖通、弗迪电池等园区企业抛出"招人难、留人难"问题，寻求政府部门支持；宁乡职业中专、宁乡经开区人社局、市人社局等市直有关单位负责人现场承诺加大工作推进力度。宁乡经开区党工委书记、中共宁乡市委书记于新凡参加活动。

市政协常委会围绕"工业强市、幸福宁乡"发展战略，将"破解企业用工难题""促进特色小镇建设""推动我市养老事业发展"三个课题列入年度专题协商内容，作为政协服务市委中心工作的切入点，组织主席会议成员、政协委员多次深入调研，为市委、市政府提供决策参考。市政协社会法制和民族宗教委员会组织撰写的《关于推动我市养老服务业高质量发展的调研报告》获评2021年度全省政协系统优秀调研报告。

【基层民主协商对话会】 2021年，宁乡市政协总结基层民主协商经验，擦亮"基层民主协商对话会"品牌。全市各乡镇（街道）累计召开基层民主协商对话会33场，开展"微协商"136场，协商解决200余个涉及产业发展、环境保护、物业管理等方面的问题。"民主协商对话进小区"为破解日益突出的城市小区管理难题提供新的解决路径。人民网以《湖南宁乡：民主协商画出乡村振兴最大同心圆》进行推介报道。

【提案工作】 2021年，政协委员聚焦社会热点、痛点、难点问题，以提交大会提案为主要渠道，踊跃建真言、献良策。市政协全年征集提案110件，所有提案反映情况真实，研究分析透彻，提出建议可行。经提案审查委员会审查，符合立案条件予以立案的105件，立案率95.5%（其中经济建设类39件，立案39件；政治建设类6件，立案6件；文化建设类13件，立案12件；社会建设类48件，立案44件；生态文明建设类4件，立案4件）。

重要活动

【联络联谊】 2021年，市政协接洽省内外各地政协来宁调研考察30余次，邀请社会各界人士畅言欢聚中秋座谈会、迎新茶话会，参加长沙市政协“同心杯”篮球赛并获得全市第三名。

【社会贤达工作】 2021年，市政协指导全市29个乡镇（街道）完成社会贤达工作站（室）的标准化建设。广大社会贤达们扎根乡土，热心公益，积极作为，为传播乡村文明新风、增强乡村发展动能、夯实基层社会治理、凝聚社会各界共识开辟新的途径。社会贤达工作常态化开展，效果明显。

【“书香汇”活动】 2021年，市政协以“书香汇”学习活动为抓手，结合党史学习教育要求，打造“沉浸式”学习体验，全年开展4次多种多样的主题学习活动，吸引一大批政协委员和读书爱好者同进步、聚共识。多次获得人民日报客户端、人民网、《人民政协报》、新湖南、《湘声报》《长沙晚报》等主流媒体重点推介报道。

【“沩水春秋”栏目】 2021年，为进一步挖掘宁乡市红色文化资源，用好用活宁乡市历史文化资源，市政协联合市融媒体中心制作播出24期《沩水春秋》大型历史人文纪录片，节目视频上传至“宁视界”微信公众号和手机台，并推荐至中央、省市传统媒体和主流网络新媒体平台。视频观看量达两千多万人次，其中“建党百年”系列深受社会各界好评。2021年，《沩水春秋》栏目获评湖南省广播电视创新创优评选扶持节目。

【宁乡市政协“就认这个理·宁来讲”宁乡市政协委员宣讲党的十九届六中全会精神“书香汇·赓续百年荣光”专场活动开展】 2021年12月16日，“就认这个理·宁来讲”宁乡市政协委员宣讲党的十九届六中全会精神“书香汇·赓续百年荣光”专场活动在市融媒体中心举行。“就认这个理·宁来讲”是宁乡市理论工作的品牌，“书香汇”是宁乡市政协委员读书活动的品牌。此次宁乡市政协以“书香汇”宣讲十九届六中全会精神，将党的历史和理论知识穿插活动始终，把党的百年奋斗四个时期以配音、歌曲、照片、短视频等不同方式演绎呈现，引领广大政协委员和读书爱好者感悟思想伟力，汲取真理力量，既实现理论宣讲的分众化、创新化，也实现读书活动的多样化、具体化，让全会精神宣讲和委员读书活动“两提升、两促进”，得到社会各界广泛称赞。人民网等主流媒体对活动进行宣传报道。

中共宁乡市纪律检查委员会·宁乡市监察委员会

综　述

市纪委监委机关设置内设机构14个，依次为：办公室、组织部、宣传部、党风政风监督室、信访室、案件监督管理室、第一纪检监察室、第二纪检监察室、第三纪检监察室、第四纪检监察室、第五纪检监察室、第六纪检监察室、案件审理室、纪检监察干部监督室；下属事业机构1个，即纪检监察技术保障中心；设置派驻纪检监察组13个，分别为市纪委监委驻市委办纪检监察组、市纪委监委驻市政府办纪检监察组、市纪委监委驻市委组织部纪检监察组、市纪委监委驻市委政法委纪检监察组、市纪委监委驻市公安局纪检监察组、市纪委监委驻市教育局纪检监察组、市纪委监委驻市卫健局纪检监察组、市纪委监委驻市住建局纪检监察组、市纪委监委驻市财政局纪检监察组、市纪委监委驻市交运局纪检监察组、市纪委监委驻市农业农村局纪检监察组、市纪委监委驻市自然资源局纪检监察组、市纪委监委驻市市监局纪检监察组。

2021年，全市纪检监察机关围绕清廉宁乡建设目标，全力护航中心大局，坚持稳中求进、实事求是、守正创新、系统施治，充分发挥监督保障执行、促进完善发展作用，各项工作有效推进，为全市经济社会高质量发展提供有力保证。

坚定政治统领。市委始终扛牢管党治党政治责任，从市委常委班子做起，各级“一把手”带头开展严肃换届纪律公开承诺，市委常委会会议及时专题研究党风廉政建设和反腐败相关工作，及时听取审议廉政文化周、副科级以上领导干部违纪违法案件等相关情况，建立“不在状态不担当不作为”领导干部识别调整长效机制。市纪委监委认真落实市委要求，探索出台《关于加强对“一把手”和领导班子监督的措施清单》，对“关键少数”履职情况进行对单检查，加强全局分析研判，及时请示报告。全年向长沙市纪委和市委书面请示报告重大事项46次。

认真落实“一把手”谈话制度，市委书记对工程建设项目招投标领域、信访举报问题突出、巡察整改不力等部门单位相关负责同志进行约谈，市领导与各级领导干部谈话提醒2931人次。发挥巡察综合监督作用，配合做好长沙市委对宁乡市委落实省委巡视整改、涉粮问题等工作的专项巡察，围绕一届市委第5–9轮巡察整改情况进行全面“回头看”，开展二届市委第一轮巡察。强化责任追究，及时调查处理坝塘镇“4·18”、沙田乡“4·22”等交通事故，全年问责处理182人。

全面从严治党

【政治监督】2021年，市纪委监委坚持严纪律、严教育、严把关、严监督，配合省、长沙市做好提级巡回督查，采取自身监督、驻团监督、巡回监督、外围监督“四位一体”模式，织密市乡两级换届监督网络，展示清新会风。突出政治标准，廉政审查把关7956人次，出具不同意见36人次，以铁的纪律确保选出好班子、换出好风气。围绕“三高四新”发力，制定监督清单，强化跟进监督，推动各级各部门抬高坐标抓落实。成立疫情防控督查组，以“一天一调度、一天一督查、双交办双报告”的加速度筑牢安全屏障，发出通报26期，纠治问题427个。深化“洞庭清波”专项行动，推动解决乡镇污水处理厂COD浓度提升等问题。选定7个重点靶向开展衔接乡村振兴专项监督，督促整改问题72个。开展优化营商环境“一季一主题”回访，组织市纪委委员入企调研40多家，将民营企业主请进门召开“吐苦水”座谈会，纪检监督助力优化营商环境做法获中央纪委、省纪委刊物和《新湘评论》推介。

【纠“四风”树新风】2021年，市纪委监委编印作风建设“16条禁令”学习手册和廉洁书签，不断加固中央八项规定精神堤坝。紧盯“吃喝风”“红包礼金”等作风顽疾开展专项行动，聚焦二级机构等薄弱环节开展票据监察，坚决斩断社会团体与行政事业单位“明脱暗不脱”利益链。持续向形式主义官僚主义亮剑，督促规范“督检考”等事项，纠正报刊征订乱象。全市共查处违反作风建设案件63起122人。

【维护社会公平正义】 2021年，市纪委监委查处群众身边腐败和作风问题184人，推动解决问题2700余个。深化工程建设项目招投标突出问题专项治理，对2016年以来完成结算的1306个项目逐一排查，查处违规企业人员、领导干部、评标专家25人。开展清廉医保专项监督检查，推动查处违规医疗机构16家。深化社保基金“防风险堵漏洞”治理，追缴资金472万元。开展惠民惠农“一卡通”专项督查，督促整改问题132个、处理39人。围绕“学位、床位、车位、厕位”问题开展上门监督，以关键小事推动“农村改厕”、违规补课等民生大事解决。出台信访举报联合审核工作办法，开展“我为群众办实事”活动，推动干部下访常态化、群众上访规范化、基层治理精细化，信访举报总量、越级访量同比分别下降20.9%、35.6%。

【案件查办】 2021年，市纪委监委健全执法机关和司法机关向纪检监察机关移送问题线索机制，全年共移送线索1009条。坚持无禁区、全覆盖、零容忍，全市纪检监察机关处置问题线索2922件，立案413件，结案397件，给予党纪政务处分388人次，其中科级干部31人，留置20人，移送司法机关7人。精准运用“四种形态”处理3082人次，其中第一种形态批评教育帮助2680人，协助省、长沙市纪委查办“10·22”烟草系列专案、“5·25”娄底涉及省、市、县、乡四级公安保护伞专案、“11·01”税务系统专案等重大案件，严肃查办市政公司系列案等严重违纪违法案件，挽回经济损失1.1亿元。协同推进政法队伍教育整顿，立案查处32人。在公安、市政系统组织开展案件警示教育，多名干部主动向组织说清问题。

【清廉建设】 2021年，市纪委监委坚持“一案一警示”，以肖某强案、市政公司系列案为内容拍摄警示片《镜戒（Ⅳ）》《镜戒（Ⅴ）》，让“身边事”教育“身边人”。深化“一案一建议”，发出纪检监察建议书12份，推动以案促治。协助市委出台清廉宁乡建设实施意见，先行先试推进清廉村居建设，创建示范点12个。开展第十二届“廉政文化周”，推出《百年铁纪捍山河》宣传教育片等系列特色活动。中央、省、长沙市各级媒体累计报道宁乡全面从严治党工作260余篇次。

【纪检监察队伍建设】 2021年，市纪委监委不断浓厚比学赶超氛围。坚持“第一议题”制度，全年专题学习21次。深入开展党史学习教育，分层分线组织“学精神、找差距、做表率”学习调研，举办政治理论培训班和庆祝建党百年故事分享会，搭建“六个文化”大讲堂加强业务知识培训，常态开展案件质量评查，开展优秀案件评比。以换届为契机，优化人员结构，选优配强县乡纪委班子，落实区县同级纪委班子成员担任巡察办主任要求，一批纪检监察干部得到市委提拔重用。开展干部日常考评，督促干部对照省纪委“12条负面清单”检视纠偏，做到“三防”“四慎”。坚持刀刃向内，从严处置纪检监察干部问题线索，立案查处1人。

【中共宁乡市第二届纪委第二次全会】 2月12日，中共宁乡市第二届纪律检查委员会第二次全体会议召开。会议严格对标中央、省、长沙市纪委全会方案，在疫情防护的基础上，以视频会议方式召开，各乡镇（街道）设分会场，参加人员在科级领导干部全覆盖的基础上，延伸至镇中层干部（站所负责）、村（社区）一级。市纪委书记作工作报告后，纪检干部分组讨论。会上，编发中央、省、长沙市纪委全会精神，并组织观看长沙市纪委监委拍摄的警示教育片《反腐败压倒性力量常在》和宁乡市纪委监委拍摄的警示教育片《镜戒（Ⅴ）》。宁乡经开区党工委书记、市委书记于新凡在会上讲话，要求全市党组织全面贯彻落实中央和省委、长沙市委关于全面从严治党的决策部署，进一步弘扬伟大建党精神，永葆自我革命精神，加快建设“清廉宁乡”，不断将全面从严治党向纵深推进，为全面落实“三高四新”战略定位和使命任务、大力实施“强省会”战略、推动高质量发展、深入建设“工业强市、幸福宁乡”提供坚强保障。要清醒把握全面从严治党面临依然严峻复杂的形势，拓展学教成果，坚定践行“两个维护”；要强化政治监督，全面贯彻上级决策部署；要保持反腐定力，一体推进“三不”机制；要站稳人民立场，加固中央八项规定堤坝；要聚焦根本大计，加强年轻干部教育管理监督；要提升监督质效，完善权力监督制度和执纪执法体系。全市上下要以建设清廉单元为载体，将清廉建设与各部门、行业、领域业务工作有机结合。全市各级党委（党组）要认真履行管党治党主体责任，广大党员领导干部要发挥好“头雁效应”。全市各级纪检监察机关要旗帜鲜明讲政治，主动扛牢全面从严治党监督责任，以更高的标准、更严的纪律要求自己，确保党和人民赋予的权力不被滥用，惩恶扬善的“利剑”永不蒙尘。

会上，宁乡市委常委、市纪委书记、市监委主任刘强代表市纪委常委会作题为《永葆自我革命精神 深入推进清廉建设 为落实“强省会”战略、建设“工业强市幸福宁乡”提供坚强保障》的工作报告。

【第十二届“廉政文化周”】 2021年11月8—12日，宁乡以“赓续百年薪火·建设清廉宁乡”为主题，举行第十二届“廉政文化周”活动。此次活动共分“纪律史宣传教育片、廉政党课、青年干部廉政沙龙、微视频大赛、廉政谈话、故事分享会、清廉村居学习推进会”7个部分，形式多样、铺排科学，从关键少数到全市党员、从正向倡导到警示教育、从文化渲染到现场实践，考虑了各个层面各个环节的教育需要和教育效果，进一步营造干部清正、政府清廉、政治清明、社会清朗的政治生态和发展环境，为深入落实“三高四新”战略，全面建设“工业强市、幸福宁乡”提供坚强纪律保障。

巡　察

【概况】 2021年，宁乡市委巡察机构认真贯彻落实中央和省委、长沙市委及市委巡视巡察工作有关会议精神及安排部署，不断推进巡察工作更高质量发展，为市委不断推进全面从严治党提供强有力巡察保证。

【政治巡察】 2021年，按照“三个聚焦”的政治巡察要求，上半年完成1轮巡察问题整改情况集中督查，对43个单位整改情况进行“回头看”，共发现整改不实问题63个，整改反弹问题66个，督导相关单位收缴各类资金21.7万元。通过下发巡察督办函、建议函的形式，对市委书记专题会点出的11个重点问题进行督导整改，促进整改实效。下半年，启动新一届市委第一轮巡察，对黄材镇等4个西部乡镇及所辖16个村（社区）进行全面巡察，共发现问题450个，交办立行立改问题125个，线索14条，收缴资金30.41万元。市委组织部、市委宣传部、市市监局协同配合，派出专项检查组，统筹推进对被巡察单位开展了选人用人、意识形态责任制落实情况、食品安全的监督检查。

【上下联动巡察】 2021年，市委巡察工作领导小组迎接长沙市委巡察办对宁乡市委巡察工作现场指导督导；参与长沙市委对长沙高新区麓谷街道办事处的提级巡察、浏阳市粮食系统的交叉巡察和长沙市委对各区县（市）落实省委巡视整改情况的专项巡察；配合做好长沙市委对宁乡市委落实省委巡视整改情况的专项巡察、对宁乡高新区党工委和宁乡市粮食系统的巡察工作。凝聚同级监督力量，市纪委监委专项治理工作与巡察工作紧密结合，对巡察发现的问题线索优先处置，共移交线索10条，办结9条，办结率90%。纪检监察室负责人参与巡察中期走访，发现重大问题时同步介入调查。深化与组织、宣传、政法、审计、信访等部门的联系，在情况收集、问题通报、意见征询、重要问题会商方面强化沟通协作，做到信息互通、成果共享，形成叠加效应。

【巡察整改】 2021年，召开2020年市委巡察情况通报会，集中通报44个单位的突出问题。市委、市人大、市人民政府、市政协班子成员严格落实“一岗双责”，坚持出席联系被巡察单位党组织的巡察反馈会议并全程指导督促整改落实。集中督查促整改。对市委第5—9轮巡察的39个市直单位、4个乡镇整改落实情况进行全面督查后，全面压实被巡察单位责任，探索实施量化评估机制，4家整改效果不明显的单位党组织负责人被约谈。巡察督办促整改。落实市委书记专题会议精神，探索建立巡察建议制度，就第十轮、第十一轮书记“点人点事”问题整改向有关部门发出巡察督办函、巡察建议函11份，巡察提醒函3份；将各单位巡察整改情况通过政府门户网站向社会公开，广泛接受群众监督。

【巡察队伍建设】 2021年，动态更新巡察工作人才库，形成由253名优秀年轻干部及中层骨干组成的人才库，并抽调优秀中层干部参与一轮以上巡察工作。加强机构规范建设。健全完善巡察机构内部管理制度，编印政治巡察工作要点，梳理巡察工作业务流程，实时更新《宁乡市常规巡察工作手册》《宁乡市村级巡察工作手册》等，加强巡察规范化流程。严格落实巡察进驻期间成立临时党支部的工作要求，发挥巡察岗位作为发现、培养、锻炼干部的重要平台作用，将联络员明确为中层骨干，巡察机构2名领导干部受到提拔重用。实行优秀个人、优秀巡察报告等评比激励制度，提升干部工作激情。

（晏文静）

民主党派·工商联

中国民主促进会长沙市委员会宁乡市工委

【概况】 2021年，民进宁乡市工委加强党史学习教育，加强建言资政，加强社会服务，加强双岗建功，为助推经济社会的高质量发展做出贡献。开展赴刘少奇故里、周立波故居等“追寻红色足迹、传承红色基因”线上线下各类教育活动8次。

【建议提案】 2021年，宁乡民进加强和改进党派工作，会员积极建言献策，参政议政水平进一步提高。杨柏松执笔的《建设全国教育培训基地，提升宁乡对外开放形象》提案在政协宁乡市一届五次大会上发言，刘建良提交《优化资源配置，促进留守儿童关爱工作长效发展》《宁乡各部门推广宁乡市医保局“行政审批引入民主监督”经验》，彭泽华提交《关于加大对侵害个人信息权违法行为打击力度的建议》，张帅提交《破解企业用工难题，夯实产业生态人才基础》提案。在宁乡市二届一次人大会议和政协宁乡市二届一次大会上，朱爱英提交《关于推进我市交通安全社会化管理、减少交通安全隐患的建议》《关于加快启动长吉高速宁乡段建设的建议》；杨柏松提交《关于建立宁乡智库的提案》；彭飞、张帅、彭湘艳联名提交《关于建议政府继续升级工业强市、产业倍增政策的提案》；戴毅提交《关于优化城区义务教育学校布局，促进教育均衡发展的提案》；何鑫提交《关于请求对中央商务区产城融合进行深度策划、规划的建议》，刘建良、文小红提交《应对宁乡市农村生源新变化，优化教育资源配置》的提案，刘建良提交《推进“美丽屋场”建设，建设好美丽乡村》的提案；廖丽娟提交《为学校减负，为教师减压，营造良好教育生态》的建议。彭泽华提交的《关于加大个人信息保护力度的建议》成为市重点督办建议。朱爱英提交的《关于加强长沙市中小学校门附近流动摊贩商贩规范化管理》的提案获评政协长沙市委员会第十二届委员会2021年度优秀提案。

【撰写社情民意】 2021年，宁乡民进报送社情民意32篇。张超明报送《关于公民重要证书在颁发单位后去除法人签章模式的建议》；朱爱英报送《婚外生子问题需引起高度重视》；杨柏松报送《建议湖南将公务员遴选年龄放宽至40周岁》《关于将“计生协会”更改为“卫生健康”协会的建议》等11篇社情民意，其中《我有幸见证了袁隆平院士在宁乡选址超级稻试验基地》分别被《湖南统一战线》《长沙统一战线》《长沙民进》等杂志刊登；张帅报送《选贤任能破除年龄“天花板”的建议》；戴毅报送《整治学校周边流动小摊贩》等两条建议；文小红报送《校车接送已严重影响学生身体健康，亟待重视》的建议；刘建良撰写《农村小型项目工程监督机制亟待健全》《各地应加强推进免费核酸检测》等6篇社情民意，其中《普惠性幼儿园不宜以在园人数为必备条件》被市政协采纳；谭米撰写《建议实施居民峰谷分时电价提升湖南电网设备和发电利用率》等2条社情民意，一条被长沙市委统战部采纳；邓菡撰写的《轮椅上的涅槃人生》被新湖南刊发。

【会员作为】 2021年，宁乡民进会员、白马桥龙江小学校长廖丽娟组织倡导“幸福宁乡．智慧父母大讲堂”，2021年在梅花中学、春城中学、龙江小学等全市15所学校和社区开展《做智慧父母，育优秀孩子》系列公益讲座，提升家庭教育水平，助力孩子健康成长。公益会员周卫华，整合社会志愿力量，组织志愿者开展交通秩序维护，参与交通劝导志愿行动。会员刘建良和壹基金，在双凫铺镇的双凫小学、双凫铺中心小学、双桂小学、麦田九年制义务教育学校、双凫铺镇天润幼儿园，开展平安小课堂和儿童素养提升公益活动，全年受益学生2300多人。（杨柏松）

宁乡市工商业联合会

【概况】 2021年12月，根据《中共宁乡市委机构编制委员会办公室关于宁乡市工商业联合会机构编制优化调整的通知》，宁乡市工商业联合会

（以下简称市工商联）机关核定行政编制5名。内设机构1个：办公室，新增所属事业单位1个：宁乡市民营企业服务中心，为市工商业联合会所属公益一类全额拨款事业单位，核定事业编制6名。民营企业服务中心负责商事调解、十部、亿元企业俱乐部和商务快线。2021年，市工商联获评“创新中国”工商联（商会）工作最佳案例奖、2020—2021年度全国“五好”县级工商联。

【宁乡市工商业联合会（总商会）第一届第一次会员代表大会】 2021年4月25日，宁乡市工商业联合会（总商会）第一届第一次会员代表大会召开，长沙市政协副主席、市工商联主席彭继球到会指导，宁乡市领导于新凡、张毅、沈光、喻亚军、刘永红、王湘云、钟利仁、李佑明、郑旗、蒋君、冯智君、曾含玲出席。大会选举产生市工商联（总商会）第一届执行委员会执委222名，常务委员82人，主席（会长）、副主席（副会长）、秘书长43名，曾含玲当选为市工商业联合会、宁乡市总商会第一届执行委员会主席、会长。宁乡市政协副主席、市工商联主席曾含玲代表宁乡工商业联合会（总商会）第十五届执行委员会向大会报告工作。

【思想政治引领】 2021年，市工商联做好民营经济人士的思想政治工作。通过以大会、座谈会、会员分组活动等多种形式组织民营经济人士学习会议6次，参会学习人员达1100余人次；开展“我心向党、忠诚为国”主题教育，通过“微党课”教学形式，以“小故事”阐述“大道理”，教育民营企业家们忠诚为国，展现新担当、实现新作为；组织48家规模企业赴浙江大学开展培训；组织110名民营经济人士分两批次赴怀化芷江开展红色教育培训，提升宁乡市企业家综合素质和能力，开拓企业家视野，坚定民营经济人士理想信念。

【商会建设】 2021年市工商联持续推进基层商会开展“四好”创建工作，召开基层商会建设推进会，指导成立大屯营镇、双凫铺镇、回龙铺镇、玉潭街道乡镇（街道）基层商会；灰汤镇商会“党建引领赋能、助力乡村振兴”党建工作被学习强国平台报道。宁乡市横市镇商会、宁乡市老粮仓镇商会、宁乡市金洲镇商会、获评2021年度宁乡市“四好”商会。行业商（协）建设，2021年，旅游协会、汽车贸易协会、女企业家协会、印刷行业协会、黄金珠宝协会、女企业家协会、女性创业者协会、宁乡市青年帮衬公益互助会加入工商联管理；宁乡市摩托车商会、宁乡市女企业家协会、宁乡豪德商贸协会获评2021年年度宁乡市“四好”商会。宁乡豪德商贸协会党建工作被长沙市工商联评为“党建工作创新案例”，宁乡市黄金珠宝商会被长沙市工商联评为“抗击新冠肺炎疫情先进商会组织”。2021年3月，宁乡市印刷行业协会获评省“优秀协会”，宁乡市印刷行业协会长彭英获评全国巾帼建功标兵。异地商会建设，2021年12月，指导珠海市宁乡商会成立，指导北京市宁乡市企业家商会、三亚市宁乡商会完成换届。2021年1月，长沙市宁商公益促进会被长沙市工商联评为“抗击新冠肺炎疫情先进商会组织”；长沙市宁商公益促进会长丁国强获评“全省政协扶贫行动先进个人”。6月，长沙市工商联授予长沙市宁商公益促进会为首批长沙市产业金融服务站。

【会员服务】 2021年，市工商联为会员企业开展“新时代工商联‘最美奋斗者’主题宣传活动”，为45家会员企业在各种媒体进行宣传报道。支持会员单位本地产品优先采购，将385家会员企业分成20个活动小组，各小组通过集中学习、经验交流、走访互动、资源挖掘等形式开展活动，确保每个季度不少于1次活动，组内会员企业间走访互动要实现全覆盖。2021年，开展产业链上下游供需对接活动10场，为600余家企业举办产品供需对接会25场，达成产品合作协议价值超5000万元。2021年12月，工商联企业副主席、湖南小洋人科技发展有限公司总经理王振华获评2021年度“宁乡好人”；工商联执委单位湖南昊科环保科技有限公司获评“环境综合治理创新企业”；会员单位湖南麓沩轩书画院获评“2021年度全省文联系统先进单位”；2021年10月，工商联直属会员湖南欣云环境管理有限公司董事长贺瞻获评助人为乐“长沙好人·身边雷锋”和“全省自强模范”。

【商务快线】 商务快线是免费为“亿元企业俱乐部”成员、年纳税额100万以上企业家、市工商联副主席、副会长、商会会长提供联接黄花机场、长沙高铁站商务出行的交通专线服务，为企业提供快速值机服务。2021年，商务快线和快速值机为299家企业出车1625次。

【亿元企业俱乐部】 2021年，市工商联将年产值过亿元企业纳入俱乐部，打造政企沟通新平台，定期研究解决亿元企业问题困难。出台系列政策，为持有“亿元企业俱乐部”绿卡的企业提供商务快线、快速值机、子女入学、就医就诊、法律服务、政务服务等18个方面的优质服务。2021年为亿元企业家代表发放绿卡83张；为“亿元企业俱乐部”成员解决需求75次。

【优化营商环境】 2021年5月，组织召开民营企业家座谈会，邀请市委书记、市长等相关市领导与企业家“面对面”交流、“点对点”解决困难和问题，收集意见建议24个，为企业解决问题14个。2021年，商事调解中心与人民法院共同化解民营企业矛盾纠纷84起，涉案资金3635万元；4月，成立宁乡市建筑企业协会调解中心工作站，豪德商会基层商事调解中心工作站，化解合同纠纷44起，涉案资金2222.6万元。12月，根据湖南省营商环境主观评价工作要求，组织全市52家企业采取问卷调研、实地调研、企业座谈会等方式开展评价，拓宽民营企业意见诉求反映渠道，通过汇总分析，完成评价工作。

【光彩事业】 2021年8月23日，喻

家坳乡商会开展爱心助学活动，会长胡国良捐助学生9名，捐赠金额3.6万元。为支援河南抗洪救灾，7月23日，由宁乡市历经铺街道商会商会秘书长（湖南省畅境园林建筑工程有限公司）许自强组织商会会员爱心募捐善款27000元并组队前往河南驰援救灾。为支援新冠肺炎疫情防控，7月29日，工商联常委宁乡市玉潭镇黑猫日化洗涤用品厂彭霞东给有需求的工商联会员企业捐赠防疫物资口罩10000个，84消毒液1吨。7月30日，工商联执委宁乡龙强机电设备贸易有限公司龙强董事长给工商联会员企业捐赠防疫物资医用口罩10000个，携带式消毒酒精200瓶。7月30日，工商联执委长沙鸿方建设工程有限公司董事长成鸿嵩捐赠100件矿泉水。8月2日，工商联会员长沙楚兴农业开发有限公司（黄土仑矿泉水）杨四强董事长捐赠120件矿泉水。5月21日，全国工商联扶贫与社会服务部一级巡视员姜建静、对宁乡引导企业参与乡村振兴取得的成效给予肯定。12月11日，长沙市“万企兴万村”行动推进大会在煤炭坝镇召开，23家企业和23家商会精准结对帮扶23个村，其中煤炭坝镇贺家湾村、坝塘镇洋西塘村、沙田乡长冲村被授予长沙市“万企兴万村”示范创建基地。

【徐乐江调研宁乡市工商联工作】2021年9月24日，中央统战部副部长、全国工商联党组书记、常务副主席徐乐江到宁乡调研，宁乡市领导钟利仁、李磊、曾含玲，以及宁乡经开区、高新区相关领导参加调研。徐乐江一行先后到湖南中伟新能源科技有限公司、湖南松井新材料股份有限公司、楚天科技股份有限公司、长沙弗迪电池有限公司等企业，询问企业生产规模、市场布局、技术创新、发展前景等情况，肯定企业发挥创新主体作用、服务地方经济社会发展取得的成绩；深入宁乡市工商联非公经济服务中心，详细了解基层工商联、商会凝聚民营企业家、服务企业发展的经验做法。徐乐江充分肯定宁乡民营经济取得卓有成效的发展。他强调，要坚定发展民营经济的信心和决心，通过加强政策引领、完善服务、优化环境，促进民营经济行稳致远，在巩固拓展脱贫攻坚成果同乡村振兴有效衔接中，发挥企业优势，努力打造参与乡村振兴的民企样板。（潘利华）

群众团体

宁乡市总工会

【概况】 宁乡市总工会辖高新区工会联合会、29个乡镇（街道）工会联合会和8大系统工会联合会（其中市直属机关工会联合会含65个市直科局单位工会），园区工会和乡镇（街道）工会基本实现规模企业工会组织全覆盖。

2021年，市总工会开展新就业形态劳动者建会入会行动，新建工会组织65家，发展会员6500多人，成立快递行业、商贸零售行业两个工会联合会。12月3日，宁乡市新就业形态劳动者集中入会暨“工会进万家·温暖行动”活动仪式在通程大酒店举行，并为500多名新就业形态劳动者送上温暖大礼包。指导楚天科技股份有限公司工会委员会获评“全国模范职工之家”，市检察院、宁乡六中创建“全省模范职工之家”，宁乡市黄材镇中心小学工会联合会等4家单位获评“长沙市模范职工之家”，通过示范引领促进工会组织规范化建设，建强服务职工的前沿阵地。3月4日，湖南省总工会下文命名宁乡市总工会为湖南省“小三级”工会规范化建设示范单位，并号召全省各级工会组织向先进典型学习。

【工会宣讲与评比】 2021年4月27日，市总工会组织以“永远跟党走、奋进新征程”为主题的“中国梦·劳动美”劳模大讲坛，邀请2名湖南省劳动模范为近200名干部职工分享他们的奋斗故事。五一劳动节前后，与融媒体中心合作，制作劳模篇、工匠篇、班组篇3期短视频，在宁乡电视台、“这里是宁乡”微信公众号上播放，大力弘扬劳模精神、劳动精神、工匠精神。在全市工会系统中开展“最美娘家人——优秀工会工作者”评比活动，在全市行政事业单位及企业工会组织中评选出50名先进典型。

2021年6月18日，2021年《就认这个理·宁来讲》：职工群众心向党——“学习强国”学习达人竞赛暨党史知识竞赛决赛在宁乡经开区蓝月谷工人文化宫举行

【“学习强国”学习达人竞赛暨党史知识竞赛】 2021年，市总工会开展《就认这个理·宁来讲》：职工群众心向党——“学习强国”学习达人竞赛暨党史知识竞赛。全市市直部门、各乡镇（街道）、各企事业单位积极响应，共计1000余名职工参赛，形成一股党史学习的热潮。6月初举办初赛，6月11日进行复赛。6月18日，来自全市各单位的8支参赛队伍参加在宁乡经开区蓝月谷工人文化宫举办的决赛，历经铺街道代表队获一等奖，城郊街道、宁乡高新区代表队获二等奖，城管局、国资集团、卫健局、住建局、教育局五支代表队获三等奖，另有8支队伍获得优秀组织奖。6月24日，宁乡市代表队参加长沙市2021“就认这个理——职工群众心向党”党史知识竞赛决赛，获评三等奖，同时获得线上竞赛优秀组织奖。

【"六送"进企业服务活动】 2021年，市总工会组织工会志愿服务小分队16支，开设21个项目，推进"六送"（送温暖、送技能、送法律、送健康、送文艺、送便利）进企业服务活动，普惠职工2万余人。筹集65万元资金和物资，为1800多名职工开展"冬送温暖"；为662名会员发放"迎新春稳岗留工"消费券19.86万元；筹资52.2万元资金采购物资，对防疫工作人员等4000多名一线职工开展"夏送清凉"慰问；开展"百优食堂、幸福职工"竞赛，8家企业职工食堂入选长沙市"百优食堂、幸福职工"为民办实事竞赛创优活动，提高全市职工群众获得感、幸福感、安全感。开设"一户一产业工人"培训班17期，免费培训职工850多名；选派队伍参全国、省、长沙市职工职业技能大赛；创建8个劳模（工匠）创新工作室，组织51对师徒开展结对传帮带活动，提高职工就业技能。开展普法宣传活动，发放法律知识宣传手册1000余份，开设"尊法守法·携手筑梦"法律讲座8堂，800多名职工获益。开展家庭教育讲座、送健康进企事业单位专题讲座，为职工提供免费医疗服务等活动，近1000名职工受益。在宁乡高新区及8个乡镇开展100场"送电影"活动。举办7场网上交友活动及2场现场青年联谊会，100多对青年男女牵手成功；在宁乡高新区企业开展免费理发服务，100多名职工受益；在城区及周边乡镇、街道建设8家工会户外劳动者服务站点，为户外劳动者及市民提供临时休息、乘凉保暖、饮水热饭等免费服务。

【长沙市"小三级"工会规范化建设现场经验交流会】 2021年11月9日，长沙市"小三级"工会规范化建设现场经验交流会在宁乡召开，会议就长沙市"小三级"工会规范化建设工作中涌现的先进做法进行交流分。省总工会常委、基层工作部部长张敏，二级调研员邓三成；长沙市总工会党组成员、副主席黄渐坤，三级调研员康立新；宁乡市二级调研员、市总工会主席周泽祥，长沙市各开发区和区县（市）总工会分管领导及长沙市总工会相关部门负责人参加交流会。与会人员现场观摩金洲镇傅家庄旅游开发有限公司民宿工会、关山社区工会联合会、夏铎铺镇忘不了服饰公司工会、夏铎铺社区工会联合会。

交流会上展示宁乡市"小三级"工会规范化建设成果短片，宣读《长沙市总工会关于命名长沙市"小三级"工会规范化建设示范单位的决定》，宁乡市煤炭坝镇工会联合会、夏铎铺镇工会联合会等12个基层工会组织受到表彰。宁乡市总工会、长沙县长龙街道工会、芙蓉区定王台街道中国石油长沙大厦楼宇工会联合会、长沙经开区蓝色机械配套产业园工会联合会4家单位分别从不同层次、不同角度介绍"小三级"工会规范化建设工作经验。

【宁乡市庆祝"五一"国际劳动节暨"六送"进企业服务活动推进会】 2021年4月27日，宁乡市召开庆祝"五一"国际劳动节暨"六送"进企业服务活动推进会，宁乡市及宁乡经开区领导李佑明、周泽祥、刘骥扬、陈德奇、李纯、王子进以及全市各级劳模代表，受表彰的状元、工匠，优秀班组代表，各乡镇（街道）、各大系统工会联合会主席、副主席及市总工会、经开区总工会、高新区工会联合会相关负责人共190余人参加会议。

会议总结2020年宁乡工会工作，部署2021年工作任务，重点部署以"送温暖、送技能、送法律、送健康、送文艺、送便利"为主题的"六送"进企业流动服务活动；对2020年宁乡市"奋战下半年 勇夺双胜利"重点建设项目劳动竞赛的15个先进班组以及获评2020年宁乡市"十行状元、百优工匠"荣誉的7名状元、59名工匠进行表彰；宁乡高新区工会联合会主席周海鹏、煤炭坝镇工会联合会主席周泽文、楚天科技股份有限公司工会副主席李玉凤进行典型发言。

【职工劳动技能竞赛】 2021年，市总工会开展重点建设项目劳动竞赛活动，宁乡市5名职工获"项目高质量勇夺双胜利——湖南省百万职工重点建设项目劳动竞赛"优秀个人。1个单位和1个班组获评长沙市重点建设项目劳动竞赛先进单位及先进班组。湖南特种金属材料有限责任公司——"新技术在高纯四氧化三锰提质减排降耗中的应用"在获湖南省、长沙市第九轮"芙蓉杯"竞赛女职工"五小"竞赛活动分别获二等奖及一等奖。技能竞赛。在第七届全国职工职业技能大赛砌筑工比赛中获评第5名和第6名，其中湖南华程建筑公司青年职工缪志豪以第5名的成绩获评全国技术能手称号，省赛3人获奖，长沙市赛2人获得状元、12人获工匠称号，市本级开展"十行百优"技能竞赛，赛出8个行业"状元"和72名"工匠"。

【工会帮扶服务】 2021年，市总工会做实维权帮扶服务工作。聘请律师常态开展职工维权等免费法律服务，在基层工会设立公益法律服务咨询台，全年接待职工群众500多人次。落实"双联"和困难职工建档要求，暖心帮扶职工群众，全市28户建档困难职工家庭实现常态帮扶，困难职工帮扶服务工作获评全省先进集体。筹集400多万元资金，做实"春送岗位、夏送清凉、秋送助学、冬送温暖，大病救助、医疗互助、岗位扶助、法律援助"的"四送四助"传统服务活动。其中在医疗互助活动中，共组织371家单位43216名职工参加，合计上缴互助金216.08万元，共计2832人次参与医疗互助报销，总计报销金额达106.6万元，有14名女职工获得特殊疾病保障，150多名职工获得"二次补助"，有效缓解职工家庭医药费负担。在秋送助学活动中，筹集20多万元资金为40多户困难职工家庭子女送去助学金，与宁乡农商银行连续十年合作开展"一对一"结对帮扶助学活动。

【弘扬劳模工匠精神】 4月27日，2021年庆祝"五一"国际劳动节暨"建功'十四五'、奋进新征程"主题劳动和技能竞赛动员大会在北京人民大会堂举行，大会对2021年全国五一劳动奖状、奖章，全国工人先锋号进行表彰，楚天科技股份有限公司焊工、技师贾志光获得全国五一劳动奖章。同时，2 名建筑行业职工获得湖南省五一劳动奖章，1 人获“2021年湖湘工匠年度人物”提名奖，1 对师徒获湖南省劳模工匠师徒“结对子”活动优秀师徒。2 家单位获 2021年长沙市五一劳动奖状，8 名职工获2021 年长沙市五一劳动奖章，3 个职工班组获 2021 年长沙市“工人先锋号”。2021 年，市总工会落实劳模各项待遇，组织全市 20 多名各级劳模开展疗休养活动，参观罗荣桓元帅故居纪念馆、衡阳保卫战纪念馆等地。春节、五一劳动节前，分别给全市各级劳动模范发送节日祝福短信，并发放节日慰问金近 10 万元。新建“德良劳模创新工作室”，全市共创建 8个劳模工匠工作室，发挥劳模、工匠的示范引领作用。

【职工文体活动】 2021 年 11 月 26—30 日，市直属机关工委与市总工会联合主办第四届市直机关干部职工运动会，共设竞赛类、棋类、趣味类三大类共计 19 项比赛，有 68 支参赛队伍 1800 多名运动员参加。10 月 15日—17 日举行，组织“花明杯”职工气排球赛，全市各市直单位、乡镇（街道）以及社会团体共 45 支气排球代表队参赛，比赛分为女子组、男子组、男女混合甲乙丙组共 5 个组别。组织万步有约拓展赛，健走竞赛历时 21 天，共有 91 家单位、303 支队伍、3816 人参与，其中有 3618 人的个人健走总积分达满分，206 支分队健走积分满分，45 家单位参赛者健走万步率达 100%，全市健走万步达标率 98.46%。（朱顺平）

表 5　2021 年宁乡市获得全国五一劳动奖章、湖南省五一劳动奖章和长沙市五一劳动奖章名单一览表

奖项	获奖人	获奖人供职单位
全国五一劳动奖章	贾志光	楚天科技股份有限公司
湖南省五一劳动奖章	缪志豪	湖南华程建设集团有限公司
	张君宝	长沙经发工程建设有限公司
长沙市五一劳动奖章	夏倩兮	宁乡市第十一高级中学教师
	梁明慧	长沙族兴新材料股份有限公司生产部经理
	陈　伟	三一汽车起重机械有限公司工艺院副院长
	周伟湘	宁乡市白马桥街道社区卫生服务中心院长
	李炳钦	湖南顺毅人力资源有限公司行政总厨

表 6　宁乡市第一届职业技能大赛暨 2021 年宁乡市“十行状元、百优工匠”技能竞赛状元名单一览表

项目	获奖人	供职单位
园艺设计	黄　卓	湖南中建物业服务有限公司
农机操作	吴铁军	煤炭坝镇
钳工	陈　晖	楚天科技股份有限公司
电工	武红伟	楚天科技股份有限公司
数控铣	朱敏强	宁乡市职业中专学校
数控车	肖洋波	宁乡市职业中专学校
焊接	杨　炫	长沙盛泓机械有限公司
制冷与空调	夏文凯	宁乡市职业中专学校

共青团宁乡市委员会

【概况】 2021 年，宁乡市 18 周岁至35 周岁约 36 万青年人，“智慧团建”系统录入共青团员数 3 万人。全市有各级团青组织 1455 个，其中团市委本级机关有专职团干部 5 人，聘用专职青少年事务工作者 3 人，团市委委员 33 人；基层团委 84 个，团工委 8个，团总支 50 个，团支部 1247 个，其中学校领域团支部 345 个，共有专（兼）职团干部 2332 人。2021 年，共青团宁乡市委员会服务、组织、引领、凝聚青年，做好新形势下青年群众工作，发挥共青团作为党的助手和后备军的作用。

【青年思想引领工作】 2021 年，共青团宁乡市委员会做好团员青年思想引领工作，增强团员青年政治意识。开展党史知识竞赛活动，组织广大团员青年学史识今，参与人数 1.6 万人次；利用“名团干工作室”“少先队名师工作室”名师资源，为学生上党史学习教育专题课 120 场次；力推青年大学习，每期学习人数超 3 万人，实现网络平台学习中央党团精神常态化。组织500名新发展团员代表到少奇纪念馆铜像广场开展“青春同心·永跟党走”主题团日集中入团仪式；举办“红船引领红领巾·童心向党颂百年”主题队日活动，引导青少年学生学习党的光辉历程，传承红色基因、争做时代新人；承办廉政文化周“青春向上·清廉同行”廉政沙龙活动，青年领导干部亲身参与、生动演绎，表达修身齐家、廉洁从政的坚定信念，36万余人观看直播。开展“两红两优”评选（红旗团委、红旗团支部、优秀共青团员、优秀共青团干部），青年岗位能手推报，向上向善好青年寻访，通过新媒体宣传，参与点赞投票40万人次。

【服务青年工作】 2021年，共青团宁乡市委员会以项目推动，增强青少年获得感。“希望小屋”项目，2021年共向社会各界筹措募集资金148万元，为16个乡镇（街道）100名品学兼优的贫困学生建设“希望小屋”100间，让他们拥有一个整洁美丽的房间、一个学习逐梦的空间，同时结合四联五到位民情大走访，开展后续关爱帮扶，让孩子实现从小屋换新到精神焕新。项目在长株潭地区作为典型经验推广，并获评全国“三下乡”示范项目。“希望工程”项目，2021年筹集资金40万元，帮扶贫困大一新生95名，并搭建爱心企业和贫困学生长期结对帮扶的纽带，以爱心为他们的人生增添希望。“领头雁”项目，成立团属社会组织宁乡市农业创业者联合会，吸纳会员50名，汇聚农村创业青年力量；联合农业农村局、市委组织部人才办，推树有想法、有决心、有闯劲、有能力的农村青年“领头雁”30名，并向长沙推报市级“领头雁”7名，引领农村青年创业致富、建功农村。推动长沙团市委全国高校学子长沙体验交流活动宁乡园区企业观摩，向全国各大名校学子展示宁乡先进储能和智能制造产业；摸底近五年考录宁乡籍双一流、985高校学子570名，逐一建立联系，召开以先进储能材料、新能源装备、生物医药、工程机械等专业学生为主的高校学子宁乡交流体验活动，为宁乡三大产业集群建设拓宽引才渠道。联合专业社会组织，开展“青春自护”教育80场次，覆盖29个乡镇（街道）4000名学生，把防溺水、防性侵等自护教育送到了偏远乡村；加强与法检系统联系，维护青少年合法权益，宁乡市人民法院创建全国青少年维权岗；开展“12355系列中高考减压活动”，组织初、高级中学应届毕业生开展专家讲座、心理健康疏导、高考应援祝福、毕业考生成人礼等活动60余场，帮助学生缓解考前压力。以宁乡青年志愿者协会为载体，组织动员青年志愿者广泛参与文明创建、疫情防控等中心工作任务，筹措35万元防疫物资，送到街道防疫一线。

【基层团组织改革】 2021年，共青团宁乡市委员会被确定为基层团组织改革扩大试点单位后，采取清单式推进、每月调度落实，推进自身组织建设，出台多个制度化、规范化文件，基层团组织的引领力、组织力、服务力进一步强化。组织全市150名团干部举办素质提升培训班，通过课堂讲授、座谈交流、观摩学习等多种方式，深化党史学习教育、加强基层团干部队伍建设。新推报5家青年文明号、6名青年岗位能手获评长沙市级荣誉，楚天科技获得湖南省非公类青年文明号集体。12月2日，《中长期青年发展规划2016—2025》宁乡实施联席会议举行，明晰了联席会议机制，形成党委领导、政府主责、部门联动的党管青年工作合力。

（谭曼 刘莎）

宁乡市妇女联合会

【概况】 2021年，宁乡市有29个乡镇（街道）妇联，72个市直科局和驻宁单位妇委会，278个村（社区）妇联。宁乡市妇女联合会围绕党史学习教育、宁乡高质量发展、“宁姐姐”品牌打造、民生实事项目等重点工作，服务中心大局，服务妇女儿童，推进妇女儿童事业迈上新台阶，为全面建设幸福宁乡贡献巾帼力量。2021年，宁乡市妇女联合会获评湖南省二星级“网上妇女之家”。

【妇联建设】 2021年，宁乡市妇女联合会组织开展“巾帼心向党·献礼百周年”主题活动。组织宁乡市巾帼志愿者在市民之家开展《唱支山歌给党听》集体舞快闪活动；召开全市各界妇女座谈会，市委书记于新凡、副书记沈光等领导参加，听取各行各业女性围绕自身岗位，畅谈怎样以新的功绩献礼中国共产党一百周年华诞；开展线上“学党史颂党恩”优秀朗诵作品群众互动活动。将适龄妇女“两癌”筛查、女性技能培训、“幸福宁乡 父母大讲堂”三个项目纳入党史学习教育“我为群众办实事”实践活动专项行动。以党建带妇建，指导全市278个村（社区）、29个乡镇（街道）妇联严格按照要求全面完成换届工作，选出村（社区）妇联执委4344人、乡镇（街道）妇联执委725名。通过“宁乡妇联”微信公众号，推出“‘战’‘疫’她力量”“文明家庭”点赞、“垃圾分类”等专栏，加强“网上妇女之家”建设。贴心服务妇女儿童，调动网民参与，增强网上阵地吸引力。2021年，宁乡妇联获评省级二星级“网上妇女之家”。

【选树妇女先进典型】 2021年，宁乡市妇女联合会推动女性建功立业。围绕“工业强市·幸福宁乡”战略目标，在全市各行各业中评选出21个三八红旗集体，48个三八红旗手，引领广大妇女为全面建设现代化宁乡建功立业。开展“巾帼文明岗”创建活动。2021年，湖南中伟新能源科技公司前驱体生产部获评长沙市“巾帼文明岗”，城郊街道怡宁社区妇联、玉潭中心小学获评长沙市巾帼建功先进集体，喻家坳红湘肴负责人陈玲、高新区妇联主席成湘南获评巾帼建功标兵称号。联合文明办、教育局，开展宁乡市第五届“文明家庭评选”，以及家风家教好故事好家书征集活动；推选长沙市最美家庭10户，绿色家庭2户，五好家庭2户，平安家庭1万户。通过各种创建评比活动，引导广大家庭建设文明家庭，涵养良好家风家教。谭斌家庭获评“全国五好家庭”称号、李可立家庭获评“全国最美家庭”称号。联合市乡村振兴局开展宁乡市全域推进美丽宜居村庄建设创“最美庭院”行动，引领广大妇女和家庭广泛参与“美丽家园”建设和城乡环境卫生整洁行动。承办长沙市全域推进美丽宜居村庄建设创“最美庭院”现场动员会。“宁乡四小碟”成功申报长沙市巾帼现代农业科技示范基地；宁乡市田园牧歌农场成功申报长沙市巾帼示范休闲农庄。

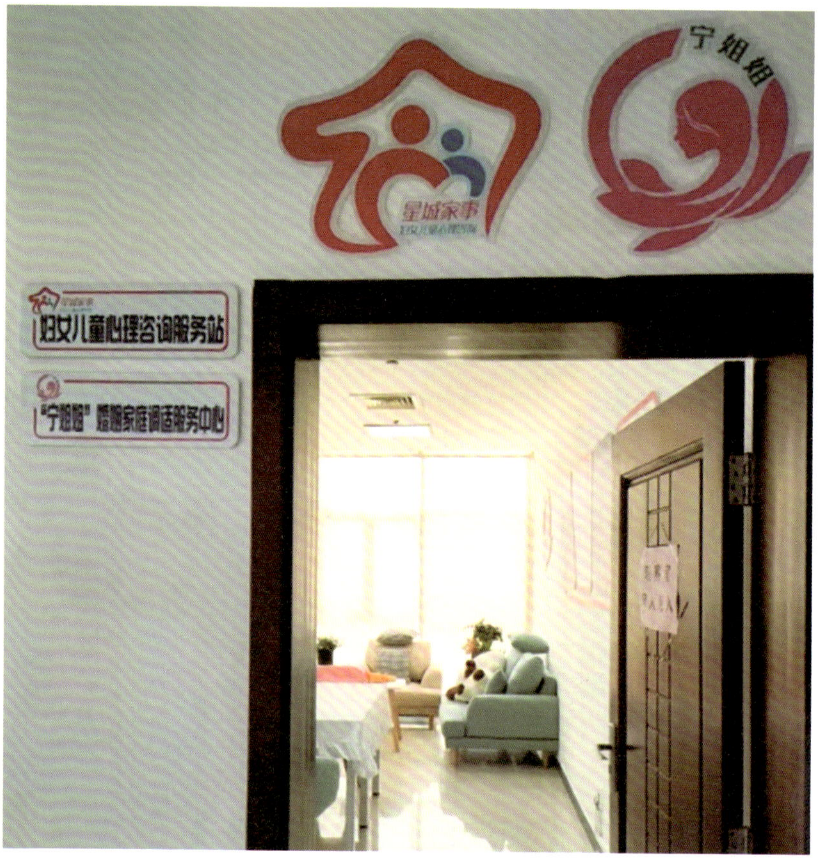

2021年9月，设立在市政府会议中心的“宁姐姐”妇女儿童公益心理咨服务站正式运行

【“宁姐姐”维权品牌建设】 2021年，宁乡市妇女联合会做好“宁姐姐”信访接待。年内接待信访群众185人，为其中24名特困信访妇女提供临时救助，推动执法部门人身安全保护令、告诫书签发，全市签发人身安全保护令6份，告诫书1份，有力地震慑施暴者。为6名受暴者提供法律援助，为多名受暴者提供危机干预、心理咨询和情绪疏导。成功处理黄材周某某案、坝塘廖某某、历经铺成某某、回龙铺袁某某案等典型个案。其中周某某案在《中国妇女报》进行专题报道，并受邀在全国妇联维权工作研讨会上作经验交流。“宁姐姐”一站式女童关爱中心项目有序运转。2021年，“宁姐姐”一站式女童关爱中心陪同询问、关爱、救助未成年受害人60名，开展21次心理疏导，最大限度实现未成年被害人司法保护和人性关爱，全力支持公安的取证工作，抚慰帮助未成年人受害人；与教育部门一起，继续做好未成年人保护工作，在学校开展防性侵害讲座，在全社会筑牢一道保护未成年人的防线。2021年9月，在市政府会议中心一楼，建立“宁姐姐”妇女儿童公益心理咨询工作站，关爱妇女儿童心理健康。面向居住在宁乡的妇女、儿童和家庭，重点面向留守、困境妇女、儿童和家庭，为20多名妇女儿童提供服务，帮助她们走出困境。

【妇女儿童关爱项目】 2021年，宁乡市妇女联合会推进省重点民生实事项目农村妇女“两癌”免费检查项目在29个乡镇开展，为30133名农村适龄妇女提供免费“两癌”检查，完成全年任务的114.57%，为8500名孕妇提供免费产前筛查，完成全年任务100%。争取全国、省、长沙市妇联贫困“两癌”妇女救助金86.7万元，为93名贫困“两癌”妇女提供救助金以及慰问物资。做好“孩子，我们一起成长吧”项目。在玉潭中小、新康小学开展亲子阅读活动17场，吸引1200多名孩子和家长参加；在龙江小学、新康小学设立留守儿童知心屋，派出社会心理工作者值班，心理疏导65次；在市会议中心开展家庭教育指导讲座8场，涉及家庭教育的重要性、情绪、沟通、青春期性教育等家庭教育大部分内容，2000多家长参加；开展“我是你的大朋友”“我是一枚幸福的宁乡娃”陪伴活动，社会志愿者二对一帮扶留守儿童，有效解决他们成长中遇到的困惑、困难。开展“出手吧姐姐”关爱困境母亲活动，募集公益项目资金16.45万元，慰问困境母亲56名。市级建立一支20人专业志愿者队伍，广泛开展家庭教育、心理咨询、合适成年人等专业服务；乡镇（街道）、村（社区）两级巾帼志愿者，发挥联系广大妇女的天然优势，在紧急任务前，做到“党有号召，妇女有行动”。积极参加宁乡的疫情防控以及除雪保畅行动。通过“宁乡妇联”微信公众号宣传抗疫女性、疫情防控及除雪保畅等巾帼志愿服务，弘扬巾帼志愿精神。（谢朝辉）

宁乡市科学技术协会

【概况】 2021年，宁乡市科学技术协会（以下简称市科协）在深化改革中推进全面创新，在促进科技创新人才成长、提升科技开放与交流水平、促进经济发展方式加快转变等方面取得成效，为科技工作者服务，组织科技工作者为经济社会发展服务，推广先进技术，促进科技的普及，开展青少年科技教育活动。

【创新载体建设】 2021年，经省、长沙市科协对工作站基础条件情况、运行管理情况、工作站成效及院士专家满意度等四个方面进行综合考评，宁乡市2013—2020年所建省级、市级院士专家工作站验收全部合格，建站质量不断提升。引导微纳坤宸新建省级院士专家工作站、省超高温复合材料工程中心长沙院士工作站，与进站院士在人才培养、项目合作、技术攻关、成果转化等领域务实合作，推动科技成果转化和实现产业化。

【赋能乡村振兴】 2021年，市科协创建5家专家工作站，深化产学研协同合作，在新品种选育、推广、新技术的推广应用、开发观光休闲农业的综合开发等方面推动宁乡市农业产业转型提升；培育有较强区域示范作用的、辐射性强的农业企业，向上争资63万元，帮助企业快速成长；继续实施本级基层科普行动计划，以奖代补，并争取市委市政府的支持增加评选数量，开展科普示范村（社区）、科普示范基地（合作组织）、科普带头人评选，通过抓重点、抓亮点、抓示范，推动现代农业发展，有效衔接乡村振兴战略的实施。推进回龙铺镇科普小镇建设，科技赋能当地产业，被《长沙晚报》和学习强国作为典型进行宣传报道。

【科普信息化建设】 2021年，市科协借助“科普中国”APP，开展科普中国信息员队伍建设，加大科普信息精准推送服务。截至11月28日，宁乡市在科普中国注册认证的科普信息员30669人，位列长沙市地区第二，为宁乡市科普信息化建设在信息传播层面上奠定基础，并在2021年全国科普中国信息员科学素质网络竞赛活动中，宁乡市竞赛积分在全国所有区（县）中排名第三。

【青少年科技创新平台】 2021年4—5月，举办青少年创客节活动，推进网络时代人工智能教育；9月举办骨干科技辅导员专业素养提升培训，青少年科技辅导再精进；联合教育局、科技局共同举办中小学生现场编程竞赛活动，向广大青少年普及推广编程相关知识和技能，提高青少年对人工智能的认知和初步应用能力。10月，开展“奇思妙想”纸质结构模型普及竞赛，集创新、团队合作与动手能力于一体，激发青少年探索精神，丰富校园文化生活。11月，举办青少年科技创新市长奖。

【服务科技工作者】 2021年，市科协向上举荐湖南省最美科技工作者1人，2021年“科创中国”湖南省企业“创新达人”1人，走访慰问困难科技工作者10人，激发广大科技工作者的荣誉感、自豪感、责任感。

（黄　瑛）

宁乡市文学艺术界联合会

【概况】 2021年，宁乡市文学艺术界联合会（以下简称市文联）发挥党和政府联系文艺工作者的桥梁纽带作用，认真履职尽责，团结凝聚文联系统、动员引导广大文艺工作者为繁荣文艺作出积极贡献。2021年，市文联获全省文联系统先进单位，作为唯一县级文联单位在省文联全委会上作典型发言。

【纪念中国共产党成立100周年主题文艺创作活动】 2021年，市文联组织一系列主题创作、展览、展演及文艺赛事活动，纪念中国共产党成立100周年。6月，承接在沙田乡举行的“牡丹花开心向党”中国曲艺牡丹奖艺术团“送欢笑”志愿服务宁乡专场演出活动；举办关于纪念中国共产党成立100周年为主题的美术作品展和书法篆刻作品展、青年书协会员展；举办纪念中国共产党成立100周年“百诗百联”主题创作大赛活动。

【特色主题创作和赛事活动】 2021年，宁乡市文联开展一系列特色主题创作和赛事活动。在湖南宾馆举办宁乡籍全国书协会员作品展；著名书画艺术家欧阳笃材百周年诞辰时，策划举办欧阳笃材先生作品研讨会，省市文联领导鄢福初、王俏、谢胜文，文艺界嘉宾朱训德、柯桐枝、王金石、石纲、魏怀亮、李蒲星、胡静怡、唐国文、熊灿亭、张楚务、欧阳波等参加作品研讨会。组织“欢乐潇湘·品质长沙”书法美术摄影作品大赛及展览；举办“忘不了”全国微诗暨短视频大赛；聚焦城镇老旧小区改造，组织实施以“蝶变”为主题的报告文学、诗词文赋、短视频创作系列活动，创作成果编撰《蝶变》一书；编纂出版《宁乡宦游诗文选》；开展赴道林、网络文学小镇、雨花区非遗馆、湖南美术馆的主题采风活动；开展多次文艺志愿服务活动。

【文艺交流平台】 2021年，市文联出版4期《宁乡文艺》杂志；举办3期“宁乡文艺”沙龙活动，邀请谭仲池、

2021年6月25日，“牡丹花开心向党”中国曲艺牡丹奖艺术团“送欢笑”志愿服务宁乡专场演出活动现场

罗鹿鸣、熊东遨等文艺名家来宁乡讲座。“宁乡文艺”公众号继续每天原创更新两条以上，推出“乡镇文艺人才展示”系列。在对外交流方面，与全国102家文联建立友好文联单位，定期开展互访、办展办赛等交流活动。

【文艺精品创作】 2021年，市文联完成第一届“市长文艺奖”的评审，并举办颁奖典礼。开办文学创作、戏剧创作2期专题创作培训小班；指导扶持一批重点作品，如《璜塘湾》《有定集》《心之月光》；组织举办《金匠一号》作品研讨会。

【文艺队伍管理】 2021年，召开三次文联主席团（扩大）会议，开展文艺队伍意识形态方面的学习，审议通过《宁乡市文艺家协会财务管理办法》《致宁乡文艺工作者倡议书》，以规章制度对文艺家协会进行规范；指导作家协会、诗散文协会完成换届，指导诗歌学会、网络作协成立；文艺工作向基层拓展，指导坝塘镇成立乡镇文联，成为全省第一家在民政部门注册的乡镇级文联。

【第一届“市长文艺奖”】 2021年5月28日，宁乡市第一届市长文艺奖颁奖仪式在市民之家举行。湖南省政协原副主席、湖南省文联原主席、作家谭仲池，湖南省文联副主席、长沙市文联党组书记、副主席王俏，宁乡市人民政府代市长黄滔，宁乡市委副书记、市委党校校长沈光，宁乡市委常委、市委宣传部部长彭娟，宁乡市人民政府副市长贺立权，宁乡市政协副主席、文联主席胡宇出席颁奖仪式。同时，活动全程线上直播，阅读超21万人次。根据《宁乡市“市长文艺奖”评奖办法》和《宁乡市“市长文艺奖”管理章程》，经历个人申报、各协会初评、文联复审、终评、公示等环节，共确定散文、现代诗歌、音乐、戏剧、美术、摄影等类别的15件文艺作品获奖。黄滔为获奖选手颁奖。活动当天还开展了文艺沙龙，谭仲池以《时代精神与现实主义创作》为题进行授课。

（陈　霞）

表7　　宁乡市第一届市长文艺奖获奖名单一览表

获奖类别	一等奖	二等奖	三等奖
散文	肖辉跃《飞跃高原》	杨罗先《文艺战疫日记》	
现代诗歌	杨孟军《在蜡像馆》		
音乐	胡令强《宁乡剁辣椒红》	胡令强《勇往直前》	
戏剧	喻亮清《存款风波》	喻亮清《万众一心抗疫情》	
美术	石建兵《笙之交响》	张雨弛《金秋的日记》	夏轶红《三月芳菲》 陈伟光《鸟语花香》
摄影	邓兴《镜头里的宁乡巨变》	刘立《皮影人生》	蔡石姣《贫困户喜圆新房梦》 蔡石姣《沩山新貌》

宁乡市残疾人联合会

【概况】 2021年，宁乡市残疾人联合会（以下简称市残联）以全面融入乡村振兴、办好重点民生实事、提高就业创业能力、推进涉残政策扩面提质、健全保障体系、浓厚向上向善氛围为目标，为全市3.7万名残疾人提升获得感、幸福感、安全感。

2021年，市残联继续组织选聘镇、村残疾人专职委员307人，健全残疾人协会，制定党组议事规则，完善干部职工季度考核办法和系列管理制度，健全为残服务机构目标管理办法，夯实为残办事干事工作基础。成立宁乡市品义德扶残助残志愿者团队，发展志愿者40余人，该团队先后获评长沙市最佳志愿服务组织、湖南省优秀志愿服务组织。清泉阳光争创首批省级党建助残示范基地，市残联机关成功争创市级文明创建单位、平安建设单位。

2021年，市残联编印政策宣传万余册，用身边人讲身边事教育身边人，讲好残疾人好故事，发布正面宣传报道100余篇。开展文化助残活动，引导教育残疾人及其亲属感党恩、听党话、跟党走。举办第三十一次全国助残日活动，培树湖南沩滨农业、欣云保洁、光权水果等一批自强创业典型、“阳光增收示范户（带头人）”、新时代扶残助残“善行四十佳”。贺瞻等残疾人代表获评全省自强模范，朱世文获全国残运会盲人同量级柔道金牌，刘靖宇等4名选手获特奥会8金、1银、4铜。

【民生实事】 2021年，市残联完成0—14岁残疾儿童抢救性康复346人（3460月），完成目标任务146%，全年完成787名0—17岁残疾儿童的康复训练，该项目在省残联绩效考核中获评先进。全年发放陪护费用63人次、补贴自费康复对象51人次，免费装配假肢和矫形器145例、发放辅助器具1400件、白内障手术200例，全市有康复需求的残疾人康复服务率和辅具适配率均达100%。完成160户贫困残疾人家庭无障碍设施改造、煤炭坝社区无障碍改造，新增残疾人专用停车位420个。6月，宁乡市残疾儿童康复、无障碍改造进家庭工作被中国残联作为典型案例在学习强国平台上推广，全市无障碍环境氛围逐步浓厚。

【残疾人基础保障】 2021年，市残联配合完成残疾人“两项补贴”（“困难残疾人生活补贴和重度残疾人护理补贴”）提标，发放“一户多残”家庭生活补助2559户5297人600余万元，全年托养320人次，辅助性就业40余人。畅通与人社、民政、医保、教育等部门沟通协调机制，实现数据及时共享，确保医保、养保代缴完成率100%，扶残助学1882人，适龄残疾儿童接受义务教育97.8%。开展农村残疾人存量危房改造68户，有需求的困难残疾人家庭危房改造逐步“清零”。筹集175万元资金救助慰问困难残疾人1980余人，燃油补贴229人次。推进脱贫攻坚成果巩固和乡村振兴的有效衔接，编制宁乡残联系统“联村联户、四帮四促”行动方案，与清泉社区党支部开展结对共建，为全村155名残疾人建立“家庭收入清单”，实施动态监测。开展涉残惠民惠农财政补贴资金“一卡通”专项整治，清理出65户129人“一户多残”、107名扶残助学对象，全年节约财政资金40万余元。

【残疾人就业创业】 2021年，市残联主办1次残疾人专场招聘会，达成就业意向96人，规模为全长沙市之最。依托国家级经开区、高新区以及金玉工业园、各中小企业园区平台优势，建立全市企业信息库，发布系列安置残疾人就业优惠政策，全市293家机关事业单位、企业安置残疾人639名，残疾人保障金净入库2199余万元。全年扶持大小企业、合作社等86家，扶持乡镇（街道）、村（社区）11家、残疾人法人贷款贴息15家、个体工商户养老保险补贴79家、“远东”基金扶持10家。依托扶贫基地、就业基地等，以水果种植、鹌鹑养殖等项目为载体，免费发放生产资料和技术培训，带动200名残疾人增收5000元以上。开展盲人按摩培训29人、残疾人职业技能培训600余人、心理健康、驾考等培训32人。宁乡市“练好三道功，打好组合拳，努力让残疾人实现更加充分更有尊严的就业”被省残联列为就业创业工作典型并做典型经验发言。

【残疾人证办理】 2021年，市残联推进“互联网+政务服务”一体化工作，残疾人足不出户即可办理残疾人证、申请助学等相关补助，残疾人证“跨省通办”首次办理成功，残疾人基本服务状况和需求专项调查成果居长沙市前列。宁乡市率先开展完成第三代智能残疾人证换发，全年办理新增第三代残疾人证3.7万本，针对“评残贵、办证难”的问题，联合市卫健局为234名高龄特殊重度残疾人开展上门免费评残办证，3003名目测对象鉴定费用一律降低到40元/人，全办证周期由原来的15天缩短到7天，直接减少费用100余万元，切实为残疾人减负。

【维护残疾人权益】 2021年，市残联一直以残疾人满不满意作为衡量工作好坏的标准，切实维护残疾人权益。执行志愿律师值班制度，投入10余万元聘请法律顾问，全年提供法律咨询100余起，开展法律救助30余起，为残疾人挽回损失150余万元。班子成员走访残疾人企业和残疾人代表，多次召开座谈会，发动驻村干部进行走访调查，排查残疾人反映的问题。落实“12345”“12385”双号并行，全年接访（电）900多件次，办结上级交办件24件次，答复满意率100%。

宁乡市红十字会

【概况】 2021年，宁乡市红十字会弘扬“人道、博爱、奉献”的红十字精神，发挥红十字会在人道领域的助手和联系群众的桥梁纽带作用，履行“三救三献”工作职责，深化机构改革，推进党史学习教育，助力疫情防控，服务宁乡经济社会发展。

【优化机构设置】 2021年，市红十字会完成机构编制事项调整，设内设机构1个——综合部，负责机关日常工作；负责全市红十字会组织的发展和建设；负责备灾救灾工作，实施人道救援救助；依法开展社会捐助工作；组织开展应急救护培训，普及应急救护、防灾避险和卫生健康知识；参与、推动无偿献血、遗体和人体器官捐献工作，参与开展造血干细胞捐献相关工作；负责全市红十字志愿者队伍建设与管理和红十字青少年工作；负责单位党建、宣传、纪检、档案、保密、网络安全等工作；完成市委、市政府交办的其他任务。

【世界红十字日纪念活动】 2021年5月8日，市红十字会在横市镇界头村举行第74个世界红十字日纪念活动，对该村10户群众进行慰问，为3户困难家庭送去帮扶资金15700元，为108名群众进行应急救护培训。

【申请救助救济】 2021年，市红十字会依托小天使基金、省市人道救助、友阿公益基金、“博爱送万家”等项目，为困难群众申请资金40余万元。

【博爱家园项目推进】 2021年，市红十字会向湖南省红十字会争取博爱家园项目资金20万元，完成青山桥竹峰村24口山塘清淤护砌。争取资金20万元，打造关山村博爱家园阵地。争取资金25万元，建设楚沩社区综合服务博爱家园项目。

【救护培训】 2021年，市红十字会争取中国红十字会“十三五”彩票公益金项目支持，建设湖南省首家县级红十字生命安全体验馆——宁乡市红十字会生命健康安全体验馆。馆内设置红十字知识、地震、交通、消防、居家安全、应急救护、禁毒7大模块，通过VR视频体验系统、烟雾模拟系统、交通多媒体系统等多种情景模拟，供市民就近学习应急救护、卫生健康和消防安全等知识。全年开展体验活动33期，累计1167名青少年参加。组织救护员培训10期，培训初级救护员417名。

【“三献”工作】 2021年，湖南省造血干细胞捐献业务培训总结会议在宁乡市召开，宁乡市红十字会做经验推广。先后接待芙蓉区红十字会、益阳市沅江市红十字会等单位学习交流。人体器官捐献登记工作进入常态化，2021年登记人数1379人，实现遗体器官捐献9例，对遗体器官捐献者家属进行慰问。做好对造血干细胞捐献者的联系、沟通和关爱工作，慰问5名造血干细胞捐献者，送去慰问物资5200元。

【红十字青少年社会实践基地】2021年，市红十字会组织红十字青少年开展各类社会实践体验活动，打造红十字青少年快乐果园、开心菜园等项目。开展红十字救护技能大比拼、慈善好少年、助力乡村振兴、体验农耕文化、周末精彩手工、美食等实践体验40期，2000余人次参加。

【志愿服务】2021年，宁乡市红十字志愿服务指导中心常态化开展疫情防控、社区陪伴、慰问抗战老兵、红十字青少年等各类志愿活动，扩大红十字影响力，弘扬社会正能量。

【社会捐赠】2021年，市红十字会接收湖南省红十字会、长沙市红十字会、共青团长沙市委、社会爱心人士捐赠的防疫物资6笔，包括医用口罩、医用防护服、消毒液、酒精、测温仪等，价值80万余元，送至宁乡市新冠肺炎疫情防控指挥部、城郊街道、环卫局、人民医院、中医院等相关单位，用于支援新冠肺炎疫情防控工作。

【“我为群众办实事”实践活动】2021年，市红十字会解决横市镇界头村群众反映的学校污水直排问题；为横市镇界头村困难学生杨友丰组建对口帮扶人长期资助，并协助帮其建造“圆梦小屋”。（杨文娟）

法治·军事

政法委与综治

【概况】 中共宁乡市委政法委员会及下设的宁乡市社会治理服务中心（二级机构），担负着把握全市政法工作政治方向、协调各方职能、统筹政法工作、建设政法队伍、维护社会稳定、推进平安建设、法治建设、反邪教、反暴恐等职能任务。2021年，宁乡市获评湖南省平安建设（综治工作）先进县市区、湖南省首届法治政府建设示范市、长沙市平安建设（综治工作）红旗区县（市）、长沙市维护稳定工作优秀区县（市）；沩山乡、龙田镇获评长沙市平安建设（综治工作）红旗乡镇（街道），青山桥镇、夏铎铺镇、流沙河镇、道林镇、大屯营镇、老粮仓镇、花明楼镇、双凫铺镇、菁华铺乡、煤炭坝镇、白马桥街道获评长沙市平安建设（综治工作）优秀乡镇（街道），夏铎铺镇、道林镇获评长沙市平安乡镇（街道），青山桥镇心田村、白马桥街道白龙社区获评长沙市平安社区（村），9人获评长沙市综治工作优秀个人，6人获评长沙市维护稳定工作优秀个人。宁乡市评出平安建设（综治工作）红旗乡镇（街道）1个、优秀乡镇（街道）8个、优秀单位28个，评出平安乡镇（街道）11个、平安单位26个、平安村（社区）103个，9人获评宁乡市平安建设（综治工作）优秀个人，8人获评见义勇为先进个人。评出维稳工作先进单位13个，先进个人65名。

【政法队伍教育整顿】 2021年2月起，宁乡市深入开展宁乡市政法队伍教育整顿。扎实推进学习教育、查纠整改、总结提升“三个环节”，共127名政法干警主动交代问题，充分兑现政策，全部整改处理到位。坚持无禁区、零容忍、全覆盖，排查重点案件3580件，清查涉法涉诉信访案件526件，大数据摸排信息3182条。系统梳理顽瘴痼疾，出台制度机制文件36项，形成常治长效。

【维护社会稳定】 2021年，宁乡市加强统筹调度，推进政治安全铸墙、净土、攻心“三大工程”常态化，加强司法所、调解组织基础设施建设，开展矛盾纠纷大排查，调处各类矛盾纠纷7343件，调解成功7280件，成功率99.1%，圆满完成稳定风险防控、维稳处突等各项工作任务，没有发生影响恶劣的大规模群体性事件和个人极端事件，宁乡市社会大局持续平安稳定。

【平安建设】 2021年，宁乡市探索社会治理创新模式，推进“两化三中心”建设（综治中心规范化、网格服务管理标准化、网格服务管理中心与综治中心、应急指挥中心等一体化运行），诉前调解纠纷机制、社会矛盾纠纷多元化解（ODR）平台、平安乡村视频建设等被长沙市确定为重点项目，共商共治“屋场会”等项目在实践中取得初步成效。在全市部署开展打击整治电信网络诈骗犯罪、涉众型经济犯罪、恶性刑事犯罪、涉“黄赌毒”违法犯罪，社会治安乱点整治、道路交通安全整治、校园及周边环境整治等一系列专项行动，命案发案量同比下降50%，无民转刑案件发生。在省、市2021年公众安全感满意度测评中，宁乡市成绩位均位居长沙前列。

【法治建设】 2021年，宁乡市规范执法司法监督，加强重大、复杂、疑难案件的协调督办，抽查重点案件248件，认定问题案件24件；填报记录违反“三个规定”情况97件次，通报82件次，核查督办案件14起，召开案件协调会9次；实施司法救助26人次、发放救助金48.27万元。推动公正规范文明执法，行政机关负责人出庭应诉率居长沙十区县前列，宁乡市获评全省首届法治政府示范市。建成市乡村三级公共法律服务平台，组建普法讲师团开展订单式普法专题讲座，推进“互联网+法治宣传”，宁乡新媒体普法联盟累计推送普法内容2万余篇，推出普法短视频25部，累计阅读量达5000余万。开展企业家权益保护“大走访、大排查”活动，走访重点企业33家，收集问题建议88条，逐条交办落实。开展“法律服务进百企”活动，组织员额法官、员额检察官联系帮扶全市105家企业，走访结对帮扶企业316次，收集意见建议107条，解决实际问题59件。

【常态化扫黑除恶】 2021年，宁乡市推进常态化扫黑除恶专项斗争，全市共立九类涉黑涉恶案件143起，破案121起，刑拘357人，批捕260人，移送起诉339人，共打掉恶势力犯罪集团4个，审结涉恶案件2件12人，判处五年以上有期徒刑9人，财产刑共计21.31万元。

【政治建设】 2021年，宁乡市始终坚持党对政法工作的绝对领导，持续抓好《中国共产党政法工作条例》的贯彻落实，严格执行政法系统思想政治工作联席会议制度、重大事项请示报告制度等，牢固树立党管政法的工作原则。深入开展“四联四访、我为群众办实事”实践活动，全体政法干警下访12000余次，为群众解决问题4000余个，推出便民利民措施36项。

【宁乡市政法英模事迹报告会】 2021年4月8日，宁乡市举行政法英模事迹报告会，学习英模事迹、弘扬英模精神。市领导刘俊武、黄勇、吴欣、钟孝明出席。报告会上，英模代表讲述钟婷、陈国平、周游、刘梦颀、陈娟、刘传仁、刘文军、文彬、陈义军（其中，刘传仁、刘文军为长沙市评定的政法英模）等政法英模忠于职守、无私奉献的事迹。此次报告会推介的政法英模是宁乡市政法队伍践行习近平新时代中国特色社会主义思想的优秀代表。全市政法干警通过深入学习、弘扬、践行英模精神，以英模为榜样，对标先进找差距，将在全市政法系统形成学习英模、崇尚英模、争当英模的良好风尚。 （卢　川）

公　安

【概况】 2021年，宁乡市总面积2906平方千米，辖4个街道办事处21个镇4个乡，215个村，63个社区，79个警务区，448321户，常住人口1415389人。宁乡市公安局设科室6个；设直属大队13个；设监管场所2个；设行政派出所30个。

2021年，宁乡市公安局以县域警务为基础、专项警务为支撑、节点警务为牵引，有力维护辖区政治安全、社会安定、人民安宁、网络安全。聚焦队伍教育整顿执法顽瘴痼疾，统筹抓实信访、民调、警务评议，规范涉案财物管理，强化执法质量考评机制，确保执法安全事故“零发生”，推进实战大练兵，全警综合素质和实战能力得到全面提升。全面从严管党治警，正风肃纪，党纪政纪处分11人、禁闭2人、采取第一种形态96人。根据长沙市委第九提级交叉巡察整改意见，确保巡察整改任务高质高效完成。2021年，宁乡市57个专项警务综合成绩居长沙市第一，监管工作、网技工作、执法规范化建设、队伍教育整顿等七项工作得到中央、省市肯定，7次在省市作典型发言。一项工作全国示范；47个集体、312名个人受到省市表彰或记功嘉奖；公安民调位列长沙第二。

【孙茂利调研指导宁乡市公安局执法规范化建设工作】 2021年4月14日，公安部法制局局长孙茂利带领法制局二级巡视员曾斌等一行4人，调研指导宁乡市公安局执法规范化建设工作。省公安厅党委委员、政治部主任谭学军、法制总队总队长黄江民、交警总队副总队长王波，长沙市公安局党委副书记、常务副局长汪卫国、法制支队支队长李行斌等参加调研。

【从优待警】 2021年，市公安局探索改非干部任用、基层机关警力交流，共提拔交流143人。争取政策支持，为因公负伤、因病致贫的民辅警及家庭申报因公伤残5人次、申报工伤认定11人次，申领和发放资助资金60余万元，获赔工伤补助金20余万元。规范民警日常考核和结果运用，表彰奖励持续向一线倾斜，先后安排2批60人轮休疗养，队伍向心力、凝聚力、执行力明显增强。

【刑事侦查】 2021年，宁乡市共立刑事案件3397起，抓获各类违法犯罪嫌疑人5417人，破现行案件1686起，6起现行命案及33起8类恶性案件全数告破，移送起诉2422人。立涉恶类案件162起，破案132起，打掉涉黑涉恶犯罪团伙6个，刑拘388人。抓获各类逃犯256人，其中拔钉行动目标逃犯1人。勘验录入刑事案件现场信息1563起，采集入库违法犯罪人员DNA样本5588份，指纹信息7000余条。打防网络通信诈骗犯罪，打处犯罪嫌疑人626名，止付冻结资金2.03亿元，返还被骗资金800余万元。

【治安管理】 2021年，市公安局侦办黄赌案件208起，抓获涉黄涉赌人员1213人，采取刑事强制措施340人，行政处罚873人，破获部督案件1起，省督案件20起。查处涉枪涉爆案件110起，采取刑事强制措施17人，收缴枪支62支、管制刀具25把、各类子弹782发。组织参与安保活动40场次，出动警力3000余人次，确保看守所搬迁等40余场次重大活动的安全有序。

【禁毒严打】 2021年，市公安局侦破获涉毒刑事案件70起，刑拘涉毒人员152人，查处吸毒人员356人，强戒190人，社区戒毒45人，社区康复101人，侦破部督案件一起，省督案件两起，铲除罂粟种植地4处。污水涉毒监测连续三年长沙市最低。

【经济犯罪侦查】 2021年，市公安局侦立经济案件48起，破案41起，刑事拘留107人，取保候审、监视居住共62人，移送起诉148人，扣押、冻结涉案资金2亿元。

【食药环侦查】 2021年，宁乡市食药环侦查立刑事案件78起，破案70起，采取刑事强制措施106人，全部移送起诉，侦破省督案件7起，打击任务综合排名居长沙市第一。破获“四黑”（黑作坊、黑工厂、黑市场、黑窝点）窝点23个，收缴假槟榔2.1吨、假烟17箱、假保健品125件。

【交通管理】 2021年，宁乡市出台《“十个一律”工作举措》，整治交通顽瘴痼疾，全方位构建横向到边、纵向到底的责任体系。共发亡人交通事故131起、死亡137人，较2020年分别下降23.84%、22.60%，交通事故“减量控大”取得明显成效。全省率先推行“交所合一”模式，25个农村派出所均成立交警中队，查处交通违法行为6.5万余起，整改道路隐患8062处，城乡道路更加畅通，交通事故得到有效遏制，工作做法在全省作典型发言。

【人口与出入境管理】 2021年，开展信息采集和户口清理工作，新登实有人口231653人、流动人口69662人、出租房屋1565户，办理居民身份证58625人次，办理居住证3029张，受理办理户口业务34344笔，登记临时来宁境外人员98人次。报列法定不准出境人员1182人，查出三非案件31起，行政处罚31人，拘留审查3人，遣送出境2人。

【网安监管】 2021年，市公安局严格落实网络巡查机制，推进“净网2021”专项行动，依法打击处置网络谣言案件36起，教育训诫12人。完成网络单位检查120余家，下发整改通知书38份。

【执法规范化建设】 2021年，市公安局推行“执法监督三三制”，压实所队法制员、法制大队、分管局领导执法监督职责，运用法治思维、法治方式、法律手段，全面深化公安执法规范化建设，法制公安连续四年获全省优秀。全年刑拘1895人，提请逮捕1711人，取保候审906人，监视居住74人，移送起诉2194人，共办结行政案件4058起，行政处罚2882人。

【基层项目及基础设施建设】 2021年，宁乡市监管中心完成建设，于4月2日启用，集看守所、拘留所、强戒所、武警中队、执法办案中心等功能于一体，实现监所标准化、规范化、信息化、智能化、人性化要求，获得公安部监管局肯定；为花明楼等4个基层派出所新建业务用房，改善基层办公条件；购置44台车辆投入基层实战单位，缓解基层实战单位装备车辆严重不足的情况；完成26个派出所“五小工程”（小食堂、小浴室、小洗衣房、小健身房、小阅览室）建设，丰富民辅警业余生活；推动视频天网向农村地区延伸，补齐市域管控盲区断点，启动13个检查站卡点，实现全域快速封控锁边。

【警务改革】 2021年，市公安局在长沙率先整合110指挥中心、图侦、网技等力量，实行警情接收、指挥调度、视频巡查、情报研判同频联动，减少指挥层级、缩短响应时间、全程闭环管理，实现“情指勤舆”一体化，在历次的安保维稳、百日会战、创建文明城市等重大任务中，起到“参谋部”“作战室”的作用，得到各级领导的充分肯定，“宁乡模式”在长沙推介。

【侦破部督“3·27”跨境网络赌博案】 2020年上半年，市公安局在工作中发现有人利用互联网平台进行网络赌博，经宁乡市公安局近一年缜密侦查证实：自2017年以来，犯罪嫌疑人“阿星”（绰号）在菲律宾马尼拉珍珠大厦、索莱尔集团等地，伙同他人成立跨境网络赌博公司，其公司旗下有开心棋牌、38娱乐、68娱乐等赌博盘口，以已盈利盘口向新盘口借支提供资金运转的形式不断扩大网络赌博犯罪集团，并向各盘口收取平台租借费用的方式获利，以上赌博平台涉案资金共计9亿余元。

经过两次集中收网，专案组先后在福建、四川、河南、吉林、黑龙江、陕西、江苏、重庆、广东等地共抓获“3·27”跨境赌博案犯罪嫌疑人90人且全部刑事拘留，人员涉及68棋牌、开心棋牌、38娱乐的股东、主管以及组长、员工、代理等，2021年该案涉案人员全部移送起诉。

【省督毒品目标“2021-38”案件】 2021年2月，宁乡市公安局禁毒大队发现一个以宁乡本地龚某某贩毒团伙为主，延伸到益阳戴某某、郭某某贩毒团伙，扩展到邵阳市区刘某贩毒团伙、怀化溆浦舒某贩毒团伙的涉省内四地的特大贩毒涉毒网络。通过深挖扩线，2021年5月14日，专案组开展集中收网行动。通过专案持续攻坚，该案共刑事拘留犯罪嫌疑人32人，行政处罚吸毒人员25人，共缴获毒品海洛因120.86克，麻古、冰毒13.39克。 （钟文彬）

检　察

【概况】 2021年，宁乡市人民检察院（以下简称市检察院）内设政治部、办公室、第一检察部、第二检察部、第三检察部、第四检察部、第五检察部、第六检察部等七部一室。2021年，市检察院办理各类案件7803件，较2020年上升83.17%，36项主要业务指标位居长沙市第一方阵，获评全国检察机关文明接待室和宣传先进单位称号，被省委、省政府和省检察院分别授予湖南省和全省检察机关扫黑除恶专项斗争先进集体，公开听证入选省委“基层改革探索100例”，并获评长沙市普法工作先进集体。

2021年，市检察院向市委及政法委报告重大事项、重大案件21件，确保正确政治方向。推进队伍教育整顿，提升政治执行力。选树长沙、宁乡政法英模各1名。开展干警谈心谈话233人次，自查案件1312件，进驻其他政法单位核查重点案件270件。12名检察人员主动向组织说明问题并给予批评教育。整治司法“掮客”，查处离任检察官违规从业2人，严管“官转律”。针对顽瘴痼疾，出台禁业管理、法律监督、信访服务等9项机制。抓好“我为群众办实事”“四联五到位”部署，办好为民实事74件。

【检察服务中心工作】 2021年，市检察院全力维护社会大局稳定。落实“保安全护稳定”任务，起诉“盗抢骗”等多发性侵财犯罪361人；起诉毒品犯罪115人，全市首例非法生产制毒物品案的陈某辉等人受到严惩；参与“断卡”行动，起诉电信网络诈骗犯罪554人；落实“三号检察建议”，起诉集资诈骗、非法吸收公众存款、传销等金融犯罪52人，防范风险跨域传导。落实“七号检察建议”，办理陈某帅等人非法收购、出售珍贵、濒危野生动物制品案，获评最高检惩治寄递违禁品犯罪典型案例。依法办理“非访”案件6件，起诉5人，推进信访法治化发展。依法保障企业合规经营。起诉破坏营商环境犯罪146人，办理“三一重起”职务侵占案，帮助追回全部经济损失。践行平等保护理念，推进企业合规试点，不捕涉案民企人员6人，不诉2人。对项目建设占用林地但情节轻微的某企业负责人，作出不起诉决定并督促复绿。落实“三抓两促”活动，为3家联点企业解决用电短缺等困难。联点中铁24局常益长铁路项目经理部，为宁乡高铁站建设提供“一站式”法治服务，被省检察院专刊推介。助力法治政府建设。落实宁乡市创建“全国法治政府建设示范市”任务分解清单，参与市人大常委会关于执法规范化建设和检察建议落实情况的两项调研工作，与市公安局共建侦查监督与协作配合办公室，在市监局挂牌设立检察联络室，与市自然资源局联合印发加强自然资源资产协作保护的意见，完善两法衔接机制，提升法律监督质效。推进清廉宁乡建设。受理监委移送审查起诉职务犯罪11人，已起诉10人（含异地指定管辖案件）。对原宁乡市政公司经理余某、工程科长王某某以犯受贿罪、贪污罪，依法适用认罪认罚提起公诉，分别被判处有期徒刑三年和两年七个月。依法查办司法工作人员相关职务犯罪。在长沙市检察院指定管辖下，依法对司法工作人员利用职权实施的14类侵犯公民权利、损害司法公正的犯罪直接立案侦查，查办异地1起涉嫌执行判决、裁定滥用职权案。

2021年12月28日，宁乡市检察院与宁乡市公安局联合设立的侦查监督与协作配合办公室揭牌启用

【刑事检察监督】 2021年，市检察院依法加强刑事诉讼监督。共批捕1419人、起诉2134人，不批捕492人、不起诉199人，促成刑事和解190人。加强侦查活动监督，对依法应当逮捕、起诉而未移送的，追捕22人、追诉42人；对应当立案未立案、不应立案而立案的，监督立案15件、撤案3件；对违法取证、适用强制措施不当的，提出书面纠正意见36件次。加强刑事审判监督，发出纠正违法通知书4件。加强刑事执行监督，严防“纸面服刑”“提钱出狱”，倒查2012年以来假释、暂予监外执行社矫对象202人，排查报请减刑案件309件。对违反社矫规定或暂予监外执行情形消失的社矫对象，依法履行监督职责，建议撤销缓刑3人、收监执行5人。

【民事检察监督】 2021年，市检察院依法加强民事诉讼监督。受理案件302件，较2020年上升145%。对生效民事裁判依法提请抗诉或再审检察建议3件，法院已全部裁定再审、改判或发回重审。紧盯“执行难”，起诉拒不执行判决、裁定罪3人，对执行不规范提出检察建议50件。聚焦民间借贷、房产买卖，用好民事智慧监督平台，突出整治虚假诉讼，提请抗诉和再审检察建议2件，法院已改判1件，移送犯罪线索1件。

【行政检察监督】 2021年，市检察院依法加强行政检察监督。办理案件119件，较2020年上升92%. 对严重损害公民、组织实体利益和民营企业合法权益的案件，联合行政复议机关实质性化解行政争议4件。对楼盘销售、家装建材、儿童摄影等领域出现的近5万条公民个人信息泄露案件，在刑事打击后向市监等部门发出检察建议，得到积极回复和整改，约谈行业协会和部分企业，督促履行保护消费者信息社会责任。

【公益诉讼检察】 2021年，市检察院依法加强公益诉讼检察。立案139件，其中行政公益诉讼案件87件、民事公益诉讼案件52件。通过诉前磋商机制，行政公益诉讼案件全部诉前解决。联合市河长办出台“河（湖）长+检察长”协作机制，广泛搜集非法捕捞水产品和水体污染线索。通过办案收回土地出让金4600余万元，整修文物古迹9处，清除非法倾倒固体垃圾1.3万平方米，增殖放流鱼苗3万尾。起诉制售有毒有害食品、假药劣药犯罪15人，立案办理食药品安全公益诉讼案件23件。起诉非法宰杀售卖病死猪的张某强等3人，从严提出有期徒刑一年六个月至六个月不等的量刑建议，并提起行政公益诉讼。对“毒镖杀狗案”提起刑事附带民事公益诉讼，依法追缴惩罚性赔偿金。

【未成年人检察】 2021年，市检察院守护未成年人健康成长。批捕性侵未成年人犯罪26人、起诉25人，“6·30”恶势力犯罪集团案首要分子廖某望被判处有期徒刑二十五年，系宁乡黑恶案件被判处刑期最长的罪犯。对轻罪未成年人不捕54人、酌定不起诉6人，附条件不起诉26人。未成年人小青（化名）等3人赌气离家后盗窃车内财物，在审查起诉阶段三人真诚悔罪、积极退赔，作出不起诉决定后，发出长沙首份督促监护令。落实“一号检察建议”，推进强制报告制度，在全市率先制定入职查询和从业禁止制度，将有前科劣迹者挡在校门之外。法治副校长资源向农村、山区倾斜，“检爱同行、共护未来”检察开放日活动深受师生喜爱。最高检2021年两次到宁乡市检察院调研未成年人检察工作，均给予充分肯定。

【群众权益维护】2021年，市检察院守护特殊群体合法权益。深化司法救助，向7名因案致贫的刑事案件被害人发放司法救助金。落实“房住不炒”，打击投机倒把，办理违规转租廉租房公益诉讼案，监督腾退转租廉租房300余户。办理支持务工人员起诉案件189件，“讨薪”125万元。协同城管、住建部门，解决全市60余处盲道被占用、隔断、破损的问题，不让视障人士出行难。受理群众来信来访118件，全部做到7日内告知谁在办、3个月内答复率100%。组织49场公开听证，公开审查重大争议、疑难案件，让当事人、听证员、检察官三方把事说清、把理辨明、把法讲透，信访总量、重复上访量明显下降。将“案-件比”“认罪认罚”等作为司法质效核心指标，严防当事人身受诉累。压减非必要“两退三延”（两次退回公安补充侦查，三次延期），刑事“案-件比”（“案”是指发生的具体案件，“件”是指这些具体的案件进入司法程序后所经历的有关诉讼环节统计出来的件。“案-件比”中，“件”数越高，说明“案”经历的诉讼环节越多，办案时间越长）降至1.08；逐步开展“认罪认罚”具结阶段同步录音录像，“认罪认罚”从宽适用率90%以上，量刑建议采纳率、一审服判率均超95%。（李　冬）

法　院

【概况】2021年，宁乡市人民法院设有立案庭、刑庭、民一庭、民二庭、综合审判庭、执行局、政治部（机关党委）、综合办公室、审判管理办公室（研究室）、司法警察大队10个庭、局、队、室，下设金洲、花明楼、双凫铺、流沙河、黄材、灰汤6个人民法庭，新增经开区巡回法庭。

2021年，宁乡市人民法院履行宪法和法律赋予的职责，共受理各类案件28376件，审执结27366件，员额法官人均结案380件，在湖南省高级人民法院2021年度“审判质量、效率和公信力深化年”考核中位居全省一类基层法院第一名。该院获评“全国青少年维权岗”“全国优秀直播法院”“全省法院考核优秀单位”，该院法官李红波被授予“湖南省巾帼建功标兵”称号。

【审判执行】2021年，宁乡市人民法院审结刑事案件1288件1999人，其中涉黑涉恶案件2件12人，黄赌毒、盗抢骗、非法集资等犯罪案件463件，破坏生态环境犯罪案件51件，危害食品、药品安全犯罪案件15件，电信网络诈骗、网络传销等犯罪案件288件。判处14人涉毒案主犯有期徒刑七年六个月，高效审结50人跨境网络赌博案。成立少年法庭，审结涉未成年人案件278件。审结民商事案件14937件，其中审结商品房买卖、物业服务、劳动争议、交通事故等民生案件4839件，妥善调处鼎盛公司劳动纠纷系列案，通过现场勘察、线上调解等方式，妥处15件困扰多年的邻里纠纷案。审结家事案件1572件，发布人身安全保护令6份，建立公检法严惩家暴联系机制，对两起离婚案件中严重家暴当事人移送刑事立案。受理各类执行案件11111件，执结10768件，执行到位金额19.8亿元，限制高消费4684人次，纳入失信被执行人名单1426人次，司法拘留、罚款80余人次，移送涉拒执犯罪10人。开展涉民生、涉民企等集中执行行动70余次，为民营企业挽回损失2.9亿元，为农民工执行到位3000余万元。妥善处理恒源房地产公司逾期交房执行案，促成用84套商铺抵偿执行款910万元，邀请代表见证3小时高效强制腾退拍卖房屋。

【优化营商环境】2021年，宁乡市人民法院践行“法治是最好的营商环境”。开展“员额法官进百企”，审结涉企纠纷8783件。妥善调处官桥公司、中锂新材等涉案标的数千万元合同纠纷，化解宁乡经开区与康师傅集团合同纠纷，盘活土地资源，促进园区“腾笼换鸟”。开展“涉工程机械专项执行”，扣押8台大型机械设备，赴深圳办好跨省异地协同执行案，助力“兴工强市”战略。化解回龙铺20余农户养殖回收合同纠纷，帮助小微农企渡过难关，助力乡村振兴。

【司法为民】2021年，宁乡市人民法院将立案大厅升级改造为综合信息化诉讼服务中心，设立全省首家智能诉讼远程柜台。深化“分调裁审”改革，速调快审各类纠纷7987件，平均审限仅18.74天。推广“移动微法院”、“道交一体化”、“阳光执行”APP等平台，网上立案4061件、跨域收立案56件，通过“道交一体化”机制处理案件772件。在诉服中心设立全省首家党员法官接待室，提供法律咨询400余次。开展“四联五到位”民情大走访，排查调处涉及群众利益的“六小”问题254件。向28名困难当事人发放司法救助金66.67万元。

【社会治理工作】2021年，宁乡市人民法院融入宁乡七大片区治理体系建设，在村社区设立诉源治理工作站，成立商事调解中心。通过调解平台调解案件7645件，调解成功4786件，调解成功率60.38%。设立长沙铁路运输法院驻宁乡法院巡回审判点，推动行政争议实质性化解。设立宁乡法院驻建筑企业诉源治理工作站，其调解的“湖南某住宅公司与某建设公司采购合同诉前调解案”，入选2021年湖南法院优化法治营商环境十大典型案例。召开物业协会联席会，借力行业调解组织，促成1036件物业纠纷实现诉前调解。化解涉诉信访案件，实行每周五院领导定点接访，落实院领导包案制度，接待来信来访案件267件。教育整顿期间办结交办重点信访案件11件，开展涉诉信访案件化解专项行动，化解案件7件。召开防范和打击虚假诉讼专题审委会，出台“反虚假诉讼二十条”，建立健全“立案预防、审判核查、执行反馈”审查机制，清查案件218件，提起再审4件，拘留罚款3人次，追究刑责1人。

【人民法庭】 2021年，宁乡市人民法院全面推进法庭“三进”工作，上门调解、巡回审判100余次，运用“屋场会”等形式送法进乡村30余次。开展送法进校园、进园区、进企业10余次，为中小学生宣讲法治课堂20余次，全体院领导和中层正职担任法治副校长，加强青少年法治教育。针对农村地区关注的涉承包地补偿、交通事故、追索劳动报酬等开展巡回法治宣讲，向乡镇和村社区发出劳动法律教育、村规民约制定等司法建议26份。法庭联合支部与鹊山村签订《支部共建协议》，就诉调对接等深度融合，驻庭调研工作被省高院通报表彰。

【司法公开】 2021年，宁乡市人民法院推进司法公开平台建设，公布裁判文书22072份，文书上网率100%。开展庭审直播8750场，同比增长54.07%，直播率52.94%，观看量超320万人次，获评2021年度“全国优秀直播法院”称号。通过“两微一网”平台发布法院动态、案例信息397条，在《人民法院报》、央视客户端等主流媒体发表稿件200余次，微信公众号排名长期位居全省法院前列。

【司法改革】 2021年，宁乡市人民法院深化司法体制改革，落实院庭长办案常态化机制，该院庭长共审执结案件14885件，占全院结案数的54.39%，结案率96.52%，院领导承办案件无一被发回重审或重大改判。该院庭长带头办理神塑破产重整、徐华佛等利用直播实施电诈等疑难复杂案件，院庭长审理报送的1起案例入选全国法院年度案例，审理的1起案件入选“全省法院百场优秀庭审”。该院强化对“四类案件”的监管（“四类案件”是指重大、疑难、复杂、敏感的；涉及群体性纠纷或者引发社会广泛关注，可能影响社会稳定的；与本院或者上级人民法院的类案裁判可能发生冲突的；有关单位或者个人反映法官有违法审判行为的），专业法官会议讨论案件72件，审委会研究案件51件，有序开展案件质量评查，重点评查判决类、涉诉信访、二审发改等案件1508件，提升案件审理质量。认真分析研判审判运行态势，定期进行绩效季度讲评，开展审判流程标准化试点工作。通过每日微信群、每周红黑榜等形式通报案件办理情况，加大督办力度，一年以上长期未结案件实现全部清零，多项核心指标位居长沙基层法院第一。

市人民法院运用“屋场会”形式送法进乡村，图为2021年6月9日，宁乡法院双凫铺人民法庭庭长龚洪胜（中）参加双凫铺镇麦田村新五组的屋场夜话会

【法院队伍教育整顿】 2021年，宁乡市人民法院结合党史学习教育，抓实政治教育，开展警示教育，弘扬英模精神。深入查纠整改，开展谈心谈话183人次，对减、假、暂案件倒查30年，自查各类案件11999件，发现疑似问题案件134件，全部核查整改到位。严格兑现自查从宽政策，诫勉谈话6人。全面整治顽瘴痼疾，明确“6+6”项整治内容，出台18项制度文件。坚持开门搞整顿，先后3次邀请27名代表、委员等参加座谈，征求意见14条，全部整改销号。开展“我为群众办实事”“我为企业解纠纷”，推出便民举措15项，为群众办实事77件，为企业解纠纷29件。中央第十督导组实地督导该院花明楼人民法庭，对教育整顿开展情况表示充分肯定。

2021年，宁乡市人民法院把党的建设摆在首位，党组中心组理论学习12次，组织干警参观红色教育基地4次600余人次，拍摄制作《不忘初心》红色音乐短片。贯彻《中国共产党政法工作条例》，主动向市委报告工作、请示报告重大事项19次。执行防止干预司法铁规禁令，组织全院干警及家属开展廉政文化周警示教育活动。向市人大及其常委会报告工作6次，向代表推送手机报3次，邀请代表、委员参加调研座谈、旁听庭审、见证执行53人次，办理人大、政协提案6件，代表委员满意度100%。自觉接受检察监督，办理检察机关建议23件。落实人民陪审员制度改革，人民陪审员参审案件3067人次，普通程序陪审率100%。开展“法院开放日”活动9次，邀请各界群众媒体800余人次走进法院，接受社会监督。 （肖春晖）

司法行政

【概况】 2021年，宁乡市司法局统筹推进法治政府、法治社会和法治宁乡一体建设，完成全市行政复议体制改革，宁乡市本级行政机关负责人出庭应诉率居长沙前列，市本级行政诉讼连续四年零败诉，行政争议实质化解经验被省司法厅推介，宁乡市获评全省首批法治政府建设示范市，市司法局获得2021年司法部“行政为民促和谐”专项行动先进单位。宁乡市矛盾纠纷发生量、刑事发案数和信访总量实现连续四年下降。“三百工程”订单式法治教育活动（在100个村或社区、100个企事业单位和100所学校开展以《中华人民共和国宪法》《中华人民共和国民法典》为重点的宣传活动）顺利收官，“七五”普法规划圆满完成。3个普法短视频被学习强国采用，1个获评长沙市一等奖。

中共宁乡市委全面依法治市委员会办公室设在市司法局，下设秘书科，承担委员会具体工作；市司法局机关设办公室、行政复议应诉科、社区矫正管理科、法制监督科、基层管理和普法依法治理科、公共法律服务管理科六个科室，有公证处、依法治市事务中心两个局属事业单位，下辖29个司法所。全市共有5个律师事务所，执业律师81人；10个基层法律服务所，基层法律服务工作者71名；323个人民调解组织，15个行业专业调解组织，专兼职人民调解员1860名。

【依法治市】 2021年，市司法局做好迎接中央依法治国办、省委依法治省办法治政府建设督察、省委依法治省办组织开展的人民满意度测评等工作。召开全面依法治市委员会第三次会议，向市委全面依法治市委员会汇报年度依法治市工作并出台《中共宁乡市委全面依法治市委员会2021年工作要点》等文件，全市依法治市机制运行更加顺畅高效。全市国家机关单位20109名工作人员完成学法考试任务，参学率100%，报考率100%，通过率100%。起草《关于在全市公民中深入开展法治宣传教育的第八个五年规划（2021—2025年）》，做好“八五”普法规划的相关工作。

【法治政府建设】 2021年，市司法局对政府常务会议、市长办公会130个议题进行合法性审查；审核把关市本级发布《宁乡市公共租赁住房租金管理办法》等4份规范性文件；审查市本级一般性文件399件；完成审查市委、市政府交办的重大合同15份；审查各类政府合同295份，备案合同767份。推进法治政府建设制度创新。完善公职律师制度，全市已注册的公职律师40名。出台《宁乡市市场轻微违法违规行为免罚清单（第二批）》《宁乡市行政应诉工作管理办法》《政府合同法务质量评价指标体系》《法律顾问服务质量评价指标体系》，政府性合同优秀率提高到77.8%。行政执法三项制度得到落实。推进落实行政执法三项制度，开展行政许可2.7万件，公示2.5万件，公示率90.19%；行政处罚5990件，公示5477件，公示率91.44%。全年开展四个季度行政执法案卷评查，共抽取19家行政执法单位170卷案件。全年全市共法制审核重大执法决定984件。举办全市规范执法文书、执法案卷制作专项培训，与市农业农村局联合举办乡镇（街道）农业综合行政执法人员执法能力提升培训班。完成本市湖南省行政执法考试相关工作。做好迎接全省法治政府建设示范创建实地评估，宁乡市获评省委依法治省办命名的“第一批全省法治政府建设示范市”。

【司法服务】 2021年，市司法局在老旧小区和重点企业设立调解室，加强商圈法律服务，成功调解商贸纠纷2000余件，为当事人挽回经济损失3000余万元。围绕全市六大产业链组建律师公益法律服务团服务市域范围园区企业，组织律师开展送法进企业活动，举办法治讲座103场次，代理仲裁诉讼案件184件。宁乡市保护知识产权法律援助工作站为40多家企业提供知识产权咨询服务，指导13家企业建立知识产权管理体系。特色鲜明开展乡村法治建设。做好对双江口镇楼梓桥村申报全省民主法治示范村，煤炭坝镇煤炭坝社区、双江口镇楼梓桥村、道林镇河东新村等申报长沙市法治乡村示范点的创建申报工作。

【行政复议应诉】 2021年，宁乡市行政复议应诉连续四年零败诉。完成自上而下的行政复议体制改革工作。共办理各类行政复议案件106件，调解、和解后当事人主动撤回61件。加强对违法或不当行政行为的纠错力度，通过确认违法、撤销行政行为、责令依法处理等方式共纠正行政行为9件。推行听证审理，共17件复议案件实行听证审理。行政应诉工作方面，办理宁乡市人民政府为被告的各类诉讼案件43件，其中新收15件，无败诉案件。行政案件及市本级行政负责人出庭率100%。将行政复议纠错情况、行政应诉败诉情况纳入全市法治政府建设考核的重要内容；发布实施行政复议风险提示制度、答复工作规则、证据规则、实质性化解争议工作制度等12项工作制度。

【基层依法治理】 2021年，市司法局探索优化多元化纠纷解决机制。2021年度共计调解纠纷8403件，调解成功数8327件，成功率99.1%。全市矛盾纠纷发生量、刑事发案数和信访总量实现连续四年下降。成功化解湖南邦普员工陈某某工亡纠纷、某医院涉案500余万元重大医疗纠纷，历经铺水电工在玉潭装修期间突发疾病身亡纠纷、长沙平高中学校园纠纷、横市镇陈某某交通事故意外死亡纠纷等重大突发纠纷和一批信访积案，实现全市矛盾纠纷“控增量、减存量”的目标。

【社区矫正】 2021年，市司法局加强社区矫正制度建设，与公检法等六家单位联合下发《关于进一步加强社区矫正衔接工作的实施意见》，出台《宁乡市社区矫正和安置帮教工作考评办法》《宁乡市社区矫正对象外出管理办法（试行）》《宁乡市社区矫正对象档案管理办法（试行）》等一系列配套工作制度，全市社区矫正工作的智能化水平、社会化水平、保障水平增强。全年，全市接收社区矫正对象人253人，解除矫正320人，在册社区矫正对象416人，社区矫正对象无人重新犯罪，无重大恶性案件发生。安置帮教工作衔接人员670人，监狱、看守所刑满释放280人，解除社区矫正人员390人（含宁乡市外解除矫正人员），帮教在册总人数3126人，帮教率100%。

【普法宣传】 2021年，市司法局创新普法载体和形式，广泛开展全市法治宣传教育工作，推动全市青少年学生法治教育主体活动，构建好具有宁乡特色的法治宣传教育模式，持续提高宁乡市全体公民法治素养。继续创新法治宣传载体，新媒体普法联盟共推送反电诈、校车安全、民法典、农民工权益保障、食品安全、禁毒、交通安全等内容的普法微文章1600余篇；制作《非常说法》微视频4期，并被学习强国、星辰在线、人民网采用。开展法律“六进”活动，开展全市政法队伍教育整顿“我为群众办实事”实践活动，在全市组织开展“三百工程”订单式法治教育活动，高质量完成278场集中宣讲，听课人数超过81000人次，开展4场现场直播，点击量达160万人次，微信公众号推送“三百工程”法治宣讲作品8篇，发放宣传资料3.55万余份，现场解答法律咨询680余件。

【公共法律服务】 2021年，市司法局完善公共法律服务体系，公共法律服务惠及群众。建成市乡村三级公共法律服务平台，全市有公共法律服务站29个，公共法律服务点278个，公共法律服务志愿点1659个。为老百姓提供法律援助1009件，其中民事案件664件，刑事案件343件，行政案件2件。完成市公证处改制工作，为群众办理公证2426件。开展法律服务工作，拓宽法律援助范围，做到“应援尽援”。截至2021年底，为农民工提供法律援助238件，挽回经济损失近500万元，为妇女儿童提供法律援助365件，为老年人提供法律援助77件，为军人军属提供法律援助5件，为残疾人提供法律援助14件。办理涉法涉诉案件，转信访为诉讼，共办理涉法涉诉案件156件。

（刘运昌）

人民武装

【概况】 2021年，宁乡市人民武装部（以下简称市人武部）贯彻中央军委2021年开训动员令，深入学习贯彻习近平新时代中国特色社会主义思想和习近平强军思想，坚决落实上级决策部署，单位全面建设稳步推进。2021年，市人武部机关党支部被省军区表彰为“先进基层党组织”。

2021年7月，宁乡市“三百工程”订单式（进园区）法治教育活动现场

【党管武装】 2021年，市人武部坚持定期向市委市政府汇报工作，重大事项第一时间汇报。市委常委会先后4次专题学习习主席国防和军队建设重要论述、省市关于武装工作指示要求，研究贯彻落实措施。推动党管武装各项制度落实，将基层党管武装述职纳入地方工作责任述职体系，市委办统一组织，全体市领导及所有市直单位主要领导参会，市委书记逐个乡镇进行全面点评，坚持每年定期组织，形成长效机制。基层武装部长和专武干部考核纳入地方考核体系，人武部对考核结果运用有发言权。协调市委组织部，将村（社区）民兵组织纳入宁乡市村（社区）配套组织换届工作统一推进，从基本制度上确保民兵连长全部进村支两委。

【思想政治建设】 2021年，市人武部用好“微学习”“微视频”“微阅读”等活动平台，抓好党委中心组及个人学习。创新民兵政治教育方式方法，编建32人特色女子民兵宣讲队，为人武部机关和民兵集训队宣讲“礼品单”“一辆连接民心的吉普车”等红色故事，反响良好。春节前到煤炭坝、资福、坝塘走访慰问驻守在长沙舰和边海防一线的宁乡籍现役军人家庭。组织干部、职工、民兵在沙田乡何叔衡烈士纪念广场参加“我们的节日·清明·忆百年峥嵘做时代新人”活动。结合第二十一个全民国防教育日和纪念“九一八”活动，组织辖区湘都中等职业学校百名师生到武警宁乡中队参加“军营开放日”活动。开展宣传报道，在中央电视台军事频道上稿2篇，《湖南国防》《中国民兵》上稿9篇。春节慰问活动和清明缅怀先烈活动分别被中央电视台军事频道、新华社、《中国民兵》、湖南卫视等媒体报道。

【军事训练】 2021年，市人武部突出战备训练中心工作。全年共组织10期基干民兵、专武干部等训练，完成年度民兵训练任务。备战省军区群众性实战化练兵比武，5人参加警备区组织比武强化训练，军事科长管继平获得地图标绘和分析计算2个第一名。7—9月，共组织24所中学、高校17400余名新生进行军训。以防汛抗洪行动为背景，出动军地应急力量310人，大型抗洪装备35台（套），在八家湾水库组织无人机搜索、抢救落水群众、倾覆船只复位等带战术背景的军地防汛抗洪联合演练，增强民兵遂行应急任务的能力，提高军地联合组织指挥能力。

【国防动员】 2021年，市人武部抓好深化民兵调整改革“编、建、管、训、教、用、保、评”各项规定制度的落实。联合市政府下发民兵整组工作指示，遴选65家企事业单位和8家社会组织，军地先后4次召开任务部署会、集中讲评会、问题整改推进会，6次实力会审、2次全员电话抽问、1次检查考评，制定倒计时整改计划和措施，完成基干民兵编建。出动基干民兵37人，动用55余件应急装备器材，支援扑灭高新区湖南邦普车间爆炸火灾，检验民兵遂行抢险救灾任务的能力。挖掘大学生征集潜力，精准发动，完成兵役征集任务，确保兵员征集质量稳步提升。

【正规化建设】 2021年，市人武部整合资源建设民兵训练基地，完成主体建设，推进配套建设。军地合力联合抓好基层武装部星级达标建设，按照要求全部达到“三星”级以上（9个四星级、17个三星级），金洲、花明楼、龙田达到“五星”标准验收，并重点打造金洲、花明楼、玉潭3个精品基层武装部。（李　铁）

人民防空

【概况】 2021年，宁乡市人民防空办公室（以下简称市人防办）强化人防领域安全生产，实现人防工程体量和质量双提升。贯彻“人防+乡村振兴”建设理念，布局4处人防疏散基地，完成大成桥省级人防疏散地区试点建设。推进人防宣传教育“进社区、进学校、进企业、进农村、进家庭”，开展防灾减灾宣传、“11·1”防空警报试鸣和校园人防疏散演练，建成梅花中学、石仑关2处人防宣传教育基地，服务群众近万人。持续强化人防战备能力建设，组建30人专业人防应急救援队伍，人防指挥通信建设实现城区和主要目标区域全覆盖。

【防空警报试鸣日活动】 11月1日，市人防办以“关注人民防空，建设幸福宁乡”为主题开展防空警报试鸣日活动，在玉潭街道梅花中学组织防空疏散演练，上午9点30分，长鸣的预先警报在城区范围内响起，听到警报声后，1600余名师生迅速跑出教学楼，在操场上有序集结。市人防办还在大润发广场、和泰家园小区等地设立宣传站，现场摆放防空防灾知识展板，发放人防知识宣传资料，讲解常见灾害注意事项及预防措施知识等，使市民了解和熟悉防空警报信号。通过人防法律法规政策和防空防灾知识技能的宣传学习，让公众熟知应急避险疏散知识，不断提高市民的自救互救能力，增强抗风险和忧患意识，达到“防灾减灾”的目的。

【防汛应急预案编制下发】 4月6日，市人防办下发《宁乡市人防办2021年防汛应急预案》，落实长沙市2021年防汛抗旱工作会议防大汛、抗大灾、抢大险、保安全的要求和长沙市人民防空办公室关于做好2021年汛期有关工作的指示精神，要求做好人防设施安全度汛、防洪抢险警报信号的鸣放工作，保障人民生命财产安全，确保全市人防工程安全度汛。成立防汛领导小组，安排做好汛前检查、人防工程隐患治理、明确责任、组建防汛抢险队伍、做好险情抢修及人防音警报器应急鸣响维护等工作。

（张　暾　高　丽）

综合监督管理

发展和改革

【概况】 2021 年，宁乡市发展和改革工作围绕“工业强市、幸福宁乡”工作总目标，创新工作举措，抓牢工作重点，细化工作职责，压实工作责任。宁乡县域经济综合排名第 15 位、县域经济综合竞争力排名第 18 位；营商环境排名稳步提升，位居全国第 24 位，全省第 2 位；粮食安全工作做法被湖南卫视、《湖南日报》等主流媒体相继报道；脱贫攻坚获评省先进集体；长宁快线被纳入《长株潭都市圈多层次轨道交通规划》并上报国家发改委审批；强省会战略项目获省市发改批复。

【重大谋划】 2021 年，市发改局全面掌握市域经济社会发展情况，有序推进年初计划落地，科学谋划下步工作举措，高质量起草半年度、年度、2016—2021 年国民经济与社会发展计划执行情况、2022—2026 年计划报告。完成“十四五”规划纲要、50 余项专项规划、29 项区域规划编制，并编印成书。把握宏观经济态势，全面掌握全市经济动态，深入剖析存在困难问题，科学提出意见建议，高水平形成经济形势分析，供市委、市政府决策参考。围绕大宗商品价格上涨、区域建设、物流发展、部分企业亏损等市委、市政府关注的重大事项及当前经济社会发展热点、难点问题，深入了解现实状况，深刻分析问题原因，有效提出对策建议，形成《有效稳控能源价格，保障企业稳定运行》《关于近期大宗商品价格上涨、通胀预期升级对我市经济安全影响的情况汇报》《宁乡市主动推进与邻近县域合作研究》《宁乡市冷链物流发展调研报告》等课题研究成果。加强区域协作谋划，成立专班、建立机制、强化统筹；明确区域协作项目，压实责任、倒排工期、挂图推进；与望城区、益阳市赫山区及湘潭县、韶山市、湘乡市、雨湖区召开联席会议，加强调研沟通，深度推进基础建设、文旅融合、乡村振兴等领域合作，在 70 个交通、水利、文旅等项目上达成共识，宁益城际公交开通运营，推进长宁快线前期规划。

【资源争取】 2021 年，市发改局紧密对接国家、省市发改委，精准对接资金政策扶持重点、方向与类别，围绕保障性安居工程、采煤沉陷区治理、先进制造业、现代服务业、粮油产业等重点专项资金，加强指导服务、积极协调对接，全年向上争资 5.5 亿元。梳理汇总各级各类政策文件 300 余项，形成《宁乡市涉企政策汇编》，共为企业争取资金 1.7 亿元。积极开展融资项目申报，共为 28 个“三高四新”融资专项、8 个新型城镇化信贷融资专项、9 个长株潭重大产业发展融资专项项目申请贷款合计 207.67 亿元，落地授信额度 40 余亿元。推荐 6 家企业获批 2021 年进口农产品关税配额。指导花明粮油获批省专精特新企业品牌建设项目。

【重大项目推进】 2021 年，市发改局以“三抓两促”等项目帮扶活动为抓手，重点围绕 227 个市对县绩效考核重大项目、10 个省重点工程、13 个市领导联点项目，共实施集中调度 14 次、现场踏勘项目 200 多个次、月调度项目 1500 余个次，促推新建设项目快开工、在建设项目快建设、竣工项目快投产，全年完成固定资产投资 1057 亿元，同比增长 8.4%，年度新建项目实现开工 108 个、开工率 100%。制定《宁乡市关于进一步加强政府投资管理的通知》，加强政府投资项目监管服务，全市政投项目完成投资 668 亿元（含金开区 211 亿元）。严格变更程序、规范变更细则、化解遗留问题，共受理工程变更 26 起，完成现场踏勘 34 次，审查政投项目历史遗留问题 140 余个。依法依规依程序实施招投标，共实施招投标事项 169 个、总金额 14.03 亿元，全年无一例举报投诉和违规审批案件。优质服务项目审批，完成固投项目审批 475 个、总投资 326 亿元，开辟绿色审批通道，11 个老旧小区改造项目在最短时间内批复可研；办理概算备案 26 个，节约投资 7987.8 万元；办理粮食收购许可证延续和熏蒸备案 10 个。

【营商环境优化】 2021 年，市发改局出台《宁乡市营商环境优化年行动方案》《“四个一百”行动实施方案》（“四个一百”：院士专家进百企、法律服务进百企、政策宣传进百企、营商环境百企评），强化制度引领。推进简政放权，赋权173项事项至园区、308项事项至乡镇（街道）、159项事项至村（社区），50项高频事项实现APP“不见面审批”，139项高频政务服务事项“跨省通办”，“一件事一次办”办件232万余件。“三超两免”中介超市发布采购公告676个、金融超市审核申请127笔、地产超市实现订单总额466.1万元，“两个免于提交”办件396件；“三即”实现市场主体“领照即开业”40906户、“交地即开工”项目11个、“交房即交证”项目5个；开办企业“零成本”节省企业费用372万元。转贷基金完成转贷4.4285亿元。有序推进信用体系建设，完成信用平台升级，新增数据7万余条；开展“诚信之星”评选等活动；实施失信问题治理，整改上报2万余条行政许可和行政处罚信息，处理严重失信违法行为单位10家。

【民生服务】 2021年，市发改局落实粮食安全省长责任制各项目标任务；执行各级粮食收购政策要求，解决农民“卖粮难”问题，收购早中晚稻15.93万吨；转化超标粮8.4万吨；加强粮食安全监管，实施一月一巡查，确保6.7万吨地方储备粮数量真实、质量良好，轮换入库县级储备粮4116.2吨。完成5000户老旧小区餐厨油烟升级改造验收，禁燃区实现散煤清零销号。建成花明楼神仙岭风场等5个风电项目；新增充电桩45台、总量2202台，桩车比达0.534；25个贫困村累计光伏发电107.5万度，到位电费及补贴资金145万元；开展能源安全检查20批次、整改问题33个；有序推进全省重点用能单位能耗在线监测系统建设，调查摸底19家耗煤企业和燃煤锅炉，加强有序用电监督管理，完成长沙市对宁乡“十三五”能耗“双控”考核任务；争取节能项目40个。完善易地扶贫集居点公共基础，安置点搬迁户后续帮扶措施覆盖率、有劳动力且有就业意愿搬迁劳动力就业率均达100%。推进价格认定，共完成恒旭投资、益娄衡高速施工受损房屋、重大交通事故等539件价格认定，金额1.65亿元。推进落实价费改革，服务企业降本增效；推进价格收费核准，保障物价稳定；受理价格民声投诉，维护公平公正。关注节假日等特殊时期旅游消费、交通运输、商贸餐饮等重点民生消费价格，确保市场价格稳定，共报送各类价格数据102610条。加强应急物资储备，完成救灾物资储备点建设，确保各项储备物资数量真实、质量达标、储备安全。

自然资源

【概况】 宁乡市自然资源局负责全市国土资源管理、承担全市城乡规划管理工作、地质灾害应急处置、不动产统一登记及测绘行业管理等。2021年，内设科室15个：办公室、人事科、财务科、内审科、政策法规科、行政审批服务科、国土空间用途管制科、自然资源权益科、开发利用和耕地保护科、征地拆迁管理科、自然资源权籍管理科、地理信息管理科、生态修复和矿产管理科、国土空间规划科、规划管理科；下设1个直属分局；11个二级单位和29个乡（镇、街道）自然资源所。

2021年，市自然资源局突出规划引领、强化要素保障、守住生态底线、办好民生实事，实现保障发展与保护资源的有机统一，优空间提品质，让城乡更有颜值。高质量构建全市国土空间规划体系，金洲新城、“一江两岸三洲”、商业中心和长宁轨道、长吉高速、普瑞大道等重点片区和重大项目规划稳步推进，镇、村规划基本实现“全覆盖”。炭子冲村庄规划获评省级优秀案例二等奖。强保障促节约，让发展更有质感。完成17个项目、20.1万平方米集体土地征拆。全年处置闲置土地面积位居长沙市第一，实现连续7个月“零新增”。护资源正秩序，让生态更有底色。宁乡市委、市人民政府印发《加强耕地保护规范用地行为十项制度》，遏制耕地“非农化”和防止“非粮化”。违法用地面积较2020年下降83.31%，违法耕地面积下降92.1%。全面惠民生办实事，实现零伤亡，二手房交易实现水电气联动过户全程线上一次办。全面推行“交房即交证”，累计实施7个楼盘。先后为32个遗留问题楼盘2262户群众解决不动产权证办理问题。

【耕地保护和督察执法】 2021年，宁乡市编制形成“耕地一张图”初步成果，为解决好“怎么占”“占哪里”“哪里补”奠定基础。严格落实“两个占补平衡”，连续22年实现占补平衡。严把用地预审和规划选址关，尽量避让耕地，2021年新增建设占用耕地面积较2020年下降58.94%。出台《切实加强耕地保护规范用地行为十项制度》，每月通报落实情况、约谈落实不力的单位主要负责人；联合纪检监察和组织部门开展制度落实专项督查，按照“一案双查”落实问责，坚决遏制耕地“非农化”和防止“非粮化”，经验做法在《自然资源报》、《湖南日报》等主流媒体推介，受到省厅通报表扬。代拟《宁乡市关于深化耕地全程一体化保护方案（送审稿）》《中共宁乡市委 宁乡市人民政府全面推行耕地保护田长制的实施方案（送审稿）》，强化耕地全程一体保护。落实“早巡查、早发现、早预警、早制止、早整改”的“五早”要求，把违法占用耕地行为发现在初始、制止在萌芽，开展日常巡查6982人次、联合执法115次，立案查处162宗，拆除违法砂场26处、违章建筑3.07万平方米。与2020年相比，全市2021年违法图斑数量下降76.57%，违法面积下降83.31%，违法耕地面积下降92.1%，违法耕地面积占比下降84.89%。开展“点对点”“全覆盖”的乱占耕地集中整治和“三集中”专项行动，拆除违规占用耕地建筑143处、建筑面积4.05万平方米，复耕64.47公顷、复绿111.67公顷。12月开始，建立市级“日通报、日调度、周约谈”工作机制，开展挖塘养鱼为主的违法违规占用耕地重点问题整治，恢复耕地26.27公顷，其中永久基本农田19.18公顷。

【国土空间规划编制】 2021年，宁乡市坚持“市-镇-村”三级联动，加快构建国土空间规划体系，完成上轮规划实施评估，基本完成城市定位、产业发展、土地节约集约等10个专题研究和城市历史风貌保护、绿地系统规划等5个专项规划编制，形成国土空间总体规划初步成果。市域基本形成“一轴一带、一心三组团”的城市空间结构和“三环六横六纵”的城市道路网骨架。先后启动电力、教育等16个专项规划，指导全市各项公共服务、市政等设施的规划建设工作。启动全市25个镇（乡）国土空间规划和245个村庄规划编制工作，探索乡村规划师制度，在6个乡村振兴示范镇配备专职规划师，2个乡镇完成初步成果、其余23个完成初步方案，39个村村庄规划获批复、其余206个村完成初步方案。炭子冲村村庄规划获评省级优秀案例二等奖。

【规划管理】 2021年，宁乡市出台《城市和建筑景观风貌品质管控有关规定（试行）》，从空间形态、建筑风格、公共空间、户外广告、慢行系统、景观环境等方面提出引导规定和控制要求。代拟《宁乡市关于建立城乡规划执法长效运行机制的通知》，进一步完善责任、巡查、报告、处置、责任追究“五大机制”，强化规划执法权威。全年办理建设用地规划许可证7件、用地面积34.02万平方米，办理建设工程规划许可证50件、建筑面积174.28万平方米，核发建设用地规划条件63件、规划方案批复41件、建设工程规划竣工验收合格证65件。

【要素保障和节约集约用地】 2021年，宁乡市坚持以真实有效的项目落地作为土地配置计划依据，把“精准”贯穿土地要素保障全过程。先后完成17个项目、20.1万平方米集体土地征拆；获批建设用地419.39公顷；成交土地479.68公顷，成交价款99.38亿元；出让土地613.86公顷，出让总价款124.51亿元。完善土地供应模式和资委会议事规则，创新推行土地“批供合一”，切实加强政府对土地市场的宏观调控和对城乡建设品质的总体把关，2021年新增建设用地同比下降54.5%。坚持向“土地存量”要“发展增量”，成立宁乡市闲置土地和低效用地处置领导小组，计划用三年时间盘活全市闲置土地和企业低效用地。2021年处置自然资源部存量闲置土地任务222.78公顷、省厅“四清单”闲置土地任务72公顷，处置面积居长沙市第一，实现连续6个月零新增。

【地灾防治】 2021年，宁乡市坚持责任压实、动态巡查、值班值守、会商调度、力量支援、预警预报、临时搬迁避险“七个全覆盖”，各乡镇（街道）、村（组）落实一套班子、一个防灾应急预案、一张防灾明白卡、一张避险明白卡、一块警示标牌“五个一”要求；运用北斗助力地灾监测预警；每轮强降雨过程均由自然资源局班子成员带领29支应急小分队分赴各乡镇，“点对点”加强地灾防控与指挥督导，一旦出现地质灾害险情，坚决、及时、果断转移群众，做到“不安全就转移，不安全就不回家，不安全就不放手”，织起一道“人防＋技防”的严密“群测群防网”。落实群测群防员和三级责任人1000余名，张贴明白卡1200余份，制定防灾应急预案388个，竖立警示牌800余块，发送预警短信6.7万余次，开展宣传培训21次，发放宣传资料6万册，指导开展应急演练400余次，配合乡镇临时搬迁群众3800余户17100余人次，核销在册地质灾害隐患点13处，实现2018年至今地灾“零伤亡”。

【不动产登记】 2021年，宁乡市自然资源局通过新建自然资源一站式审批平台，实现预告登记、预告抵押登记“全程网办”，近50%不动产业务全程“不见面审批”，商品房首次登记与“期转现”批量联办“不见面受理”。二手房交易实现水电气联动过户全程线上一次办，最快仅需10分钟。全面推行“交房即交证”，2019年6月试点至2021年年底，7个楼盘实现“交房即交证”。全年办理业务46877宗，发证9388本，完成农村宅基地房地一体登记18万余宗。按照“群众无过错即解决、群众有过错宽容解决”的原则，结合自然资源部、省厅相关文件精神，先后为32个遗留问题楼盘2262户群众解决不动产权证办理问题。

【矿产管理和生态修复】 2021年，宁乡市推进砂石土矿专项整治，累计关闭注销砂石土矿64个，达到上级要求的24家以内，矿山个数减少73%。建成国家级绿色矿山1家、省级绿色矿山3家，工作成效获省自然资源厅通报表扬。投入1200余万元对中央及省环保督察反馈问题道林镇鑫星村历史非法开采点进行生态修复，高质量通过验收。

【建议提案办理和信访工作】 2021年，宁乡市自然资源局办理长沙市、宁乡市人大政协建议提案30件，按时办复率、答复规范率、走访率和满意率均为100%。受理信访问题384件，办结率100%，满意度98%。

【调研考察】 2021年3月11日，省自然资源厅党组书记陈仲伯带队到宁乡市调研村庄规划编制、园区发展用地及月清“三地”等重点工作。5月18日，省自然资源厅党组成员、省自然资源副总督察李全胜带队到宁乡市调研自然资源督察执法保障体系建设工作。9月10日，省自然资源厅党组成员、副厅长邓建华带队到宁乡市调研征地拆迁涉信工作。10月20日，国家自然资源督察武汉局副局长石一连带队到宁乡市实地督察耕地保护工作。

【自然资源队伍建设】 2021年，市自然资源局组织工勤技能考核和职称等级晋升，开展红旗单位、红旗标兵月评比活动，加强“不在状态”干部职工识别，举办“三高四新”之城市品质提升专题培训班，浓厚争先创优氛围和提升队伍整体建设。采取正反结合方式加强廉政教育4次，全面排查规划、土地、资源、工程项目建设等领域廉政风险。聚焦卫片执法、地灾值班等重点工作开展督查60余次，加强执纪问责，先后问责干部职工52人次。（廖　鹏）

能源事务

【概况】 宁乡市能源事务中心是市发展和改革局所属公益一类事业单位，负责宁乡市能源规划、节能宣传、能源秩序、能源安全、引进新能源及可再生能源项目，能耗总量及节能项目申报和初级评审、组织全市新能源实用知识培训等职能，完成上级发改委及宁乡市委、市政府、市发展和改革局交办的其他工作。

2021年，市能源事务中心共计争取市级节能项目47个，获上级财政补助资金476万元；总容量40兆瓦的资福风场实现并网送电；新增充电桩220个，充电桩与电动新能源汽车的桩车比达1∶2.3。

【光伏扶贫】 2021年，总容量28.9兆瓦的双凫铺集中式光伏扶贫电站共计发电2209.6万千瓦时，25个村级光伏电站全年共计发电125.76万千瓦时，累计到位光伏发电电费和各类补贴资金441.06万元，成为乡村振兴可持续增收的稳定源泉。2021年，市能源事务中心获评湖南省光伏扶贫工作先进单位。

【节能降耗】 2021年，市能源事务中心推进全省重点用能单位能耗在线监测系统建设，开展耗煤企业和燃煤锅炉情况调查摸底，配合开展有序用电执法检查。完成长沙市对宁乡的“十三五”能耗“双控”考核累计下降17%的目标任务。

【节能宣传】 2021年8月23—27日（全国第31个节能宣传周），由市发改局牵头，市能源事务中心具体落实，15个市直部门单位参与，精心组织开展以“节能降碳，绿色发展”为主题的大型节能宣传周活动。充分利用电视、广播、报纸等传统媒体，运用微信、短视频、电子显示屏等新兴媒体，开展具有行业特色、形式多样的宣传活动，营造全市共同参与节能减排、树立低碳观念、倡导低碳生活的良好氛围。

【资福分散式风电场并网送电】 2021年12月23日，宁乡资福分散式风电场顺利送电。宁乡资福分散式风电场项目位于宁乡市坝塘镇、资福镇、灰汤镇境内，总容量40兆瓦，年上网0.824亿千瓦时，年等效满负荷利用时数为2060小时。项目投运将增强区域电网供电能力，缓解冬季用电高峰时期供电压力，改善长沙地区能源结构，促进节能减排。 （肖晓萱）

市场监督管理

【概况】 2021年，宁乡市市场监督管理局（以下简称市市监局）立足市场监管职能职责，多措并举服务宁乡高质量发展，出台优化营商环境23条措施，群众办事更加便捷，满意度不断提升，围绕重点领域、重点部位、重点时段，全面摸清底数，健全监管机制，压实责任，狠抓综合监管、综合执法工作，确保市场公平竞争、规范有序。2021年，市市监局对原有内设机构进行精简优化，总数由18个压减至13个，事业单位由5个整合成3个，中层干部职数由108名压减至97名。

【知识产权创造运用保护】 2021年，宁乡市新增有效发明专利365件，有效发明专利总量达1612件，获国家专利奖银奖1件、优秀奖2件。促成校企合作22起，转化项目效益2.4亿元。举办“智慧宁乡·科创高地”专利技术交易促进会，现场签约金额1000万元。知识产权质押融资19笔、金额3.33亿元，兑现奖补资金509万元。调解商标、专利纠纷3起，办理知识产权案112件，移送公安机关2件。知识产权强县建设工作在全省作典型发言，获长沙市绩效考核一类地区。

【质量提升】 2021年，市市监局承办首届宁乡市市长质量奖颁奖仪式，3家企业、2名个人获奖。引导万鑫精工、松井新材料、小洋人导入卓越绩效管理模式，对中伟新能源等5家企业进行现场卓越绩效诊断。星邦重工获评第二届长沙市市长质量奖、格力暖通获第二届长沙市市长质量奖提名奖。

首届宁乡市市长质量奖获奖名单

1. 三一汽车起重机械有限公司
2. 长沙格力暖通制冷设备有限公司
3. 湖南星邦重工有限公司
4. 湖南忘不了服饰有限公司 蔡力强（个人）
5. 楚天科技股份有限公司 王长青（个人）

【标准制定】 2021年，宁乡市举行“中国湘菜标准——宁乡口味菜”发布会，发布灰汤贡鸭、沩山豆腐等宁

2021年3月18日，中国湘菜标准——宁乡口味菜新闻发布会在宁乡市举行。图为活动现场

乡口味菜15道；口味牛蹄、龙田扎肉入选湖南名菜。引导先进装备制造、新材料行业开展企业标准自我声明公开491项。指导星邦重工等3家企业参与制定5项国家标准。五里堆香干获批国家地理标志证明商标。

【营商环境优化】 2021年，市市监局推进企业开办、企业注销“一件事一次办”“1+N”套餐服务、“全程网办”，落实改革事项121项、“赋权强园”事项19项，全年新设市场主体19965户，总量达133800户，千人拥有市场主体达105.9户。编印《行政审批工作操作手册》，统一审查标准。推进“一业一证（照）”、告知承诺制改革、“证照分离”改革，发放行业综合许可证照296份、签订承诺书后获证经营的食品经营单位2950家、实现“领照即开业”的市场主体11450家。继续提供“三印”免费服务，发放印章4500套，率先在全省实现新开办企业实体和电子印章免费同步发放，为企业节省成本462万元。成立小个专党委，开展“党建引领、助力千企”行动，非公党建工作在全省作典型发言，楚天科技、精量重工获评湖南省两新领域标杆党组织，沙河市场党支部获评全省小个专先进基层党组织。

【安全发展】 2021年，召开全市创建湖南省食品安全示范市动员大会、食品安全工作调度会22次，开展专项督查19次；制定出台《宁乡市食品安全监管事权清单》，完成2轮9个单位食品安全专项巡察。制定提升长沙创城知晓率满意度16大举措，创城知晓率92.4%，居长沙区县（市）第一；督促指导849个家样本单位和3500家食品经营门店全面对标创建，代表长沙接受省级、国家级评估验收，检查情况均满意。从严监管抓执法，关停取缔无证黑作坊、黑餐饮37家，查办食品安全行政案件468起，协助查办刑事案件18起、刑拘28人。完成食品监督抽检4053批次、不合格食品后处置200批次。突出野生蘑菇中毒防控，知晓率达96.4%，居长沙市第一。加强聚餐食品安全管理，申报、指导农村集体聚餐18000余例。“‘四个聚力’切实提升餐饮质量安全水平”（聚力实施提质改造，着力夯实食品安全底板；聚力推进“互联网+”，着力增强智慧监管能力；聚力聚餐全程管控，着力保障农村聚餐安全；聚力推广菜品标准，着力帮促餐饮业稳健发展）入选全省食品安全工作深化改革典型创新举措。获评湖南省食品安全工作先进单位，长沙对区县（市）绩效考核第一名。人民群众食品安全满意度达91.56分。特种设备安全监察开展专项整治12次，排查整改隐患1426处，查封特种设备264台（套），立案42起，罚款64.5万元。完善特种设备预警机制，累计发送提醒短信17900条，督促定期检验特种设备10500台（套）次；完成气瓶质量安全追溯系统建设，开展特种设备第三方检查服务，承担全省电梯检验检测分离试点，承办全省大型游乐设施应急救援示范性演练活动；指导市鼎致电梯应急救援中心开展救援74起，解救受困人员107人，救援成功率100%。获评湖南省特种设备安全监察工作优秀单位，长沙对区县（市）考核第一名。组织《化妆品监督管理条例》培训。开展药品、医疗器械、化妆品专项整治行动8次，检查经营单位1480家次，排查整改隐患78条，查办案件11起。办理药品经营许可74家、二类医疗器械许可42家，完成药品、医疗器械、化妆品不良反应监测878例。产商品质量安全监管更加有力，监督抽检产（商）品242批次、合格率97.2%，查办制假售假案件37件，罚没69.8万元。销毁假冒伪劣物资9吨、货值31万元。开展道路交通顽瘴痼疾专项整治行动，暂扣、监督拆解、督促生产厂家召回“老年代步车”、二类底盘车101台，查办案件12起。

【市场秩序】 2021年，市市监局设立检察联络室，出台《行政处罚案卷立卷归档规定》等制度文件，全年召开局长办公会28次、集体讨论案件260件，办结案件697件、入库非税收入770.4万元，获评2016—2020年长沙市普法工作先进集体、湖南省法治政府建设示范市创建工作先进单位。召开全市双随机、一公开监管工作会议，举办平台操作培训。完成系统内抽查事项102项、2433户，部门联合抽查事项21项、141户，公示率均达100%。抓年报工作，企业、农户和个体户年报公示率分别达90.6%、77.9%、53.4%。价格监管规范有序。开展转供电价格大排查大整治，检查转供电主体71家，立案2起，责令整改退费24.6万元。开展医药领域、“天价茶”、钟表行业、农资市场、核酸检测价格等专项检查，检查市场主体1650家，规范明码标价门店120家次，送达价格提醒告诫书295份，立案6起，罚没33.6万元。强检计量器具备案14960台件，完成定量包装检定71批次、计量器具检定10594台/次、粮食购销企业汽车衡检定28台，检定数量创历史新高。广告管理开展专项检查5次、行政约谈2次，提出行政指导意见74条、制止发布问题广告8条，立案查处11起。承办长沙市广告阵地管理经验交流会并作典型发言。

表8　2021年宁乡市工商登记企业（含农民专业合作社）情况表

指标名称	计量单位	2020年（包含宁乡经开数据）	2021年（包含宁乡经开数据）	2021年较2020年增长（%）
工商登记年末数合计	户	23404	28041	19.81
1. 农林牧渔业	户	4185	5096	21.76
2. 采矿业	户	87	100	14.72

续表8

指标名称	计量单位	2020 年（包含宁乡经开数据）	2021 年（包含宁乡经开数据）	2021 年较 2020 年增长（%）
3. 制造业	户	2680	2756	2. 85
4. 电力、热力、燃气及水生产和供应	户	85	93	9. 50
5. 建筑业	户	2957	3752	26. 89
6. 交通运输、仓储和邮政业	户	471	490	4. 03
7. 信息传输、软件和信息技术服务业	户	588	648	10. 20
8. 批发和零售业	户	4707	6367	35. 25
9. 住宿和餐饮业	户	327	527	61. 16
10. 金融业	户	338	348	2. 85
11. 房地产业	户	656	678	3. 42
12. 租赁和商务服务业	户	2454	2685	9. 40
13. 科学研究和技术服务业	户	2291	2440	6. 51
14. 水利、环境和公共设施管理业	户	155	172	10. 69
15. 居民服务、修理和其他服务业	户	592	803	35. 63
16. 教育	户	340	395	16. 10
17. 卫生、社会保障和社会福利业	户	96	129	34. 34
18. 文化、体育和娱乐业	户	394	562	42. 60
19. 公共管理、社会保障和社会组织	户	1	1	0

表 9　　2021 年宁乡市工商登记个体情况表

指标名称	计量单位	2020 年（包含宁乡经开数据）	2021 年（包含宁乡经开数据）	2021 年较 2020 年增长（%）
工商登记年末数合计	户	98338	106241	8. 00
1. 农林牧渔业	户	6980	7460	6. 87
2. 采矿业	户	43	42	-3. 09
3. 制造业	户	2901	2869	-1. 11
4. 电力、热力、燃气及水生产和供应	户	11	9	-14. 77
5. 建筑业	户	340	370	8. 77
6. 交通运输、仓储和邮政业	户	8425	9711	15. 26
7. 信息传输、软件和信息技术服务业	户	677	765	13. 00
8. 批发和零售业	户	57445	62423	8. 67
9. 住宿和餐饮业	户	9010	9460	4. 99
10. 金融业	户	4	2	-47. 91
11. 房地产业	户	140	93	-33. 78
12. 租赁和商务服务业	户	3411	3513	2. 98
13. 科学研究和技术服务业	户	144	152	5. 62

续表9

指标名称	计量单位	2020年（包含宁乡经开数据）	2021年（包含宁乡经开数据）	2021年较2020年增长（%）
14. 水利、环境和公共设施管理业	户	13	16	20.20
15. 居民服务、修理和其他服务业	户	7758	8070	4.03
16. 教育	户	28	191	580.85
17. 卫生、社会保障和社会福利业	户	239	244	1.99
18. 文化、体育和娱乐业	户	769	853	10.95

【服务发展】 2021年，市市监局维护消费者权益。全年受理投诉举报5907件，受理率、办结率达100%，满意率达98.53%，为消费者挽回损失320万元。规范职业打假投诉举报处理流程，诉转案43起，兑付奖励4.8万元。开展3·15国际消费者权益保护日系列活动，发布消费提醒9期。新发展新润、品真等ODR企业（在县区市场监管部门指导监督下，通过全国12315平台ODR系统提供消费纠纷在线解决服务的企业）5家，全市ODR企业达16家。姜小鹏获评湖南省消费维权先进个人。做好疫情防控。收集上报购买“一退两抗”药品（退热药品、抗病毒药品、抗菌药品）信息14万人次。推广使用“湘冷链”平台，累计录入进口冷链食品10094.5吨，餐饮单位、水产品门店进口冷链食品动态清零。完成11200批次样本核酸检测，结果均为阴性。督促农贸市场、餐饮门店、药店全面落实测体温、戴口罩、查两码等防控措施，责令疫情防控措施落实不到位的43家药店、55家餐饮店停业整改。坚持“打早打小、露头就打”，全市未发生异地聚集式传销活动，宁乡连续六年保持“基本无传销县”的牌子，市市监局获评长沙市打击传销工作优秀单位，历经铺所获评长沙市打击传销工作优秀市监所。开展“长江禁渔”专项行动，查办案件2起，均获评省级典型案例。抓好“蓝天保卫战”，禁燃区燃煤制售继续保持“清零”，获评宁乡市蓝天保卫战三年行动（2018—2020年）先进单位。牵头负责农贸市场、外卖骑手等文明创建工作，组织“创建更高水准全国文明城市餐饮外卖骑手宣誓活动”，检查督查市场主体36200家次，排查整改问题1860处。

【宁乡市首届市长质量】 2021年3月18日，宁乡市举行首届市长质量奖颁奖仪式，长沙市市场监管局党组成员、副局长肖磊，宁乡市副市长贺立权，宁乡市政府副调研员周明山等出席活动，宁乡市市长质量奖获奖企业、重点培育企业、部门单位和有关新闻媒体参加活动。三一汽车起重机械有限公司、长沙格力暖通制冷设备有限公司、湖南星邦重工有限公司3家企业和湖南忘不了服饰有限公司蔡力强、楚天科技股份有限公司王长青2名个人获奖。 （李　鹏）

应急管理

【概况】 2021年，宁乡市应急管理局（以下简称市应急局）七个科室：办公室、政策法规科（行政审批服务科）、工矿企业安全监管科、烟花爆竹安全监管科、危险化学品安全监管科、矿山安全监管与防灾减灾救灾科、安全生产综合协调科，办公室承担政治工作办公室日常工作，下辖一个副科级事业单位宁乡市应急事务中心，对乡镇（街道）应急管理机构进行委托执法和业务指导。市突发事件应急委员会、市安全生产委员会、市减灾委员会、市抗震救灾指挥部办公室设在市应急局，承担日常工作。

2021年，市应急局逐步构建完善防灾、减灾、救灾、指挥、救援、监管、执法、保障等职能分工清晰、互为衔接的“大应急”管理格局。全市29个乡镇（街道）按照安全生产任务分类配备3、5、7名综合行政执法人员，明确149个应急管理编制，遴选125个全额编制，年内全部到位，该做法被《应急管理报》报道，全国推介。29个乡镇（街道）按照有班子、有机制、有预案、有队伍、有物资、有培训演练的“六有”标准推进基层应急能力建设，并全部通过省市县三级验收。运用大数据、物联网、云计算等技术，逐步完善宁乡市应急管理信息指挥平台、宁乡地质灾害预警系统等信息化建设。完成市应急系统指挥中心的改造升级，并纳入宁乡市视频会议网络，实现通联到园区、乡镇（街道）、村（社区）的完整通信网络。

2021年，宁乡市安全生产形势总体稳定，市应急局被湖南省应急管理厅评为烟花爆竹安全生产治本攻坚取得明显成效的单位，奖励真抓实干奖金60万元；被湖南省地震局评为全省县市区防震减灾工作综合考核优秀单位。在全省救灾和物资保障工作会议中，宁乡市作为工作先进市（县）在大会中作典型发言。

【安全生产责任落实】 2021年，宁乡市组织召开3次市委常委会、4次政府常务会议、4次安全生产专项整治领导小组会议、8次安委会例会，研究部署安全生产和消防工作。市领导带队开展检查5次，共发现问题隐患476条，整改468条。制定下发《宁乡市安全生产委员会成员单位及有关单位（机构）安全生产职责分工规定》，厘清部门职责。严肃追责问责，2021年共计挂牌督办15家，追责问责86人，推动各地各部门监管责任的落实。全年共组织暗访暗拍和回访抽查统一行动7次，发现问题隐患4920条，整改4875条；上门约谈生产经营单位267家，督促各生产经营单位主动落实主体责任。出台《关于对非正常亡人安全事故进行责任追究的通知》，严肃追责问效，调整、问责处理镇村干部83人；出台约谈办法，市领导约谈乡镇（街道）24个，约谈38人次；出台《宁乡市应急系统及安委会成员单位安全监管目标管理考核工作方案》，设定应急管理专项奖励，安全生产管理队伍士气极大提振。出台《宁乡节假日安全生产检查督查制度》，全年各节假日期间共督查发现问题隐患4920条，整改4875条。

【监管执法】 2021年，市应急局建立制度措施清单70条，一般问题隐患清单328个，突出问题隐患清单28个，重大问题隐患清单34个，截至2021年底，未整改的11个问题隐患限定时间介入整改，其他问题隐患全部整改到位。开展生产经营单位和场所全面摸排，全市共摸排出生产经营单位（场所）3752家，新增小微企业（场所）1567家。持续开展强执法防事故行动，集中力量开展“打非治违”、“百日攻坚”、安全生产“百日大会战”、重点节假日期间督导、岁末年初安全生产“百日大会战”等一系列大排查、大整治、大管控工作，全市全年共立案处罚8185起，罚款1970.62万元，责令停产停业216家，警示约谈267次。突出打非治违工作，全市共关闭取缔生产经营单位68家，立案4005起，罚款512.16万元。重点整治烟花爆竹零售和“小化工”行业领域的非法违法行为。落实行刑衔接，2021年安全生产刑事立案4起，其中3起为道路交通涉嫌危险驾驶被立案，1起为非法采砂被刑事拘留。

【重点行业安全管理】 2021年，市应急局守住烟花、危险化学品、非煤矿山、工贸四大行业领域的安全生产底线，共检查生产经营单位4126家次，下达现场检查记录2968份，责令停产停业整顿12家次，立案320起，处罚378.34万元。其中新安法实施首日，工贸行业处罚9万元被应急管理报宣传报道，全国推介。全年办理行政审批事项116项，现场核查烟花爆竹、危险化学品经营门店133家，接受各类咨询6400多起。全年没有发生一起因行政审批引起的投诉事件，没有发生一起因行政审批超过规定时限而引起的在纪检监察系统上的黄牌和红牌警告。开展烟花生产企业转型升级工作，出台《关于进一步推进烟花爆竹产业转型升级的意见》，开展淘汰落后产能，推进集中整合、实现规模化集约化发展，完成或超额完成关闭退出目标任务且未发生较大及以上生产安全事故、未发生因关闭退出引发群体性事件。2021年，被湖南省应急管理厅评为烟花爆竹安全生产治本攻坚取得明显成效的单位，奖励真抓实干奖金60万元。

【安全宣教演练】 2021年，市应急局通过宣传、培训、演练等措施，全面提升全民安全素养。全市29个乡镇（街道）分成240个网格，按照乡镇主导、部门参与、党员到位、下沉农户的模式，开展安全宣传教育工作，召开安全宣讲“屋场会”35400余场次；制作《一个都不能少》《你戴起来真好看》等安全公益宣传片，被《湖南日报》推介；通过“送课下企业”、专家授课等对企业主要负责人、安全员、从业人员进行安全培训教育，培训人员91503名。各部门、乡镇组织8期应急队伍大比武活动，开展各类演练169次，企业组织开展各类演练3560多场次。投入1500万元建设应急云喇叭系统，村、社区、医院、学校、景区、地质灾害点、森林、十字路口等重要区域实现全覆盖。

【应急救援能力提升】 2021年，市应急局发布《宁乡市突发事件信息报送规定》，明确各类突发事件信息归集和报送的工作职责，构建指挥扁平高效、灵活统一的指挥体系。建立应急值班、信息报送制度，与各部门、乡镇（街道）建立应急处突联动机制，加强协调联动，共同应对处置各类突发事件。将全市29个乡镇（街道）划分为6个片区，构建起村级、乡镇级、片区级、县级四个层级的应急救援联动调度机制。各乡镇组建起50人以上综合应急救援队伍，村（社区）级20人以上的响应队，对救援队人员档案化登记管理，做好动态调度、日常备勤和值班值守。在林业系统护林员队伍的基础上，在卫健、交通、水利、自然资源、住建、城管等部门成立专业救援队伍，对相关领域发生的突发事件进行专业应急

2021年，宁乡市军民共建应急训练基地和应急救援中心基地完成主体改造

处置和救援。对全市阳光、蓝天、楚沩之家、亮剑、越野e族、无线电协会、翔和航空7支社会应急救援队伍予以大力支持，建立起调度机制。2021年7月调派4支志愿者队伍50多人奔赴河南多地开展抢险救援；市阳光应急救援中心先后参加郴州汝城、河南郑州洪灾、广东连麦镇矿洞冒顶事故救援，被推荐为2021年全国应急管理先进单位。完善应急救援相关保障，制定下发7大类65个子项的应急管理装备物资配备清单。完成备灾点救灾物资采购200余万元。为29个乡镇（街道）配发行政执法马甲背心、棉被、救生圈等物资，选定沩山乡、巷子口镇、流沙河镇3个应急物资储备点，配足应急物资，应对突发事件。建设应急救援基地，利用原农广校地块3层老旧办公用房，建成全市军民共建应急训练基地和应急救援中心基地，实现全市民兵队伍集训、应急救援队伍集中训练备勤、应急救援物资仓储、安全生产培训和应急演练等功用为一体的基地。年内完成主体改造，队伍进驻。

【2021年防灾减灾宣传周活动暨应急救援能力演练活动】 2021年5月13日上午，防灾减灾宣传周活动暨应急救援能力演练活动在南门桥沩江段及沿江风光带区域举行，本次演练是宁乡市涉及科目最多、首次实现在线直播的防灾救灾综合应急演练。演练启用无人机、橡皮艇、云梯消防车、应急指挥车等各种空中、水面、地面装备100多台（套、架），市消防救援大队、市蓝天应急救援服务中心、市阳光应急救援中心、市楚沩之家志愿者协会、宁乡退役军人应急救援志愿者协会、市无线电协会等8支队伍、200余人参加本次演练，全市20多个部门、企业和社会救援力量协同作战，是对宁乡市应急管理体系中各级各部门各单位协同配合能力的检验。

【应急系统风险普查】 2021年，市应急局牵头开展宁乡市第一次全国自然灾害综合风险普查应急系统质检核查，组织应急、自然资源、城管、住建、交通、水利、林业、气象等部门，按照职责分工全面推进各类调查对象的调查和数据质检核查工作。对全市3187个调查数据进行填报、质检、审核等工作，年内完成全部调查点的普查工作和本市应急家庭减灾能力的抽样调查工作。

2021年5月13日，防灾减灾宣传周活动暨应急救援能力演练活动在南门桥沩江段及沿江风光带区域举行。图为水上救援演练现场

【救灾救助工作】 2021年，全市建成一支307人的灾害信息员队伍，灾害信息员队伍建设实现乡镇（街道）、村（社区）全覆盖。全面建立完善灾后恢复重建机制，2021年，宁乡市共遭受8次自然灾害侵袭，23个乡镇受灾，但无人员伤亡，累计发放8笔救灾资金，救助受灾群众5000余人，救助金额605万元，因灾倒损住房重建基本完成，实现自然灾害零伤亡，救助工作零差错。在全省救灾和物资保障工作会议中，宁乡市作为工作先进市（县）在大会中作典型发言。

【应急避难场所建设】 2021年，市应急局印发《宁乡市推进应急避难场所建设实施方案》，将应急避难场所建设列入全市安全生产考核和乡镇（街道）综合应急能力建设验收考核指标。年内建成市级应急避难场所5个，乡镇（街道）应急避难场所29个，物业小区地下停车场人防工程应急避难场所34个。在全市城区建设16个微型应急服务站。 （赵文娟）

统　计

【概况】 2021年，宁乡市统计局内设办公室、业务一科、业务二科、法规科4个科室，下设统计普查中心、经济调查队2个二级机构。全局认真贯彻习近平总书记关于统计工作重要指示批示和在湖南考察调研时的重要讲话指示精神，全面落实各级党代会和经济工作会议精神，狠抓数据质量，优化统计服务，夯实统计“双基”，为“工业强市、幸福宁乡”建设提供高质量统计保障。

【统计服务】 2021年，市统计局围绕全市中心工作，优化统计服务。宁乡市县域经济基本竞争力跃居第18位，前进3位；县域经济与县域综合发展位居第15位，前进1位。巩固文明创建成果，省级文明指数测评保持领先；畅通社情民意渠道，高质量完成全市领导班子绩效考核、文明指数民意调查；服务乡村振兴，粮食生产面积和产量增速均居长沙第一，生猪存出栏任务全面完成，调查失业率稳定达标；主动对接政法综治民意调查和营商环境测评、效果良好；第七次人口普查工作获省级先进。编印《宁乡经济运行快报》《宁乡统计》《统计专报》《统计公报》《统计年鉴》等统计产品，及时发布月度主要统计数据和《宁乡市第七次全国人口普查公报》；呈报《〈建设省会副中心 挺进全国前十强〉——宁乡与全国前二十强的对比》，助力“工业强市幸福宁乡”建设。密切关注经济动态，加强形势研判。建立统计监测预警机制，定期对重点行业重点企业运行情况进行精准监测和调查，快速反映经济运行中的最新变化和重点问题。每月以《宁乡统计》的形式，将全市主要经济指标运行情况及时报送主要领导及各位分管副市长，做到“月有进度分析，季有综合研究，年有走势预测”。呈报《政府工作报告主要指标可行性分析》，从统计的角度就主要经济指标定位进行科学预测，为新一届政府未来五年目标定位提供决策参考。

【统计法治】 2021年，市统计局周密部署，统计督察顺利迎检。督察前，4次提请市委常委会和市政府常务会议听取统计工作和统计督察情况汇报。宁乡市委、市人民政府印发5个文件，成立高规格督察领导小组，召开统计督察动员部署会议和工作推进会议，细化工作要求、落实工作责任。开展月度讲评和专项核查。开展“干部进企业，服务提质效”专项行动，对全市1360家“四上”单位（四上”单位是指进入一套表联网直报平台、纳入常规统计范围的法人单位，包括规模以上工业、限额以上批零和住餐业、资质以上建筑业和房地产开发经营业、重点服务业等）和524个投资项目进行实地核查，有效规范统计基础工作；每两个月对数据质量进行讲评，分析问题，抓好整改，切实提高数据质量。对落实督察工作情况向市委市政府主要领导每日一报告；开展5轮次赴乡镇（街道）和园区指导督促贯彻落实统计督察规定情况。统计督察反馈问题立行立改成效明显。市委常委会、市政府常务会议听取统计督察反馈问题立行立改情况，审议通过《〈统计督察初步反馈问题立行立改十条措施〉实施方案》。市委、市政府组织对习近平总书记关于统计工作重要讲话指示批示精神和统计法律法规的再学习；邀请长沙市统计局专家为乡镇（街道）和市直部门负责人作“全面推进依法治统 确保统计数据真实准确”的统计专题课；结合“中国统计开放日”活动，组织全市统计系统人员集中学。对30家被执法企业走访调研，进一步核实企业的相关情况，从9月开始严格按照统计方法制度报送数据，工业企业和商贸企业数据全部整改到位。加大企业核实力度，对不达规企业及时申报退库，全年244家企业退出联网直报系统，其中工业126家，商贸118家。加大统计违法案件查处力度，对16家“四上”企业开展统计执法检查。

【统计基础】 2021年，市统计局加强基层建设，统计基础取得突破。出台标准化操作手册。制定出台全市《基层统计工作规范化建设操作手册》（试行），开展基层统计站现场观摩交流，学习先进基层统计站经验，要求全市乡镇（街道）在2021年底达到“六化”建设标准。规范统计资料整理。指导督促各乡镇（街道）统计站点设置统计资料档案室，将辖区内全部“四上”企业档案资料整理归档，做到“一企一档”。建立机制服务基层。建立统计工作对口联系制度和重点企业联系服务制度，由局领导带领各科室对口联系相关乡镇、部门和重点企业，做好统计业务的协调与指导；建立统计人员跟班学习机制，分期分批安排乡镇（街道）统计人员到局跟班学习，有效提高统计人员业务能力。增强统计法治意识。建立健全领导干部违规干预统计工作记录台账，举办全市依法统计依法治统专题讲座，全面提升依法统计依法治统水平。强化数据质量管理。建立数据质量控制体系，规范统计数据的报送、评估和发布程序。加强基本单位名录库管理，做好“一套表”调查单位申报入库、退出和信息变更工作，全市共新增“四上”企业103家。强化统计法治宣传。召开全市依法统计依法治统工作会议，分专业、分批次对全市1000多家“四上”企业统计人员进行统计法治和业务培训。结合“国家宪法日”活动现场摆放专题统计法治宣传展板，发放统计法律法规宣传手册300余份。 （杨 文）

审 计

【概况】 2021年，宁乡市审计局（以下简称市审计局）内设市委9个科室，下设市政府投资审计中心。2021年，市审计局完成审计项目29个，查出违规问题金额6038万元，发现非金额计量问题528个，提出审计建议111条，向有关部门和单位移送问题线索13起，向市委市政府主要领导报送审计专报（要情）14篇。1个项目被长沙市评为优秀审计项目。

【市委审计委员会第三次会议】 2021年6月18日，宁乡经开区党工委书记、市委书记、市委审计委员会主任于新凡主持召开市委审计委员会第三次会议，传达学习国务院总理李克强在听取审计署工作汇报时的重要讲话精神，省委书记许达哲在省委审计委员会第五次会议上的讲话精神，吴桂英和郑建新在长沙市委审计委员会第五次会议上的讲话精神，以及全国、全省、长沙市审计工作会议精神，听取市委审计委员会办公室关于审计工作情况的汇报，审议通过《2021审计年度项目计划（审议稿）》《关于2020年度市级预算执行和其他财政收支的审计结果报告（审议稿）》，并就有关问题进行研究。

【市本级预算执行和其他财政收支审计】 2021年1—5月，市审计局对市财政局具体组织的市本级2020年预算执行情况，市公安局、市文旅广体局、市科技局3家部门单位2020年预算执行情况，市公路养护中心2018年至2020年财务收支情况，市公安局2019年至2020年涉案财物管理情况，市高新区东北片区配套设施项目二期工程、宁乡经开区玉屏山国际产业城二期主排水箱涵工程的造价和滨江大道南延线工程建设3个政府投资项目进行现场审计，对市一级预算单位及所属二级单位的预算执行情况进行全覆盖审计。2021年6月22日，市一届人大常委会第三十四次会议审议通过《关于2020年度市本级预算执行和其他财政收支的审计工作报告》，共反映主要问题59个。

【经济责任审计】 2021年，市审计局对7名党政主要领导干部开展经济责任审计，对市林业局主要负责人同步开展自然资源资产离任审计，首次对国有企业领导人员进行经济责任审计，揭示部分重大政策落实不到位、“三重一大”决策程序不规范等问题，促进权力规范运行和反腐倡廉，促进生态环境建设。

【政府投资审计】 2021年，市审计局对公路交通、水利、市政、园区配套4个领域的6个工程项目进行审计，对财政投资评审中心评审项目质量和建设项目工程变更情况进行专项审计调查，共查出和揭露工程建设领域中的违法违规问题84个，提出审计建议26条，在财评评审的基础上审减金额共709.06万元。

【审计整改】 2021年，市审计局采取建立台账、清单管理、联合督查等方式推进审计发现问题的整改工作。12月，联合市人大财经委、市委督查室、市政府督查室开展为期2天的审计整改督查，现场检查督促整改责任单位落实整改要求。《关于2020年度市本级预算执行和其他财政收支的审计工作报告》反映的59个问题，54个整改或基本整改，占比91.5%。通过整改，确认收入并上缴国库107887.13万元，归还原资金渠道622.75万元，调账处理700.52万元，促进资金拨付2120.42万元，有关部门建立健全制度14项。市二届人大常委会第二次会议审议通过《关于2020年市本级预算执行和其他财政收支审计发现问题的整改情况报告》。

【大数据审计】 2021年，市审计局完成长沙市大数据智慧审计系统有关建设，组织全体审计业务人员开展3次专项培训，全面启用智慧审计系统。联合宁乡市数据资源中心开展常态化数据采集工作，采集和处理21家单位共43种数据，为大数据审计提供数据支撑。2021年上半年，首次就市本级89个一级预算单位及所属二级单位的全覆盖审计进行单独立项，依靠大数据审计方式对生育津贴、编外人员管理等16个事项进行审计分析，推动审计全覆盖落实。

【审计服务决策】 2021年，市审计局发挥审计成果的服务功能。对审计中发现的倾向性、制度性问题，及时向市委市政府主要领导反映，形成审计专报（要情）14期。成立临时工作组对村部建设、炭河里遗址管理处工程债务、龙桥御园项目建设、妇幼保健院项目建设造价控制4个项目进行专项审计调查，摸清项目情况，提出项目运作过程中的问题18个，提出建议13条，为市委市政府提供决策依据。选派包括班子成员在内的10名干部参加巡视巡察、专项调查等工作，服务监督执纪。

【内部审计】 2021年，市审计局落实审计署《内部审计统计调查制度》，完成全市内部审计机构、人员和工作开展情况的统计调查工作。组织开展三期“以审代训”活动，安排9名内审人员到审计机关跟审跟训。11月25—26日，组织全市机关事业单位、园区和国有企业200余名内审干部开展业务培训，提升内审工作水平。 （李　晟）

城乡建设·环境保护

住房和城乡建设

【概况】 2021年，宁乡市住房和城乡建设局抓好工程质量安全管理，优化项目工程服务，提升供水排水基础建设，促进建筑业和房地产业健康稳定发展，全市城乡建设品质显著提升。4月30日，湖南省全省脱贫攻坚总结表彰大会在长沙市举行，中共湖南省委、湖南省人民政府授予宁乡市住房和城乡建设局“湖南省脱贫攻坚先进集体”称号。市住建局工会打造“住建智慧”展厅、职工之家、职工书屋等阵地，提升干部职工的工作积极性和团队凝聚力，12月，宁乡市住房和城乡建设局工会被长沙市总工会评为“模范职工之家”。

【项目质安监管】 2021年，市住建局统筹全市建设项目质安监管，重点加强竣工验收和配套设施质量管控，强化预拌混凝土和检测行业管理，启动城建档案“双套制”改革，房屋品质有序提升。建立完善建筑施工安全管理制度，推进城市建设安全生产三年专项行动计划，开展“打非治违”、扬尘治理、源头治超、食品安全、生态环境保护等专项行动，重点对危大工程、机械设备、危险化学品、小区消防进行针对性检查和科学防控，共计下发整改通知656份、停工令115份、机械设备限制使用令76份，认定不良行为12份，查处案件92起，处罚金额149.82万元，工程质量安全监管保持高压态势。抬高城市建设标准坐标，出台《宁乡市“精美宁乡”建设工作实施方案（2021—2023年）》，联合财政局、自然资源局和市监局下发《宁乡市既有多层住宅增设电梯实施方案和办理细则》，编制《海绵城市专项规划（2020—2035）》《宁乡市中心城区步行、自行车交通体系专项规划（2020—2035年）》，完成首批历史建筑认定和保护，提升无障碍设计和建设质量，全年绿色建筑面积216.82万平方米，占新建建筑比例的100%。

【房地产市场】 2021年，全市房地产新开工规模121.36万平方米，较2020年下降29.51%，实现投入95.94亿元，较2020年增长5.74%，完成建设量173.16万平方米，较2020年下降17.27%。新建商品房市场累计批准预售166.94万平方米，较2020年下降2.89%。新建商品房累计销售13216套、163.3万平方米，较2020年下降1.87%，均价6042元/米^2，较2020年上涨2.06%。全市新建商品房存量312.93万平方米，与2021年年初相比增加5.93万平方米，去化周期23个月。其中住宅存量191.57万平方米，与年初相比增加5.65万平方米，去化周期16个月；非住宅存量121.36万平方米，与2021年年初相比增加0.28万平方米，去化周期77个月。全市二手房市场累计网签4109套、58.24万平方米，较2020年下降0.36%，均价3768元/米^2，较2020年上涨13.09%。全市房地产入库税收21.07亿元，较2020年下降17.46%，其中房地产业税收13.98亿元，较2020年下降20.78%，建筑业税收7.09亿元，较2020年下降10.01%。坚持“房住不炒”总基调，狠抓房地产市场监管、秩序整治和矛盾化解，有效防范化解个别项目预期烂尾风险，江山美景、水木天成朝庭、翡翠世家顺利交房办证，恒大御景半岛、时代天街项目有序复工，房地产业实现平稳健康发展。

表 10　**2021 年宁乡市新建商品房交易情况统计表**

项目名称		2021 年	2020 年	2021 年较 2020 年增长（±%）
批准预售情况	预售栋数（栋）	160	132	21.21
	预售套数（套）	14080	15275	-7.82
	其中：住宅	11431	12889	-11.31
	非住宅	2649	2386	11.02
	预售面积（万平方米）	166.94	171.91	-2.89
	其中：住宅	146.69	159.27	-7.90
	非住宅	20.25	12.64	60.21
销售情况	网签套数（套）	13216	14053	-5.96
	其中：住宅	11547	11887	-2.86
	非住宅	1669	2166	-22.95
	网签面积（万平方米）	163.3	166.42	-1.87
	其中：住宅	144.34	146.81	-1.68
	非住宅	18.96	19.61	-3.31
	网签金额（亿元）	93.72	98.52	-4.87
	其中：住宅	82.01	83.81	-2.15
	非住宅	11.71	14.71	-20.39
	网签均价（元/米^2）	6042	5920	2.06
	其中：住宅	5905	5709	3.43
	非住宅	8996	7498	19.98

【建筑业】 2021 年，全市工商注册建筑业企业 351 家，其中，施工总承包企业 112 家（一级企业 8 家，二级企业 26 家，三级企业 78 家）、专业承包企业 40 家（一级 4 家，二级 7 家，三级 29 家）、劳务企业 199 家。新增企业 86 家，其中，施工总承包企业 16 家，专业承包 6 家，劳务企业 64 家。完成 90 余项资质升级或增项，经发公司施工总承包企业晋升一级资质，弘文公司施工总承包企业三级升二级。建筑业四上企业 55 家，新增 4 家，完成建筑业总产值 144.45 亿元，入库税收 7.09 亿元。出台《宁乡市支持服务业和建筑业发展若干政策措施》，开展劳模工匠师徒结对活动，推进“农民工”向新型建筑产业工人转型。宁乡建筑工人在国家、省、市职业技能大赛再创佳绩，华程公司缪志豪、经发公司张君宝分别获得第七届全国职工职业技能大赛第五名、第六名，缪志豪获评“全国技术能手”荣誉称号。农民工实名制平台覆盖率 100%，保障农民工工资支付。号召建筑企业参与城区扫雪除冰攻坚战，保障城区畅通、出行安全。

【供水排水】 2021 年，全市日供水能力最高达 24.9 万吨，销售水量 5681.22 万吨，较 2020 年增加 11.02%，综合水质合格率 100%。完善二次供水设施建设，建设 4 个小区智慧泵房，新接管小区 16 个。推进管道直饮水建设，建设和改造 31 个公共场所、7 个新建楼盘、30 个老旧小区直饮水集中供水工程。完成供水基础设施投资 2838 多万元，新建、改建供水管网 30 千米，改造户表 1439 户，城市供水、节水能力建设全面加强。加快城乡排水一体化 PPP（政府和社会资本合作）项目建设，基本确定正农水厂迁扩建工程和新建城区污水处理厂选址，完善 13 个乡镇污水处理厂在线监控设施，完成 6 座次集镇污水处理设施建设、12 座乡镇污水处理厂提标改造和 35 千米配套管网建设，覆盖约 8000 户，受益人口约 30000 人，乡镇污水处理厂进水 COD（化学需氧量）浓度进一步提高。深化市政排水设施常态化巡查维护机制，有序管护河道、管网、泵站、泵车、箱涵等排水设施，城区“四溪一渠”（东沩溪、化龙溪、朝阳溪、正农溪、民兵渠）排口动态清零、实现生态补水。完成 5 处易涝点整治、22 个排水设施小微项目、污水主管应急除险加固工程和排水管网 GIS（地理信息系统）一期建设，出动 141 个班次、600 余台班设备，应对城市短时强暴雨和雨雪冰冻灾害天气，保障城市安全有序运行。

【村镇建设】 2021 年，全年排查农房 27 万栋、鉴定隐患房屋 684 户、实施危房改造 184 户，年初摸排危房全面落实住房安全保障措施。推进特色小（城）镇培育创建，灰汤、花明楼、黄材、流沙河、煤炭坝、巷子口、双凫铺7个乡镇入选长沙市特色小城镇手绘地图，20个村入围长沙市第一批特色小村庄培育创建名单，争取村镇建设专项奖补资金2034万元，完成2座垃圾中转站建设。举办第一期农村建设工匠培训班，农房建设品质不断提升。

【湖南省城市二次供水暨直饮水建设现场推进会】 2021年12月21日，湖南省城市二次供水暨直饮水建设现场推进会在宁乡市举行。湖南省住房和城乡建设厅二级巡视员彭国安、湖南省住房和城乡建设厅城建处处长田明革、湖南省住房和城乡建设厅城建处一级调研员鱼海跃、湖南省住房和城乡建设厅城建处四级调研员龙莉萍，宁乡市人民政府副市长孙勇出席会议，全省各市州、县市代表参加。会议由田明革主持，孙勇发表会议致辞，彭国安作会议讲话。会议系统解读《湖南省城市管道直饮水系统技术标准》及智能化专项，并就二次供水和管道直饮水建设经验进行交流。会议的召开深化区县市合作，搭建供水事业交流、展示、推广的平台。

【《宁乡市农村村民住房建筑示范图集》发布】 2021年9月15日，宁乡市住房和城乡建设局批准发布《宁乡市农村村民住房建筑示范图集》。图集共三册，发布120平方米、150平方米、170平方米、190平方米、210平方米五类不同面积的户型，现代、现代简约、徽派、江南、欧式、美式、简欧七种建筑风格，合计21套建筑方案，供全市农村村民建房时免费选用。从全市农村经济和社会发展实际出发，按照城乡一体化的思路和“易懂、实用、安全、美观、特色”的原则，遵循节约和保护土地资源、人与自然和谐可持续发展的理念，旨在解决农村建房功能不全、外观单调呆板、结构不规范的现状。图集的推广应用有利于把控农村建设风貌、改善农村人居环境，减轻农村建房规划设计负担，提高农房设计和建设水平，对全市乡村建设起到重要的推动和引领作用，是全市“我为群众办实事”实践活动重要举措。

【宁乡市房屋建筑和市政设施普查】 2021年9月—2022年4月，为查清宁乡市房屋建筑情况以及市政基础设施情况，宁乡市抽调乡镇普查人员1000余人，并聘请第三方公司技术人员65人，共组成32支调查组，开展房屋市政调查工作。经核查，全市有农村住宅724045栋，农村非住宅28626栋，城镇住宅30093栋，城镇非住宅9544栋，供水管线423条，总计628.8千米，供水水厂8个，污水处理厂4家，泵站7家，排水管线113条。宁乡市住房和城乡建设局组织进行调查数据的录入，建立房屋市政档案。 （张　暾）

城市管理

【概况】 2021年，宁乡市城市管理和综合执法局推进城市管理工作提标提档、走深走实，影响城市品质提升的顽瘴痼疾得到有效治理，在完善城市功能、管理市容环境、规范城市秩序、优化人居环境、提升城市品位的工作中取得显著成效。

【环境卫生】 2021年，按照“上不撒、下不漏、垃圾不落地、全程封闭式清运”的要求，添置7台多功能清运车、6台生产巡查车，共无害化处理生活垃圾109164车，306848.61吨，日均清运958吨。完成4座示范性站厕提质、21座站厕立面升级改造。以行政板块为中心，打造宁乡大道、金洲大道为标杆的“三纵三横”样板示范街、示范区。合理布局新型垃圾分类式果皮桶416个，撤换绿色果皮桶800余个，新装金洲大道、一环路等沿线交通护栏5589米，翻新提质护栏12323米，确保城市面貌更加序化、美化。

【园林绿化】 2021年，园林中心在全面做好城区绿地养护的基础上，重点抓好增花添彩、立体绿化、绿地提质改造等工作。对二环路、宁乡大道两条示范道路沿线的渠化岛、重要节点增植花卉1.52万余平方米，三轮次累计换植时令花卉287万余盆；在玉潭公园内推广种植市树市花，栽植香榧200株、栀子花球410株；完成春城路翡翠年华段林荫彩化改造，增植香樟、榉树71株；打造4处花境景观1260平方米，增植三角梅1600株，增强城区园林绿化景观的整体效果；完成5处街角花园提质改造项目。对市区文体南路、人民医院、合安小学、车站路等处11个点位进行高标准的立体绿化建设，共计砌筑种植槽、放置种植花箱600多米，栽植爬山虎、油络石、凌霄等藤本植物36900株，喷播草籽3300平方米，栽植麦冬等地被1900平方米。

【市政维护】 2021年，市政设施维护中心稳步推进智慧停车项目建设，完成公共停车场建设12座，停车位1041个，完成配建停车场建设10座，配建停车位8840个，共计完成新增停车泊位建设9881个，完成总目标任务的115%。完成龙江路（二环路—东一街）及瑞良路（白马大道—龙江路）提质改造工程、兆山路路口（新康路路段）拓宽工程。全年标线更新达53522平方米，清除标线18222平方米，更新停车位721个、摩托车位457个、残疾人车位46个、盲道813平方米、标识标牌516块。全城各路段人行道板修复12000米，路缘石修复556米，整改盲道盲点289米，更换路缘石106米；安装“U”型栏杆和车挡共507个，防撞柱安装共252个，安装麻石球约660个。

【市场管理】 2021年，制定、实施《市场服务中心机构调整改革方案》，将市场服务中心7个股室、中队整合保留为办公室、财务股、市场综合管理股和市场综合执法中队4个股室。改善市场环境，严格规范经营秩序，科学划分市场分区，对杉木桥农贸市场鸡鸭门面进行提质改造，新建鸡鸭定点宰杀门面11空，就地改造2空。聚焦一流城市管理标准，促进市容环境提标提档，重点解决城市环境卫生“脏、乱、差”、市容秩序“违、堵、占”等突出问题。规范市场秩序、优化市场环境。

【文明创建】 2021年，宁乡市城管局以建设更高水准全国文明城市为工作目标，对照全国文明城市测评标准体系，全面发动、全员参与。巩固文明停车示范街创建工作成效，加大违停整治力度，文明停车秩序和市民出行环境持续向好。重点推进背街小巷整治，规范背街小巷经营秩序，对积存垃圾进行全面清理清运，对乱堆乱放、占道经营、违规张贴、违章搭建行为进行强力整治，改善背街小巷人居环境，市民文明意识、环境意识不断增强。宁乡市顺利通过全国文明城市复评验收。

【户外广告】 2021年，共受理招牌备案1612块，规范设置招牌1352块，通过日常巡查现场停工不规范招牌200多块，行政处罚设置不符合《长沙市城市容貌规定》的招牌5块。拆除超高超大破损存在安全隐患的招牌13块。拆除楼顶发光字、破损广告及招牌、橱窗广告430余处，面积17200余平方米，开展公益广告宣传工作48次，公益类宣传标语107条，播放公益宣传视频8条。

【渣土管理】 2021年，对渣土运输企业下达责令限期整改通知书100余份，询问调查通知书60份，整改污染源头150多处；组织企业负责人、安全生产负责人、安全员、车队管理负责人召开安全生产例会15次；年度组织全行业安全生产培训和消防、事故救援4次。查处交通违法车辆133台，停运298台/天；立案查处各类违法行为60起，罚款40余万元；企业检查21次，下达问题交办函29份，共计243个问题；约谈企业5家，停业整顿5家，处罚2家。

【控建拆违】 2021年，坚持“存量逐减，违建零新增”目标，依法依规逐步拆除存量违建，加强巡查监管，严控新增，做到发现一起拆除一起。推进宁乡市“零违建”小区创建及小区顶楼违规“圈占”工作。市城规划区内拆违371户，面积94891.65平方米（新建156户，34184.62平方米，历史违建215户，60707.03平方米）。

2021年8月，执法人员对渣土车辆运输员进行检查

【餐厨垃圾】 2021年，组织打击非法收运餐厨垃圾夜间执法行动100余次，出动执法人员380余人次，暂押非法运输餐厨垃圾车辆78台，立案处罚40起，行政罚款62100元，销毁用于非法收运餐厨垃圾的塑料桶140余个。捣毁油脂非法储存加工窝点6个，收缴非法收集油脂40余吨。全年收运餐厨垃圾2589车，无害化处置21316.13吨。

【燃气管理】 2021年，新建燃气管道25.3千米，改造老旧燃气管道2.4千米。推进餐饮行业燃气报警装置安装工作，开展燃气安全生产大检查，对全市9家燃气企业、310家液化气经营网点每月不定期进行安全检查，排查大型综合体、餐饮、集贸市场等非居民用户8195户，开展宣传教育153次，教育40560多人数；排查安全隐患及问题287处，全面整改到位。督促新奥完成排查中低压管线1038千米，调压设备1066个，阀门井950个，完成排查大型综合体、餐饮、集贸市场等非居民用户622家，排查发现问题隐患92处，完成整改92处；排查梳理管网类隐患，推动小区燃气立管包裹占压类隐患整改，完成隐患整改34处。聘请第三方机构对全市9家燃气企业开展安全评估工作，对检查中发现的安全隐患，要求各单位依据评估要求落实完成隐患整改工作，并对整改情况进行跟踪检查，做到对全市燃气行业重大危险源企业动态监管。对检查中发现的隐患和问题坚决责令整改，确保燃气行业平稳运行，安全生产“零事故”。

【蓝天保卫战】 2021年，市城管局出动执法人员64165人次开展蓝天保卫战工作，综合执法312次，专项执法6575次，执法检查对象82130个，办理案件1598起，共计行政处罚242.52万元。打造春城万象绿色餐饮示范街创建和噪声污染控制示范点，成功办理市城管局首例生态环境损害赔偿案件。

【民声受理】 2021年，市城管局规范办理程序、提高办理时效，提高工作的主动性、服务性和实效性。全年受理“12345”投诉2843件，办结2866件，满意度98.93%，其中涉及到市政设施维护维修类644件，市容市貌类642件，违建类422件，蓝天保卫战类231件，噪声类（建筑施工噪声290件，商业噪声440件），咨询建议类7件，停车管理类190件。

（朱颖珍）

沩东新城

【概况】 2021年，是宁乡市沩东新城管理委员会和湖南宁乡香山国家森林公园管理处、湖南宁乡金洲湖国家湿地公园管理处三家机构优化整合后的第一年。沩东新城管理委员会聚焦市委市政府“一江两岸、东进融城”和“工业强市、幸福宁乡”的战略，突出“规划编制与控制、资源保护与利用、项目管理与服务、产业引导与招商”，探索沩东新城建设发展新路径。

【生态资源保护】 2021年，香山国家森林公园和金洲湖国家湿地公园落实“河（湖）林长制”责任，加强生态资源保护，推动区域生态环境质量持续提升。香山国家森林公园人防、物防、技防“三防”到位，组建一支森林防火应急处突巡护队伍；设立沩东新城片区应急指挥中心，实现区域范围内视频监控全覆盖；做好林业有害生物防控，清除松材线虫疫木和加拿大一枝黄花（菊科一枝黄花属植物，为中国外来入侵物种）。金洲湖国家湿地公园成立河道保洁队伍，推进日常保洁和巡护工作常态化；实施金洲湖湿地生态修复项目；利用“世界湿地日”“爱鸟周”“野生动物保护月”等节点开展科普宣教、湿地保护宣传活动。2021年，金洲湖国家湿地公园获全省“国家湿地公园管理优秀单位”；沩东新城管理委员会获长沙市“公共机构生活垃圾分类示范单位”。

【产业项目】 2021年，沩东新城对接服务长沙幼儿师范高等专科学校项目建设，优化营商环境，保障施工。完成土地划拨、宿舍用地招拍挂，调处村民用水困难、农田干旱、扬尘噪声扰民、移动基站搬迁、燃气管道改迁、工程车辆污损路面等问题。2021年，累计完成固定投资8.5亿元，19栋20万平方米建筑完成主体竣工。加强长沙卫生职院和中南艺校校园安全环境管理、引导督促做好文明创建、疫情防控、社会治安工作，提升

2021年4月19日，总投资12亿元的长沙幼儿师范高等专科学校项目在宁乡市开工建设，图为学校效果图

教学品质，擦亮宁乡教育品牌，中南艺校在长株潭中职学校“湖南科模杯”护理技能竞赛中，获一等奖16项、二等奖4项，三等奖3项。长沙卫生职业学院附属医院建设启动前期工作。采取系列措施协助长沙方特东方神画景区营销，策划年卡活动、节会活动等促销机制，开展研学活动，接纳省内中小学生游客10多万人次，并获长沙市教育局颁发的“长沙市中小学生研学实践创新基地”称号，协助打造“关山-方特-奥特莱斯-通程”精品旅游线路，促进方特夜间经济加速，全年接待游客68.8万人次，实现营业收入9000多万元，缴纳税金480多万元。编制森林公园旅游产业规划，发展生态旅游，咨询“生态保护红线”相关政策。新建5千米森林康养步道，完善标识标牌系统，不断提升游客体验感，全年接待周末休闲度假游、团队活动等游客超过10万人次。

【安全工作】 2021年，开展各类集中教育培训12次，培训人员500多人次。印制发放森林防火“八不准”1万多份，利用“村村响”、车载喇叭，走村串户宣传教育，不间断巡查守护。全年组织专项演练15次，邀请职能部门及专业人士现场指导训练。12月在方特景区召开全省特种设备应急救援演练现场会。聘请专业中介，全年开展安全生产检查8次，开展景区农家乐食品安全检查，汛期地质灾害防治，夏季开展禁泳活动，野外烧烤整治等专项行动。调处香山公园龙凤峡漂流大坝工程款信访、方特项目建设遗留问题等；宁乡市“12345”市民热线工单办结率100%，满意率100%。（彭泽良）

投资促进服务

【概况】 宁乡市投资促进服务中心负责全市政府投资项目、社会投资项目建设的数据统计、形势分析，提供指导、协调、调度等服务；负责国家、湖南省、长沙市在宁重点工程项目的协调服务工作，协助相关行政主管部门落实项目规划、选址、征地拆迁、补偿安置、环境维护等工作。内设办公室、财务科、项目管理科、项目服务科、重点工程服务科5个科室。2021年，市投资促进服务中心全力协调服务项目，全市产业项目建设、省市重点工程建设推进较快、投入较实、后劲较足。2021年全市共调度项目552个，总投资2591.56亿元，其中续建项目177个、新建项目277个、预开工项目12个、预备项目86个。

【重点工程建设】 2021年，宁乡市每月组织调度会议，全力维护施工环境，加快推进渝长厦高铁项目、宁韶高速项目建设和益娄高速遗留问题处理。重点工程渝长厦高铁建设情况：全线路基及边坡完成99%、水沟完成99%、防护栅栏完成98%、架梁完成100%、无砟轨道铺设完成90%，截至11月底，累计完成投资23.7亿元。宁韶高速建设情况：全线路基土石方完成99.1%，桥梁工程完成

88.6%，通涵工程已完成99.7%，截至11月底，累计完成投资16.72亿元。两个项目均超额完成投资任务。

【项目管理】 2021年，市投资促进服务中心推出项目汇总表、续建项目清单、新建项目清单、预开工项目清单、预备项目清单、项目问题清单"一表五单"管理新机制，统筹调度全市所有项目。建立健全全市项目数据报送机制和渠道，按月汇总统计项目开工状态、形象进度、投资进度、存在问题等内容，分门别类建立"湖南省重点项目""湖南省'三高四新'战略项目""长沙市标志性制造业项目"等项目台账，实施倒排工期、挂图推进管理。随时提供项目建设情况供市委、市人民政府决策参考。构建"一般性问题产业项目建设领导小组办公室调度、重要问题分管市领导调度、特殊难题市主要领导调度"的分类分级调度机制。日常由领导小组办公室汇总"三抓两促"工作组、项目业主、载体单位、实地督查等各种渠道反馈的问题，经过筛选，对于一般性问题以交办单的形式交办给各责任单位，随时进行调度；重要问题以报告单形式向分管市领导报告，提请调度，以交办单向相关责任单位进行即时交办，并由分管市领导筛选需提请市长办公会调度的问题；特殊难题提交市长办公会调度。2021年共组织各类调度会、办公会16次，集中交办问题4批次，调度问题22个，解决问题18个。

【"三抓两促"工作】 2021年，宁乡市深入开展"三抓两促"经济服务活动，由市领导和各市直机关单位组成41个工作组，联点帮扶69个重大项目和113家重点工业企业。围绕"签约项目抓落地、在建项目抓进度、竣工项目抓投产、投产项目抓达效、生产企业抓发展"精准服务。解决项目和企业存在的重点难点问题31个。原雅士林地块六度庵片区2户、同兴村片区4户拆迁成功清零；浅墅山项目（原湖南大学国际交流中心）历时10年遗留的4公顷用地摘牌问题得到解决；联系市金融事务中心，协调银行向"三抓两促"联系企业标朗住工贷款1000万元，助力企业装备升级等等。全市各联点帮扶工作组共开展项目帮扶活动485次，共排查项目存在的问题49个，年内解决46个。

征地服务

【概况】 2019年7月起，宁乡市全面运行国有土地上房屋征收与集体土地征收"一体化"工作机制，宁乡市征地服务中心、市自然资源局所属市征地拆迁事务所、市住建局所属市城市房屋征收和补偿事务中心，集中办公，统一管理，统一调度，由市征地服务中心对归集人员进行统一绩效考核，并将所有党员的组织关系转入市征地服务中心机关支部。征拆"一体化"整合工作内容，简化工作程序，理顺工作机制，方便群众办事，提高工作效率，提高宁乡市征拆工作的统一性和全面性，为宁乡市经济建设更好地提供服务。市征地服务中心负责协助行政主管部门拟订征地方案；提出征地补偿安置方案建议；统筹协调征收、征地拆迁补偿安置等事务性工作；协调处理征收、征地拆迁补偿安置争议。2021年，市征地服务中心，助推省市重点工程、产业项目建设和民生实事工程落地，为宁乡市经济社会发展提供保障。

【阳光征拆】 2021年，市征地服务中心运用好征拆"一体化"工作机制，科学统筹调度征拆"一体化"工作人员，推动宁乡市国有土地上房屋征收与集体土地征拆工作，在各部门载体和乡镇（街道）中形成"比学赶超"的良好征拆氛围。中心始终坚持两级审核、三榜公示，严格部门联合认定，在自然资源、住建等职能部门、平台载体和乡镇（街道）的全力支持配合下，依法依规推进阳光征拆，确保渝长厦高铁、宁韶高速、"1121"项目等国家重大项目高效推进，灰汤恒大水世界二期、高铁新城、金宁大道、500千伏电力项目、正大食品产业园等项目快速落地和棚户区改造任务圆满完成。2021年全年宁乡市征拆1011户，腾地262.43公顷，其中集体土地房屋拆迁732户，腾地252.43公顷；国有土地上房屋征收279户，腾地10公顷。对大坝塘水库项目534户、1121工程噪声区720户开展入户调查。

【征地安置】 2021年，市征地服务中心推进社保试点改革工作，按"以支定收、收支平衡"筹资原则和"待遇不降低"新政要求，推动出台《宁乡市被征地农民社会保障资金筹集试点实施细则》；落实省人社厅参保政策，牵头组织被征地农民社保联合会审，核定社保名额2508个，纳入社会保障系统284人，系统解决困扰宁乡市多年的被征地农民参保问题。在充分调研的基础上，拟制两安历史遗留问题处置工作方案，提交市政府审议并通过。全年总征地面积367.33公顷，其中社保区内征地257.33公顷，收缴社保资金45183万元。

【政务公开及风险评估】 2021年，市征地服务中心更新完善农村集体土地征收领域、国有土地上房屋征收与补偿领域基层政务公开目录的编写，规范征拆领域政务信息及时公开，确保群众知情权。落实项目社会稳定风险评估机制，组织项目社会稳定风险评估46个，化解信访积案3件。

【遗留项目处置工作】 2021年，市征地服务中心开展遗留问题大清理行动，完成经开区沩水湾、白马桥金龙路项目等18个遗留项目共40户征拆遗留户清零，维护政府公信力，释放大量可出让地，解决诸多征拆信访积案。

住房保障

【概况】 2021年，宁乡市住房保障服务中心（以下简称市住保中心）承担全市住房保障、物业管理、棚户区改造、老旧小区改造、全市保障性住房的实物配租和配购配建、住房保障对象的资格审定、住房租赁补贴核定与发放等工作以及维修维护、租赁管理、租金收缴、纠纷调处等工作，是隶属于宁乡市住房和城乡建设局正科级公益一类事业单位。2021年，市住保中心获长沙市城市人居环境系统棚户区改造工作突出单位、长沙市城市人居环境系统城镇老旧小区改造工作突出单位，获宁乡市委市政府嘉奖17人次、获三等功2人次。

【安居工程】 2021年，市住保中心聚焦“两房”（公租房、保障性租赁住房、老旧小区改造、棚户区改造）“两改”推进安居工程建设。完成新建公租房环卫公寓260套，公租房建设“当年立项、当年建成”被湖南省住房和城乡建设厅简报通报表扬；龙溪公租房进入扫尾阶段，预计解决500多户城市“双困”人员住房问题；金锂人才公寓、职教城项目有效推进。大力发展保障性租赁住房。注重规划设计、做活“三地一房”（承包地、集体建设用地、宅基地和房屋）资产，累计筹集保障性租赁住房房源9212套。“宁乡市多措并举筹措房源、及早交出满意答卷”经验做法由“湖南住建”在全省推广。推进老旧小区改造。按照“党建引领、片区改造”模式，因地制宜推进旧改，年内开工改造老旧小区52个3164户。“补齐民生短板 提升宜居指数”经验做法分别得到中央党史办、住建部网站推广。稳步实施棚户区改造。抓机遇、凝心聚力、主动作为抓棚改，棚户区改造项目3个、250户、改造面积6万平方米，截至2021年9月底，提早3个月完成目标任务。

【住房保障】 2021年，市住保中心完善保障房后续管理。开展违规整治，开展和谐家园、和美华庭保障房违规对象专项清理，年内腾退或整改到位235套，确保公众资源公平分配。严格保障对象准入审核，年内新增配租对象47户；出台《宁乡市公租房租金管理办法》，对特困对象及伤残军人保障房租金实行梯次减免政策，彰显以人为本；完善配套建设，完成和德家园门楼、和德4期车位和绿化改造、和美华庭停车位改造、林业棚改收回房屋装修等多个民生工程项目及保障性住房智能管控系统建设。启动电梯加装、健身器材更换、新能源充电桩建设、和谐家园雨污改造等配套项目。精准发放住房补贴，年内发放租赁补贴115户（目标任务80户），做到审核精准、发放精确、管理精细，缓解实物房源配租压力。

【物业管理】 2021年，市住保中心健全物管机制。制定物业管理部门、街道考核细则，完善物业企业考核制度。以党建引领为抓手，扎实推进“三个全覆盖”（联合支部、业委会、物业公司），全市共成立联合支部125个，业委会89个，实现“三个全覆盖”小区80个；开展常态化整治，开展小区“六乱”行为治理，每月开展消防通道堵塞整治，推动部门执法进小区，小区违规装修、违规搭建、违规停车等得到有效遏制；联合街道、各相关部门做好了物业小区文明城市迎国检、省检和建设更高水准全国文明城市工作，确保顺利迎检。落实长沙市创新实干“做靓社区”工作，完成既有小区品质提升三年行动，完成10个品质提升试点项目；完成既有住宅电梯增设37台。水木清华一期和东城郦都2个小区获“长沙市精美小区”，中源花园等4个小区获“长沙市党建引领导示范小区”。积极处理物业矛盾纠纷，建立健全市、街道、社区、小区四级矛盾调处组织，建设小区矛盾纠纷调解室30个；设立物业纠纷人民调解委员会，调解纠纷近100起；累计处理物业领域“12345”工单及其他投诉1789宗，满意率较2020年上升。加强维修资金管理。严格资金归集和管理，年度内归集物业维修资金1.9亿元（累计归集21.7亿元），依程序动用832万元。 （谢 兰）

住房公积金

【概况】 2021年，长沙住房公积金管理中心宁乡市管理部（以下简称管理部）在长沙住房公积金管理中心授权下，负责宁乡市行政区域内住房公积金的归集和使用计划；记载职工住房公积金的缴存、提取、贷款等情况，按有关规定和审批权限审核住房公积金的提取和转移；负责住房公积金的催建和催缴；办理住房公积金的对账和查询，提供住房公积金政策咨询。

2021年，管理部梳理填报政务服务事项目录清单和实施清单，按时发布、按要求进行动态调整。主动在服务大厅公开政务服务事项，公示办事流程、办理要件、办结时限。推进“一件事一次办”，梳理“一件事一次办”事项目录清单，编制办事服务指南；配合其他部门推动企业开办与社保登记、公积金开办等流程联办，提升企业开办便利度。推广使用“我的长沙”APP、政务服务旗舰店、全国住房公积金微信小程序等媒介，升级政务服务自助终端，可在线受理离职、退休提取，进行个人信息查询及签章打印。向缴存单位及职工推广“12329”热线、网上业务大厅、微信公众号、全国住房公积金微信小程序、支付宝等线上服务渠道。

2021年，宁乡市新增住房公积金开户单位103家，较2020年增长0.98%；新增开户职工18784人，较2020年增长98.46%；完成归集额87139.38万元，较2020年增长15.56%；截至2021年底，累计归集596668.48万元；归集余额275074.93万元。全年提取住房公积金48048.36万元，占当年归集额的55.14%。截至2021年底，累计提取住房公积金302396.77万元。全年发放个人住房贷款943户、39909.5万元，较2020年分别增长28.8%、35.5%。截至2021年底，累计发放个人住房贷款471734万元，贷款余额276856.47万元。全年发放廉租建设补充资金3200万元，其中宁乡市1700万元，宁乡高新区1500万元。2012至2021年，累计发放廉租建设补充资金25550万元。

【政策宣传】 2021年，管理部多次进校园、广场和社区开展“送政策上门、送服务上门”系列宣传活动。7月1日，联合长沙银行宁乡支行走进翡翠湖国际广场，设立专门的业务咨询台，对群众关心的灵活就业人员如何缴存以及如何申请公积金贷款等业务问题详细解答。7月23日，联合交通银行宁乡支行走进宁乡市中医医院，为医院干部职工送上公积金贷款提取等惠民政策，推广网上业务大厅、微信公众号等线上服务平台。9月10日，联合长沙银行宁乡支行前往长沙市经开中等职业技术学校开展“我为群众办实事，政策宣传进校园”教师节志愿服务活动，就教职工关心的住房公积金贷款、提取业务申请条件、所需材料及办理流程等进行详细解答。11月12日，联合长沙银行宁乡支行走进宁乡市玉潭街道学庵社区城市驿站，围绕住房公积金贷款、提取及灵活就业人员缴存等相关政策及业务办理流程向居民群众和社区工作人员进行详细讲解，并现场示范操作如何线上查询和办理住房公积金业务。

【综合服务】 2021年，管理部坚持周例会制度常态化，把工作例会拓展为学习会、廉政会、交流会，切实加强窗口服务人员队伍作风建设，规范窗口工作行为，提升服务质量。各季度均有工作人员获评为“政务服务之星”，三季度公积金窗口获评为“红旗窗口”。住房公积金贷款新政出台后，3月11日，管理部组织各楼盘信贷专员开展政策培训会，详细解读贷款新政变化，现场解答业务问题。7月，新业务系统上线初期，为避免客户扎堆和长时间等候现象，管理部提前谋划，主动对接缴存客户，在单位专管员、楼盘贷款交流等微信群中传达新的业务政策、网厅操作指南等并耐心答疑解惑，提醒客户错峰办理业务。并将窗口往前延伸，初审业务资料，开展“网上办”“掌上办”业务指导。规范执法程序，提升执法人员水平，提高执法工作的质量和效率。及时处理职工通过“12345”“12329”热线等渠道反映和投诉的有关公积金缴存问题，全年有效投诉为零。制定工作日中午值班表，实行窗口轮流错时作息，提供窗口办事“延时服务”，减少群众办事跑动次数。变被动服务为主动服务，明确政务服务帮代办人员名单，为需要帮助的群众提供引导、免费复印等服务，对到窗口办理业务确有困难的老弱病残孕等特殊情况的群众，开展预约上门服务。

【“跨省通办”业务】 2021年，管理部指定“跨省通办”业务窗口，明确专人负责咨询办理。个人住房公积金缴存贷款等信息查询、出具贷款职工住房公积金缴存使用证明、正常退休提取住房公积金、购房提取住房公积金、住房公积金单位登记开户、提前还清住房公积金贷款、住房公积金单位及个人缴存信息变更、开具住房公积金住房贷款全部还清证明等政务服务事项实现“跨省通办”。

城发投资控股集团

【概况】 宁乡市城发投资控股集团有限公司（以下简称市城发集团）前身是宁乡市城市建设投资集团有限公司，2018年，根据宁乡市委、市政府关于市域平台公司整合的工作部署，宁乡市城市建设投资集团有限公司负责整合市域内26家国有公司（含13家融资平台公司）组建市城发集团，注册资本10亿元。公司主营业务包括城市基础设施项目的投资建设、文化旅游投资开发、水利建设投资开发、房地产开发经营、城市资源运营、矿产开发、股权投资等，按照政企分开原则市场化运营，自主运营、自负盈亏。

截至2021年底，公司总资产802.89亿元，总负债402.36亿元，资产负债率50.11%。公司信用良好，集团本部、城建投公司为AA+评级，文旅投公司、城开投公司为AA评级。

【优化重组】 2021年，市城发集团根据市委、市政府关于国有企业改革的决策部署，制定《内设架构和岗位设置实施方案》《员工薪酬管理办法》由市委、市人民政府审议通过。至2021年底，完成公司本部6部室（党群综合部、纪检监察部、财务融资部、投资和资产管理部、项目建设部、社会事务部），5家二级子公司（宁乡市城市建设投资有限公司、宁乡市文化旅游投资有限公司、宁乡市城镇开发建设投资有限公司、宁乡市水务建设投资开发有限公司、宁乡市产业投资有限公司），11家三级子公司的内设架构，规范公司治理结构、管理体系，做实公司“管人、管事、管资产”。

【市场化用工】 2021年8月，市城发集团完成市场化转型，编内人员64人保留身份回原单位或由上级统一安排，25人转换身份留在公司，11名事业退休人员统一移交市财政局所属的市国资事务中心管理，公开招聘财务融资人员5名。2021年底，公司总人数为301人，其中领导班子8人、中层正职18人、中层副职43人、研究生以上学历7人，本科学历135人，大专及以下学历159人，其中经济管理相关专业74人，工程项目管理专业75人，法律专业12人，其他专业140人。

【债务化解】 2021年，市城发集团实现收入38.61亿元，其中土地出让收入25.78亿元、经营性产业收入10.12亿元，非经营性收入2.71亿元；上缴财政税收5.36亿元。完成公司与21家银行协定存款协议的签订。全年资金到位101.86亿元，还本付息100.04亿元，化解政府隐性债务16.37亿元（含提前偿还隐性债务5.21亿元），偿还非标12.91亿元及关注类债务7.55亿元，压减债务规模28.49亿元。债务融资结构更加优化，抵抗财务风险、经营风险能力增强。

【征地拆迁】 2021年，市城发集团化解仁福大道、灰汤大道、金龙路、玉园养老等多个项目10户遗留问题，完成高铁西站、白马片区、仁福大道、曾家河片区、道林古镇、灰汤恒大水世界、煤炭坝门业园二期、木材市场、沩水生态保护工程等项目征地82.73公顷、拆迁299户，共计投入征拆资金6.74亿元。

【资本运营】 2021年，市城发集团根据项目建设、招商引资和经营性土地出让计划，完成报批取卷145.31公顷（其中经营性用地69.46公顷，项目用地65.68公顷）；完成组卷待完成征拆进窗30公顷；出让11宗共71公顷，共计收入20.54亿元。市城发集团落实市委、市政府“三资”盘活工作要求，对公司存量的资金、资产、资源进行整合、利用，归集水泥二厂、高铁片区奥千美项目、原煤炭坝中学等资产，盘活道林古镇、炭河里遗址公园等项目，2021年共计盘活三资95.22亿元（其中资产盘活79.26亿元，资源盘活3.7亿元，资金盘活12.26亿元）。

【项目建设】 2021年，市城发集团建设各类项目56个，完成工程建设投资16亿元。完成市社会福利中心、环卫公寓、流沙河医院、巷子口医院、曾家河防洪堤、道林古镇景区提质改造等项目建设。推进高铁新城一期项目（综合枢纽一期、胜利东路、春城北路延伸线）、龙江路（仁福大道—福马南路）、仁福大道、常益长铁路下穿段道路工程、妇幼保健院、煤炭坝门业园产业孵化基地等重大项目。

【产业发展】 2021年，市城发集团加强对存量资产资源的梳理盘活，加快推进市场化转型发展，形成以文化旅游、矿权开发、城市经营、涉水产业为主的多元化产业发展业态。抓国家新能源开发战略，加大与中国能建集团等央企的对接；开展耕地开发、矿权开发等经营性业务。2021年，运营的有户外广告、智慧停车、物业管理、长房宁城府等14个产业项目，其中，砂石资源归集实现收入4.8亿元、“道林古镇–千年铁魂·湖南人”项目于9月28日开园迎客、市综合养老服务中心于9月9日签约并交付使用。 （洪 恋）

国有资产经营

【概况】 2021年，宁乡市国资投资控股集团有限公司（以下简称市国资集团）内设“五部一中心”：党建综合部、财务融资部、资产招商部、规划项目部、社会事务部、纪检监察中心。下设五家子公司：宁乡市现代农业投资开发有限公司、宁乡市房地产经营有限公司、宁乡市和诚和信担保有限责任公司、宁乡沩东新城建设开发有限公司、宁乡市交通建设投资有限公司。

2021年，市国资集团结合人员机构编制和发展需要的实际，科学合理设置集团公司本部以及子公司的内设架构和工作岗位，完成所有编内人员双向选择及员工竞聘上岗。根据《中华人民共和国公司法》《中华人民共和国劳动合同法》等法律法规的有关规定，调整完善《宁乡市国资投资控股集团有限公司员工薪酬管理办法》《宁乡市国资投资控股集团有限公司中层管理人员选拔任用和员工管理办法（试行）》。

【经济运行】 2021年，市国资集团完成税收2亿余元，融资到位资金94.8亿元，经营收入23.22亿元，向上争资1亿元；完成规模以上其他营利性服务业营业收入1.03亿元，盘活资产26.5亿元，招商引资项目19个，引进三类500强企业投资项目1个；全年铺排项目47个，计划开工项目24个，其中续建项目11个，新建项目13个，固定资产投资138亿元；完成储备土地44.89公顷，储备土地价值28.5亿元，通过一系列措施做大做强公司资产，全力打赢防范化解债务风险攻坚战。

【招商引资】 2021年，市国资集团接待意向客商50余次，引进招商项目19个，其中乡村振兴项目16个，商贸地产项目3个，投资过亿元项目4个，其中引进1个三类500强企业投资项目——正大集团宁乡市百万头生猪屠宰及食品深加工项目，投资规模8.74亿元。

【民本民生项目】 2021年，市国资集团完成金唐公路二期、滨江大道、采煤沉陷区道路等道路建设项目；东城大道、黄沩公路建设进入扫尾阶段；完成实验三小学校建设项目；完成G319汽车桥沙河桥改造、东沩溪片区一期三批、有机更新暨老旧小区改造项目一期、D级危房协议拆除、现代农业三产融合示范区等项目房屋拆迁177户，投入拆迁资金共42000万元。完成龙溪棚改、曾家河文旅片区、三产融合3个项目征地共37.01公顷，征地投入共3403.4万元。全年签收“12345”热线工单总量190件，按时签收率100%，按时办结率100%，回访满意率98.42%。

【市容改造】 2021年，市国资集团对玉潭街道老城区香山片区进行城市有机更新，完成先期启动的示范处及扩大示范处约30栋房屋建筑和香山巷104号商住楼、香山巷120号商住楼、花鼓戏剧团宿舍整体改造，新建露天影院及戏剧广场基本完工；落实宁乡“奋战一百天 洁净宁乡城”市

2021年1月12日，滨江公园及群英垸综合治理项目全面竣工（摄影：肖婷）

容环境整治行动要求，组织施工队伍对控规区域内的南太湖社区对面、S208 高坝窑段、东城小学与历经铺卫生院之间、东城安置区西面、老城片区拆除区域、文中社区拆除区域等共计约 4 公顷进行整治，累计清运垃圾 19600 立方米；将龙溪路拓宽为两车道并砌筑围墙、安装波形护栏和限高门，利用梅花中学围墙外的闲置地块建成一处 126 个汽车车位 46 个摩托车车位的公共停车场；有效改善老城区面貌，提高人民群众幸福指数，公司获评长沙市“文明单位”称号。

【滨江公园及群英垸综合治理项目】 2021 年 1 月 12 日，滨江公园及群英垸综合治理项目竣工，标志着 319 国道以南的滨江大道全线通车，道路全长 781.26 米，总投资 9400 万元。滨江大道通车便于沙河市场商贸运输，快速接入岳宁大道城市快速路，加速宁乡的融城速度。

【实验三小（原城北中学）改扩建项目】 2021 年 8 月 30 日，宁乡市玉潭街道实验三小完成验收并投入使用。市国资集团投资近 5000 万元对原城北中学振兴校区进行提质改造，项目包括 2 栋教学楼 1 栋综合楼和学生食堂的维修改造室外工程建设，新建架空车库还有田径场和校门改建、道路黑化、校园绿化和教学设备添置等内容。提质改造后的实验三小设施齐全、设备先进，拥有地下停车场、田径场、高配置录播教室、科学教室、书法美术教室、音乐舞蹈教室、图书阅览室等，可容纳 24 个班，1200 名学生学习。

【金唐公路二期项目】 2021 年 9 月 29 日，宁乡市岳宁大道凤凰山互通至南田坪公路项目（即金唐公路二期项目）交工验收完成，2021 年 10 月 1 日，金唐公路二期项目通车。金唐公路二期是宁乡国省干线项目最后一个完工的子项目，投资约 9 亿元，全长 15 千米，途经关山、凤凰山，其通车有利于加强宁乡旅游经济建设、促进宁乡旅游经济的发展，为打造旅游强市提供交通条件，为加快宁乡市城市发展、实现东进融城的战略，提供重要保障。

【宁乡市全域旅游游客服务中心项目】 2021 年 10 月 11 日，宁乡市全域旅游游客服务中心项目竣工，项目总投资 1901.60 万元、建筑面积 1331.86 平方米、占地面积 602.94 平方米，地上共 3 层，其中，一楼为公交车调度室，游客售票服务大厅，游客休息区，特产展示区；二、三楼为办公区域。该项目是 2021 年宁乡市争创国家级全域旅游示范区，完善宁乡市全域旅游基础设施建设、打造文化旅游融合样板区的重要举措。

【宁乡百万头生猪产业链项目】 2021 年 12 月 27 日，宁乡市百万头生猪产业链项目首个种猪场——大成桥青泉种猪场顺利验收移交。青泉种猪场项目投资 7200 万元，占地 11.07 公顷，其顺利投产标志着宁乡花猪生猪全产业链取得阶段性成果。青泉种猪场能为建设一条“从农场到餐桌”全程安全可追溯的猪肉食品产业链，提供猪源 12 万头/年，在青泉种猪场周边流转农田 53.33 公顷，实现规模化养殖粪肥的资源化利用，着力打造种养结合生态循环农业样板。

（胡　敏　王俊莲）

环境保护

【概况】 2021 年，宁乡市印发《宁乡市 2021 年度大气（噪声）、水、土壤污染防治和农村生态环境保护行动计划》《湖南省污染防治攻坚战“夏季攻势”宁乡市任务责任清单》等文件，以环境质量改善为目标，以污染防治攻坚战、环保督察问题整改为重点，以环境安全、群众满意为出发点，坚持科学治污、精准治污、依法治污，攻坚克难，真抓实干，有序推进各项生态环境保护工作。全年优良天数 344 天，年均优良率 94.2%，$PM_{2.5}$浓度均值为 33 微克/米^3，PM_{10}浓度均值为 51 微克/米^3，臭氧日最大 8 小时平均 90 百分位浓度为 127 微克/米^3，空气质量达到国家二级质量标准。全市集中式饮用水水源地水质全年达标率 100%，沩水、靳江考核断面年均水质达到地表水Ⅱ类标准。

表 11　　宁乡市 2021 年环境质量状况主要指标统计表

质量项目 / 质量情况	2020 年	2021 年	备注
空气质量优良率	96.7	94.2	越高越好
空气质量综合指数	3.20	3.32	越低越好
$PM_{2.5}$平均浓度（微克/米^3）	31	33	越低越好
PM_{10}平均浓度（微克/米^3）	49	51	越低越好
O_3日最大 8 小时平均 90 百分位数浓度（微克/米^3）	127	127	越低越好
NO_2平均浓度（微克/米^3）	18	19	越低越好
沩水地表水鳝鱼洲	Ⅱ	Ⅱ	100%优

续表11

质量项目 质量情况	2020 年	2021 年	备注
沩水地表水沩丰坝	Ⅱ	Ⅱ	100%优
沩水地表水双江口	Ⅲ	Ⅱ	100%优
靳江地表水石灵桥	Ⅱ	Ⅱ	100%优
集中式饮用水水源地沩水鳝鱼洲断面	Ⅱ	Ⅱ	100%优

【环境责任体系构建】 2021 年，宁乡市委、市人民政府多次召开市委常委会、政府常务会议、市长办公会、环委会等会议，研究出台《宁乡市生态环境保护工作责任规定》《宁乡市一般生态环境问题（事件）责任追究办法》《宁乡市空气质量实施“点长制”工作方案》《宁乡市持续提升空气质量 坚决打赢蓝天保卫战三年行动计划（2021—2023 年）》等文件，理顺污染防治工作机制和体制，聚焦全市污染防治工作的重点和难点，完善污染防治工作标准和要求，建立工作清单台账，完成年度污染防治攻坚战任务 105 项。

【蓝天保卫战】 2021 年，宁乡市深入推进 VOCs 污染治理（挥发性有机物）、机动车污染治理、扬尘污染治理、面源污染治理、油气污染治理、提升绿色低碳和科技能力水平“五治一提”工作。强力推进“十大”专项整治行动，有效治理工业企业挥发性有机物、渣土扬尘、预拌混凝土搅拌场扬尘等突出环境问题。协调建立省交办、长沙市上报、县督查、部门单位和乡镇（街道）村（社区）巡查执法五级网格化大气污染防治联防联控机制，严防外输污染。抓实特护期大气污染防治，完善空气质量预判预警和会商调度，在不利气象条件下提前预警、及早布防、积极管控，最大限度减少本地污染。完成 23 家重点企业挥发性有机物综合治理，完成生态环境部交办的 69 项臭氧帮扶反馈问题整改，完成 4 家工业炉窑综合治理，推进非道路移动机械摸底调查和编码登记，发放非道路移动机械号码牌 146 份。

【碧水保卫战】 2021 年，宁乡市加强饮用水源保护区巡查监管，完成全市 13 处千人以上集中式饮用水水源保护区规范化建设，设置界牌 67 块、宣传牌 24 块、交通警示牌 26 块、防护网 3670 米。完成巷子口金枫园山溪水、杨柳水库饮用水水源保护区技术划分。加强溯源整治，按照“一口一策”整治方案完成沩水、靳江流域入河排口整治，组织应对和治理金洲坝水域突发蓝藻环境问题。组织实施“美丽河湖”优秀案例申报，沩水河宁乡段获评 2020 年度湖南省“美丽河湖优秀案例”。

2021 年 6 月 5 日，宁乡市第四届环保文化节暨“六五”环境日宣传活动现场

【净土保卫战】 2021 年，宁乡市严格涉及重金属重点行业企业新建、改建、扩建建设项目环境准入。督促纳入土壤污染重点监管的 6 家企业开展自行监测及土壤隐患排查，完成排查发现的 13 个隐患问题整治。开展农村生活污水排查与治理，完成 16 个建制村（社区）农村环境综合整治任务，完成灰汤镇金农村刘家塘黑臭水体治理。开展土壤治理修复，完成灰汤镇农用地土壤污染综合防治示范项目建设。开展危险废物大排查大整治，制定《宁乡市汽修行业危险废物管理工作实施方案》，在全省固体废物管理系统申报危险废物产生单位 519 家，完成湖南特种金属材料有限责任公司宁乡分公司、湖南邦普循环科技有限公司涉铊企业风险管控。对污染地块和涉镉企业开展排查，未发现有涉镉排放企业。

【环保依法行政】 2021 年，宁乡市落实“三级执法、两级巡查”工作制度，市领导带队、市蓝天办协调调度开展督查巡查 160 余次，各相关执法职能部门立案 7144 起，罚款 3628 万元。优化行政许可服务，共指导环评备案 229 个，环评审批项目 150

个，推行行政审批“三集中三到位”和“不见面审批”，最大限度提升审批效率。加快突出环境问题整改，24个2020年省级生态环保督察“回头看”信访件全部办结，70个2021年第二轮中央生态环境保护督察群众信访投诉件69件办结、1件阶段性办结，5个2021年须完成省级生态环保督察“回头看”反馈问题全部销号，1个2021年须完成的第二轮中央生态环境保护督察反馈问题完成整改。

【环保宣传】 2021年，宁乡市通过六五环境日、全国低碳日、生物多样性日等重要节点开展习近平生态文明思想专项宣传，通过刊播宣传信息、发放宣传物品、开展集体活动、组织志愿服务等形式，营造全社会关注生态环境、支持环境环保、呵护自然的环保舆论氛围。 （郑大为）

园区经济

宁乡经济技术开发区

【概况】 2021年，宁乡经济技术开发区（以下简称宁乡经开区）扎实开展党史学习教育，统筹抓好疫情防控和经济发展，实现“十四五”良好开局。园区全年实现技工贸总收入1065亿元、规模工业总产值753亿元、规模工业增加值184亿元，完成固定资产投资280亿元，完成财政收入66.3亿元、税收34.15亿元。在工信部赛迪研究院发布的“2021中国先进制造业百强园区”中排第86位，获评湖南省环保诚信园区，托管的宁乡农科园在科技部考核中获评优秀等次。

党建引领。组建食品产业链党委，新成立党支部12个、发展党员149名。围绕中国共产党成立100周年和党史学习教育主题，组织“百年华诞·红色引领”“万名工人学党史”系列活动，实施“党建聚合力”工程，开展“四联五到位”民情大走访和“党建引领、助力千企”行动，选聘党建指导员68名，长沙格力获评湖南省先进基层党组织。构建亲清政商关系，坚持一月一主题系统开展党纪法规学习教育，开展项目工程建设、政府采购和招投标等领域甲乙双方廉洁从政从业警示教育，推动79家企业党组织设立纪检机构或明确纪检委员，做法经验在《中国纪检监察报》刊载推介。完成总工会换届选举。对口帮扶龙山县红岩溪镇、双江口镇左家山村，助力乡村振兴。

品质招商。开展靶向招商、平台招商，全年签约引进产业链优质项目42个，合同引资230亿元，其中“三类500强”项目引进4个，新注册“三类500强”企业2个，上市企业及行业龙头企业17个，外贸增速和投资10亿元项目引进个数均排名长沙市国家级园区第一。高起点、高标准建设美妆谷，引进11家美妆企业。省药品监督管理局将美妆谷列入“十四五”规划发展重点项目。

项目建设。开展“产业项目竞赛年”活动，全年铺排项目104个，总投资705亿元，其中重点产业项目68个，总投资527亿元，年度实现投资177亿元，其中32个项目开工建设，21个项目竣工投产。格力智能装备产业园、楚天科技智能医疗装备产业园、中伟新能源（中国）总部产业基地获评全省2020年度综合绩效优秀产业项目。创新项目建设模式，10个月时间建成晶弘冰箱28万平方米高标准厂房。优化升级项目服务，8个服务小分队全年为企业代办各类事项1300余件，解决各类问题600余个。

企业发展。中伟新能源获评国家绿色工厂，实现年产值130亿元，进出口11亿美元，成为园区第一家百亿产值工业企业。楚天科技承担全国80%以上的疫苗生产核心装备产能，入选2021全国民营企业研发投入500强、发明专利500强，获评国家智能制造示范工厂、中国疫苗行业协会“表现突出的抗疫集体”和第一届“新湖南贡献奖”先进集体。长沙格力获评2021年度中国质量协会质量技术奖二等奖。邦弗特获评国家专精特新小巨人、国家级绿色设计产品。飞翼股份参与制定国家全尾砂膏体制备与堆存技术规范，湿法冶炼核心装备打破国际垄断。松井股份“国产大飞机电致变色功能涂层材料关键技术”入选省十大技术攻关“揭榜挂帅”项目。4家企业入选湖南省制造业企业100强。新增规模工业企业20家、长沙市智能制造试点示范企业20家。全年研发投入同比增长11.8%，新增授权专利同比增长19%，其中新增授权发明专利同比增长39.2%；完成技术交易合同成交额14.14亿元，同比增长88%。

要素保障。守住不发生金融风险底线，债券发行成本同比下降1.2个百分点，高息非标债务全面清零，确保发展、化债两不误。搭建银企合作桥梁，举办银企对接活动15场次，新引进3家银行分支机构，新增企业贷款20多亿元。全年拆迁274户、征地69.73公顷、腾地178.67公顷，拆违2.8万平方米，报批土地106.2公顷、挂牌出让178.2公顷，实现“地等项目”。电力配网智能化升级，完成18条电力线路提质改造；天宁热电新增3台燃气热力锅炉，克服煤炭价格暴涨影响；滨江供水通道、南太湖送水泵房和输水管道建成通水，日供水量增加5000立方米。

优化环境。升级打造“无收费园区”，为企业节约成本8440万元，指导90多家企业争取各级惠企资金

1亿余元。持续提速审批效能，项目报建缩短为20个工作日，实行水电气汽外线审批一条龙办结制度。为园区企业招聘到位7000多人，用工保障成为园区招商引资的亮点。升级园区路灯系统，完成雨污管网修复130处，整改道路交通安全隐患270处。明德蓝月谷学校建成开学，新增学位2550个；新建人才公寓2891套，完成蓝月谷综合服务中心、永佳停车场建设；引进各类餐饮、商超等业态50多家，园区更加宜业宜居。

深化改革。坚持以实绩论英雄，出台《宁乡经开区识别调整不胜任现岗位干部职工实施办法（试行）》，形成“能者上、平者让、庸者下”的用人导向。深化经建投公司市场化改革，巩固AA+信用评级，开发经营取得突破，新增土地资产84.2公顷、物业资产53.6万平方米，实现经营性收入和向上争资2.81亿元。推进亩均效益改革，实施闲置土地和低效用地处置三年行动计划，对61家低闲企业全面摸底，成立工作专班，推进“一企一策”，加速腾笼换鸟、转型升级，盘活9宗、33.33公顷低效闲置资产。

2021年3月8日，美妆谷项目开工动员活动现场

2021年5月13日，湖南省人民政府与珠海格力电器股份有限公司签署战略合作框架协议，省委副书记、省长毛伟明与珠海格力电器董事长董明珠共同见证签约

【2021年经济工作暨2020年度“产业项目建设年”争先创优活动表彰大会】 2021年1月15日，宁乡经开区召开2021年经济工作暨2020年度“产业项目建设年”争先创优活动表彰大会。总结回顾2020年及“十三五”经济工作，统筹部署2021年工作及“十四五”全局工作。区党工委书记、宁乡市委书记于新凡主持会议并讲话，区党工委副书记、管委会主任张毅作大会报告。宁乡市委副书记、市长付旭明出席讲话，宁乡经开区党工委副书记黄瑶宣读表彰决定。宁乡市委副书记、市委党校校长沈光，宁乡市政协主席刘永红，刘辉、洪健、黄梁、张莹、王子进等市区领导，园区规模以上企业、在建项目和宁乡市相关部门单位、乡镇街道及金融机构主要负责人，园区管委会干部职工参加会议。会议现场颁发产业发展贡献奖、产业链建设奖、金融服务奖、产业服务奖、优秀科技人才奖、优秀工匠奖等八大奖项，共有中电互联等36家单位和曾宪喜等36名先进个人获奖。长沙格力暖通、松井股份等企业负责人进行典型发言。

【美妆谷一期项目开工】 2021年3月8日，宁乡经开区美妆谷一期项目开工。美妆谷项目规划总用地面积345.6公顷，计划总投资45亿元，建设以美妆、妇孕婴童产业为主的美妆产业新地标。一期项目占地29.33公顷，将打造25万平方米美妆产业园。

【3个项目获评湖南省“2020年度综合绩效优秀产业项目”】 2021年3月29日，在湖南省实施“三高四新”战略产业项目建设推进现场观摩会上，20家企业被授予“2020年度综合绩效优秀产业项目”称号，宁乡经开区格力智能装备产业园项目、楚天科技智能医疗装备产业园项目、中伟新能源（中国）总部产业基地3个项目获奖。

【楚天科技获评“表现突出的抗疫集体”】 2021年4月12日，中国疫苗行业协会发布《关于对抗疫工作中表现突出的集体和个人（第一批）予以通报表扬的决定》，授予楚天科技“表现突出的抗疫集体”称号，授予楚天科技董事长兼总裁唐岳“表现突出的抗疫个人”称号。

【湖南省政府与格力电器签署战略合作协议】 2021年5月13日，湖南省人民政府与珠海格力电器股份有限公司签署战略合作框架协议。双方将加强在生产投资、科技创新、人才培养等方面的合作，将格力长沙基地打造成仅次于珠海总部的国内第二大生产基地。省委副书记、省长毛伟明与格力电器董事长、总裁董明珠座谈并共同见证签约。省委常委、常务副省长谢建辉，珠海格力电器股份有限公司总裁助理李刚飞分别代表双方签约，省政府秘书长王群参加。

【宁乡经开区位列中国先进制造业百强园区第86位】 2021年6月16日，工信部赛迪顾问智能装备产业研究中心发布《先进制造业百强园区（2021）》榜单，宁乡经开区再次上榜，在全国国家级经开区和高新区中位列第86位，比2020年前进2位。

【宁乡经开区举行党史知识竞赛决赛】 2021年6月30日，宁乡经开区举行党史知识竞赛决赛暨“两优一先”表彰大会，此次知识竞赛是园区庆祝中国共产党成立100周年系列活动之一，共有6支队伍进入决赛，经建投代表队获特等奖。

【中国电子信息行业联合会人工智能产业促进会成果发布暨中电数科项目竣工投产仪式举行】 2021年7月18日，中国电子信息行业联合会人工智能产业促进会成果发布暨中电数科项目竣工投产仪式在宁乡经开区举行，标志着国内生产规模最大、年产可达20万台智能零售终端的生产线正式运营。会上人工智能制造产业促进会还集中发布六项最新科技成果，将助推中国智能制造产业发展。

【许达哲考察中伟新能源】 2021年7月19日，省委书记、省人大常委会主任许达哲到宁乡经开区考察湖南中伟新能源科技有限公司，勉励企业树牢风险意识、紧盯市场动向，继续依靠科技创新保持细分领域领先地位，不断提升全球市场占有率。省领导张剑飞、吴桂英参加调研。

【宁乡经开区获评湖南省“环保诚信园区”】 2021年8月10日，湖南省生态环境厅发布《关于湖南省2020年度省级及以上产业园区环保信用评价结果的通知》，评定环保诚信园区8家、环保合格园区132家、环保风险园区3家，宁乡经开区获评“环保诚信园区”称号。

2021年9月1日，宁乡经开区明德蓝月谷学校建成开学

【毛伟明调研湖南粮食集团宁乡食品产业园】 2021年8月24日，省委副书记、省长毛伟明调研湖南粮食集团宁乡食品产业园，强调要加快全产业链发展、全产业链富民，增加优质粮油产品供给，做优粮食精深加工，补齐冷链物流短板，培育一批在全国叫得响的粮油知名品牌。省领导吴桂英、隋忠诚，省政府秘书长邓群策参加相关调研。

【明德蓝月谷学校建成开学】 2021年9月1日，宁乡经开区明德蓝月谷学校建成开学，迎接第一批新生。该校为九年一贯制公办学校，共开设54个班，其中小学部30个班、初中部24个班，学生容纳规模为2550名，更多的园区企业员工、本地居民子女能在家门口享受优质的公办学校资源。

【创建“五好”园区动员大会】 2021年9月3日，宁乡经开区召开创建“五好”园区动员大会，将着力提升核心竞争力、产业集聚力、发展支撑力、改革驱动力、投资吸引力，致力将园区打造成为产业投资新高地、区域发展增长极，力争实现“挺进全省前五强、跻身全国五十强”的目标。

【宁乡经开区工会第二次代表大会】 2021年12月24日，宁乡经开区工会举行第二次代表大会，选举产生区总工会第二届委员会，黄瑶当选为宁乡经开区总工会第二届委员会主席，严柏军、彭飞（兼职）当选为副主席。

（黄　亮）

宁乡高新技术产业园区

【概况】 2021年，宁乡高新区实现规模工业总产值680亿元，较2020年增长19.4%；完成规模工业增加值168.9亿元，较2020年增长16.2%；实现全口径税收27.8亿元，较2020年增长48.83%。宁乡高新区获评国家外贸转型升级基地（装备制造），国家新型工业化产业示范基地-电池材料示范基地被工信部评定为五星级；在湖南省科技厅创新发展绩效评价综合排名省级高新区第一名；打造国家先进制造业高地、打造科技创新高地2项工作获得长沙市2021年创新实干推进高质量发展激励；在全省“五好”园区创建综合排名中，位列湖南省园区第10名。

2021年，宁乡高新区按照“围绕发展抓党建、抓好党建促发展”的总体思路，推进“三高四新”战略，助力园区经济社会高质量发展。宁乡高新区先后出台《宁乡高新区“党建引领强化年”实施方案》《宁乡高新区党员积分管理考核实施办法》《宁乡高新区党建经费使用管理办法》《宁乡高新区产业链党委工作规则》文件，对党建相关工作进行规范。从宁乡市离退休老干部中选派85名党建指导员，与园区113名派驻企业联点干部一起，深入园区163家企业开展上门指导服务。成立先进储能材料产业链党委和先进装备制造产业链党委，建成8个非公有制企业党建示范点，非公有制企业党建工作得到加强。举办“五四”青年节主题教育实践活动、“学党史、听党课、跟党走”演讲比赛、六一儿童节党史音乐课活动，网络直播点击量超过30万人次；宁乡高新区与宁乡市文旅广体局联合出品大型红色剧目《永远的叔衡》，先后在湖南省委党校、宁乡高新区等多地进行专场演出，好评如潮，掀起宁乡市党史学习教育热潮；《宁乡高新区打造“红色引擎”助推企业高质量发展》一文在湖南省委《党史学习教育简报》第51期专篇刊发。

【产业链建设】 2021年，宁乡高新区围绕“1+1+2”（即先进智能装备产业、先进储能材料产业、医疗器械产业、国防科工产业）的产业体系扎实推进产业链建设。先进智能装备制造产业以三一、星邦为龙头，2021年实现产值310亿元，较2020年增长7%，成为长沙市打造世界级工程机械产业集群的重要增长极。先进储能材料产业构建了中部第一、国内领先的完整绿色产业链条，2021年实现产值221亿元，增长122%。出台《促进医疗健康产业发展的实施意见（试行）》和《〈促进医疗健康产业发展的实施意见（试行）〉的实施细则》，引进医疗器械高科技企业20余家，医疗器械产业园一期成为湖南省唯一同类项目获批4100万元中央预算内投资。国防科工产业拥有微纳坤宸、航天三丰等龙头“民参军”企业24家。7月19日，湖南省委书记、省人大常委会主任许达哲视察调研微纳坤宸。

【招商引资】 宁乡高新区2021年新引进项目54个，总投资额283.4亿元，主特产业项目占比65.3%。2021年，落地世界500强项目1个——三一“两室”；引进100亿元以上项目1个——邦盛新能源，也是长沙2021年引进的唯一投资过百亿、产值过百亿的制造业项目；引进2亿元以上重大项目19个，在长沙市省级园区排名第一；内外资增速分别为58%和55倍，在长沙市省级园区排名第一；星邦智能投资60亿元建设智能国际智造城，达产后产值将突破百亿元，将成为全国高空作业平台第一。

【项目建设】 2021年，宁乡高新区坚持重点项目领导联点、周一早餐会定期调度制度，全力推动项目建设。2021年，共调度项目90个，新开工项目34个，竣工项目37个，竣工面积80多万平方米，完成投资约91.13亿元。比亚迪动力电池一期四条生产线全面投产，日产刀片电池7万片以上；三一中起六个月实现从启动建设到竣工投产，星邦二期、鹏博新材料投入运营，邦盛新能源项目入选湖南省十大产业项目，比亚迪动力电池、三一中起、三一“两室”、云轮科技入选湖南省“三高四新”引领性产业项目。金洲大道南片区6大项目全面铺开，总用地达到92.6公顷，规划建筑计容面积105万平方米，预计达产后可新增产值245亿元，创造税收7.7亿元。承办长沙和宁乡奋力实施“三高四新”战略奋力推动高质量发展项目开工两大活动，掀起项目建设热潮。

【科技创新】 2021年，宁乡高新区企业研发费用投入22.17亿元，占主营业务收入的3.45%，万人有效发明专利授权18.1件，园区高新企业达145家。新入规企业15家、扩面13家，均居长沙市省级园区第一；中材中锂、族兴新材、航天三丰、天和钻具获评国家级专精特新“小巨人”企业，园区累计达到6家，占宁乡市的四分之三；星邦智能入选工信部2021年度智能制造试点示范工厂；巴斯夫杉杉和长高成套获批工信部绿色工厂；微纳坤宸获评中国专利银奖，与中国工程院院士黄瑞松联手建立院士专家工作站；华翔增量开发出国内首个获得三类医疗器械许可证的多孔型椎体融合器。2021年，16家企业实现产值倍增，35家企业实现税收倍增，实现产值100亿元以上和50亿元以上企业各1家，产值10亿元以上企业7家，税收过亿元的企业4家。

【营商环境优化】 2021年，宁乡高新区开展党员“三联”活动（党员联企业、促发展；联项目、促进度；联贫困户、促脱贫），组织201名干部职工联系394家企业、45个项目，2021年解决企业项目问题395个，解决率达到98%。新建4个停车场，新增机动车停车位1294个。安装道路中心护栏1.5万米，完成交通隐患点整治127处。开展以危险化学品、厂中厂、违章建筑等七大专项整治为重点的“霹雳行动”，共出动检查人员1954人次，检查企业（项目）796家次，责令企业整改重大隐患55个，对80家企业（个人）进行行政处罚共计133.94万元。中央环保督察任务圆满完成。疫苗接种率达到98.6%。组建1亿元的中小微企业风补基金，累计为23家企业投放金额9130万元，为30多家企业提供纯信用担保融资1.5亿元，年利率均低于5.5%。为企业减税降费2.2亿元，向上争资2.5亿元。制定《宁乡高新区企业彩化花化工作方案》，开展美丽厂区评选，完成金洲大道彩化升级，星邦智能等企业美化成为典范。

【华翔增量国内首个金属3D打印多孔型椎体融合器产品获批上市】 2021年2月10日，拥有完全自主知识产权，基于国产金属3D打印技术研发的多孔型椎体融合器产品正式通过国家药品监督管理局（NMPA）审批。该产品由湖南华锐科技集团股份有限公司旗下湖南华翔增量制造股份有限公司和南华大学附属第一医院脊柱外科团队联合研发，历时五年，历经10多次结构设计迭代优化改进，进行大小动物试验共计200多例，在全国5家三级甲等医院多中心临床试验108例，是国内首个利用选区激光熔化技术（DMLS）研发骨科植入假体获得三类医疗器械许可证的产品，填补中国在此领域的空白。金属3D打印多孔型椎体融合器产品，适用于颈椎退行性疾病、颈椎骨折、颈椎畸形和结核以及其他原因的椎体切除术中的椎体替代。

【三一中起项目投产】 2021年2月20日，长沙市举行重大项目集中开工仪式，主会场设在宁乡高新区三一中型起重机械有限公司项目现场。宁乡高新区三一"两室"、中科星城石墨锂电池负极材料生产基地、邦普动力电池循环利用等28个重大项目集中开工，总投资195亿元。当日，三一中型起重机械智能制造工厂竣工投产仪式，第一台130吨全地面起重机下线，标志着三一中起项目投产。三一中起项目总投资33亿元，应用最先进的生产工艺，打造"自动化、智能化、少人化"的智能制造车间，下料、机加、焊接等工序自动化率达70%，人员产出效率提升50%以上。

【宁乡高新区获评国家外贸转型升级基地（装备制造）】 2021年6月21日，商务部公示2021年度国家外贸转型升级基地考核认定名单，宁乡高新区获评国家外贸转型升级基地（装备制造），是湖南省新认定的4家基地中的一家。国家外贸转型升级专业型示范基地，是指在国内某一特定类别产品中，出口规模、出口潜力和技术水平位居全国前列，有较强示范带动作用的产业集聚区。此次获评国家外贸转型升级基地，对宁乡市壮大基地产业集群，促进基地不断培育外贸竞争新优势，发挥基地在稳外贸稳外资、保产业链供应链稳定等方面将产生积极促进作用。

【邦盛项目落户宁乡高新区】 2021年8月30日，宁乡高新区与湖南邦盛实业控股集团有限公司磷酸铁锂项目签约仪式举行。宁乡市委副书记、代市长黄滔，市委常委、宁乡高新区党工委书记郑旗，湖南邦盛实业控股集团有限公司董事长刘国忠、首席顾问黄邵明等见证签约。项目选址在宁乡高新区，总投资120亿元，其中固定资产投资30亿元，建设年产20万吨磷酸铁锂项目，将布局40条生产线。该项目与中南大学全方位深度合作，依托中南大学锂电"黄埔军校"的科研成果，采用国内领先的制备技术、生产性能最好的磷酸铁锂锂电正极材料，产品市场主要面向宁德时代、比亚迪等国内顶尖电池企业。项目建成后，预计年产值100亿元，年纳税额在3亿元以上，解决就业近千人，为湖南省"三高四新"战略实施、推动新能源产业快速发展作出贡献。

【宁乡高新区19个项目集中签约】 2021年10月29日，宁乡高新区举行"深入贯彻'两会'精神、全力建设'五好'园区"重大招商项目集中签约仪式，集中签约项目19个，投资总额100.8亿元，全部投产后可新增年产值251亿元。此次集中签约项目包括总投资60亿元的星邦智能国际智造城项目、总投资8亿元的万鑫精工重型减速机项目等19个项目，涵盖先进装备制造和先进储能材料等领域。这些项目的引进和落地，将推动园区"一主一特"产业补链强链延链，加强"1+1+2"的产业体系布局，为打造湖南世界级工程机械产业集群和国家级先进储能材料产业集群贡献力量。

【星邦智能入选全球自行走式高空作业平台制造商十强和全球工程机械制造商PLUS50强】 2021年11月22日，全球工程机械50强峰会暨中国设备租赁峰会（T50峰会）在上海举行，会上，星邦智能入选《2021全球自行式高空作业平台制造商十强》（位列第8）、《2021全球工程机械制造商PLUS50强排行榜》（位列第13）。

（肖　婧）

湖南宁乡国家农业科技园区

【概况】 2021年，湖南宁乡国家农业科技园区（以下简称农科园）统筹疫情防控和经济社会发展，重点推进宁乡大道以西片区开发建设，彩芝食品、彩运物流、林特科技等项目陆续投产，片区工商税收首次突破1亿元。在科技部对第七批国家农业科技园区的综合评估中获评优秀，实现"十四五"良好开局。12月3日，为进一步加强园区党的基层组织建设，宁乡市委研究决定，成立中国共产党湖南宁乡国家农业科技园区工作委员会和中国共产党宁乡市纪律检查委员会湖南宁乡国家农业科技园区工作委员会，同时，撤销中共湖南宁乡国家农业科技园区管理委员会党组。

农科园开展党史学习教育，聚焦主责主业，围绕"营商环境优化年"落实"我为群众办实事"实践活动。支持片区加工企业与本地乡镇开展原材料需求对接，优氏乳业、优卓乳业、火辣辣食品、俏小楚食品、彭记坊食品等10余家企业分别在煤炭坝镇、双江口镇、喻家坳乡、坝塘镇等地发展种养基地。开展干部职工与企业"一对一"联点帮扶活动，对接银信部门、科研高校等为企业开展融资担保对接、科技成果及知识产权信息上门对接服务，为企业纾困解难。开展"四联五到位"民情大走访，联点槎梓桥村、白玉社区，助力脱贫攻坚与乡村振兴的有效衔接。扛牢乡村振兴政治责任，分别选派一名班子成员、中层骨干对口帮扶龙山县红岩溪镇、双江口镇檀树湾村。

【获评全国优秀园区】 2021年4月，科技部委托国家科技评估中心正式启动第七批国家农业科技园区评估。继6月21日视频答辩会议后，7月16日，国家科技评估中心现场考察工作组一行来宁开展现场考察。实地参观优氏乳业、彭记坊食品、火辣辣食品、优卓乳业等园区代表性骨干企业，并与园区负责人、驻园企业代表、新型农业经营主体代表等召开座谈会进行交流。12月17日，科技部官网公示2021年国家农业科技园区综合评估结果，湖南宁乡国家农业科技园区在此次77家参评园区中获得优秀，是此次湖南唯一一家优秀农业科技园区。

（廖梦馨）

农业·农村发展

农业·农村经济

【概况】 2021年，市农业农村局制定《宁乡市2021年乡村振兴推进年行动方案》，明确按照“五个振兴、十大行动”（产业振兴、人才振兴、文化振兴、生态振兴、组织振兴，现代农业发展提升行动、脱贫成果巩固拓展提升行动、乡村人才培育提升行动、乡风文明建设提升行动、生态环境保护提升行动、人居环境整治提升行动、乡村建设提升行动、治理能效提升行动、公共服务建设提升行动、深化农村改革提升行动）的工作路径推动乡村振兴51项重点工作任务。

2021年，宁乡市获批第三批国家农产品质量安全县创建单位；宁乡国家农业科技园获评国家农业科技优秀园区；宁乡栀子获批国家农产品地理标志产品；农机技术推广站获评全国星级基层农技推广机构称号；农业技术推广中心获评全省农业丰收奖；陈家桥村获评全国乡村治理示范村、贺家湾村获评省级乡村治理示范村；省农业农村厅批准宁乡市为省级现代农业产业园（续建）创建单位；宁乡市获评省农产品质量安全县、省粮食生产先进县；宁乡花猪获评2021年湖南省“一县一特”农产品优秀品牌；10月18日长沙市2021年高标准农田建设项目集中开工仪式、12月7日全省农机安全工作现场会在宁乡市举行，宁乡市作典型经验发言。

【农业产业发展】 2021年，宁乡市粮食种植面积106.5千公顷，比上年增长1.2%，其中稻谷播种面积100.39千公顷，增长1.3%；蔬菜种植面积47.23千公顷，增长3.4%；烟叶种植面积2.55千公顷，增长3.2%。全年粮食总产量72.92万吨，比上年增长3.8%；烟叶0.53万吨，增长3.0%；蔬菜167.33万吨，增长3.4%；出栏肉猪127.93万头，增长32.4%；出笼家禽2778万羽，增长24.1%。

【农业产业体系建设】 2021年，全市农产品加工总产值552亿元，比2020年同期增长8%。省农业农村厅批准宁乡市为省级现代农业产业园（续建）创建单位。创建省级现代农业特色产业园1家，创建长沙市农业产业融合发展示范项目（园）7家，培育省百企项目2家。创建省级示范联合体8家；新增26家市级重点龙头企业，全市国家、省、市农业龙头企业有88家，居长沙市区县（市）第一。新增农民专业合作社92家、家庭农场136家，创建长沙市级示范家庭农场30家、省级示范家庭农场9家，国家级合作社2家。新增认定省五星休闲农庄2家、省四星休闲农庄1家、省三星农庄6家、长沙市五星级休闲农庄1家。

【农业产业品牌】 2021年，宁乡市有“三品一标”（无公害农产品、绿色食品、有机农产品和农产品地理标志）认证产品108个。宁乡五里堆香干注册国家地理标志证明商标。湖南千壶客酒业有限公司成为长沙市首个获批全国生态环保优质农产品包装识别试点单位。举办栀子花节、湖溪龙虾美食节、蓝莓文化旅游节、茶旅文化节等系列节会活动，乡村旅游接待游客849万人次，休闲农业实现营业收入10.55亿元，比2020年增长7%。宁乡市获评“湖南省国家农产品质量安全县”。

【农业产业建设】 2021年，宁乡市高标准建成回龙铺镇、双江口镇两个现代粮食产业园和10个万亩优质稻生产基地，全市粮食高效模式示范面积13333余公顷；时代阳光农业产业园启动一期建设；煤炭坝简爱5000头奶牛养殖、喻家坳200公顷栀子、坝塘133.33公顷蓝莓、流沙河333.33公顷艾叶等社会投资产业项目加速推进。

【农业面源污染治理】 2021年，宁乡市完成9080公顷轻中度污染耕地安全利用和333.33公顷重度污染耕地严格管控任务，受污染耕地安全利用率91%以上。巩固调整种植结构6540公顷。农药、化肥使用量实现负增长。新建秸秆综合利用中心1个，改扩建2个，全市秸秆收集打捆离田处理2333.33公顷。畜禽规模养殖场粪污处理设施装备配套率100%，畜禽粪污综合利用率91%以上。

【农业基础建设】 2021年，宁乡市完成2020年高标准农田5353.33公项的后期建设任务，2021 年 5333.33 公顷高标准农田建设项目 10 月开工。

【规范农村村民建房】 2021 年，宁乡市新批宅基地 3018 宗，制作巡查通报 9 期，工作简报 9 期，下发督办函 60 份，卫片图斑整改 69 宗，5 宗乱占耕地建住宅问题移交纪委，对相关责任人进行追责问责，整改违规建房 67 处，拆除违法占地建房、围墙 260 余处。新建住房审批数量、违法图斑整改比例、长沙市村民建房示范图集采用比例位居长望浏宁四区县之首。

【农产品质量安全】 2021 年，农产品质量完成国检 32 批次，省检 25 批次，（长沙）市检 587 批次，合格率 99%以上，本级定量检测 463 批次，25 个涉农乡镇稻谷重金属检测 2022 批次。

【长江流域“十年禁渔”政策落实】 2021 年，宁乡市实现禁捕水域“四清四无”（四清指清江、清湖、清船、清网；四无指无渔船、无渔民、无网具、无生产），办理刑事案件 41 起，采取刑事强制措施 57 人，行政处罚案件 2 起，行政处罚 2 人，罚款 0.4 万元。共收缴地笼网具 115 套，背包式电鱼机 45 套。全市共有涉渔“三无”船舶 38 艘，28 艘进行销毁处置，10 艘存放于当地政府集中保管，且签订涉渔“三无”船舶不再进入常年禁渔水域非法捕捞承诺书。落实退捕渔民保障政策，拨付禁捕退捕补偿资金、捕捞渔民解困补助资金 69.223 万元；落实退捕渔民养老保险补贴资金 46.2 万元。

【乡村人才队伍建设】 2021 年，宁乡市累计定向培养基层农技特岗人员 21 名，建成农民田间学校示范校 2 所，认定初级新型职业农民 158 人，认定初级乡村工匠 107 人。认定长沙市中级新型职业农民 288 名，高级新型职业农民 360 名。全年培育生产经营型新型农业经营主体带头人 300 人，培训专业生产型和技能服务型人员 200 人。组织学员外出学习观摩 8 批次，参加人员 400 余人次。

【农业保险勘灾理赔】 2021 年，宁乡市农业保险涉及水稻、蔬菜、水果、茶叶、烟叶、柑橘、中草药、畜禽等保险，涵盖全市所有农户。水稻蔬菜等理赔 3100 余万元；烟叶理赔 628 万元；畜禽理赔 7400 余万元。

【农业农村改革】 2021 年，宁乡市完成农村集体资产清产核资、成员身份确认和集体经济组织的登记赋码工作。全市成立村级土地合作社 226 家，耕地流转面积达 3 万余公顷。

【农业综合执法】 2021 年，宁乡市共立案 52 起，其中种子（农药、肥料）案 13 起、农机 5 起、渔政 2 起、动物卫生（兽药）24 起、秸秆禁烧 7 起、移送 1 起。实现全市农资市场监管领域“双随机、一公开”全覆盖、常态化。执法检查 1221 次，出动执法人员 4277 人，检查门店和企业 1428 家，下发责令整改通知书 105 份。

【“平安农机”示范创建】 2021 年，农机立案 5 起，结案 4 起。累计执法 96 次，出动执法人员 392 人次，检查拖拉机 259 台次，查处 73 台。开展 2021 年“平安农机”示范创建，创建省“平安农机”示范乡镇 1 个，示范村 6 个，示范合作社 3 个。年末农机总动力 189.82 万千瓦，比上年增长 2.7%。有联合收割机 5100 台，大中型拖拉机 3034 台，高速插秧机 342 台，分别新购 116 台、115 台、70 台。水稻耕、种、收综合机械化水平达 82.4%，比上年提高 1.5 个百分点。

【农业安全生产】 2021 年，市农业农村局组织企业安全生产检查 2800 家次，排查整改隐患 564 条；办理有关安全生产执法处罚案件 35 件，移送司法机关 5 人，罚款 10.54 万元。

【大棚房问题专项整治行动“回头看”】 2021 年，市农业农村局对 2019 年 3 月前完成整改销号的 19 个大棚房问题项目进行重点“回头看”，逐一核查。累计排查农业项目 1352 个，排查面积 549.75 公顷，巩固“大棚房”问题整治效果。

【窗口服务】 2021 年，市农业农村局行政审批服务窗口共计接待“三农”相关咨询并答复 2627 人次，受理、办结进窗政务服务事项 1230 件。其中全程网办“不见面审批”事项 1151 件，占比 93.6%，接收本部门后置审批监管信息 308 条、及时反馈 308 条，接收率、反馈率 100%。

（贺兴龙）

烟叶生产

【概况】 2021 年，宁乡市烟叶生产指导服务中心内设综合科、生产科、烟基科 3 个科室。宁乡市烟叶生产以“稳规模、提质量、增效益”为目标，推进烟叶产业高质量发展。获评湖南省两烟协调领导小组颁发的“2021 年度湖南省烟叶工作先进单位”。

【烟叶生产】 2021 年，全市种植烟叶 2540 公顷，收购烟叶总量 8.26 万担，烟叶产值 1.24 亿元，烟叶税收 0.27 亿元，与 2020 年烟叶税收基本持平。2021 年，全市共有 12 个种烟乡镇，80 个种烟村，998 户烟农，10 家烟叶专业合作社，79 户 100 亩以上规模的烟叶家庭农场，全市烟叶种植总面积比 2020 年增长 10%。坚持绿色生产，推广“烟稻轮作”模式，注重绿色防控与土壤改良。高标准建立病虫害绿色防控体系，建设绿色防控核心示范区 400 公顷，辐射区总面积 1693.33 公顷，烟蚜茧蜂烟区全覆盖，免费向宁乡大农业推广生物防虫 3333 余公顷。实施市场化育苗与套餐供肥，生物肥料使用占比 80%以上，烟田地膜回收率 97%以上，烟叶产业绿色生产方式为宁乡市科技兴农提供示范。

【烟叶收购】 2021 年，烤烟采用“成包收购”模式，单线日均收购量 441 担，收购速度排名全省第一；晒烟收购改革“甩把收购”旧模式，首次采用“散叶收购”新模式，质量纯度明显提升。

【烟叶产业转型】 2021 年，市烟叶生产指导服务中心发挥烟草科普站科技推广、成果转化、政策宣传、技术培训等综合职能，推进现代烟草农业建设，提升烟农综合素质，开展2021年湖南烟草科技活动周，相关工作获《人民日报》典型报道。加快完善生产组织形式，培育职业烟农、家庭农场等新型种植经营主体，推进烟农互助小组建设，全市成立74个烟农互助小组，推进土地流转、统筹协调劳务用工，促进生产技术落实。加大绿色生产推进力度，打好污染防治攻坚战。高标准建立病虫害绿色防控体系，履行生态保护社会责任，推进产业持续发展。

【烟基工程】 2021年，共投入项目资金1290万元，建设新能源烤房30座，改造烤房688座，配套烟夹180套，维修育苗大棚5.6万平方米，硬化机耕路3.2千米，改造烟叶分级与收购场地3处，创建标准化烟草服务站2个。（喻　婉）

养殖业

【概况】 宁乡市畜牧水产事务中心（以下简称市畜牧中心）为市农业农村局所属正科级公益一类事业单位，下设综合部、畜牧事务部、兽医事务部、渔业事务部、产业发展部（宁乡花猪种质资源保护站）5个内设部室。2021年，宁乡市获评全省第一次水产养殖种质资源普查工作突出县、全省畜牧业统计优秀生产监测县、长沙市动物疫病防控绩效考核优胜单位，宁乡花猪获评2021年湖南省“一县一特”农产品优秀品牌，畜禽遗传资源普查工作有序推进，中心获评湖南省农业种质资源保护单位。

【养殖业生产】 2021年，宁乡市出栏生猪127.93万头，存栏生猪78.97万头，超额完成省定生猪生产任务。出笼家禽2778万羽，存笼家禽1298万羽；出栏牛3.03万头，存栏牛5.59万头；出栏羊10.5万只，存栏羊7.4万只；肉类产量14.11万吨，禽蛋产量1.1万吨，奶类产量0.24万吨。

【宁乡花猪产业】 2021年，新建异地转移保种地1处，保种场1家，与中国工程院印遇龙院士合作成立宁乡花猪种业创新中心，完成部分血缘测定和选育工作。新建万头宁乡花猪标准化养殖基地10家，启动标准化改造项目10个，完成“一县一特”产业建设任务，预计新增产能8万头以上。产业链建设方面。改扩建精深加工基地2家，启动宁乡花猪专用屠宰和加工产业项目建设，新增品牌专卖店8家、商超专柜12个，开展院士代言、系列报道等品牌宣传。2021年6月，全国人大常委会副委员长吉炳轩到宁乡调研双江口宁乡花猪养殖示范场，对宁乡市特色生猪产业给予高度评价。

【养殖生产和质量安全】 2021年，市畜牧中心开展农资打假及兽药饲料专项整治行动，对不规范经营、隐患问题及时下达整改通知。国家、省、市在宁抽样700余份，本级抽检肉蛋奶、兽药、饲料等样品360余份，产品合格率均达到100%。开展安全生产月、安全生产隐患大排查、动物防疫专项督查等行动，杨焕胜副市长带队检查安全生产工作3次，出动监管人员400余人次，发现安全隐患60余个，全部整改到位，全年养殖业未发生重大安全事故。

【动物疫病防治】 2021年，市畜牧中心加强基础防疫，筑牢免疫屏障，组织开展春秋两季集中免疫，禽流感等4项强制免疫疫病免疫密度达到100%，抗体合格率远超省、市要求。严格检疫监管，抓好检疫规范化，全年完成检疫生猪47.6万头、牛羊2.9万头、禽类4060万羽。全年产地检疫、生猪屠宰同步检疫、产品检疫证明使用率均达到100%。开展禽流感、口蹄疫、布病等重大动物疫病的监测工作，确保全市动物疫情零发生。

【畜禽粪污治理】 2021年，市畜牧中心完成畜禽粪污资源化利用整市推进项目审计工作，通过审计验收和绩效评价。组织申报农业废弃物资源化利用社会化服务站项目。重点开展粪污资源化利用调查，现场摸底各类养殖场741家。解决养殖污染突出问题，全年办结中央环保督察交办件4个，整改举措均落实到位，处理养殖污染类投诉32件，处理率达到100%，满意率96.87%。全年实现畜禽规模养殖场粪污处理设施装备配套率达到100%，畜禽粪污综合利用率达到91%以上。

【水产渔业】 引进湖北鲟鱼养殖企业，在黄材镇建设鲟鱼产业园，年产近千吨，产值1亿元以上。推动鲈鱼、鳜鱼等名贵鱼产业建设，实现年产量1000吨。推广稻鱼综合种养项目，覆盖全市25个乡镇，养殖面积2666.67公顷，亩均可增收1000元以上。

林　业

【概况】 2021年，宁乡市林业局机关内设办公室（计划财务科）、资源林政科、行政审批服务科、造林绿化科、野生动植物保护科、林政执法科、森林防火科、林长制事务科8个科室；下辖林业技术推广中心1个二级机构。2021年，宁乡市林地保有量12.87万公顷，森林覆盖率48.79%，林木蓄积量653.32万立方米，林业年产值101亿元。2021年，建立“两长三员三化”（两长：林长、百姓林长；三员：护林员、监管员、执法人员；三化：机制制度集成化、资源管护网格化、监测监管智慧化）工作体系，推行林长制工作，在全省第一个落实森林资源“网格化”管理，森林防火工作获全省先进。

【造林绿化】 2021年，宁乡市完成封山育林、人工造林、退化林修复、森林抚育等共2466.67公顷营造林工作任务；开展国土绿化试点示范工作，2021—2022年全市拟完成营造林和油茶营造2800公顷，争取中央财政资金4500万元；推进义务植树活动，组织引导全市94.5万人次参加植树活动，植树数量超350万株，新增绿化面积400公顷；实施“政府送树，群众栽树”，在市域内送栽苗木12.9万株；推进灰汤采洗石场、青山桥矿场等矿山复绿，复绿面积413.3公顷；督促指导喻家坳南岭村、煤炭坝镇煤炭坝社区、双江口镇白玉村创建长沙市美丽宜居村庄。

【资源保护】 2021年，宁乡市强化林业生态资源保护，落实森林防火网格化管理，开发宁乡市护林员巡护管理系统，成立森林防火督查队，统筹资金320万元对已建的238千米生物防火林带抚育补植；重新编制《宁乡市生物防火林带建设规划（2021—2035年）》，启动《宁乡市林地保护利用规划（2021—2035年）》的编制。全年发放防火宣传资料120多万份，发送手机提醒信息450余万条，免费发放祭祀菊花80多万朵，森林防火期组织成立临时应急队伍1828人，制止野外用火120多起，排查重点人员601人次，劝返入山人员2600余人次，全年发现并排除森林火灾隐患592处。

【野生动植物资源保护】 2021年，宁乡市编制宁乡市松材线虫病“十四五”攻坚行动方案；组织开展松材线虫病春秋季普查，对松木制品按要求进行检疫；清除濒危、衰弱、枯死松木27299株，为名松古树预防性注射“吡虫啉”1.8万支，飞机防治松褐天牛2666.7公顷，对疫点周围5871家农户房前屋后松柴松木进行清理，收缴并销毁松材125吨。开展古树名木后备资源普查，挂牌保护古树300多株，抢救复壮濒危古树37株。

表12 宁乡市古树群数据库

古树群编号	分布位置	主要树种	面积（公顷）	古树株数	林分平均高度（米）	林分平均胸径（厘米）	目的保护树种		
							树种名称	科	属
43012401	道林镇道林社区镇政府内	樟、樟叶槭、乌桕、苦槠、飞蛾槭、小叶栎、石栎、青冈栎、贵州石楠、枫香树	1	42	19.6	58	樟	樟科	樟属
43012402	道林镇善山岭村善山岭小学内	樟	0.2	10	19.6	54	樟	樟科	樟属
43012403	花明楼镇花明楼村宁乡四中	樟、苦槠、乌桕、小叶栎、臭辣树、飞蛾槭、木犀、刺楸、柏木、锥栗、槲栎、枫香树、朴树、罗汉松、花榈木、青冈栎	3	70	14.7	51	苦槠	壳斗科	锥属
43012404	花明楼镇靳江村大夫塘	樟、南酸枣、朴树、枫香树、樟叶槭、苦槠	9.5	59	21.8	71	樟	樟科	樟属
43012405	花明楼镇杨林桥村杨林敬老院	樟、朴树、樟叶槭、翅荚香槐	0.7	8	19.4	60	樟	樟科	樟属
43012406	东湖塘镇陶家湾村原职业高中内	樟、银杏、皂荚树、枫香树、榉树、樟叶槭、南酸枣	1	11	21	82	樟	樟科	樟属
43012407	夏铎铺镇夏铎铺社区十八组苦竹塘	枫香树、刺楸、三角槭、臭椿	2	9	18.9	62	枫香树	金缕梅科	枫香树属

续表12

古树群编号	分布位置	主要树种	面积（公顷）	古树株数	林分平均高度（米）	林分平均胸径（厘米）	目的保护树种		
							树种名称	科	属
43012408	夏铎铺镇长龙新社区11组桂花屋场	枫香树、南酸枣、三角槭、樟叶槭	0.3	5	17.4	68	枫香树	金缕梅科	枫香树属
43012409	夏铎铺镇凤桥社区龙凤山学校	樟、南酸枣	1	8	18.9	92	樟	樟科	樟属
43012410	灰汤镇牛角村三组牛角湾屋后	枫香树、贵州石楠	0.3	9	26.1	74	枫香树	金缕梅科	枫香树属
43012411	灰汤镇将军村情田组	枫香树	0.1	5	20	77	枫香树	金缕梅科	枫香树属
43012412	巷子口镇狮冲村六公家组卢家湾	樟	0.14	6	20	71	樟	樟科	樟属
43012413	巷子口镇九折仑深坝坑	马尾松	4.2	144	20.4	55	马尾松	松科	松属
43012414	黄材镇崔平村陈家组	小叶栎、石楠、苦槠、枫香树、黄檀、桢楠	0.2	9	22	52	枫香树	金缕梅科	枫香树属
43012415	黄材镇月山村	榧树		92	16.4	78.34	榧树	红豆杉科	榧树属
43012416	青山桥镇上流村瓜瓢山	枫香树、女贞、黑弹朴	0.2	7	18.5	70	枫香树	金缕梅科	枫香树属
43012417	资福镇华宝村逢源古井	重阳木	0.02	6	16	64	重阳木	大戟科	秋枫属
43012418	沩山乡沩水源村月形山组	细叶青冈、紫薇	0.2	5	15	63	细叶青冈	壳斗科	青冈属
43012419	沩山乡沩水源村高家坟山	蓝果树、檫木、杉木	1	9	22	55	蓝果树	珙桐科	蓝果树属
43012420	沩山乡祖塔村熊屋冲	细叶青冈、黄檀	0.1	9	24	50	细叶青冈	壳斗科	青冈属
43012421	沩山乡祖塔村丰子组	石栎、马尾松、茅栗	0.3	14	15	36	石栎	壳斗科	柯属

表 13　**宁乡市市域内国家重点保护野生动物名录**

目	科	属	种	保护级别	分布
无尾目	叉舌蛙科	虎纹蛙属	虎纹蛙	Ⅱ	湿地、库塘
鸮形目	草鸮科	草鸮属	草鸮	Ⅱ	森林
	鸱鸮科	角鸮属	领角鸮	Ⅱ	森林
		耳鸮属	短耳鸮	Ⅱ	森林
		鸺鹠属	斑头鸺鹠	Ⅱ	森林
隼形目	鹰科	鹰属	日本松雀鹰	Ⅱ	森林
			雀鹰	Ⅱ	森林
			赤腹鹰	Ⅱ	森林
		鸢属	黑耳鸢	Ⅱ	森林
	隼科	隼属	红隼	Ⅱ	森林
雀形目	画眉科	隼属	画眉	Ⅱ	森林
	噪鹛科	相思鸟属	红嘴相思鸟	Ⅱ	森林
鹃形目	杜鹃科	鸦鹃属	小鸦鹃	Ⅱ	森林
鸻形目	丘鹬科	杓鹬属	白腰杓鹬	Ⅱ	湿地、库塘
鹤形目	鹤科	鹤属	灰鹤	Ⅱ	湿地、库塘
鸡形目	雉科	鹇属	白鹇	Ⅱ	森林
鹰形目	鹰科	鵟属	普通鵟	Ⅱ	森林
雁形目	鸭科	雁属	白额雁	Ⅱ	湿地、库塘
鹈形目	鹮科	琵鹭属	白琵鹭	Ⅱ	湿地、库塘

【林业执法】 2021 年，宁乡市加强日常巡查和监管，强化查处涉林案件，办结各类林业行政案件 151 起，处罚款 200 余万元，移送森林公安刑事案件 13 起。完成国家林草局下达宁乡市森林督查 104 个违法图斑整改工作。全年上缴市财政非税收入账户植被恢复费 6579.6 万元。

【林业服务】 2021 年，办结长期用地、临时用地和为林业生产服务用地 92 宗，其中，长期用地 67 宗，临时用地 24 宗，森林经营单位为林业生产服务 1 宗，使用林地 305.12 公顷，占全省征占用林地 3%的使用总额。

【林业产业】 2021 年，完成油茶低产林改造 667 公顷，新造油茶林 200 公顷，完成省、市级茶油生产加工小作坊升级改造项目 8 个。全年向上争取资金 7511.2 万元，林业总产值 1010.48 万元。

【林业科技】 2021 年，全年实施林业科技推广项目 13 个，其中国家项目 1 个，省市县项目 12 个，建造示范基地面积 400 公顷，举办各类林业技术培训 16 期，培训 4800 余人次；组织送科技下乡 216 次，对接林农 3560 户，一线指导 8000 余人，发放各类技术资料、科普读本 1.8 万余份（张、册）。实施中央财政项目《亚热带地区映山红种质资源收集及优良变异繁育技术示范》，在金洲镇关山村打造一个 13.33 公顷的新优映山红培育示范基地。

【林长制体系】 2021 年，林长制工作建立“两长三员三化”的工作体系，为全省第一个真正落实森林资源“网格化”管理，同时建立社会公众参与的“百姓林长”机制的县（市区），林业治理体系和治理能力现代化开创全省样板，省林业局《林业与生态》2021 年第 9 期以《百姓林长 卫林护绿显身手》为题专题报道推广宁乡“百姓林长”作用的发挥。

【非煤矿山使用林地采矿审批】 2021 年，市人民政府出台《宁乡市 2021—2023 年度采石（砂）取土场使用林地计划》和《宁乡市采石（砂）取土场使用林地发展规划（2021—2030 年）》，为非煤矿山依法依规使用林地创优条件。（肖　琳）

水　利

【概况】 2021 年，宁乡市水利局机关内设办公室、党建办、机关纪委、人事科、计划财务科、水旱灾害防御科、水利规划建设科、运行管理与监督科、水政水资源科、行政审批服务科 10 科室。下设市水利技术服务中心（正科级）、市河长制工作事务中心（副科级）、韶山灌区宁乡市花明楼管理所（副科级）、田坪水库管理所（副科级）、洞庭水库管理所（副科级）、市水利事务中心、水政监察大队、水利水电工程质量监督站、市水利水电建设服务中心9家二级机构。2021年，宁乡市防灾减灾能力有效提升，沩水宁乡段入围2021年国家美丽河湖优秀案例，小微水体示范片区、美丽幸福河流创建助力打造全国乡村治理示范样板村，城市节水经验获全省推介，东湖塘风电水土保持项目获评2021年度国家水土保持生产建设项目示范工程，河（湖）长制工作被长沙市河长办推荐为河（湖）长制工作省政府真抓实干督查激励表彰候选对象。来信来访、民情民意调查满意率大幅提升。办理“12345”政务热线186件，工单满意率达99.5%；依法办理人大代表建议、政协委员提案18件，办复率、满意率均为100%，连续5年获评市建议提案办理工作先进单位。

【机构改革】 2021年，市水利局根据市委和市编委的统一安排部署，开展机构改革，调整优化后的内设机构为8个（不含党建办和机关纪委）、所属事业单位为9个，减少内设机构1个（水利技术服务科），撤销局属事业单位湖南省宁乡市水利水电建设总公司、宁乡市滩山铺水闸管理所、宁乡市水旱灾害防御事务中心、宁乡市水利水电勘察设计院、宁乡市城市防洪机电排灌水闸管理站、宁乡市河道堤防管理站6个二级单位，优化整合职能职责，增加核定全额编制，考录部分全额人员，规范理顺机制体制。

【水利建设】 2021年，宁乡市防洪闭合圈基本建成。防洪排涝工程项目建设加速推进，城市防洪保护圈基本建成，幸福渠排涝泵站及防洪闸等城市防洪排涝工程如期竣工，宁乡“上蓄、中滞、下泄”总体防洪布局基本达成，主城区防洪能力达到50年一遇，全市防灾减灾能力有效提升。水利基础设施建设不断完善。推进黄材、韶山（花明楼管理片区）、洞庭桥灌区续建配套与节水改造项目建设，完成洞庭湖区重点地区排涝能力建设工程等重点工程项目8处。完成山塘整修加固183口、新建骨干山塘12口、水闸护砌加固26座、沟渠防渗26.62千米，大中型灌区渠道清淤、疏浚及维修维护100千米，机埠改造8座、小型水库除险加固5座，完成大中型及重点小型水利工程管理与保护范围划界工作和56处河湖管理范围划定工作。

【防汛抗旱】 2021年，市水利局坚守防汛职责，采取有力措施，提升整体防汛抗旱能力和应急处置能力。全年共应对15轮强降雨，共组织召开防汛会商会52次、调度会21次。全市启动防汛Ⅳ级应急响应3次，黄材、沩山、横市三个乡镇启动防汛Ⅲ级应急响应1次。通过科学调度、及时部署，全市未出现人员伤亡，未出现大的灾险情和城区内涝现象，全市整体防汛度汛能力和应急处置能力持续提升，年度防汛抗旱工作目标任务顺利完成。

【河湖长制工作】 2021年，市水利局压实河湖长制工作，推进“一江一湖六河”综合治理、河湖“清四乱”（“四乱”：“乱占”“乱采”“乱堆”“乱建”）、暗访督查和示范创建等工作，完成河湖“清四乱”117处，建成长沙市级美丽幸福河流3条和长沙市级小微水体管护示范片区5处，拆除非法砂（分筛）场4处；完成“一江一湖六河”综合治理各项目标任务，全市河湖水域水质持续改善，河湖水质稳步向好，河湖所有国省控、市控考核断面平均水质优良率达到100%，沩水宁乡段入围2021年国家美丽河湖优秀案例。

【水土保持】 2021年，市水利局促进水土保持方案审批和监管效能，形成生产建设项目“标准化”管理模式，完善业务管理方式，对生产建设项目实现标准化管理，开展水土保持履职情况检查，完成宁乡市2011—2021年已批生产建设项目全国水土保持信息管理系统录入工作，完成水利部遥感监管和长沙市天地一体化数据上传、对接和现场核查、认定、查处、整改等工作，完成水土保持补偿费追缴入库737.9万元。

【农村饮水安全】 2021年，宁乡市农村饮水安全工程持续巩固提升，实现农村通自来水人口53.22万人，完成单村供水工程提质改造10处、维修养护农村饮水工程77处。

【库区移民】 2021年，下达移民后期扶持项目资金近2235万元，突出抓好整村推进、避险解困、项目扶持等重点工作，促进产业发展和移民就业，加快推进移民脱贫致富步伐，推进库区移民安全稳定。

【水政执法】 2021年，市水利局依法审查合同、文件123份，出具审查意见63份，依法办理河道内非法采砂、水土保持监督、水利工程招投标案、非法取用水等案件8件。出动执法巡查人员1402人次，开展综合执法和专项执法行动102次，立案8起，罚款12.15万元，查获采砂设备6台，联合部门单位拆除洗砂点1处，封堵下河路口69条，拆除砂场1家、分筛场3处，下达责停、责改文书90份。

【水资源调度】 2021年，非法采砂整治实现长效管护、水资源保护持续深化，河湖水域水质稳步向好。严格水资源论证和取水许可管理，建立健全全市取水许可管理信息登记台账，切实做到以水定需、量水而行、因水制宜，完成宁乡市8个千吨万人农村集中式饮用水水源地、18个千人以上农村集中式饮用水水源地名录核准和公示工作，完成全市4家工业、7家服务业、8家千吨万人农饮工程、正农水厂、南太湖水厂及黄材灌区水库、田坪等7个中型灌区在线监测计量设施建设工作，圆满完成县域节水型社会达标建设考核验收和验收，全年征收水资源费650余万元。

（万阳波）

黄材水库灌区管理

【概况】 长沙市黄材水库灌区管理局为副县级公益一类事业单位，局机关设办公室、人事科、财务审计科、工程管理建设科四个科室，下设大坝管理所、横双灌区管理所、煤炭坝灌区管理所、沙河灌区管理所、水利经济中心5个二级法人单位。2021年末，全局系统总人数586人。

2021年，黄水局创新开展党建工作，召开中国共产党成立100周年庆祝活动，举行“唱红色经典、颂爱国情怀”唱红歌比赛。加强党史学习教育，规划建设黄材水库灌区陈列馆。开展提升“理解力、执行力、创新力”主题活动，推进“我是能人我示范”活动。抓实防汛抗旱，防范水旱灾害风险，抓好水库安全运行，落实水库汛限水位要求；强化汛期值守，注重事先防范，在确保防汛安全的情况下科学蓄水，根据具体实际制定轮灌方案，确保灌溉用水。抓住发展机遇，争取黄材灌区“十四五”续建配套与现代化改造项目纳入国家发改委、水利部首批投入范围，完成“十四五”续建配套与现代化改造2021年项目建设。加强水环境保护。常态开展水质检测和库区漂浮垃圾打捞；生态放流鱼苗15.7万斤，采取有效措施解决蓝绿藻骤发问题；加强用水调度，保证沩水的生态流量和城区四溪一渠的生态供水。夯实乡村振兴水利基础，提升农村水利支撑保障能力，完成78.5千米总干渠及100余千米分干渠（煤衡、北干、峡山干渠）的清淤扫障。

【“十四五”续建配套与现代化改造项目】 2021年8月5日，省发改委下达《黄材灌区“十四五”续建配套与现代化改造项目可行性研究报告的批复》，“十四五”期间，黄材灌区估算总投资24143万元。2021年该项目投入4285万元，主要对总干渠和峡山干渠的渠系建筑物、边坡、管理道路、排水沟、灌溉涵、围挡进行加固重建。

【黄材水库灌区陈列馆启动实施】 2021年，黄水局推动水利工程与文化深度融合，探索水管单位精神文明建设、文化建设和思想政治工作融合发展的路径，投资150万元建设黄材水库灌区陈列馆，项目于2021年6月动工，2021年12月完工。

【黄材水库蓝绿藻治理】 2021年4月中旬，黄材水库水域突现大量蓝绿藻，且呈发展态势。主要是水库上游补给水源有限，库容量偏小，上游汇入含大量有机物水源，其水质中总磷、总氮、叶绿素等指标偏高，导致蓝绿藻产生。蓝绿藻出现后，黄水局先后采用投放环保生物制剂、蓝藻破壁船物理破壁、曝气增氧、分区拦网（治理）、人工打捞、投放白鲢等方式治理，至5月中旬，蓝绿藻得到彻底遏制。

【黄材水库新增发电机组】 2021年，为保障沩水流域断面流量，综合利用水资源，黄水局在发电站原厂房周边新建一台630千瓦时生态发电机组，新增变压器一台、10千伏出线一条，采用全开放分层分布式系统结构。项目投资估算197万元，于2021年10月开工，计划在2022年4月完工。

（姜磊人）

农村集体经济发展

【概况】 宁乡市农村集体经济发展中心为宁乡市农业农村局所属公益一类事业单位，正科级。下设综合部、财务部、党群工作部、村级经济发展事务部、农村体制改革事务部、农村合作经济组织发展部、农业机械事务部7个职能科室。主要职能是负责农村集体经济发展事务性工作，负责农村集体经济组织资产、资金、资源管理，以及财务审计等事务性工作；负责农业机械化管理的事务性工作，承担市农业机械化技术推广、农机科技成果转化、农业机械化服务等工作，指导农机维修行业技术标准规范实施，承担农机驾驶与维修人员，农业机械化技术人员培训，负责农机购置补贴的事务性工作；负责农村集体经济发展和农业机械化信息服务、宣传教育工作，负责农村集体经济发展和农业机械行业安全生产、信访、综治维稳等工作；负责市委巩固拓展脱贫攻坚成果同乡村振兴有效衔接产业发展工作。

2021年，市农村集体经济发展中心强化党建引领，紧扣乡村振兴战略总体要求，致力提升宁乡市农业机械化水平，发展壮大新型村级集体经济，和产业衔接项目发展。2021年，宁乡市农村集体经济发展中心获评“宁乡市文明单位”、中共宁乡市农村集体经济发展中心总支部获评“先进基层党组织”、宁乡市农机技术推广站获评“全国星级基层农技推广机构”。

【集体经济发展】 2021年，宁乡市240个涉农村（社区）村集体经济收入均达到20万元以上（其中经营性收入5万元以上），集体经济总收入10855.56万元，其中经营性收入6098.44万元，占比56.18%。形成一批以大成桥镇鹊山村为代表的土地合作型，以喻家坳乡湖溪塘村以党建引领为代表的资源开发型，以花明楼镇花明楼村为代表的物业经营型，以菁华铺乡陈家桥村为代表的文旅融合型，以资福镇红旗村为代表的乡村服务型的典型发展模式和案例。为全市各村（社区）集体经济的发展和探索积累宝贵的经验，提供推广和复制的平台，起到引领和示范的作用。

【农机化作业水平】 2021年，市农村集体经济发展中心广泛宣传、举办培训班、举办现场演示会，依托国家农机购置补贴政策，大力推广优质、高效、环保新型农机具。截至12月底，宁乡市农机总动力189.81万千瓦，水稻生产耕种收综合机械化水平达82.4%。组织机插育秧培训班2期，共培训320多人。举行新机具演示评价及推广演示会4场次。机抛机插作业面积3853.33公顷，提升水稻生产全程机械化水平。组织实施农机化发展项目，“全省水稻机插机抛秧作业补贴试点项目”补贴作业面积3333.33公顷，共200万元；“全省石灰撒施作业补贴试点项目”共补贴作业面积3333.33公顷共200万元，石灰购买补贴300万元；“水稻工厂化育秧中心建设项目”13个，扶持390万元；新建秸秆综合利用中心项目1个，改扩建2个，全市秸秆收集打捆离田处理2333.33公顷；完成长沙市农机装备购置补助项目，共补贴符合条件的大型机具395台，获得补贴资金 893.1 万元；创建省级现代农机合作社 2 家，省级综合农事服务中心 1 家；建设智慧农机监管平台 1 座，推广农用北斗面积监控器 932 台，监控作业面积 7.33 万公顷。推广新型适用农机具及辅助设备，全年共发放农机购置补贴 700 多万元，共补贴农机具 420 台套。其中推广耕地保护机械三角履带正反转向拖拉机 52 台，高速插秧机、抛秧机 152 台，植保飞机 24 台。宁乡市农机技术推广站获评“全国星级基层农技推广机构”。

2021 年 4 月，宁乡市举办机抛秧现场演示暨春季新机具推广活动。图为活动现场

2021 年 9 月 28 日，宁乡市 2021 年“十行状元、百优工匠”技能竞赛活动——乡村工匠·农机操作技能竞赛开幕式现场

【产业衔接项目工作】 制定《宁乡市 2021 年巩固拓展脱贫攻坚成果同乡村振兴有效衔接产业发展实施规划》《宁乡市 2021 年巩固拓展脱贫攻坚成果同乡村振兴有效衔接产业发展实施细则》，科学铺排特色优势产业项目并组织实施。2021 年，宁乡市巩固拓展脱贫攻坚成果同乡村振兴有效衔接产业发展资金 5400 万元（其中中央资金 1889.4 万元，省级资金 1998 万元，长沙市级 520 万元，本级配套资金 992.6 万元），按照时间节点安排优势产业 168 个，产业资金 4663.04 万元，发展水稻种植 1344 公顷，蔬菜种植 1465.33 公顷，其他种植业 1312.67 公顷，养殖业 86541 头（只），带动脱贫户、监测户 18000 多人增收致富；自主发展产业项目 12 个、产业资金 16.96 万元，发展省级重点项目 7 个，产业资金 720 万元。项目实施后，将带动全市 23000 人就业务工，通过回收产品、提供技术指导等，带动农户增收致富，带动一、二、三产业融合发展，带动监测户发展产业防止返贫增收。村级集体经济入股分红 327.296 万元，为持续性发展产业和村级集体经济注入新鲜血液。

【安全生产工作】 2021 年，市农村集体经济发展中心开展拖拉机安全顽瘴痼疾专项整治行动，针对全市变型拖拉机使用年限等情况，建立报废拆解台账，责成机主及时办理注销及报废拆解手续。积极争取政府财政支持，出台变型拖拉机报废补贴政策，建设农业机械拆解报废中心 1 个，2021 年享受提前报废变型拖拉机补贴 6 台、正常报废补贴 2 台。至 2021 年年底全市有变型拖拉机 427 台。加强行业管理，对全市农机生产企业、农机经销商、农机合作社、中心所属实体等单位开展安全生产大检查，共计排查隐患 190 余个，整改率 100%。加强警示教育，举办农机驾驶安全生产培训班，发放“致全市驾驶员公开信”和“农机安全宣传手册”各 6000 余份，通过短信平台发放安全生产提示 3 万多条。加强源头治理，严格考试关和注册登记关，抓农机培训质量，全年办理机车业务 4278 台次，举办驾驶培训班 4 期，新增驾驶人 216 人；坚持“送检下乡”，共检验农业机械 3078 台（套），全年未发生较大及以上农机安全生产事故。2021 年 12 月 7 日，全省农机安全生产暨农机安责险事故预防工作会议在宁乡市召开，市农村集体经济发展中心以“全力推进农机安责险，为农机安全生产提供有力保障”为题作典型经验交流。

【“十行状元、百优工匠”农机操作技能竞赛】 为弘扬劳模精神、劳动精神和工匠精神，提高宁乡市广大农机手的操作技能、安全意识，展示宁乡农机手的精湛技艺，2021 年 9 月 28 日，宁乡市举办“十行状元 百优工匠”农机操作技能竞赛。本次活动由宁乡市总工会、宁乡市农业农村局主办，宁乡市农村集体经济发展中心承办。参加本次活动的人员有：长沙市农业农村局农机管理处处长杨化龙，长沙市农业农村局产业发展处主任科员邹修成，宁乡市委组织部副部长、市“两新”工委书记唐朝晖，宁乡市总工会党组书记副主席刘南科以及宁乡市农业农村局和宁乡市农村集体经济发展中心相关领导、工作人员，全市29个乡镇（街道）农办主任或专干，各乡镇参赛选手。比赛分为理论操作和实践技能竞赛两个部分，实践技能竞赛分为拖拉机移库和旋耕机挂接及定点停放、拖拉机模拟田间开沟作业两个项目。经过两天的角逐，比赛共决出一等奖1名，二等奖3名，三等奖6名，优胜奖30名。前30名的选手都被授予宁乡市2021年“十行状元、百优工匠”职工技能竞赛“百优工匠（农机操作）”称号。（李龙贵）

气　象

【概况】 2021年，宁乡市气象局设办公室、法规科、气象台三个科室，有宁乡市防雷中心、宁乡市华云气象科技服务部两个对外服务单位。2021年，市气象局对标气象“监测精密、预报精准、服务精细”工作要求，推进气象现代化建设，提高防灾减灾能力和气象服务水平，发挥气象防灾减灾第一道防线作用，推进宁乡气象事业高质量发展。

2021年，宁乡市年平均气温18.9℃，较历年平均偏高1.8℃；年极端最高气温39.5℃，较历年最高偏低1.7℃；年极端最低气温-4.5℃，较历年最低偏高6.3℃；年总降水量1299.8，毫米，较历年偏少150.9毫米；年日照总数1536.0小时，较历年偏少146.6小时；暴雨日数2天，较历年偏少2天。纵观全年，气温异常偏高，突破历史极值。2020—2021年，冬季平均气温8.2℃，较常年同期显著偏高1.8℃，达到“暖冬”标准，其中2月平均气温为11.2℃，较历年同期异常偏高4.3℃，突破历史极值；夏季平均气温为29.0℃，较常年同期显著偏高1.5℃，为有气象记录以来的第二高值；秋季平均气温为20.5℃，较常年同期异常偏高2.5℃，为历史同期第一位。2021年，高温持续时间长，日高温≥35.0℃日数达62天、9月高温日数为14，均为历史同期第一高位。6—10月，有5次高温热害过程。9月、10月，极端最高气温均突破历史极值（9月26日38.2℃、10月5日37.0℃）。

降水正常略偏少，春季雨水充足、秋季降水偏少、夏冬正常。5月16—25日，降水量达152.1毫米，达雨水相对集中期标准；8月初至10月上旬，出现干旱，轻度干旱39天、中度干旱32天。年日照时数正常略偏少，一月日照时数27.2小时，为历史最低值。年降水日数150天，较历年同期偏少6天，春季连阴雨频发，3月15—21日，出现降水，且无日照，达到“轻度连阴雨”标准，4月10—19日、5月16—26日，出现降水，且无日照，达“中度连阴雨”标准；4月上旬达轻度倒春寒标准，5月17~23日连续7天日平均气温≤20℃，达中度五月低温标准。

2021年，主要天气气候事件有连阴雨、倒春寒、5月低温、雷暴大风、冰雹、暴雨、雨水相对集中期、高温热害、干旱、寒潮、大风、冰冻、大雾等。2021年春季，有连阴雨及倒春寒，夏秋季的高温热害及干旱，给农业生产和人民生活带来诸多不利影响。

表14　2021年宁乡市气象情况表

指标名称	计量单位	2020年	2021年
年平均气温	℃	18.1	18.9
年内极端最高温	℃	37.3（8月4日）	39.5（8月1日）
极端最低温	℃	-2.6（12月31日）	-4.5（1月9日）
年降水量	毫米	1628.8	1299.8
最大日降水量	毫米	93.3（7月27日）	74.4（3月16日）
降水量≥1.0毫米日数	天	172	150
平均相对湿度	%rh	81	79
年日照时数	小时	1267.2	1536.0
平均海平面气压	百帕	1015.9	1015.2

【气象基础业务】 2021年，将全市26套6要素区域自动站加装太阳能板，升级为双电源；完成宁乡国家站观测场和土壤水分站标准化改造，完成道林站易地搬迁以及巷子口官山村站扩建升级；完成业务平面大屏更换及视频会商系统升级。因观测自动化改革和监测设备的增加，自动站稳定运行要求高、压力大，2021年，市气象局增加1名维护人员，累积维护150余次，数据传输及时率和可用率均达到省局要求。

【监测预警能力提升】 2021年，市气象局组织召开汛期气象服务专题部署会4次，组织业务人员开展过程总结和集中业务培训4次，完善综合气象业务工作职责和制度，重新编制《气象灾害应急预案》《气象业务指南》，及时更新预警发布对象和标准，提高决策气象服务意识和预报预警服务能力，加强汛期和应急响应值班值守，发挥气象防灾减灾第一道防线作用。

【预警服务】 2021 年，市气象局完善气象灾害预警信息发布工作机制，建立重大气象灾害预警信息紧急发布制度、快速靶向发布“绿色通道”和电话“叫应”服务。2021 年制作服务材料 117 期，面向防汛责任人发布暴雨预警信号 12.4 万人次，乡镇强降雨警报 202 期，其中乡镇强降雨红色警报精准靶向发布 17 乡镇次，地质灾害风险临近预警 87 期，共计 290 万人次。

【气象为农服务】 2021 年，市气象局结合宁乡特色农业项目和现代农业发展气象服务需求，完善《宁乡市农业气象服务指南》，重点针对粮食保障、烟叶生产、蔬菜供应、特色农业发展开展气象信息和灾害预警服务。主动联合农业农村局、烟草局、林业局等涉农部门建立涵盖种粮大户、种烟大户、养殖大户、防火责任人、涉农企业等群体的农业气象服务信息库；加强与烟草、林业以及农技推广中心的协作联动，为重点农业大户提供“直通式”服务。2021 年，联合开展农业气象灾害预警 6 次、森林火险预警 8 次、烟叶生产气象服务 30 余次，累积发送农业气象服务短信 13 万余条。

【人工影响天气】 2021 年，宁乡市气象局完成 12 个人影作业点安全等级评定和射界图的重新标定制作，完成 2 台 37 高炮和 2 个火箭发射架的年检，组织作业人员开展集中培训和购买保险。2021 年，共开展人工增雨作业 15 次，发射火箭弹 68 枚，在蓝天保卫战、森林防灭火和农业抗旱以及水库增蓄等工作中发挥重要作用。

【安全生产】 2021 年 4 月，市气象局举办 2021 年宁乡市防雷安全生产专题暨培训会议，对乡镇应急管理办公室负责人，以及全市烟花爆竹企业、石油石化企业、园区危化企业负责人进行防雷知识、检查流程和政策法规方面的培训及日常监管要求。制定《宁乡市 2021 年雷电防御监督检查计划》，加强对油库、气库、弹药库、化学品仓库、烟花爆竹、石化等易燃易爆建设工程和场所以及旅游景区等人员密集场所的监管，组织开展“危爆、危化”行业集中专项执法及防雷安全隐患彻底清查行动、园区危化企业防雷安全专项检查行动、安全生产专项整治三年行动专项检查、“中秋”“国庆”假期油汽站安全防范大检查以及岁末年初安全生产开展“百日大会战”行动；全年检查企业超 90 家，发现并督促整改隐患 45 处，对一新建加油站未经气象主管机构办理行政许可进行立案查处。健全内部安全生产制度，对消防安全、人影安全、网络安全等工作制度和流程进行规范，进行培训和应急演练，排查和整改隐患，对人影火箭弹发射架、高炮进行年检，更新消防灭火器材。（刘群飞）

水　文

【概况】 2021 年，宁乡市水文水资源局监测全市范围内降水、河流水库水位、流量、水质和土壤墒情等水文要素，对所辖所有水文站点运行维护和养护、汛前准备、汛中测验、汛后资料整理汇编，管辖 2 个国家基本水文站、27 个中小河流站、4 个防汛专用站、3 个地下水监测站、2 个土壤墒情监测站、代维护 32 个山洪预警站。

【宁乡水文站基本信息】 宁乡水位站设立于 1951 年，1954 年下迁 40 米改为水文站，1956 年上游 1200 米处的沩丰水闸工程建成，基本水尺断面上迁至沩丰坝上 50 米处改为水位站，1979 年撤站，1997 年改为宁乡（二）站，恢复观测水位，2000 年恢复流量测验，控制集水面积 2089 千平方米，测验项目有水位、流量、降雨、蒸发。由于宁乡（二）站下游金洲水闸的建设，宁乡（二）站于 2014 年 1 月迁移至金洲闸下游 670 米的位置并开始测验工作，同时更名为宁乡（三）站。该处距河口 27 千米，控制集水面积 2205 千平方米。宁乡站历史最大实测洪水流量为 5690 米^3/秒（2017 年 7 月 1 日），水位 44.45 米（宁乡（三）站）；历史第二大洪水推求流量为 5160 米^3/秒（1969 年）；1998 年推求洪峰流量 3525 米^3/秒。

【雨水情信息】 雨情：根据水文部门站点统计。2021 年，宁乡市全年降雨天数 156 天，最大日降雨量 136.5 米米（7 月 18 日），累计降水 1343.4 米米，比历年同期均值（1415.7 米米）偏少 5.11%。空间分布上不均，宁乡市汛期降雨西北部地区和南部地区降雨偏多；时间分布上，4—6 月降雨偏多，1 月、9 月降雨偏少。

水情：2021 年，宁乡市年径流量 14.02 亿立方米；宁乡（三）站 2021 年实测最大流量 5 月 19 日 1670 米^3/秒，相应水位 40.55 米，最高水位 5 月 19 日 40.56 米；实测最小流量 9 月 28 日 6.28 米^3/秒，相应水位 36.40 米，最低水位 2 月 7 日 36.29 米。

2021 年，宁乡市发生 3 次较强洪水过程，各站点均未发生超警戒水位。第一次洪水过程（3 月 15 日至 21 日），宁乡市面平均降雨 42.8 毫米，最大日降雨量站点为 15 日灰汤镇灰汤站 80.0 毫米；第二次洪水过程（5 月 15 日至 19 日），宁乡市面平均降雨 129.4 毫米，最大日降雨量站点为 18 日青山桥田新站 104.0 毫米；第二次洪水过程（6 月 27 日至 7 月 4 日），宁乡市面平均降雨 127.8 毫米，最大日降雨量站点为 18 日青山桥田新站 141.5 毫米。其中 4、5 月降水频繁，受强降水影响，宁乡市 5 月 19 日主要河流站点除横市站外均出现 2021 年以来最高水位，沩水控制站宁乡（三）站水位 40.56 米（15 时 15 分），距警戒水位（42.50 米）差 1.94 米；乌江石坝子站水位 59.40 米（17 时 25 分）；楚江滩山铺站水位 89.95 米（12 时 00 分）；靳江金花站水位 42.01 米（19 时 30 分）。沩水横市站 6 月 28 日出现 2021 年年最高水位 88.36 米（14 时 05 分）。

旱情：2021 年主汛期后，宁乡市持续晴热高温少雨的天气，降雨严重偏少，受其影响宁乡市发生轻度水文干旱。2021年旱情主要分两个阶段，第一阶段发生在7月上旬至8月上旬，其间连续无降雨天数达到13天。8月9日受台风“卢碧”外围云系，副高边缘西南暖湿气流、中低层低涡切变及冷空气共同影响，旱情解除；第二阶段自8月下旬开始至9月中旬，其间连续无降雨天数达到23天，9月17日、29日宁乡市实施人工降雨有利缓解旱情，下旬副高南退，受高空低槽及地面冷空气影响，宁乡市发生较小降雨过程，旱情解除。

【安全生产】 2021年，宁乡市水文水资源局坚持安全第一、预防为主、综合治理，树立安全发展理念，夯实基础，细化责任，排查治理隐患。以制度化、标准化、规范化、系统化的方式推进安全生产，不断提高安全生产水平。截至2021年底，未发生一般及以上安全事故，未发生重伤及以上人身事故。针对水文工作的实际情况，开展汛前大检查、汛检回头看、平安建设安全生产督查；每月不定期进行安全生产隐患排查，并对排查隐患及时上报整改并登记；按照总体部署和要求，突出重点注重实效，进行消防知识讲座和消防演练，开展安全生产专题会议；执行缆道使用养护、仪器设备养护等工作中的安全监督与检查制度，严格执行操作规程；加强疫情防控，严格按照疫情防控要求；加强车辆安全管理职责及交通安全教育培训。（王　敦）

工　业

工业和信息化

【概况】 宁乡市工业和信息化局（以下简称市工信局）为市政府组成部门，内设局办公室、经济运行科、产业发展科、中小企业科、节能与信息化科、改制维稳科6个科室。

2021年，宁乡市完成规模工业增加值386.5亿元，同比增长8.5%，位居长沙四县（市区）第一；新增入规企业44家，位居长沙四县（市区）第二；新增智能制造试点企业43家，位居长沙四区县（市区）第二；工业投资同比增长5.3%，工业技改投资同比增长11.3%；完成工业用电27.74亿度，同比增长22.02%；完成工业用水1810.55万吨，同比增长18.84%；实现规模以上工业税收36.93亿元，同比增长21.4%；34家企业实现产值倍增，85家企业实现税收倍增。宁乡市作为唯一区县代表在全省制造强省推进大会上作典型发言，精准推进产业链高质量发展经验获省政府大督查通报表扬，获批长沙市政府创新实干督查激励事项（打造国家先进制造业高地成效明显地区）。

2021年4月19日，宁乡市工业强市推进大会举行

【产业链建设】 2021年，宁乡市储能材料产业链集聚21家上下游企业，形成闭环产业链条，是国内少数拥有完整储能产业链地区之一；全年实现产值393.6亿元，同比增长120.99%，税收同比增长66.15%。工程机械产业链聚集160多家企业，形成从整机到配套的主干基础链条，全年实现产值457.8亿元，同比增长-0.77%，税收同比增长31.1%。智能家电、智能硬件产业链形成以20余家企业为主的产业链条，全年实现产值107.6亿元，同比增长38.36%，税收同比增长44.86%。

【新型基建】 2021年，宁乡市完成长沙市下达的电力“630攻坚”责任事项任务清单，首座500千伏变电站于11月11日正式投产送电。完成5G基站建设1382个，年度任务完成率100%。815个通信基站完成长沙民生实事“全市4G和5G通信基站建设（市级）”公示及验收。

【政策扶持】 2021年，宁乡市出台《宁乡市2021年打造国家重要先进制造业高地示范区行动方案》《宁乡市建设工业强市若干政策》《宁乡市开展“纾困增效”专项行动十条措施的通知》，为工业企业提供帮扶服务。设立产业发展扶持资金，兑现宁乡市本级奖励补贴资金1.8亿元。召开工业强市推进大会，表彰275家（次）工业企业、5名企业家、15名职业经理人、88名先进个人，兑现本级各项奖励补贴资3455.29万元。

【争资争项】 2021年，市工信局累计争取上级政策资金2.2亿元，其中争取2021年制造强省专项资金3807万元，省工业企业技改税收增量奖补资金2355.9万元，位居全省县市（区）第一名。长沙格力、邦普循环、楚天科技、中伟新能源、加加集团、星邦智能入选 2021 年湖南省制造业企业 100 强；楚天科技、长宁炭素成为制造业单项冠军；楚天科技、星邦智能获评国家 2021 年智能制造试点示范工厂；楚天科技、长宇科技获评第一届“新湖南贡献奖”先进集体；格力暖通、邦普循环、楚天科技、中伟新能源、加加食品 5 家企业入选 2021 三湘民营企业百强榜；新增 6 家工信部专精特新“小巨人”企业，15 家湖南省专精特新“小巨人”，16 家长沙市专精特新“小巨人”。

【企业服务】 2021 年，市工信局针对倍增企业，摸底 70 家企业问题困难 145 个，问题解决率达到 95% 以上。收集“三抓两促”帮扶小组联点 113 家重点企业的问题困难，对接职能部门协调解决重大问题，排查问题 98 个，解决问题 94 个。组织召开“市长企业接待日”8 次，接待 40 家企业，帮助解决涉扩产用地、用工、本地采购等问题近百个。

【节能减排】 2021 年，市工信局组织 5 家企业开展自愿性清洁生产，推广 8 家企业积极使用低挥发原辅材料。中伟新能源、杉杉新能源、长高成套等 3 家企业入围工信部 2021 年度绿色工厂。湖南优氏乳业、长沙格力暖通成功创建湖南节水型企业。

【应急物资保障】 2021 年，市工信局启动防疫物资储备工作，牵头制定《宁乡市公共卫生应急物资轮换方案》，对 12 批次 359.8 万元应急物资进行调度，及时调拨防疫物资到相关职能部门。宁乡市作为全省公共卫生应急物资保障工作成效相对较好的存储单元，被湖南省新冠肺炎疫情防控指挥部物资保障组给予通报表扬。

【文明创建】 2021 年，市工信局组织移动、联通、电信、有线对城区相关区域进行整改，清理凌乱线路 1200 余处，修复破损机箱 200 余处，恢复缺失井盖 130 余个。

【改制工作】 2021 年，市工信局办理系统改制职工身份置换等历史遗留问题，办结原出口胶鞋厂等重大个案问题 8 起，依法处理氮肥厂幼儿园的房屋使用权遗留问题，完成氮肥厂 48 户职工集资房的征收补偿协议签订及房屋搬迁腾退等工作。受理信访函件 14 件，办结“12345”热线工单 145 件；走访慰问退役军人和志愿军老同志共 92 人次，发放慰问金 40 余万元；对 18 名退役人员进行岗位援助，发放 5 名参战立功人员养老金补差 1.42 万元。（许　岗）

表 15　　2021 年宁乡市规模工业总产值与增加值情况表

单位：万元

指　标	2021 年（按现价计算）		
	企业单位数（个）	工业总产值	工业增加值
规模以上工业企业	622	15833295	3865452
其中：省级及以上产业园区企业	435	14328590	3532892
1. 按规模分组			
大中型企业	59	7978281	1694345
小微型企业	563	7855014	2171107
2. 按行业类型分组			
高新技术企业（含行业）	264	12463238	2733294
战略性新兴产业	119	5948751	1326686
农产品加工企业	150	2601012	619624
3. 按登记注册类型分组			
内资企业	602	13092198	3216769
港、澳、台商投资企业	11	277038	83147
外商投资企业	9	2464059	565536

电力工业

【概况】 国网宁乡市供电公司是湖南省电力有限公司下属的县级供电企业，公司设置办公室、组织部、财务部、配网部、客服中心、安监部、党建部、供指中心 9 个职能部门；配网项目中心、物资分中心 2 个业务机构；变电运维班、变电检修班、输电运检班、配电运维抢修班、配网带电作业班、客服一班、客服二班、计量班、营销监控班、配网调控指挥班、客户服务指挥班、物资仓储班 12 个班组；13个供电所，2个网格站。公司承担宁乡市29个乡镇（街道）以及益阳安化县2个乡镇共50多万电力客户的供用电管理任务。宁乡电网以220千伏变电站为核心、110千伏变电站为依托、35千伏变电站为骨架为网架结构。2021年，国网宁乡市供电公司售电量较2020年增长21.84%。营业收入增长27.01%。宁乡电网最大负荷较2020年增长10.6%，创历史新高。2021年，国网宁乡宁乡市供电公司获评“湖南省脱贫攻坚先进集体”，获2021年宁乡经开区产业项目竞赛年“产业服务一等奖”。

【电力建设】 2021年，国网宁乡市供电公司优质高效推进项目建设，提升电网发展质量。新建改造变电站3座、35千伏及以上线路14条，建成宁乡地区首座500千伏安宁变、西部供电枢纽110千伏唐市变，有效提升电网供电能力；35千伏南田坪变、道林变为长沙供电公司首个租赁送电项目。开展配网建设，新建改造10千伏线路104.32千米、低压线路238.21千米，新增配变189台、新建改造开关站2座、智能环网柜66台、一二次融合开关80台，解决12条10千伏线路重过载、跨区供电问题，经开区、花明楼所范围内实现配电自动化有效覆盖。

【电力安全】 2021年，国网宁乡市供电公司推进安全生产专项整治三年行动，开展风险隐患整治和安全攻坚行动，开展专题安全日学习；强化人身安全管控，严把作业现场安全关，全年稽查现场3177处，查处各类违章现场39个，对3家施工单位开展专项约谈；开展各类安全隐患排查治理，摸排鱼塘、线路外触隐患3383处，做好鱼塘线路绝缘化治理、家庭安全用电、禁止挂钩用电等防外人触电宣传。完成建党百年、两会、高考、国庆、防疫等重大时间节点保电任务；完成城郊医院首座方舱核酸检测室送电任务；克服度夏负荷屡创新高、度冬持续低温、电网建设任务繁重、有序用电等多重困难，为宁乡市和谐稳定发展提供后盾。

【电力服务】 2021年，国网宁乡市供电公司优化营商环境，惠及低压用户1529户，降低客户成本256.7万元；办电时长压缩至高压45天、低压1.02天；跟进园区重点项目，实施业扩配套项目11个，为企业节省投资2500多万元。推广新型业务，助力园区低碳升级，综合能源营收1964.1万元，签订光伏合同4个，金额1692.6万元，完成充电桩立项36个；积极履行社会责任。配合宁乡市政府推进有序用电和需求侧响应工作，开展“双高”（高比例可再生能源，高比例电力电子装备）用户核查，组织客户需求响应签约287户，签约负荷10.7万千瓦；落实电价政策，签订代购电合同1100份，清查转供电主体174户。

交通·邮政·通信

交通运输

【概况】 2021年，宁乡市交通运输局内设办公室、政工人事科、财务审计科、行政审批服务科、政策法规科、交通运输安全监管科、公路工程科、总工室、运输管理科、路政管理科、综治维稳科、党建办、机关纪委、工会和交通运输综合行政执法大队15个科室；下设公路养护中心（正科级）、公共交通事务中心（副科级）、交通建设质量安全监督站、城乡公交服务中心等4个单位及13个交通管理站。

2021年，宁乡市综合交通运输体系不断完善，境内石长铁路横贯东西、洛湛铁路连通南北；6条高速（长韶娄高速、京珠高速复线、益娄衡高速、长常高速、宁韶高速、长益复线）形成“三纵三横”高速公路路网；4条国道（G319、G354、G234、G240）形成骨干路网，12条省道构成宁乡公路路网的中坚力量，金洲大道、岳宁大道、G319枫林西路直通省会长沙市，加上建成的金唐公路、金宁大道、华强大道与在建的渝长厦高铁构成宁乡四通八达的交通网络。截至2021年底，全市境内各级公路建设通车里程14376.25千米，其中国道161.63千米，省道412.51千米；境内铁路里程84千米；境内通车高速里程171.93千米。全年客运周转量比上年下降24.68%（客运量480万人，客运周转量2.9亿人公里），货物周转量增长6.76%（货运量885万吨，货运周转量4.8亿吨公里）。新（改）建农村公路454.4千米，危桥改造31座。全市纯电动公交车占公交车总量的88%，新能源和清洁能源公交车占公交车总量的90%。全市建制村通达率100%。

表16　　2021年宁乡市交通运输情况

指标名称	计量单位	2020年	2021年	2021年较2020年增长（%）
辖区内通车公里里程	公里	14334.124	14376.254	0.29
货运量	万吨	829	885	6.76
货物周转量	亿吨公里	4.5	4.8	6.67
客运量	万人次	595	480	-19.33
客运周转量	亿人公里	3.58	2.9	-18.99
国道、省道、干线公路	千米	633.347	638.401	0.80
县道	千米	522.51	519.27	-0.62
乡道	千米	464.713	464.522	-0.04
桥梁	座	534	561	5.06
高速公路	千米	171.934	171.934	0.00
境内铁路里程	千米	84	84	0.00

2021年，市交通运输局建成横市、养鱼塘、东湖塘、流沙河、菁华铺5个货车司机之家，入围中央党史学习教育官网“我为群众办实事”经验做法征集点赞案例（全国共261件，其中长沙地区仅宁乡2个案例）；创建“栢湘公路纪念塔红色教育基地”“沙田共建共享党建服务中心”2个爱国主义教育阵地。

【重点项目情况】 2021年，长吉高速纳入《湖南省高速公路中长期规划（2021—2035年）（初稿）》《长株潭一体化发展五年行动计划（2021—2025年）》《湖南省国民经济和社会发展第十四个五年规划和二〇三五年远景目标纲要》，完成项目预告可编制；启动干线公路建设项目12个，其中金唐公路二期、黄龙公路、五巷公路等6个项目建成通车，北横线、G354项目加速推进。共向上争取各类交通项目资金6.99亿元，下拨农村公路建设和道路安防资金1.7亿元。

【农村公路建设】 2021年，宁乡市完成农村公路建设789千米，其中省规旅游资源产业路项目86千米、省规农村公路安防270千米、市规提质改造194千米、市规农村公路安防179千米、市本级通组公路全覆盖60千米，改造危桥31座，实现全市组组通硬化路。实施公路提质改造、大中修和危桥改造项目19个，投入资金约3.5亿元。先后完成S327五巷公路提质改造和S537宁灰公路、S221煤菁公路、边资公路大修工程，完成S539、G240、G234中修项目及大成桥、安山桥、广坪桥改造等15个项目，推进G354宗联公路提质改造和岚光坪等3座危桥的重建工作。全年完成项目结算内审金额41522万元，审减金额2264万元，总审减率约为5.45%。

【公路养护】 2021年，宁乡市公路养护共投入资金3100余万元。完成S223、S324等10条道路的路面修补工程，对275.6千米农村公路路面进行大中修换板，实施农村公路预防性养护260千米；及时、快速修复因极端天气和各类交通事故损坏的交通设施700余处，临时清除塌方约2000立方米，恢复挡土墙2500立方米，修复路肩水沟20余处。投入资金约950万元，完成S327巷沩线水毁工程及对Y997、Y998、X201等线路进行水毁应急抢修。助力陈家桥薄荷水果基地、油炸塘美丽屋场和贺家湾美丽屋场建设。率先在长沙市建立“一路一档”信息化养护档案，推进全域“路长制”，创新“百姓路长”“五边管养”群众性养护体系，形成全民共建共享管护新格局，获评长沙市2021年度“路长制”工作综合考核评估第二名（奖励200万元）。

2021年，市交通运输局建成5个货车司机之家。图为位于菁华铺乡的货车司机之家

【公共交通及公路货运】 2021年，宁乡市共有9家客运公交企业（诚名公司无营运车辆），3家出租车经营单位，二级以上汽车客运站2个（东城汽车站、白马桥汽车站），公交车辆500台，其中纯电动公交车367台，公交线路41条，出租车427台。危险货物运输企业12家，车辆13台，普通货物运输车辆（4.5吨以上）4666辆，道路货物运输业户3776户。启动城乡客运一体化改革，实现园区、城区、社区、小区、学校、医院、商场等公交全覆盖；零距离服务园区，增加和延长公交线路5条，确保公共交通服务和企业建设投产同步延伸；加强长株潭区域合作，开通宁益城际公交；提升公共交通服务水平，全面实现老年人、残疾人免费乘坐公交车，投诉率较2020年较2020年下降8%。

【驾培管理】 2021年，宁乡市有驾培机构17所，训练场地28处，（2021年新增训练场地3处），注册教练员803人（实操教练761人、理论教练42人）。道路货运驾驶员从业资格培训机构1家，道路运输从业人员4013人经考试考核取得从业资格证，道路运输驾驶员继续教育培训机构2家，举办继续教育30期，培训1592人。

【交通行政执法】 2021年，办理行政处罚案件1647件，查扣非法营运车辆80台，查处超限车辆1269台，查处无从业资格案件131件，注销违法违规普货企业21家、个体经营户393家，吊销道路经营许可证65本，责令停产停业整改企业18家；罚款873.7万元，巩固车辆超限超载治理成果，获评长沙市2021年度治超工作综合考核评估第一名。

【交通安全】 2021年，宁乡市持续推进安全生产三年行动计划，出台《宁乡市道路交通安全管理十个“一律”工作举措》，工作职责一律严明、工作底数一律严排、重点对象一律严管、隐患路段一律严治、违法违规一律严处、重点车辆一律严查、主要路口一律严守、宣传教育一律严抓、工作情况一律严督、事故发生一律严究，开展交通运输安全综合执法“春雷”“秋风”行动、安全生产“打非治违”行动、道路安全“百日大会战”专项行动及客运、货运行业专项整治行动。排查治理客货驾驶安全隐患2550起；以临水、临崖、急弯、陡坡和事故多发点为重点，争取省市支持，投入1.4亿元，排查治理道路安全隐患13132处；开展在建交通项目质量安全监督检查，发现和整改质量安全问题30起，停工和整改项目2个；2021年交通运输亡人事故较2020年下降35%，死亡人数较2020年下降34%；道路运输隐患清零工作位列全省一类第23名。

【春节运输】 2021年，宁乡市共计投入客运运力5144台次，共完成运送旅客124104万人次；共计投入公交运力11800台次，运输旅客56.15万人次；共计投入出租运力7783台次，运送旅客15.7万人次。春运期间无运输责任事故和人员伤亡，无乘客滞留和重大服务投诉现象，未发生新冠肺炎疫情，运输市场稳定有序。

【水路运输】 2021年，宁乡境内有沩、乌、楚、靳四条河流，有黄材水库、洞庭水库、田坪水库等重点水域和龙泉漂流、天紫漂流两个漂流景点，有标准化建设渡口1处（茅坪渡口），标准化客渡船1艘，在黄材水库，沩江南门桥风光带等封闭水域，有水上游览船舶和工作船艇多艘，辖区水上交通安全共涉及全市5个乡镇。市交通运输局每月组织2次以上针对渡口渡船的执法检查，联合各职能部门和涉水乡镇，重点对各渡口码头、黄材水库、沿江风光带等重点水域的旅游船舶和公务船舶无证驾驶、农用船非法经营、客渡船超载超员以及船舶乱停乱靠等问题进行整治。共开展执法行动10余次，出动执法人员40人次，全面铺开隐患排查治理，发现并消除一般隐患2处，送达渡运安全隐患整改函1份，下达停渡责令整改通知书1份，切实保障辖区水上交通安全。

【交通运输信息化建设】 2021年，宁乡市完善交通综合行政执法指挥中心软件、硬件建设，接入2处不停车检测系统视频监控，安装532台城际、城乡公交车的主动智能防控系统。受理“12345”市长热线工单和网络媒体投诉1183件，办结率100%，满意率99.6%。主动公开行政许可、行政处罚类信息2835件。健全网信工作领导机制与工作制度，落实每月、重大节假日的网络舆情研判分析与信息上报工作。

【交通项目质安监督】 2021年，宁乡市共受理13个项目的质量安全监督。共计出动检查巡查365人次，检查在建项目115次，下达检查意见书13份，发现并整改质量安全问题30个，约谈监理单位2次、检测单位1次。出具交（竣）工核验检测报告4份。全年未发生一起质量事故，未发生一起安全生产责任事故。

（隆文辉）

公路养护

【概况】 宁乡市公路养护中心（以下简称市公路养护中心）为宁乡市交通运输局所属的正科级公益类事业单位，主要负责宁乡境内4条国道、12条省道、65条县道及相关桥梁的建设、养护和管理工作，共有干部职工445人。年内，市公路养护中心全力提升宁乡市公路建设和养护水平，为宁乡经济社会发展提供公路支撑。2021年在全省交通运输行业职业技能竞赛中，市公路养护中心取得公路养护工技能竞赛全省第二名。

【项目建设】 2021年，公路项目投入资金约3.5亿元，实施项目19个，完工15个。其中，S327五巷公路提质改造项目、大成桥等3座危桥改造项目和S537宁灰公路、S221煤菁公路、X001边资公路大修工程及S539、G240、G234中修工程等省市考核项目和重点民生工程均在计划期内圆满完成，G354宗联公路提质改造和岚光坪等3座危桥项目为跨年度项目。其中大成桥加固改造项目成为湖南省第一座自动融冰桥梁试点，其新型电热智能自动融冰系统清洁无污染，可有效替代撒盐等传统除雪方式，减少对桥梁的腐蚀，延长桥梁使用寿命，对完善和提升宁乡冬季交通安全通行水平，推动智能交通发展有重要意义。在项目实施中，积极听取镇村意见，因地制宜，严格控制集镇等房屋密集段路面标高，处置项目建设中道路两厢百姓田土、房屋水系、公路顺接和挡墙等群众最关心的问题，2021年涉及项目建设的“12345”热线反馈建议意见72条，答复率和满意率均为100%。严格项目管理，将所有项目列入信用评价体系，严格项目管理，严抓安全生产，严明廉政纪律。在公路大修工程实施中，通过在设计阶段进行路面弯沉检测，针对存在缺陷的部位进行处治，对合格路段进行加铺沥青处理，既缩短工期又节省投资，还能保证公路的整体质量，通过S537宁灰公路、S221煤菁公路等大修项目带动周边路网的提质。

【公路养护】 2021年，干线公路投入资金1600余万元，完善“一路一档”信息化养护档案，完成S223、S324等10条道路的路面修补工程，及时、快速修复因极端天气和各类交通事故损坏的交通设施700余处，确保所辖道路各类交通设施常年无缺损。农村公路投入资金1500余万元，对275.6千米农村公路路面进行大中修换板，实施预防性养护260千米。积极围绕“公路+产业”“公路+旅游”“公路+资源”等开拓公路养护新业态，打造“一县一线一组团”美丽公路网，实现公路养护全方位、高质量发展。代表长沙市参加全省公路路况检测，二、三季度排名全省第一，为长沙市夺得全省路况检测第一名、完成省级考核。

【平安公路建设】 2021年，市公路养护中心推进安全生产专项整治三年行动，开展道路交通安全百日攻坚行动。投入约6500万元，对16条国省干线公路安全设施、限速标志、长下坡、平交路口、穿村过镇等安全隐患路段和144条农村公路急弯陡坡、临水临崖、平交路口、视线盲区等隐患路段进行安全隐患排查和处治工作，年内全部整治完毕。全年完成省市整治交办件、道安委交办件59件，涉及隐患位置608处，均在限定时间内全部销号。加强春运、假期等特殊时段和寒潮、汛期等特殊天气下的应急保畅和值班值守工作，配强各管养站（工班）力量，发挥其在应急处险中的位置和时间优势。及时有效处置因大雨暴雨冲刷引起的道路山体滑坡、崩塌、泥石流等险情30余起，临时清除塌方约2000立方米，恢复挡土墙2500立方米，修复路肩水沟20余处。投入约950万元完成干线公路S327巷汭线水毁工程等项目，及Y997、Y998、X201等农村公路水毁应急抢修。（青百宇）

湖南龙骧交通发展集团有限责任公司宁乡分公司

【概况】湖南龙骧交通发展集团有限责任公司宁乡分公司（以下简称龙骧集团宁乡分公司）是隶属湖南龙骧交通发展集团有限责任公司的二级单位，是集旅客运输、站场服务、汽车维修、旅游包车、旅游集散、公营超市、门店（房屋）租赁以及广告业务等多种经营业务为一体的综合性道路客运企业，也是宁乡市规模最大的道路客运骨干企业。龙骧集团宁乡分公司下辖宁乡东城汽车站、宁乡白马桥汽车站2个城区客运站和9个乡镇客运站，城区车站全部实现联网售票和网络售票。2021年，龙骧集团宁乡分公司两个城区站日均发送班次310次、日均发送旅客1200余人。龙骧集团宁乡分公司拥有班线客运车辆55台，运输网络辐射衡阳、邵阳、湘潭、株洲、岳阳、常德、娄底、益阳、吉首等省内9个地州市，有完善的车辆动态监控系统，实行运营过程全程监控，确保运营班车的安全、准点到达。龙骧集团宁乡分公司旅游车队是宁乡本地同行业中唯一一家公营车队，旅游车辆有仿考江铃晶马、安凯宝斯通、宇通、北方尼奥普兰等高档次高级车辆18台，座位数从17至55座不等，能满足公务出行、会议、商务接待、旅游、通勤等不同层次的用车需求。龙骧集团宁乡分公司共有城市出租车辆183台，占宁乡市出租车市场份额的39%；有城乡、城际、城内公交车辆共82台，所有公交车辆均为新能源公交车辆。2021年，龙骧集团宁乡分公司获评全国交通运输文化建设优秀单位，分公司党委下设的车站党支部获评长沙市国资系统先进党组织，车站党支部、机关党支部被集团党委评为先进党组织。

【安全生产管理】2021年，龙骧集团宁乡分公司建立健全全员安全生产责任制，落实安全生产各项规章制度，加强从业人员安全培训教育，完善各类安全管理制度，细化日常安全管理工作，加强隐患排查力度，推进安全标准化体系建设，龙骧集团宁乡分公司客运站场和道路运输板块均实现安全生产标准化一级标准认证。开展“安全生产月”活动，按照“落实安全责任，推动安全发展”主题，通过宣传栏、电子屏、宣传单等多种形式在两个车站组织开展“6·16”道路运输企业安全生产责任咨询日活动，发放安全科普常识、应急处置、自救互救等宣传资料800余份，面对面回答单位职工和社会群众关心的安全生产问题。组织从业人员进行安全承诺宣誓，加强驾驶员的安全意识。组织公司员工开展应急救援演练等活动，并组织观摩、评估和总结，提高分公司安全生产工作水平。组织安排各级安全管理人员、从业人员进行安全宣教和安全知识培训，每位员工都接受安全教育培训。制定《中华人民共和国〈安全生产法〉学习贯彻方案》，有计划、有步骤、分层次地组织全体员工开展学习培训并发放学习资料，分级开展培训10余场次。结合安全形势和安全基础工作情况，组织开展春运、清明、五一、端午、中秋、国庆节前安全生产专项整治三年行动和顽瘴痼疾全面排查工作，对准备投入营运的车辆技术状况、动态监控和站场设施设备进行全面排查，对查出的问题立即进行整改。严禁技术状况不达标的设施设备投入营运，严禁技术状况不达标和逾期未审验的车辆、逾期未换证、周期记满12分的驾驶员参加营运。2021年节假日期间，无重特大安全责任事故发生，无旅客滞留现象。

【防疫管控】2021年，龙骧集团宁乡分公司按照宁乡市疫情防控部门和集团公司的部署要求，做好疫情防控工作。协助宁乡当地卫健部门，加强重点环节、重点部位、重点人群的排查管控，有效遏制疫情的输入扩散。在人员进出的重点区域设置体温监测点和隔离观察室，要求每位进站旅客及驾乘人员佩戴口罩、保持安全社交距离、扫验“湖南场所码”并进行体温测量，严格落实体温异常人员、健康码异常人员、境外来（返）宁人员、中高风险地区来（返）宁人员的闭环管理。按照要求对各工作场区及进站车辆进行消毒，及时督促从业人员做好疫苗接种工作，对全员进行中高风险地区旅居史排查并做好记录，确保疫情不在站场、车厢传播。分公司全面发动、主动争取、及时采购，保障各项防疫物资需求。至2021年年底，龙骧集团宁乡分公司无一人感染病毒、无一人传播病毒、无一例境外输入。

【宁乡汽车站服务工作】2021年，宁乡汽车站诚信经营、用心服务，为广大旅客提供“平安、便捷、温馨”的客运服务。宁乡汽车站根据车站实际情况制定培训计划，定期组织车站员工进行安全教育、服务、礼仪及业务培训，发扬“巾帼文明岗”“共产党员示范岗”优良传统，提升龙骧品牌服务。车站全年没有发生重大服务质量的旅客投诉及新闻媒体负面曝光事件，群众满意客运站暗访、年度质量信誉考核检查均达标。宁乡汽车站推行送票上门服务，按时到各点、各校及园区企业售票送票。利用媒体、网络、微信群等载体平台的同时，有计划地组织员工到小区、乡镇宣传推介旅游、团体包车和依场APP、湘约出行等各类便民服务。开展一系列切实有效的志愿服务活动：全天不间断提供开水，配备便民服务用品，加强与“宁乡拾人拾物公益平台”的合作；耐心地解答旅客咨询，帮助旅客解决难题，受理各类投诉，劝阻在候车室内吸烟、躺睡、不戴口罩的不文明行为，帮旅客代购车票等服务；增添暖心座垫，为司乘人员和旅客提供一个舒适的候、乘车服务环境。

【运输主业发展】 2021年，龙骧集团宁乡分公司融入宁乡市城乡公交一体化建设工作，在宁乡—流沙河线公交化改造工作中，分公司合理调配其他线路运力资源试运营，在实时掌握线路基本运营情况后，通过融资采购的模式与该线路其他运营公司进行联合运营，解决运力投入的资金压力，降低运营风险，提高和优化客运资源的配置效率与生产效能。利用公交车运力资源，拓展宁乡经开区园区企业、金海学校、宁乡一中、宁乡十三中、多家乡镇政府机关、长沙方特东方神话等单位的定制运输服务，增加公交车运营收入，拓展公交车的运营思路。与宁乡经开区签订通勤服务合同，中标长沙市卫职院客车租赁服务。提升通勤车运营的专业化管理水平和服务水平，"龙骧"品牌在通勤运输服务市场效应进一步扩大。

（胡玉冰）

邮　政

【概况】 宁乡市邮政分公司是中国邮政集团有限公司下属县级分支机构，2021年，宁乡市邮政分公司融入宁乡经济建设之中，以普遍服务、快递物流、金融、电子商务等为主业，不断深化改革，推动企业高质量发展及转型升级，实行多元化经营。

宁乡市邮政分公司有33个综合网点（城市网点6个，农村网点27个），4个城乡揽投部，5个空白乡镇邮政所。便民服务站195个、投递网点30个、代投自提点93个，68条农村投递线路，组开汽车邮路6条，邮路总长度1020千米，邮运车辆10台，揽投车辆34台，电动三轮车81台。全公司有员工519人，其中分公司机关人员64人，生产班组人员126人，网点负责人33人，前台营业员137人，投递员159人（乡邮66人、城投93人），生产一线人员占比87.7%。业务种类包括寄递、金融、农村电商、邮务四大板块，涵盖金融、包裹快递、速递物流、电商分销、邮票发行、机要通信、报刊、信函等大类，服务范围延伸到经济社会的各个领域。2021年，宁乡市邮政分公司完成业务收入1.63亿元。

【寄递业务】 2021年，宁乡邮政寄递业务通过覆盖全国、通达全球的寄递网络，为广大居民客户、政务客户、农村电商和小微客户提供国内、国际速递、合同物流等服务，2021年进出口业务量2140余万件。全市邮件日处理能力、投递能力分别提升至6万件、2.9万件；实现省内互寄次日递全覆盖，全国52个重点城市实现次日递。

【便民寄递服务】 2021年，宁乡市邮政分公司对接智慧宁乡APP全流程互联网"不见面审批"，面向客户提供网上政务事项办理、邮寄、支付的一站式服务；入驻政务服务大厅，实行"政务服务中心驻点+上门揽投"相结合的服务模式。与公安、市监局、卫健局、税务、政务服务中心携手推出"证照邮寄到家"便民服务。2021年，为2.1万群众提供身份证寄递服务，为7000余名商户提供营业执照及公章寄递服务，为5000余名车主提供号牌邮寄服务，为4000余名新生儿提供"出生一件事"的医学证明邮寄服务，为1000余名纳税人提供线上申领发票邮寄到家服务，为2000余名职校学子提供学生包邮寄服务。

【普惠金融服务】 2021年，宁乡市邮政分公司坚持"服务'三农'、服务社区、服务小微企业"的定位，践行普惠金融，依托遍布城乡的33个金融网点，为城乡居民提供储蓄、交易结算、理财、保险、证券等综合金融服务。改善居民业务办理体验，推进网点装修改造和ITM（智能柜台）、ATM（自动取款机）、CRS（存取款一体机）等智能设备布放。开展"湘融湘爱·春运邮情"关爱农民工主题活动。参与人数3.12万人，为务工人员及家属提供1320份、6.6万元邮费补贴，为5000名农民工报销往返车票费用29.8万元，派发2.03万个（共计39.2万元）消费红包；开展农民工关爱活动120场，关爱留守老人和留守儿童8000人次；赠送留守儿童书籍资料5000套，彩虹书包1200个，开展"寄给打工爸爸妈妈的一封信"亲情家书活动。开展"国家反诈中心"APP下载宣传，做好防电诈法律责任告知，增强居民反诈防范意识和能力，保护群众财产安全。开展普惠金融小额辅助贷款活动。邮政银行协同普惠金融小额辅助贷款放款86笔，放款金额1550万。帮助解决暂时经营困难企业和种养殖户融资难的问题，保障企业复工复产。

【文化服务】 2021年，宁乡市邮政分公司用邮票、明信片等特色资源，丰富特色文创产品和场景，宣传特色文化，创新"旅游+邮政"服务模式，推动旅游资源的开发，展示宁乡社会经济发展建设的成果。代表作有《神奇宁乡》《五养之乡》《刘少奇同志诞辰120周年》《宁乡一中校庆100周年》等邮册。提供单位定制邮票专属贺卡服务，在生日当天寄给生日的员工，突显企业关怀。积极融入"全民阅读"活动，在城区、多个乡镇举办图书巡展活动，销售各类图书15.7万元。

【服务农村电商】 2021年，宁乡市邮政分公司推进物流体系建设。增强农村地区的物流配送能力，初步形成以"省-市-县-支局（站点）"为节点，覆盖农村地区的物流服务体系。农村电商仓储中心1个，面积2200余平方米；在29个乡镇街道33网点、建立4个城乡揽投站，225个村级收投服务站（邮乐购站）。农村投递汽车化率55%。启动物流体系建设，截至2021年底，分别在花明楼、大屯营等在25个乡镇195个建制村按"每村一点"建立138个物流村级站点，试点运行"快递进村"和"邮快合作"。通过物流体系建设，破解农产品进城"最初一公里"和工业品下乡"最后一公里"等物流难题，为农村电商发展打通快捷的绿色通道。拓宽农产品销售渠道。线下，依托电商服务体系和物流体系，线上，利用邮掌柜、邮乐购、邮三湘等平台，打通农产品上行渠道。连续五年举办“919电商节”，打造多款富有宁乡特色的农特产品，依托线上线下多种渠道开展销售，帮助农特产品走出宁乡、销往全国，累计销售500余万元。开展“一县一品”项目，运作宁乡巷子口黄桃等农产品进城项目，实现销售额53万元。

（周江江）

中国电信

【概况】 2021年，中国电信股份有限公司宁乡分公司（以下简称宁乡电信）下设综合部、财务部、销售服务部、网络部4部。全年全公司不断创新体制机制，组织全体干部员工深入贯彻落实集团、省市公司战略目标。

【市场经营】 2021年，宁乡电信各项重点工作稳步推进。经营收入完成良好：全年100%完成经营收入时序进度，较2020年上升13.6%。强调市场空间库的建立，建立空间台账。建立以门店为核心的增存量并举宽带攻防体系，优化四位一体宽带攻防模式，提升存量区域社区店和农村店的存量运营能力。推进宽带流失分析，进行数据申请，分类派单，规范存量维系营销动作，分类赋能提升，制定店面宽带挽留、存量合约提质和相约E家行之有效的执行方法且落地执行赋能，锁定高危客户群、重点流失区域及支局进行常态化深耕工作，利用相约E家和阵地营销做好锁定加包加约、锁店提能动作，为公司的存量保驾护航。扩大渠道触点，广泛招聘直销人员。

【管理机制】 2021年，宁乡电信深化人力资源改革步伐，加大人力资源机制创新力度，完成人力资源综合转型和架构优化调整。坚持业绩导向，坚持德才兼备、业绩优秀的用人机制，实行绩效沟通制度化、内部辅导常态化，加大对员工绩效目标设定、沟通反馈以及绩效改进方面的指导与督促。推进“划小承包责任制”。结合人力资源综合转型，持续推进“划小承包”改革，全年完成3个地域类营业部、24个农村支局、3个政企类营业部、4个渠道分部、7个综合维护分部、3个装维分部、4个支撑分部、1个客户服务中心的划小承包工作。优化中层管理人员选拔任用和退出机制，实行基层岗位资格证制度，作为跨岗位层级晋升、选拔后备人才的必备条件。开辟员工晋升通道，从派遣员工中招聘合同制员工，开展承包体人员的星级评定考试，组织综维人员技能认证考试，调动员工的积极性和创造性。

【网络建设】 2021年，宁乡电信加强装维服务管控及培训，提升装维整体服务水平。聚焦网络优化，确保通信网络安全优质高效运行，2021年，累计开通240个站点，其中1.8G和2.1G扩容40个站点，室分（室内分布系统，用于改善建筑物内移动通信环境）新建22个楼盘小区，与联通共建累计开通370个5G站点，2021年主要城区开通15个5G站，农村集镇开通133个5G站。推进光网提升工作，加快网络建设，确保通信能力稳步跟上业务发展步伐。完成光缆工程项目74个，共计投资2281.58万元；新建FTTH（光纤到户）端口7232个。

移动通信

【概况】 中国移动通信集团湖南有限公司长沙市宁乡市分公司（以下简称宁乡移动）是中国移动在宁乡的县级分支机构，公司设综合部、营销中心、网络支撑中心、政企客户中心四个部门。截至2021年年底，营业网点遍布宁乡市全部乡镇，共有1家自营厅，200余家授权代理点。

【移动市场经营】 2021年，宁乡移继续深化5G布局，为70万用户提供服务。市场份额在70%左右；全年净增5G套包客户10万余户，净增5G登网客户10万余户，拓展价值客户10万余户，净增宽带用户3万余户。

【移动客户服务】 2021年，宁乡移动提升客户服务感知，在网络信号、5G网络建设、宽带品质、适老服务、便捷服务、投诉消费、权益服务、防范电信网络诈骗、中小企业数字化赋能行动、移动大数据助力疫情防控等方面开展一系列提升举措。如自控厅提供老年人爱心座椅、设立无障碍通道、网点铺放明白消费卡片、大数据平台风险号码监控等。严格规范网点新入网动作，制定新入网六步法、防范七类高危开卡场景、开户留存开户视频、开户照片等规范要求，做好客户号码的涉诈风险告知，确保开户号码的真实有效。对公安部门转办涉案号码的渠道一律先关停工号进行核查，查验开户流程无违规方可申请复通。2021年，宁乡移动通过大数据风控平台关停疑似风险号码5861户，关停涉案号码43笔。

【移动4G网络及宽带建设】 截至2021年年底，基站建设方面，宁乡移动公司累计开通4G站点2458个，实现全市所有建制村的通达覆盖。5G站点550个。实现城区、经开区、高新区、各景区、各乡镇集镇的5G连续覆盖，热点农村区域的5G精准覆盖。从建设、维护、优化三个方面着手，全方位保障网络质量。宽带建设方面，一共交维（新建站验收入网后交接给运维部）家庭宽带站点1207个，交维端口422825个，覆盖住户数户636277，其中国标小区各40，快速扩建个798，普通小区各206，农村站点个227。专线建设方面，集团客户交付专线项目1300个。

【移动信息化应用】 2021年，宁乡移动共计完成255个5G基站的建设，实现对宁乡城区、三大工业园区、乡镇和自然村的覆盖。完成虚拟化扩容承建，为宁乡市实现高质量的智慧城市建设提供基础设施支持，让诸多行业应用项目在此虚拟化资源上得以实现资源共享，实现城市智能化、数字化治理。宁乡移动合作的三一汽车起重机械有限公司5G+智慧工厂和中电数科科技有限公司5G+智慧工厂项目，进入试运行阶段，其中三一汽车起重机械有限公司5G+智慧工厂项目获评湖南省工业和信息化厅“5G+工业互联网”示范工厂和第四届“绽放杯”5G应用征集大赛智慧园区专题赛优秀奖。为宁乡市政府疫情防控期间现场会议及云视讯会议做好通信服务保障工作，确保政府部门与各乡镇、街道、重点防控区域有效进行远程高清视频会议，有效支撑宁乡市整体疫情防控工作。免费向宁乡73万移动用户发送了4000多万条疫情防控短信和292万条极端天气预警短信。

（张宇丹）

联合网络通信

【概况】 2021年，中国联合网络通信有限公司宁乡市分公司（以下简称宁乡联通）围绕“强基固本、守正创新、融合开放”战略，聚焦主责主业，致力应用场景建设，在智慧政务、智慧水利、智慧教育、智慧医疗、智慧民政、智慧住建等版块积极作为，为智慧城市发展贡献力量，为宁乡人民提供更好的信息产品和服务。2021年，宁乡联通用户规模稳健增长，上缴地方税收1543万元。

【网络建设】 2021年，宁乡联通积极争取上级资源，推进5G建设，实现对宁乡城区、工业园区、所有乡镇集镇的全覆盖。2021年基站规模超2000个，光纤宽带覆盖全市95%，为智慧宁乡及智慧园区建设提供全方位信息化网络服务。

【客户服务】 2021年，宁乡联通客户服务工作主要围绕触点满意度、五不红线、客户投诉、携号转网四项工作开展。通过对客户工作体系的学习，各版块工作责任到人，加强过程督导和考核，整体客服满意度提升明显。落实提速降费，宽带、电视、手机、靓号各种福利不间断，推进5G传播，加快打造“大带宽、低时延、广联接”的5G匠心网络，让宁乡用户体验更加畅爽。规范入网流程，要求各渠道、营销人员严格按照实名制入网要求为用户办理入网，要求用户在认真阅读相应条款后签署《企业及个人申请和办理通信网络服务涉电信网络新型违法犯罪法律责任告知书》。

【社会服务】 2021年，宁乡联通委派专人入驻宁乡市新型冠状肺炎疫情防控指挥部，协助指挥部做好疫情大数据分析；免费发送疫情防控短信1000余万条。继续派驻驻村第一书记至双江口新香社区，开展乡村振兴工作，拟将新香社区打造为中国联通数字乡村示范村。进行网线整治、普及营业厅及光交箱公益宣传、组织志愿活动、发送文明短信等助力宁乡市建设更高水准全国文明城市。

（肖海英）

商贸服务业

商务工作

【概况】 2021年，宁乡市外贸、跨境电商、“社零”三项长沙市考绩效指标列四区县市第1名。全市实现外贸进出口总额8.98亿美元（除经开区），较2020年增长59.4%，新增外贸破零企业20家，实现外贸业绩倍增企业26家，业绩过亿元企业5家、新增外贸备案企业35家；实现跨境电商销售额1771万美元。实现服务业增加值542.73亿元，较2020年增长7.6%。实现社会消费品零售总额489亿元，较2020年增长15.3%；新增限额以上批零住餐企业40家。实现网络零售额达31亿元，较2020年增长11.5%；实现农产品网络零售额3.1亿元，增长15%。2021年，宁乡市商务局受理办结审批服务事项246件。

2021年，市商务局内设办公室、人事综合科（信访科）、现代服务业科、市场体系建设科、市场运行和消费促进科、外经外贸科、行政审批服务科7个科室及党建办，二级事业单位电子商务服务中心。获评全省商务工作（外经）先进单位、长沙市打造内陆开放高地创新实干激励县（市）、长沙市外经工作先进单位。高新区新增为国家外贸转型升级基地（装备制造）。

【消费活市】 2021年，市商务局开展消费活市活动。“春之约·夏之礼·秋之韵·冬之味·多彩宁乡”四季消费季活动（“冬之味”消费活动受疫情影响取消举办）成效显著；举办宁乡第23届名车展、“您来购·‘宁’有奖”购物消费节、“年货大捞”等重大主题活动，参与商家达1.1万家，吸引消费人流190万人次，拉动消费18亿元。城市消费中心初步形成，宁邦广场、春城万象不断完善商业业态，翡翠湖和吾悦商业广场建成投入运营，成为城市消费新地标。引进卜蜂莲花、步步高超市等众多品牌店商入驻发展，天虹百货创建省绿色商场。推进建设区域性消费中心，拟定《宁乡市消费升级三年行动方案（2021—2023年）》，进行《建设省会副中心打造区域消费中心工作探讨》课题研究。长沙市2021四季主题促消费活动评选中，市商务局指导组织的“夏之礼·2021年宁乡市商贸消费季活动”、“您来购·宁有奖”2021宁乡市购物消费节活动分别获家居建材、百货商超主题奖励；宁乡新城吾悦商业管理有限公司举办的“狂潮吾悦”活动获夜经济主题奖励；“幸福粮仓食有味”2021宁乡市老粮仓镇乡村产品振兴活动获乡村振兴（农村消费）主题奖励；新江天大酒店、紫龙湾大酒店获评“2021年长沙夜间消费示范门店”。

【“春之约”促消活动】 2021年，“春之约·多彩宁乡”消费季活动，主要有大润发宁乡店三场促消活动、时代奥莱3月主题活动“Pink时代，一起美好”、4月主题活动“遇见春日时代”、第三届茶旅文化节、灰汤第十一届桃花节、陈家桥花田乡村音乐节、时代奥来粉红节、金太阳第十届湘女桃花温泉节、喻家坳桅子花节、中南电器火活动节、金牛家电下乡活动、紫龙魅夜、抖嗨温泉节等21个大型消费活动。参与商家1000家，吸引消费人流40万人次，拉动消费近3亿元。

【“夏之礼”促消活动】 2021年，“夏之礼·多彩宁乡”消费季活动，主要有中国·宁乡第22届国际名车展、宁乡市第五届建材装饰家装节、宁乡市第一届家电购物节、大润发宁乡店“五一嗨”购节、汉德成超市“‘五一’黄金周、购物享大礼”活动、九龙仓时代奥莱“5·1”礼遇完美假期、步步高宁乡正大店“五一”狂欢一起嗨购、人人乐“五一”欢乐购、宁邦广场梦回大唐美食节&电动车大型展销会、抖游宁乡“心宁之乡·美好时光”2021宁乡文旅抖音短视频大赛、方特东方神画“九州华裳”聚方特、炭河古城景区炭河古城花痴节等22个大型活动。参与商家达到4000家，吸引消费人流60万人次，拉动消费6亿元。

【外经外贸】 2021年，宁乡市新增“破零”企业20家、“倍增”企业26家、业绩过亿元企业5家、新增外贸备案企业35家。市商务局制定《宁乡市2021年打造内陆地区改革开放高地先行区行动方案》，组织实施

“开放大局融入、开放通道畅通、开放平台拓展、开放主体壮大、开放环境优化”五大专项行动。走访企业66家为其排忧解难24个，组织企业参加各类国际展会，促进经贸交流。帮助企业申报外贸资金支持项目46个，发放各类专项资金900多万元。跨境电商和单一窗口应用。跨境电商交易额超额完成市考目标任务，四区县排名第一。单一窗口提前申报应用率达96%，超市考指标16个百分点。实现境外投资4574万美元，组织4家企业申报项目资金，争取开放型经济发展外经（对外国际经济）资金70.1万元。

【现代服务业】 2021年，市商务局下沉园区、乡镇（街道）指导企业入规，新增服务业企业9家。制定《宁乡市支持服务业和建筑业发展若干政策措施》，兑现并发放2020年本级政策奖励资金626.74万元。开展项目调研和帮扶。针对“她经济”和高端服务业2项调研，走访企业和商协会近20家，召开座谈会5次，发放调查问卷200余份，征求各部门意见，联合专业机构形成调研报告初稿。

【电子商务】 2021年，市商务局深化与电商大平台合作，对接阿里巴巴、京东、苏宁等电商大平台资源，助力农产品的标准化建设和品牌打造，扩大贫困村农特产品的网销销售。在淘宝、天猫、京东、拼多多等大平台开设农产品销售网店300多个，店铺销售业绩在1000万元以上12个，100万元以上31个，20万元以上40个。与拼多多合作开展农产品网销直播活动。引导农产品企业参与省市及全国各种农产品展会及对接会，共组织40家企业参与“一乡一品”农博会，共组织20家企业参加食餐会。流沙河花猪参与北京优质农产品扶贫展等。

【市场体系建设】 2021年，市商务局完善成品油零售体系建设“十四五”规划，“十四五”期间预计规划建设43座加油站。农商互联项目完成项目储备，其中绿叶水果、皇氏乳品入选省农商互联项目库。绿色循环经济完成初步布局，格力报废汽车成为湖南省第一个完成报废汽车认证并发证的企业，天虹百货完成绿色商场创建并完成验收。骏峰二手车市场建成投产，每天交易量在40台左右。

【行业安全】 2021年，市商务局检查商贸企业256家，排查安全隐患770条，整改770条，乡镇街道检查企业957家，排查安全隐患945条，确保商贸行业安全生产事故零发生。完成企业军转干部医保代缴、伤残人员抚恤金代发、八一慰问金发放及春节商务系统困难职工慰问走访；接待改制企业来访人员120余人次，妥善处理改制遗留问题。（康慧萍）

招商引资

【概况】 2021年，宁乡市招商引资服务中心内设办公室、招商一部、招商二部、招商三部、招商服务部5个部室。2021年，宁乡市实际到位外资2306万美元，同比增长767%，宁乡市获评“2021年创新实干推进高质量发展成效明显地区”。

【招商引资】 2021年，全市新引进产业项目176个，合同引资646.61亿元。其中工业项目100个（装备制造产业链40个，新材料制造产业链30个，食品及农产品产业链9个，其他产业链21个），合同引资537.9亿元；商贸地产项目19个，乡村振兴项目44个，文化旅游项目13个。

【工业招商】 2021年，宁乡市新引进的100个工业项目中，投资规模在10亿元以上的工业项目11个。邦盛新能源成为2021年长沙市引进的唯一投资过百亿元、产值过百亿元的“双百”项目，得到长沙市委主要领导的高度评价。

【“三类”500强项目】 2021年，宁乡市共引进“三类”500强（世界财富500强、中国企业500强和民营企业500强）项目6个。分别是华润怡宝饮料（中国）投资有限公司投资的华润怡宝纯净水生产基地项目；中国石化销售有限公司投资的宁乡经开区加油（气）站建设项目；三一重工集团投资的三一“两室”项目；正大食品（长沙）有限公司投资的正大宁乡百万头生猪屠宰项目；中百集团投资的中百集团长沙鲜食及烘焙食品生产基地项目；中广核金沃科技有限公司投资的中广核辐照基地项目。

【“省会副中心 幸福新宁乡”2021年宁乡市“宜居安宁幸福城”地产招商推介会】 2021年6月28日，举行“省会副中心 幸福新宁乡”2021年宁

2021年6月28日，“省会副中心 幸福新宁乡”2021年宁乡市“宜居安宁幸福城”地产招商推介会举行

乡市“宜居安宁幸福城”地产招商推介会。本次推介会，宁乡市首次采用集中供地模式，计划出让主城区核心地段6宗地块，共计75.53公顷。吸引碧桂园、融创集团、中海、新城控股、金茂、绿城、佳兆业、中梁集团、美的置业、电建地产等120多位知名地产企业家到场，其中包括全国百强地产企业50余家。

【“智融深圳、聚梦宁乡”产业招商专题推介会暨重点项目签约仪式】 2021年7月30日，宁乡市在深圳举行“智融深圳、聚梦宁乡”产业招商专题推介会暨重点项目签约仪式。本次活动是作为2021年湖南—粤港澳大湾区投资贸易洽谈周（简称“港洽周”）的专场活动之一。本次推介会共签约9个项目，总投资29亿元。其中现场集中签约7个重点项目，包括智能制造产业项目、新型材料生产项目、医疗产品生产基地项目、工重型减速机生产基地项目等。

（谭　曦）

供销合作

【概况】 2021年，宁乡市供销社秉承“为农、务农、姓农”的宗旨，把服务“三农”作为供销合作社的立身之本、生存之基，在乡村振兴中主动担当、主动作为，共新建或提质乡镇惠农服务中心29家、村（社区）级惠农综合服务社221家，覆盖全市所有乡镇（街道）和80%以上的村（社区），其中有7家惠农综合服务中心是全国供销合作总社评定的“基层社标杆社”；共领办引办农民专业合作社69家，其中12家是全国供销总社评定的“农民专业合作社示范社”，2021年，宁乡市金色田野种养专业合作社获评“国家农民合作社示范社”。争取长沙市2021年度新型经营服务体系示范县项目落户宁乡，11月完成建设验收。选派工作人员到花果山任驻村第一书记，支持花果山村项目建设，发展村级集体经济，打造为子湾组、尺家组两个“美丽屋场”。

【宁乡市供销合作社第一届社员代表大会】 2021年11月4日，宁乡市供销合作社第一届社员代表大会召开。长沙市供销合作总社党委委员、理事会副主任郭驰，宁乡市委常委、副市长蒋改平出席会议并讲话。会议听取并审议宁乡市供销合作社理事会工作报告和监事会工作报告，修改完善《宁乡市供销合作社工作章程》，选举产生宁乡市供销合作社第一届理事会和监事会。

【服务体系】 2021年，市供销社创建“县有龙头企业、乡村有服务载体”的县域惠农服务网络，升级1个县级农资配送中心，农资配送服务覆盖县域60%以上的乡镇；合作建设1个供销系统农业生产服务企业，“育、耕、种、管、防、收、加、贮、销”土地托管“九环”服务基本建成；合作建设1个供销系统电子商务服务企业，建设县域“网上供销合作社”，打造1间“长沙供销直播间”。

【农资销售】 2020年9月，化肥淡储企业着手开展化肥淡季储备，累计调入化肥7600吨，2021年，在市场涨价超过20%的情况下，储备点储备化肥涨幅控制在10%。17家惠农服务中心农药、种子备货齐全，服务周到，抛秧早稻面积2000公顷，并为1140公顷早稻提供集中育秧。

（何　军）

烟草专卖

【概况】 2021年，宁乡市销售卷烟5.62万箱，单箱均价4.06万元/箱；销售烟叶6.8万担。实现两烟销售收入22.07亿元，较2021年增长2.8%；实现税利6.53亿元，较2021年增长1.58%；实现税收（含企业所得税）4.07亿元，较2021年增长3.69%。

2021年，宁乡市烟草专卖局推进“我为群众办实事”实践活动，制定12类64项任务清单，开展实事项目670余项，受益群众3100余人次，相关工作获《红网》《学习强国》报道。推进党建业务深度融合，设立党员先锋队8支、党员先锋岗37个、党员责任田142.47公顷，打造零售户党员驿站41家，开展特色实践活动52次。推进党支部标准化规范化建设，烟叶安保党支部获评长沙市示范化“五化”党支部，横市、喻家坳基层服务站党支部和机关党支部分获全省系统、全市系统和宁乡市先进基层党组织。推进专项整治和百日作风纪律集中整治，开展廉政谈话190人次。落实专项巡察整改，做好国家局党组巡视工作。

【烟叶稳产提质】 2021年，市烟草专卖局推进烟叶恢复性增长。宁乡市共种植烟叶2540公顷，烟农998户，收购烟叶8.37万担。烤烟上等烟达75.63%，烤烟户均收入19.6万元，较2021年提升6.9%；晒黄烟户均收入3.74万元，较2021年提升18.6%；省烟草专卖局收购检查等级合格率81.33%，工商交接等级合格率77.75%。推行晒烟“散叶收购”模式改革，晒烟集中专业化分级率达100%。协调宁乡市政府印发《宁乡市基本烟田规划建设与永久保护实施方案》，完成3733.33公顷基本烟田永久保护区划定和上图入库工作。推进喻家坳高田、横市铁冲烟区产业综合体建设，其中喻家坳高田烟区产业综合体成为长沙地区首个国家局试点。

【烟叶营销】 2021年，市烟草专卖局开展零售户经营信息摸底，累计停止供货278户，转出其他类客户301户，其他及娱乐服务类减少7.85%。

推进城乡网建一体化，分类分层鼓励引导现代终端升级1423户，目标完成率193.6%，新建“湘汇636”（湖南烟草打自有流通品牌）7家、“湘村636”依托烟草农网零售终端平台打造的乡村多品类经营综合便民服务店）4家，结合美丽乡村、美丽屋场打造特色终端100家。推进零售终端数字化转型，推广终端智能信息系统902户，占比13.83%，在线支付比例、使用活跃度大幅提升。推进诚信互助小组重组改选，建成小组536个，打造“小组之家”186个。推进中高端品牌培育，工商协同举办品牌宣讲活动19场，品牌创意陈列大赛2次，开展芙蓉王（红宝石）进小组活动33场。

【烟草市场监管】 2021年，宁乡市查处涉烟案件135起，涉案卷烟1278.64万支，涉案金额933.1万元。其中，查处“5万元或5万支以上”真烟案件49起，打掉真烟仓库43个。破获假烟涉刑案1起、真烟涉刑案2起、烟叶案件1起、电子烟涉刑案件1起，共抓捕30人、刑拘13人、判刑2人。“2020鲅8鲅18”生产、销售伪劣产品案23人获刑。开展零售户专项清理，歇业、注销、收回1276户，在网运行6531户，较2021年减少822户。深化协同合作，组织规范经营联席会议10次，收集处理反馈信息1090条，全年流销比万分之0.94，在长沙市排名第五。

【企业治理】 2021年，市烟草专卖局顺利迎接国家局副局长韩占武、段铁力到宁乡调研。联合长沙市局探索基层烟草工作站管理模式，推动专卖管理、营销服务、烟叶收购站“三站合一”模式落地。推进“全员素质再提升”，开展内训37场、参训1009人次。研究部署安全生产及综治工作4次，开展安全检查25次，查出整改安全隐患109处。开展“四联五到位”民情大走访，收集和解决城郊街道罗宦社区135户群众各类问题31个。推进横市铁冲产业综合体建设，试种优质稻侦香1号40公顷，创建铁冲香米品牌，利用烤房工厂培育高档食用菌，持续助力乡村振兴。

【2021年湖南烟草科技活动周活动在宁乡启动】 2021年5月26日，2021年湖南烟草科技活动周活动在宁乡市启动。省烟草专卖局（公司）党组成员、副总经理、省烟草学会理事长黄国联，湖南中烟工业有限责任公司党组成员、副总经理、省烟草学会副理事长刘兴出席活动。省局（公司）和湖南中烟相关部门、各市州学会、工业企业、省烟草学所属专委会（分会、工作委员会）相关负责人及工作人员，科技工作者代表、征文作者代表参加活动。近百名与会代表参观湖南省科普教育基地喻家坳烟草科普工作站、湖南烟草天敌昆虫繁育中心、湖南省烟科所试验基地等场所，并围绕党史学习教育、技术创新发展等内容进行深入研讨。（朱　珺）

旅游业

综　述

2021年，宁乡市围绕打造文旅融合样板区工作目标，深入实施文旅融合提效行动。1月11日，宁乡市稻花香里农耕文化园创建五星级乡村旅游区（点）。11月10日，长沙格力暖通制冷、优卓乳制品获评湖南省工业旅游示范点。11月18日，宁乡市文化馆获批文化和旅游部颁布公示的“国家一级文化馆”。12月15日，宁乡金太阳康养旅游区被评定为国家AAA级旅游景区。12月20日，关山健峰农庄、春天里党建文化园获评省级四星级乡村旅游点。2021年，宁乡市接待游客806.23万人次，实现旅游综合收入87.72亿元，获评“2021年全国旅游百强县”。

【文旅推介】 2021年，宁乡市推行文旅融合提效举措，文旅宣传推广成效显著。出台《宁乡市全力打造文旅融合样板区实施意见》，确定方特文创休闲、沩山炭河文化体验、灰汤康养度假、刘少奇故里红色教育四大片区功能定位。1月，宁乡市以全省第一名的成绩创建湖南省全域旅游示范区。统筹举办宁乡文化旅游节、沩山茶旅文化节、灰汤桃花节等38个贯穿全年的主题品牌活动。全年推出《光之美—宁乡最美十二时辰》等宁乡旅游景区原创短视频113个，组织“抖游宁乡”短视频大赛，共收到抖音参赛作品5154条，话题总播放量超3.6亿次。开展同岳麓区、赫山区、湘乡市、湘潭县、韶山市、雨湖区等地的文旅区域协作发展。推进红色旅游长株潭一体化，5月30日，宁乡发布“沐温泉·瞻伟人”长潭红三角二日游、“追寻初心·心宁之旅”红色文化休闲二日游、“恰同学少年”青年毛泽东游学路三日游，以及“日出韶山·畅游红色故里”长潭红色精品三日游等四条长潭红色旅游线路。制作廉政短视频《初心》，组织拍摄、设计制作宁乡市“廉政文化周”《建党百年纪律史》。9月9日，中央电视台新闻频道《三星堆新发现》特别节目——《探秘湖南宁乡青铜器》现场直播，感受宁乡青铜文化魅力。9月28日，联合湖南交通频道推出《沿着高速去旅行—醉美乡村游宁乡》大型融媒体直播活动，对宁乡道林古镇、方特、炭河古城、灰汤等烛台旅游景区进行长达5小时的全平台直播，总观看569万人次。

【文旅产业提档升级】 2021年，市文旅广体局加快文旅项目建设，深挖消费潜力，加快提振文化旅游消费，推动文旅产业高质量发展。大型文旅融合项目道林古镇“千年铁魂·湖南人”于9月28日开园，成为宁乡文旅新地标，10月5日，中央电视台两次推介。刘少奇同志纪念馆全年接待284.43万人次，较2020年增长141.01%。提质重点旅游项目，金太阳康养旅游区创建国家AAA级旅游景区，湘都获批省级旅游购物示范点，格力暖通、优卓乳业获评省级工业旅游示范点。炭河文化水街商业综合体和大夫第博物馆民宿项目入选长沙市十大重点文旅项目。花明楼景区、紫龙湾温泉度假区等8个项目获评2020年长沙市十佳文旅项目。湖南海外宁乡旅行社获评湖南省四星旅行社。推进休闲农业与乡村旅游有机融合，以标准化创建带动乡村文旅提质，关山健峰农庄、煤炭坝春天里党建文化园获评省级四星级乡村旅游点，做大做优关山、湘都、稻花香里等一批农旅融合示范项目。2021年，宁乡有省级乡村旅游区（点）15个，年接待量70余万人次。

表17　　2021年宁乡市旅游业情况一览表

指标名称	计量单位	2020年	2021年
接待游客总数	万人次	603.5535	806.2341
接待境外游客（含港澳台）	万人次	0.2035	0.0165

续表17

指标名称	计量单位	2020 年	2021 年
旅游总收入	亿元	79.332	87.7231
外汇收入	万美元	81.47	2.67
旅行社总数	个	4	6
国家级风景名胜区	个	1	1
国家级旅游度假区	个	1	1
国家 AAAAA 级景区	个	1	1
国家 AAAA 级景区	个	3	3
国家 AAAA 级景区	个	4	5

（注：根据湖南旅游统计综合平台测算，2020 年宁乡旅游接待游客总数修改为 603.5535 万人次，旅游总收入 79.332 亿元）

沩山风景名胜区

【概况】 沩山风景名胜区位于宁乡西部，地处宁乡、桃江、安化三县交界处，包括横市、黄材、沩山、巷子口、沙田、黄材水库等乡镇和单位，景区规划面积 190.12 平方千米。2007 年获批省级风景名胜区，2012 年获批国家级风景名胜区。沩山自古有“大沩凌云”之壮观，又名大沩山，是沩水的发源地，素有长沙的“小西藏”之称。“千山万山朝沩山，人在沩山不见山”。沩山常年云遮雾绕，夏季气温比省会长沙低 8—10℃，是良好的休闲疗养避暑胜地。沩山风景名胜区有青铜文化、佛教文化、湖湘文化、红色文化和自然生态资源等风景名胜资源，分密印寺景区、炭河里·青羊湖景区、三关门景区、千佛洞景区等四大景区和名人古迹独立风景线，有文物保护单位 26 处，其中全国重点文物保护单位 4 处，省级文物保护单位 7 处，国家 AAAA 级旅游景区 1 处、国家 AAA 级旅游景区 2 处，是一个集礼佛、度假、休闲、探险于一体的综合性景区。

2021 年，沩山风景名胜区管理委员会（以下简称沩管会）坚持“科学规划、统一管理、严格保护、永续利用”的原则，围绕“生态保护、景区提质、产业惠民”，推动文旅融合样板区打造，取得良好工作成效。2021 年，沩山风景名胜区共接待游客 336.74 万人次，实现门票收入 4967.2 万元，创旅游综合收入 20.2 亿元。

2021 年，沩管会开展以“走读西部红色文化，追寻主席游学之路”为专题的党史学习教育，组织宣讲会 4 次，组织到红色教育基地学习 4 次，举办党史故事微宣讲竞赛，开展沩水之源环保行志愿服务，南轩中学献爱心等活动，让党史学习教育入脑入心。全年廉政谈话 49 人次，提醒谈话 57 人次。完成巡察反馈的 3 个方面 13 个问题整改销号。深入黄材镇石龙洞、井冲村、宁峰村、月山村，流沙河镇红石村开展“四联五到位”民情大走访，开展“我为群众办实事”实践活动，帮扶生活困难群众 85 户，发放慰问金及林补资金 55.4 万元。服务乡村振兴发展，协助井冲村引进湖南紫来生态农业有限公司建设 13.33 公顷金针基地，推动发展壮大村级集体经济。

【规划建设管理】 2021 年，沩管会严格实施《沩山风景名胜区总体规划（2017—2030 年）》，严格执行《长沙市沩山风景名胜区条例》。严格审批，审查申报沩山漂流起、终点站点设施建设项目，获省林业局核准。简化程序，优质服务，现场踏勘村民建房 233 处，依法依规办理审核手续 195 户，严格控制村民建房选址和外观风格，景区新建房达到“青瓦白墙坡屋顶”与景区整体风格相协调的理想效果。

【环境资源保护】 2021 年，沩管会加强森林资源保护。发挥 72 名护林员队伍作用，加强森林防火宣传；按要求安装“森林巡护”APP，加大对巡护情况全程监管，及时制止各种野外用火；推动“绿色祭祀”用鲜花代替烟花鞭炮，森林防火成效明显。科学规划加大对香榧林保护。加强重要景观资源保护。建立健全保护制度，重要景观、文物、古树名木等保护率 100%。加强文物保护力度，挂牌成立长沙市文物考古研究所炭河里工作站，致力破解宁乡铜器群之谜；炭河里遗址获评“湖南百年考古十大发现”。加强耕地保护，严格控制建设用地，无违规用地情况。加强地质灾害的巡查预警，做好省林业局下达 18 处卫星遥感监测对比图斑的核查和整改，完成“绿盾 2018”问题整改销号。

【文旅融合发展】 2021 年，沩管会进一步促进景区文化旅游深度融合。创新宣传营销，在人民网、《中国文物报》、《湖南日报》、《长沙晚报》、红网、《今日宁乡》等 10 多家媒体宣传报道 50 余篇次，拍摄《大沩灵佑》《大沩胜境》宣传片，沩山风景名胜区知名度、美誉度持续提升。举办特色节会，做深文旅融合。坚持把旅游节会活动作为引爆点，充分挖掘景区文化内涵，推动景区高质量发展。举办“湖南·沩山第三届茶旅文化节”“湖南·沩山第三届康养避暑文化节”，节会带动，吸引游客 50 多万人次。举办以“最美自然保护地·献礼建党 100 周年”为主题的“湖南·

沩山康养避暑节摄影大赛"，选送作品《佛佑天下》获评全省自然保护地摄影大赛三等奖。茶旅融合取得成效，茶旅文化节吸引10多万人次的采茶游客，助力茶叶销售，销售农副产品5000万元。避暑产业蓬勃发展，2021年避暑季景区共接待避暑游客40多万人次，创旅游综合收入3亿元；康养避暑产业给景区群众带来实惠，为当地群众提供就业岗位1000余个，高峰期日过夜人数达5000人，带来直接经济收入5000多万元，助力精准扶贫和乡村振兴有机衔接，凸显旅游产业惠民特色。

【景区基础配套】 2021年，沩管会推动景区提质。聚力提质避暑民宿。引导政策扶持，补贴200元/个床位，2021年新增避暑农家50多家，避暑床位2000余个，共有康养避暑农家200多家，床位6000余个。投入385万元，推动建设3千米森林康养游步道及生态旅游厕所。投入300余万元，深入考古调查，修复馆藏文物。投入70万元，归集革命文物600余件，建成红色印记宁乡陈列馆。助力乡村振兴，完成四羊方尊、虎食人卣出土点遗址建设，与故居荷花池、龙泉漂流形成乡村旅游经典线路，创造可观的社会效益和经济效益。管委会与市城发集团、沩山乡政府通力协作招商引进亮沩森林康养基地、沩山漂流、长兴仑樱花映山红基地、湖南亿嘉沩山民宿养老社区等项目。优质高效推动项目落地开工，亮沩森林康养基地建成投入使用并创建省级森林康养基地。沩山漂流完成项目前期审批手续、河道清理修复。长兴仑樱花映山红基地完成道路修复、茶园整理。

【景区行政执法】 2021年，沩管会落实中央环保督察要求，完成对《长沙市沩山风景名胜区条例》地修改。落实重大行政决策程序制度，执行法律顾问审查合同及合同备案制。严格执法程序，对历年来共739宗执法案卷进行全面整理核查。严格实施周巡查、护林员日巡查制度，确保景区巡查管控全覆盖，制止违法行为13起。推动联合乡镇、林业、自然资源、水利、环保、工商、宗教、文物、公安等部门，对景区进行综合治理，未出现滥伐林木、非法狩猎、开山采石、污染水体、毁损文物古迹等现象。

【旅游行业管理】 2021年，沩管会加强旅游行业管理。加强景区周边旅行社、涉外饭店、旅游区（点）、导游人员的服务规范管理，维护旅游市场秩序，建立旅游质量投诉机制，及时处理景区旅游投诉3起，全年未出现舆情事件。加强交通宣传，每月开展"文明大劝导""交通大劝导"志愿服务活动，确保景区交通通畅无事故。全面落实领导带队检查安全生产制度，对16个景区（点）进行4次全面安检，对存在的安全隐患进行督办整改，全年未发生安全生产责任事故。疫情防控措施落实到位，保护景区工作人员及游客的生命安全。

【党史故事微宣讲竞赛】 2021年4月16日，沩管会开和炭河里遗址管理处支部联合举办党史故事微宣讲竞赛，在炭河里青铜博物馆举行初赛，共48人报名参赛。4月29日，在沙田红培基地举行党史故事微宣讲决赛，参赛选手们讲述一个个动人心弦的党史故事，引发强烈的思想共鸣，传递满满的青春正能量。16名选手分别获评一、二、三等奖，其中《绣红旗》获评一等奖。

【《长沙市沩山风景名胜区条例》修改】 2021年8月25日，长沙市第十五届人民代表大会常务委员会第四十二次会议决定：对《长沙市沩山风景名胜区条例》作出修改，1. 将第二十三条第一款第一项修改为"开山、采石、开矿、掘坑、填塘、开窑、开荒、修坟立碑等破坏景观、植被和地形地貌的活动"。删除第六项内容，将第七项内容修改为第六项。新增一项作为第七项："（七）其他法律法规规定的破坏风景名胜资源的行为。"2. 将第三十六条第一款第六项修改为："开荒、修坟立碑等破坏景观、植被和地形地貌的活动。"将该条第二款修改为："有前款第一项行为的，依法没收违法所得，并处50万元以上100万元以下的罚款；有前款第二项行为的，并处2万元以上20万元以下的罚款；有前款第三项至五项行为的，并处1000元以上1万元以下的罚款；有前款第六项行为的，按照国务院《风景名胜区条例》相关规定处理。"2021年9月29日，被湖南省第十三届人民代表大会常务委员会第二十六次会议批准。10月20日，由长沙市人大常委会在长沙市人大网上公告执行。

【湖南·沩山第三届茶旅文化节】 2021年3月28日，"心宁之乡 美好时光"2021湖南·沩山第三届茶旅文化节开幕式在沩山乡沩水源村沩茶园基地举行，近1000人参加开幕式，吸引近3000名游客观看。开幕式宣布旅游2020年度获奖名单并对获奖

2021年3月28日，宁乡市文化旅游节暨湖南沩山第三节茶旅文化节开幕。图为参加活动的小游客

旅游企业颁发奖牌。开幕式进行现场直播，直播点击量14万余人次。节会期间举办“沩山毛尖”杯万人徒步上沩山、沩山茶业高峰论坛、网红打卡景区、采茶、制茶、品茶、购茶、尝美食等活动。推出最美茶乡超值一日游、二日游，精品茶旅文化一日游、二日游等活动，亲身参与采茶、制茶、品茶的体验活动吸引众多游客，节会期间到沩山采茶的游客10万余人次，带动沩山风景名胜区内密印景区、炭河里青铜博物馆、炭河古城、千佛洞景区、冰雪王国、龙泉欢乐谷等景区（点）人气，接待游客100万人次，旅游综合收入近3亿元。

【湖南·沩山第三届避暑文化节暨宁乡市全民广场舞大赛】 2021年7月7—8日，湖南·沩山第三届康养避暑文化旅游节暨全民广场舞大赛启动仪式在沩山游客服务中心举行，吸引900多人参加，省林业局、省卫健委、长沙市林业局、长沙市文旅广电局等单位领导和宁乡市领导一起按键启动湖南·沩山第三届康养避暑文化旅游节。节会期间举办宁乡市全民广场舞大赛、湖南省自然保护地摄影大赛预选赛等。全民广场舞大赛有39支队伍参加，玉潭街道代表队获评冠军。节会期间推出炭河→沙田→沩山红色避暑二日游；炭河→龙泉→沩山运动避暑二日游。通过节会带动，避暑季来沩山风景名胜区的游客达150余万人次，创门票收入近1500万元，旅游综合收入近6亿元。

【湖南·沩山康养避暑摄影大赛】 2021年7月30日—9月20日，举办康养避暑摄影大赛。本次摄影大赛以“最美自然保护地·献礼建党100周年”为主题，通过摄影作品宣传推介沩山风景名胜区美丽的自然风光、深厚的文化底蕴和生态宜居的环境。摄影大赛共收到作品878幅，评得一、二、三等奖作品13幅，优秀奖作品60幅，获奖作品均呈送参加湖南省林业局举办的全省风景名胜区摄影大赛，钟辉平的“佛佑天下”获评全省自然保护地摄影大赛三等奖。

（喻志国）

炭河里国家考古遗址公园

炭河里遗址管理处

【概况】 2021年，炭河里遗址管理处务实担当，打造湖南省文化与科技融合示范基地、湖南省研学旅行示范基地、湖南省华侨文化交流基地三大基地；建成长沙第一家考古工作站、建成宁乡历史上第一个革命文物综合馆、启动公园收费逐步实现资产收益；炭河里遗址入选国家大遗址保护利用“十四五”专项规划、获评中国考古百年湖南考古十大发现；四羊方尊出土点确认为第十一批省级优秀文物保护单位；四羊方尊出土点保护利用项目和炭河里考古研学项目被湖南省文物局作为创新典型，在全省文保系统专项中全面推介。

【长沙市考古研究所炭河里工作站挂牌成立】 2021年1月28日，由长沙市考古研究所和炭河里遗址管理处共建共享的长沙市文物考古研究所炭河里工作站挂牌成立。工作站主要职能是开展炭河里遗址相关课题的考古与综合研究、沩水流域商周青铜文化考古与研究和长沙地区出土青铜器的修复保护等工作，以补充完善炭河里遗址及周边遗址群的聚落布局和文化内涵以及探索炭河里文化发展源流为中心，同步兼顾和辐射整个宁乡地区的考古工作，以构建和完善长沙地区文化发展序列，探索长沙地区文明化进程为目的。

【红色印记陈列馆建成开放】 为庆祝中国共产党成立100周年，赓续红色基因，发挥革命文物的教育和激励作用，2021年4月初，炭河里遗址管理处筹建红色印记宁乡陈列馆，归集革命文物600余件，布展500余平方米，打造宁乡历史上首个革命文物综合馆。陈列馆分为思想觉醒、艰难历程、光辉岁月、英雄辈出、逐梦前行五个篇章，展出的文史资料包括何叔衡的木屐、黄唐起义的手枪、“乡镇企业产值超十亿元县市”奖牌等，再现1921年中国共产党成立以来宁乡人民在革命战争时期、社会主义建设时期、改革开放中国特色社会主义新时期代浴血奋战、砥砺奋进、逐梦前行的光辉历程。

【炭河里国家考古遗址公园开展“小小考古家 探索青铜梦”“文化和自然遗产日”活动】 2021年6月12日，第15个文化和自然遗产日，为让广大学生群体更好地认识和了解炭河里文明，炭河里国家考古遗址公园和炭河里青铜王国研学基地联合开展“小小考古家 探索青铜梦”“文化和自然遗产日”活动，60名学生及家长参加本次活动。

【炭河里青铜博物馆举办第三届“我是小小讲解员”活动】 2021年7月17日—8月14日，炭河里青铜博物馆举办第三届“我是小小讲解员”活动，100名小小讲解员参加本次主题为“讲红色故事，长英雄志气”的活动。炭河里青铜博物馆分别于2019年、2020年举办了第一、第二届“我是小小讲解员”活动，通过共三届“我是小小讲解员”活动，培养小小讲解员350名。

【全省考古工作站创新发展研讨会】2021年10月27—29日，炭河里遗址管理处承办全省考古工作站创新发展研讨会，湖南省文物局副局长王志杰、文物保护与考古处处长熊建华参加会议，来自湖南省文物考古研究所、湖南大学岳麓书院、长沙市考古研究及其他各县市20余家考古工作站参加，为炭河里文物保护和传承提供动力支持。

【炭河里国家考古遗址公园9月30日起恢复入园收费】2021年9月26日，市委宣传部、市文旅广体局、沩山风景名胜区管委会、炭河里遗址管理处、黄材镇、市旅游协会等部门单位联合举行炭河里国家考古遗址公园盛装起航、恢复收费通气会，并邀请市内外10多家旅行社参加，会上宣布决定自9月30日零时起恢复炭河里国家考古遗址公园入园收费，门票价格标准为40元/人，宁乡籍居民凭身份证可享受免费入园，免费期限至2021年12月31日。另外还推出其他系列优惠政策，对于符合相关条件的游客都能够获得入园优惠。

【炭河里遗址入围“百年百大考古发现”终评】2021年5月，由国家文物局指导，中国考古学会、中国文物报社主办的“百年百大考古发现”遴选推介活动启动，9月，160项考古发现入围终评，炭河里遗址是湖南省入围终评的8项考古发现之一。

【炭河里遗址获评湖南考古70年考古十大发现】2021年12月30日，在庆祝“中国考古百年”湖南省70年十大考古发现活动中，炭河里遗址获评“中国考古百年湖南70年考古十大发现”。本次评选活动中，炭河里遗址出土的四羊方尊、人面纹鼎、象纹大铙、象纹铙、乳钉云雷纹编铙、戈卣及玉龙、兽面纹瓿7件国家一级文物同时获评湖南省百件出土文物精品。

【炭河里遗址入选国家“大遗址保护利用“十四五”专项规划”】2021年12月，国家文物局发布《大遗址保护利用“十四五”专项规划》，炭河里遗址入选。自2013年国家《大遗址保护“十二五”专项规划》公布以来，炭河里遗址已连续入选大遗址保护利用“十二五”“十三五”“十四五”专项规划。

（喻晓辉）

财税·金融

财　政

【概况】 2021年，宁乡市完成一般公共预算收入103.97亿元，为调整预算的101.20%，较2020年增长17.08%。其中地方一般公共预算收入72.81亿元，较2020年增长17.08%；地方税收56.03亿元，较2020年增长18.17%，占地方一般公共预算收入的比重为76.95%。

2021年，全市完成一般公共预算支出（不含国防支出）120.40亿元。其中一般公共服务支出12.86亿元，为调整预算的92.99%；公共安全支出4.13亿元，为调整预算的105.19%；教育支出21.44亿元，为调整预算的98.13%；科学技术支出2.46亿元，为调整预算的127.45%；文化旅游体育与传媒支出1.19亿元，为调整预算的93.01%；社会保障与就业支出16.61亿元，为调整预算的102.47%；卫生健康支出12.37亿元，为调整预算的96.7%；节能环保支出1.52亿元，为调整预算的126.54%；城乡社区支出12.04亿元，为调整预算的95.08%；农林水支出15.85亿元，为调整预算的114.67%；交通运输支出3.52亿元，为调整预算的102.11%；资源勘探信息等支出6.65亿元，为调整预算的126.08%；商业服务业等支出5072万元，为调整预算的100.02%；金融支出1108万元，为调整预算的100%；自然资源海洋气象等支出2.13亿元，为调整预算的81.22%；住房保障支出3.43亿元，为调整预算的105.73%；粮油物资储备支出2647万元，为调整预算的108.71%；灾害防治及应急管理支出8836万元，为调整预算的125.64%；债务付息支出1.82亿元，为调整预算的100%；其他支出0.63亿元，为调整预算的101.2%。

表18　　2021年宁乡市一般公共预算收入和支出表

单位：万元

收入项目	2020年	2021年	支出项目	2020年	2021年
一、税收收入	750015	871819	一、一般公共服务	127805	128594
增值税	336572	367394	二、公共安全	35867	41290
企业所得税	142998	163868	三、教育	188679	214368
个人所得税	32768	46388	四、科学技术	24603	24620
资源税	2129	4607	五、文化旅游体育与传媒	12278	11866
城市维护建设税	23849	25390	六、社会保障和就业	150543	166052
房产税	23225	25699	七、卫生健康	120408	123673
印花税	11811	11759	八、节能环保	15114	15191
城镇土地使用税	24988	19226	九、城乡社区	68363	120372
土地增值税	40747	87877	十、农林水	163715	158528
车船税	5303	4997	十一、交通运输	46971	35206

续表18

收入项目	2020年	2021年	支出项目	2020年	2021年
耕地占用税	14204	8834	十二、资源勘探信息等	40331	66471
契税	85040	100486	十三、商业服务业等	5729	5072
烟叶税	2787	2743	十四、金融	1384	1108
消费税	1547	1746	十五、自然资源海洋气象等	32839	21250
环境保护税	859	935	十六、住房保障	36329	34273
其他税收收入	1188	-130	十七、粮油物资储备	2595	2647
二、非税收入	137990	167831	十八、灾害防治及应急管理	8607	8836
专项收入	26776	31445	十九、预备费		
行政事业性收费收入	34960	37464	二十、其他	16706	6322
罚没收入	15125	28643	二十一、债务付息	17298	18217
国资有偿使用收入	27485	36976			
捐赠收入	630	14			
其他收入	33014	33289			
收入合计	888005	1039650	支出合计	1116164	1203956

【财源建设】 2021年，宁乡市财政收入首次达到百亿元大关，完成一般公共预算收入103.97亿元，较2020年增长17.08%。推动出台《宁乡市财源建设工程实施方案》，实施企业倍增、招大引强、培育潜力企业等举措，全口径税收收入占生产总值比重从2020年的6.95%增长到2021年的7.47%。以建设"工业强市"为总揽，落实"纾困增效"十条措施，市本级兑现产业扶持政策资金1.2亿元，支持企业转型升级。配合工信、发改等部门为企业向上申报制造强省、企业贴息补助等专项资金2.32亿元。全年工业税收入库37.24亿元（全口径），占总税收的42.72%，8家工业企业纳税过亿元，85家工业企业实现税收倍增。正确处理应减尽减与应收尽收的关系，强化财税部门合力，升级综合治税平台，加强涉税数据分析，协同做好评估检查。

【民生保障】 2021年，按照建设"幸福宁乡"的总体要求，宁乡财政不断加大民生投入力度，全年民生支出占财政总支出的比重达77.38%，高出全省水平近7%。第一时间筹措资金3200万元，满足疫情防控物资采购、疫苗采购和接种等资金需求。统筹安排资金1.18亿元，为群众提供12类54项基本公共卫生服务和产前筛查、妇女"两癌"等多项免费检查。全年教育支出21.43亿元，较2020年增长13.62%，足额保障家庭贫困幼儿入园补助、普通高中助学金补助、家庭贫困寄宿生补助等各项政策资金需求；全力支持公办幼儿园、标准化学校、农村集镇寄宿制学校提质、城区学位扩容等建设。统筹安排资金6.1亿元，城乡居民医保财政补助标准提高到580元/年，惠及106.7万人；统筹安排资金5.59亿元，城乡居民基础养老金待遇标准提高到228元/月，启动65岁以上居民加发基础养老金，惠及22万余人；统筹安排资金2.7亿元，及时足额发放低保、特困、孤儿等困难群体基本生活费；安排高龄老人津贴补助5260万元，惠及全市80周岁以上老人15.5万人；统筹安排资金4800万元，残疾人困难生活补贴和护理补贴月标准分别提高到140元/人、100元/人。推动城市有机更新。统筹安排资金3.84亿元，用于保障棚户区改造、公共租赁住房建设、保障性住房租金补贴、老旧小区改造、住房租赁市场发展等工作。

【支持"三农"】 2021年，宁乡财政统筹安排资金21.95亿元，较2020年增长34%，助力美丽宜居村庄建设、农村人居环境整治、高标准农田建设、现代农业产业发展等工作。对口帮扶龙山县支持资金1550万元。统筹安排资金3.93亿元，用于农村道路建设、干线公路建设、公路养护、运输安全等工作，综合交通体系逐步完善。统筹安排资金3121万元，支持实施村级公益事业财政奖补项目128个。制定《宁乡市财政衔接推进乡村振兴补助资金管理办法》，规范衔接资金的支持范围、分配要求、项目监管等。开展惠民惠农补贴"一卡通"发放管理专项监督检查，全年通过"一卡通"平台发放各类补贴补助资金8.37亿元，涉及94个项目383批次。

【财政管理】 2021年，围绕"只跑一次"目标，宁乡财政优化工作流程，扩大网审范围，加快审核速度，全年办理支付业务17.27万笔，支付金额98.61亿元。制定《直达资金管理考核治理提升工作方案》，2021年宁乡市直达资金19.83亿元，第一时间分配下达，全程实施监控管理，确保直接惠企利民。优化政府采购环境。认真开展政府采购备选库、名录库、资格库专项清理，推进政府采购监督检查，全年监管政府采购项目3018个，审减金额3.66亿元。不断健全财政评审机制，探索EPC项目评审模式，全年完成工程预结算及费用评审项目767个，审减金额2.28亿元。

【财政改革】 2021年，宁乡财政对标财政部的规范标准，按照省财政厅统一部署，推进预算管理一体化改革，12月9日上线预算管理一体化系统。出台《宁乡市全面实施预算绩效管理的实施办法》，强化绩效评价结果在预算编制中的运用，核减145家预算单位部门项目39个1.39亿元，核减比例为12.5%。以压减债务规模、防控债务风险为主线，集中财力物力化解存量债务，债务规模得到有效控制，2021年底综合债务率降至170%左右，退至三类风险地区。稳妥完成市属国有企业编内人员双向选择。盘活21.04亿元存量资产资源注入国有企业。专项清理38家非公司制企业，全民所有制企业公司制改革任务完成率100%。 （王　利）

税　务

【概况】 2021年，宁乡市税务局有干部职工302人，局机关设有办公室、法制科、税政科、社会保险费和非税收入科、收入核算科、纳税服务科、征收管理科、税源管理科、税收风险管理科、财务管理科、人事教育科、机关党委（党建工作科）、纪检组、信息中心、工会15个科室。辖第一、第二、灰汤、黄材、煤炭坝、玉潭、金洲、城郊、历经铺9个税务分局。

2021年，宁乡市税务局围绕“优化营商环境”“纳税人满意度”等重点工作，持续推进深化税收征管改革，为纳税人、缴费人提供更规范、更便捷的优质服务，打通政策落实的“最后一公里”。宁乡市税务局获评2021年度长沙市税务系统绩效管理先进单位；获评全国档案法知识竞赛答题活动优秀组织奖“2016年—2020年长沙市普法工作先进单位”“宁乡市2021年度落实全面从严治党主体责任先进单位”等称号。

【税收收入】 2021年，宁乡市税务局通过强化各项措施，全年总收入规模为87.3亿元。其中，市本级收入56.83亿元，社保费收入32.32亿元，非税收入16.78亿元。2021年，宁乡市税务局前四大入库税种为增值税、契税、土地增值税、企业所得税；2021年分别入库19.15亿元、10.05亿元、8.79亿元、6.55亿元。

【减税降费】 2021年，落实增值税优惠、小微企业普惠性减税、支持疫情防控和经济社会发展等税收优惠共计5.78亿元。全年办理退税1997户，退税金额17.16亿元，其中出口退税394户次，共计8.29亿元；增值税留抵退税51户次，共计3.17亿元。

【依法治税】 2021年，宁乡市税务局大力开展税收法治文化建设，推进全面依法行政，狠抓税收法治工作落实，干部职工法律素养逐渐增强，依法行政机制逐渐完善，监管执法水平与队伍形象逐渐提高，税务法治建设成效明显。

【税收征管】 2021年，宁乡市税务局落实《进一步深化税收征管改革的意见》，狠抓税收征管质量5C监控指标评价工作。成立4个“四精”工作小组，由局领导亲自指挥，实行扁平化管理，直接对局党委负责，按行业划分职责范围，统筹推进“四精”（精确执法、精细服务、精准监管、精诚共治）工作。 （柳雄元）

表19　　2021年宁乡市税务局税种收入统计表

单位：万元

税种名称	2021年	2020年	同比增减额	同比增减率
增值税	191506	168141	23365	13.90%
消费税	0	0	0	0.00%
企业所得税	65547	57265	8282	14.46%
个人所得税	18727	13200	5，526	41.87%
城市维护建设税	25390	23849	1541	6.46%
城镇土地使用税	19226	24988	-5762	-23.06%
房产税	25699	23225	2474	10.65%
耕地占用税	8834	14204	-5370	-37.80%
契税	100486	85041	15445	18.16%
土地增值税	87877	40747	47131	115.67%
环境保护税	935	859	76	8.84%

续表19

税种名称	2021 年	2020 年	同比增减额	同比增减率
烟叶税	2743	2787	-44	-1.57%
印花税	11759	11811	-53	-0.44%
营业税	-65	594	-659	-110.94%
资源税	4607	2130	2477	116.33%
车船税	4997	5303	-305	-5.76%
合计	568308	474143	94165	19.86%

金融事务

【概况】 宁乡市金融事务中心为市政府直属公益一类正科级事业单位。2021 年 7 月，经市委编办优化调整，核定事业编制 11 名，内设 3 个部室，分别为综合部、发展部、服务部。2021 年，市金融事务中心着眼市域发展大局，以服务“三高四新”“工业强市”和深化金融改革创新为导向，提升金融服务水平，全面优化金融生态环境，为市域经济高质量发展奠定坚实基础。

【主要指标】 截至 2021 年 12 月底，全市银行存款余额 965.44 亿元，同比增长 6.14%，2021 年净增 55.85 亿元。其中储蓄存款 625.71 亿元，净增 73.70 亿元；贷款余额（表内）1100.05 亿元，同比增长 9.63%，2021 年净增 96.62 亿元。存贷比 113.94%，不良贷款率 0.84%；税收 4.55 亿元，同比增长 0.95%。

【资本市场建设】 2021 年，市金融事务中心制定企业上市（挂牌）联席会议制度，修订上市支持政策，本土企业首发上市补助标准增加到 600 万元，外地上市企业迁入一次性奖励 1000 万元。多次邀请省地方金融监督管理局、湖南证监局、上交所、深交所领导、专家及中介机构团队深入公司现场指导、开展上市实务培训。万鑫、族兴、邦弗特、星邦 4 家企业先后在湖南证监局辅导备案，26 家优质企业入选省市后备企业资源库。

【金融创新】 2021 年，转贷应急周转资金累计开展业务 282 笔，金额 24.67 亿元，服务企业 168 家。其中 2021 年开展业务 41 笔，金额 4.7 亿元，服务企业 34 家。整合国有公司资源要素，加强与湘江新区在产业基金和产业导入的合作，宁乡高新区云起产业投资基金累计股权投资 2.58 亿元，其中为本土企业星邦、万鑫、广信科技、中净生物等投资近 1.1 亿元，参与中伟定向增发 2000 万元。风险补偿基金累计为 43 家企业发放无抵押纯信用贷款 2.46 亿元。

【金融环境】 2021 年，针对金融突发事件和防控涉众型非法经营活动，市金融事务中心牵头制定《宁乡市金融突发事件应急预案》《防范化解涉众型非法经营活动稳定风险联席会议制度》，加强组织领导、提升应急处置能力。坚持集中宣传和精准宣传相结合，采用新媒体、宣传片、小视频、村村响、屋场夜话、宣传车等多种形式，重点针对老年人、拆迁户，开展集中宣传活动。加强非法集资风险监测预警，组织专班队伍排查新注册公司，开展楼宇集中清查行动，全面排查涉养老机构，通过现场检查、下发《风险提示函》、提醒约谈、资金清退、责令整改、停业注销等方式，化解集资隐患 10 起，立案侦办并破案 1 起。坚持稳定为先，加强情报信息沟通，耐心接待来访人员，全年未发生非法集资群访集访事件。

【小额信贷】 2021 年，市金融事务中心精准把握脱贫人口小额信贷政策要点，保持过渡期政策稳定，有效满足脱贫人口产业发展贷款需求，牢牢把握每月底本息“双清零”的红线。累计发放小额贷款 7405 笔、27650 万元，其中 2021 年新增 768 笔、3248 万元，截至 12 月底，余额 923 笔、3794.1 万元。累计贴息 1168.64 万元，其中 2021 年贴息 228.96 万元。

中国人民银行宁乡支行

【概况】 2021 年，中国人民银行宁乡支行（以下简称人行宁乡支行）以习近平新时代中国特色社会主义思想为指导，贯彻落实党中央各项决策部署，金融支持稳企业保就业成效明显，防范化解金融风险稳步推进，金融管理与服务不断优化，为推动宁乡市经济社会高质量发展贡献金融力量，在宁乡市绩效考核中获评优秀单位。

【货币信贷工具运用】 人行宁乡支行严格贯彻稳健的货币政策，为推动疫情防控和复工复产提供有力支撑，截至 2021 年末，辖内金融机构人民币各项存款余额 977.31 亿元，同比增长 6.47%，较 2021 年初增长 59.40 亿元；各项贷款余额 1100.05 亿元，同比增长 9.63%，较 2021 年初增加 96.62 亿元。稳企业保就业成效显著。组织辖内金融机构积极上门走访对接疫情防控重点保障企业名单，了解企业金融需求，提供“一对一”金融服务。通过安排专项信贷资源、开辟专项绿色审批通道、创新专属信贷产品、专项利率优惠等工作，落实金融服务要求，2021 年，辖内银行业金融机构为民营和中小微企业、个体工商户提供疫情防控、复工复产类贷款支持1万余笔，金额达35.33亿元。开展2021年行长走访调研工作，详细了解银行、企业在贷款发放、金融产品创新、普惠金融等方面情况，指导企业解决融资难问题。金融支持政策见力见效。通过召开专题会议、进行窗口指导等方式，开展中小微企业金融服务能力提升工程、金融支持个体工商户专项活动，截至2021年末，普惠小微类贷款余额93.94亿元，占全部贷款余额的8.54%，同比增长18.93%，平均利率5.59%，较2020年下降0.38个百分点。大力支持科技创新、绿色发展、先进制造等工作，依照“一行一链”，实行“一链一策”，为供应链金融提供专项授信政策、专项信贷资源、绿色服务通道。开展金融支持创新体系工作情况、地方法人存款利率定价情况等专题调研，形成调研材料21篇，为上级决策提供参考。

助力乡村振兴，引导辖内金融机构开展乡村振兴工作，依据“三农”信贷政策导向评估结果，约谈5家勉励档机构负责人，要求其提升“三农”类贷款余额，切实服务“三农”经济。利用窗口指导，引导金融机构优化贷款投向，丰富配套金融产品，推出“生猪贷”“文明贷”等金融产品，工作信息在《金融时报》刊登。督促商业银行降低涉农类贷款利率让利给乡村振兴类企业，辖内4家国有银行发放涉农贷款平均利率4.35%，最低低至4%。用好两项直达式货币政策工具，为两家法人办理普惠小微企业延期支持工具10笔，利率互换本金2.46亿元；办理信用贷款支持工具6笔，金额1.27亿元。将3000亿元支小再贷款落到实处，截至2021年末累计向宁乡农商银行发放支小再贷款4亿元。密切跟踪地方法人流动性状况，引导地方法人金融机构落实新的流动性监测制度。组建现场核查小组，对辖内两家法人机构开展货币政策工具落实情况现场核查。

【金融风险防范】 2021年，人行宁乡支行强化金融风险联防联控，加强风险监测和风险化解，持续监测房地产集中度压降情况，大力化解地方政府债务，维护区域金融稳定。存款保险制度有序实施，督促做好保费交纳工作，要求辖内2家法人银行按时将保费划款到账，及时完成填报《保费支出的财务影响测算数据采集表》等后续工作。制定辖区存款保险知识宣传工作方案，督促投保机构健全机制、主动宣传、及时总结，提高存款保险公众认知度，组织辖内金融机构利用LED屏幕宣传、视频宣传、现场讲解、发放宣传手册等方式开展宣传活动11900余场，发放宣传资料5210份。重点领域风险化解进展顺利。针对宁乡沪农商村镇银行超限过多的情况，组织召开专题会议研究，推动落实压降责任，提高压降力度，截至2021年末，宁乡农商行房地产贷款余额46.18亿元，占比20.38%，宁乡沪农商村镇银行房地产贷款余额3.40亿元，占比33.9%。积极参与处置恒大宁乡项目，督促银行清退部分违规销售购房款，协调落实各银行不抽贷、不断贷，确保复工复产保交楼。组织辖内银行业金融机构助力化解地方政府隐性债务，建立信息交流沟通机制，要求金融机构及时上报相关情况，协调平台公司按期备齐偿债资金。积极开展金融生态评估工作，全面评价地区金融稳定运行状况，开展定性指标问卷调查，深入了解区域金融环境情况，认真整理评估结果，撰写辖内金融生态评估报告，全面掌握辖内金融生态环境现状。完成县域金融机构基本指标采集工作，通过汇总辖内银行业金融机构2000年—2020年度存贷款发生额、余额等基本指标，密切关注银行业金融机构存贷款情况。强化辖内法人机构监管，防范重要洗钱线索源头遗落风险，开展反洗钱义务机构考评，11家单位获评A级，占比25%，反洗钱监管工作信息在《金融时报》刊出。组织辖内法人机构摸排客户4455户，账户12220户，上报一般可疑线索15份，重点可疑线索3份，协查案件35起，成为辖区有效防范洗钱风险的重要力量。健全反洗钱联席机制，召开重点可疑线索对接会，2021年共接收重点可疑线索6份，经分析后全部移送公安机关，在控制涉案账户、挽回群众损失、维护金融稳定上取得一定成效。

【业务办理提质增效】 2021年，人行宁乡支行收到政务服务“好差评”评价202条，满意率100%。督促辖内银行落实减费让利政策，积极开展暗访检查工作，截至2021年末，辖内银行对个人账户减免费用达78.33万元，对公账户累计减免36.38万元。有序开展打击治理电信网络新型违法犯罪工作，强化账户源头治理，积极督导银行开展存量账户排查工作，排查存量账户17.08万户，撤销1.43万户，管控2.89万户。联合公安部门对银行进行全面部署、现场督导、单独约谈，涉案账户明显下降，改变涉案账户在全省排名靠前的局面。建立“库库帮扶”机制，与长沙市天心区、芙蓉区代理支库开展“赓续红色国库血脉 提升国库履职能力”等系列联学联建活动，在互帮互扶中查找操作漏洞、消除工作盲区、补齐业务短板。截至2021年末，累计办理预算收入68万笔307.11亿元；办理预算支出14万笔379.28亿元，预算收入退库5万笔17.65亿元，更正调库178笔14.55亿元。狠抓柜面监督，加强主管事前、事中跟踪监督，事后审核把关，截至2021年末，柜面监督不合规收入、支出、退库、更正等业务659笔，金额5.06亿元。打造“家门口的宣传平台”，通过设置咨询展台、悬挂横幅标语、领取宣传折页的口罩等方式宣传国债知识，组织辖内承销机构开展国债知识宣传活动26次，发放宣传资料2000余份，受众人数5万余人，储蓄国债在宁乡乡镇销售额达647.6万元，占总销售额的33.39%，是去年乡镇销售额的8.26倍，工作信息在湖南金融信息港、《红网时刻》刊登。征信业务提质增效，疫情防控期间对征信查询柜台进行每日消毒，引导居民优先选择网上查询方式，征信窗口共查询个人信用信息51条，企业信用信息2052条，处理征信异议18笔，协助公检法部门进行司法查询9人次，协助市委组织部对2151名市党代表、市人大代表、市政协委员的信用报告开展司法查询。形成“查询点+银行网点+社区”的服务模式，建立首批覆盖全市的“信之风”征信宣传志愿服务站4个，活动期间举办志愿活动场次 43 场，参与活动的社区居民 13115 人次，发放宣传品 10455 份。强化信用报告自助查询机安全管理，对辖内商业银行代理查询网点的信用报告自助查询机进行安全检测，切实维护金融信用信息基础数据库安全运行。

【货币发行】 2021 年，人行宁乡支行强化监测分析，保障现金合理供应，截至 2021 年末，组织投放现金 29.43 亿元、同比下降 4.42%，回笼现金 6.34 亿元、同比下降 38.63%。组织发行基金调拨 4 次，调入发行基金 22.57 亿元；调出发行基金 2.92 亿元，确保辖区合理现金供应。投放 20 元以下小面额现金 6280.1 万元，优化流通中人民币券别结构。做好纪念币发行监测，组织开展 2021 年贺岁币、庆祝中国共产党成立 100 周年纪念币、冬奥币和冬奥钞的发行工作。强化一线柜台防假打假工作，全辖共收缴假币 3854 张，金额 34.4 万元，同比下降 31.23%。建立“反宣币”“残损币”收兑绿色渠道，提高柜台现金服务满意度，合计收兑残损人民币 531 万元。数字人民币试点工作取得初步成效，截至 2021 年底，辖区内个人数字钱包开立开立 924850 户，对公客户 7388 户，商户支付场景 5860 户，数字人民币支付交易 199921 笔，交易金额达 254 万余元。

【金融消保】 2021 年，人行宁乡支行督促金融机构切实保障消费者合法权益，打造消保“暖心热线”，保持投诉渠道畅通，及时妥善处理金融咨询和投诉，全年办结投诉 5 笔，接受咨询 21 次，报送典型案例 3 例。统筹规划做好集中性金融知识普及活动，联合宁乡农商银行在宁乡市玉潭中学开展金融知识进校园活动，在菁华铺乡开展金融知识进乡村宣传活动，联合交通银行宁乡支行开展金融知识进社区宣传活动。组织辖内金融机构开展金融消费者权益保护培训，针对当前各金融机构收到投诉的内容，分类梳理，提出指导性意见。

（曹利民　蔡　敏）

中国农业发展银行宁乡市支行

【概况】 2021 年中国农业发展银行宁乡市支行（以下简称农发行宁乡市支行）内设综合部、客户部 2 个部门。2021 年，农发行宁乡市支行获评宁乡经开区 2021 年度“产业项目竞赛年”活动金融服务一等奖、中国农业发展银行湖南省分行 2021 年度“资产质量提升”真抓实干成效突出单位、“农地业务”真抓实干成效突出单位、五四红旗团组织、湖南省分行营业部 2021 年度先进单位。

【业务指标】 截至 2021 年 12 月 31 日，农发行宁乡市支行实现各项贷款余额 115.37 亿元，较年初增加 5.64 亿元，累计发放贷款 21.29 亿元，累计收回贷款 15.65 亿元。全年审批 5 个项目，金额 41 亿元。各项存款余额 31.46 亿元，较年初减少 2.15 亿元；存款日均余额 39.79 亿元，较年初增加 6.18 亿元。实现账面利润 2.42 亿元，FTP 净利润（商业银行内部资金定向转移带来的利润）1.94 亿元。存贷款余额、存款日均余额均居全省县级支行前列。

【服务粮食安全工作】 2021 年，农发行宁乡市支行向中储粮宁乡直属库发放中央储备粮油贷款 8781.31 万元，轮换早籼稻 4.47 万吨，轮换中晚稻 1.17 万吨，轮换玉米 0.7 万吨。发放地方储备粮油贷款 862.46 万元，轮换早籼稻 0.4 万吨。发放地方调控粮油贷款 6120 万元，收购早籼稻 0.38 万吨，中晚籼稻 2 万吨。

【支持乡村振兴】 2021 年，农发行宁乡市支行审批投放现代农业三产融合示范区项目贷款 2.5 亿元，打造宁乡农村产业融合发展“样板工程”，直接带动当地脱贫（享受政策）人口增收，实现巩固拓展脱贫攻坚成果同乡村振兴有效衔接。

【支持园区】 2021 年，农发行宁乡市支行借助省分行与宁乡经开区在湖南省金融服务“三高四新”战略座谈会进行一对一专属签约的契机，全年向宁乡经开区新增授信 21.2 亿元、放款 7.41 亿元。向宁乡高新区授信 9.4 亿元、放款 3.24 亿元。

【支持长江大保护】 2021 年，农发行宁乡市支行审批投放宁乡经开区 2020 绿色发展项目生态环境建设与保护贷款、宁乡市白马片区沩江（沩江桥至仁福桥段）水生态保护工程项目水利建设贷款。

（袁　媛）

中国人寿保险股份有限公司宁乡支公司

【概况】 2021 年，中国人寿保险股份有限公司宁乡支公司（以下简称中国人寿保险宁乡支公司），设有经理室、综合管理部、营销发展部、收展发展部、个险培训部、团体业务部、银行保险部、客户服务部七部一室，下设 22 个城区、收展和农网职场。全公司共有人员 1215 人。

全年完成总保费 3.28 亿元。其中长险首年标保完成 3116 万元，完成率 100.52%；首年期交保费 6400 万元，十年期保费 3809 万元，短期险保费 3906 万。公司标保、十年期交、保障型预算达成率均居长望浏宁四县之首，业务规模居全省县域前列。业务结构更趋合理、经济效益稳步上升。

【个险业务】 2021 年，中国人寿保险宁乡支公司个险渠道认真谋划、不断的开拓创新，全年完成长期险首年标保 3018 万元，首年期交保费 5539 万元，十年期保费 3808 万元，短期险保费 1355 万元。年末架构人力 1093 人（其中主管 103 人），月均长险举绩人力 485 人，季均有效人力 702 人，月均星级人力 113 人。队伍三个月转正达标率突破 71%，全市系统排名第二；13 个月留存率突破 18.5%，全市系统排名第三；分别高于系统均值 9.6、3.6 个百分点，完成渠道的各项考核指标。

【团险业务】 2021年，中国人寿保险宁乡支公司宁乡团险完成短险保费2551万元，较2020年增长2.2%。其中，学生保险完成保费1298.71万元，较2020年增长9.8%；计生系列保险完成保费174.54万元，较2020年下降5.4%；妇联系列保险完成保费280.63万元，较2020年增长9.15%；老年人保险完成保费139.7万元，较2020年增长5.15%；员福法人业务完成524.12万元，较2020年下降16.37%。2021年团险共计理赔8353件，赔付金额1465.80万元。民生保险业务稳步发展，学生保险、计生保险、妇联保险、老年人保险和护理保险等民生保险规模不断增长，受益对象不断增加。365产品销售引领全市团险渠道。高质量发展措施得力，通过入口和出口的有效管控，实现业务质量的不断提升。

【银行保险业务】 2021年，中国人寿保险宁乡支公司银行保险达成期交首年保费861万元，长期险首年标准保费97万元，短险保费19万元，与中、农、工、建、两邮国有银行及广发、光大、长沙银行和中信等股份制银行均保持良好合作关系。

【客户服务】 2021年，客户服务部新单投保全面实行电子化投保，电子新单投保8000余件，新单投保达到无纸化，短险新单录入1700余件。继续向广大客户推广中国人寿寿险APP，让客户足不出户就可以在家中办理业务，股份保全在APP上办理近6万笔，集团保全在APP上办理3000多笔，销售人员在国寿E店办理保全1.7万多笔，柜面共接待1.1万多名客户，全年线上线下共处理保全件总件数近11万件。处理理赔案件达1.1万多笔，共计赔付金额3200余万元，拒付和协商案近100件，共计拒付和协减金额近100万元。全年完成系统内新单回访1.5万多件，除分红险及万能险必须电话回访外，其余新单回访客户均可在中国人寿寿险APP上进行回访，大大减少人工工作量，提高工作效率。二线会办共处理回复客户来电近2000个，及时为客户进行详细解答。V8系统和SLBPS系统收费1000多笔，共收费金额1000多万元；养老金发放全部通过银行转账授权，让客户的养老金能及时到账。柜面开通适老服务，增加医药箱，老花镜，开通老年人优先的窗口，对年满60岁以上的老年人客户优先办理业务。联合湖南省工会设置户外劳动者爱心驿站，爱心驿站内干净整洁，放置桌椅、空调、饮水机、微波炉、一次性纸杯、应急药品、雨伞、充电装置等日常用品及设施、设备，基本满足户外劳动者冷可取暖、热可纳凉、渴可喝水、累可歇脚、伤可用药的需求。

【风险防范】 2021年，中国人寿保险宁乡支公司守住风险管理的底线，防范风险事件的发生。纪检委员不定期对党员进行党风党纪教育，提高党员遵纪守法的自觉性，同时对公司开展日常监督、实行专项检查，确保零风险、零违规；大会必讲风控，纪检委员、风控联络人定期对不履行职责的员工和营销员及时通报批评；党支部书记与各职场风控联络人、职场经理签订风控责任状；开展“人身保险市场乱象治理”“反洗钱宣传月活动”“反洗钱利剑专项行动”“防范和打击非法集资宣传月活动”“扫黑除恶”“消费者权益保护”等专项治理工作，消除存量问题，遏制增量风险，全年未发生一起违规违纪事件。

方正证券

【概况】 2021年，方正证券股份有限公司宁乡营业部设营销部、客户服务部、交易部、合规管理部。营业部经营范围为证券经纪、证券投资咨询、证券投资咨询代销、代销金融产品、融资融券、为期货公司提供中间介绍业务。2021年，营业部主动承担金融单位社会责任，积极参与投资者教育活动及反洗钱宣传活动，维护和谐稳定、开放有序的金融环境，实现客户规模、经营收入双增长的经营目标。

【业务创新】 2021年，方正证券宁乡营业部做好传统经纪业务，落实开户、引资工作，盘活存量客户，维持经纪业务重要地位，同时，发展金融创新业务，推进金融产品业务、融资融券业务、投资顾问业务、期货中间介绍业务、期权衍生品业务等创新业务，发挥全牌照券商优势，拓宽业务渠道。

【内控合规管理】 2021年，方正证券宁乡营业部设立专职合规管理岗位，在经营活动中，严格按照公司合规工作要求。合规培训覆盖合规工作布置及总结、执业行为规范、合规及反洗钱知识学习等内容，合规提醒始终贯穿所有业务条线。营业部负责人与合规专员一起学习内控制度及经营规范细则。推行可以落地的合规考核制度及合规考核细则，覆盖营业部所有岗位，包括执业行为、合规展业、业务差错、反洗钱、合规培训、投诉管理及其他方面，合规评分纳入综合考评。实时自纠，避免合规风险。组织风险较高业务融资融券、新三板、科创板适当性自查，以及员工执业行为规范自查，及时排查合规风险。未出现合规扣分事项、未发生重大合规风险事件。本单位及其员工（含经纪人）未被采取行政处罚、监管措施和自律措施。

【投资者教育】 2021年，方正证券宁乡营业部开展投资者风险教育工作。营业部成立风险教育领导小组，加强员工和客户培训，增强员工对于投资者教育工作的专业性，在客户中开展投资者教育宣传工作。通过多种方式参与投资者教育工作，成立投教课堂花明点金学院，打造宁乡投资者专业的交流平台，通过投资报告会、线上课堂等形式，向投资者传播正确的投资理念和主流投资方法，开展打击非法证券活动、打击场外配资、打击电信诈骗的宣传。制作“投资者教育园地”，在大厅显要位置张贴颜色醒目的风险提示标语，宣传栏张贴有关投资者风险警示的投资知识。开展投教打非活动。3月，组织开展“保护投资者合法权益，我们在行动”专项活动，提高中小投资者的专业知识水平和风险防范意识，提升投资者教育工作专业性、通俗性和针对性。10月，方正证券宁乡营业部作为本地券商代表，参加湖南省证监局、省证券业协会、湖南省农业农村厅、省乡村振兴局及宁乡金融事务中心共同主办的“金融知识助力乡村振兴”暨“一村一机构”金融教育主办制活动，负责“争做理性投资者，争做金融好网民”宣传板块，打击非法证券投资，普及理性投资。帮助广大群众树立正确投资理念，选择合法证券投资机构。

2021年10月，方正证券宁乡营业部参加2021年湖南省“金融知识助力乡村振兴”暨“一村一机构”金融教育主办制活动

【反洗钱工作】 2021年，方正证券宁乡营业部反洗钱工作主要涵盖客户身份识别、非自然人受益所有人识别、反洗钱培训及反洗钱宣传等内容。为提高反洗钱人员专业能力，公司组织反洗钱专岗员工学习专业技能，反洗钱专员获国际认证反洗钱师认证。中国人民银行宁乡支行对方正证券宁乡营业部进行分类评级，连续三年评级结果为A。开展四次反洗钱宣传活动，主题包括反洗钱法规学习活动、打击非法及账户实名日常宣传、湖南省禁毒宣传、反洗钱“利剑”专项行动，除现场接待、宣传资料发放、跑马灯、微信公众号、报刊等传统的宣传手段外，还组织客户参加公司微信公众号反洗钱有奖竞答，效果较好。履行金融服务机构社会责任，维护金融安全和社会稳定。

（李　玲）

科技·教育

科技管理

【概况】 2021年，宁乡市科学技术局（以下简称市科技局）深入实施创新驱动发展战略和“三高四新”战略，打造科技创新高地转化区，围绕创新型县（市）建设，深化科技体制改革，搭建科技创新平台，完善科技创新体系，全市综合科技水平不断提升，科技对经济增长的贡献率进一步提高，为全市经济社会发展提供有力支撑。2021年，全市有效高新技术企业328家；实现高新技术产业增加值306.51亿元；科技型中小企业总量226家；全市有规模以上企业622家，其中有研发活动工业企业442家；向国家、省、市争取科技项目资金7221.33万元；科技局在2021年全国科技活动周及重大示范活动中，积极参与，热情服务，表现优异，获全国科技活动周组委会、科技部引进国外智力管理司荣誉证书单位；宁乡市科技局获评区、县、市2020—2021年科技特派员工作先进单位；宁乡市炭河里、湖南东方时装有限公司获评湖南省科学技术厅颁发的“省文化和科技融合示范基地”。

【科技创新平台】 2021年，宁乡市新增省级新型研发机构1家、众创空间1家、院士工作站1家、企业技术中心5家，新增长沙市级技术创新中心4家。全市共有长沙市级以上科技创新平台149家，其中国家级5家、省级62家、长沙市级82家。

表20　宁乡市2021年新获批组建创新平台名单一览表

企业名称	平台名称	批准单位	文号	批准时间	认定层级
湖南松井先进表面处理与功能涂层研究院有限公司	2021年度省级新型研发机构	湖南省科学技术厅	湖南省科学技术厅《关于湖南省新型研发机构备案的批复》	2021.12.29	省级
湖南先导电子陶瓷科技产业园发展有限公司	SEEDER众创空间（先导企业公园）	湖南省科学技术厅	湖南省科学技术厅《关于公布2021年度湖南省科技企业孵化器和众创空间名单的通知》	2021.12.15	省级
长沙微纳坤宸新材料有限公司	省级院士工作站	中共湖南省委组织部、湖南省科学技术厅、湖南省科学技术协会	中共湖南省委组织部、湖南省科学技术厅、湖南省科学技术协会《关于认定三一汽车制造有限公司（联合单位：三一集团有限公司、湖南三一工业职业技术学院）等7家院士专家工作站为湖南省院士专家工作站的通知》	2021.10.28	省级

续表20

企业名称	平台名称	批准单位	文号	批准时间	认定层级
湖南恒佳新材料科技有限公司	省企业技术中心	湖南省发展和改革委员会	湖南省发展和改革委员会《关于印发2021年度认定湖南省企业技术中心名单的通知》	2021. 12. 30	省级
皇氏集团湖南优氏乳业有限公司	省企业技术中心	湖南省发展和改革委员会			省级
楚天科技股份有限公司	楚天科技工业设计中心	湖南省工业和信息化厅	湖南省工业和信息化厅《关于公布第七批湖南省工业设计中心、第二批湖南省工业设计研究院和通过复核的第一批、第四批湖南省工业设计中心名单的通知》	2021. 12. 12	省级
湖南中谷科技股份有限公司	省认定企业技术中心	湖南省工业和信息化厅	湖南省工业和信息化厅《关于2021年度湖南省认定企业技术中心（第26批）拟认定名单的公示》	2021. 12. 30	省级
邦弗特新材料股份有限公司	博士后科研流动站协作研发中心	湖南省人力资源与社会保障厅	湖南省人力资源与社会保障厅《关于批准湖南省第一测绘院等7家单位设立博士后科研流动站协作研发中心的通知》	2021. 1. 11	省级
邦弗特新材料股份有限公司	长沙市先进涂料树脂技术创新中心	长沙市科学技术局	长沙市科学技术局《关于批准2021年度长沙市技术创新中心组建立项的通知》	2021. 6. 30	市级
湖南东方时装有限公司	长沙市轻商务男装技术创新中心	长沙市科学技术局			市级
湖南邦普循环科技有限公司	长沙市废旧电池清洁循环利用技术创新中心	长沙市科学技术局			市级
湖南省长宁炭素股份有限公司	长沙市特种炭基材料技术创新中心	长沙市科学技术局			市级

【科技计划与成果工作】 2021年，先进装备制造、新能源新材料等领域，推进中伟新能源、万鑫精工、百川超硬、精量重工、松井新材、华耀百奥、微纳坤宸、飞翼股份、中谷科技、长宁炭素、星邦重工、东方时装等企业的核心技术攻关项目；加强与省厅、长沙市局的对接，争取项目支持，遴选推荐楚天制药、天根乐等80个以上的企业申报长沙市级科技计划项目，审核推荐湖南华翔、中科石墨等121家企业申报湖南省支持企业研发财政奖补资金，资金总额超过4000万元，组织格力暖通、中财化建等66家企业申报长沙市2020年第一批认定高新技术企业研发经费补贴，获得1000多万元资金支持，全年共向国家、省、长沙市争取科技项目资金7221.33万元；落实宁乡市本级研发奖励经费1300余万元。

【科技统计工作】 2021年，分两批共培育认定高新技术企业122家，总量达328家；实现高新技术产业增加值 306.51 亿元，占生产总值比重达 26.3%；培育科技型中小企业发展，科技型中小企业总量达 226 家。鼓励企业加大研发经费投入，2021 年，宁乡市有规模以上企业 622 家，其中有研发活动工业企业 442 家，全年完成研发经费（R&D）投入 32 亿元。新培育湖南潇湘知识产权运营服务中心、汇企通两家技术交易服务机构，加大技术经理人的培育力度，完成技术合同成交额登记 30.86 亿元。

【科技人才工作】 2021 年，市科技局做好科技人才推荐、培育、引进工作，国测生物、邦弗特、东鑫环保、星邦重工 4 家企业的技术负责人获批省级科技创新领军人才，航天三丰张刚团队获省级科技创新团队荣誉；组织各类科技人才申报，松井新材料、邦普循环、族兴新材料等 7 家企业申报长沙市级领军人才项目，马克菲尔（长沙）等多家企业申报海外引智项目；加大科技人才引进力度，在本地工作的开放发展和专业人才、外国高端人才达 17 人。采取“个体驻点、组团服务、产业帮扶”模式，突出宁乡花猪、优质稻、茶叶等产业，从省内农业类院校及相关科研院所、本土农业领域中选拔 90 名科技特派员，紧扣乡村振兴战略，创造性推出田间课堂培训，助力乡村振兴。

【科技活动周】 2021 年，全国科技活动周时间为 5 月 22—28 日，宁乡市“科技活动周”围绕“百年回望：中国共产党领导科技发展”主题，组织开展“小小讲解员，走进青铜文化博物馆”科普竞赛、宁乡市科技成果巡回展、高新技术企业申报认定业务培训、工业强市系列政策及技术创新“破零倍增”培训、“长沙科技助农直通车”“网上课堂进基层技术培训活动”等 8 个活动。本届科技活动周开展科技创新主题竞赛 1 次，进行科技相关业务培训 3 次，送科技下乡 4 次，举办知识产权保护讲座 1 次，举办成果展示活动 1 次，发放各类宣传资料、科普小册子、传单等 400 余份，参与专业合作社 20 个，农业科技人员 20 人次，动员工业企业 300 多家，受影响人数 2700 余人。

2021 年 5 月 26 日，宁乡市科技活动周“小小讲解员，走进青铜文化博物馆”科普竞赛活动现场

科技局在 2021 年全国科技活动周及重大示范活动中，积极参与，热情服务，表现优异，获全国科技活动周组委会、科技部引进国外智力管理司荣誉证书单位。

教　育

【概况】 2021 年，宁乡市有各级各类学校 943 所，其中小学 180 所，初中 71 所，高中 14 所，职业学校 8 所，幼儿园 354 所，民办培训学校 316 所（拟注销 45 所），在校学生和在园幼儿共计 204861 人，在职在编教师 8576 人。2021 年，人民网报道宁乡市探索实施中小学校党组织领导的校长负责制“1335”工作经验。《中国教育报》以《素质教育辟蹊径 科技之花香满园》报道宁乡市第十一高级中学科技创新工作经验，以《湖南省宁乡市虎山特校发展选择性课程，扬长教育培养出金牌孩》为题推介虎山特殊教育学校特教经验。金洲镇中心小学入选教育部“第二批乡村温馨校园典型案例学校”，玉潭街道紫金中学获评“全国中小学中华优秀传统文化传承学校”。虎山特殊教育学校在第十一届残运会暨全国第八届特奥会中获得 8 金 1 银 4 铜的成绩。宁乡市教育局获评 2021 年国家义务教育质量监测实施县级优秀组织单位、湖南省脱贫攻坚先进集体、2021 年湖南省中小学（幼儿园）教师信息技术与学科融合创新应用在线集体备课大赛活动最佳组织奖、长沙市教育系统绩效考核先进单位、长沙市融合教育工作先进单位、第三十八届长沙市青少年科技创新大赛优秀组织单位、第四届长沙市青少年创客节活动优秀组织单位、长沙市体育大课间比赛优秀组织奖、长沙市中小学教学班演唱演奏比赛优秀组织奖、2021 年长沙市教师读书征文优秀组织奖。宁乡市获评湖南省“国培十年”系列评选活动“国培计划”示范性项目县、湖南省普通高中新课程新教材实施省级示范区。宁乡教育也面临一些困难和问题：教育资源供给仍存在不均衡现象；教师学科、年龄、性别结构存在失衡；部分家长“唯分数”的思想观念尚未转变。

办学条件。编制《宁乡市乡镇标准化寄宿制学校建设项目规划（2021—2025 年）》《宁乡市义务教育薄弱环节改善与能力提升工作项目规划（2021—2025 年）》《宁乡市乡村小规模学校优化提质工作方案（2021—2025 年）》。如期完成新改扩建 6 所学校建设，新增学位 6060 个，其中，投资 2.5 亿元新建宁乡市明德蓝月谷学校，投资 0.5 亿元将原城北中学振兴校区改扩建为振兴小学，秋季竣工投入使用。完成 17 所公办幼儿园建设、68 所农村集镇寄宿制学校和小规模学校提质工程、12 个“高中阶段攻坚计划”工程、16 个其他学校建设工程共计 113 个项目。落实住宅小区教育设施配套政策，稳步推进小区配套幼儿园整治工作。推进教育信息化建设，全市建成网络联校分校78所，百人以下小规模学校全覆盖。

队伍建设。2021年，引进中小学教师310人，招录159名优秀初高中毕业生参加乡村教师公费定向培养。全年培训教师1万余人次。45个名师工作室、9个长沙市农村名师工作站、15个名师工作坊，开展各类教师培训活动100余场次。表彰奖励“新时代党和人民满意的好教师”等先进个人399人。人民网等媒体多次推介宁乡市十三中老师张杉积极抢救学生、黄材镇井冲中学老师邱佩自费12万元积极探索以信息化推进“双减”等事例。

校园安全。全年投入1700余万元购买578名专职保安服务，学校安保投入1000余万元用于校园安全建设、宁乡市教育局中心保密室和高考考点设备设施升级改造。研究制定《落实特异体质、特异心理及特殊行为学生管理“六个一”措施》，完善“三特”学生管理机制，下发《关于进一步落实“五个工作机制”深入推进防范学生溺水专项行动的通知》，建立防溺水长效机制，校车管理工作在全省校车安全管理工作会议上作典型发言。严格常态化疫情防控，确保系统疫情安全。

义务教育和普通高中教育。出台《宁乡市进一步减轻义务教育阶段学生作业负担和校外培训负担实施方案》，开展“小红花”思政课堂、“小健将”体育与健康课堂、“小才子”美育课堂、“小能手”创新探究实践课堂和“小帮手”劳动综合实践课堂“五课堂”建设。全面落实《宁乡市中小学教育教学质量提升行动计划》，奋力打造义务教育优质均衡发展县（市），大力推进宁乡教育高质量发展。精准控辍，义务教育阶段学生劝返复学率100%。新高考首考组织获评长沙市优秀考区。2021年宁乡市高考参考人数8320人，600分以上人数223人，4人被北大清华录取，2人被空军招飞录取，宁乡一中获评省空军招飞工作先进单位；特殊类型控制线同比增加265人；本科上线同比增加548人。高一、高二学考一次性全科合格率为99.81%和99.90%。艺体竞赛成绩显著，全市中小学生参加国、省、市各级各类竞赛获奖1100人次。东湖塘中学学生合唱视频登上中央电视台农业农村频道乡村美育公益节目《田野里的歌声》。

学前教育。完成普惠性民办幼儿园认定园的普查和新申报园的认定评估，新增4所普惠园，新增普惠学位1000个。宁乡市乡村幼儿游戏获奖入选“长沙市区县级十件大事”。推进无证幼儿园整治和“小学化”治理，连续4年保持无证幼儿园动态清零。积极推广乡村幼儿游戏，宁乡市入选湖南省幼儿园游戏活动试验区；积极推进幼儿园多元化发展，童梦飞翔幼儿园入选全国足球特色幼儿园。

职业教育。实施中职阳光招生政策。2021年，新增公办中职学位280个，新增公办中职学生318人，全市8所中职学校共招生5749人。举办宁乡市第八届中职学校学生专业技能竞赛。举办“心中有话向党说”为主题宁乡市第五届中等职业学校学生演讲比赛。举办“唱支歌儿给党听”为主题宁乡市第四届中职学生文明风采展演。举办宁乡市职业教育教学开放日。2021年湖南省中职学校高二年级学生公共基础课普测，合格率90%，居全省前列。2021年全市职业学校师生参加各项竞赛获国家级金奖1个，获省市级奖励199个。毕业学生5050人，升入高校学生3303人，本地就业1470人，本地就业率95%。“深化校企合作助推宁乡制造业发展”被湖南省教育厅作典型工作经验推介。

民办教育。规范民办义务教育发展。全市民办义务教育学校成立“两新”党组织9个，实现党组织和党的工作全覆盖。开展办学水平评估，开展公参民办学校专项整治工作；对民办学校进行财务审计，推进民办学校分类管理改革。规范校外培训机构行为，截至2021年底，全市非学科类培训机构202家；学科类培训机构69家，义务教育学科类培训机构减少240家，压减率83.6%；如期完成“营改非”任务；搭建资金监管平台，对全市培训机构进行地毯式突击检查和清理整治，对4家有证培训学校超前教学行为、4家无证办学行为、2家违规培训行为进行立案查处。2021年，宁乡市校外培训机构无“卷款跑路”现象，无证培训机构实现动态清零。《湖南教育快讯》以“宁乡市全力推进校外培训机构治理”为题，推介宁乡市校外培训机构治理经验。

社区教育。推进家庭教育进社区活动，共举办系列化培训班14期，培训家长1628人次。完成20堂老年人使用智能手机专项培训课进社区，培训老年人1009人次。选送6人参加省、市社区教育业务培训，举办宁乡市社区教育专干培训班，举办社区教育助力乡村主题培训。推进社区教育课题研究工作，一个社区教育课题在省教科院立项。菁华铺社区学校成功创建“长沙市示范性老年教育基地”。

教育助力乡村振兴。巩固拓展脱贫攻坚成果同乡村振兴有效衔接，教育系统5人继续担任乡村振兴重点村第一书记和工作队员。宁乡市教育局被湖南省委省政府授予“湖南省脱贫攻坚先进集体”称号。

督政督学。深化教育督导改革，推动《关于深化新时代教育督导体制机制改革的实施细则》出台，印发《关于进一步加强督学责任区建设的实施意见》，制定《宁乡市实施中小学校综合督导五年规划（2021—2025年）》。完成开学工作、“减负”“五项管理”等4次县级专项督导。组织责任督学992人次，对全市中小学开展每月一次全覆盖常态督导，共发出通报268份，指出问题1882个，约谈学校负责人152次，整改问题1751个。制定《2019年国家义务教育质量监测结果应用工作方案》，组织召开监测报告解读及结果应用推进工作大会。“提升县域兼职责任督学挂牌督导效能的相关因素研究”成功立项湖南省教育科学“十四五”规划重点专项课题。统筹编制《宁乡市“十四五”教育事业发展规划》。

【2021年宁乡市教育系统工作会议】 2021年2月22日，宁乡市教育系统工作会议在玉潭街道实验小学召开。宁乡市人民政府副市长陈德奇，宁乡市人民政府办公室副主任曾曙光出席。曾曙光主持会议。市教育局副局

长侯志宏宣读表彰决定。市纪委监委驻市教育局纪检监察组组长何欣作相关纪律要求。市教育局党委书记、局长欧正坤作大会报告，回顾总结2020年宁乡市教育工作成绩，明确2021年全市教育工作总体思路：以“美好教育，幸福宁乡”为目标，突出高质量教育、高效能治理两个重点，聚焦质量提升、平安建设、干部队伍三个关键，持续深化优质普惠的学前教育、优质均衡的义务教育、优质特色的普高教育、优质专业的职业教育、优质规范的民办教育、优质共享的社区教育“六优”改革，扎实推进好学校、好校长、好老师、好课堂、好学生“五好”工程，擦亮教育强市品牌，推进教育现代化，办好人民满意教育。陈德奇强调2021年教育工作要守住底板、不踩红线、紧扣要求、创新作为，要以高度的责任感，确保开学工作平稳有序。

【国务院发展研究中心到宁乡调研】2021年4月1日，国务院发展研究中心调研组到宁乡进行义务教育阶段课外培训健康发展情况调研。调研组在教育局三楼会议室召开座谈会。社会发展研究部副部长、研究员王列军，研究室主任、研究员张冰子，助理研究员李恒森，研究部实习生、悉尼大学经济系学生宋钇挺；省人民政府发展研究中心社会部副部长文必正，主任科员龚晶；长沙市教育局四级调研员谢平升，民办教育处副处长王威；宁乡市人民政府副调研员孔秋生出席会议。宁乡市人民政府办公室副主任曾曙光主持会议。王列军对此次义务教育阶段课外培训健康发展调研的目的和意义进行说明，希望通过对宁乡义务教育阶段课外培训整体情况的了解，更好地促进课外培训的整体提升和健康发展。欧正坤介绍宁乡教育的基本情况，对宁乡义务教育阶段课外培训情况进行工作汇报。会后调研组一行到城郊街道中心小学等学校开展实地调研。

【教育系统推进党史学习教育】2021年4月12日，宁乡市教育系统党史学习教育工作推进会在玉潭街道实验小学召开。宁乡市教育系统党史学习教育打造以“百名书记讲党史、百节课堂悟思想、百堂微课颂党恩、百件实事开新局、百幅书画献华诞”为主题的“五个一百工程”。2021年3736党员参加党史学习教育，落实为民实事项目200余件。将党史学习教育融入课堂教学，打造“思政+课程课堂、思政+红色活动、党建+思政教育”品牌，共收录本系统党史课件123堂，119名党组织书记被聘请为长沙市教育系统党史宣讲员。录制思政微课作品100件，6件作品在长沙市“就认这个理‘学党史 听党话 跟党走’”思政微课评比中获奖，玉潭街道合安小学《四髯精神耀童心》获一等奖。面向20万学生开展“学党史 听党话 跟党走”学习教育，各学校共组织主题活动1000余场次。

【宁乡市中小学新时代劳动教育工作推进会】7月2日，宁乡市中小学新时代劳动教育工作推进会在大同灰汤小学召开。教育部基础教育综合实践教学指导专业委员会委员、长沙市教育科学研究院教授姜平，教育部教学管理改革指导专委会委员、芙蓉区大同小学校长龙继红，宁乡市教育局党委书记、局长欧正坤，灰汤镇党委副书记、镇长徐文，宁乡市教育局党委委员、副局长侯志宏，灰汤镇人民政府副镇长江波，宁乡市教育局工会主席刘国强，出席会议。刘国强主持会议。姜平充分肯定宁乡市中小学劳动教育工作特色纷呈，并从整合、特色、创新、体系、模型、长效六个方面，就如何构建劳动教育课程特色体系进行经验分享。

【中共宁党支部陈列馆在玉潭街道梅花中学揭牌开馆】2021年7月7日，中共宁党支部陈列馆在玉潭街道梅花中学揭牌开馆。市委常委、宣传部部长彭娟参加活动并为陈列馆揭牌。中共宁党支部是宁乡第一个党支部，1925年2月在宁乡甲种师范讲习所（简称甲师，宁乡师范的前身，玉潭街道梅花中学所在地）成立。陈列馆分为“中共宁党支部成立的时代背景”“中共宁党支部的成立发展”“新中国成立前宁乡党组织的发展历程”“宁乡党组织的早期革命活动”“新中国成立前宁乡党组织领导的五次重大革命斗争”等五个篇章，主要通过图片、文字、实物相结合，辅以场景还原、视频声像等方式，生动展示中共宁党支部的建立与发展，阐述宁乡党组织的艰难曲折与辉煌成就，更反映宁乡人的红色基因、斗争精神，是激励宁乡人民奋勇前行的精神丰碑，也是宁乡党史学习教育的新地标。

【宁乡市教育局机关及二级单位机构改革】2021年8月，宁乡市教育局党委根据中共宁乡市委、宁乡市人民政府办公室《关于印发〈宁乡市教育

2021年7月7日，中共宁党支部陈列馆在玉潭街道梅花中学揭牌开馆

局职能配置、内设机构和人员编制规定〉的通知》精神，对市教育局机关和二级单位进行机构改革。改革后，设立机关党委（加挂党建办牌子）、机关纪委、教育工会、教育团委四个局机关党群科室，办公室、人事科、普教科、财务科（加挂学生资助管理中心牌子）、审计科、成职民教科（加挂行政审批与服务科牌子）、幼教科、综治安全科、规划建设科九个局机关行政科室，教育研究中心、教育考试与信息中心、教育服务中心、教育人才中心四个教育二级单位，市委教育工作领导小组秘书组秘书科、教育督导室、市校车管理协调科三个教育工作专班；共核定编制149名。保留宁乡市教师进修学校（加挂市教育局党委党校牌子，二级单位，核定编制32名）、青少年学生校外活动中心（在十三中挂牌，不单独核定编制）。不再保留校园食品安全事务中心、教育后勤服务中心、仪器电教站等机构。

【宁乡市庆祝第37个教师节大会】 2021年9月9日，宁乡市庆祝第37个教师节大会在市会议中心召开。会议以“赓续百年初心，担当育人使命；开创美好教育，共建幸福宁乡”为主题。宁乡经开区党工委书记、市委书记于新凡，市委副书记、代市长黄滔，市委副书记、市委统战部部长沈光等领导出席。会议分为庆祝大会和颁奖典礼两个阶段进行。黄滔主持会议。于新凡强调，全市上下要进一步关心和支持教育事业发展，加强教育系统党的建设，营造尊师重教浓厚氛围，强化纪律作风建设，全心全意开创美好教育，真抓实干共建幸福宁乡。黄滔指出，全市上下要深化认识，擦亮“教育强市”品牌，不断推动宁乡教育取得新突破，续写新篇章。沈光宣读《中共宁乡市委办公室宁乡市人民政府办公室关于2020—2021学年度教育系统先进集体和先进个人评选结果的通报》，表彰奖励“宁乡市优秀校长”等先进个人400名。宁乡市人民政府副市长提名人选王辉作教育工作报告。

2021年9月9日，宁乡市庆祝第37个教师节在市会议中心举行

【长沙市第十届运动会国际式摔跤比赛在宁乡市玉潭中学举行】 2021年9月25—27日，2021年长沙市第十届运动会国际式摔跤（青、少年组）比赛在宁乡市玉潭中学举行。此次比赛由长沙市人民政府组织举办，长沙市体育局、长沙市教育局承办，由长沙市贺龙体育运动学校、宁乡市文化旅游广电体育局、宁乡市教育局协办。来自全市的22支代表队、475名青少年摔跤运动员，经过两天紧张激烈的角逐，产生36枚金牌，36枚银牌，72枚铜牌。本次比赛中，宁乡市玉潭中学摔跤代表队夺得10金7银11铜，获评金牌总数第一，奖牌总数第一，团体总分第一，并获得体育道德风尚奖。

【宁乡市“双减”暨规范民办义务教育发展工作推进会】 2021年9月28日，宁乡市召开“双减”暨规范民办义务教育发展工作推进会。宁乡市委副书记、市委统战部部长、市委教育工作领导小组组长沈光及有关市领导出席会议。市委教育工作领导小组秘书组就全市“双减”和规范民办义务教育发展工作情况作通报，发改局、民政局、人社局等市直6个部门结合职能职责作报告，玉潭街道、金海中学分别就落实“双减”工作、规范民办义务教育发展作表态发言。沈光强调，坚决扛牢“双减”和规范民办义务教育发展工作政治责任；精准把握“双减”和规范民办义务教育发展工作目标任务，发挥学校主阵地作用，提高教育教学质量、优化作业管理方式和考试组织管理，提升课后服务水平。全力确保“双减”和规范民办义务教育发展工作实际成效，促进学生全面发展和健康成长，努力办好人民满意的教育。

【2021年宁乡市中小学生田径运动会】 2021年10月17日，2021年宁乡市中小学生田径运动会在宁乡一中举行开幕仪式。该运动会为期三天，以高中（职校）、市直学校、乡镇（街道）基地学校、民办中小学校为单位，分小学甲组、小学乙组、初中甲组、初中乙组、高中（职高）组，在十九项比赛项目中展开激烈角逐。此次运动会以增强学生体质为宗旨，以提高学生运动水平为目标，着力提升学校体育运动水平。

【宁乡特教再获佳绩】 2021年10月28日，宁乡市虎山特殊教育学校在全国第十一届残运会暨第八届特奥会中获得8金1银4铜。宁乡市虎山特殊教育学校作为“长沙市残疾人文艺培训基地”和“长沙市残疾人体育培训基地”，一直以特奥特色强校，充分挖掘学生特长，对学生进行缺陷补偿，让学生在体育锻炼中更自信、更坚强、更健康。

【黄滔到宁乡市职业中专讲授思政课】 2021年11月23日，宁乡市委副书记、市长黄滔到宁乡市职业中专为3000余名师生讲授思政课，全市1.6万余名中等职业学校师生通过网络直播进行收看收听。市人民政府副市长王辉参加活动。黄滔以“用奋斗书写青春的精彩华章”为题，从“重温百年党史，汲取青春奋斗力量；传承红色基因，弘扬青春奋斗精神；锤炼过硬本领，绽放青春奋斗光芒”三个方面与师生们进行深入交流。黄滔勉励广大学生要坚定理想信念、不负青春韶华、不负时代重托、把准时代脉搏，将“个人梦”融入“中国梦”，把自己的理想同祖国的、民族的命运紧密联系在一起，立志为国家和民族作出贡献，争做新时代社会主义建设者和接班人。

【于新凡到宁乡一中讲授思政课】 2021年12月3日，宁乡经开区党工委书记、市委书记于新凡到宁乡一中为3500余名师生讲授思政课，全市市直高中书记、校长等听取讲座。市委常委、市委办主任贺立权，市人民政府副市长王辉参加活动。于新凡以“以梦为马 不负韶华 做一个勇于担当的新时代青年”为主题，从“回望百年党史中的青年担当”“新时代需要怎样的新青年”“怎样做一个勇于担当的新青年”三个方面与大家进行交流探讨。于新凡强调，教育系统要提高政治站位，坚定推动习近平新时代中国特色社会主义思想进校园、进课堂、进师生头脑，引导学生树立正确价值取向。于新凡寄语宁乡青年学子，要眼中有光、心中有梦、脚下有路，书写和咏唱无愧前人、无愧时代、无愧人民的青春之歌。

【“宁乡市域红色资源融入中学思政课堂”教学比赛高中组决赛】 2021年12月15日，“宁乡市域红色资源融入中学思政课堂”教学比赛高中组决赛在宁乡一中举行。活动由宁乡市教育局举办，宁乡市教师进修学校、宁乡一中、“宁乡市域红色资源融入中学思政课堂”课题组、宁乡市蒋顺东高中政治名师工作室联合承办。全市17名优秀思政教师参加比赛。宁乡市教育局组织开展“红色资源融入中学思政课堂”教学比赛活动，以赛促教、以赛促学、以赛促研，提升宁乡市思政教育水平。

【宁乡市第四届中职学生“文明风采”展演】 2021年12月24日，宁乡市第四届中职学生“文明风采”展演活动在宁乡市职业中专学校举行，活动以“唱支歌儿给党听”为主题。湖南省教育厅职成处副处长刘彦奇，长沙市教育局副局长杨庆江等领导出席。整场演出分为“站起来”“富起来”“强起来”三个篇章，以情景剧、舞蹈、歌曲、朗诵、话剧等形式表演。经评审，宁乡市职业中专学校、宁乡潇湘职业中专学校节目获评特等奖，长沙湘都中等职业学校、湖南省中南艺术学校节目获评一等奖，长沙环球职业中专学校、湖南护理学校、长沙经开中等职业技术学校节目获评二等奖。宁乡市职业中专学校和湖南护理学校获评优秀组织奖。自2018年以来，宁乡市中职学生“文明风采”展演活动连续举办四届，成为展示中等职业教育成果、促进中职生素质提升、展现中职学校师生良好精神风貌与综合素养的重要舞台。

【宁乡市职业中专学校团队获全国创新创业比赛一等奖】 2021年12月28日，在中华职业教育社主办的第五届中华职业教育创新创业大赛中，宁乡市职业中专学校教师朱俊英、谭建明指导，学生肖燕、李国成、杨涛、刘静怡、陈昱夫、何一帆、张凯的参赛项目“有爱无碍”夺得一等奖。这是宁乡市职业中专学校师生创业团队首次在全国创新创业比赛中夺得一等奖，这更是宁乡市职业教育在本项赛事上首次获得一等奖，实现学校荣誉和全市荣誉的“双突破”。

（周帅文）

宁乡一中

【概况】 2021年，宁乡一中有学生4538人，教学班86个。在编教职工408人，其中，中共党员206人，民进会员12人，民盟盟员1人；特级教师3人，正高级教师3人，高级教师169人；国家级骨干教师5人，省市级骨干教师50人，卓越教师29人，市级名师工作室首席名师7人；研究生学历71人，专任教师本科率100%。学校占地26.67公顷，总建筑面积13万平方米，累计投资2.7亿元，有集团化学校4所。

2021年，宁乡一中落实“立德树人”根本任务，为党育人、为国育才。工会开展“七节一日”慰问，创建长沙市母婴关爱室，市教育系统三八红旗集体。校友联络和师生资助奖、助教师280人次，奖、助学生450余人次，意向受捐5000余万元，其中楚天科技助力向宁乡一中教育基金会捐赠现金1000万元，在省级社会组织等级评估评审取得AAAA。学校公众号新增关注1.2万人，总阅读量68万次，在中国新闻网、《长沙晚报》、星辰在线等媒体刊文100多篇，宁乡电视台专题报道4次。教育服务工作获评市公共企事业单位办事公开工作先进，“爱心助学 聚力圆梦”互联网筹款工作先进集体，2021年秋季开学工作先进单位。长沙理工大学授牌卓越生源基地，新增中国矿业大学、香港中文大学（深圳）、南方科技大学等近20所知名高校授予宁乡一中优质生源基地。一中集团学校增至4所，在托管白马桥中学、滨江中学基础上，2021年新增托管紫金中学，全方位深度托管教学、人事、财务等，将宁乡一中紫金中学升格为市直学校；为新建宁乡一中亮月湖学校探索小学、初中、高中一体化教学育人模式。宁乡一中组织实施内设机构改革，内设科室有办公室、教务科、教科室、学生科、保卫科、总务科、团委、党建人事科、纪委监察室、工会。8月18日，召开全校教职工大会，进行校管中层干部全员竞聘。2021年，宁乡一中获评湖南省空军招飞工作先进单位、湖南省食品安全示范学校、湖南省中小学知识产权教育示范学校、长沙市教育局建设更高水准全国文明城市先进集体、宁乡市教学质量特殊贡献奖、宁乡市公共企事业单位办事公开工作先进单位、宁乡市优秀基层工会、宁乡市教育局级效考核优秀单位。

【德育工作】 2021年，宁乡一中强化德育队伍建设，实行目标管理、严格考核，举办班主任上海研修班，选聘班主任86名，心理教师14人全年全天候值班值守；4名教师获评市教育系统班主任30年坚守奖、文亚星获评市师德标兵，尹森、刘海鹰分别获“就认这个理·宁来讲”——“学党史 听党话 跟党走”思政课特等奖、一等奖；学校教育基金会授予11获人“德教双馨奖”、7人获“立德树人奖”、18人获优秀班主任奖。每周召开德育线联合会议，每月召开学生干部会议，通过国旗下讲话、班团活动等宣讲社会主义核心价值观，传承红色基因、赓续红色血脉，确保学生思想政治健康、积极、向上，深思笃学、创造价值、实现梦想。创建长沙市“十佳”、宁乡市五四红旗团支部各1个、学生郑翰轩入选“新时代宁乡好少年”，137名学生获评省市县新概念三好学生、优秀学生干部，286名学生获学校基金会奖励。开展安全、法治、防溺水、禁毒、消防、军训等教育及演练，组织志愿服务等多样化社会实践活动。通过平安校园创建验收。全年无安全责任事故，确保5000人大校的平安稳定。

2021年12月3日，宁乡经开区党工委书记、市委书记于新凡（主席台左1）到宁乡一中为师生讲授思政课《以梦为马，不负韶华，做一个勇于担当的新时代青年》

【教育教学】 2021年，宁乡一中高考600分以上人数近200人，全省占比1.4%，本科上线率96%，陈娜、秦博雅、谢淇奥、王佳瑞考取北大清华，2人被空军招飞录取，3人考取香港中文大学，还有300多人分别考取浙江大学、复旦大学、中国科学技术大学、国防科学技术大学、武汉大学、华中科技大学、中南大学等双一流大学。数物化生学科竞赛省二等奖以上20人；第十八届“叶圣陶杯”中学生新作文大赛中，2人获全国决赛一等奖。省级课题结题1个、市级2个，市级课题立项2个，教师竞赛获奖145项、论文268项、作品发表33项。挂牌省中小学知识产权示范学校。培育国家一级运动员2名，7人在省级运动会中获得第一名，女足晋级长沙市四强。狠抓教学常规，实化、细化、优化日常管理，每月检查、每次通报，重视青年教师培养，发挥优秀教师传帮带作用；业务考试优秀教研组7个、142人优秀，教学视导优秀教研组8个、45人次优秀，举行9个文化科目高三备考研讨会。教师刘子洋获省级精品优课，文倩获市高中历史教学比武特等奖，周赛彬获市高中物理教学比武一等奖，罗银、周磊、文静获市思政课教学比武一等奖，罗伟湘、尹森、谢晋洋、刘婷、谢威、李莉获长沙市“星城杯”教学奖，王雨雯、罗伟湘获五市十校教学比武一等奖。在宁乡市庆祝第37个教师节大会上，宁乡一中被授予教学质量特殊贡献奖。

【教师队伍建设】 2021年，第37个教师节表彰宁乡一中市优秀教育工作者9人、市教学能手3人、市青年岗位能手3人。2021年度绩效考核，政府记功8人、嘉奖87人。晋升正高级教师1人、高级教师8人、一级教师9人，择优引进青年教师14名（其中，博士1人、硕士11人）；教师新晋长沙市卓越教师1人、市卓越教师6人，市三八红旗手1人；高中语文、英语、物理、化学、生物、体育共6个市级名师工作室落地。学校教育基金会表彰“四有”好老师20人、优秀教师45人，10人获青年教师成长奖。张敏代表宁乡在“理战长沙”社科知识竞赛中获亚军，尹森《知校史，学党史——致敬“两弹一星”元勋周光召院士》入选长沙市教育局百堂精品思政微课。罗妞当选长沙市人大代表，戴晓成当选宁乡市党代表、市委委员，文湘波当选是宁乡市党代表、市人大代表、市人大常委，谢芳当选宁乡市政协委员、常委，文亚星、罗妞当选宁乡市政协委员；4名优秀干部获提拔，4人参加市优秀青年教师和优秀青年校长集训，校内提拔优秀教师6人。

【后勤管理】 2021年，宁乡一中后勤工作流程细致、规范。服务效果进一步提升，接到师生报修任务后，在2个小时之内解决。把严供货安全入口关，引入第三方食品安全检测公司，对食堂、商店供货管理进行招投标。关注青年健康成长，提供丰富多样营养餐。在春季、秋季开学食品安全检查中获评先进单位，通过省食品安全示范学校复查，“中国食品安全网”进行专题采访报道。建设美丽校园，争取政策性资金2500多万元对校园提质改造，维修水泵、电匣、空气能热水系统等，保障学校水电供应，对连廊、广场、屋面、屋顶防水、水网进行改造，建设智慧校园、直饮水项目、人工湖护栏、垃圾站等，全面清理下水道、化粪池。

【于新凡为一中师生讲授思政课】 2021年12月3日，宁乡经开区党工委书记、市委书记于新凡到宁乡一中，以“以梦为马，不负韶华，做一个勇于担当的新时代青年”为题，融入中共十九届六中全会精神、省第十二次党代会、长沙市第十四次党代会和宁乡市第二次党代会精神，从回望百年党史中的青年担当、新时代需要怎样的新青年、怎样做一个勇于担当的新青年三个方面，给全校师生讲授一堂催人奋进的思政课，鼓励宁乡一中师生改革创新、开拓奋进。

（杨昌志）

宁乡四中

【概况】 2021年，宁乡四中有教职工216人，在校学生2634人。宁乡四中坚守立德树人根本任务，推进思想治校，加强教学管理，深化素质教育和改革发展，2021年获评宁乡市高考综合质量一等奖“长沙市优秀高考考点”，第二支部获评“宁乡市先进基层党组织”，教辅支部获评“宁乡市教育系统先进基层党组织”。

【师生学习教育】 2021年，宁乡四中先后举行“学史明理、学史增信、学史崇德、学史力行”四个专题学习教育，通过理论中心学习、书记讲党课、支部专题学习、主题党日、集中宣讲、主题实践教育、参观瞻仰红色基地、微党课、党课进校园等多种形式，组织师生3000余人次开展党史学习教育20余场次。注重以课题为引领，深化党史学习教育，组织开展“基于红色基地中学“四个自信”的党史学习教育途径研究”的课题研究。完成田径场、教工楼、污水处理3个为民办实事服务项目。深化德育活动，抓住重要节点，开展缅怀革命先烈、五四成人仪式、法制教育专题讲座等活动，抓好爱心工程，发动学生回收可利用物品，资助贫困学生。拓展德育研究，开展省级规范化课题“基于三全育人的农村高中学生家国情怀培养路径研究”等多个课题研究。

【师资队伍建设】 2021年，宁乡四中开展师德师风教育，开展排查，组织廉洁体检，举行师德征文，推出典型榜样。9位教师获评市县优秀教师。推进教学研讨，举行包括市县化学、英语学科会在内的多场次教学研讨，广泛开展各类教学研讨、专题汇报、校际交流30多场次。全年150余篇教师论文获宁乡市级以上奖励，100余人次获得级以上技能或教学竞赛奖励。强化青年教师培养，建立师徒结对机制，举行主题座谈和实践教育活动，开展青年教师教学展示汇报及教学竞赛活动，促进青年教师成长。

【教育质量】 2021年，宁乡四中组织全校教师认真学习教学常规，每月组织常规检查，制定和落实联班制度，确保教学管理常态化、制度化。坚持以课堂教学为重点，广泛开展课学教学研究，大力深化课堂督查，鼓励教师相互听课学习，建设每个教师的有效课堂，提高课堂效率。深化课题引领，全校有语文、数学、英语、信息技术等6个市级以上立项课题，70%以上教职工参与。加强备课组建设，发挥备课组在落实常规，提高质量上的重要作用，备课组建设经验在全市高中教育教学工作大会上作典型介绍。加强高考学考备考工作，营造氛围，优化措施，完善策略，举行誓帅、家长大会、鼓劲冲刺大会等活动。2021年高考最高分632分；600分以上7人；一本上线161人；本科上线566人。高二学业水平考试全科合格率100%。深入实施素质教育，开展学科竞赛、综合实践、社会调查、科技创新、阳光体育、文艺演出、特色建设等活动，提高学生综合素养，促进学生全面发展。有1000余人次学生在市级以上各类学科、征文、书画、文体竞赛中获得奖励，其中省级以上奖励120余人次。在全市中小学生运动会上获高中组团体总分第二名，在全市中小学生文艺汇演中获一等奖。坚持发展特色项目，彰显柔道特色，柔道队员在各级柔道比赛中共夺得15金10银20铜，其中在全国中学生柔道锦标赛中夺得4块金牌。

（杨胜军）

宁乡职业中专学校

【概况】 2021年，宁乡市职业中专学校深化改革、教师深入教研、学生精学笃行，对接地方产业发展需要，设有机电装备制造、现代商贸与服务、汽车制造与服务、文化旅游服务4个专业部，开设机械加工技术、电子电器应用与维修、制冷和空调设备运行与维修、焊接技术应用、会计事务、电子商务、汽车制造与检修、汽车电子技术与应用、汽车整车与配件营销、旅游服务与管理、高星级饭店运营与管理、社会文化艺术12个专业，全日制在籍学生4271人，在职教师327人。2021年，学校获评长沙市青年文明号、长沙市五四红旗团委、长沙市教育系统建设更高水准全国文明城市工作先进集体、长沙工匠培育和竞赛基地、长沙市文明风采年度组织奖、2020年度工作绩效考核优秀单位、2020年度宁乡市教育系统优秀基层工会、宁乡市三八红旗集体、2021年先进基层党组织、2020年度“产业项目建设年”争先创优活动产业服务三等奖、宁乡市第八届中等职业学校学生专业技能竞赛优秀组织奖、宁乡市第八届中等职业学校学生专业技能竞赛团体一等”、宁乡市第一届职业技能大赛优秀组织奖、宁乡市第38届青少年科技创新大赛优秀组织单”、宁乡市第四届中职学生文明风采展演优秀组织奖等荣誉。

【党史学习教育】 2021年，宁乡市职业中专学校面向教师开展党史学习教育10余次，面向师生开展党史学习教育讲座及实践活动32次，面向学生开展党史学习教育讲座及实践活动29次、专题讲座13次，参与党史学习教育各类比赛13次。举办“七一”庆典活动和主题合唱庆祝党的百年华诞；开展“学党史 寻红色足迹 悟思想 铭初心使命”学习活动。研发的微课《星火燎原映初心“三牛”精神践使命》入围长沙市百堂精品微党课；典型案例《补足精神之钙 筑牢信仰之魂》获评湖南省中等职业学校“文明风采”竞赛三等奖；课题

"新时代职业院校思想政治教育创新实践研究"入围湖南省职教高地建设理论与实践研究课题。

【教育教学】 2021年，宁乡市职业中专学校全力培养高素质技术技能人才，在各项比赛上取得成绩。老师朱俊英、谭建明指导的团队在第五届中华职业教育创新创业大赛中获全国金奖；学生技能竞赛获省一等奖1个，省二等奖2个，省三等奖3个，市一等奖21个；543班夏文凯在长沙市第一届职业技能大赛制冷与空调赛项获金牌；6名学生获评国家级奖学金；教师竞赛获省一等奖3个，省二等奖4个，市一等奖4个。学校获评湖南省教学成果奖2项，立项5个教学改革研究项目，4门精品课程；立项1个湖南省职教高地建设理论与实践研究课题，1个长沙市规划课题；姜赛飞老师主持的长沙市规划课题——"中职学校特色心理健康教育研究"结题，8个湖南省教学改革研究项目顺利开题；湖南省职成学会优秀论文评选中获一等奖2个，二等奖2个，三等奖4个；湖南省教育学会优秀论文评选中获一等奖11个，二等奖15个。信息技术应用能力提升工程2.0完成考核验收。重视对口升学工作，2021年本科上线43人。

【职业培训】 2021年，宁乡市职业中专学校发挥自身功能，扩大社会培训；争取与高校合作创办函授站、创办开放大学教学培训点，与长沙广播电视大学达成合作协议，扩大学历提升、就业能力提升、专业资质提升培训服务。与人社局、民政局、农业局、园区、企业、协会等对接，合作承办各类社会培训，打造"高新区人社分局+学校"的焊工培训、"教育局+学校"的保育员培训、"民政局+学校"的养老护理培训、应届中职生的职业技能培训、SYB和网创培训的培训品牌。开展职业技能培训、创业培训和新型职业农民培训等工作，完成各级各类培训41期，培训1800余人。创建学历提升培训项目、培训师资库、制定培训中心经费支出方案，启动创业培训基地申报、技能鉴定申报、会计培训项目申报、职业技能培训协会申请等工作，举办宁乡市职业技能大赛，获优秀组织奖，在长沙市第一届职业技能大赛中市职业中专学校集训选手获1金2银，4个优胜奖的佳绩。

2021年9月6日，宁乡市第一届职业技能大赛暨2021年宁乡市"十行状元、百优工匠"技能竞赛在市职业中专学校举行，图为竞赛现场

【德育工作】 2021年，市职业中专学校根据中职学生特征与培养目标，推动分层、分类施教，推动班团、社团活动常态化、多元化。注重从思想和精神层面提高德育工作水平，学校德育序列化活动被人民日报新媒体平台转载。从小事做起，从习惯抓起，培养学生专注精神，通过养成教育、基本功训练、三十秒整理、大课间跑操等，提高学生职业素养和综合能力。健全机制，明晰责任，强化过程，突出预防，全面务实抓好德育工作。以问题为导向，定期分析、排查、化解安全隐患，狠抓法制、安全、心理健康、疫情防控等工作。德育工作亮点纷呈，组织暑期大家访活动、第二十五届阳光综合运动会、"声情向党 礼赞祖国"庆祝建党100周年合唱比赛、"百年征程传薪火 诵读经典润心灵"第三届传统文化展示大赛、宁乡市第四届中职生文明风采展演活动、"迎新年 庆元旦"主题游艺晚会。党员教师结对帮扶"四特学生"被长沙市主题教育简报推介；"青春期健康"项目申报入选长沙市级资助项目；学校先后获评"宁乡市五四红旗团支部""宁乡市综治安全红旗单位""宁乡市文明创建先进单位""长沙市平安学校"。大课间活动获评宁乡市中小学生大课间活动一等奖。

【重要活动】 2021年，市职业中专学校承办湖南省中职学校校企合作年会、长沙市中职学生专业技能竞赛四赛项、宁乡市第一届职业技能大赛暨2021年宁乡市"十行状元、百优工匠"技能竞赛、第八届学生技能竞赛、第四届中职文明风采展演等大型活动。

【宣传工作】 2021年，市职业中专学校推出244篇微信推文，其中推出系列文章《党史上的今天》104篇，推文总阅读量突破20万，《人民日报》、人民网、《湖南日报》、《长沙晚报》、《三湘都市报》、红网等市级以上媒体42篇次推介学校办学动态和成果。（李宇博）

文化

文化旅游广电体育

【概况】 2021年，宁乡市文化旅游广电体育局（以下简称市文旅广体局）机构编制优化调整为市文化旅游广电体育局加挂市文物局牌子，行政编制14名，后勤服务全额拨款事业编制6名，内设机构9个：办公室、党建办、财务科、行政审批服务科、文化科、体育科、产业广电科、旅游发展科、文物科。综合行政执法机构是宁乡市文化市场综合行政执法大队，下设3个科室：综合执法协调科、执法一中队、执法二中队。所属事业单位5个，其中公益一类全额拨款事业单位4个：宁乡市图书馆、宁乡市文化馆、宁乡市文旅产业服务中心、宁乡市文物保护服务中心；公益二类自收自支事业单位1个：宁乡市基层文化综合服务中心，不再保留宁乡市文体活动中心、宁乡市电影放映管理服务中心、宁乡市剧院、宁乡市文化体育事业发展服务中心、宁乡市沩滨旅游服务中心。12月31日，湖南省人民政府公布第十一批省级文物保护单位，宁乡三处入选：罗家冲遗址、转耳仑青铜重器窖藏遗址、抗日战争杜家山战役阵亡烈士纪念塔。2021年，宁乡新建25个标准化村（社区）综合文化服务中心、17个智慧社区健身中心、2个乡镇全民健身中心、1条健身步道、1个小型球场等重点民生实事工程。宁乡市获评“2021年全国旅游百强县”。

2021年5月25日，红色大剧、大型现代花鼓戏《水选的叔嫲》在宁乡大剧院公演

【服务体系完善】 2021年，市文旅广体局加强公共文化基础建设，完善文旅融合保障体系。建设25个标准化村（社区）综合文化服务中心、4个文旅融合一体化建设点、17个智慧健身中心、2个乡镇全民健身中心、1条健身步道、1个小型球场。增设朗读亭1台，建设宁乡市图书馆微信公众号微服务大厅。结合农旅融合持续开展旅游厕所建设，共验收39个单位的60个厕所775个厕位，补贴资金191.32万元。开展全市旅游行业安全生产培训班及突发事件应急演练活动、宁乡市红色讲解员（导游员）培训班暨“我讲长沙红”红色故事讲述大赛选拔活动和4期宁乡旅游营销人员新媒体培训。组织全市乡村振兴文化人才业务培训班、“三高四新”乡村振兴文旅融合专题培训班。全年开展送戏下乡、阅读推广、公益电影放映等惠民活动3851场。2021年，体彩销量6400万元，较2020年增长42%。

【文化传承发展】 2021年，市文旅广体局加强文化遗产保护利用和传承发展，推进文化遗产保护传承。建成红色印记宁乡陈列馆，完成大益坝宝塔桥整体修缮与环境整治工程、兰花屋场抢救修缮、密印寺抢救性加固工程、第十一批省级文物保护单位申报。黄材大坝塘水库建设项目发现20处文物遗址点。沙田包子、灰汤杂技等4个项目入选长沙市第七批市级非物质文化遗产代表性项目名录。开展宁乡市第三批县级非物质文化遗产项目申报工作，共申报、评审、公布大成桥故事会等15个非遗项目名录。创排文艺精品12个，现代花鼓戏《永远的叔衡》公演5场，创排的精简版在景区巡演40场，获评第七届湖南艺术节田汉音乐奖，获评2021年度长沙市文艺创作“重大主题扶植项目”。《存款风波》入选文旅部“庆祝中国共产党成立100周年舞台精品创作工程”重点扶持作品。《宁乡剁辣椒红》《文化强国我助力》入选“艺心向党·云游湖南”庆祝中国共产党成立100周年主题活动优秀作品。小戏《刘少奇智斗巫汉》、歌曲《英雄归来》分别获得长沙市第三届群星奖金奖、银奖。

【文旅市场】 2021年，市文旅广体局推进文化市场综合行政执法改革和行政审批改革。全年办结各类事项459项。搭建融资平台，摸排文旅企业融资需求14540万元。实施惠企纾困，对12家旅游企业给予227.49万元奖励支持。强化综合执法监管，办理各类案件41起，2名办案人员被国家版权局评为“查处重大侵权盗版案件有功个人”，2个案件被省厅评为全省重大案件。开展安全生产专题培训班2期。开展景区安全生产、质量提质督查专项巡查3轮，对发现的安全生产及服务质量方面238条问题进行交办，并督促整改到位。管控行业非法集资行为，注销原湖南茶旅宁乡营业部，并按计划进行退款。加强对旅游景区、文博场馆等重点场所的管理，推进常态化疫情防控。全年文旅行业未发生安全生产事件和疫情传播事件。

【宁乡市出土一万多枚宋代古钱币】 2021年1月7日，宁乡市流沙河镇花林村村民发现一万多枚宋代古钱币，及时上交文物部门，此事被新华社、中央电视台、中央人民广播电台、湖南卫视等主流媒体专题报道，这批古钱币数量多、跨度大、保存好、质地优，为宁乡文物事业发展提供宝贵的实物资料。

【体育赛事】 2021年4月9日—11日，“我要上全运”湖南省第二届

2021年4月26日，位于黄材镇青铜博物馆的红色印记宁乡陈列馆开馆。图为游客正在馆内参观

“康程协会杯”气排球邀请赛在宁乡市文体中心体育馆举行，来自14个地州市的32支男、女气排球代表队参加，男、女中年组的冠军分别由常德市武工代表队和长沙市排协代表队获得。5月30日，举办“传承红色基因·践行‘三高四新’”2021年长株潭城市群大型体育赛事活动之“红色基因 相约灰汤”宁乡灰汤温泉半程马拉松赛事。 （贺 竹）

新华书店

【概况】 2021年，湖南省新华书店有限责任公司宁乡市分公司（以下简称新华书店宁乡分公司）下设经理室、综合管理部、财务管理部、市场一部、市场二部、市场三部。共开设15家门店，其中在玉潭街道设有中心门店、乐之书店翡翠湖店、市民书吧3家门店。中心门店营业面积700平方米，经营图书、音像制品、文化用品3万余种；乐之书店翡翠湖店营业面积1400平方米，经营图书、文创、咖啡饮品、幼教体验等文化产品共计20000余种；市民书吧营业面积100平方米，经营品种4000余种。在黄材镇、双凫铺镇、流沙河镇各设1家集镇门店，每家门店经营品种4000余种。在宁乡一中、二中、四中、五中、九中、十中、十一中、职业中专、城北中学梅花校区等9所学校内各设有1家校园阅读基地，每个校园阅读基地经营图书、报纸、杂志5000余种。

2021年，新华书店宁乡分公司聚焦教育服务和文化服务两大主业，以融合发展为方向，以产品创新为举措，立足新阶段，贯彻新理念，构建新格局，销售规模稳居全省县级公司前列。

【教材教辅业务】 2021年，新华书店宁乡分公司不断强化服务措施，努力提升发行质量，确保做到“课前到书、人手一册”，为宁乡市教育教学的正常开展做好教材的供应工作。

【一般图书业务】 2021年，新华书店宁乡分公司做好党和国家的重要文献、领袖著作和政治理论读物发行，为全市广大干部群众开展政治学习做好坚强的后盾。全年重点做好党史学习教育用书的发行，及时、高效做好送书上门服务，确保各机关单位干部职工党史学习教育所需。新建综合门店。通过向上争取600万元资金，1月，在翡翠湖商业广场建设多业态、

复合型乐之书店，该门店做为全省县级新华书店门店中单店面积最大、经营业态最多、颜值最高的门店，得到社会各界的关注和认可，成为年轻人追逐打卡的网红地。以优质的服务做好职业中专等大中专学校的教材发行工作。

【文化用品销售工作】 2021 年，新华书店宁乡分公司继续将做好文化用品业务的重点放在参与招投标业务方面，通过密切关注市场动态，积极参与市场竞争，以“新华的服务，品质的保证，永恒的承诺”赢取客户的信任。

【内控管理】 2021 年，新华书店宁乡分公司严格费用开支审批，全年几项主要可控费用中较 2021 年均实现下降，凸显财务事前事中严格监管成效。同时做好货款回笼工作，确保企业资金安全，防范经营风险。根据安全生产和综治工作要求，严格落实安全生产各项规章制度，强化安全日常监管和重大安全隐患排查工作，定期对各部门办公场所以及各门店、图书仓库、教材仓库等重点部位进行安全检查，按时对车辆进行保养维护。特别是在春秋两季教材教辅分送过程中，多次召开安全生产会议，保障公司人、车、商品安全。

【读书活动】 2021 年，新华书店宁乡分公司开展丰富多彩的读书活动，浓厚全民阅读氛围。

举办“书香校园家校共读”“学习新思想做好接班人”新媒体演讲主持大赛等校园阅读活动。

11 月，“学习新思想做好接班人”新媒体演讲主持大赛决赛举办，全市 21 所学校的 26 名选手参加此次活动。决赛现场，新华书店宁乡分公司向全市 40 所中小学校捐赠图书共计 20 万元。门店读书活动形式多样。开展阅读分享会、朗读者活动、“你读书我买单”等形式多样的读书活动。做好全市 143 个农家书屋图书的配送工作。 （陈思思）

融媒体

【概况】 2021 年，宁乡市融媒体中心内设综合部、新闻部、发展部 3 个部门，下辖宁乡市电视台、宁乡市广播电台、宁乡市望北峰广播电视转播台、宁乡市电视节目传输中心、宁乡市新媒体中心 5 个二级单位，注册成立宁乡市传媒集团有限公司，下辖宁乡广电文化传媒有限公司、长沙宁视界传媒有限公司、长沙市传媒集团网络技术服务有限公司 3 家企业。2021 年，宁乡市融媒体中心在全国百佳广播电视区域融媒传播力调研中获评“2021 优秀区域融媒综合影响力 TOP10”称号，获评“2021 年度落实全面从严治党主体责任先进单位”“全民国防教育先进单位”等称号，宁视界微信公众号在全国广播电视区域融媒传播力调研中获评“2021 优秀区域融媒综合传播力微信公众号”称号以及长沙市 2020 年最具影响力政务微信奖项。

【媒体融合改革】 2021 年，宁乡市融媒体中心明确媒体融合“12345”改革思路（坚持“一个中心”：以人民为中心。统筹建设“两大基业”：新闻事业、传媒产业。正确处理“三重关系”，同步开发“四项功能”，全力打造“五型媒体”）。根据“采编和经营两分开”的原则，实行“事业和产业分离、一体化双核运行”的管理体制。打破编制身份限制，实行定人定岗定责，实现人员相融相和。重构策、采、编、发业务流程，创新完善采编调度机制、宣传策划机制、人才培养机制、平台提质机制。着力优化顶层设计，开启现代化企业运营模式。全市纳入财政监管单位的广告宣传、文化创意、节会活动等业务统一归口市传媒集团公司运营；全市纳入财政监管单位的上级媒体宣传，由中心统一打包议价；全新改版升级后的“智慧宁乡”APP，集新闻资讯、政务服务、公共服务于一体，由宁乡市融媒体中心运营管理；城发集团投资近 2000 万建设的 11 块户外广告屏交由中心运营。启动多个岗位的人才招聘，面向社会公开招聘一批专业技术人才；建立以质效和发展为导向，与单位效益、岗位职责、工作业绩、实际贡献紧密挂钩的薪酬绩效和分配体系；深化改革力度，建立适应媒体融合发展趋势的人事编制、财政管理、经营创收等体制机制，充分激发内部活力与潜力。2021 年，相继接待中广联、省广电局等上级协会、媒体主管部门，以及娄底、怀化、长沙县、浏阳等融媒体单位考察交流学习 30 多批次。

【文化体制改革遗留问题解决】 2021 年 2 月 5 日，111 名网络公司编内干部职工被妥善安置到乡镇（街道）工作，实现在长沙地区率先顺利安置，创造省内典型案例。《中国广电湖南网络公司事业人员分流安置工作简报》对此项工作进行典型经验推介，“宁乡模式”被省委深改办《改革通报》推介。宁乡市委常委、市委宣传部部长胡珊珊在全省有线电视网络机构事业人员分流安置专题电视电话会议上作典型发言，推广宁乡市网络公司分流安置工作经验。

【宣传策划】 2021 年，市融媒体中心加强重大主题、重要节点宣传策划和采访报道，推出宣传策划方案 60 多个，开设重要主题报道专题专栏 50 多个，发布新闻报道和资讯 18200 余篇次。“建党 100 周年”主题宣传策划，全平台开展《奋斗百年路 启航新征程——学党史悟思想 办实事开新局》《寻访红土地》《宁乡地情党史》等系列报道，推出“红色宁乡·英烈谱”“沩水春秋·宁乡薪火”电视专题、“薪火宁乡·初心如磐”系列短视频，“致敬百年·党史‘宁’来讲”广播专题，开展“100 部红色影视作品”“100 首红色歌曲”展播活动。围绕党史学习教育重大活动策划开展的多场融媒现场报道，掀起比学赶超的宣传高潮，被长沙市委宣传部《新闻阅评简报》第 33 期、《宁乡党史学习教育简报》第 7 期专题推介。疫情突发期间，开辟《众志成城 抗击疫情》等专栏，连续策划创作 40 多篇新媒体作品，被多家上级媒体转载宣传。抗疫期间出色的舆论引导工作获原省委常委、省委宣传部原部长张宏森的点名表扬，工作经验获得省委宣传部的专稿推介。长沙市委宣传部《新闻阅评简报》第59期推介宁乡融媒"战疫"宣传；《长沙市广播电视监测》第27期专题点评宁乡融媒宣传重点项目建设践行"三高四新"、"沩水春秋"融媒专题用活红色资源。"十一"期间，在道林古镇"千年铁魂湖南人"景区宣传活动中，各宣传平台进行组合式、全方位宣传推广，中央电视台新闻频道《相逢在伟大时代》5分钟直播宁乡道林古镇，10月5日和8日的中央电视台《新闻联播》密集推介"千年铁魂·湖南人"文旅项目，中央电视台二天内三次对道林古镇进行相关报道，开创宁乡文旅项目首上新闻联播的先河。

4月1日，市融媒体中心策划承办湖南省2021年"我们的节日·清明·忆百年峥嵘 做时代新人"主题活动在宁乡市沙田乡举行

【外宣创优】 2021年，市融媒体中心在中央省市媒体上稿820余篇，其中央媒上稿60篇（中央电视台11篇，新媒体49篇）、省媒上稿310余篇，上稿数量和质量均创历史新高。全年在省市新闻奖、广电奖、中国县市区域报新闻奖评选中连获55个专业奖项。其中防疫海报《"宁"好，皆安》获评学习强国平台全国县级融媒优秀作品三等奖；融媒创新作品《沩江行》和电视消息《刷脸进工地 农民工权益有保障》同时获评湖南新闻奖三等奖。经典栏目《沩水春秋》获评2021年湖南省广播电视创新创优扶持奖（纪录片），公益广告《党员的位置》在湖南省2021年度广播电视公益广告大赛中获评广播作品一类扶持。

【媒体矩阵品牌打造】 2021年，宁乡市融媒体中心融合传统媒体内容生产和移动媒体精准传播，促进"短视频+海报+漫画"的品牌效应提升。"宁视界"微信公众号粉丝逾20万人，"这里是宁乡"抖音号、视频号共发布短视频500多个，累计阅读量2100余万人次，单个视频最高阅读量达430余万人次。2021年，"智慧宁乡"APP实名注册用户近40万，日活跃用户达2万人，新闻资讯总体浏览量超5000万人次，视频总体播放量超2000万人次，通过"媒体+电商""媒体+地产""媒体+会展""媒体+大数据"等途径，延长内容产业链，打造传播新业态，形成优势品牌，实现"一号走遍宁乡、一屏智享生活"。省委宣传部《县级融媒体中心建设简报》第8期对宁乡融媒在"智慧宁乡"APP建设工作中的先进经验进行重点推介。

【融媒产业经营】 2021年，市融媒体中心以全媒体矩阵融合宣传为主体，广告营销和传媒活动为支撑，形成多平台、多渠道、线上线下全方位服务的传媒品牌。拓宽户外广告产业，户外大屏广告创收业绩达140万元；启动"统一支付应用场景"建设，"宁抢购"平台服务本地餐饮和旅游业，拥有用户近15000户，入驻商户数近400家；"本地产品超市"平台进驻商家达700多家；"宁乡快贷"平台加快建设；推进宁乡市青少年素质实践基地项目，中心与湖南灵犀素质教育咨询有限公司合作，成立宁乡灵犀素质成长中心，打造宁乡素质教育新标杆；开拓短视频业务，1月，从全中心遴选15名专业人员创新组建视频直播室，开拓短视频策划摄制、网红培育、直播带货、电商等新业务，密集发布短视频600多个；承办"出彩宁乡人"选拔大赛、"湖南省清明祭英烈"等27个大型群众文化活动，制作宁乡市先进制造业项目巡礼、"大江大河交响季——百里画廊百里歌"等32个精品宣传视频，中心策划承办的在宁乡市沙田开展的大型党史学习教育湖南省清明祭英烈"我们的节日·清明·忆百年峥嵘做时代新人"主题活动，获张宏森肯定性批示。

【媒体融合管理】 2021年，市融媒体中心加快人才培养和引进，优化人才配置。2021年引进13名专业人才，组织内部培训160余次，全系统学习3次，外出学习3次。加强广播电视传输建设，落实防范措施，实现全系统安全稳定。望北峰转播台配合开展中央节目无线覆盖数字化改造工程，完成全市沩山、龙田、沙田、祖塔、崔坪5个补点基站的巡查、维护、维修工作，全年安全播出上级台和本台节目117164小时，实现安全播出"三零"目标。（陈　泽）

卫生·健康

卫生健康

【概况】 2021年，宁乡市共有医疗卫生机构929家，其中市直医疗卫生单位7家、中心卫生院7家、乡镇卫生院20家、街道社区卫生服务中心4家，民营医院20家，村卫生室406家，其他医疗机构465家。全市医疗机构床位总数9053张，其中市直医疗单位3741张，乡镇卫生院4483张，民营医院829张。执业医师及助理医师3433人，注册护士3922人。全年孕产妇住院分娩率100%，死亡率0%，5岁以下儿童死亡率4.62‰。全市医疗机构门急诊252.37万人次，住院24.44万人次。2021年全市共出生人口9522人，人口自然增长率0.44‰。2021年，全市卫生健康工作坚持以人民健康为中心，围绕全市经济社会发展大局，解决人民群众看病就医和健康问题，新冠肺炎疫情防控经验获国家、省、市肯定；夏铎铺镇卫生院改造成为省内首家消化专科医院；黄材镇青羊社区创建第一批全国示范性老年友好型社区；无偿献血工作在长沙市排名第一。

表21　　2021年宁乡市卫生事业发展情况表

指标名称	计量单位	2020年	2021年	2021年比2020年增长（±%）
卫生机构	家	932	929	-0.32
其中：县直医卫单位	家	6	7	16.67
街道社区卫生服务中心	家	4	4	0
乡镇（中心）卫生院	家	29	27	-6.90
民营医院	家	19	20	5.26
村卫生室	家	409	406	-0.73
其他医疗卫生机构	家	465	465	0
床位数	张	8286	9053	9.26
卫生人员	人	8454	9125	7.94
其中：执业医师	人	2350	2553	8.64
执业助理医师	人	1065	1032	-3.10
注册护士	人	3421	3922	14.64
药师	人	830	830	0
技师	人	725	725	0
其他	人	63	63	0

续表21

指标名称	计量单位	2020 年	2021 年	2021 年比 2020 年增长（±%）
疾病预防控制中心	个	1	1	0
疾病预防控制中心卫生预防人员	人	60	62	3.33
乡村医生	人	415	412	-0.72
5 岁以下儿童死亡率	‰	3.57	4.62	29.41
婴儿死亡率	‰	1.56	1.69	8.33
孕产妇死亡率	10 万分之	0	0	—
产妇住院分娩比率	%	100	100	—
全年门急诊人次	万人次	254.64	252.37	-0.89
全年住院人次	万人次	26.73	24.44	-8.57
出生人口数量	人	11593	9522	-17.86
人口自然增长率	‰	0.59	-0.44	—

【新冠肺炎疫情防控】 2021 年，卫健系统全力防止疫情输入。市卫健局作为防控工作指挥部办公室，全年先后组织召开各类会议 118 次，专题研究疫情防控工作，累计下发调度令 52 个、文件 165 个。抓好常态化防控工作，管控境外和国内中高风险等地来（返）宁人员。全年妥善处理疫情突发事件 15 起，8 月，宁乡出现阳性病例后，启动疫情防控应急预案，第一时间高位调度、封闭管控、核酸筛查、流调溯源、全面消杀，以“快、准、严、稳”四字诀抓好疫情防控，没有产生二代病例。8 月，《中共湖南省委办公厅要情汇报（专报）第 19 期》和《中共湖南省委办公厅要情汇报（专报）第 151 期》两次刊载宁乡市防疫经验，肯定宁乡市防疫工作。成立疫苗接种专班，在全市设接种门诊 38 家，接种台 167 个，组织新冠肺炎疫苗接种人员 720 名、预约登记人员 190 名、组织保障人员 86 名、医疗救治人员 123 名，全力推进疫苗接种，并就各乡镇每天接种情况进行排名通报，督促落实。全年接种第一剂次 105.63 万人次，第二剂次 100.74 万人次，第三剂次 25.95 万人次，12 岁及以上人群第一针接种率 94.33%，全程接种率 97.49%。做好 5 次境外包机防控接待工作，累计接待入境旅客 971 人，针对每一趟包机防控接待工作都召开专题会议进行部署调度，商讨方案，明确流程，优化细节，确保包机接待防控工作“零失误、零感染、零投诉”。

【深化医药卫生体制改革】 2021 年，宁乡市深化公立医院改革，不断健全现代医院管理制度，加强公立医院党的建设工作，四家市直公立医院实现党政分设。下发《宁乡市公立医院党委会议事决策的指导意见》，规范公立医院党委会和院委会三重一大决策，落实党委领导下的院长负责制。推进药品供应保障制度建设，取消药品独家配送形式，实行全网采购，规范药品配送工作，基本药物使用率初步达标。持续推进紧密型医共体建设，将优质医疗资源下沉至基层，提高基层医疗机构的服务能力。县级医院采取“领办分院”“共建病房”“专科联盟”“远程协助”四种模式与乡镇卫生院形成紧密型的医共体，通过“网格管理”“四级联动”“九项服务”“双向转诊”四种方式实施家庭医生签约服务，乡镇卫生院与县级“五大中心”建立绿色通道，实现优先挂号、优先就诊、优先检查、优先住院，2021 年县级医院共领办 5 家乡镇分院，城乡共建病房 47 个，专科联盟 4 个，对口帮扶实现全覆盖。提升医疗卫生服务水平。推进急诊急救、胸痛、卒中、肿瘤、中医康复“五大中心”建设，规范急危重症救治体系，对急危重症患者实行精准分类救治，打通入院治疗绿色生命通道，提升县域内“危、急、重、大”病的救治能力和“慢病”康复能力。市人民医院创建国家高级卒中中心，市中医医院通过三甲复评，针灸科被确定为“十四五”长沙市重点专科。提升优质护理服务内涵，市人民医院、长沙宁乡精神病医院获评长沙市优质护理服务优秀单位。提高信息化服务水平，配合省市卫健委推进互联互通工作，二级及以上医院实现与省全民健康信息平台互联互通。试点部署“物联网+智慧公共卫生服务”老年人查体系统，为全市 2 万余名老年人提供高效、便捷的健康体检服务。4 月，医改工作经验在长沙市卫健工作会议上作典型发言。

【医疗卫生机构建设】 2021 年，宁乡市加强医疗卫生机构建设，优化医疗卫生服务环境。继续贯彻执行《基层医疗卫生机构规范化建设三年行动方案（2019—2021 年）》，完成市人民医院流沙河分院、巷子口中心卫生院建设，完成沩山、大成桥、历经铺、花明楼、资福 5 家卫生院提质改造，完成 28 家村卫生室标准化建设，基层医疗卫生机构标准化水平和服务能力提升。推进市妇幼保健院市中医医院两院一址易地搬迁、市中医医院灰汤分院等项目。乡镇卫生院实现彩色B超、DR全覆盖，406家村卫生室全部配备健康一体机。

【公共卫生服务】 2021年，宁乡市坚持预防为主，不断做实做优基本公共卫生服务项目，提升群众健康获得感。全市建立居民电子档案1193686份，电子健康档案建档率91.47%，新生儿访视率98.94%，早孕建册率98.27%，产后访视率98.85%，孕产妇管理率99.26%，老年人健康管理率70.15%，高血压规范管理率74.77%，糖尿病规范管理率74.63%，严重精神病障碍管理率100%，均达到绩效考核指标要求。巩固脱贫攻坚成果，衔接康扶贫与乡村振兴，防止因病致贫返贫，对脱贫户和四类慢病患者仍按原有政策均实现应签尽签。加强传染病防控工作。规范做好手足口病、艾滋病、结核病的防治工作，全年未爆发大规模聚集性传染病疫情。宁乡市工作场所职业病危害因素监测工作监测完成率、已上报数据率、已监测用人单位职业病危害申报率均达100%。对全市836家存在职业危害的用人单位职业病危害现状调查，开展职业健康监护2万余人，对8例疑似职业病人进行排查。加强爱国卫生工作，开展公共卫生健康科普知识公众咨询等宣传活动12场次，开展讲座400多场次，发放相关资料资料30多万份，发送手机信息140多万条。开展环境整治、病媒生物预防控制、卫生消毒和卫生防病知识宣传等爱国卫生运动，降低呼吸道传染病通过环境传播风险。

【妇幼健康】 2021年，扎实开展妇幼健康领域民生实事，共完成两癌免费检查30200人；孕前优生健康检查9509人；免费产前筛查8500人；免费无创DNA筛查7228人；围绝经期取环767例；新生儿多种遗传代谢病筛查率99.64%；耳聋基因筛查率96.65%，0-6岁儿童眼保健和视力检查覆盖率83.62%；各项指标均超额完成。获评“省市重点民生实事项目工作成绩突出单位”“长沙市母婴安全保障工作成绩突出单位”。

【计划生育】 2021年，宁乡市继续加强对计生特扶人员的关心关怀，建立日常慰问经常化机制，为全市116户计生困难家庭发放生育关怀资金11.6万元；对22户计生特困家庭每户给予3000元的困难补助；对204人次计生特殊家庭发放住院护理补贴金34.72万元。为独生子女家庭、建档立卡贫困计生家庭、计生特殊家庭购买意外伤害保险，投入金额199.78万元，赔付案件264件，赔付金额61.17万元。

【人才队伍建设】 2021年，卫健系统加强人才队伍建设工作，引进学科带头人4名，公开招录64名专业技术人员，培养7名农村订单定向免费医学本科生，组织全科医生转岗培训35人次，全科助理执业医生培训10人次，乡村医生培训497人次。规范市直医院领导班子配备，调优配强乡镇卫生院管理队伍。按照《中共湖南省委关于全面加强基层建设的若干意见》，完善乡镇（中心）卫生院岗位设置，按照中级增加5个百分点、高级增加3个百分点调整专业技术岗位结构比例，缓解基层职称晋升难的问题。举办“五四”表彰暨咏唱比赛、“5·12”国际护士节庆祝、“8·19”中国医师节庆祝等活动，表彰奖励优秀医护工作者，激发医务人员干事创业的热情。

【黄材镇青羊社区创建“全国示范性老年友好型社区”】 2021年10月19日，国家卫生健康委印发《关于命名2021年全国示范性老年友好型社区的通知》，公布2021年全国示范性老年友好型社区名单，宁乡市黄材镇青羊社区名列其中。青羊社区面积3平方千米，户籍人口4290人，其中60岁以上老人1069人，占比24.9%；因处于集镇中心和炭河古城景区核心区域，实际管理人口数12000人，60岁以上老人2400人，占比20%。近年来，为深入贯彻落实积极应对人口老龄化国家战略，青羊社区以老年协会为依托，聚焦老人实际需求，持之以恒地全方位开展为老服务，取得明显成效，当地老年人老有所为、老有所安、老有所依、老有所乐。

【国务院新冠肺炎疫苗接种督导组督查宁乡市新冠肺炎疫苗接种工作】 2021年6月13日，国家新冠肺炎疫苗接种督导组贾玉萍一行3人到宁乡市督查指导新冠肺炎疫苗接种工作。省卫健委疾控处处长袁翔，长沙市卫健委党组成员、副主任厉卫东，宁乡市人民政府副市长陈德奇、市卫健局党委书记、局长蒋宇等陪同检查。国家督导组先后对历经铺街道社区卫生服务中心、夏铎铺镇卫生院进行实地督查，详细了解新冠肺炎疫苗接种工作流程、疫苗管理、人员准备、疫苗规范接种、异常反应监测和处置救治情况等情况。督导组一行对宁乡市在新冠肺炎疫苗接种工作中采取的有效措施表示高度的肯定，对相关工作特别是新冠肺炎疫苗接种门诊未与儿童预防接种门诊分开设置以及留观区域较小的问题进行专业指导。贾玉萍强调，要充分做好全市第二针接种的宣传动员工作，提高受种者对疫苗接种的正确认识，营造全社会共同关心、支持接种工作的环境和氛围，加快第二针接种的进度，确保如期完成第二针的接种。

【宁乡市庆祝“5·12”护士节】 2021年5月12日，庆祝“5·12”国际护士节表彰颁奖暨团队拓展活动在宁乡市文体中心举办，主题为“传承红色基因，创新发展护理”，活动旨在传承红色革命精神，更好地展现护理队伍专业专注、大爱奉献、健康活力的精神面貌和崇高职业精神，表彰先进、树立典型，激励广大护士心向党、跟党走，立足岗位做贡献，在新时代、新征程中奋发有为、担当作为，推动全市卫生健康与护理事业创新发展。近年来，宁乡市护理事业发展快速，护理队伍整体素质不断提高，护理专业水平不断提升。在新冠肺炎疫情发生后，广大护理工作者为打赢疫情防控阻击战、保障全市人民生命安全和身体健康作出重要贡献。庆典仪式上，全市多家医院的医务工作者自编自演文艺节目，与优秀护士颁奖、优秀护理管理者颁奖等环节穿插进行，展现宁乡市护理工作者的精神风貌和风采。

【宁乡市消化专科医院揭牌】 2021年11月5日，市人民医院和市消化专科医院消化内科共建病房挂牌暨宁乡市消化专科医院揭牌仪式在夏铎铺镇举行。2020年，夏铎铺镇偕同夏铎铺镇卫生院聘请原解放军169医院消化内科主任、教授周国华为名誉院长、学科带头人，设立消化内科专家门诊、专科病房，引进国际尖端设备，通过一年多的筹备，建成省内首家消化专科医院，病房总面积近1000平方米，内镜室240平方米，规划床位360张。宁乡市消化专科医院的揭牌将有助于更好实施分级诊疗和满足基层群众健康需求，提升市消化专科医院医疗业务水平和服务能力，加强宁乡市基层医疗机构特色专科建设，打造宁乡市消化专科特色。

【花明楼中心卫生院新住院大楼启用】 2021年12月18日，花明楼中心卫生院新住院大楼启用，内一科、二科、三科、中医理疗科、B超室、心电图室、检验科等科室完成搬迁。花明楼中心卫生院新住院大楼共5层，总建筑面积6058平方米，有床位196张、停车位70个。新大楼启用后，医院总床位数增加到240张，有效缓解群众看病就医及床位排队困难、停车紧张等状况，改善宁乡市东南版块的诊疗就医环境，增强群众幸福感、获得感。 （陈　艳）

疾病预防控制

【概况】 宁乡市疾病预防控制中心（以下简称市疾控中心）是由政府举办的实施疾病预防控制和公共卫生技术管理与服务的社会公益性事业单位，代表政府承担着疾病预防与控制、突发公共卫生事件应急处置、疫情报告及健康相关因素信息管理、健康危害因素监测与干预、健康教育与健康促进、实验室检测分析与评价等职能。

2021年，市疾控中心以新冠肺炎疫情防控为重点，不断提升服务能力，努力打造基层信赖、群众放心、社会认同的疾控优质服务形象，获评心血管疾病高危人群筛查和干预项目国家先进单位、"十三五"期间性病防治工作先进单位，获评湖南省健康科普大赛优秀组织奖、艾滋病防治知识科普大赛三等奖、"宁来讲"基层理论宣讲大赛三等奖、优秀基层党组织，选送的《新冠肺炎疫苗：你永远是我的宝贝》获评省、市健康科普大赛优秀作品。

【新冠肺炎疫情防控】 2021年，市疾控中心处置15起新冠肺炎疫情相关事件，进行9次实战演练。完成包机接待任务，接待包机5次，接待入境旅客900余人，其中检出阳性20人。所有阳性者均按照要求进行流调、采样、转运、隔离管控，未发生交叉感染。从2020年12月开始，启动新冠肺炎疫苗的紧急接种工作。对各预防接种门诊提质扩容，开设接种台167个，截至2021年12月底，累计接种新冠肺炎疫苗200余万剂次。参与全省抗疫，2021年8月7—25日，市疾控中心派出2批次共8名医护人员支援株洲、张家界。

【疾控机构综合能力建设】 2021年，市疾控中心从加快标准化建设、提升能力建设、配套配备相关能力提升设施及信息化系统几个方面保障宁乡市疾控机构综合能力达到国家标准。截至2021年底，实验室配置有先进仪器设备300余台（套），职业卫生体检人体生物标本检验项目上百个，达到县级甲等疾控中心水平。提升科研能力，市疾控中心与各大高校联系、合作，打造学术与实践相结合的疾病预防单位。2021年成为中南大学研究生联合培养基地、南华大学研究生联合培养基地和本科生实习基地、长沙卫职院实习基地，宁乡市高校毕业生就业见习基地、宁乡市人民医院助培教学基地。加强与科研企业的对接，开展流脑A+C疫苗临床研究项目等，成为湖南省疫苗临床研究试验现场。2021年，市疾控中心邀请上级专家教授，对全体疾控干部职工开展为期3天的全员培训，提高全体干部职工思想与业务水平，对全体干部职工进行穿脱防护服及鼻咽拭子采集操作培训及考核。

【法定传染病防控】 2021年，市疾控中心完成霍乱、H7N9禽流感、狂犬病、登革热、出血热、钩体、手足口病、疟疾、布病、不明原因肺炎等重点传染病的监测任务。2021年报告至本地的法定传染病例6300例，（比2020年同期下降48.57%），传染病报告率、报告及时率、准确率、报告卡填写完整率均达98%以上，及时审核率100%，全年未爆发大规模聚集性传染病疫情。

【艾滋病防控】 市疾控中心是全省艾滋病综合防治示范区创建地区，2021年，完善以疾控中心为主导，市一医院为支撑，29家乡镇街道为平台的艾滋病例乡镇随访新模式，加强辖区病例的随访质量，规范开展AIDS及HIV感染者随访、CD4及病毒载量检测。2021年，全市新增艾滋病患者122例，新增病例疫情报告合格率100%；抗病毒治疗比率92.88%，随访率97.02%；配偶检测率98.84%；自愿咨询检测1182人。

【结核病防治】 2021年，市疾控中心完善结核病"三位一体"防治工作。确诊各类活动性结核病人743例，其中病原学阳性患者420例，病原学阳性率58.99%，病原学阳性患者耐药筛查率91.91%，高危人群耐药筛查率100%，患者管理率99.85%，规则服药率94.01%。

【免疫规划】 2021年，市疾控中心巩固消灭脊灰、消除麻疹工作成果，全年无死亡病例和暴发疫情。国家免疫规划疫苗基础免疫接种率及加强免疫接种率均98%，累计接种免疫规划疫苗22万剂次、非免疫规划疫苗34万剂次，接种率逐年提高，基本形成适龄儿童相关传染病免疫屏障。完成1批次免疫规划相关业务知识培训，累计培训2700人次。严格冷链管理，不定期检查（每月一次）各乡镇冷链设备运转情况、冷链设备应用情况、冰箱温度记录等，保证疫苗的效价。

【慢病综合防控】 2021年，全市新增居民健康档案28203份，共计121万余份，全市建档率91.03%。65岁以上老年人健康管理率74.65%，高血压患者管理率93.08%，糖尿病患者管理率92.87%。筛选登记2017—2020年肿瘤患者14587人，ICD-10编码和ICD-O-3编码率100%。报告心脑血管事件7462人次，及时审核率100%，新发率为525.36/10万，漏报率低于8%。

【学校卫生】 2021年，市疾控中心开展学校健康监测。完成418所学校水质检测，完成443所学校的环境监测工作，在开学季进行2轮学生卫生工作检查，抽查126所学校，就相关工作均提出处理意见形成工作报告上报相关部门。开展健康检查，完成32480名中学生的健康体检和肺结核筛查工作，完成5万多名小学生以及幼儿的肺结核问诊工作，形成体检工作报告，上报到市卫健局和教育局。推进传染病防治工作，与2020年同期相比，流行性感冒发病下降300%，流行性腮腺炎发病下降46.55%，水痘发病率下降58.53%，手足口病下降34.57%。未发生疫苗针对性传染病所致突发公共卫生事件。开展入学入托儿童接种证查验工作。全市托幼机构、全市小学查验率100%，补证率100%，补种率98%以上。

【公共卫生安全监测】 2021年，采集出厂水、末梢水、二次供水共计240份，检测完成率100%；开展医疗卫生单位医疗消毒用品采样监测，合格率94.68%；完成食品安全风险监测任务287份；完成职业健康检查5148万人次，筛查职业病疑似病人4人，职业禁忌症18人，传染病报告疑似结核病人2人。放射卫生监测覆盖率100%，尘肺病例访视率100%。对相关乡镇进行虫媒监测，食源性疾病监测全覆盖，未发生食源性疾病聚集性事件。如期达标完成碘缺乏病、饮水型地方性砷中毒、地方性氟中毒等监测、检测工作。

【检验检测】 2021年，市疾控中心提高检验检测能力，检验项目数由148项增加到295项，实验室核酸检测能力由270管/日提升至5000管/日。强化实验室内部质控，完成新冠肺炎疫情防控重点人群、重点食品、重点环境咽拭子、鼻拭子采样送样4000余份，开展核酸检测9000余份，保证疫情防控核心工作的有序、有效的开展。

【健康宣教】 2021年，市疾控中心组建15人“疾控有约”健康宣讲团，开展健康讲座60余场，深入企业、学校、村社区，深层次开展健康宣教活动。推出“宁小象”IP形象，开通“宁乡疾控”视频号，向社会、大众推送各类公益视频37个，在主流媒体发布稿件200余篇。推进以线上与线下为途径的预防接种知识宣传，制作妈妈课堂、流脑防控、新冠肺炎疫情防控、儿童入学入托接种证查验知识视频，用直播形式在线宣教与答疑，累计线上收看人次20万人次。

（周灿飞）

宁乡市人民医院

【概况】 2021年，宁乡市人民医院深化医药卫生体制改革，构建现代医院管理制度新体系，提升医院综合竞争实力，推动医院高质量发展。医院竞争力位居中国县级医院28强，居全省县级医院第一位。连任省医院协会县级医院管理专委会主委单位，创建长沙市无烟医院、老年友善医院、最美县医院。全年门急诊服务量96万人次，出院7.2万人次，住院手术2.3万台次，三四级手术1.2万台次，健康体检3.6万人次。强化政治担当，完成巡察整改问题38个。

2021年，市人民医院参加市卫健系统五四青年节表彰暨青春咏唱会活动获评团体赛一等奖。全年开展疫情防控、文明实践等志愿服务活动40余次，获宁乡市最佳文明实践志愿服务组织。拍摄《为健康而战》抗疫宣传片，《城区核酸检测》短视频上报新华社新华网官媒，点击量破数十万，抗疫主题照片“38°下的坚守”等登《潇湘晨报》头版头条，“火眼”实验室等纪录短片推送“这里是宁乡”视频号，代表一线向社会发声。

【疫情防控】 2021年，市人民医院排查发热门诊病例13万余人次，隔离病房收治病人500余人次，确诊患者1例，核酸检测36万人次。7月，宁乡出现确诊病例，预检分诊、发热门诊前线哨兵吹响集结号，感控、临床、市人民医院300余人队伍迅速集结、开拔出征，完成城区标本采集10万余份。24小时启动方舱，72小时城郊分院发热隔离病房投入使用。先后派出市人民医院骨干200余人次到星沙雨花展开支援。

【制度建设】 2021年，市人民医院加强公立医院党的建设，修订完善《党委会议事决策制度及“三重一大”事项实施办法》《院长办公会议决策制度》等，明确议事决策范围、程序和方式，形成闭环管理。落实民主集中制，对事关医院发展的200余个议题进行专题研究和民主科学决策。先后完善医院党建宣传、财务医保、药品管理等16个相关工作制度，修订2021护理管理组织体系及护理专项小组目标考核，现代医院管理制度体系不断健全。

【专科技术】 2021年，市人民医院接受国家“高级卒中中心”授牌。12月17日，长沙市医学会第一届医学美学与美容学专业委员会成立大会在市人民医院召开，长沙市医学会、医学美学与美容学专业委员会挂靠宁乡市人民医院，为长沙市医学会下设专业委员会首次挂靠县市级医院，是市人民医院历史上成立的第一个专科主委机构。市人民医院在长沙市医学重点学（专）科建设座谈会上分享专科建设经验。神经外科入选长沙市“十四五”重点建设项目。启动4个省市（州）临床重点专科、12个省县域临床重点专科申报，优质护理服务获省督查组肯定。重点专科领航技术创新，ADAPT技术为缺血性脑卒中诊疗带来新曙光，VA-ECMO技术挽救暴发心肌炎患者，颅内多发复杂动脉瘤手术夹闭，后循环巨大动脉瘤介入栓塞，神经内镜脑室镜下血肿清除挽救垂危患者生命，断腕再植、肿瘤膝关节置换、内镜肿瘤切除，冠状动脉血管内超声（IVUS），主动脉夹层支架植入并体位开窗分支支架植入术，主动脉假性动脉瘤腔内隔绝术等高精尖技术解决大病难题，等离子前列腺剜除术，腹腔镜下脾脏切除，胸腔镜下双侧交感神经链切断，腹腔镜下显微输卵管吻合，粒子植入等各类新技术项目不断发展。与湘雅、省人医等上级医院加深交流合作，邀请顶尖学科团队授业解惑。举办“新征途 新发展”学科建设发展大会。

【医院人才培养】 2021年，市人民医院加强人才梯队培养，为3名高层次人才解决编制、职称难题。特邀第三方专业人力资源精英团队科学设计全院人事岗位，6名优秀骨干医师参加国家级全科师资培训班，组织外出学习218次，组织省内外进修64人。选送急诊科医生胡胜国家公派出国留学，检验科医生詹鑫杰援助塞拉利昂，骨科医生喻赣鹏出征援藏，举办“追逐梦想，扬帆起航”青年医护座谈会，了解青年医护心声。

【科研教学】 2021年，市人民医院通过临床医学专业本科认证，申报各类省部级课题15项、中标省级继续医学教育项目6项，发表论文126篇、SCI 19篇，影响因子最高6.5分，著作3部。开展省市级学术活动18次，院内学术讲座30次，远程业务学习43次。湖南省仅有的四家省级基层卫生人才培训基地落地市人民医院，举办助理全科医生师资培训班、基层卫生人才能力提升培训班，1000余名医学生在院培养，获评湖南中医药大学优秀实习基地。

【惠民服务】 2021年，市人民医院药品耗材集中带量采购推进，高值耗材价格大大降低，常用药品品种覆盖面扩大，老百姓就医负担进一步减轻。系列惠民工程建成落地，启动口腔科二门诊；消化内镜中心提档升级，胃镜当日可做，肠镜排队时长缩减；制氧机房、急诊抢救室等相继扩

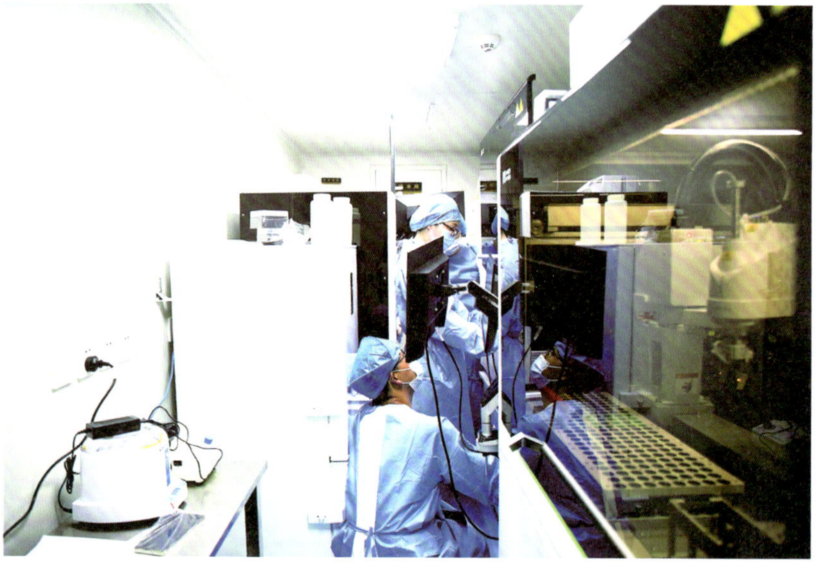

2021年8月4日，宁乡市首座集成式自动化核酸检测实验室——宁乡市“火眼实验室”落地市人民医院并完成安装

容改建，电力增容、后勤楼加固、多功能厅修缮、氧气管道并网完成；流沙河分院建设全速推进。专家组赴龙山县开展帮扶指导，助力等级医院创建，各类健康日大型义诊走进校园、社区、乡村、企业。

【国家高级卒中中心落户宁乡市人民医院】 2021年5月13—16日，由国家卫生健康委脑卒中防治工程委员会、中国老年保健医学研究会、中华预防医学会主办的“2021年中国脑卒中大会暨第十一届全国心脑血管病论坛”在北京举行。会上，宁乡市人民医院作为县级医院跻身地市级医院行列接受“国家高级卒中中心”授牌，成为国家“高级卒中中心”单位。标志着宁乡市人民医院卒中中心在开通脑卒中患者急诊绿色通道、建立卒中单元以及多学科联合规范诊疗脑卒中等体现救治能力的方面达到省内一流、国内先进的水平。市人民医院卒中中心于2017年10月创建，坚持打造卒中中心这条救治通道，通过提升卒中防治适宜技术，整合资源，优化流程，持续改进，全面提升提高脑卒中诊疗规范化水平，建立“单病种、多学科”的卒中诊疗模式等举措，逐步完成从无到有、从初级到高级的提标升级。同年12月通过“湖南卒中联盟”认证，2019年5月，获评“国家级示范防治卒中中心”，2020年11月，获评“高级卒中中心建设单位”，2021年5月，转正为国家“高级卒中中心”单位。

（曾　维　易文娅　黄　莉）

宁乡市中医医院

【概况】 2021年，宁乡市中医医院根据《中共宁乡市委机构编制委员会办公室关于明确宁乡市人民医院等4家市直公立医院内设党政管理机构的通知》，内设党政管理机构有：党政综合办公室、人事科、财务科、监督审计科、医务科、护理部、质控科、医院感染管理科、医保科、宣传教育科、总务科、保卫科、科教科、医疗联合与社会工作办公室、招标办公室、信息统计科、档案管理科、器械设备科、公共卫生科、安全生产办公室；在原有临床科室基础上泌尿外科单独成科，2021年5月10日，重症监护室开科收治。医院编制病床800张，实际开放800张；门急诊30.4万人次，较2020年增长17%；住院3.45万人次，较2020年增长2%；手术10368人次，较2020年增长16%；总收入突破4亿元。医院获评“宁乡市公共企事业单位办事公开工作先进单位”；医院团委获评“宁乡市五四红旗团委”；骨伤四科获评长沙市青年文明号；医保科获评

长沙市巾帼文明岗；杨曙光获评湖南省医院协会“2019—2020年度优秀医院院长”，姚国军获评“长沙市德艺双馨最美医师及长沙市优秀医师”，姜江获评长沙市向善向上好青年。在长沙市第二届中医药传统技能竞赛中，宁乡市中医医院代表队获团体二等奖，王建华、谢水霞、童玉林分别获个人一、二、三等奖；王建华和谢水霞代表长沙参加湖南省中药传统技能竞赛中，再获团体二等奖，个人分获二、三等奖。

2021年5月，宁乡市人民医院流沙河分院项目建设现场

【疫情防控工作】 2021年，宁乡市中医医院强化全院新冠肺炎疫情防控工作领导小组职能，设置医疗救治、防控督导等16个工作小组。完善改造发热门诊、配齐专用设备，按要求配强发热门诊工作人员；加强卡口出入管理，在门诊及住院部入口安装智能闸机。加强干部职工动态信息精准核查、每日上报，督导干部职工及时接种疫苗；按要求核查病友及家属信息，严格一人一陪；开展多部门联合疫情防控督导100余次，接受上级督查20余次，发现问题、及时整改；持续开展疫情防控知识培训近30次，并确保培训效果。预检分诊严格落实四查一问一更新，做到全部核查、准入、登记。2021年4月，在高新区设置疫苗临时接种点，完成接种疫苗2.1万剂次；先后组织500余人次到社区、21人援助长沙开展核酸采样工作，派驻200余人次到乡镇提供疫苗接种医疗保障，多次选派人员参与境外返长接机、筛查工作以及隔离酒店工作；为各隔离点工作人员、隔离人员以及院内就诊人员提供中药预防方3万多份。

【“三甲”复评工作】 2021年，宁乡市中医医院制定“三甲”复评工作每阶段的工作实施方案，细化分工、责任到科到人，有计划、有措施、有检查、有落实，有条不紊地进行推进；对标“三甲”标准，突出中医药特色优势，对核心条款、应知应会、急诊急救操作技能及中医特色服务项目操作进行重点督导、及时通报、督促整改。2021年9月26—27日，按照国家、省中医药管理局的统一部署，宁乡市中医医院接受三级中医医院现场评审复核检查。根据《湖南省中医药管理局关于确认湖南省中医药研究院附属医院等3家三级中医类医院评审结论的通知》（湘中医药函〔2021〕139号），医院通过三级甲等中医医院复评审，有效期4年，从2021年12月始至2025年12月止。

【医疗业务管理】 2021年，宁乡市中医医院加强急诊急救能力，新开设重症监护室，心血管内科获“中国基层心衰中心”认证，全院医师强化三基、急诊、急救知识及相关技能操作的培训考核；15名骨干成为现场急救第一目击者导师并完成全院600余医务人员理论、操作培训。21项新技术新项目应用于临床，微创手术、三四级手术的开展也日趋成熟，三、四类手术4380台次，较2020年增长31%；CD型病例1.7万例，较2020年增长5.5%，疑难重症服务能力稳步提升。开展“清廉医保”和打击欺诈骗保相关工作，强化医保日常监管，成为长沙市工伤保险工伤康复定点医院。

【中医队伍建设】 2021年，宁乡市中医医院有在职干部职工975人，高级职称人员151人，中级职称人员398人；研究生135人。2021年新引进硕士研究生12人、本科生15人；15人晋升为高级职称，50次余邀请上级医院专家和本院专家授课，60多人前往省内外知名医院进修，92人次外出学习与参加各类学术会议，40多名医疗人员参加为期三年的西学中培训。针灸科、护理领域6个省级继续教育项目均立项并成功举办学术交流会，1项课题获湖南省中医药管理局立项，“埋针疗法结合常规康复对中风后下肢功能障碍的影响研究”课题获湖南省中医药科技奖三等奖，“热敏灸结合PNF技术治疗脑梗死后肩手综合征的临床疗效观察肩手综合征的临床疗效观察”课题获第二届湖南省针灸学会科学技术奖（临床类）三等奖；举办院内第三批师承教育工作暨护理“双师制”拜师仪式，湖湘中医杨志波名医工作室二级工作站落户皮肤科；全国基层名老中医药专家姜尚萍传承工作室通过验收；接收来院进修35人、实习242人、见习学生97人。开展任前、重点岗位廉洁谈话、提醒谈话50多人次，聘任34人为纪检监察联络员，修订《投诉管理制度及流程》，严格执纪问责，全年查处违纪事件4起，诫勉谈话8人；收到锦旗36面，拒收红包2万余元。通过以会代训、集中培训、专题教育等形式，常态化开展党委中心组专题学习11次、讲授专题党课3次，开展“学史力行 为民服务暖人心”义诊活动10余次，无偿献血26000余毫升，承办“五四”青春歌咏会献礼建党百年。17名共产党员获评卫健系统优秀党员，综合支部获评长沙市“五化”（支部设置标准化、组织生活正常化、管理服务精细化、工作制度体系化、阵地建设规范化）示范支部。

【深化医改】 2021年，宁乡市中医

医院医疗服务收入占医疗收入42%，不含中药饮片的药品收入占医疗收入17%，百元医疗收入（不含药品收入）消耗的卫生材料17元；获评2020年度长沙市医改监测指标优秀单位。推进分级诊疗、专科联盟、共建病房的建设，医共体成员单位增至19家，定期开展中医药基层常见病多发病适宜技术培训，完成泸溪民族中医院支援工作。牵头成立“宁乡市糖尿病眼病联盟”，在成员单位中推行同质化糖尿病眼病诊疗；举办医共体成员单位影像培训班、过敏反应抢救及心肺复苏培训等。在国家中医药管理局公布的2019年度全国三级公立中医医院绩效考核结果中，宁乡市中医医院在全国排名第84名、在湖南省排名第4名。

【民生实事】 2021年，中医药保健居民知晓率52%，完成老年人中医体质辨识10万例，儿童中医药指导3万例，较2020年均实现增长，中医药“治未病”的优势充分彰显。宁乡市中医医院成立“宁乡市青少年儿童近视防控技术指导中心”，对4万名青少年儿童进行免费视力检查，开展“慢病学校进基层”“光明·关爱”“复明10号”流动眼科手术等项目，让基层百姓在家门口就能享受“三甲”医院的优质服务。开设妇产科无午休门诊、眼科暑期夜间门诊，方便群众就医；落实“一件事一次办”“一小时预约制”、核酸检测线上申请、无卡就诊、引进自动售货机、共享轮椅和担架车、药品快递到家等便民服务。在住院大厅和住院部各楼层建成中医药文化展示区，以图、文、实物并茂的形式展示医院全方位推进中医药文化、健康科普、品牌建设；开展“预防接种日”、爱眼、爱耳、爱肤、肿瘤防治、口腔等健康日义诊科普活动，肾友交流会、小儿推拿、糖尿病俱乐部会员活动常态举行，持续改善就医体验，提升群众就医获得感。（邹凌燕）

宁乡市妇幼保健院

【概况】 宁乡市妇幼保健计划生育服务中心（以下简称宁乡市妇幼保健院）是宁乡市唯一妇女儿童专科医院，集医疗、保健、科研、教学、培训于一体，承担妇女儿童保健、医疗、计划生育技术、妇幼健康服务、妇幼民生项目及全市妇幼健康管理等工作任务，服务于全市80余万妇女、儿童，是全国县级百强妇幼机构、国家二级妇幼保健院。

2021年底有在职职工373人，其中硕士7人、本科194人、大专105人、中专3人；正高（教授）5人、副高（副教授）33人、中级161人（非卫生类7人）、初级106人（非卫生类9人）。办公地点包括白马桥街道白马北路324号和花明社区春城南路111号。

医院年度总收入1.59亿元，其中医疗业务收入1.16亿元，较2020年增长6.6%，年末资产5.85亿元（含新址资产）。门诊人次162185人次，出院人次9435人；手术3328例，住院分娩2532例。2021年，全市孕产妇死亡率为“零”，5岁以下儿童死亡率4.62‰、婴儿死亡率1.69‰。

2021年，宁乡市妇幼保健院深入各乡镇为妇女儿童义诊、到各中小学开展青春期教育活动、为残障人士送医送药等活动20余次。10月，启动2021年全国满意度调查平台工作，由纪检监察室牵头，对门诊、住院服务对象及干部职工进行问卷调查，共上传门诊患者调查问卷2553份，住院患者问卷调查1001份，干部职工问卷327份，对重点人员和供应商代表进行廉政警示教育、提醒谈话和廉政约谈，并签订廉洁承诺书；对服务对象及物业、食堂、职能科室开展满意度调查，召开满意度分析会议，解决群众反响强烈的问题；开展“廉政教育进科室”专项活动，增强干部职工规矩意识和法纪观念。

2021年，宁乡市妇幼保健院获评湖南省“两癌”免费检查重点民生实事项目先进集体、2021年湖南省母婴安全急救技能比武长沙赛区选拔赛优秀组织奖、2021年湖南省母婴安全急救技能比武宁乡赛区选拔赛团体一等奖、宁乡市卫健系统医疗质量管理先进单位、工作目标绩效考核先进单位、新冠肺炎疫情防控先进单位、安全生产先进单位、妇幼工作先进单位、工会工作先进单位、文明创建、宣传思想工作先进单位。保健部医生张清兰获评湖南省“两癌”免费检查重点民生实事项目先进个人。

【二甲创建】 2021年5月13日，市妇幼保健院召开二级甲等妇幼保健院创建动员大会。创建期间组织11批次213人外出学习，邀请27位省市专家指导，召开28次二甲领导小组扩大会议专题部署，开展235次院、科两级应急演练，252场次线上线下业务培训，迎接6次全面自评持续改进。建立健全医疗保健质量与安全管理体系，加强重点时段重点人群的动态管理，以急救演练提升急救能力。7月，由产科、新生儿科、助产士等组成的安全生产队参加湖南省母婴安全急救技能比武宁乡赛区选拔赛获评团体一等奖。编制《医院服务流程汇编》；开通微信预约挂号和诊间付费、结果查询等便民惠民举措；推行提前上班、分层挂号收费等十大措施缩短服务对象等候时间；创新护理服务模式，结合专科特色，推行优质护理服务，彰显妇幼人文关怀。争取湖南省2021年妇幼保健机构能力建设项目资金200万元，用于落实母婴安全、助力基层妇幼健康事业发展；与湖南省肿瘤医院签署医联体协议，并挂牌成立宁乡市宫颈癌诊治中心和宁乡市乳腺癌诊治中心；依托长沙市妇幼生殖中心平台，成立宁乡首家不孕不育诊治中心；向宁乡市医保局争取女职工生育津贴，并将医院次均费用增加到4300元。选送16名专业技术人员到山东省妇幼保健院、上海交通大学附属国际和平妇幼保健院等省内外医院进修心理、产后康复、妇科肿瘤、青春期、更年期保健等。新开设营养咨询门诊、儿童眼保健、耳鼻喉科、青春期保健门诊、更老年期保健门诊、高危儿门诊、高危孕产妇门诊、妇女儿童心理门诊；开设助产士门诊，针对孕晚期的孕妇进行咨询和专业培训，提高自然分娩率；开设PICC门诊，为患者提供规范和详细的管道维护与健康教育指导。

【疫情防控】 2021年，宁乡市妇幼

保健院成立以书记为组长、院长为副组长的疫情防控领导小组及15个疫情防控工作小组，实行统一领导、统一指挥、统一调度。7月，宁乡市疫情防控特殊时期，调配外出核酸采样人员125人，分8批次到未来方舟、石泉小区等地点参与核酸采样工作。组建22人疫苗接种队伍，分别到龙江社区及白马桥街道卫生服务中心进行新冠肺炎疫苗接种工作，完成疫苗接种19166人次。启动应急预案，暂停两癌筛查、入园体检等聚集性项目，将“两癌”筛查中心改造成过渡病区和隔离产房，加强预检分诊，购置体温扫码闸机，做好职工健康监测，定期进行新冠肺炎疫情防控知识、消毒隔离等内容的培训。做好全市母婴防控知识宣教，公布医疗机构及助产机构联系电话，采用线上诊疗模式，解答孕期及产后各种问题，通过短信及电话方式对全市4698名孕妇进行自我防护等指导，及时了解和掌握疫情封控区孕产妇情况，每天专人电话随访，并组织孕产团队对封控区3例孕晚期出现合并症的孕妇进行上门面访，及时转诊，确保疫情防控期间全市母婴安全。

2021年9月，市妇幼保健院儿童康复中心医生为残疾儿童免费进行康复训练

【妇幼保健】 2021年，市妇幼保健院健全妇幼保健三级网络。构建市、乡、村三级医疗妇幼保健网络，开展孕产妇网格化管理；并建立市、乡、村三级妇幼信息监测网；健全救治工作网。3月组织乡镇社会事务办主任、村级妇女主任业务培训及免费体检活动，提高基层妇幼工作者业务能力，关爱基层妇幼工作者，进一步筑牢三级妇幼保健网络；4月下旬召开2021年妇幼健康服务暨省市民生项目工作大会暨省市民生项目业务培训会议；4月底举办全市基层新进妇幼工作人员基本技能培训班，对乡镇所有新进的妇保、儿保、信息和健教专干进行理论与轮岗培训；6月，组织对孕产妇急救中心和新生儿急救中心复评，完善全市120急救体系建设；7月，组织辖区助产机构在市人民医院进行母婴安全技能比武大赛，以赛代培，以赛促训，提升危重孕产妇和危重新生儿的救治能力。加强基层专干业务培训。7月11日和12月10日分别组织对辖区内四例危重孕产妇进行评审；7月26日与长沙市妇幼保健院联合举办生育力保存适宜技术培训班；11月13日与教育局联合召开托育机构培训会议，强化托幼机构疫情防控与卫生保健工作；11月19日邀请省市产科专家对全市妇保专干、产科医生等进行母婴安全保障培训。落实孕产妇网格化管理。制定《孕产保健部与乡镇手拉手确保母婴安全行动实施方案》，以孕产保健医生为网格长，产科专家、护士、助产士共同参与，分片对乡镇孕产妇进行网格化管理，通过孕妇学校、指导培训、多学科团队下沉式服务等形式，走村入户。强化妇女儿童系统管理。加强危重孕产妇、新生儿、婴幼儿以及0-6岁儿童管理，2021年危重孕产妇抢救成功率100%，孕产妇系统管理率99.22%，无户籍及流入孕产妇死亡。0—6岁儿童健康管理率95.27%，3岁以下儿童系统管理率91.71%。加强信息监测。对29个乡镇和9家助产机构开展信息质控，查出活产漏报零人次，5岁以下儿童死亡零人次、无孕产妇死亡漏报。推进健康教育。配合新时期妇幼健康工作方针，制作宣传展板，印刷宣传折页，开展大型宣传活动。利用视频、微信平台、新闻媒体传播妇幼健康新理念。在疫情期间普及疫情防控知识，指导家长做好居家儿童防控措施、居家隔离指导；利用爱耳日、爱眼日、唐氏综合征宣传日、母乳喂养宣传日等开展妇幼基本公卫、重大公共卫生服务项目和健康民生项目的宣传活动，做好惠民政策宣传；开展校园公益讲座，教授青少年青春期保健、高考前心理减压、预防儿童意外伤害知识。

【妇幼卫生项目】 2021年，市妇幼保健院免费增补叶酸预防神经管缺陷项目。新增补叶酸率96.88%、依从率90.49%。免费婚前医学检查项目。免费婚前医学检查13488人，婚检率94.95%，检出各类疾病952例，疾病筛查率9.08%。预防艾滋病、梅毒、乙肝母婴传播项目。产妇孕期筛查率100%，孕早期检测率99.73%；梅毒感染孕妇所生儿童用药干预率98.6%，艾滋病和梅毒感染孕妇所生儿童随访率100%，乙肝感染孕产妇所生新生儿乙肝免疫球蛋白注射率100%。免费产前筛查项目。免费产前筛查8500人，超额完成任务数，筛查完成率100%，其中高风险、临界风险2360人；产前诊断2295人，诊断率97.24%，染色体异常治疗性引产9人，高危孕妇妊娠结局随访率100%。免费无创DNA筛查9106人，高风险及染色体数目异常105人，进一步产前诊断治疗性引产25人。完成免费孕前优生健康检查项目10019人次，筛查出高风险1590例，随访到早孕1929例，早孕随访率100%，完成妊娠结局随访1872人次，妊娠结局随访率 100%。

【妇幼民生实事】 2021 年，市妇幼保健院免费“两癌”筛查 31356 人，完成省年度重点民生项目任务 124.42%。宫颈癌筛查中确诊宫颈 CIN304 例，其中 CIN1146 例、CINⅡ-Ⅲ158 例，发现宫颈早期浸润癌 20 例，浸润癌 9 例，VAIN 16 例，其中 VAIN1 14 人，VAIN Ⅱ-Ⅲ 2 人，宫颈癌早诊早治率 95.18%。乳腺癌筛查中确诊乳腺浸润癌 43 例，乳腺癌早诊早治率 75.26%。完成免费新生儿疾病筛查 10626 人，筛查率 97.27%；完成免费新生儿耳聋基因筛查 10924 人，筛查率 97.27%。完成 0-14 岁残疾儿童免费康复项目 203 人，其中肢体残疾儿童 78 人，智力残疾儿童 125 人；康复有效率 100%，在长沙市残联聘请的第三方监管机构每月监督管理和评估中，获得 9 个 A 级评分。

【计划生育服务】 2021 年，市妇幼保健院计划生育技术服务咨询服务人群 12450 人，目标人群覆盖率 100%；计划生育有关临床医疗服务人群覆盖率 100%，开展计划生育手术 12450 例，围绝经期取环 1622 例；农村中老年妇女健康促进围绝经期免费取环 500 人次，术后随访率 100%，未发生一例手术并发症。开展青春期生殖健康大型视频宣教活动，点击量 140 万人次。完成计划生育手术并发症鉴定和病残儿鉴定鉴定 3 次。开展“爱心助孕”活动，发放爱心卡 105 张，其中 65 人已经妊娠，18 人次接受输卵管吻合手术，6 例成功受孕。

【医院管理】 2021 年，市妇幼保健院启动绩效管理改革，建立以履行公卫职能，注重服务质量与数量，体现优绩优酬、多劳多得的绩效考核体系，于 11 月 25 日在职工代表大会上全票通过并顺利实施。10 月 18 日完成内设党政机构改革工作，将原来的 14 个职能科室调整为党政综合办、医务科、护理部、人事科、财务科、后勤科 6 个科室。不断规范医保行为。组织医保科、财务科、医务科、信息科、纪检监察室等部门开展“清廉医保进科室”行动，对产科、妇科、乳腺科、检验科等临床医技科室进行医保问题解析和医保政策宣讲，做到合理收费、合理检查、合理用药。提升行政效能。规范行政早交班、周交班；定期召开中层干部工作例会、院长办公会、院党委会；每周二为院长或业务院长带队进行的院长查房日；强化医院领导带班责任，每天对疫情防控和安全生产工作进行督查。

【市妇幼保健院项目】 2021 年，市妇幼保健院项目快速推进。12 月 1 日，黄滔市长带领市领导和主要部门负责人，实地调研医院现院址与新院址，调研后召开市长办公会部署推进项目建设工作。医院根据上级会议精神确立新院二次深化设计、设备采购、信息化建设等工作具体负责人，筹备整体搬迁各项工作。

宁乡市精神病医院

【概况】 长沙市宁乡精神病医院是宁乡市唯一的二级甲等精神专科公立医院，担负着宁乡市精神卫生的医疗、教学、科研、预防、康复、公共卫生等任务，向社会提供各类精神障碍的早期干预、诊断治疗、康复指导、药物救助、心理咨询等精神卫生服务。有职工 225 人，正高职称 2 人，副高职称 15 人，中级职称 70 余人，医护专业技术人员占比 80%以上。医院编制床位为 1200 张，下设 8 个临床病室，开设精神科、临床心理科、老年科等特色医疗科室，拥有彩色颈颅多普勒脑血流分析仪、DR、彩超、全自动血细胞分析仪等主要专科医疗设备。

2021 年，长沙市宁乡精神病医院坚持“稳增长，谋改革，促发展”的工作思路，团结带领广大干部职工对重性精神病人进行规范管理，组建“心灵之约”专家讲师团队，对园区、市直机关、社区、学校等进行心理健康科普宣讲，在全力筑牢疫情防控网的同时，践行现代医院管理制度，发展新业务新技术，夯实医疗服务质量和医疗安全。全年全院共接诊门诊患者 18019 人次。入院患者 5485 人次，出院患者 5378 人次，日平均住院数 1161.17 人次（2020 年为 1032.53 人次），较 2020 年增长 12.5%。

【医院医疗工作】 2021 年，宁乡精神病医院完善医疗质量控制目标，严抓基础医疗质量。2021 年入出院诊断符合率 99.65%，治愈率 1.4%，好转率 96.6%，无变化率 1.26%，死亡率 0.74%，运行病历通过质量控制全部达到合格，甲级病案率 95%以上；实行四级医疗质控网络，即：院级质控、质控科质控、科室质控、住院医师及护士自查互控。坚持每周进行业务大查房，每季度进行医疗护理安全质量分析会；配合公安部门对全市登记在册的 146 名肇事肇祸严重精神障碍患者重新进行风险评估，积极收治风险等级 3 级以上的 19 名；收治救助站“三无”公共精神障碍患者 23 人次；精残、智残鉴定 584 人次。

【医院护理工作】 2021 年，宁乡精神病医院为患者提供专业照顾、病情观察、治疗措施、心理支持、健康教育、沟通配合等护理服务，注重对患者的人文关怀和沟通交流。每月进行住院病人满意度调查，2021 年 1—11 月平均满意率 93.78%；组织护士长查房 40 余次，探索精神科老年患者特色的优质护理服务模式；在第 110 个国际护士节，医院开展“传承红色基因，创新发展护理，弘扬抗疫精神，庆祝建党百年”为主题的活动，在全院护理队伍中评选“优秀护理管理者”及“优秀护士”等代表 35 人进行表彰奖励；举办“5·12”护士节家属答谢会。2021 年 9 月，通过长沙市卫生健康委员会对二级及以上公立医院的优质护理服务工作进行全面复核评价，获评长沙市优质护理服务市级复核评价优秀机构。

【医院医保工作】 2021 年，宁乡精神病医院医保工作运行良好，共收治医保病人 5799 人次，特医门诊 1417 人次，医保基金统筹支付 4331 万元，乡村振兴医疗救助 665 万元，民政救助 248.5 万元，共申报精神分裂症和双相情感障碍特殊门诊 45 例。一站式结算参保人员只需支付个人负担的医疗费用，为老百姓的精神心理卫生工作提供便捷的服务环境，切实为患者家庭减轻负担，解决就医难看病难的问题。

【医院信息化建设】 至2021年底，宁乡精神病医院完成HIS、LIS、EMR、PACS四大信息系统及其硬件的建设，完善居民电子健康卡应用改造、医院微信公众号（含预约挂号）、门诊移动支付、住院伙食收费系统以及医保病案首页上传（含病案统计管理系统）建设。将实施信息系统网络安全等级保护和测评项目以及业务系统模块升级，以信息化全面推进医院管理、医疗服务、分级诊疗等全面提档升级。

【医院队伍建设】 2021年，宁乡精神病医院组织参与医联体单位，湖南省脑科医院举办远程护理查房活动4次，与省内兄弟医院共同探讨精神病类等疾病，在重症、疑难、罕见少见病例方面共享经验。组织护士长及护理骨干外出学习35人次。院领导班子分别到长沙、厦门、郑州等地，专项培训与实地观摩结合，多方位学习先进管理经验，增强创新意识和创新能力。中层干部、业务骨干多次参加精神心理相关学术交流会议。医院在门诊会议室和住院部会议室都安装新的多媒体设备，拓展会议形式，鼓励干部职工通过ppt分享的方式进行授课，展示水平，提升能力。加强医院内涵建设和品质建设，丰富干部职工文化生活。在全院征集院徽院训，确立“精益笃行，博爱至善”的院训和以蓝色为主调的院徽。成立摄影、书法、球类等10余项业余兴趣小组，聘请专业老师任教，陶冶职工情操。9月，申请长沙市职工书屋建设，收藏图书5000余册。

【医院改革与管理】 2021年，宁乡精神病医院院内服务设施改造和服务流程升级。改进医疗服务质量。以医院医务科和纪检监察科为牵头科室的工作专班，定期下科室巡查和督促医务人员的医疗服务行为，促进医务人员服务态度的改善和服务质量的提高，群众的总体满意度明显提升。完善系列行政管理办法和规定，重点完善《长沙市宁乡精神病医院章程》《三重一大事项集体决策制度》《2021年度绩效考核管理方案》《长沙市宁乡精神病医院采购管理办法》等制度，为日常工作开展和考核提供依据，保障医院工作的合法化、规范化。实行科学化、规范化的“6S”精细化管理。各科室进行“6S”日常维护检查持续改进，医院组织每月督查，营造一个文明、整洁、有序、高效、安全的工作环境和人文环境。建立健全安全生产巡查机制和处置机制。结合医院实际，建立医疗安全、消防安全、生产安全巡查机制和处置机制，由院领导牵头带领巡查专班对医院各项生产安全工作进行巡查，全方位实时管控风险隐患，保障医院的各项生产安全。

【基本公共卫生服务】 2021年，在国家严重精神障碍管理系统中，宁乡市严重精神障碍患者检出率4.92‰，超过省市指标的4.5‰，年管理率99.39%，规范管理率91.93%，服药率97.95%，面访率97.78%，体检率98.63%，在家病人稳定率98.08%。2021年，医院组织6次下乡义诊，服务16910人次，发放免费救助药品319.5万元，发放精神卫生宣传资料5套共3万份。按要求将6680例患者纳入国家严重精神障碍系统进行管理，对7492人次精神障碍患者家属进行健康宣教。10月10日世界精神卫生日，开展“青春之心灵，青春之少年”进学校宣传活动。对宁乡市“以奖代补”的61例精神重症患者进行复核确诊。

【心理社会服务体系构建】 2021年，宁乡精神病医院组建村级心理咨询室279个，打造心理咨询室示范点8个，对全市352名公卫人员、社区医生进行业务培训。2021年7月起，聘请知名心理专家徐军教授到医院进行心理咨询师培训，成立“心灵之约”专家讲师团队，进机关、企业和学校，为宁乡市直机关、宁乡高新区、楚天科技、紫金中学、工会干部培训班、喻家坳中心小学等单位进行心理健康知识讲座，服务对象达1800余人次。24小时开通免费线上咨询，为宁乡市人民提供心理危机干预和心理健康促进服务。

【新冠肺炎疫情防控】 2021年，宁乡精神病医院做好院内新冠肺炎疫情常态化防控工作。根据疫情防控工作要求，1—11月完成重点人群核酸采样8209人次，结果均为阴性。确保全员新冠肺炎疫苗接种，累计接种258人，均无明显不良反应。2021年7月和8月派出110余人次到历经铺街道，未来方舟、馨宁小区、翰林华府等小区进行新冠肺炎疫情核酸检测采样2.9万多人次。派出146人次医务人员赴大润发、人人乐等疫苗接种点参与信息录入、健康咨询、疫苗接种等工作。选派专业人员35名奔赴全市29个乡镇进行心理健康管理巡诊，与各乡镇街道公卫精防专干联动，答疑解惑提供专业服务，为百姓身心健康保驾护航。

社会生活

民　政

【概况】 2021年，宁乡市下拨民政资金4.5亿元（其中中央、省、市资金2.4亿元，本级资金2.1亿元），其中城乡低保、特困（含特困护理、保险）2.7亿元；残疾人两项补贴4800万元；临时救助800万元；高龄老人、养老服务专项、孤儿和事实无人抚养儿童补贴、儿童主任补贴等"一老一小"支出分别为6377万元、716万元；春节慰问1058万元；农村五型社区建设255万元、乡镇社工站建设380万元；殡葬服务补贴1100万元；福彩公益金2310万元；流浪乞讨人员救助补助、精减退职等243万元。

2021年，市民政局被湖南省委省政府评为"湖南省脱贫攻坚先进集体"；市生活无着人员救助站被共青团中央评为"全国青少年维权岗"；巷子口镇社会事务办获评民政部"全国农村留守儿童关爱保护和困境儿童保障工作先进集体"；大成桥镇鹊山村村规民约为湖南省民政厅"全省优秀村规民约"。

【城乡救助】 2021年，宁乡市城乡低保共保障10873户、19286人，全年合计支出城乡低保金10680.13万元（含节日费）；特困人员供养救助9872户、10059人，全年合计支出特困供养生活费12196.02万元（含节日费）。农村低保人均救助水平达到438.26元/月/人（含节日费），城市低保人均救助水平达到564.57元/月/人（含节日费）。强化特困人员服务，全年支出护理补助827.09万元；严格落实丧葬补助政策，全年支出丧葬补助资金649.6万元。

【养老服务】 2021年，市民政局推进养老服务设施建设。社会福利中心建设基本完成，完成运行招投标；玉潭街道综合养老服务中心投入使用；凤祥等10个社区居家养老服务中心场地投入运营。推行规范化管理，制定《宁乡市乡镇敬老院管理考核实施细则》，对敬老院的运转资金和护理补助资金制定了考核等级；举办3期养老护理班，185名养老护理员报名参加培训；委托专业公司对养老机构对消防安全、食品安全等开展专业监督。委托宁乡市心理咨询协会开展心理咨询培训，团体辅导216次、老人心理咨询320人次。开展全市高龄津贴主动办工作，全年发放高龄津贴资金5334.06万元，惠及41687名高龄老人；发放敬老院运转经费、敬老院护理型床位补贴等1300多万元。

【儿童福利保障】 2021年，宁乡市推进未成年人保护工作。牵头成立"宁乡市未成年人保护工作领导小组"议事协调机构，年内通过市长办公会；联合市检察院开展《未成年人保护法》宣讲，发放未保法宣传折页和儿童福利政策宣传折页800余份。全年发放孤儿基本生活174万元，1115人次享受；发放事实无人抚养儿童生活补贴435.5万元，4500人次享受；发放18岁以上在读孤儿助学金31.2万元，91人次享受。关爱服务农村留守儿童和困境儿童。春节慰问孤儿和事实无人抚养儿童465人，慰问资金18.6万元；提质改造10家儿童之家；牵头制定《宁乡市农村留守妇女"五个一"关爱专项行动实施方案》；举办全市儿童主任培训，315人参训。

【残疾人"两项补贴"】 2021年，宁乡市困难残疾人生活补贴从120元/人/月提高到140元/人/月，重度残疾人护理补贴从80元/人/月提高100元/人/月，全年发放两项补贴4806万元，惠及381962人次，完成省市重点民生实事工作任务。

【慈善救助】 2021年，市民政局发起社会公益定向捐赠、轻松筹大病救助患者等定向募捐活动，募集款物237.88万元；接受加加食品集团非定向使用物资10万元。开展千手爱心精准救助、轻松筹大病患者救助、关爱就地过年留守儿童等多项救助活动，发放救助款物1139.88万元，惠及困难群众1300余人。在长沙市慈善总会申报公益创投志愿服务项目，争取资金26万元；配合长沙市慈善总会工作，在玉潭街道金星社区建立一个乡村振兴慈善基地。

【救助工作】 2021年，市民政局接受长沙市民政局联合督查组对宁乡市救助站进行的安全隐患检查；召开民政、公安、城管和卫健部门联席会议，出台工作方案，明确部门职责；开展生活无着流浪乞讨人员救助管理服务质量大提升专项行动；开展“夏季送清凉”“寒冬送温暖”专项救助。

【基层社区治理】 2021年，市民政局培育煤炭坝社区创建十佳“五型”（美丽宜居型、智慧便民型、文明共建型、和谐善治型、幸福共享型）示范村（社区），通益社区等7个村（社区）创建“五型”示范村（社区），建设大成桥镇鹊山村东风组等16个农村社区便民服务点；联合市行政审批服务局对村（社区）村务公开进行督导；城区社区专职工作人员实施员额管理，新招录社区专职工作人员27名；完成村民自治委员会换届选举，并协同市委组织部组织全市278个村（社区）书记、主任开展集中培训1次。

【政务服务优化】 2021年，市民政局改造婚姻登记颁证室，推行婚姻登记免费颁证服务；为群众开展婚姻家庭咨询辅导服务，接待咨询辅导对象118对，成功和解72对；与司法局联合设立婚姻家庭调解室接待调解对象114对，成功和解31对。共办理结婚登记4997对，离婚登记1722对，补发结婚证2030对，补发离婚证190例，办理离婚冷静期申请3280例。登记合格率100%。

【殡葬服务管理】 2021年，市民政局推进农村公益性墓地建设，达到省民政厅关于“五化”（人本化、法治化、标准化、信息化、社会化）建设评估指标。实现全区域遗体火化率100%，惠民补助发放到位率100%，发放城乡居民基本殡葬政府补助1060.81万元。

【区划地名管理】 2021年，市民政局推进不规范地名清理整治，对4条道路、4个楼盘等涉“洋”地名进行清理；29个乡镇（街道）均完善农村地名设标。

【福彩管理】 2021年，市民政局销售福利彩票1.1亿元；发放奖励补助近60万元，站点增至127家；全市福彩投注站规范化建设率95%，新建三家福彩店；通过政府采购，与新媒体公司合作，打造水平更高的营销队伍。

【社会组织管理】 2021年，全市依法成立登记社会组织572家，其中2021年新成立登记社会组织21家，办理变更登记53家，办理注销登记24家。采取购买服务的形式，聘请第三方专业机构抽查对5%（29家）的社会组织进行现场年检。组织社会组织负责人开展业务培训班，全市民办非企业单位负责人约200人参加。在宁乡市人民政府门户网站公示130家2018年以来注销和撤销的社会组织名单，公布举报方式，发动社会监督。

【社工站运行】 2021年，持续推动乡镇（街道）社工站建设。推广应用全国社会工作信息系统，引导全市8家社工机构、120名持证社工在社工信息系统注册，120名持证社工完成首次登记；开展社会工作者职业资格考前培训，培训考生583人；申报长沙市慈善总会“慈社联手，为爱同行”项目，6个项目成功立项并实施；开展福彩公益金支持乡镇（街道）社工站参与社会工作服务项目活动，16个项目成功立项并实施；新成立登记慈善组织1家；指导38家志愿服务组织进行身份标识；指导社工站开展志愿服务“时间银行”，在全国志愿服务信息系统中记录时长10671小时。 （邓　凡）

人力资源和社会保障

【概况】 宁乡市人力资源和社会保障局（以下简称市人社局）是负责全市人事人才、就业创业、劳动关系管理调整以及社保经办管理服务等工作的政府组成部门，内设8个职能科室：办公室、财务审计科（社会保险基金监督科）、政策法规科（信访科）、行政审批服务科、事业单位人事管理科、人才开发科、社会保障科、就业促进科，下设7个二级机构：就业服务中心（创业贷款担保中心）、人力资源公共服务中心、劳动保障监察大队、社会保险服务中心、工伤保险服务中心、劳动人事争议仲裁院、社会保险参保登记事务中心。外派2个驻区机构：经开区专班、高新区专班。2021年，市人社局获评2021年湖南省法治政府建设示范市创建工作先进单位；财务工作获评2021年度预决算管理工作先进单位；就业扶贫工作获评“湖南省脱贫攻坚先进集体”；高新区工作专班获评“湖南省劳动人事争议金牌调解组织”；宁乡市社会保险基金征缴中心获评2021年度宁乡市“青年文明号”，职业技能提升行动工作和成效在5月17日全省就业工作座谈会上作经验推介，并于11月23日在湖南卫视新闻联播报道；重点民生实事33个项目全面完成，在12月7日《湖南日报》第六版和湖南卫视《午间新闻》报道；5月，在长沙市《保障农民工工资支付条例》知识竞赛中获评一等奖。

表22　宁乡市2021年劳动就业和社会保障情况表

指标名称	计量单位	2020年	2021年
指标名称	计量单位	2020年	2021年
城镇新增就业人员	人	10595	11340
城镇登记失业人员	人	5171	5451

续表22

指标名称	计量单位	2020 年	2021 年
城镇登记失业率（每月动态数据）	%	全年 4.0%以内（12 月 2.96%）	全年 4.5%以内（12 月 3.12%）
失业人员再就业	人	5649	6963
职业技能培训	人次	14563	32018

【就业创业】 2021 年，宁乡市新增城镇就业 11340 人，失业人员再就业 6963 人，就业困难人员再就业 2646 人，农村劳动力转移就业 6320 人，城镇登记失业率均控制在 4.5%内。就业见习基地达到 31 家，吸纳就业见习 478 人，完成全年目标任务 110 人的 434.5%。发放失业保险待遇 2892.21 万元，企业稳岗补贴 2771.99 万元，推广“创业者选单、培训机构列单、政府买单”培训模式，创新反担保模式，扩大创业担保贷款规模，全年发放创业担保贷款 2490.5 万元，创业培训班开班 139 期，培训学员 4587 人，完成目标任务 3700 的 123.97%。引导行业协会、领军企业开展以促进创业为主题的公益活动，帮助返乡创业人员搭建学习、交流、培训、考察、对接的平台。

【社会保险】 2021 年，宁乡市新增参保单位 935 家。城乡居民养老保险待遇领取人员 21.03 万人，发放待遇 62422.56 万元；城镇职工养老保险待遇领取人员 5.14 万人，发放养老金 15.04 亿元。机关事业单位养老保险退休人员 1.31 万人，发放养老金 7.48 亿元。认定工伤 1520 例，开展劳动能力鉴定 1134 例，发放工伤保险待遇 10604 万元。完成失地农民新增参保 2481 人。采集社保卡数据 9893 张，制定下发《宁乡人民政府办公室关于印发宁乡市被征地农民社会保障试点工作方案的通知》和《宁乡市被征地农民社会保障试点办法》，推进电子社保卡和实体社保卡推广发行。

【人事人才】 2021 年，春季“百企千岗进高校”主题招聘共组织 63 家企业赴 12 所高校举办现场招聘，引进人才 1671 人；秋季“聚才汇智·与‘宁’‘乡’约”主题校园招聘共组织 70 余家企业参与，通过现场招聘、网上招聘等方式，达成初步意向 1500 余人。举办宁乡市第一届职业技能大赛，近 300 名选手参赛，40 名选手获奖。推选 52 名优秀选手组队参加长沙市第一届技能竞赛，共获得金银铜牌 6 枚，优胜奖 16 个。公开招聘选调事业单位工作人员共 353 人，优化调配事业单位存量人才力量。机关企事业退休审批（含被征地农民）3515 人，工资审批兑现 2.47 万人次，档案查阅利用 4077 余人次，新接收人事档案（含流动人员）2122 本；完成专业技术人员初级职称认定（评审）821 人，中高级职称认定（评审）1402 人。

【劳动关系】 2021 年，市人社局建立根治欠薪长效机制，妥善处理拖欠农民工工资案件，化解欠薪矛盾纠纷。办结管理系统欠薪线索 554 条，处理投诉举报 3699 人次。办理劳动保障案件 27 件，为农民工追回工资 4418 万元。受理劳动争议仲裁 866 件，结案 842 件。全局共办理“12345”市民热线工单 2102 件；各类信访件 47 起，市长信箱件 49 起；所有来信来访均及时办理回复，信访办结率 100%。（梁小莹）

医疗保障

【概况】 宁乡市医疗保障局内设 4 个科室（办公室、政策法规科、监督管理科、医药价格管理和招标采购科），下设一个副科级事业单位宁乡市医疗保障事务中心。2021 年，宁乡市医保基金监管工作获评湖南省优秀单位，医保乡村振兴工作被省医保局评为表现突出县区，医保统筹工作的市考考核为长沙市一类。

【城乡居民医疗保险基金】 2021 年，宁乡市城乡居民医疗保险参保缴费 106.97 万人。城乡居民基本医疗保险基金总收入 94005 万元，其中各级财政补助 61430 万元，个人缴费 31886 万元，利息收入 689 万元，基金总支出 86477 万元，其中住院基金支出 68237 万元，门诊基金支出 7568 万元，大病保险支出 8837 万元。

【城镇职工医疗保险基金】 2021 年，宁乡市城镇职工参保 18.16 万人。城镇职工基本医疗保险基金各项收入共计 94509 万元，其中基本医疗保险费收入 86423 万元；大病互助基金收入 5026 万元；公务员医疗补助收入 3060 万元。2021 年，宁乡市城镇职工基本医疗保险各项基金支出总计 52697 万元，其中基本医疗住院支出 26158 万元，特殊门诊支出 3264 万元，生育保险及津贴支出 2524 万元，个人账户基金支出 20751 万元，大病互助基金支出 1407 万元，公务员医疗补助支出 2779 万元。

【“一站式”结算】 2021 年，宁乡市“一站式”系统内结算 4.49 万人次，医疗总费用 23961.1 万元，医疗综合保障报销 21986.7 万元，报销比例 91.7%；系统外手工追补 541 人次，追补 54.3 万元。

【打击欺诈骗保】 2021 年，市医疗保障局安排定点医药机构进行两轮自查自纠，市域内的 62 家医疗机构，86 家特门药店全部参与，各机构共计自查自纠出问题 296 个，共退还违规资金 103.77 万元。开展打击欺诈骗保套保挪用贪占医保基金集中整治工作和清廉医保专项整治工作，对定点医院和定点药店2019年以来的问题处理情况进行起底，按集中整治和清廉医保专项整治工作要求，将公立医院起底情况报告宁乡市纪委监委、定点医疗机构起底处理情况通报宁乡市卫生健康局、定点药店起底处理情况通报宁乡市市监局。

【药品集中采购】 2021年，市医疗保障局完成采购周期的国采1—3批、省抗菌药品第一、二周期及国采第四批，共计采购药品5700万余片，预付国采1—4批基金463万余元，拨付结余留用基金40余万元。2021年共计调整医疗服务项目收费3次，调整859个项目。

【抗击新冠肺炎疫情】 2021年，宁乡市核酸检测费用共结算4545万元，结算138.52万人次。新冠肺炎疫苗结算支付11711万元，其中接种费用1972万元。（陈伟夫）

退役军人事务

【概况】 2021年，宁乡市退役军人事务局开展为民办实事活动，完成退役军人困难帮扶、慰问、就业创业等27项实事工程；结合中国共产党成立100周年主题，打造“红色宁乡·英烈谱”和“弘红色传承 讲老兵故事”两个专栏，挖掘红色故事，弘扬传统文化；组织“永远跟党走 退役不褪色”主题演讲比赛，弘扬退役军人时代新风，凝聚退役军人奋进力量，组织爱心人士共筹集价值30余万元救灾物资，并由16名志愿者、6辆物资车组成救援车队驰援河南新乡。宁乡市退役军人事务局被长沙市委、市政府、长沙警备区授予“爱国拥军模范单位”称号，机关党委获评宁乡市“先进基层党组织”，烈士陵园创建为宁乡市爱国主义教育基地。

【服务保障体系建设】 2021年，宁乡市按照“五有”（有机构、有编制、有人员、有经费、有保障）标准，实现29个乡镇（街道）、278个村（社区）退役军人服务站全覆盖，所有乡镇（街道）级服务站均打造为示范型服务站，49个村（社区）级示范型服务站完成验收。市退役军人事务局对宁乡市29个乡镇（街道）烈士纪念设施进行全面调查，通过实地走访拍照、定位，对散落在民间的零散烈士纪念设施进行整理、记载和挖掘，对全市21座亟待修缮的零散烈士墓进行修缮保护。退役军人事务部副部长常正国到宁乡调研，并将宁乡市关于烈士纪念设施保护的成功经验向省厅进行推介。12月16日，宁乡市退役军人志愿者协会（宁乡市退役军人志愿者服务队）成立并举行揭牌仪式，湖南省军区国防动员局局长吴畏、武警湖南省总队原副司令员陈庆强、武警广东省总队原副司令员成河出席活动。

【就业创业】 2021年，市退役军人事务局完成2021年度277名自主就业士兵返乡欢迎仪式和89名转业士官、9名军转干部档案接收、岗前培训、社保接续及安置工作。完成2020年度125名安置士官移交安置系统信息录入及档案移交等工作。完成2021年度在职企业军转干部工资核算、发放与全市企业军转干部解困工作。先后与10余家企业或单位联合创新开展退役军人及家属定岗式、定向式、共建式等招聘活动12场，1000余人参加，300余人实现就业上岗。推荐1家单位参加长沙市退役军人创业创新大赛，获评湖南省赛区三等奖。

【优抚褒扬】 2021年，春节、八一，宁乡市送慰问台历、慰问信实现全覆盖，慰问优抚对象1.5万余人次，发放慰问金472.88万元。制定《宁乡市退役军人和其他优抚对象困难援助资金暂行管理办法》，加强和规范对现役军人、退役军人和其他优抚对象帮扶援助，拨付乡镇（街道）困难援助资金96.5万元，本级困难援助共149.89万元；对重点优抚对象二次医疗报销667人次76.59万元；换发伤残证1010本；送达现役军人立功喜报98份，发放立功奖励金20.5万元。7月4—5日，组织全市60多名烈士亲属组成烈士亲属祭扫团，到广西凭祥市南山、匠止，百色市那坡、靖西烈士陵园祭扫53位宁乡籍烈士。组织150名重点优抚对象开展短期疗养活动，该次短期疗养活动分两批次开展，开设常规体检和健康知识讲座，对优抚对象进行专业化、定制化服务，并组织“红色康养之旅”活动，到韶山、郴州、衡阳等红色景点重温中国共产党和中国人民解放军光辉征程。开展“关爱功臣 送医送药下乡”活动3次，惠及210余名重点优抚对象。与中石化合作为现役军人和退役军人办理“军人加油优惠卡”。开展“守护·2021清明祭英烈”网上祭扫系列活动，为社会各界祭扫活动提供相应服务，接待50多家机关团体赴烈士陵园开展活动，共接待15000余人次。

【双拥工作】 2021年，市退役军人事务局组建一支退役军人志愿服务军乐队，为立功现役军人上门送立功喜报，营造“当兵光荣、立功荣尚”氛围。局班子成员带头走访慰问全局干部“一对一”联系乡镇、街道开展工作。在社区、学校、企业、公共服务窗口四个领域分别打造一个高标准的双拥示范点。

【军休服务管理】 2021年，市退役军人事务局局属二级机构宁乡市军休所接收长沙市军休处下达安置计划2人，其中伤病残干部1人。落实军休干部待遇，为符合条件的军休干部发放“光荣在党50年”纪念章。探索“互联网+智慧养老建设”，为军休干部佩戴健康检测设备，实时监测军休干部身体状况，开辟绿色就医通道，随时为军休干部提供健康预警和快速就医通道。投资120万元对军休运动馆进行提质改造，提高场馆功能性和利用率；拆除军休所院内老旧危房，启动新的军休活动中心建设。开展敬老院慰问、爱国主义讲座进校园、志愿服务进社区、包粽子比赛、重阳登高、爱国主义观影活动等10余次活动，组织军休干部到红色教育基地参观学习3次。

【常正国调研宁乡退役军人事务工作】 6月1日，退役军人事务部党组成员、副部长常正国一行到宁乡调研，湖南省退役军人事务厅党组书记、厅长唐勇，厅党组成员、副厅长易德才，长沙市委常委、常务副市长夏建平，长沙市退役军人事务局党组书记、局长荣爱华，宁乡市委常委、常务副市长王湘云等一同调研。常正国一行先后到沙田乡向何叔衡烈士纪念碑敬献花篮、参观何叔衡故居，到宁乡市退役军人事务局与退役军人就业创业代表及老连长老班长值班室志愿者交流，听取退役军人创业就业有关情况，对宁乡退役军人事务工作给予肯定。

2021年9月30日，宁乡市烈士公祭仪式在宁乡烈士陵园纪念碑前广场举行

【烈士纪念及迁葬仪式】 9月30日，宁乡市烈士公祭仪式在宁乡烈士陵园纪念碑前广场举行。宁乡经开区党工委书记、市委书记于新凡，市委副书记、代市长黄滔，市人大常委会主任喻亚军，市政协主席刘永红等市领导和社会各界干部群众代表参加公祭活动，缅怀英烈，向他们致以崇高敬意。12月30日，宁乡五位散葬烈士石干湘、胡春希、胡春桂、周太山、刘敏的遗骸迁葬入园仪式在宁乡烈士陵园举行。五位烈士家属手捧烈士的棺椁，在礼兵的引领下庄重走上台阶。在雄壮的《中华人民共和国国歌》声中，全体人员肃立，随后向烈士三鞠躬。每个墓穴上端的石碑上，铭记着烈士的英雄事迹。 （胡小艳）

道林镇

【概况】 道林镇地处宁乡东南，由原道林、善山岭、金华三个小乡合并，紧临长沙、湘潭，许广、长娄高速贯通21千米，沪昆高铁贯通5千米，三个互通环绕，距梅溪湖仅25千米，交通区位优越。面积135平方千米，2021年年底，有人口5.5万，9个村、社区。

2021年，道林镇完成财政税收1150万元，为年度目标任务的115%，同比增长14.5%；完成固定资产投资7.4亿元，社会消费品零售总额5800万元。种植烤烟175.6公顷，销售烟叶5569担，镇村烟叶税收返成近百万元。启动善山岭冷链仓储基地建设，探索9个村（社区）集体在基地的入股分红机制。擎天柱装备产业园作为总部经济引入，2021年实现地方税收近150万元。

【基层党建】 2021年，道林镇实施"党建聚合力"工程，道林社区、善山岭村获评宁乡市先进基层党组织，道林镇基层党建年终述职获评"好"的等次。组织乡村振兴专题学习班培训180余人次，开展党员冬春训4期，培训900余人次。倡导"有事您说话，有事找党员"，评选出30家党员服务示范门店，打造道林党员志愿服务特色品牌。完成镇村两级班子换届，选优配强11名镇级班子成员，61名村级班子成员。全年各类主流媒体上稿146篇，镇人民武装部创建长沙市"五星"级基层武装部。运用"四种形态"（"四种形态"是指党内监督执纪的"四种形态"，包括：经常开展批评和自我批评、约谈函询，让"红红脸、出出汗"成为常态；党纪轻处分、组织调整成为违纪处理的大多数；党纪重处分、重大职务调整的成为少数；严重违纪涉嫌违法立案审查的成为极少数。）处理97人次，其中第一种形态处置89人，全年立案8起，党纪处分8人。

【乡村振兴】 2021年，道林镇道坚守耕地保护红线，开展联合执法114次，拆除违建17处，实现"零违建"。整改国土卫片问题113个，及时复绿17处。落实河长制、路长制，推动环境卫生从突击整治向规范管理、常态保持转变，镇村面貌焕然一新。群众自发筹资203万元、筹工900余个，建设5个美丽屋场，建立农户卫生评比、垃圾处置缴费、党员义务执勤等长效管护机制，全镇5个美丽屋场全部获评长沙市美丽宜居村庄。9个村（社区）集体经济收入均超过20万元，其中金华村超过60万元，善山岭村超过40万元，道林社区、靳水村超过30万元。林社区、金华村获评湖南省乡村振兴示范村。

【民生保障】 2021年，道林镇开展"四联五到位"民情大走访，全镇设立56个网格，1445名党员干部对所联1.49万户开展4次全面走访，对交通安全、疫情防控、安全生产、禁毒、反电信诈骗等知识进行全面宣传。与9个后盾单位密切对接，做到"前提是联系，关键是问题解决到位"，收集问题442个，解决388个。完成13千米市规公路建设；道林中学维修改造、善山岭中学停车场改造、道林中小及幼儿园供水设施和田径场建设完工并投入使用；冬修水利13处。镇卫生院获评"全国标杆乡镇卫生院300强"。发放临时救助34万元、自然灾害救助8万元、慰问困难群众22万元。新增低保对象72户127人，特困供养人员26户26人。开办4期职业技能培训班，200人获得初级证书。

【社会治理】 2021年，道林镇开展道路交通安全整治专项行动，投入412万元整改主次干道安全隐患355处；组织镇村干部及志愿者140余人到29个重要路口开展交通安全文明劝导；召开屋场会292场，发放宣传画册3万余份、摩托车头盔3000个，拘留违章驾驶10人。2020—2021年化解历史债务近5000万元。开展岁末年初安全生产百日大会战，检查企业、单位234家，发现安全隐患458处，年内整改420处，全年未发生一起安全生产事故。全年共调处矛盾纠纷170余起。连续两年获评"长沙市平安建设（综治工作）优秀乡镇"和"长沙市民调一类乡镇"。2021年获评长沙市信访工作"三无"乡镇。

【道林古镇“千年铁魂·湖南人”景区开园迎客】 2021年9月28日，道林古镇“千年铁魂·湖南人”景区开园迎客。宁乡经开区党工委书记、市委书记于新凡宣布景区开园，市委副书记、代市长黄滔致辞；市委副书记、统战部部长沈光向长沙、株洲、湘潭、娄底、益阳等地旅行社代表授旗。宁乡市领导喻亚军、刘永红、贺立权、李磊、胡珊珊、蒋改平、张莹、李纯等出席开园仪式。

道林古镇“千年铁魂·湖南人”景区占地面积约92公顷，核心景区包含演艺区、商业街和开心农场三大板块，其中商业街区和开心农场为开放式运营景区，演艺景区为封闭式收费景区。演艺景区以“1+6+N”的模式打造实景演艺剧目集群，通过夜间实景沉浸式大剧、舞台剧、室内小微剧、室外巡游、水上演出等多种表演形式演绎中国三千年冶铁文化和湖南地方传统文化。“1”为主题剧目《千年铁魂·湖南人》，主打节目为享誉国内的国家级非物质文化遗产“打铁花”，是一场由农民编、农民导、农民演的大型山水实景剧，与沉浸式舞台完美融合。“6”为六台小演艺，演出时间为白天，《站台》《候车大厅》《陈氏家风》《衙门断案》《老娘天生爱吃醋》《古人归来》等小演艺，通过一个个人物形象细致地勾勒演绎出“心忧天下、敢为人先、经世致用”的湖南人。“N”是不定时巡演，如《入门演出》《武术表演》《婚俗巡演》《花鼓戏》《湖南人农村走秀》《八音会》等。开心农场风景优美，可乘坐小火车和牛车穿梭于稻田、荷塘之间。道林古镇“千年铁魂·湖南人”景区集冶炼文化、湖湘文化、乡土文化和创新创意于一体，用舞台呈现精彩、用铁花绽放光芒，向世人充分展现历史与现代交相辉映、传统与时尚完美融合，让广大游客领略中华文化的源远流长、博大精深，在沉浸式小剧的互动体验中，感悟湖南人的“心怀天下、敢为人先、经世致用、坚韧不拔”。道林古镇“千年铁魂·湖南人”景区的开园，是宁乡打造文旅融合样板、推动文旅融合创新的实践，也是盘活文旅资源、延续古镇繁华、推动传统文化活态传承的见证。道林镇以古镇景区为核心发展配套项目，引导社会资本参与，发展民宿经济，新开民宿和宾馆10家、餐饮和农家乐15家，解决群众就业近300人，促进群众增收近500万元。

2021年9月28日，道林古镇“千年铁魂·湖南人”景区开园迎客

【吴桂英调研道林古镇和道林社区美丽宜居村庄】 2021年11月7日，省委常委、长沙市委书记吴桂英到道林古镇和道林社区窑岭美丽宜居村庄调研，并给予充分肯定。 （李星星）

大屯营镇

【概况】 大屯营镇位于宁乡市东南部，北与刘少奇故里花明楼接壤，南与毛泽东故居韶山毗邻，是宁乡融入长株潭经济辐射圈的最南前沿，也是宁乡经济发展的南大门，具有巨大的市场辐射功能。镇域面积106.47平方千米，湘江一级支流靳江河贯穿全境。2021年，大屯营镇下辖6个村，1个社区，总人口4.4万人。大屯营镇围绕巩固拓展脱贫攻坚成果同乡村振兴有效衔接、奋力打造“金叶之乡，宜游小镇”目标，统筹推进疫情防控和经济社会发展。全年完成税收任务664万元，超额完成税收任务10%；完成固定资产投资总额6.8亿元；工业总产值2.8亿元，增加值率11.8%。

【基层党建】 2021年，大屯营镇开展党史学习教育，基层党组织开展欧阳钦原址、宗一特支旧址沉浸式“红色走读”，“老花镜”送学宣讲28次，屋场、旧址、金叶田边“三话”党史246场。打造红色党建品牌，建成大屯营党建课题展览馆，编印《红色记忆大屯营》，打造“红色展馆、红色读本、红色故事、红色书包、红色队伍、红色引领”的“六个一”党建品牌。

【人才队伍建设】 2021年，大屯营镇选优配强骨干队伍，统筹推进支村“两委”、党委、政府、人大换届工作，选优配强47名村级班子，90名镇党代表，75名镇人大代表。建立乡土人才库，摸排统计致富能手、外出务工经商人员、专业技术人才、高学历乡土人才，分门别类登记造册，实行镇村联动管理，全面及时掌握乡土人才队伍发展状况。申报获批新型职业农民24人，乡村工匠7人，组织开展新型农民职业技能培训18期721人。

【重点项目建设】 2021年，大屯营镇重点项目纵深推进，带动镇域经济社会发展。1121工程项目建设稳步推进，宗兴线全线通车，5712厂进场路完成施工；安置区四、五期建成入住，附属设施落实到位；划定噪声搬迁控制线，对220户入户摸底、预概算申报、安置点规划等前期工作完成。石家湾中心小学停车场及篮球场黑化、同荣小学教师周转房、学校污水处理系统三个项目竣工验收并交付使用，机关维修改造、敬老院提质改造项目开工。

【农业生产】 2021年，大屯营镇完成水稻种植面积1826.67公顷，发展规模化水稻种植大户208户，引进市粮食龙头企业卫红米业在湿地修复区域内种植一季稻66.67公顷。推进粮食产业供给侧结构性改革，推广高档优质稻200余公顷，粮食生产稳步发展。坚持“金叶之乡”目标，做优做强烟叶产业，2021年全镇烟叶落实面积434.27公顷，较2020年增长8.4%，在全镇136户种烟农户中，百亩大户占24户；平均亩产227斤，实现总产值2247万元，平均亩产值3450元，收购均价15.19元，烟叶质效居全市第一。

【产业体系建设】 2021年，大屯营镇以“1+5”模式为基础的第一产业巩固发展，“1”是提质做强烟叶（打造万亩优质烟田），“5”是做优做强红心柚小水果（打造四季采摘果园）、渔业（打造渔业全产业链）、苗木（打造名贵珍稀苗木基地）、茶叶（打造年产10万斤茶叶基地）、蔬菜等产业（打造近郊有机蔬菜基地）；以粮食、食品加工等为核心的第二产业日趋成熟；以华南源、仙茶美、成五一艺术馆等精品旅游景点群为主的第三产业后劲十足。同时，大力开展招商引资，持续优化营商环境，盘活近20公顷渔场、1000公顷闲置田土山地和15处闲置学校、村部，不断优化产业体系，推动一、二、三产深度融合高质量发展。

【乡村振兴】 2021年，大屯营镇村级集体经济明显改善，全镇7个村（社区）集体经济收入均大于20万元，无“空壳村、薄弱村”。不断巩固脱贫攻坚成果。对全镇脱贫户711户1728人进行多轮摸底调查，纳入防返贫监测62户79人，安排62名干部每月一次走访，进行针对性帮扶，确保不再返贫。有序铺排宜居村

2021年9月，大屯营镇韶光村屋场夜话现场

庄，筹资、筹劳、筹地折合资金520万，绿化面积16575平方米，硬化、黑化道路10.85千米，规划菜园64.3亩，完成贝冲塘、石家湾、田坪里、石基塘、爱喜塘、江湾6个美丽宜居村庄建设点，均通过长沙市农业农村局验收，经验做法在新湖南报道2次。

【生态建设】 2021年，大屯营镇落实“林长制”，落实3年封山育林要求。及时组织护林员对乱砍滥伐行为进行制止处理，查获违法人员14人次，收缴木材3车，油锯11台。以宣传为抓手着力做好森林防火工作，发放宣传资料2000余份，横幅20余条，出动宣传车45台次。严格落实“河长制”，完成治砂巡查24次，整改非法采砂洗砂点2处，开展河道水系绿化工作，打击电鱼、毒鱼行为，收缴“地笼子”126只、无证渔船4条，违规钓具53支，保护靳江河渔业资源多样性和繁衍性。

【人居环境】 2021年，大屯营镇组织镇对村人居环境考核12次，整改问题1680个，创新推出“红黑榜”被红网推介报道，开展“逢十大清扫”84次，发放垃圾桶2400个，改厕150座。落实路长制工作，开展公路整治。全年组织开展路域环境联合整治行动8次，疏浚清理公路水沟26.654千米，疏通疏导涵洞40余处，清理枯枝死树木108棵，清理遮挡标识标牌125次，打草除杂90千米，组织保洁公司清洗护栏8次，日常清扫保洁路面约180万平方米。拆除违章建筑8处，拆违面积1000余平方米。

【社会治安】 2021年，大屯营镇抓实社会治安工作，保障域内人民生活安全有序。扫黑除恶打击各类人员45人，其中行政拘留12人，刑事拘留23人，处罚涉赌9人，吸毒4人。破获毒品案件5起，破获侵财案件7起。劝返缅北人员两人，破获电信诈骗案12起。重视道路交通安全，对事故频发路口加装红绿灯2处，邻水邻崖路段加装警示柱3000余根，新增波形护栏14千米、减速带4.2千米，确保车辆行驶安全。创新开展“‘12345’6”民情大走访工作模式，全年收集群众诉求及问题648个，已解决问题620个；调处各类矛盾纠纷490起，调解成功475起。

【政务服务】 2021年，大屯营镇政务服务系统镇、村（社区）共录入4721件，开具证明1031余张。办结率和群众满意率达100%，使用“湖南省互联网+政务服务一体化平台”办理依申请类事项四级办理深度率为91.61%，网上可办率100%。“一件事一次办”小程序新增注册人数为3938人，累计新增用户数占户籍人口比重8.71%。“12345”政务服务热线工单总量249件，办结率100%，满意率97.59%，全年工单同比下降17%，满意率提高10%。共发布政府

工作动态44条、政策文件2条、通知公告28条。获评第三季度宁乡市“优化营商环境英雄榜”先进单位。

【民生工作】 2021年，大屯营镇全面实施医疗和养老保险制度，扩大参保范围，提高参保率，累计发放各类救助金、低保金、优抚金732万余元。城乡居民养老保险稽核92万元，完成率100%。完成国家免费优检144对，产筛316例，“两癌”普查948人，完成率100%，实现失业人员再就业105人。不断深化新冠肺炎疫情防控，发放疫情防控宣传单11350张、挂图144份、口罩5万余个，排查涉疫地区返宁人员317人，核酸检测9547人次。疫苗接种工作有序进行，至2021年年底，共接种34532人次，完成率86.53%。

【安全生产】 2021年，大屯营镇投入80万元打造镇应急救援中心，提升镇村两级应急救援能力，获得湖南省应急管理厅的充分肯定。对高危企业每个月一次以上检查复查，对非高危企业及重点行业领域企业每个季度一次以上检查复查，检查企业120家次，发现并整改问题隐患130起。各部门联合执法，组织镇安监站、城管、派出所、应急办、农办、林业、国土等部门，开展每月不少于2次的安全生产联合行动。全镇查处非法经营烟花爆竹门店3处、取缔液化气经营“黑窝点”3处。 （王　维）

花明楼镇

【概况】 花明楼镇镇域面积112.4平方千米，下辖9个建制村（社区）。2021年花明楼镇累计上报固投项目13个，实现固投入库18亿元，社会消费品零售总额1.57亿元，规模工业总产值3.52亿元，服务业产值2053.3万元，研发经费761.2万元，向上争资1700万元。完成市本级财税入库1820万元，社会消费品零售总额1.5亿元。新增规模工业企业2家（贵庭钢结构、壹佰矩子）、高新企业1家（宁花异形），规模工业总产值4.2亿元。

【项目建设】 2021年，花明楼镇共铺排政府投资项目9个，完成续建项目1个，35千伏高压线路架设全面完工，基本完成1121安置区建设第四期拆迁户建房工程。制定《花明楼镇营商环境优化年行动方案》，协助企业办理开工、环保、安全等手续，确保项目如期开工，全流程协助和指导企业入规；编制少奇故里片区旅游工作思路，优化少奇故里商圈服务点建设。创建炭子冲村为长沙市特色小村庄，成功申报炭子冲村、花明楼村、杨林桥村、朱石桥村等4村6个点旅游专项资金，获评“长沙市十佳红色特色小镇”。

【环境治理】 2021年，花明楼镇召开垃圾分类减量屋场会、户主会300余场次，重点宣讲垃圾分类，发放倡议书和宣传册页2000余份，实现人居环境一月一督查；完成路面整治52处，对裸露黄土进行绿化修补2850平方米；完成户厕改造250座，公厕改造1座。清理破损广告、牛皮癣86处。全面开展禁燃限放，对40家企业进行环保配套设施运转、企业第三方检测、排污、噪声等进行监管，处理环保投诉事件12起；现场拆除违章建筑2宗、完善手续3宗、整改到位13宗。整治道路交通安全隐患点123处，设置仿真警车、警察15处，加装修复减速带及标线约1.5万平方米，设置警示桩3000余根、波形护栏9000米；查处无牌摩托车420余台，违法违规货运车辆160余台，酒驾醉驾40余起，其他违法违规行为220余起。

【民生福祉】 2021年，花明楼镇自疫情防控以后，无疑似病例和确诊病例，全镇上下齐心协力做好疫情防控工作。累计处理大数据766条，重点管控478人，返宁系统报备和社区自主摸排1708人；督促各村积极开展疫苗接种工作，加强部门联动、疫苗接种，疫苗接种率达到92%。杨林中学、中心小学、中心幼儿园3个学校污水改造项目完成。妇女儿童、老年人权益得到充分保障，社会救助全面加强。组织1122人参加两癌筛查，实现养老保险征缴比95.6%，医疗保险征缴比95.18%；完成养老保险待遇“回头看”稽核22.49万元；发放低保金336万余元，五保金458万余元。摸排全镇农村房屋安全性信息采集问题户3户，全部纳入危房改造计划。全年落实粮食播种面积4706.67公顷，全镇120余户规模种植户申报早稻种植面积666.67余公顷。组织防灾演练1次，开展防汛抗旱业务培训28人次；整修骨干山塘38口，维修河闸5处，修缮水渠1465米。

【乡村振兴】 2021年花明楼镇对全镇脱贫户602户1305人、易返贫易致贫的监测户57户82人进行两轮集中走访排查。公益性岗位补贴60人，雨露计划补助68人，务工交通补贴80人。申报新型职业农民63人，乡村工匠7人，农民大学生补贴9人，建立产业项目库197个，巩固脱贫攻坚成果同乡村振兴有效衔接产业发展项目9个，靳江村、常山村、杨林桥村成功申报长沙市现代农业高质量高水平发展项目。围绕红色旅游产业，党建实践基地、特色民宿，形成政府引导、村民自筹自建模式，启动炭子冲、杨林桥、靳源等村共10个屋场美丽宜居村庄的建设，带动花明楼村非标螺丝基地工业园区、炭子冲村的红色产业发展。

【基层治理】 2021年花明楼镇共检查生产经营单位171次，下达文书123份，立案行政处罚9家企业；查处非法经营烟花鞭炮3处；排查安全隐患1109条全部整改到位；申报农村集体聚餐820例，检查食品、餐饮经营单位180余家。排查矛盾纠纷28起，调解矛盾纠纷365起，调解成功365起，办理信访件15件，人民建议71起，结案成功率100%；国家反诈中心APP的下载近两万人次。全镇建立网格74个，依托网格化服务管理全面开展“四联五到位”工作，联户党员干部走访村（居）民1.49万户，走访率98.7%，共收集到矛盾纠纷、民生信访、医疗保险等各类问题1021条，解决995条，办结率97.2%。 （徐宇彪）

东湖塘镇

【概况】 东湖塘镇位于宁乡市东南部，全镇面积131.68平方千米，下辖8个建制村。2021年年末，全镇总户数15207户，总人口48581人，山林面积6679公顷，森林覆盖率42%，耕地面积4096公顷，其中灌溉水田面积2901公顷。

2021年，完成地方财政收入813万元。引进晓汶机械，与已有工业企业一道打造中联重科、三一重工的原材料配件生产线。累计投入资金4566万元，重点推进宁韶高速安置点建设、平水河河道治理、7所学校污水处理工程、陶家湾第二中心幼儿园维修改造、西冲山中学维修改造和东湖塘中学生态停车场等。

聚力办好民生实事工作，疫情防控工作有序有效。开展月嫂、美容师、叉车、糕点师等职业技能和创业培训，提升劳动者就业创业能力。提前部署城乡基本养老保险缴费、待遇认证，养老保险稽核相关工作，追缴社保资金54万余元。发放各类惠民补贴近1000万元。敬老院转型试点工作稳步推进，完成工作人员上门服务、日间照料5000余次。基层公共服务（一门式）全覆盖，为群众办理事项1.33万件。

2021年，东湖塘镇获评宁乡市粮食生产先进乡镇、宁乡市蓝天保卫战和碧水攻坚战三年行动先进单位和宁乡市平安建设优秀乡镇。陶家湾村获评湖南省村庄清洁行动先进单位和长沙市先进基层党组织，东湖塘社区获评长沙警备区先进民兵连，镇离退休干部党总支获评长沙市“五化”离退休干部党组织示范点。

【基层党建】 2021年，东湖塘镇思想文化建设取得新进展，《湖南日报》、湖南卫视以《宁乡市东湖塘镇：党建引领，形成基层治理新格局》为题对东湖塘镇党员干部“四联五到位”民情大走访、党史学习教育等工作进行报道。开展作风建设督查10余次，立案8件，结案5件，问责5人。突出熏陶教育，打造清廉广场，陶家湾村获评宁乡市清廉村居建设先进单位。开展农村发展党员违纪违规问题排查整顿工作，共排查出10例违规线索，年内基本处理完毕。稳固党管武装工作，成立镇级基干民兵应急排，做好武装兵役登记和征兵工作，抓好基层武装部星级达标建设。东湖塘社区获评长沙警备区先进民兵连。落实党管统战制度，加强宗教管理和统战对象服务。依照法定程序完成新一届党委、纪律检查委员会、人大、政协换届工作，依法指导各村（社区）两委换届选举，选优配强村级领导班子。村（社区）“两委”班子成员中，大专及以上学历的较上届增加11人，平均年龄较上届下降8.1岁。

【“四联五到位”网格民情大走访】 2021年，东湖塘镇建立99个三级网格，1092名党员干部联系13371户，实现联村联组联户全覆盖。确定每周五为民情大走访日，截至12月底，共收集具体问题555个，解决问题532个。《光明日报》以《宁乡市东湖塘镇：深入学党史 为民办实事》为题对东湖塘镇“四联五到位”民情大走访进行专题报道。

【导师帮带制工作】 2021年，东湖塘镇创新导师帮带工作，成立“导师工作室”，为人才成长保驾护航。11名党政领导担任帮带导师，为帮带对象建立成长档案，明确帮带措施。通过月谈话、季讲学、半年座谈、年终评议做好帮带工作。

【乡村振兴工作】 2021年，东湖塘镇8个村（社区）的集体经济收入均达到20万元以上，其中太平桥、陶家湾突破40万元，东湖塘社区突破80万元。打造陶家湾西冲山、燕山、麻山、泉山、太平桥等13个美丽宜居村庄。陶家湾村7个点连片，共硬化、黑化、靓化道路20余千米，完成13处公共厕所、文化广场、村民议事厅等建设，安装路灯900余盏，共计投入2000余万元。确定陶家湾村和东湖塘社区为乡村振兴示范点，目标以打造陶家湾村为精品示范村。

（孙??旎）

夏铎铺镇

【概况】 夏铎铺镇位于宁乡市最东部，镇域面积103.3平方千米，辖6个村3个社区，常住人口4.575万人，与岳麓、望城两区接壤，素有“宁乡东大门”之称。夏铎铺镇交通区位优势显著，东距省会长沙市中心35千米，西距宁乡城区8千米，西北距石长铁路宁乡站12千米，金洲大道、G319线、G240线、岳宁大道、金唐公路贯穿全镇。夏铎铺镇生态环境优美，境内大都为低山丘陵，地势西高东低，最高点海拔320米，最低点海拔48米。全镇属湘江支流沩水水系，主要河流是企石港河、官桥河，由南向北汇入沩水。全镇森林覆盖率达57%。域内人文底蕴深厚，留有毛泽东到香山、刘少奇求学香山、关云长兵驻石仑关、嵇真人香山炼丹等人文故事，以及银花桥、香山庵、仙人塔树、万亩竹海等历史遗迹和生态景观。夏铎铺镇经济发展基础牢固、实力雄厚，2021年完成规模工业产值17亿元，引进乡村振兴和文旅项目4个，市场主体发展235户；完成固定投资18.2亿元，社会零消费品总额2.34亿元，地方一般公共财政预算收入8499万元，为年度计划的118%，荣膺全国千强乡镇第600名。

【基层党建】 2021年，夏铎铺镇获评“长沙市文明单位”称号，4个村（社区）获评“五星”党组织，凤桥社区获评长沙市先进基层党组织，夏铎铺社区获评清廉村居市级先进示范点，镇工会获评长沙市“小三级”工会规范化建设示范单位、长沙市职工书屋示范点、宁乡市模范职工之家，天马新村团支部获评宁乡市五四红旗团支部，镇妇联获评宁乡市妇联先进单位，香山新村离退休支部成功申报长沙市示范化“五化”支部、长沙市“百岁健康村”，获评长沙市老年网络教育示范点。

举行“学党史、颂党恩，喜迎建党百年”主题活动，组织“两优一先”表彰；开展红色文化宣讲80余场，召开屋场夜会400余次；打造石仑关“重走游学路”红色文旅精品线路，建设夏铎铺红色星火馆和石仑关“毛泽东与宁乡陈列室”；结合“乡村钉”常态化开展“四联五到位”工作，全年下沉走访41轮，解决急难愁盼问题603个；持续开展“火把行动”，5000余名志愿者全年累计在疫情防控、文明创建、交通安全、反电诈等领域开展活动104次。

完成镇党委、人大、村支“两委”换届；先后组织村支“两委”、党员冬春训班等各类培训9场1000余人；优化人才培养储备，遴选18名后备干部，发展党员38人，转正22人；发展新型职业农民30人，乡村工匠7人，115人被市镇评为优秀党务工作者、优秀共产党员。

【项目建设】 2021年，夏铎铺镇完成房屋拆迁112栋150余户，新征地26.67公顷，腾地73.33公顷。完成500kV变电站及配套设施的交地、建设、补偿登记工作，全年共协调解决各类项目相关矛盾诉求百余起，完成零星补偿140余户共250余万元，处理金唐公路、高新区产教城等各类遗留问题30余个。绿叶水果智能物流园项目完成土地平整工作。“湖南建工·宁乡时代阳光现代农业产业园”本项目一期工程完工，建设面积13.33公顷。

【产业发展】 2021年，夏铎铺镇南方水泥投入5000万元，通过技术改造促进产业升级，最终达到国际领先标准，年税收达6100万元；天马混凝土增加生产线2条，对现有产能提升50%，同时加大环保投入，提升污水及废料处理水平，年税收达2300万元；忘不了服饰向服饰时尚集团进军，实行产销分离，开启忘不了产品新零售模式，实行线上线下联动销售，年税收近1200万元。

【脱贫攻坚】 2021年，夏铎铺镇针对性帮扶全镇25户困难户，完成金融扶贫借贷续贷35户132万元，贴息108户；设置公益性岗位41个，为困难群众购买2022年农合医保56人次，安排脱贫务工岗位26人次，共计投入资金4.8万元。全镇成功打造3个美丽屋场，凤桥社区、天马新村、龙福新村被评选为省级乡村振兴示范村。

【粮食生产】 2021年，夏铎铺镇抓好粮食生产工作，因地制宜开展冬修水利建设，持续提升蓄水灌溉能力；总计完成高标准农田建设286.7公顷，持续提升农业基础设施建设水平。2021年，双季稻种植面积较往年大有提高，其中种粮大户种植早稻370.47公顷，完成早稻集中育秧233.33公顷，规划全镇冬季农业372公顷绿肥生产区域，完成333.33公顷蔬菜和266.67公顷旱粮种植任务；完成38户中晚稻633.33公顷大户申报；创建万亩粮食示范片区1个，宁乡市粮食先进村1个，夏铎铺镇被宁乡市评为粮食种植先进乡镇。

【集体经济】 2021年，夏铎铺镇积极探索因地制宜、符合实际的多元化发展模式，立足各村资源禀赋，将9个村（社区）发展模式规划为土地合作型、种植创收型、农旅融合型、物业经营型、楼宇服务型和资产盘活型6类，2021年全镇9个村（社区）集体收入近900万元，同比增长10%，其中3个村（社区）突破百万元。

【社会治理】 2021年，夏铎铺镇探索推开“一四五”工作机制，“一二三”走访工作办法，构建解决问题“四级闭环”的做法，被市委督查室通报表扬；创新推广“乡村钉”，拓宽“四联五到位”民情大走访线上方法途径，开设“你钉我办”走访问题反馈、问题交办、钉钉直播等专栏，共下沉走访41轮，摸排困难清单428个，诉求清单133个，帮助31户实现“微心愿”，综治民调满意率升至92.14%。

【民生工作】 2021年，夏铎铺镇投入97.9万元完成镇卫生院消化病专科病房改造；投资3000万元新建公卫楼、设立省内首家消化专科医院并投入使用，探索乡镇卫生院专科化发展路径；投入1500万元高标准建设夏铎铺中心幼儿园，为保障城乡教育公平增添合力；投入200余万元改造天马小学、镇中心小学、夏铎铺中学、龙凤山九年制学校的厕所及生活污水处理；投入117万元完成压缩式垃圾站建设项目并投入使用，搞好农村垃圾治理，有效提高居民生活质量。

住房保障方面，组织人员对全镇430户已脱贫户、28户防返贫监测户进行住房安全鉴定，针对人员不同类别，房屋不同危险程度，精准施策，一户一策，有条不紊开展清理整治工作，确保4类人员住房安全有保障。

【社会保障】 2021年，夏铎铺镇在新冠肺炎疫情防控方面，完成大数据省市系统共计1315条电话信息核实，共摸排出管控人员400余人，全部落实“六包一”“十个一”管控措施。2021年，城乡低保累计救助2422户4376人，发放187万余元，特困累计救助3032户293万余元，发放大病医疗救助资金1.99万元，临时救助113人次，总计发放救助金额15.16万元。

办理丧葬补助金手续156例，缴费人员退费手续25例，养老补缴手续165例，养老认证4572人次，续发待遇手续59人次，新增养老待遇发放78人次，完善养老保险扩面1171人的信息核查、信息输入等工作。

全年累计发放惠农补贴1980余万元；举办技能培训15期共699人次，开展就业援助招聘会3场，参加人数超400人，达成就业意向130人次；2021年秋季贫困大学生高等教育慈善助学17人，共计10.6万元；2021年开展青少年社区活动30场，服务1000余人次；教育教学质量不断攀升，师生阅读工作全县领先，劳动教育实践基地获上级肯定，成功创建市模范职工之家。

【平安建设】 2021年，夏铎铺镇组织开展安全生产专项整治三年行动、岁末年初百日大会战等专项行动，共排查隐患182处，整改到位167处；投入350万元消除道路安全隐患，开展交通安全综合整治行动137次，设置 10 个交通劝导岗亭，安排 15 名交通劝导员上岗劝导；拆除影响环湖建设的违建建筑物和构筑物 40 多处，拆除违法建筑物 12 处；立案处罚各类违法行为 56 宗，打造文明停车示范街 2 条；制定扫黑除恶方案，打击非法集资，完成综治中心、警务室建设及“三位一体”“三级塔群”工作建设，提升综治工作软实力；信访总量较上年下降 15%，矛盾纠纷调解效果明显（2021 年共调解 105 起纠纷，调解成功率 98%以上，协议涉及金额 1254.89 万元），综治民调满意率上升至 92.14%，为长沙市一类单位，获评长沙市信访“三无”乡镇。

【人居环境】 2021 年，夏铎铺镇被纳入长沙市第一批“国家健康乡镇”试点建设名单，为宁乡市唯一一个健康乡镇试点镇，夏铎铺社区和兴旺村为长沙市第一批健康乡镇试点村，各项试点工作全面铺开；结合农村公路“百日攻坚”活动和宁乡市“文明城市”迎省检、国检专项整治行动，对主次集镇和公路两侧乱象进行专项整治；持续加大对环卫设施设备的投入，7 月底完成夏铎铺镇压缩式垃圾中转站的验收和使用，购置大小垃圾桶 160 余个，对集镇和 319 国道损坏垃圾桶、果皮箱进行更换；持续推进垃圾分类工作，全镇 9 个村（社区）的分拣中心在 2021 年 11 月全部通过市人居办年度考核。

根据市改厕办安排，全镇改厕计划户厕 50 座，公厕一座，从确定施工队伍到监督施工，逐个把关，确保市改厕办对全镇 50 个户厕 1 个公厕验收一次性通过，群众满意率 100%。

【卫健事业】 2021 年，夏铎铺镇认真做好人口监测工作，全年全镇出生人口 355 人，其中男孩 192 人，女孩 163 人。完成全员信息未匹配信息核查 1646 人。优生健康检测 142 对；两癌筛查完成 1130 例；孕产妇产前筛查任务 303 人，完成 364 人；无创 DNA 检查完成 148 人、新生儿筛查完成 162 人、耳聋基因检查完成 162 人。2021 年全镇计生特扶 39 户共 58 人，其中 2021 年新增 3 户 4 人，无退出情况。百分之百完成“三个全覆盖”，9 个镇领导、9 个村领导和 9 个村卫健专干形成“双岗联系人”制度，12 位村医与特扶对象签约家庭医生，宁乡市中医院为特扶对象开辟绿色通道。建立健全公共卫生档案，全镇中小学校幼儿园共 17 所，已建档 17 所，建档率 100%；医疗机构 14 家（其中村卫生室 13 家），已建档 14 家，建档率 100%，做到一户一档。开展健康幸福家庭创建评比活动，评选出 18 户夫妻和睦、勤俭持家、邻里团结、关心卫生健康事业、热心公共事业、家教家风好的健康幸福家庭，并进行表彰。 （娄 昊）

金洲镇

【概况】 金洲镇位于宁乡市东北部，西北与双江口镇隔沩河相望，南面与历经铺街道、夏铎铺镇相邻，东南和望城区接壤，镇域总面积 62.1 平方千米，耕地面积 1770 公顷，共辖 2 个社区，4 个建制村，人口 3.6 万。2021 年金洲镇为实现“建设都市田园综合体、打造全域旅游示范区”的发展定位，全镇干部群众，凝心聚力、攻坚克难、砥砺奋进。金洲镇获评长沙市集体经济发展先进乡镇，镇武装部获评长沙市五星级基层武装部，镇统计站获评长沙优秀统计站点，关山社区获评湖南省乡村旅游重点村，箭楼村成功创建省级卫生村。

【基层党建】 2021 年，金洲镇把党建引领作为推进事业发展的红色引擎。以党建引领发展，为全镇经济社会高质量发展提供有力的组织保障。依规矩、严程序，扎实做好乡镇换届工作，新一届党委领导班子实现满票当选。树立正确用人导向，强化实绩实效，提拔重用干部 2 名。庆祝中国共产党成立 100 周年，扎实开展党史学习教育活动。

【经济发展】 2021 年，金洲镇把发展作为第一要务，突出重点，强化措施，持续推动经济社会事业健康快速发展。紧抓经济发展指标，完成一般公共预算收入 3826 万元，规模工业总产值 11.46 亿元，社会固定资产投资 10.9 亿元，社会消费品零售总额 1.16 亿元。紧扣“工业强市”战略，配合城发集团启动金洲商贸城二期建设，完成湖南邦盛、星邦智造城、邦普六期和七期等 13 个重大项目的征地拆迁、项目建设工作。紧聚营商发展环境，积极服务长益复线、渝长厦高铁等重大项目建设，着力保障渝长厦高铁通车。全力服务园区建设和企业落户，化解各类矛盾 400 余起，当好金牌服务“店小二”，获评宁乡市优化营商环境先进单位。

【乡村振兴】 2021 年，金洲镇始终把乡村振兴战略作为新时代“三农”工作总抓手。全心全意打造关山文旅，推动关山民宿、健峰农庄山野民俗村项目建设，“葡萄美景醉关山”的绝美景色徐徐展现。克服疫情带来的影响，关山旅游景区全年接纳游客 28.7 万人次，旅游收入近 900 万元，特色农家乐等餐饮行业营业收入达 650 余万元，关山文旅美名远扬。全心全意发展集体经济，关山社区发展乡村旅游、资源开发型经济；同兴村、龙桥村、全民社区发展物业型经济；箭楼村、颜塘村定位土地合作型经济，全镇 6 个村（社区）集体经济收入均超过 20 万元，其中全民社区超过 100 万元，龙桥村超过 200 万元，同兴村达 600 万元。全心全意建设宜居村镇，统筹推进路长制、河长制、林长制工作，定期开展“逢十”大清整活动，非法采砂联合执法行动，宣传引导文明祭祀、禁燃限放，有效推动生态环境质量持续提升。通过穿珠成链、并链成片的方式，成功打关山、颜塘、箭楼美丽屋场集群。6 个美丽屋场均通过省级示范点验收，成功迎接上级领导多批次调研。精细服务城市管理，严整治，控拆违，查处违建 26 起，拆除违建 3000 平方米，新增违法建设实现“零增长”。

【民生民本】 2021 年，金洲镇把增进民生福祉作为发展的根本目的。用心用情用力抓民生，人民群众获得感、幸福感不断提升。“民生清单”不断变厚，精准识别脱贫监测户 29

户 34 人，精准铺排产业资金 67 万元，鼓励和带动监测人口发展自主产业 7 户，实现有意愿和有能力监测户自主发展产业全覆盖。持续开展“金洲夜话，八点有约”活动，推进“四联五到位”民情大走访，解决问题 309 个，调解矛盾 212 起，赢得群众的支持和拥护。稳步推进“12345”政务热线工作，共办理工单 361 个，满意度 98.17%。完成低保审批权限下放试点和养老保险待遇及社保卡核查“回头看”等工作，发放低保、特困、大病救助、临时救助等资金近 500 万元。教育基础设施不断完善，教育教学质量稳步提升，中心小学、中心幼儿园、关山小学、泉塘中学等污水管网建设完成，医疗设施、道路交通等设施不断完善，人民生活更加便利。疫情防控宣传不断加强，重点场所人员严格管控。安全生产责任持续加压，排查安全隐患 324 处，立案处罚 14 家、罚款 10.05 万元，限期停产整改 2 家，整改率 100%。投入资金 300 余万元，开展道路隐患排查与治理，未发生一起交通亡人事故。全力做好安保维稳，确保特护期、敏感期社会稳定和谐。

（李成哲）

双江口镇

【概况】 双江口镇位于宁乡市东北部，沩江下游西岸，因沩水在此一分为二而得名，东与望城区接壤，南与国家级宁乡经开区、金洲镇相连，西南与城郊街道相接，是湘江新区近郊乡镇。石长铁路、长常高速、宁朱公路、金朱公路穿境而过，是连接三市（长沙市、岳阳市、益阳市）四区县（长沙望城区、益阳赫山区、岳阳湘阴县、宁乡城区）的重要门户，也是宁乡双季稻、优质稻生产大镇，优质稻、柑橘、稻虾养殖、苗木水果种植、奶牛养殖、花猪养殖等优势明显，是远近闻名的“鱼米之乡”。

2021 年，双江口镇镇域面积 155 平方千米，辖 17 个村（社区），户籍人口数 8.7 万。全年累计完成财税收入 3200 万元，规模工业产值 6.98 亿元，新增规模工业企业 1 家，完成社零 1.43 亿元，新增限上企业 1 家，固定资产投资完成 16 亿元。

2021 年，双江口镇完善农业基础设施，提质农业机械化、现代化，以优卓牧场奶牛养殖、花猪养殖、虾稻养殖、苗木水果种植为基础的第一产业巩固发展；加大土地流转力度，加速农业生产基地规模化、综合化，以粮食加工、奶制品加工为核心的第二产业日趋成熟；政企商农共建共享，以农耕休闲、商贸物流为重点的第三产业后劲十足。

【招商引资】 2021 年，双江口镇优质高效服务园区及大河西农产品物流中心，盘活闲置资产，优化营商环境，引进企业 3 家（湖南泽良环保建材，双青加油站建设项目，湘宁钢化玻璃厂项目），合同引资 9400 万元；引进明德中学等项目。以“尊乡贤、聚乡友、叙乡情、商乡事”为主题，举办双江口镇民主协商对话会暨第一届“四乡汇”乡友乡贤会，组织乡友乡贤回乡创业。

【重点项目建设】 2021 年，双江口镇项目建设提质发展，稻花香里农耕文化园景区周边基础设施持续完善，游客服务中心 10 月开门迎客；长益复线连接线、北横线、学校与敬老院等项目建设加速推进；长兴工业园、幸福家园、五彩小镇等历史遗留问题逐步得到解决。园区服务全面保障，服务中伟新能源、正大食品产业园等重大项目 26 个，顺利完成经开区沩水治理项目二期房屋拆迁 46 户，完成正大食品产业园项目一期 17.8 公顷征地签约，58 栋房屋拆迁任务全部清零。

【农业生产】 2021 年，双江口镇以种植双季稻、优质稻为主，共计耕地面积 6933.33 公顷、永久基本农田 4800 公顷、水田 6200 公顷。严守粮食生产底线，2021 年全镇培育种植大户 197 户，认定职业农民 73 个。统筹资金 185 万元奖补粮食生产工作，种植双季稻面积 4666.67 公顷，位居全市第一。

【乡村振兴】 2021 年，双江口镇筑牢防返贫致贫监测机制，89 户监测户做到政策应享尽享，专户专人对接。加大项目库建设，对全镇 9 个村铺排 5 个产业项目，投入资金 254 万元，利益联结农户 600 余人。多方凝聚镇村建设力量，明晰乡村振兴的实现路径。提出“建设山水田园、打造粮橘名镇”的发展目标，2021 年至 2025 年的乡村振兴总体规划编制初步完成，在基础设施建设、项目用地规模、主导产业布局等方面明确路线图、时间表、任务书。全镇 17 个村（社区）全部成立土地合作社，实现村级增收，集体经济总收入均在 20 万

双江口镇优卓牧业花海牧场

元以上，其中经营性收入均在5万元以上。双江口镇莲花山村、左家山村、朱良桥村等13个村获评“湖南省省级乡村振兴示范创建村”。

【社会事业】 2021年，双江口镇民生及社会事业协调发展，深入开展养老保险核查工作，推进合作医疗缴费、城乡居民养老保险缴费和认证工作。全年新审批通过低保对象55户，发放低保金576万余元；发放大病救助金15万余元，临时救助163户，34万元。补助失能半失能老人102人次，10.6万元。农村适龄妇女两癌免费检查1847人，孕产妇产前筛查481人，孕前优生检测292对。筑牢疫情防控防线，常态化推进疫情防控，通过干部民情走访向网格群众发放疫情宣传单2.5万份，倡导全民疫苗接种形成免疫屏障。

【社会安全稳定】 2021年，双江口镇投入600万元资金对578处存在安全隐患的农村公路临水临崖路段开展修护建设，24小时重点巡查非法采砂洗砂现象严重区域。落细落实社会治理工作，开设“党委书记直通车”推动解决难点问题，累计解决50个难点问题，镇村干部结合“四联五到位”民情大走访，建立“党群结对”服务机制，召开屋场会400余场，通过市长信箱和“12345”市民热线等平台，切实解决民生问题，全年接听、办理“12345”工单543件，满意率96.8%，热线投诉率下降27.45%，下降幅度居全市第一。建立完善综治中心，形成“1+4+N”格局，即“一个中心+群众服务厅、信访接待室、矛盾纠纷调处室、治安形势研判室+N个成员单位”，建立集信访诉求受理、调度研判、归口管理、签批领办、办理销号于一体的来信来访、民生受理工作体系，成功调处矛盾纠纷案件96起，无一起“民转刑”纠纷案件。双江口镇槎梓桥村获评长沙市两型社会示范村、长沙市法治乡村示范点、长沙市示范化“五化”党支部、长沙市先进基层党组织。

【美丽宜居村庄建设】 2021年，双江口镇推进美丽宜居村庄建设。加大力度治理人居环境，全面推行河长制工作，疏通污水管道200米、清淤除杂2000米，完成“改厕”1300户，摸底全镇18455户农村自建房屋，安全隐患排查覆盖率100%，对存在风险房屋制定整改方案。围绕优质稻、柑橘、稻虾、苗木、奶牛养殖、花猪养殖等主导产业，及金朱、宁朱、朱双三条镇域主干公路，因地制宜地做好美丽宜居村庄的规划布局、开发建设，2021年双江口镇打造20个美丽宜居村庄，白玉社区获评省级美丽乡村示范村。

菁华铺乡

【概况】 菁华铺乡位于宁乡市西北部，东靠玉潭街道，南接金玉工业园，西邻益阳市赫山区，北连宁乡经开区，距市区6.8千米，总面积65.76平方千米。2021年年底，有人口36783人，10701户。下辖桃林桥、傅家塘、菁华铺、嶂山、陈家桥、洪仑山6个建制村，全乡有党总支8个，党支部41个，党员1420人。

2021年，完成宁乡市本级税收1280万元，同比增长10.5%，完成年度任务108%；乡社零总额1.6亿元；固投4.2亿元；规模工业产值4亿元。全年新增市场主体205家，规模工业企业生产态势良好，其中梅花电子、桑铼特产品远销国外，乡域经济发展竞争力进一步提升。

项目建设有序推进。500千伏输电线路项目（菁华铺段）房屋倒地及复绿工程、公墓二期D区建设工程、桃林桥中学田径场草皮建设、污水处理管道工程建设等16个项目顺利验收；中心幼儿园改造、卫生院扩建和污水处理厂建设顺利收尾；桃林桥中学教师周转房项目、石坝组滑坡应急除险工程正在建设。

征拆工作高质高效。服务宁乡经开区等载体单位和渝长厦高铁等重点项目。为高铁新城、渝长厦高铁、金宁大道拓宽等项目征地16.15公顷，拆除房屋74栋，所有项目征拆均按时签约，按期倒地、按规复绿；配合电力建设，做好电力630攻坚项目环境维护，确保500千伏电力项目如期通电。

人居环境持续改善。维护菁华铺集镇、洪仑山集镇建设，更换下水道井盖、流泥井隐处16处；清理牛皮癣400余处，整治店外经营、堆物等行为50余起；对G319、S211公路、玉菁公路义务清杂49.7千米；对7处违法建筑共2535平方米进行拆除，对卫片执法图斑20余处共4500平方米进行复绿。坚持“政府主导、全民参与”原则，实施垃圾源头分类，减量35%。落实河长制、路长制、林长制，打赢蓝天、绿水、净土保卫战。

以“一芯两轴、一廊十景”为核心，打造涵盖陈家桥村、洪仑山村、嶂山村及菁华铺村部分区域的乡村振兴示范片区。即以陈家桥村为“芯”，辐射洪仑山、嶂山、菁华铺村，推动4个村片区内美丽屋场建设，实现片区全域景观化；以玉菁公路、S221为“两轴”，统筹布局屋场、公路干线和山水田林湖之间的生态关系；以侍郎河两厢为“廊”，通过小微水体治理、改水改厕等全面解决农村污水和农业面源污染问题，修复和重构侍郎河生态循环体系，打造费祎历史文化景观群、亲子运动娱乐区等，建设一条依河宜居、靠河致富的美丽幸福走廊；以油菜花海、侍郎河、基层现代化治理、美丽屋场、生态基地等为基础，打造菁华“十景”。全年新建美丽屋场8个，提质改造3个，召开户主会47场。加强基础设施建设，保障农田灌溉。全年支渠清淤、除杂268千米，沟渠清淤衬砌、维修8.3千米，河道治理15.2千米，河坝整修16座。防止耕地非农化、非粮化，全乡完成粮食播种面积1333余公顷，其中高标准农田建设266.67公顷，油菜种植示范片200公顷，实现粮食连年增产丰收。全乡6个村村级集体经济收入均达20万以上，其中陈家桥村集体经济收入超150万元。巩固脱贫攻坚成果和乡村振兴相衔接。全年申报新型职业农民20名，培训苗木生产及盆景技术带头户4户。

民生事业。全年发放高龄津贴、残疾人补贴、计生奖扶资金、特扶资金以及低保、五保、临时救助资金等860余万元。养保稽核全市排名靠前。教育建设投入1300余万元。桃林桥中学宁乡一中录取率稳居农村中学第一。投入300多万元新建卫生院门诊楼、食堂，与宁乡中医院共建医疗联合体，与长沙市第四医院合作成立泌尿外科名医工作站，联合宁乡市中医医院举办大型义诊活动。对村民开展3次劳动技能培训，包括糕点师培训、焊工培训、老年人护理。

社会事业。核查新冠肺炎大数据信息4万余条，排查流动人员8千余人次，对9千余人进行核酸检测；新冠肺炎疫苗3-11岁、12岁以上人群接种、加强针接种完成率居全市第一。成功应对15轮强降雨、低温雨雪冰冻等极端天气，灾害天气零伤亡。推进“四联五到位”民情大走访，全年收集问题480个，年内解决434个。司法所全年调解矛盾纠纷60件，调解成功率100%，其中疑难复杂案件6件，涉及当事人86人，涉及金额414万元。推进基层公共服务“一门式”全覆盖，政务服务系统办件6000余起，无证明城市系统开具证明近600件。

2021年，菁华铺乡获评“长沙市生态文明建设示范乡”；陈家桥村获评全国乡村治理示范村，被宁乡市推荐为全国矛盾纠纷就地化解示范村；洪仑山村获评湖南省乡村振兴示范村。

【吴桂英调研陈家桥村】 2021年3月7日，省委常委、省政府副省长、长沙市委书记吴桂英一行到菁华铺乡陈家桥村调研。吴桂英肯定陈家桥村党员带头拆除围墙、支持美丽乡村建设的做法，强调要充分发挥基层党支部战斗堡垒和党员先锋模范作用，为巩固脱贫攻坚成果同乡村振兴有效衔接提供坚强组织保障，并指出陈家桥村基层基础工作扎实，是乡村振兴的标杆，要好好总结推广。2021年，陈家桥村共接待省内外政企单位学习、观摩374次，其经验做法获学习强国、《人民日报》、人民网、湖南卫视、《长沙晚报》、新华网等媒体报道。

【花田音乐节】 2021年3月21日，“一起趣嗨”乡村花田音乐节在陈家桥村举办。大型原创情景舞蹈剧《侍郎河赋》首次上演，用音乐和舞蹈展现三国时期蜀汉名臣费袆在侍郎河治水的故事，获得群众一致好评，活动被湖南新闻联播等媒体报道。音乐节共吸引游客2万余人，为村集体经济增收20余万元。

【国家乡村振兴战略宁乡现场研讨会】 2021年3月21日，由宁乡市人民政府主办、菁华铺乡人民政府和陈家桥村承办的国家乡村振兴战略宁乡现场研讨会在通程大酒店举行。会议期间，来自国家生态环境部、国务院资环所等生态、环保领域的专家学者实地走访调研菁华铺乡陈家桥村乡村振兴情况，并进行会议研讨，针对宁乡下阶段乡村振兴提出意见建议。

【陈家桥村获评全国乡村治理示范村】 2021年9月23日，中央农村工作领导小组办公室、农业农村部、中央宣传部、民政部、司法部、国家乡村振兴局公布第二批全国乡村治理示范村镇名单，陈家桥村获评全国乡村治理示范村。陈家桥村坚持党建引领，充分发挥基层党组织战斗堡垒作用和党员先锋模范作用，发动群众共商、共建、共监、共治、共享，实现低成本投入、高质量发展、可持续的农村治理模式。2021年，由陈家桥村党员带头，群众参与美丽宜居村庄建设共计捐款507万元，投工投劳2.1万余个，新建美丽屋场3个，侍郎河成功申报长沙市“美丽幸福河流”。所有矛盾在屋场建设实施的动态过程中即时化解，村里矛盾不上交，大小纠纷不出村，连续七年零信访，被宁乡市推荐为全国矛盾纠纷就地化解示范村。

【平安菁华建设】 2021年，菁华铺乡深入开展平安建设活动，加强联合执法，抓好道路交通、消防、食品等重点领域的宣传和隐患排查整治，累计排查隐患120处，安装护栏8千余米、警示桩1200余根、各交通指示牌80余块；开展4次拉网式的安全生产大检查，检查各类企业35家次，排查各类事故隐患40余处，实现全年重大安全生产0事故。开展扫黑除恶专项斗争，对辖区内流动人口、邪教人员、吸毒人员、社区矫正人员等重点人员进行摸排，深挖细找，集中梳理，确保底子清，情况明，有效遏制黑恶事件发生。推进反电诈工作，全乡反电诈APP下载3万人次，实现全覆盖；劝返缅北高危人员13名。

（刘天凤）

2021年3月21日，国家乡村振兴战略宁乡研讨会现场

煤炭坝镇

【概况】 煤炭坝镇位于宁乡市中北部，与益阳市赫山区、桃江县两区、县接壤，总面积72.61平方千米，耕地面积2460公顷。2021年年末，户籍人口4.89万人，常住人口6.4万人。辖6个建制村、2个社区，122个村民小组。

全年镇域生产总值77.76亿元，规模工业企业产值46.64亿元；固定资产投资总额30亿元；社会消费品零售总额1.88亿元；地方财政公共预算收入19833.15万元，全年完成一般公共预算收入8520万元，财税收入2647万元。农村人均可支配收入34788元，较2020年增长10.2%。

【招商引资与项目建设】 2021年，煤炭坝镇，全年向上争资8472万元，其中重点地区转型发展专项资金、小城镇建设资金都有新的突破。强化外出招商，坚持以商招商，共引进签约11个，其中园区新增落户门业及配套企业10家，签约投资额约9.8亿元。持续推进项目建设，全年共启动政投、社投项目27个。门业园核心区18万平方米的标准化厂房、3万平方米的总部办公大楼基本完成，梦之圆二期、沩江新材料建设完成，环园路、振兴中路和工业路提质改造完成。

【乡村振兴】 2021年，煤炭坝镇，美丽乡村扎实推进。编制《乡村振兴总体规划》《三年行动方案》以及7个村（社区）的建设规划。全域推进美丽乡村建设，建成31个美丽宜居村庄，中药材产业发展片区（12连片）、环集镇文旅产业发展片区（12连片）两大集群有望通过长沙市验收，贺家湾村、东山村获评“湖南省美丽乡村建设特色精品乡村”；煤炭坝社区、砖塘村获评“省级美丽乡村建设示范村”。7个村（社区）集体经济全部达到20万元以上，贺家湾村集体经济收入近50万。贺家湾村晟林科技28公顷莲藕片区和近200公顷小苗片区基本成型，新引进和茂智慧养殖等现代农业项目即将投产，新引进优卓牧业完成规划调整和产业路建设；东山村华栀中药材基地初见成效，菊花盛开时成为远近闻名的网红打卡地。

【基础设施建设】 2021年，煤炭坝镇，全年硬化、黑化、修缮公路130千米，疏通渠道27.5千米，修缮山塘30多口。全镇公路建设量质双提，成功获评长沙市2021年“四好农村路”示范乡镇。2021年镇人大民生实事票决的3个项目：煤炭坝镇美丽屋场建设、煤炭坝镇污水管网提质改造工程建设、煤炭坝镇贺家湾村京枫渠道闸门建设项目已经全部完成。人居环境持续优化。大力开展环境整治行动，拆除空心房56栋、封闭式围墙1580米、违法搭建雨棚35个，清理房前屋后乱象675处、交通指示牌遮挡物85处，修整绿化26千米。新建公厕11座，大大方便群众，服务产业。污染防治成效显著。全面实施农村污水处理工程，建设9处农村小污水体连片治理系统，砖塘村金泉山组成功创建长沙市小微水体管护示范片区。完成门业园区雨污分流改造2.7千米。做好夏秋两季秸秆禁烧工作，营造天蓝、地净、水清的优良环境。

【民生实事】 2021年，煤炭坝镇，保障基本民生。累计监督发放各类救济救助资金1060余万元，惠及群众3000余人。持续做好危房动态清零工作，完成危改10户。扎实开展防返贫监测行动，党政领导和中层骨干结对帮扶21户监测户，定期开展走访，落实落细帮扶措施。举办技能培训班20期，培养专业技术人员40批1000余人，举行“送岗下乡”、人才招聘会3期，招聘就业人员200多人。夯实教育基础。新修建九年制义务学校停车场，中心幼儿园建设前期工作基本完成。新建贺石桥中学运动场，全镇学校全面提档升级，成功申报长沙市乡村复兴少年宫建设项目。发展文化事业。提质提档镇（村）两级新时代文明实践所（站）建设，开展“送戏下乡”、“好婆婆好媳妇”评比表彰、重阳节慰问百岁老人、关爱慰问儿童及各类志愿服务活动，贺石桥村获评湖南省村（社区）级“最美潇湘文化阵地”和宁乡市“文明村”。

【社会治理】 2021年，煤炭坝镇，社会治理井然有序。常态化开展扫黑除恶，从严从重打击侵犯群众生命安全和合法权益的违法犯罪行为，全年刑事拘留49人，行政处罚101人，坚决维护法律权威。着力化解矛盾纠纷，成功调解各类矛盾纠纷143起，处理信访问题14个。坚决查处违法占用耕地行为，严厉整治国土卫片图斑问题，实现国土违法问题防增量、减存量。安全守护常抓常严。全面压实安全生产责任，落实领导带队检查制度，累计检查企业386家次，排查整改安全隐患1135处，立案处罚34起，依法取缔非法生产企业4家。推动6家消防挂牌整治企业启动整改，成功解决园区消防安全遗留问题。持续做好“四类”车辆摸排管理和安全劝导，严防道路安全事故的发生，交通亡人事故较前年大幅下降。

政务服务。持续做好“12345”市民服务热线，2021年累计受理热线工单及市长信箱共计346件，件件处理到位；进一步规范政务、财务、村务公开机制，2021年煤炭坝镇在政务网发布政府工作动态60余篇，主动公开全年社会救助领域、扶贫领域、财务领域等68件事项。

疫情防控。抓实抓细常态化疫情防控，加快推进疫苗接种，截至2021年年底，累计接种疫苗75117剂次，累计核酸检测14万余人次；核查省、市下发数据3670条，落实“六包一”管理530人，排查返（来）煤人员2150余人。

【吴桂英到煤炭坝镇调研】 2021年7月12日，省委常委、长沙市委书记吴桂英一行到煤炭坝镇调研，深入企业、村庄，面对面与基层干部、企业负责人、当地百姓亲切交谈，调研产业转型、文旅融合、美丽乡村建设和采煤沉陷区综合治理等工作。煤炭坝镇因煤而兴，也曾因资源枯竭、生态破坏而被煤所困。转型后的煤炭坝镇，兼顾产业“特色”、环境“绿色”、文化“红色”，特色小镇发展质量水平不断提升。吴桂英强调，要念好产业“特”字诀，打造形成具有市场竞争力和区域带动力的产业链、产业生态圈；要打好“文化牌”，着力推动农文旅一体化发展；要坚持以人民为中心，持续拓宽农民增收渠道，补齐民生短板，不断增强群众获得感幸福感安全感。

【许达哲到煤炭坝镇调研】 2021年7月19日，省委书记、省人大常委会主任许达哲到煤炭坝镇，就企业高质量发展、特色小镇建设等工作进行调研。他强调，要把学习宣传贯彻习近平总书记“七一”重要讲话精神同贯彻落实习近平总书记关于湖南系列重要讲话指示精神结合起来，大力推动企业高质量发展，切实抓好特色小镇建设，不断夯实产业这个根基，努力做强做优做大实体经济。许达哲听取煤炭坝镇门业发展情况的介绍，走进湖南熙望门业有限公司制造车间，了解生产流程、生产工艺、产品销售等，要求通过培育标准化、智能化、安全生产水平高的龙头企业，引领门业小镇继续走好提质升级路子。创意煤城红色影视基地曾经是煤炭坝镇的核心矿场，通过对矿场退出后遗留设施、建筑等进行改造修缮，打造集红色影视拍摄、党建团建、观光旅游等功能于一体的文化遗址公园。许达哲肯定这种“变废为宝”的思路，要求项目负责人把基地各项功能进一步完善提升，更好地展现文化内涵，在党史学习教育中发挥更大作用。

【长沙市“万企兴万村”行动推进大会在煤炭坝镇召开】 2021年12月11日，长沙市“万企兴万村”行动推进大会在宁乡市煤炭坝镇召开。长沙市委副书记阚保勇出席并讲话，长沙市委常委、市委统战部部长何朝晖主持会议。长沙市“万企兴万村”行动将以“万企帮万村”精准扶贫行动为基础，聚焦全市21个乡村振兴示范创建乡镇，以乡村振兴重点帮扶村为重点，引导广大商（协）会、民营企业开展村企对接，投身乡村振兴工作，通过实施“万企帮万村”成果巩固拓展行动、“迎老乡回故乡建家乡”乡村振兴专项行动、乡村振兴人才培养行动、优势特色产业培育行动、消费帮扶和就业扶持行动、乡村生态文化振兴行动，实现产业深度对接，村企共赢发展。（胡　摇）

回龙铺镇

【概况】 回龙铺镇南临沩江，东邻宁乡市区，因回龙山奔腾向西，于此迂回而得其名。2021年，辖6个建制村和1个社区，镇域面积71.82平方千米，耕地面积21.4平方千米，人口4.28万人。宁横、宁灰、玉煤公路贯穿全境，域内有金玉工业集中区与现代粮食产业示范区。

2021年，回龙铺镇完成税收1750万元，完成社会零售品销售总额7297.5万元，较2020年增长14.14%；完成固定资产投资2.5亿元；工业经济完成6.8亿元。代表宁乡市迎接国家统计督察。

【基层党建】 2021年，回龙铺镇党的建设得到加强。推进“四联五到位”网格化工作，落实党管武装的各项制度。开展政协基层民主协商对话会，村组政协工作做到屋场，构建镇、村、屋场三级履职平台，成立人大工作联络站30个，各工作站、点共接待群众220人次，协调处理来访事项28件。镇村干部履职能力不断加强，推选出镇党代表101人，市党代表5人，发展中共预备党员30名。加强党风廉政建设。全年班子成员压实“一岗双责工作责任”，没有受处分人员。镇纪委共处置问题线索56条，党纪处分7人次，其中开除党籍2人，党内警告7人。

【服务园区】 2021年，回龙铺镇组建工作专班常驻园区开展服务，征地56.21公顷，完成84户房屋及丰裕有机肥厂的拆迁腾退，迁坟30冢，腾地38.47公顷，积极化解纠纷事故18起，保障金玉工业园建设。重点项目有效推进。为宁韶高速红线外、500千伏电力线路拆迁房屋38栋；协助动物无害化处理项目（百奥迈斯）征地问题，年内项目运营投产。启动宁韶高速白金村安置点建设，新能源汽车城完成三通一平（三通：通电、通水、通路，一平：土地平整）。

【乡村振兴】 2021年，回龙铺镇早稻集中育秧面积706.67公顷；落实双季稻种植面积1666.67公顷。新建服务能力333公顷以上的现代育秧工厂一处，完成工厂化育秧333.33公顷；新建秸秆回收综合利用中心一处，实现日收储秸秆40—80吨，作业覆盖面积26—40公顷；新建服务能力666公顷以上的现代农业全程托管服务公司，面向农村、农民，开展农业全程托管服务；新建连片约200公顷的现代粮食示范核心区，实现双季稻全覆盖，全程机械化；新建宁乡市粮食发展中心，成为宁乡粮食文化展示窗口。脱贫攻坚不断巩固。发放脱贫户小额信贷99万元；发放公益岗位补助8万元；春秋季补助贫困中高职学生56人次，8.4万元；支持7个村（社区）申报产业发展资金132万元。建成碧荷湾、汴河湾、君子塘、泥湾里等美丽宜居村庄14处，通过建设观景小品将美丽宜居村庄和产业基地无缝衔接，形成串珠成链、并链成片的规模化发展。回龙铺村、候旨亭社区、金旺村、丰收村获评湖南省乡村振兴示范创建村。农业和旅游产业融合发展，如田园牧歌生态农庄，将稻虾种养、亲子农耕体验、网络直播等深度融合，实现吃喝玩、游购娱一体；碧荷湾湘莲基地，推出荷莲深加工、体验采摘、全荷宴等农旅产品，实现亩均产值5000多元，亩均纯利润1600多元。

【民生保障】 2021年，回龙铺镇推进疫情防控，风险地区进入宁乡人员摸排1207人，发动群众接种疫苗5.1万针次，核酸检测0.86万人次，确保镇域“零病例”。加强民生项目建设，解决实验中学周边住户自来水问题，帮助125户住户开户通水。回龙铺中心小学、回龙铺中学女子宿舍维修项目、防洪闭合圈工程竣工，回龙铺新建污水管道3千米、污水处理厂提质改造全面推进。全镇低保户507人，特困对象281人，享受特困对象护理补贴72人；养保资金13万元实现稽核清零目标；为全镇1050名残疾人换证并采集信息录入系统，残疾助学67人，创业扶持2户；组织开展保育员、叉车班、面点师等劳动技能培训500余人次，开展两癌筛查、围绝经取环等工作。办结各项便民服务事项3000余件，“12345”政务热线工单289件全部办结。

【城乡环境建设】 2021年，回龙铺镇完成3座公厕、150座三格式农户改厕建设。审批村民建房并发证65户，控建拆违21处1900平方米，整改国土卫片图斑88起，处理违法用地11起，解决批而未供用地7宗。编制国土空间规划并指导沿河、白金、丰收村和候旨亭社区进行实用性村庄规划编制。对43家企业进行环保监管，调处涉林纠纷5起、打击处理乱砍滥伐林木行为4起，罚款1万元，全镇未发生森林火警火灾案件。检疫生猪3.2万头，禽类1320万羽；处理打击非法调运生猪240头，处理违法人员6人，罚款21万元，无害化处理各类病死生猪260头。收缴捕鱼地笼46个、电鱼机12台、渔船3艘、非法捕获物40公斤，刑拘1人，罚款0.5万元。

【社会治理】 2021年，回龙铺镇投入200余万元完善各类交安设施。悬挂横幅326条，开展“送头盔”公益活动7场，发放安全头盔3000顶；制作《你戴起来真好看》微视频及《平安出行，安全你我他》宣传资料。组织40名劝导员在事故易发路段或道路交通节点开展全天候执勤劝导，镇交通整治中队开展执法行动320次，道路交通亡人事故由2020年的15人下降到6人，劝导各类违法行为1384起，查处酒驾10人次，行政拘留24人次，履行义务劳动或从事志愿服务活动128人；扣押车辆160辆；开出罚单400余份，罚款10.6万元；移送或回收低速电动车130余辆，扣押摩托车150余辆，拆除遮阳伞1280把。加大基层综合治理力度。召开“平安回龙”建设屋场会248场，发放防诈骗宣传册1.5万份，宣传安装“国家反诈中心”

图为宁乡市粮食发展中心展馆

APP1.1万人次，解决群众关注的“急难愁盼”问题258个，被《人民日报》、人民网、新华社、《湖南日报》、学习强国、《长沙晚报》等媒体推介。排查调解各类矛盾纠纷150余起，调解率100%。刑拘各类犯罪嫌疑人42人，强制戒毒7人，治安拘留各类对象24人。落实安全生产责任制，组织执法检查企业280家次，排查各类隐患540条，整改到位528条，下达执法文书150份，立案16起，处罚1.48万元，获评省级安全生产示范乡镇。

【回龙铺村获评省级美丽乡村示范村】 回龙铺村距宁乡城区不到10千米，省道209横贯东西，新竹公路连接南北，交通便利，区位优势明显。该村科学合理做好美丽乡村总体规划，扎实开展农村人居环境整治，制定《回龙铺村人居环境管理办法》和《保洁员管理制度》，实现村容整洁，无乱丢垃圾、露天焚烧垃圾现象，无害化户厕普及率100%。2020-2021年，该村申报葵花、沙皮塘、樟树湾、东风、谢家大屋、青山、新屋、天鹅山8个美丽屋场，均通过长沙市乡村振兴局验收。2022年1月26日，湖南省农业农村厅发布《中共湖南省委农村工作领导小组关于表彰2021年省级美丽乡村示范村和特色精品乡村的通报》，回龙铺村获评“省级美丽乡村示范村”称号。

【宁乡市粮食发展中心建成】 2021年，回龙铺镇利用闲置房屋，建成展示宁乡粮食文化的窗口——宁乡市粮食发展中心。宁乡市粮食发展中心位于宁横公路回龙铺中心完全小学东南侧约80米，是集收藏、展示、销售、教育、科研、科普为一体的粮食文化基地。中心展厅设置丰富的图文和精致的模型，从人类如何获得稳定而可靠的食物来源是农业起源说起，五谷的介绍、祖辈为争取土地所有权的抗争到农业社会主义改造到杂交水稻的研究推广到稻渔综合种养的实践到科技创新助力乡村振兴等等，用文字图片和实物展示的形式讲述农业的起源发展和宁乡作为种粮大县在农业开拓实践中取得的成就。 （王米雅妮）

坝塘镇

【概况】 坝塘镇地处宁乡中部，距城区仅8千米，镇域面积163.71平方千米，人口7.6万，辖13个建制村和1个社区。镇党委下辖16个党总支，76个党支部和2个功能性支部，现有党员2746名，流动党员389名，脱贫监测户58户84人。境内宁灰、宁韶、金唐公路纵贯南北，南坝、边珊、石大公路横跨东西，沩江、乌江两河穿境而过，有小Ⅰ型、小Ⅱ型水库共13座，森林覆盖率67.5%，交通便捷、环境优美、风光秀丽。2021年，实现地方一般公共预算收入1200万元，超目标任务25%；实现规模工业总产值1.35亿元，社会零售品销售总额2.45亿元，固定资产投资8.5亿元。

【项目建设】 2021年，坝塘镇新征地9公顷，拆迁41户，宁灰公路完成提质改造，金唐公路如期通车，630电力项目顺利通电，宁韶高速、乌江整治、繁荣风电场建设有序推进。深入推进“三抓两促”帮扶活动，全面落实各项改革措施，发布招商信息35条次，接待客商47批次，盘活南田坪水泥厂、红桃山中学等闲置资产，引进项目2个。

【乡村振兴】 2021年，坝塘镇坚持规划先行。与长沙市规划设计院对接，组建乡村振兴专家库，高质量编制《坝塘镇乡村振兴“十四五”规划》。探索集体创收。成立坝塘镇新型村级集体经济发展中心，搭建线上销售平台和线下综合展厅，整合“一村一品一呷一菜”系列产品53个，谋划实施保安红薯加工、沩乌休闲垂钓、横田湾向阳路亚、金河荷鱼共生、洋西塘模型建筑等一批集体增收项目，村级集体经济收入全部突破20万元。起步文旅融合。举办宁乡（坝塘）首届蓝莓文化节，开展线上直播带货，带动旅游消费100余万元。成立全省首个在民政部门正式注册的乡镇文联，结合时代主题创作一批反映坝塘乡土特色、地域风貌、历史文化的群众文艺作品。

【城乡建设】 2021年，坝塘镇抓建设强基础。完成南芬塘垃圾压缩站迁移改建，硬化村组公路12千米、黑化24.4千米；铺设自来水管道97.48千米解决100余户群众和坝塘敬老院、坝塘中学用水问题；完成13座水库标准化建设。抓生态护环境。建立“督、促、考、评”四位一体的环境卫生考核机制，逐月公布红黑榜；完成旱厕改造240座，建设公厕5座，实现旱厕和非卫生厕所“清零”；域内沩江、乌江河流断面水质保持Ⅲ类以上、饮用水源及水库水质Ⅱ类以上；组织执法行动20余次，拆除非法洗砂场10个，扣留非法采石设备35台，复绿25亩。抓宜居留乡愁。以“政府主导、村级主体、村民主人”为方向，通过“大家事、大家议、大家建、大家管”，充分调动村民积极性，群众筹资筹劳、捐物捐地折算资金500余万元，高标准建设15个美丽宜居点，并全部通过长沙市农业农村局考核验收。

2021年6月5日，宁乡（坝塘）首届蓝莓文化旅游节在坝塘镇蓝莓种植基地——蓝美谷举行，吸引近千名游客参加

【民生福祉】 2021年，坝塘镇巩固拓展脱贫攻坚成果。逐户制定防返贫措施，申报产业发展项目15个，设置公益岗位60个，确保“无一人返贫、无人新致贫”。全力抓好疫情防控。始终坚持最严要求、最高戒备，排查中高风险区人员1472人，3岁以上新冠肺炎疫苗接种应接尽接。持续完善民生保障。累计投入300余万，改善南田坪小学等6校办学条件；完成农村房屋信息采集和所有房屋风险普查、评估，危房改建23户；城乡居民医保和新农合参保率均达到94%以上；持续加大就业再就业力度，统筹解决210人就业再就业问题，群众的幸福感、获得感和安全感全面提升。

【服务社会】 2021年，坝塘镇强力维护道路交通安全。累计开展执法行动154次，劝导各类违法行为1142起，扣押车辆、摩托车92辆，查处酒驾人员10人次，行政拘留26人次，开出罚单240余份、罚款6万余元。不断完善网格服务机制。积极开展“四联五到位”民情大走访，推行“十个一”工作方法，全年召开屋场会500余场次，收集、解决问题277个次。“12345”政务服务工单同比减少11.2%，满意率同比提高2.2%。用心用情化解矛盾纠纷。答复网上信访26例，解决解答问题452个，调处各类矛盾纠纷328例，调处成功率99%；化解信访积案7例。劝返回并接回缅北窝点人员13名，劝返滞留缅北窝点高危人员8名，核减公安部下发高危人员8名。多措并举打击各类违法犯罪，刑事拘留45人，治安拘留68人，破获各类案件50余起，打击盗抢、电诈、涉黄赌涉枪团伙5个，调处治安纠纷103起，排查处置不稳定因素32条。

【党风政风】 2021年，坝塘镇强化政治引领。坚持把政治建设摆在首位，通过专家授、后人述、网上播等方式，积极开展党史学习教育，开展“学史崇德”党史学习教育音乐党史课，加强意识形态工作领导，开展中心组理论学习14次，在各类媒体刊发稿件300余篇。强化基层组织建设。全面完成镇、村两级换届。为426名老党员颁发“光荣在党50年”纪念章，新发展党员69名，评选表彰“两优一先”个人和组织120个。强化党风廉政建设。全年办理问题线索40件，立案12起，党纪政务处分11人；对工作落实不力的8名干部进行提醒谈话；开展作风建设督查200多次，下发通报22期，共计批评136人次。

【坝塘镇文学艺术界联合会成立】 2021年4月5日，坝塘镇成立宁乡市第一家乡镇文联：坝塘镇文学艺术界联合会。7月26日，完成湖南省内第一家乡镇文联注册。9月1日，坝塘镇文联组建成立坝塘镇文联志愿队。10月17日，坝塘镇文联组织成立坝塘镇文联摄影协会。12月26日，成立坝塘镇文联书画协会。以坝塘镇深厚人文底蕴为基础，促进文化振兴，助推乡村振兴。

【办宁乡（坝塘）首届蓝莓文化旅游节】 2021年6月5日，宁乡（坝塘）首届蓝莓文化旅游节在坝塘镇蓝莓种植基地——蓝美谷拉开帷幕，吸引近千名游客游玩拍照、驻足采摘。在宁乡市坝塘镇蓝美谷村民文化广场举行开幕式仪式，来自坝塘群众自导自演的《龙灯狮子+中国功夫》、花鼓小调《呷在坝塘》、歌伴舞《山水坝塘》等传统民间文艺节目，让游客在享受美食的同时一饱眼福。此次蓝莓文化旅游节是坝塘凝心聚力推进乡村振兴的积极尝试，让更多的朋友来认识坝塘、了解坝塘、喜欢坝塘，到坝塘旅游、投资、创业。　（曾萍旺）

2021年6月27日，“感党恩 听党话 跟党走”资福镇庆祝中国共产党成立100周年群众文艺汇演在资福中学举行

资福镇

【概况】 2021年，资福镇统筹经济社会发展，全年完成固定资产投资4.7亿元，社会消费品零售总额1.2亿元，一般公共预算收入460万元，新增项目开工个数6个，完成上级下达的各类指标任务。“资福窑”文旅综合体、众诚农业蛋鸡场、华迪牧业禽苗孵化中心、风力发电等社会投资项目加快建设，新发建材绿色矿山项目顺利建成。粮食生产稳步推进，全年种植早晚优质稻2196.93公顷，蔬菜266.67公顷，产业结构调整151.67公顷。烟叶生产扩大规模，种植87.33公顷，产业总产值达362.76万元。油茶产业持续发展，引导镇域内油茶种植、加工、销售主体抱团发展，支持创建资福油茶品牌，为打造“油茶之乡”夯实基础。文旅产业实现突破，“资福窑”文旅综合体项目一期于2021年7月正式动工，完成景区道路建设和资福古窑修复，配套完成景区地标和周边4个美丽屋场建设，实际完成投资1500多万元。乡村振兴全面推进，拍摄乡村振兴产业招商宣传片，引进众诚农业蛋鸡养殖、华迪牧业禽苗孵化中心两个产值过亿元的现代农业项目。群众自发筹资筹劳，创建美丽宜居村庄7个，全部通过长沙市级验收。全镇8个村（社区）均成立了村级主导的土地专业合作社，集体经济均突破20万元。采用“龙头企业+合作社+农户”的方式，推动脱贫攻坚和乡村振兴有效衔接产业发展项目10个，带动投资1875万元。大力培养有文化、懂技术、善经营、会管理的高素质农民队伍，全年组织农村人才培训1次，申报获批新型职业农民58人。加强法治政府建设，全年共开展领导集中学法4次，机关干部集中学法4次，全年无一例因执法问题产生的纠纷、信访或者行政复议等。坚决守护平安稳定，对全镇所有生产经营单位、所有道路进行拉网式排查，共排查整改道路交通安全隐患188处，其他生产经营领域安全隐患73处，投入300余万元对隐患进行全面整改。开展安全生产联合执法行动65次，开展道路交通安全联合执法行动76次。全年未发生一起安全生产事故，道路交通安全事故发案率下降30%。切实加强基层治理，深入开展“四联五到位”民情大走访，制定网格考核办法，制作手机“打卡”问卷，结合道路交通安全、美丽宜居村庄建设、疫苗接种、防电诈等中心工作，有效提高走访的针对性、实效性。探索成立“党联会”，通过联席会收集社情民意，提出有关问题，研究解决办法。全年收集解决各类问题964个，群众“急难愁盼”问题得到有效解决。化解信访积案4起，化解各类矛盾纠纷201起。成功入围创建湖南省安全生产示范乡镇，实现赴省进京零上访目标，入围创建长沙市“三无”乡镇。清泉河村获评长沙市文明村，红旗村获评长沙市两新村庄，檀木桥村获评长沙市生态文明建设示范村，红旗村获评长沙市平安农机示范村。

【民生事业】 2021年，资福镇着力保障和改善民生，不断提升人民的获得感、幸福感和安全感。抓实疫情防控，坚持“外防输入、内防扩散”原则，累计完成2657条省市大数据核查任务，确保重点数据日清日结；

管控重点地区到资福人员 503 人；累计完成疫苗接种 4.5 万余针次，提供核酸采样服务 1.3 万次，全镇未发现一起疑似新冠肺炎病情。强化社会保障，全年累计发放各类惠民资金 3200 余万元，各项惠民政策精准落实到户到人。完成全镇 2.85 万栋农村房屋风险普查工作，住房危险性鉴定全覆盖，完成危房改建 21 户。改善基础设施，完成高标准农田整理项目 193.33 公顷，硬化村组公路 19.5 千米，黑化村组公路 8.7 千米，维修改造危桥 2 座，完成资福中学教师公租房维修、资福中小学校外道路提质改造、黄金美丽屋场两处生态停车场等项目工程。优化政府服务，持续推进村（社区）“一门式”服务工作，全年共录入办件 1556 件，无证明城市系统开具证明 41 份，全年共接到““12345”市民热线”工单 164 起，签收率、办结率达 100%，群众满意率达 96.3%。

【生态人居】 2021 年，资福镇加强人居环境整治，坚持“一周一巡查，一月一考核，一月一排名”，定期组织现场观摩活动。持续巩固垃圾分类减量法，实现各村（社区）垃圾清运常态化。完成改厕 150 座。加强国土巡查监管，整治国土卫片监测图斑 153 例。规范村民建房秩序，违章建筑执法出动 20 余次，拆除违章建筑 3 处。提升生态环境质量，以改善环境质量为核心，持续开展“蓝天保卫战”“碧水攻坚战”“净土持久战”等专项行动。对全镇主要河流沿线开展清“四乱”专项整治行动 3 次，出动执法人员 52 人次，执法车辆 10 台次，处理“四乱”现象 20 起。对集镇、宁灰线、边资线开展路长专项整治 3 次，整治非法采砂洗砂 30 多起，责令恢复破坏面积 200 余平方米，提高集镇管理水平，以建设更高水平全国文明城市为契机，充分发挥城管执法中队职能，集中力量对店外经营、占道经营、流动摊贩不按秩序经营等乱象进行集中整治，坚决杜绝橱窗广告、乱搭乱拉横幅等现象，全年处理 27 起，罚款 2.96 万元，有效遏制违规行为。（苏敏怡）

灰汤镇

【概况】 灰汤镇位于湖南省宁乡市西南部，地处宁乡、韶山、湘乡的交界地带，与伟人毛泽东故里韶山、共和国主席刘少奇故居花明楼呈“品”字形排列。2021 年，辖 16 个建制村、2 个社区，人口 11.3 万人，镇域总面积 210.9 平方千米，其中耕地面积 5086.67 公顷，山林 9666.67 公顷，森林覆盖率 43%。全镇以旅游业和农业经济为主。2021 年，全镇实现地方一般公共预算收入 4031 万元，财政总收入 1.5 亿元，社会消费品零售总额 3.8 亿元，固定投资资产 14.8 亿元。

【疫情防控】 2021 年灰汤镇召开疫情防控领导小组专题会议 6 次，组织全镇疫情防控部署会议 12 次，开展疫情防控督查 32 次，对重点行业人员共进行核酸检测人数 26435 人，严格落实 24 小时值班值守制度和领导在岗带班制度。持续做好疫情宣传，2021 年灰汤镇利用“村村响”广播、宣传车、微信转发、QQ 信息、发放宣传资料等多种方式进行宣传，累计悬挂宣扬横幅、开通电子屏 65 处，统一编写微信信息 30 余条，推送转发 1000 余次，向大众发放疫情防控宣传材料 40000 余份。精准有效摸排数据，发挥四联五到位”工作机制优势，累计处理省市下发中高风险以及入湘入境数据 2458 条，创建“宁乡市外来（返）灰汤人员信息采集表”小程序，共摸排管控外来人员 2896 人。统筹配备医疗资源，兼顾调配口罩、防护服、温度计、喷雾器等医疗装备 500 余件，消毒液 1000 余瓶。推进疫苗接种，建立健康免疫屏障，2021 年，全镇累计接种 100866 人次，其中第一针 50400 人，第二针 43238 人，第三针 7228 人。

【基层治理】 2021 年，灰汤镇压实党员干部“四联五到位”民情大走访工作责任，全年收集问题 766 个，解决问题 747 个，解决率达 97.5%。镇村两级共调处矛盾纠纷 491 件，调解成功 491 件，调解成功率达 100%；全年信访件同比下降 56.2%，10 个村（社区）创成宁乡市信访“三无”村（社区）；“12345”工单总量 473 个，同比减少 28 个，下降 5.59%。累计排查整改临水临崖路段等各类交通隐患 1097 处，查处摩托车违法行为 300 多起，查扣摩托车 68 台，老年代步车 5 辆，拆除违法加装伞具 1000 多件，治安拘留 14 人，交通事故死亡人数同比下降 66.6%。安全生产常抓不懈，2021 年灰汤镇未发生安全生产责任事故，取缔烟花违法经营零售店 2 家，收缴非法经营烟花爆竹产品 280 个标准件，安全生产行政立案 9 起，罚没金额 3.04 万元；加强专项整治，食品安全案件立案 30 起，办结 30 起，罚没金额 21 万元，

【旅游产业】 2021 年，灰汤镇“温泉+休闲娱乐”、“温泉+会务培训”“温泉+生态农业”等旅游业态进一步丰富。多次前往望城、新化、株洲、常德等地考察借鉴经验并洽谈优质客商引入灰汤，共接待 12 批次优质客商来灰考察，策划东鹜山整体开发运营，丰富度假区旅游业态。投资 4.3 亿元对度假区进行全面提质升级；职工疗养院和电力疗养院完成提质；桐庐・善德堂、一栖别院、星空足迹岛、雅云阁等民宿投入运营；灰汤大道加快建设，高速连接线、紫龙湖东岸线建成通车；新建环湖拉索桥和曲桥建设；完成紫龙湖、东鹜山亮化和华天路、将军路等主干道绿化美化提质；南入口游客中心、停车场、电子显示屏等项目基本完成。2021 年，灰汤镇先后举办首届灰汤音乐彩色跑、桃花节、环紫龙湖自行车赛、首届夏季温泉节等活动，灰汤温泉国际旅游度假区共接待游客 180 万人次，旅游创收 7.2 亿元。

【民生实事】 2021 年，灰汤镇累计发放低保户、特困人员、残疾人、高龄人群等各类补贴、救助资金 1680 余万元；城乡居民养老保险和医疗保险参保比例持续保持在 95%以上。与芙蓉区大同小学合作办学，成立宁乡市大同灰汤小学；宁乡中医院灰汤分院加快建设。全面修缮 3 家敬老院的

消防设施。政务服务累计接待群众22110人次，接受业务咨询3800人次，受理事项18310件，群众归属感显著提升。开办电工、焊工、叉车、计算机、育婴师、养老护理、茶艺师、电子商务直播带货等就业创业培训班30余期，培训人数2000余人次，组织开展招聘会4期，提供岗位118个。完成农村道路建设35.57千米，其中永兴村Y651防汛公路作为“我为群众办实事”民生实事项目之一立项申报成功并完成施工，方便居民生活出行。

【乡村振兴工作】 2021年，灰汤镇做实防止返贫监测帮扶，累计铺排巩固脱贫攻坚成果及乡村振兴有效衔接项目专项资金288万，推进光伏发电、风力发电项目7个，惠及11个村（社区）。脱贫户享受小额信贷贴息共计97户，雨露计划202人次，交通补助168人，公益性岗位68人，光伏发电分红35人；大力发展农业产业，发展粮食生产种粮大户156户、1047公顷，集中育秧580公顷，其中双季稻444.67公顷。创建绿色高效优质稻万亩示范片区和万亩示范镇。落实晒黄烟叶面积25.93公顷，销售烟叶820担；改善人居环境，重新采集全镇所有房屋信息，对2户危房进行提质改造，完成农村改厕150座。创建长沙市生态文明示范镇；村级收入有效提升，新发展衡昌、长岳农业企业2家。牛角湾村九牧农业、双建村乐享果玩、湘一灰汤鸭、四丰茶业、金太阳农庄继续发展。龙湖养鸭专业合作社被认定为“国家农民合作示范社”。18个村（社区）集体经济收入均超20万，其中灰汤、宁南、竹田等村超50万元。

【人居环境工作】 2021年，灰汤镇坚持景区环境常态化管理，清除公路用地范围内非公路标志11块、破旧广告2处，处理路肩菜地6处，清理公路边沟31.8千米、公路反坡6.3千米、乱堆乱放66处，绿化修剪30.6千米，乱搭乱建等违法行为得到有效遏制；林业违法图斑15个全部清零；推进秸秆垃圾禁烧工作，制止野外焚烧油菜秸秆垃圾行为15起；

2021年5月30日，“红色基因·相约灰汤”灰汤温泉半程马拉松比赛在灰汤举行

高质量完成金农村黑污水体以及偕乐社区土壤重金属污染治理任务；深入实施河（湖）长制，对洞庭水库饮用水源保护地开展常态化巡查，杏村水库、水洞坑水库、磨石洞水库创建“长沙市百座放心满意水库”；规范村民建房，全年累计完成村民建房行政审批352户，59840平方米。拆除村民违规建筑5处，148平方米；调处建房矛盾纠纷12起；利用“村村响”、宣传车普及建房新政策共计68次，提升群众的依法建房意识；全年没有新增一例违法图斑；全年整改河道乱建问题8处，乱堆乱放问题35处，组织抢险修复乌江新联段内破垮塌等水毁工程，洞庭灌区支渠68千米全面清淤修复到位；加强非洲猪瘟防控，高速出口和八石“哨卡”累计排查6000余车次，排查生猪3万多头次，处理非法调运3例；防火方面，发放防火宣传资料2万余份，坚持日常巡查，及时扑灭火情2起，确保人民群众生命财产安全。

【灰汤温泉半程马拉松活动】 2021年5月30日，“红色基因·相约灰汤”灰汤温泉半程马拉松鸣枪起跑，来自全国各地的2600多名跑友参加。本次赛事设半程马拉松、迷你马拉松、健康跑、欢乐跑四个项目。主会场设在灰汤镇，并在花明楼镇刘少奇故居、沙田乡何叔衡故居设置红色主题分会场，三个会场同时开跑。经过激烈角逐，管油胜和杨冰洋分别获得半程马拉松男女组冠军。作为“传承红色基因·践行三高四新”2021年长株潭城市群大型体育赛事系列活动之一，本次马拉松还邀请湘潭市韶山市、湘乡市、湘潭县、雨湖区参与，增进友谊、促进交流，积极推动宁乡市融入长株潭城市群一体化发展。在此次马拉松起跑仪式上，宁乡发布“沐温泉·瞻伟人”长潭红三角二日游、“追寻初心·心宁之旅”红色文化休闲二日游、“恰同学少年”青年毛泽东游学路三日游、“日出韶山·畅游红色故里”长潭红色精品三日游4条红色精品旅游线路，并公布红色文化旅游节系列活动，将为长株潭体育、文旅一体化发展注入新动能。

（何昊伟）

双凫铺镇

【概况】 双凫铺镇位于宁乡市地理位置中心，距省会长沙66千米、宁乡市区30千米、洛湛铁路横市火车站4千米、益娄衡高速出口6千米、长韶娄高速公路灰汤路口15千米，S539、S540、X097、X091道纵横贯穿全境。镇域面积89.5平方千米，辖7个村1个社区，总人口4.2万人。镇域土地确权面积2258公顷，林地3806公顷。

【经济发展】 2021年，双凫铺镇工业、工贸企业54家，规模以上工业

11家。全年完成地方一般公共预算收入2200万元，实现任务目标（1900万元）的116%。完成规模工业总产值13.2亿元，固定资产投入5.29亿元，社会零售额1.86亿元，增长率24.83%，经济指标稳中向好。2021年，三泓建材产值2.3亿元，实缴税收超1000万元。陆戈鞋业产值达2.2亿元，创外汇3000万美元，实缴税收约1300万元。南方矿山、双顿金属、双洲防腐等企业实缴税收均在300万元以上，“企业倍增计划”顺利推进。促成洁美鞋业与妙玛实业合作转型，引进能创能源风电、百柯农业、双润报废汽车回收利用等项目，全力助推南方水泥落地投产。鞋业、建材两翼格局不断筑牢，工业强镇名片不断擦亮。

【乡村振兴】 2021年，双凫铺镇全力助推乡村振兴惠农贷，为农业新型经营主体和涉农大户提供小额低息贷款4000余万元。推进巩固脱贫攻坚成果同乡村振兴有效衔接，精选农业产业项目6个，铺排衔接资金138万元。坚持“稻油轮作”，坚决遏制耕地“非农化”、防止“非粮化”，新增高标准农田433.33公顷，落实早稻种植面积416.67余公顷、晚稻400余公顷、中稻800余公顷，落实油菜种植400公顷，烟田翻耕266.67公顷，绿肥播种133.33余公顷。村级党组织领办经济合作社，盘活闲置集体资产，沿沩江河、新老宁横公路、煤双线、双偕线“三横两纵”布局，集中连片打造美丽宜居村庄建设示范区，流转产业大道发展配套农业，在种植结构调整区进行“草皮-水果-蔬菜-水产”立体综合种养，实现现代农业发展与美丽乡村建设互融互促。全镇8个村（社区）村级集体经济年收入均在20万元以上，其中合轩村集体经济收入超百万元。

【社会治理】 2021年，双凫铺镇以创建“平安双凫”为目标，积极构建打防管控工作格局，统筹做好信访、安全生产、禁毒、反电诈、食品安全、消防隐患排查等重要风险管控和矛盾的排查化解。持续推进诉源治理工作模式和矛盾纠纷化解工作法，深入开展“四联五到位”民情大走访，坚持大事化小、小事化无，实现小事不出村、大事不出乡，全年累计走访群众1.53万户，举办屋场夜话300余场次，解决问题817个，矛盾纠纷1100余件，处理信访案件8起，走访覆盖率、限时办结率、群众满意率实现“3个100%”。实行党政领导带头抓安全生产，扎实推进“六个一”活动，每月逢十开展“安全生产千人大宣讲”活动，开展安全生产执法检查214次，排查整改问题426条，取缔非法生产经营单位3家，停业整顿6家，立案处罚22起，把事故隐患消除在萌芽状态，进一步遏制各类安全生产事故的发生，全年无安全生产事故。常态化推进镇村干部上路执勤，开展劝导整治，安全帽戴帽率平均达96%，道路交通安全死亡人数下降71.43%，道路交通安全工作名列全市第2。

【社会保障】 2021年，双凫铺以“幸福新双凫”为总揽，用心、用情、用力解决人民群众急难愁盼问题。加大力度推进城乡居民医疗保险工作，缴费覆盖面进一步扩大，全镇城乡居民医疗保险和城镇职工医疗保险参保率达92%。城镇养老保险体系构建完成，公共卫生做到全覆盖。全年发放低保、特困、大病救助、临时救助、残补、高龄津贴等各类补贴980余万元。社保稽核9.74万元，完成率100%，21户返贫监测对象经结对帮扶，达标率100%。坚持就业优先，严格落实就业创业扶持政策，组织技能与创业培训9期，完成技能与创业培训人员1200余人，举办大型企业现场招聘会3次，共吸引90余家企业参加，解决420余人就业问题。双凫中小主体提质改造等学校建设工程如期完成。着力解决养老资源紧缺问题，成立居家养老服务中心1个。以关爱和保护留守儿童、困境儿童为宗旨，打造村级儿童之家两座。致力开展集镇遗留问题处理，筹集资金4225万元，完成15宗土地的出让，为332户600空集镇房屋办理不动产手续，解决困扰群众近20年的办证问题。

【疫情防控】 2021年，双凫铺镇坚持疫情防控常态化，全面落实宁防指调度令，压实“三级分包”“六包一”制度，镇党政班子以上率下，发动乡贤、企业等齐心筹备防疫物资，捐款捐物，不分昼夜落实排查、隔离等措施，全年上门入户累计5384次，共摸排返乡人员、红黄码人员等信息5000多条，疫情形势有力稳控。始终以“一盘棋”的理念，动员全体镇村干部、志愿者、村民组长等人员作宣传，积极织密疫苗接种“网”，完成新冠肺炎疫苗接种7.07万人次，疫苗接种进度位于全市前列，切实做到“应接尽接”。

【人居环境】 2021年，双凫铺镇通过抓机制保障、抓日常保洁、抓基础设施、抓责任落实、抓监督执法，切实提高镇环境卫生水平，成功创成“湖南省市卫生镇（乡）”。坚持每月“千人大清扫”，全年发动党员、志愿者、群众1万余人次参与。严明“门前五包”责任、公布红黑榜。新建垃圾分拣中心2个，8个村垃圾分拣中心全部运营，发放分类垃圾桶2.08万个，垃圾治理效果显现。完成污水管网建设14余千米，黑化、硬化农村公路200余千米，硬化率达95%，集镇绿化率达50%，亮化率达98%，形成以集镇为中心的“一环两桥三横六纵”城镇路网骨架。整改卫星图斑400余处，拆除空心房500余座，复耕复绿40余公顷，土地环境质量持续改善。按照市养殖区域划分，禁养户腾退53户，拆除49户，退养面积为2.59万平方米，拆除面积为2.44万平方米，退养猪4308头，鸡鸭6.22万羽。

【基层党建】 2021年，双凫铺镇扎实推进党史学习教育，党委书记带头讲党课4堂，组织农村党员轮训3期，党员开讲微讲堂132场次，切实拧紧思想“总开关”。持续开展“三微”系列活动、“双树双评”活动，评述典型先进200余人次，开展党政领导“一对一”传帮带活动，谈心谈话260余次，严管厚爱建强干部队伍。全面落实“一岗双责”和基层党建第一责任，研究调度党建工作

14次，选派第一书记5人、“党建指导员”24人，重点解决基层党建问题14个，挂图作战“党建聚合力”工程创新项目10项，高标准健全“两新”组织建设，推动“五星村”和“五化”党支部建设，坚持“三会一课”、主题党日活动、组织生活会。召开党风廉政建设专题研究会议4次，制定落实党风廉政建设主体责任和监督责任清单实施方案，一级抓一级，层层抓落实，党风建设向实向好。开展重点工作和作风建设督查30次，印发“双凫督查”通报8期；开展廉政谈话150余人次，运用第一种形态谈话69人次；累计处分党员干部7名，推送“廉政微课堂”202期，纪律规矩入脑入心。　（陈　乘）

大成桥镇

【概况】　大成桥镇位于湖南宁乡中部，沩江中游北岸，与回龙铺、坝塘、资福、双凫铺、煤炭坝、喻家坳6乡镇接壤，新老宁横公路贯穿全镇。镇域面积58.01平方千米，辖7个建制村、1个社区，153个村民小组，总人口3.5万。2021年，地方一般公共预算收入1601万元，社会零售品销售总额1.26亿元，固定资产投资5.5亿元，工业总产值7.02亿元。

2021年，大成桥镇夯实基层党建。强化党组织建设，党史学习教育持续深入开展，启动书香大成学习型机关建设，定期举办青春之光大讲堂，提升干部能力素质，“四联五到位”服务群众工作走深走实。鹊山村党总支书记陈剑获评全国优秀党务工作者。优化乡村治理。推行“支部扎桩 社团织网 三员共治”工作法，持续推进“功德银行”纪实积分、充分发挥屋场召集人作用、三个“三分之一”模式推进美丽屋场建设等一系列做法，充分调动群众参与积极性，乡村治理体系和治理能力不断提升，治理成果不断显现。镇域范围无经营性麻将馆成果得以巩固，婚丧以外无酒席、非亲属之间无礼金往来的文明风尚成全民共识。乡镇长说唱移风易俗节目全国推介，玉新村获评湖南省民主法治建设示范村，永盛村、二泉村获评长沙市乡村治理示范村。全国各地多个考察调研团队到大成桥镇参观学习，全国乡村治理研究中心和武汉大学社会学院等研究机构选择大成桥镇作为调研样本，党委书记贺伟受邀代表大成桥镇参加市委书记吴桂英组织的走好新时期群众路线推进社会治理座谈会，长沙市研究室和改革办把大成桥镇社会治理进行深度调研拟作为一种治理模式进行推广。

2021年，大成桥镇强化项目建设。积极争取项目资金，开工大小项目30多个，总投资超过亿元。金成公路、长煤公路、梅喻公路、宝仁公路、成凤公路、二泉产业路等多条道路竣工通车，避险安置区提质改造，湘都旅游服务区、凤山坝等民生项目顺利竣工，正大集团3家标准化养殖场顺利启动，其中青泉种猪场已投入使用，梅鸣场启动主体建设，祥龙场启动前期土地流转等工作。大河流域治理项目已经国家发改委批复。发展市场主体。各类市场主体经受住后疫情带来的严峻考验，湘都生态农业不断创新经营模式和推出新型业态，乡村振兴学院顺利启动，品牌影响力进一步扩大。特步、湘瑞重工、泰成钢构、森禾机械、源泰新材等企业克服市场不利因素影响稳步发展。丰裕科技、贪吃侠、尚果采摘等市场主体不断发展壮大，臻兵农业、集振农业等20多家新型主体落户发展。

推进美丽屋场建设。按照发动群众当主人，感动乡友齐支持，带动主体兴产业的思路，以三个“三分之一”的模式，最大力度推进美丽屋场建设，高质量建成17个长沙市级美丽屋场，群众广泛参与筹资投劳的大成桥美丽屋场建设模式得到市县领导的一致肯定和好评，多次接受市委市政府主要领导现场调研观摩，吸引包括宁乡其他乡镇和湘阴、安化、赫山区等外市单位几十批次团队来学习参观。成功获评长沙市美丽宜居村庄建设优秀乡镇，鹊山村获评湖南省美丽乡村建设精品村，4个村获评长沙市美丽乡村建设示范村。持续推行干部联组服务群众，召开屋场夜话会401场，尊重群众意愿和首创，坚持问计于民，解决采煤沉陷区房屋理赔、困难户房屋重建修缮、失足人员创业帮扶等一批群众急难愁盼的问题。筹措资金兑现永盛村400多万村级债务资金。盘活安置区存量土地和解决遗留问题，完成安置区19户门面的土地办证和2.8公顷土地的挂牌出让。启动实施7个脱贫攻坚向乡村振兴有效衔接项目。不断加强安全生产教育管理，落实严格的安全监管措施，全年未发生一起安全生产责任事故，交通事故死亡人数由2020年的7人下降到3人。更大范围开展社会禁毒宣传服务，反电诈宣传，保护群众身体健康和钱袋子。积极推进疫苗注射，疫苗注射率全市第一。全面开展爱心助学、扶贫帮困、文明劝导和巾帼风采志愿服务等活动，成功化解多起重复信访和老信访难题。

【农业农村】　2021年，大成桥镇农村居民人均可支配收入为3.41万元，较上年增长8%。全镇突出发展水稻规模种植、四季果园、蔬菜种植、高效水产养殖等农业产业，8个村（社区）村级集体经济年收入均在20万元以上，其中青泉社区、二泉村达50万元，鹊山村、永盛村集体经济收入突破百万元。评选新型职业农民45名，乡村工匠9名，湘都刘跃华获评湖南省现代农业领军人物，人数居长沙市所有乡镇第一。发展种植烟农户39户，种植面积222.27公顷，销售6112担，产值912万元，税费近110万元。

【人居环境】　2021年，大成桥镇持续开展一月一义务大扫除活动，群众参与环境卫生的意识越来越强，行动越来越自觉。群众自愿拆除围墙400多座，拓宽、黑化、亮化道路28.3千米，改厕300座，把河长制和路长制工作落到实处，加强小微水体整治和集镇污水管网建设，打造空气清新、路不脏鞋、视野开阔的美丽乡村。不断改进环境卫生管理办法，探索实现每月一评比一红黑榜公示促改，每季度召开环卫工作者讲评会议，主动提出由干净向整洁提升。2021年大成桥镇成功创建长沙市卫生乡镇，大成桥村获评湖南省卫生村。

【社会保障】 2021年，大成桥镇健全动态帮扶监测机制，452户脱贫户无一人返贫，22户监测户全部得到有效帮扶。创建银意烟花、青泉阳光残疾人托养中心等特色扶贫车间2家，54户享受公益性岗位补贴，200人次享受教育扶贫补助，29人享受春季雨露计划补助，25人享受秋季雨露计划补助，12户“四类人员”完成危房改造，30户享受小额信贷财政扶贫贴息。推进巩固脱贫攻坚成果同乡村振兴有效衔接，精选农业产业项目11个，铺排衔接资金142万元。坚持把人民群众生命安全和身体健康放在第一位，对全镇3所学校和3个幼儿园、8个公共场所、13个医疗点、24家企业进行多次的卫生监督执法检查和新冠肺炎疫情防控工作检查；开展“全民戴口罩”劝导行动，累计发放约3万个口罩。全体党员干部和志愿者放弃休假，坚守岗位，奋力推进疫苗接种、返乡摸排、场所码使用、核酸检测等工作，获得群众一致好评，疫苗接种工作位列全市前列。社会保险缴费率再创新高，全镇城乡居民医疗保险和城镇职工医疗保险参保率达94%，脱贫户农合医保缴费率100%。超额完成职业技能培训任务，全镇劳动力信息采集1.7万多条。彻底清理养老保险10年间的问题数据，收回50余万元，确保养老保险基金良性运转。社会救助不断完善，发放低保、特困、大病救助、临时救助、残补、高龄津贴等各类补贴1100余万元。

【“大成清风之星”颁奖典礼】 2021年11月18日，大成桥镇举行以“党建赋能聚合力 乡村治理促振兴”为主题的第三届“大成清风之星”颁奖典礼活动。活动共表彰8名为民服务之星、8名干事创业之星、16名文明新风之星、16名志愿服务之星。活动现场800余人观看，16万人网上观看直播。 （周 龙）

2021年11月18日，大成桥镇举行“大成清风之星”颁奖典礼

喻家坳乡

【概况】 喻家坳乡位于宁乡市中北部，全乡面积96.85平方千米，耕地面积2533公顷，下辖8个建制村，总人口4.3万人，出生率为6.8‰，死亡率为7.1‰。2021年，喻家坳乡成功创建为长沙市卫生乡镇、长沙市信访“三无”乡镇、综治民调长沙市一类乡镇、长沙市乡村振兴现代农业发展先进单位、宁乡市文明乡镇。

【经济发展情况】 2021年，喻家坳乡全年完成一般地方公共预算收入2260万元，超目标任务的26%，完成固定资产投资6.7亿元，完成社会消费品零售总额4.28亿元。

【农业情况】 2021年，喻家坳乡全力推进栀子产业发展，免费发放栀子苗200万株，新增栀子种植面积333.3公顷，鹞子山基地入选湖南省道地药材生态种植示范基地；坚持走科技兴烟路子，实现烟叶种植面积400公顷，送售烟叶1.233万担，烟叶年产值超2500万元，实现高田村、喻家坳村、南岭村、泉龙村4大种植规模区连片种植；依托“一村一特”“一社一业”特色资源，全面推广湖溪塘村“党建+能人+合作社+农户”的发展模式，村级集体经济实现收入50万元以上的村4个，30万元以上的村2个，20万元以上的村2个，其中高田村达100万元。湖溪塘村、南岭村、高田村被获评湖南省乡村振兴示范村。切实推进美丽屋场建设，召开户主会、屋场会等30余场次，全乡9个美丽屋场创建点群众主动筹资、筹劳200余万元。

【工业情况】 2021年，喻家坳乡实现规模工业总产值2.4亿元，创新开展帮扶制度，鼓励长宁炭素实施技扩改，巩固世界第一名片，进一步优化营商环境，加强对湘宁矿业、高仑坡采石矿、长益石料厂的监管力度，解决各类纠纷矛盾30余起。

【区域环境建设情况】 2021年，喻家坳乡提质改造湖溪大道4千米、太平山采煤沦陷区农村公路5.8千米，修建湖溪塘村小龙虾养殖推广中心产业路2.32千米；大力实施“河长制”，新建泉龙村七家山塘、高田村野鸭塘、湖溪塘福庆塘3口，清淤扩容山塘9口。峡山支渠砍杂除青15.2千米；启动南岭、神武小水源项目建设；积极开展住房安全保障工作，改建危房17户，确保“人不住危房、危房不住人”；启动栀子花九年制学校建设。

【社会事业发展情况】 2021年，喻家坳乡党员干部通过“四联五到位”

民情大走访实现月走访到户到人，共召开屋场会300余场次，收集问题322个，解决253个。坚持民声受理一周一调度，及时回复办理“12345”工单176条，同比下降2.27%，办结率100%，群众对政府工作更加满意。成功处理网上信访件13件，调处各类矛盾纠纷145起，调处成功率达100%，特护期无失联失控人员进京，全年没有出现非访现象。

【基层党建情况】 2021年，喻家坳乡坚持“党建引领”，严格落实“三会一课”“四议两公开”、党员民主评议党员等制度，积极开展党史学习教育专题学习10余次。扎实做好乡镇换届工作，新一届乡党委领导班子实现满票当选；树立正确用人导向，1名中层骨干提拔为副科级；严格落实党员冬春训，先后组织各类培训5场400余人次；严把党员队伍关口，新发展预备党员33人。

【举办第二届栀子花文化旅游节】 2021年，喻家坳乡举办“建设栀子产业特色镇 打造文旅融合样板区”中国·宁乡（喻家坳）第二届栀子花文化旅游节，节会于2021年5月20日启动，启动仪式上，宁乡经开区党工委书记、市委书记于新凡宣布栀子花为宁乡市市花，湖南省农业农村厅副厅长唐建初为宁乡栀子国家地理标志农产品授牌，中南大学与宁乡市签订乡村振兴实践基地合作框架协议。节会期间，共吸引5万多游客前来赏花打卡，线上线下销售栀子花系列产品总金额超1000万元，得到中央、省、市电视媒体宣传报道，喻家坳乡“栀子小镇”声名鹊起，美名远扬。

（任宇辉）

2021年5月20日，中国·宁乡（喻家坳）第二届栀子花文化旅游节在喻家坳启动。图为活动现场

老粮仓镇

【概况】 老粮仓镇位于宁乡市西部，2021年，镇域面积121.98平方千米。全镇总人口63835人，辖3个集镇、8个建制村，2个社区，216个村民小组，总户数19634户。有市办高中1所，镇办中学3所，公办小学8所，公办幼儿园4所，民办幼儿园4所。2021年，老粮仓镇全年实现地方一般公共预算收入410万元，完成比率117.14%；镇域生产总值17.3亿元，同比增长6.7%；社会消费品零售总额3.05亿元，同比增长5.1%。

【基层党建】 2021年，老粮仓镇实施“党建聚合力”工程，全年召开党委会专题研究部署党建工作12次，组织理论学习中心组学习12次，组织党史学习教育专题学习4次。全镇“五化”党支部建设达标率100%，完成党委换届和村（社区）“两委”换届，新一届村“两委”班子平均年龄下降8.2岁，大专以上学历占比增加20.1%。打造“三堂两馆一中心”（党史学堂、党章学堂、经典学堂、乡村振兴规划馆、章子客文化馆、老粮仓镇新型村级集体经济发展中心），全年共接待学习参观1.2万余人次。“粮仓在线”平台被长沙市委党史学习教育领导小组发文推介，被《湖南日报》专题宣传报道。全年组织开展党风廉政建设专题部署会8次，党政班子开展日常廉政谈话185人次，提醒谈话73人，诫勉谈话3人，党纪政务处分6人，配合市委第一巡察组对老粮社区、星石村、长田村、毛公桥村进行全面巡察，收集各类问题线索43个。

【经济发展】 2021年，老粮仓镇招商引资项目1个，合同引资1.2亿元。农业产业。全面完成粮食生产各项任务，一季稻种植2533.33公顷，双季稻种植160公顷，烟叶种植128.27公顷。成立农业产业化办公室，吸纳种植大户102人，流转土地1066.67公顷，授牌成立种植大户联合社，733.33公顷高标准农田建设项目全面启动。打造戴卓良革命烈士纪念广场，结合域内望北峰森林公园、章子客文化馆等风景文化旅游资源，持续深化乡村旅游“一带一廊”格局。

【乡村振兴】 2021年，老粮仓镇升级做强“粮仓在线”产业发展平台，整合全镇房、地、产、水、路、人等资源，引入农业产业“产加销服”全链条上的合作方，以一镇一特、一村一品构建“1+N”全域农业产业化经营模式，部署规划粮食种植主导产业，策划老粮仓地域产品“粮仓壹号——生态鲜芽米”，全面升级“粮仓在线”2.0模式。老粮仓镇新型村级集体经济发展平台“粮仓在线”实现营业收入1500万元，全镇10个村（社区）集体经济均超40万元以上，其中两个村达到50万元以上，经营性收入平均每村超过30万元。2021年，老粮仓镇获评全国乡村振兴电商平台示范镇。

【民生工作】 2021年，老粮仓镇基础设施全面提质。滨江大道全线通车，杨华江综合治理工程、Y674唐毛公路全线拓宽提质、望北峰风电项目、正大养殖场项目完成建设。全镇11个屋场完成建设并通过验收，望江村形成美丽屋场示范片，金洪村、老粮社区、长田村三个村获评湖南省省级乡村振兴示范创建村。全面落实

"河长制""路长制"工作机制，开展杨华江河全域治理以及楚江流域治理工作，污染防治成效明显。全年发放低保、特困人员救助、临时救助、残疾人两项补贴等救助金1400万余元，发放城乡居民养老保险金3400万余元，完成全镇医疗保险、养老保险参保信息全覆盖。全镇脱贫监测户136户299人，已消除风险户31户75人，脱贫攻坚成果进一步巩固。完成全镇近4万人次的疫苗接种，镇域内无一例确诊和疑似病例。2021年，老粮仓镇获评宁乡市文明乡镇。

【社会治理】 2021年，老粮仓镇建立"党建+网格化"网格76个，实现村联村组（网格）联户全覆盖，完成走访率100%，问题解决率98.39%。成立交通安全劝导志愿者协会进行全天候劝导；组织部门联合执法72次，依法打击38人；投入180万元完善道路交通安全设施。矛盾纠纷受理数比2020年下降22%，调解成功率达99.2%；各级信访件受理量比2020年下降46%。集中化解历史信访积案19件。（李静敏）

流沙河镇

【概况】 流沙河镇位于宁乡西南部，距离长沙市区80千米，距宁乡县城62千米，距娄底市区40千米。2021年，流沙河镇辖11个建制村，2个居委会，316个村民小组，总面积140.57平方千米，耕地面积4988公顷，总人口7.4万人，其中城镇人口1.2万人。有市办高中1所，镇办中学3所，民办小学14所，镇办中心幼儿园1所，有中心医院一座，是标准一级甲等医院。2021年，全镇完成固定资产投资5.49亿元；规模以上工业总产值完成1.796亿元，同比增长2.1%；完成限额以上社会消费品零售总额4.2597亿元，同比增长24.12%；实现地方一般预算税收收入505万元，完成市级目标任务；市场主体发展目标数248户，实际完成325户，位列全市第一。

【基层党建】 2021年，流沙河镇高标准打造全市首家基层党校，成为融思想政治教育与技能培训于一体的党员教育主阵地、主渠道。召开党委会专题研究和安排部署党建工作6次，先后入村现场办公18次，开展专题调研4次，解决美丽屋场、产业帮扶、党建活动阵地建设等具体问题16个。解决群众反映强烈的交通出行、人居环境、基础设施建设等难点痛点问题507个；以人才振兴赋能乡村振兴。申报认定长沙市乡村产业领军人才3名，占全市总人数的25%，其中B类高层次人才2名，C类高层次人才1名，长沙市十佳青年领军人才1名；培育壮大乡村振兴专业人才，利用镇党校、远教平台、直播平台等，举办农村实用技能培训班8期，推广农业新技术10余项，受益党员群众达1000余人。

【项目建设】 2021年，流沙河镇完成农村公路硬化14.5千米，其中黑化8.4千米；完成山林河、狮子坑塘、荷叶坝等一批水利提质改造项目；草冲中学、流沙河中学、大田方中小等校园维修改善，合兴小学污水管网建成投入使用；响水坝桥拆除重建，进入主体建设阶段。

【乡村振兴】 2021年，流沙河镇800公顷农田流转，培育种植大户等新型经营主体近200个，双季稻规模种植面积1333余公顷。种植烟叶244.933公顷，烟叶收购7182担，产值1079余万元；集体经济壮大，所有村（社区）年集体经济收入20万元以上，其中荷林社区、花林村达50万以上，红石村、合兴村、流沙河社区达30万以上。

【民生保障】 2021年，流沙河镇对纳入防返贫监测对象的56户共105人，针对性制定帮扶方案，16户44人风险消除；脱贫攻坚成果同乡村振兴有效衔接产业发展项目14个，各村级集体经济组织入股360万元，实现带动帮扶205户569人；帮扶生活困难群众3188人次，帮扶低收入困难户755户，提供便民服务6500余次，建设儿童之家5个；养老保险待遇核查"回头看"工作完成征缴任务689万元。组织无偿献血203人次，免费优生检测211对，免费产前筛查364例，"两癌"筛查1508例。

【生态环境】 2021年，流沙河镇投入资金3000余万元打造14个美丽宜居村庄，一次性通过长沙市级验收；通过完善功能、改善景观、水环境治理等，精心部署9个美丽宜居村庄连片建设，打造乡村振兴楚江示范片。完成改厕300座；持续推进黑臭水体治理、河湖"清四乱"、小微水体管护等行动。

【基层治理】 2021年，流沙河镇安装警示柱3.2万根、波形护栏5千米，整治里程近60千米；建立多部门联合执法机制，严查交通违法行为，移送违规群众至党校进行"警示学习教育一小时"1000余人次；镇域交通事故亡人数量由2020年的8起9人降至2起2人；全年检查各类企业（单位）452家次，排查各类隐患1114条，立案11起，罚款人民币2.67万元，取缔非法经营门店7家，域内没有发生安全生产事故。

（隆艳喜）

青山桥镇

【概况】 青山桥镇地处长沙市西部，与湘潭、娄底交界。因楚江之上有古桥而得名，历史悠久、人杰地灵。镇总面积138平方千米，下辖8村1社区，人口5.6万人。国道234和省道326在此交汇，长韶娄高速距集镇13千米，益娄衡高速在镇心田村设有出口，洛湛铁路在镇设有三级客运站。镇域山水环绕，400公顷水面的田坪水库风景优美，省级水利风景区芙蓉山风光秀丽。

【党建工作】 2021年，青山桥镇立足根本点，增强党建引领的核心力。切实履行抓党建主体责任，扎实开展农村党员违规发展排查和党员档案清查工作；坚决把上级党委的要求落到实处，积极发挥党建引领的核心作用，带动各项工作深入开展。着眼切入点，增强党史学习教育的感召力。

集中开展党史学习教育专题学习 5 次，组织赴红色学习基地学习 3 次；积极挖掘本地红色资源，以烈士刘石三嫂为原型编排现代花鼓戏《红色交通站》，在全市巡回演出；开展“清明烈士公祭”主题党日活动，进一步发挥党史学习教育的感召力，激励党员干部不忘初心、牢记使命。抓好发力点，增强基层组织的战斗力。圆满完成镇党委、镇政府、镇人大和 11 个基层党总支、47 个基层党支部的换届选举，择优发展党员 40 名，开展各类党员培训班 5 期，培训党员 1156 名，基层党组织的战斗堡垒作用越发坚强有力。

【经济建设】 2021 年，青山桥镇着手土地创收，债务可控运转好。2021 年，重点抓好土地增减挂钩和批而未供土地整治工作，先后供应恒胜建材、农商银行配套用房改扩建和田心加油站等几宗土地。在守住“运转底线”的基础上，全面梳理债务底数，控减项目支出，积极化解债务，年内可化解债务 300 余万元，三年来化解共计 1000 余万元，政府债务逐年下降。盘活三个闲置，集体经济增收渠道有效拓宽。一盘活闲置资产。将已闲置的学校、村部等 11 处集体资产，通过招商引资发展红薯粉、电子元器件等产业，实现产值近千万，为村级集体经济创收 54 万元。二盘活闲置农房。青山桥镇整家外出务工情况较多，数以百计的农房已闲置，为充分利用好这部分资产，探索田坪村 36 个闲置的农房由公司实行统一租用，集中用于云芝、羊肚菌等的菌包培育，有效增加农民收入；三利用好闲置劳动力。引导劳动力外出创业，分赴河北、甘肃、陕西等地承包学校、工厂等食堂的创业人员 47 个，带动劳动力就业 800 余人；组织劳动力到镇内 5 家电子元件加工厂就业 460 人、从事羊肚菌种植培育 270 人；引导一批妇女和中老年闲置劳动力参与技能培训，投身乡村振兴产业发展热潮。2021 年，全镇 9 个村（社区）集体经济收入均超过 20 万元。

【乡村振兴】 2021 年，青山桥镇种养产业发展初具新模式。传统农业稳步发展。油茶、黄桃、红薯、蔬菜、食用菌等种植业效益初显；黑山羊、生猪、散养家禽等养殖业规模初具。现代农业日渐壮大。魔芋、羊肚菌、云芝、稻鱼轮作等现代种养业发展后劲十足。坚持“高校+公司+合作社”的产业发展模式，与湖南农业大学食用菌研究所合作，引进现代农业种植技术，组建农民种植专业合作社，发动农户积极种植云芝、羊肚菌、高淀粉含量红薯，探索实施“一地三种”轮耕轮作模式。种植 4 万个云芝菌包，250 亩高淀粉含量红薯，建设 200 亩羊肚菌种植大棚，三项种植合计产值 400 万元，亩均达到近 2 万元。凝聚三方力量，美丽屋场建设如火如荼。2021 年创建石狮桥村安家湾、石坝湾，心田村湖竹塘，竹峰村朝阳湾，青山桥社区景德观，田坪村排门湾共 6 个长沙市美丽宜居村庄，其中石狮桥村安家湾、竹峰村朝阳湾两个美丽屋场在长沙市验收中分别排名宁乡市第一和第二，石狮桥村成功创建成湖南省乡村振兴示范村。党建引领。积极开展“美丽屋场建设”主题党日活动，广大党员筹集资金 40 余万元，筹劳 800 余人次，为美丽屋场建设起先锋模范作用。群众主导。广大群众以“主人翁”身份积极投身美丽屋场建设，群策群力，共筹措资金 60 余万元，筹劳 2000 余人次，为美丽屋场建设提供最为广泛的群众基础。乡贤助力。各村（社区）组织召开社会贤达座谈会 9 次，发动乡贤出资助力，共筹集资金 60 余万元，石狮桥村一企业家 3 年内捐资近 400 万元，用于美丽宜居村庄建设，被长沙市农业农村局作为典型推介。

【环境治理】 2021 年，青山桥镇河长制真抓实干。坚持政府主导，多部门联合执法，开展“清四乱”专项治理行动 6 次，清理乱象 240 余处，清理鱼笼 67 个，对 23 处大小河坝及桥墩进行清淤疏通，对石狮桥河 3 千米河堤进行护砌整修；强化渔政执法，刑拘非法电鱼 2 人。路长制纵深推进。强化路面巡查，排查和整改道路安全隐患 36 处；在 63 个国道、省道路口及 23 处险要路段增设减速带 4500 平方米；投入 100 余万元在集镇道路增设硬质隔离带 864 米；对临水临崖村组公路增设安全防护栏 17 千米；集镇及村组道路增设路灯 360 盏；新增警示标志标牌 67 个。在与湘乡交界处设卡盘查两个月，处理非法营运 113 起，行政拘留违法驾驶 6 人，亡人交通事故发生率逐年下降，与上年同期相比下降 25%。环境治理成效明显。高标准、严要求实施农村改厕 140 座。严厉打击非法挖山采砂行为，全年扣押挖机 63 台、铲车 27 台、运砂车 19 辆，手工洗砂设备 16 套，覆绿面积 1.33 公顷，田心村创成长沙市卫生村、石狮桥村创成湖南省卫生村。

【基层治理】 2021 年，青山桥镇扎实开展“四联五到位”工作，在长沙市综治民调中排宁乡市第一。全镇 1.46 万户，共设置 102 个网格，走访群众 1.43 万户，解决群众诉求 360 个，发放宣传资料 5 万余份，省、市媒体 3 次报道青山桥镇民情大走访工作。通过扎实的“四联五到位”工作，解决一系列群众急难愁盼问题。理好旧事。有效化解和处置桥北中药材基地复耕、集镇石塘坳除险、和谐沙场复耕、农机员清退以及涉及 120 个债权人 1200 余万元贷款的李国光集资纠纷等历史遗留问题，确保群体性事件零发生。解好难事。以长沙市委信访专项巡察整改为引领，成功调处各类矛盾纠纷 179 起，为群众维权挽回经济损失 307 万余元；受理“12345”市民热线群众诉求 264 个，办结率 100%，满意率连续 5 个月 100%；与上年同期相比，市级以上越级纪检信访总量下降 86%，大信访总量下降 40%。办好实事。结合群众反映强烈的问题，办理杨子芬烈属入户道路、同心村庄和千手爱心大屋沿河道路、青山桥镇火车站站前公路以及楚江河堤硬化等实事项目。理旧事、解难事、办好事，群众的获得感和认可度大幅提升。在长沙市综治民调中排宁乡市第一。

【民生实事】 2021 年，青山桥镇社会民生事业全面改善。情防控到位。

严格执行“六包一”制度，全镇红黄码人员排查管控到位，新冠肺炎疫苗总接种4.59万剂次，3岁至11岁及12岁以上人群疫苗接种脱漏率排名均位于全市前列。养老保险追缴到位。共完成100万左右的养老保险追缴任务，实现养老保险追缴工作任务清零，完成4.3万余张社保卡的稽核工作。危房改造到位。完成11户危房改造，对175户“易致贫返贫监测户”和1361户脱贫户进行房屋安全鉴定并建立台账。民政救助到位。纳入低保441户865人，纳入特困供养478户485人，临时救助171户，累计金额26.6万元。人社保障到位。医保养保全力推进，截至12月20日统计数据，城居养保缴费金额完成率103.34%，缴费人数完成率91.84%，位居全市第一。举办两个批次就业招聘，现场完成报名180余人，举办10个职业技能培训班，解决就业750余人。（黄　鹏）

横市镇

【概况】横市镇位于宁乡市中北部，东临双凫铺镇、喻家坳乡，南连老粮仓镇，西接黄材镇，北与益阳市桃江县交界，距宁乡城区约38千米。2021年，镇域面积124.12平方千米，共辖11个村和1个社区，有横市、铁冲2个集镇，人口1.6万户、5.7万人。耕地面积2500公顷，其中水田面积2360公顷，山地面积“12345”公顷。

2021年，横市镇以“建设现代农业强镇、打造湘中物流重镇”为定位，不断夯实乡村发展底子。依托火车站建成40万吨粮食数字仓储中心，整治调停落后产能、高污染企业，整合升级烟花鞭炮产业，新引进工业项目2个，优化工业经济链条，形成集烟花鞭炮制造、电子、包装、特色农产品深加工等多业并举的发展格局。全年实现地方财税收入757万元，社会消费品零售总额1.1亿元，规模工业总产值8.6亿元。全镇12个村（社区）村级集体经济年收入均在20万元以上，其中，50万元以上村3个，30万元以上村4个，4个村获评湖南省乡村振兴示范村。

【基层党建】2021年，横市镇组织党史学习教育100余次，发放书籍教材600余套。打造云山书院党建示范点，依托云山书院和湘中人民解放工作委员会书记室旧址建成“湘中革命摇篮”展示陈列馆，吸引长沙市、宁乡市等多个单位前来参观学习。开展现场教学50余次，实行村（社区）“两委”成员“双月一主题、双月一培训”学习机制，工作成果被《长沙通讯》“长沙党建”等平台推介。召开党风廉政建设部署会10次，对党员干部提醒谈话87次，发布督查通报12期、通报74人次，立案8件，结案7件，其中党内警告6人，开除党籍1人，获评宁乡市“2021年度落实全面从严治党主体责任先进单位”。

【农业生产】2021年，横市镇烟叶种植面积602.07公顷，销售烟叶22048担，亩均产量2.44担，实现烟叶总收入3670万元，亩均效益4060元，获评宁乡市烟叶产业规模奖、烟叶质量效益综合奖，黄金叶种养合作社获评“湖南省为民办实事示范合作社”。双季稻种植面积242.81公顷，获评“宁乡市粮食生产先进乡镇”。铁冲、金丰两村成功创建宁乡市2021年绿色高效高质行动千亩“稻烟”轮作示范片。打造“横铺子”“望北印象”两大品牌，推进“界头无花果”“望北峰艾叶”“云山吊瓜子”等“一村一品”工程，构建烟叶为主、蔬菜果为辅的“一带一圈”农业产业格局。接种动物疫苗70万头份，春秋两季集中免疫密度100%；发放非洲猪瘟消毒药剂6吨，排查生猪12万头，畜禽检疫出证8万头羽，全年无重大动物疫病疫情。发放农机作业补贴15万元，购机补贴3.5万余元。处理农业相关投诉案件12起，投诉处理率和满意率达100%。

【民生建设】2021年，横市镇自来水入户新增383户，全镇自来水入户总数达8000余户，20000余人饮水安全得到充分保障。解决金丰村供水困难问题，全村实现无障碍供水。通组公路硬化、黑化、亮化32千米。完成铁冲村部、集镇基础设施配套、铁冲完小综合楼及附属工程、中心幼儿园等11项重点民生项目建设，建成仁桥、利民2个农村居家养老服务中心。对32614处农村房屋进行安全风险普查；下拨资金25.4万元，完成10户危改、1户灾后重建、3户灾后修缮。实施改厕109处，修建山塘水沟80处。完成新冠肺炎疫苗接种63525针剂，对省市数据日清日结，全年无本土疫情发生。推动脱贫攻坚和乡村振兴有效衔接，采用“5+2”“白+黑”工作模式对全镇17000余户

2021年4月20日，长株潭“希望小屋”项目现场推进会在横市镇召开

农村人口进行全面走访排查，统筹安排镇村干部对93户贫困监测户（144人）开展一对一帮扶。为20余户困难残疾家庭上门办理残疾证。承办长株潭“希望小屋”项目现场推进会，为6名青少年实施“希望小屋”青少年关爱项目。累计发放临时救助18万元，组织技能培训和创业培训9期，举办大型企业现场招聘会3次，提供就业岗位3000余个。成功创建宁乡市标准化退役军人服务站。

【社会治理】 2021年，横市镇村调委会共调处矛盾纠纷91件，调解协议涉及资金670余万。受理办结网上信访平台访件15件，信访量、“12345”工单量实现双下降，全年无越级访、进京访，获评长沙市信访工作“三无”乡镇。镇村干部累计走访群众6.4万户次，举办屋场夜话480余场次，收集问题506个，解决问题481个，解决率95.1%。审查镇、村（社区）各类合同、村规民约、文件资料20余份，提出法律审查意见80余条，免费为群众提供法律咨询300余次。联合禁毒协会开展禁毒知识“六进”活动、讲座14次，禁毒专职工作人员教育培训8次。对社区矫正对象定期走访，开展集中法治学习教育7期；对23名缅北回流涉诈重点人员实行“一人一档”和“四包一”管控，全年治安案件和刑事案件发生量分别下降26.42%和18.6%，综治民调进入长沙市前100名，位列宁乡市一类乡镇。妥善解决历史遗留问题，完成同心村庄、人民路共102户土地权证办理，解决宁乡市、横市镇两级与长沙顺利房地产开发公司的1.29亿元合同纠纷。

【平安创建】 2021年，横市镇排查各类生产经营场所60余家，与企业签订《2021年安全生产、消防工作目标责任书》60份，对6家烟花鞭炮生产企业、12家危化企业、12家重点工贸行业开展专项隐患排查，累计检查350余次，下达整改指令书120余份，复查意见书120余份，督促整改安全生产隐患200余处，清退非法销售烟花爆竹门店4家，吊销违法销售门店证照1家，处置非法加油站1处，条块结合、齐抓共管的安全监管格局基本形成，全年无安全生产事故。开展道路安全联合执法300余次，拆除摩托车遮阳伞800余具，扣押无牌无证摩托车200余辆，治安拘留无证驾驶机动车20余人。投入20余万元对15处道路交通安全隐患进行整改，交通高峰时段进行安全喊话巡逻，全年交通事故亡人数下降22%。开展以安全文化进企业、进村庄、进农户、进学校的宣传教育活动，签订交通安全承诺书15000余份，发放食品、消防、交通安全宣传资料40000多份，开展安全咨询活动8次。安装平安乡村视频690户，开展镇村、学校法治宣传教育活动、讲座8次，召开平安创建户主会200余场，完成国家反诈中心APP实名注册认证12516人。成立镇村义务和专业灭火队伍，发放禁火令10000余份。

【美丽乡村建设】 2021年，横市镇6村15个美丽宜居村庄建设全部通过上级验收。仁桥村水牛坝成功创建长沙市小微水体管护示范片区，竹鸡、盐水庵、福星寺、天坪4座水库申报长沙市100座满意型水库。与第三方签订河道保洁合同，对村实行一月一考核，镇村河长累计巡河518次，组织2次“河道清四乱”专项行动，累计清理河道垃圾12吨。开展卫生清扫活动400余次，完成长沙市级6个垃圾分类示范村建设。复绿矿山、裸露黄土2000余平方米，拆违24处，整治图斑192个。以云山书院为中心，开发集蔬果采摘、务农体验、运动拓展、红色教育为一体的“望北—云山—社区”红色精品旅游线。依托美丽宜居村庄建设，打造以田园风光、人文景观、特色产业、休闲度假为一体的“关圣—铁冲—仁桥—利民”绿色观光旅游区，全年共接待游客1万余人次，举办各类活动50余场，红色引领绿色发展取得新成效。

（关雄志）

黄材镇

【概况】 黄材镇镇域面积229平方千米，辖17个村（社区），人口7.01万。2021年，黄材镇围绕“青铜文化小镇、农旅胜地黄材”总目标，大力实施黄材发展“12345”工程，较好地完成2021年既定各项目标任务，全镇呈现经济稳步发展、生态提质提档、人民安居乐业、社会和谐稳定的良好态势。全镇全年实现一般公共预算收入1.2亿元，地方一般公共预算收入1383万元，完成全年任务的115.25%；规模以上工业产值2100万元，新增规模企业1家；固定投资金额9.48亿元，完成入库项目15个；完成社会消费品零售总额9682.7万元，同比增速19.08%。

2021年，黄材镇获评全国示范性老年友好型社区、长沙市基层人力资源和社会保障平台标准化建设优秀街道（乡镇）、长沙市五四红旗团委、宁乡市人居环境优秀乡镇、宁乡市路长制优秀乡镇、宁乡市校车安全先进单位、禁毒工作宁乡市成绩突出集体、宁乡市食品安全先进单位、2021年度先进基层武装部、宁乡市社会工作服务站项目优秀站点；青羊社区荣获全国“2021年全国示范性老年友好型社区”，崔坪村、沩滨村获评长沙市优秀驻村帮扶工作队；炭河里村创建湖南省卫生村，黄材村、宁峰村创建长沙市卫生村，石山村、涓水村、沩滨村、宁峰村创建宁乡市路长制示范村，松溪村、青羊社区、宁峰村获评宁乡市先进基层党组织；黄材镇党委书记罗健被中共中央、国务院授予“全国脱贫攻坚先进个人”称号。

【产业发展】 2021年，黄村镇农业发展特色显著。围绕“一镇一特”“一村一品”，大力发展辣椒产业，种植辣椒466.67公顷，带动本地农户用工20万人（次），提供就业岗位3000多个，实现劳务创收300多万元。松溪华塘鱼、崔坪生态大米、龙泉猕猴桃等集体经济产业稳中向好，所有村级集体经济达到20万元以上，其中3个村集体经济超50万元。引入鲟鱼养殖项目落地见效、收益可观；积极对接引进高密度水产养殖等优质农业项目，推动现代农业发展，多元富民的产业发展格局日趋完善。旅游产业持续火爆。成功举办炭河古城“电音泼水节”，炭河千古情游客量达72.7万人次，门票营收3923.6万元，同比增长46.82%。推进炭河古城与龙泉漂流、千佛洞景区旅游资源融合，引进1家研学机构与50名农户合作，开创黄材研学旅游新纪元。

【项目工程】 2021年，黄村镇栗山采石场改扩建、湖南省森林航空消防直升机场、青羊湖国有林场林区道路建设、黄龙公路与乌龟山连接线工程、祖塔线改造工程、元加山停车坪等12个项目均顺利竣工；推动云居民宿、炭河民宿提质改造；农村公墓、2021农村公路安防工程、单村饮水工程（崔坪村、龙泉村、炭河里村）、横雷线栗木桥公路提质改造、黄材村大棚建设、5G基站建设等项目稳步推进。

【脱贫攻坚成效巩固与乡村振兴】 2021年，黄村镇结合“四联五到位”民情大走访，扎实巩固脱贫成效，针对全镇116户132人制定监测户帮扶方案，实现精准帮扶。压实“两业”扶贫，全年累计落实“雨露计划”补助277人次、交通补助248人次，申请小额信贷超1600万元，举办12场就业招聘会，共计667人参加，开设公益性岗位108个，持续扩大扶贫车间规模，新增大量就业岗位，巩固就业脱贫成果。因地制宜科学制定《黄材镇美丽宜居村庄建设项目实施办法》，坚持党建引领，党员示范、群众参与，在不增加村级负债的前提下，引导群众以“主人翁”的身份积极投身美丽屋场建设，筹资酬劳200万元，成功创建8个长沙市美丽宜居村庄，镇容村貌进一步提升。

【人居环境】 2021年，黄村镇全年投入人居环境治理经费1100余万元，全力打造干净整洁、宜居宜游的美丽幸福新黄材。针对集镇环境，开展“百日攻坚”等12次专项整治行动，着力解决店外经营、乱搭乱建及乱停乱放等乱象，集镇秩序焕然一新；聚焦垃圾治理，健全收运处置体系，实现生活垃圾收集转运处理设施全覆盖，全镇垃圾外运量减少近两成；围绕路域环境，严抓整治，全年共开展路域环境综合整治12次，集中解决重点突出问题，着力打造畅安舒美路域环境。全面推行“河湖林长制”，充分发挥“一长三员”作用，开展植树造绿，义务植树10万余株，不断提高森林覆盖率；成功创建黄材村小微水体管护示范片，打造松溪华塘鱼生态养殖示范片。坚决打赢蓝天保卫战，守护一级水源保护区，确保母亲河沩水水源水质安全。

【疫情防控】 2021年，黄村镇众志成城、科学应对，突出“快、准、狠、稳”举措，坚持常态化精准防控和局部应急处置有机结合，夯实联防联控、群防群控基层基础，全面做好外防输入、内防反弹工作，严格落实“六包一”“十个一”责任机制，以网格为单位开展地毯式排查外来返乡人员，对112家重点场所严格管控，开展全员核酸检测16万人次，累计接种第一剂次3.62万人，60岁以上群体疫苗接种率超80%，推送疫情防控短信10万余条，全面筑牢安全防线。

【民生保障】 2021年，黄村镇持续改善基础设施，大力发展教育事业。投资110万元完成沩滨中学厕所拆除新建项目和松柏幼儿园改建项目并投入使用；完成炭河大道亮化、香椎公园游步道等7个公共基础设施建设；稳步推进集镇道路亮化、黑化、杆线入地以及黄材大道、安置区基础配置提质改造。持续优化政务服务。“一件事一次办”镇村共办理5.52万件，“12345”工单及时签收率100%，群众满意率达99%；持续优化营商环境，新增市场经济主体389家，超全年目标任务20个百分点；积极推进企业家权益保护，服务12家经营单位，挽回经济损失52万元。黄村镇获评宁乡市优化营商环境先进单位。同时持续推进政务服务便民化，不断提升服务型政府形象。稳步提升社会保障。完成养老保险待遇核查“回头看”，稽核养老保险退费31.31万元，排在全市前列；无偿献血256人，完成进度142.22%，新批低保及特困户155户，残疾定级325人，发放各类残疾补助273.5万元；完成两癌筛查指标1441人，产前筛查379人，优生检测202对夫妻，排名全市前列；全面摸排危房9户，发放危改补贴28万元。大力加强养老服务机构建设，青羊社区获得2021年“全国示范性老年友好型社区”荣誉称号，黄材敬老院成功创建长沙市二星级敬老院。

【社会治理】 2021年，黄村镇筑牢安全生产底线。坚持“党政同责、一岗双责”，把“打非治违”作为工作重点，深入开展“安全生产专项整治三年行动”，对建筑施工、非煤矿山、烟花鞭炮、食品安全、危险化学品等重点行业开展专项督查，发现问题543条，排查隐患432个并责令立行立改；扎实推进交通顽瘴痼疾集中整治行动，全力整治“两客一危一校”，开展“一盔一带”道路交通安全集中执法行动216次，群众安全意识有效提高，集镇摩托车戴帽率达90%以上，坚决防范和遏制较大及以上事故发生，确保生产安全事故起数、亡人数明显下降。认真防范应对突发自然灾害，强化宣传动员、巡查值守、预报预警、物资储备、应急处突“五到位”措施。立足防大汛、抢大险、救大灾，聚焦关键部位、关键环节、关键时节、关键区域，常态化开展隐患排查整治，确保不留死角、不留盲区，统筹完善防汛减灾应急预案体系，严格落实主要领导带班值守制度，做好灾害隐患点巡查和群众转移工作，通过“村村响”、微信、短信平台等发布地灾监测、雨情预警17万余条，森林防火在除夕、初一、清明等重点时段对163处火灾隐患重要地段安排263名巡防员进行值守，全年无火情。开展“四联五到位”民情大走访工作，党员干部联系1.7万户全部到位，累计走访4.28万人次，共摸排搜集问题812项，解决问题807项，办理信访案件51件次，调处各类矛盾纠纷250起，做到“小事不出网格 大事不出村”，进一步抓实基层民主协商对话机制，开展基层对话160余次，实现全年“12345”工单数量同比下降14%；发动党员干部集中开展反电诈宣传，

"反电诈"APP推广数超1.5万人，群众反电诈意识大幅提高，人民群众财产安全得到有效保障。乡风文明建设稳步推进。倡导"婚事新办、丧事简办、余事不办"，全年劝导红白事100余次。开展鲜花祭祀行动，免费发放鲜花10万多束，引导文明祭祀新风尚。依托18个新时代文明实践站所，组织开展道路交通安全、戴口罩等文明劝导志愿活动60余次，出动志愿者200余人，进一步提升群众幸福指数。

沩山乡

【概况】 沩山乡地处宁乡西部山区，距宁乡市区75千米、省会长沙110千米，与益阳安化县、桃江县毗邻，平均海拔780米，被誉为"长沙小西藏"。乡域面积81.8平方千米，辖4村1社区，即沩山社区、沩峰村、沩水源村、祖塔村、同庆村。据2021年统计，沩山乡共有5399户数，总人口1.81万。全年完成一般公共预算收入3813.48万元，其中税收收入完成144万元，完成年度任务的102.8%，补助收入完成3175.05万元；完成固定投资5.4亿元，社会消费品零售总额1.7亿元，规模工业完成3.9亿元。项目建设：集镇建设方面，"洞庭清波"专项整治行动，沩山污水支管总任务数240米（HDPE400）、837米（HDPE300），入户管（PVC-U160）总数540米，污水井（700）59处，完成污水入户管网204户，实现集镇范围内污水处理100%全覆盖。沩山乡全民健身中心建设，总投资金额45万元，已全部完工并投入使用。翻新标准化篮球场1座，新建步道500米，添设室外健身器材7套，室外羽毛球场1座，室内健身器材7台，丰富周边百姓娱乐场所。沩山乡卫生院扩建项目建设，新建厕所，新装电梯，改建办公楼、住院部、门诊部，保障群众健康安全。沩山乡文旅融合示范点（沩山乡综合文化服务中心、旅游咨询服务中心）建设，建设一个多功能文化活动室，一个书刊阅览室，一个培训教室，一个文化活动广场，一个简易戏台，一个健身服务点，一个宣传读报栏，一套公共数字服务设备，一套文化器材，一套广播器材，一张旅游示意图，一个产品展示柜，一个游客休息区，推动沩山乡文化振兴，旅游发展。旅游建设方面，沩山漂流提质改造项目建设基本完工，预计投资金额2100万元，2022年夏季开漂。灵印街禅修民宿开发运营改建项目开始外部装修，预计投资金额1200万元，项目建设期为2021年—2023年。疫情防控：利用村村响、宣传车、入户走访等方式，宣传新冠肺炎疫情防范知识，在集镇各类服务场所和人口集中区域按要求做好三查、消毒、佩戴口罩等基础工作。接种新冠肺炎疫苗2.58万剂次，其中第一剂次1.03万剂次，第二剂次9687剂次，第三剂次5779剂次，3岁至11岁幼儿接种868人次，60岁以上人累计接种2519人次。社会事业发展：2021年完成医保收缴1.39万人、社保卡核查1.36万张，养保稽核337人30.4万元；完成农村房屋风险普查8685个图斑，完成率91.86%；完成优生检测29.5对、两癌筛查396人。按照实事求是、动态调整、应保尽保原则，低保对象201户402人，发放低保金17.87万元；特困对象200人，发放金额19.5万元；救助60户因病因灾困难群众，救助金额12万元。美丽宜居村庄建设：沩山乡利用现有产业，深入挖掘当地特色和人文历史底蕴，在全乡范围内打造千斤园等4个美丽屋场。组织乡村干部前往浏阳市古港镇、小河乡等地观摩学习；利用"四联五到位"屋场会宣讲美丽屋场建设相关政策，签订创建承诺书，发动群众筹工筹劳，累计筹资51.48万元，筹工1268人次；成立美丽屋场理事会，鼓励群众对门前屋后进行清扫整治，美丽宜居村庄建设氛围浓厚；发挥当地优势产业和文化，打造出精细、精美、精致的美丽宜居村庄。道路交通安全：以"防事故、保安全、保畅通"为目标，从"严"的要求，从"实"的打造，强力推进"基础信息化、巡查日常化、执法规范化、队伍正规化"的4项整改。2021年，共查处交通违法行为202起，行政拘留11人，联合执法大队、城管中队开展专项执法行动56次，制止非法采砂挖砂行为42起，暂扣挖机8台、运砂车18台，开展运输车治超治限专项整治检查162台次，移送交管站处理5台，行政立案处罚5起，罚款7500元。全面摸排危险路段，治理隐患路段106处、危险桥涵5座，安装交通警示标牌46处、凸透镜11块；及时排查、整改安全隐患，专人、专办对公路运行情况进行不间断巡查，进一步规范交通秩序，道路交通形势保持平稳，实现道路交通事故指标下降，亡人事故为"0"的工作目标。巩固脱贫攻坚成果：设立衔接过渡期，加强低保人口常态化帮扶，形成与乡村振兴相互支撑、相互配合的有效衔接机制。截至9月底，共计录入监测户24户、处理监测系统信息1147条，为家庭困难户申报公益性岗位12个；申报产业扶贫项目10个，受益830户，3115人。污染防治攻坚战：实行网格化工作模式，层层压实责任，建立由单一管理向组团包村、包干到户的网格化"六包一"机制。全年网格干部组织召开屋场会132场，广泛宣传蓝天保卫战相关知识，开展宣讲活动120场次，发放宣传手册5000份。2021年，市、乡、村三级河长积极履职，形成"一河一档""一河一策"，开展大规模巡河和净滩行动15次，百姓河长志愿者1286人参与，沩水北源河成功创建长沙市美丽幸福河流，并获评湖南省2020年"美丽河湖"优秀案例。"四联五到位"民情大走访：全乡建立"市+乡+村+组"四级网络体系，实行日收集、周调度、月主题、季考核、年评优的工作机制，全乡5个村划分为75个网格，373名党员干部参与联户工作，其中在职党员79名，普通党员194名，社会贤达24名，联系村民户数4879户，形成横向到边、纵向到底，全覆盖、无死角的走访网络。大走访开展以后，建立"为民办事台账"，办理实事50多件，群众满意率98%以上。年内获得的全国性、全省性荣誉称号："伪山"牌黄小茶荣获"蒙顶山杯"第六届中国黄茶斗茶金奖；沩水源村、沩峰村荣获湖南省度乡村振兴示范创建村；沩山乡妇联荣获湖南省“两癌”免费检查重点民生实事项目先进集体。

【基层党建】 2021年，沩山乡党委下设党总支6个，党支部23个，其中村（社区）党支部15个、机关党支部1个、两新党支部2个、部门联合党支部1个、派出所党支部1个、离退休党支部3个，共有党员749人。强化村级班子队伍建设，不断夯实基层基础，圆满完成2021年的村级换届工作，全面落实村（社区）党组织书记、村主任“一肩挑”政策，物色培养合适后备干部人选3名。继续实施整乡推进、整体提升工程，着力提升“五星”村（社区）党组织和“五化”示范化党支部创建水平，机关支部和沩水源村党总支获评宁乡市“先进基层党组织”。

【避暑产业】 2021年，沩山乡盘活沩山现有民居，打造金牌门店，规范和引导避暑产业发展。已发展避暑门店180家，其中星级评定83家，床位6000张，游客入住率95%。避暑季接纳游客共17.6万人次，带来的直接经济收入3000万元，间接收入5000万元，高峰期每日过夜人数达4000人。

【茶叶产业】 2021年，沩山乡把茶产业发展作为助推乡村振兴的农业主导产业，积极引导茶叶产业按照“小而精、差异化、茶旅融合”的思路转型发展，举办茶旅文化节、茶叶产业高峰论坛和“沩山毛尖农产品地理标志品质鉴评会”。2021年实现茶叶总产量420.18吨，直接产值8600万元，总产值1.1亿元，解决就业3000人，茶农年均增收500万元以上。

【基层治理】 2021年，沩山乡落实领导接访制度，及时解决热点难点问题。全年接待来访群众146人次，帮助群众解决问题23个，解答政策96次，排查调处各类矛盾纠纷120起，调解成功116起，成功率达97%以上。辖区内社会治安秩序良好，群众安全感和满意度明显提升，全年未发生重大刑事、治安案件，未发生非法进京上访案件，道路交通秩序良好，未发生一起亡人事故。2021年长沙市公众安全感和满意度调查排名宁乡市第四名，禁毒专项民调排名宁乡市第一名，长沙市第三名。

2021年10月14日，宁乡市首届乡村工匠技能竞赛暨“沩山毛尖”杯手工制茶竞赛现场

【“沩山毛尖”农产品地理标志登记品质鉴评会】 2021年7月26日至27日，“沩山毛尖”农产品地理标志登记品质鉴评会在沩山乡召开。省绿办主任谭小平，省茶叶研究所研究员谭正初，省农业农村厅种植业管理处高级农艺师丁伟平，省植保站研究员欧高财，省种子管理服务站高级农艺师杨大庆，湖南农业大学教授刘硕谦，长沙市农业农村局副局长周兴发等领导、专家参加。以“小而精、差异化、茶旅结合”为发展思路，擦亮“沩山毛尖”名片。

【宁乡市首届乡村工匠技能竞赛暨“沩山毛尖”杯手工制茶竞赛】 2021年，宁乡市首届乡村工匠技能竞赛暨“沩山毛尖”杯手工制茶竞赛在沩山乡举行，60名手工制茶能手现场比拼“手上”功夫。此次活动由市委组织部、市农业农村局主办，沩山乡人民政府、沩山振兴茶叶专业合作社承办，市委常委、市委组织部部长傅永超，市委常委蒋改平出席竞赛活动。制茶评审专家对选手制出的茶叶进行综合评定，并为优胜者颁奖。

【刘林志到宁乡市沩水源村走访调研】 2021年12月12日，长沙市团市委书记刘林志率领团市委调研组到对口帮扶村宁乡市沩水源村走访调研。宁乡市团市委书记颜晓明等50余人一同参加。开展“书香筑梦，情暖童心”手拉手小杜鹃情系沩水源村爱心公益活动。调研基层党建情况，参观沩水源村展厅，询问产业发展情况。给特困群众、贫困学生送去1万余元的慰问金，青年企业家还与特殊困难学生结成对子，为贫困学子继续完成学业、正常生活提供长效帮扶。

巷子口镇

【概况】 巷子口镇镇域面积105.8平方千米，辖9个村、1个社区，人口4.8万。2021年，巷子口镇围绕建设长沙市乡村振兴示范镇的发展目标，充分发挥领导班子带头作用，团结带领广大干部群众，创新实干，合力攻坚，圆满完成各项工作任务，完成地方一般预算收入336万元，规模工业总产值4.04亿元、固定资产投资7.1亿元、社零收入1.4亿元。成功创建长沙市生态文明建设示范镇，获评长沙市发展壮大新型集体经济先进单位和信访工作“三无乡镇（街道）”先进单位，“巷子花开”同心项目入选全国社会领域公共服务助力脱贫攻坚案例，镇社会事务办获评全国农村留守儿童关爱保护和困境儿童保障先进集体。

【基层党建】 2021年，巷子口镇深入实施党建聚合力工程，以党建为乡村振兴凝聚强大合力。完成村（社区）两委，镇党委、政府、人大换届选举工作。全面开展“五星”村（社区）党组织创建和示范化“五化”党支部提质，切实增强党支部战斗堡垒作用。扎实开展党史学习教育，深入开展党员干部“五带头”“联五户”活动，充分发挥党员干部致富带富作用。广泛开展“四联五到位”民情大走访，帮助解决群众“急难愁盼”问题284个。广泛凝聚乡友资源，筹备1200万元的“巷子花开”人才振兴基金。为乡村振兴提供坚强的组织保障和人才支撑。

【规划设计】 2021年，巷子口镇坚持一体设计、多规合一的理念，科学制定全镇国土空间和乡村振兴规划。广泛征求党员群众、乡友乡贤意见，多方研讨论证，制定以“一村一重点产业、一村一实践基地、一村一国学主题”为主要脉络的《乡村振兴规划》，并将《乡村振兴规划》与《国土空间规划》紧密结合，形成巷子口镇乡村振兴中长期发展思路。以全镇乡村振兴规划引领和指导各村的村庄规划，形成全镇一盘棋的发展共识。

【产业发展】 2021年，巷子口镇落实最严格的耕地保护制度，完成粮食种植面积1867公顷，粮食产量达2.91万吨。坚持特色产业发展，全年新发展小水果70公顷，蔬菜53.07公顷，烟叶26.67公顷。坚持龙头企业带动，引导10个村（社区）集体经济组织与社会资本一起共同注资2480万元，成立湖南巷子花开农业科技有限公司，其中集体经济占股35%。公司主营业务为中小学生研学和劳动实践，其他业务涵盖社会公益、美食与民宿、文旅与农旅、农业服务、农产品生产加工销售、工程项目建设等多个领域。积极打造通航小镇，航空基地成为全省12个重点通用机场之一，星空帐篷等特色民宿产品销售火爆。

2021年10月，巷子口镇“儿童之家”工作人员带领留守儿童开展活动

【乡村建设】 2021年，巷子口镇注重民生设施建设，五巷公路建成通车，宁乡市中医院巷子口分院完成异地新建并投入运营，巷子口中学食堂完成改建，集镇污水管网完成升级改造，七里水、狮冲水完成生态治理。完成道路硬化、提质改造13.8千米，新修桥梁3座、维修加固5座，养护公路151.5千米，高质量建设黄鹤、狮冲两条产业公路。因地制宜高质量建成美丽宜居村庄12个，有5个创建点评分在90分以上，通过长沙市农业农村局“7连片”和“4连片”创建验收。

【社会治理】 2021年，巷子口镇创新打造“巷子花开”公益服务平台，结合新时代文明实践站所建设，常态化开展生态保护、文化传承、关爱互助、矛盾调解、文明新风等公益服务活动，通过党建引领，以公益人带动更多人参与公益事业，形成文明新风。以群众去做群众工作，更好地化解社会矛盾。及时有效调处化解矛盾纠纷103起，无一例越级上访。扎实开展交通安全、食品安全、建筑安全等公共领域专项整治，排查整改安全隐患156处，查处交通违法行为230余起，全镇社会大局和谐稳定。

【农村留守儿童关爱项目】 2021年，巷子口镇贯彻各级儿童工作部署，坚持三个到位（组织领导、统筹规划、资金投入到位）、注重三个引领（平台引领、管理引领、阵地引领）、钉实一个目标（服务留守儿童和困境儿童健康成长），构建“331”工作机制，用心呵护留守、困境儿童成长，全镇儿童的获得感、幸福感和安全感得到有效增强。9月，民政部农村留守儿童关爱保护和困境儿童保障工作部际联席会议办公室授予巷子口镇人民政府社会事务办公室“全国农村留守儿童关爱保护和困境儿童保障工作先进集体”称号。

（杨军辉）

龙田镇

【概况】 龙田镇地处宁乡西部，为长沙、益阳、娄底三市交界之地，总面积71.88平方千米。2021年，辖5个村、1个社区，人口23206人，距宁乡县城85千米，距娄底市38千米。

属于丘陵地形，耕地面积1633.93公顷，林地面积4505.15公顷，水域面积187.64公顷。主要经济作物为中药材，主要粮食作物为水稻。境内有S326、S328、X104等交通干线经过。共有公共服务中心7处，学校6所，综合性医疗机构1家，集镇广场4处，大型超市2家。污水处理厂1家，压缩式垃圾处理站1座。

2021年，龙田镇地方一般公共预算收入完成651万元，完成任务数的135.6%；规模工业总产值完成1.6亿元，完成任务的132%；工业技改投资完成9875万元；R&D（研究与试验发展经费）经费完成110万元；固定资产投资完成5.1亿元；限上社会消费品零售总额完成4548万元，累计增速19%；居民存款5.1亿元，同比上升17.16%。

粮食种植面积540公顷，种植蔬菜280公顷，出栏生猪12739头。发展支持种粮大户12户、创建家庭农场5家，培养新型职业农民10名，乡村工匠3名。最大限度降低农业生产风险，全镇所有水稻实现投保，并理赔10万余元。做好农业技术推广服务，遴选推荐科技示范户3户，开展科技指导30余次。月塘村和龙田社区200公顷高标准修复农田项目稳步进行。落实种植结构调整98.47公顷。投入173万元产业发展资金流转耕地94.8公顷，发展朝天椒、香稻等经济作物产业。

脱贫成果持续巩固。49户65人纳入防返贫监测系统，发放扶贫小额信贷373.95万元。举办3期职业技能培训班，培训180人，实现就业172人。村级集体经济收入不断增加，6个村（社区）集体经济经营性收入均达20万元。

【特色产业】 2021年，龙田镇围绕宁乡市非物质文化遗产"龙田扎肉"和宁乡十五大名菜"龙田鳝翅"等农特产品作为龙田发展优势产业的主攻方向，支持非遗传承人在原隔山小学建立农特产品加工厂。瓦子寨旅游开发公司持续投入，补种樱花树200公顷，瓦子寨"樱花季"吸引游客万余人次。

【人居环境】 2021年，龙田镇严格执行生态环境和资源保护制度，规范村民建房审批管理，着力查摆、解决农村乱占耕地建房问题专项整治中敷衍塞责、漠视规矩、弄虚作假等问题，未发生一起村民违规建房。落实林长制，完成森林抚育400亩，森林覆盖率达67%，聘用村级护林员9名。配备村级巡河员6名，常态化开展河长巡查。推进"洞庭清波"行动，提质改造主管网2240米，新建污水管网1958米，新建污水井12座，完成污水管网入户235户，集镇所有污水管网均接入主管网。各村（社区）垃圾分拣中心有效运行，全镇清运垃圾2700余吨，开展环保专项督查35次，立案1起。完成改厕任务50座。获评"长沙市卫生乡镇""长沙市无烟党政机关"，镇敬老院获评"湖南省文明卫生单位"，月塘村获评"长沙市卫生村"。利用好本土红色文化基地，重点打造以横岭村尺冰美丽宜居村庄为圆心的长沙市级"红色村"，通过以创建美丽宜居村庄示范点，以点带面，全力提升村（社区）人居环境。硬化农村公路8.7千米，对辖区内所有农村公路隐患点，特别是临水临崖隐患点开展隐患排查，摸排并整改隐患点85处，涉及里程33.65千米，其中安装波形护栏5.2千米。对S326岚光坪桥进行拆除重建，年内完成桥面吊装。

【民生保障】 2021年，龙田镇落实城乡医疗救助、临时救助等政策，全镇享受城乡居民医保19597人，特困供养人员236户238人。新增城乡居民低保35户104人，变更取消23户68人。发放涉农补贴62种132批次总金额1248.42万。对全镇房屋开展隐患排查行动，其中，706户脱贫户住房安全鉴定为安全住房。完成社区养老服务中心改造，建设环卫工之家。

【社会事业】 2021年，龙田镇投资近200万元对七里山中学维修改造、完善龙田九年制学校硬件设施。健全防范学生溺水工作机制，设置防溺水标志203处，对286名在册留守儿童、困境儿童逐户宣传教育，让学生安全知识面更广、安全意识更强。医疗业务同比增加21%。常态化开展疫情防控工作，共排查外地返乡人员1265人，管控126人，做到查人控人不漏一人，疫苗接种持续推进，全程接种率为94.76%。文化设施免费开放，文化活动丰富多彩，红色文化资源得到挖掘利用，非物质文化产业龙田扎肉被打造成文化产业。

【基层治理】 2021年，龙田镇开展安全生产联合专项整治行动28次，检查企业和经营门店286家次，排查整改安全隐患335条次，实现安全生产零事故，通过长沙市应急管理能力建设验收。交通执勤卡点实行24小时值守，全年收缴无证摩托车59台，行政拘留3人，检查货运车辆17000余台次，查获超载车辆50台。组织200余名货车司机召开源头企业交通安全警示教育培训、召开屋场会121场，发放宣传资料19000份，强化安全教育。排查调处各类纠纷72起，成功率100%，无集体上访、无越级上访等案件，无群体性事件，获评长沙市信访"三无"乡镇、长沙市"平安建设"红旗乡镇。开展反电诈工作，发案数为全市最低，清返缅北人员2人，实现动态清零。禁毒工作纵深推进，发挥综治中心社区戒毒（康复）教育示范基地作用，接待参观人数2000余人次。抓实党员干部"四联五到位"民情大走访工作机制，依托"屋场夜话"干群对话平台，借助新时代文明实践志愿者，"山区讲唱队"等多方力量，做实网格服务，拓宽为民办实事渠道，充分调动各类群防工作力量和群众参与社会治安综合治理的积极性，推动基层社会治理工作客观精准、快捷高效。

【服务型政府建设】 2021年，龙田镇规范"一门式"服务，结合网格化管理，开展"四联五到位"民情大走访，累计收集问题403个，解决403个。龙田同心村庄实现全市首批颁证。"12345"政务热线共接收工单79件，同比下降20.2%，全市排名第三。政务服务系统共办理民生实事业务7489件，开具电子证明502张，办结率和群众满意率达100%。

坚持政务公开，政府信息公开发布平台上主动公开信息90余条。

【基层党建】2021年，龙田镇强化队伍建设，搭建“山区讲唱队”“干部夜校”两大党员学习教育平台。成立专班深入挖掘18位烈士和英雄事迹，编印《龙田英烈》免费赠阅。横岭村党总支联合宁乡状元农产品公司党支部，采取“支部共建+村企合作”的产业发展模式，开启“党建+乡村振兴”新局面，打造的3个乡村振兴示范点全部通过长沙市验收。

（龙友良）

沙田乡

【概况】沙田乡地处宁乡市西部，属沩山风景名胜区范围，1995年撤区并乡，由原沙田与五里堆合并为沙田乡，黄龙公路、五七公路、流沙巷公路贯穿乡境，沩江的重要支流涓水河、栀水河蜿蜒流过。2021年，乡域面积74.29平方千米，辖6个建制村（下设185个村民小组），总人口3.7万人。沙田乡围绕“红色文旅特色乡，乡村振兴示范区，美丽宜居幸福地”的发展定位和“绿色为底色，红色为特色，法治为亮色”的发展思路，科学统筹疫情防控和经济社会发展，取得良好成效。2021年，全乡地方一般公共预算收入550万元，较上年度增长9.6%，全乡财政总收入7400万元，获评宁乡市第二季度优化营商环境先进单位。

【红色文旅】2021年，沙田乡编制《沙田乡红色景区发展总体规划》，完成红色旅游公路申报规划，投入700余万元提质红培基地与何、谢两故居周边配套，增设故居安全出口提示、警示牌、护栏等，更新故居内部展陈20余处；打造智慧党史文化长廊和红色文化长廊景观，在两故居及故居连接线新增中国共产党成立100周年、党史学习教育等宣传栏10余处，在主公路沿线设置党史学习教育立式标语12块，更新宣传内容40余处；谢觉哉故居授牌“湖南省法治宣传教育基地”，接待省、市、县各级政法单位开展法治教育培训超1万人次；2021年累计接待省市等各级单位和社会团体参观学习1000余批次，10万余人，承办省委宣传部清明节主题活动、长沙市委理论学习中心组党史学习教育第三次专题学习、宁乡市委、宁乡经开区党工委理论学习中心组2021年第2次集体（扩大）学习暨党史学习教育第一次专题学习等活动。

6月1日，湖南省司法厅授牌谢觉哉故居为“湖南省法治宣传教育基地”。

【乡村建设】2021年，中组部红色美丽村庄试点村落户长冲村，沙田村、宝云村、长冲村3个村获评省级乡村振兴示范创建村，沙田乡获评长沙市乡村振兴示范乡镇，获评长沙市乡村振兴示范创建乡镇规划比选二等奖，年内完成省级历史文化名镇申报；申报创建的10个美丽宜居村庄全部通过验收，统筹全乡驻村工作力量，争取后盾单位支持资金超500万元；联合全乡6个村集体经济率先成立“惠同”合作联社，6个村的集体经济收入全部突破20万元，五里堆香干成功认证国家地理标志产品；对全乡19户34个监测人员重点安排帮扶责任人，坚持因户施策“一月一走访”，组织骨干开展业务培训10余次，设立公益性岗位84个，投入产业衔接资金286万元，推动巩固脱贫攻坚成果同乡村振兴战略有效衔接；全面落实路长制、河长制、林长制工作，常态化开展“逢十大清扫”，修复破损路面约3000平方米，整改河道“四乱”现象78处。开展治砂集中整治行动2次，劝阻非法采砂15起。完成改厕200座、公厕2座，规范村民建房77户，拆违控违5处共300余平方米，整改卫片图斑48处，复耕复绿约2000余平方米。沙田乡获评长沙市农村“四好公路”示范乡镇，五里村获评长沙市卫生村；2021年全乡农业生产保质保量，全乡种植粮食作物1400公顷、蔬菜300公顷、冬季油菜233.33公顷、烟叶33.33公顷，完成高标准农田建设266.67公顷，农业产业结构调整220公顷，着力培育新型农业经营主体，发展支持种粮大户18户，创建家庭农场3家，发放地力补贴和农资补贴合计260余万元。

【民生保障】2021年，沙田乡完成市规农村公路建设25.2千米和市规安防项目14.28千米，硬化提质8.7千米，五巷公路建成通车，累计投入1700余万元用于公共基础设施提质改造。推进新冠肺炎疫苗防控工作，电话核查人员信息1800余人次，全乡累计接种约3.7万剂次；完成养老保险待遇核查“回头看”和养老保险稽核退费工作，发放大病医疗救助、临时救助、低保、特困等各类民生保障资金900余万元，发放惠农补贴金额400余万元，危房改造15户，新建居家养老中心1处；大力发展教育事业，基地校获评乡镇绩效考核第一名、全市中考综合质量第二名，五里堆中学、沙田中学获评“宁乡市教育教学综合质量特等奖”。化解信访积案3起，调处各类矛盾纠纷102起；发放安全知识宣传资料4万余份，“反电诈”APP推广数超9200人，全乡无中小学生溺水事故和误食野蘑菇中毒事故发生；开展企业安全检查120余次，查处违规企业并立案5起，无证经营3起，取缔非法生产经营单位8家，确保安全生产零事故；开展道路交通安全集中执法行动145次，集镇摩托车戴帽率达90%以上。开展“四联五到位”民情大走访，“12345”政务热线共接收工单136件，同比下降21%，微信“一件事一次办”小程序推广3016个，群众“急难愁盼”问题得到有效化解。

【基层党建】2021年，沙田乡市委提名乡党委、乡人民政府和乡人大候选人全部满票当选，乡领导班子平均年龄37.55岁，村支书和村主任“一肩挑”比例100%，支村“两委”成员平均年龄42.3岁，同比降低10岁；制订《沙田乡村级后备干部选拔培养工作方案》，储备后备干部9人。落实“三会一课”，扎实推进党史学习教育，开展党史学习教育宣讲32次，办理重点民生实事3件；新发展党员24名，专题培训党员干部4期800余人；制定《党员结对美丽屋场攻坚方案》，以组织凝聚力增强乡村振兴推动力；全乡 33 个支部完成“五化”建设，充分发挥基层党组织战斗堡垒作用。（刘　卓）

白马桥街道

【概况】白马桥街道位于宁乡城区南端，毗邻沩水之滨，是城区连通西部乡镇的南大门，总面积 22.8 平方千米。街道东与历经铺街道南太湖隔沩水相望，南与回龙铺镇候旨亭社区及坝塘镇金洲村接壤，西靠菁华铺乡黄泥塘村，北接玉潭街道楚沩、八一两社区，区位交通优势得天独厚，6.5 千米沩江穿境而过，一江两岸风景秀美，山水洲城浑然天成。辖凤形、凤祥、正农、龙江、仁福、白马、白龙 7 个社区，2021 年年底总户数 21697 户，总人口 9 万，其中户籍人口数 27834 人，常住人口数 7.7 万余人，党员 1250 人。人口出生率 6.69‰，死亡率 7.29‰，人口自然增长率 -0.6‰。全年完成地方性一般预算收入 18060 万元，占全年任务的 112.8%，同比 2020 年增长 15.6%。社会消费品零售总额 11.54 亿元，同比增长 17.6%。规模工业总产值 5.78 亿元，完成全年任务的 107%，同比增长 19.5%。新引进兆基·沩水玥等 4 个 1000 万以上项目入驻；6 月 11 日，吾悦广场 10 万平方米商业综合体满铺开业运营。完成固定资产投资 47.19 亿元，完成全年任务的 118%，同比增长 11.39%。

2021 年，白马桥街道落实耕地保护红线、生态保护红线、城镇开发边界三条控制线，做好粮食生产、耕地保护、森林防火、农田水利建设、壮大村级集体经济等系列工作，认真落实返贫动态监测和帮扶机制，统筹推进巩固脱贫攻坚成果同乡村振兴有效衔接。2021 年，有耕地面积 669 公顷、山林面积 453.33 公顷、粮食作物面积 333.33 公顷。2021 年双季稻共产 3000 吨、蔬菜种植 6000 吨。新增农业种植大户 2 家、家庭农场 4 处，加固护砌山塘 5 口，维修清淤渠道 4 处（2 千米）。

【基层党建】2021 年，白马桥街道打造“联心小屋”党建品牌，推进社区多元共治，全力破解基层治理难题。通过开通联心热线、设置联心信箱、健全网格微信群；结合季度党员干部“四联五到位”民情走访，线上线下倾听群众心声、收集群众诉求，拓宽解社情民意、回应群众关切、引导群众合理表达诉求的渠道。召开部门联席会、阳光答复会、屋场会，回应人民群众的诉求与期待，化解信访积案 8 件，调处各类矛盾纠纷 328 件，解决群众问题 1328 个，经验做法在《长沙晚报》、《湖南日报》、人民网等媒体推介。凤形社区离退休支部获评长沙市示范化“五化”支部，龙江社区获评市基层先进党组织。

【区域环境建设】2021 年，白马桥街道征地 16 公顷，拆迁 38 户，妥善解决拆迁遗留问题，为沿河路、电力 630 攻坚、仁福大道、金龙路等项目提供用地保障。完善基础配套，坚持建管结合，增强城市吸附能力。配合完成龙江北路、瑞良路提质改造；争资 1000 余万元完成辖区 3 处城市内涝点治理和配套设施建设。争资 100 余万元完成城区段民兵渠清淤护砌及便民桥修建。争资 1000 余万元，完成盐业公司、丽水家园、肉食公司 3 个老旧小区改造；落实河长制、路长制、林长制等污染防治长效机制，推进源头控污、项目治污、覆绿控尘、禁燃禁放等行动，排查整治黑臭水体、污水直排，依法重拳打击挖山取土、采砂洗砂等非法行为，代表宁乡市迎接省河长办现场考核验收，得到充分肯定。坚持以控建拆违、市容秩序、片区清整、源头治理为重点，将文明创建工作融入群众日常文化活动和社区管理服务中，集中整治“三大不文明行为”和影响城市形象的“老大难”问题，改善人居环境，扮靓城市环境，提升城市品质。

【社会事业】2021 年，白马桥街道践行“我为群众办实事”活动，有序做好疫苗接种和落实常态化防控措施，推进街道社区卫生服务中心易地置换和社区卫生所提质升级；筹资 300 万元完成滨江小学食堂、消防设施改造，提质白马桥中小田径场和改造中学污水管网。发展慈善事业，创新养老模式，引进社会资本，实现社会保障全覆盖。推进“四联五到位”民情大走访，破解网格难题。

【安全防护网建设】2021 年，白马桥突出企业、交通、消防、食品等重点领域安全治理，全力推进平安白马建设；严管重罚立案查处存在安全隐患生产企业 26 家，罚款 10.8 万元。投入 120 万元增设标志标牌标线等安全设施，提升安全防范系数；投入 30 余万元在辖区内安装 4G 应急广播 152 个，宣传交通安全、防溺水、反电诈等安全知识。发放宣传资料 5.8 万份、张贴温馨提示 5 万张，80 个网格轮流宣讲和播放警示教育片，居民安全意识不断提升。集中交通执法 96 次，劝导整治 110 余次，拘留无牌无证驾驶 29 人，现场处罚、教育 2800 多人次。重要节假日，街道主要领导带队值班，街道、社区干部路段值守，全力防风险、除隐患、遏事故，保障居民安全出行。辖区 600 名摩托车驾驶员集中理论考试和场地考试，通过率达 100%。

历经铺街道

【概况】历经铺街道位于宁乡市城区东部，沩江下游东岸，东北与金洲镇相邻，南接夏铎铺镇，西与白马桥街道、玉潭街道相连，北与城郊街道、双江口镇隔江相望。西北有城区三个街道、宁乡经开区助力，东北有宁乡高新区、金洲新城拓展。东西方向 10.89 千米，南北方向 9.63 千米，总面积 36.88 平方千米，下辖 9 个社区，是宁乡市“一江两岸、东进融城”的主阵地。

2021 年，历经铺街道以助力“工业强市、幸福宁乡”为目标，加快推进产城融合发展，解决群众困难问题，全力维护社会和谐稳定，推进“东进融城主阵地、幸福新城历经铺”建设。全年地方一般公共预算收入实现 1.4048 亿元，完成全年任务的 100.34%；规模工业产值实现 17.7 亿元，完成全年目标任务的

106%；固定资产投资实现32.7亿元，完成全年目标任务的109%；社会零售品销售总额累计完成7.82亿元，同比增速24.7%，增速率排全市第一。新增“四上”商贸企业1家，申报3家。

【基层党建】 2021年，历经铺街道组织全体党员到韶山、花明楼、沙田等红色教育基地开展专题党史学习教育，在宁乡市委宣传部和市总工会举行的《2021年〈就认这个理·宁来讲〉：职工群众心向党——“学习强国”学习达人竞赛暨党史知识竞赛活动》中获得第一名。所有支部均达到“五化”建设标准。在已建成的7个小区联合党支部基础上，新增宁邦·文华里、明珠·金沙湾、恒大·御景半岛3个联合党支部。全年共发展党员36名，各社区严格按照程序推进换届工作和完成配套组织换届。7个社区申报“六零”（“建设零违章、环境零污染、安全零事故、治安零发案、居民零上访、服务零差错”）社区创建，东城社区党总支获评长沙市示范化“五化”党支部；沙河市场经营户党总支获评湖南省非公有制经济组织先进基层党组织，长沙市先进基层党组织和标杆引领先进基层党组织；东城郦都小区联合党支部成功创建长沙市党建引领物业管理示范项目。指导各党组织开展党建活动100余次，共收集问题240个，解决率100%，每季度举办一期“廉政大讲堂”，开展任前廉政谈话96人次，集体廉政谈话2087人。开展各类专项督查19次，办理信访案3件，处置问题线索95条，给予党纪处分11人。

【项目建设】 2021年，历经铺街道完成高新区标准化厂房、唐公庙泵站和净塘变电站征地任务，高新区标准化厂房46户全部完成拆迁腾退；完成曾家河文旅片区G319南面的征地、拆迁、地面附着物补偿等工作和G319北面的征地工作。域内18个政投项目进展顺利，金全路等部分项目完工；林工商、麦芽厂等6个老旧小区改造项目顺利推进；楼台山公园项目基础设施建设基本完工，后续配套设施正在完善。社会投资项目晨光新材料有限公司于10月开工建设。

【社会治理】 2021年，历经铺街道利用“四联五到位”民情大走访、户主会和法制教育进社区、“小手拉大手”等活动，发放平安建设、食品安全、反新型电信诈骗和禁毒宣传折页近10万份。投入20余万元建成禁毒中心，打造市级禁毒工作交流平台。组建一支40人的巡逻队、54人的综合救援队和20人的应急响应队，应急实战能力有效提升。通过上门交流、电话沟通和签订承诺书等形式，对域内涉及新型电信诈骗人员、禁毒康复人员等实行有效管控。电信诈骗发案率为城区四街道最低；禁毒民调进入长沙市前20名。净土庵社区东城社区、群星社区、大湾岭社区获评宁乡市平安社区。受理矛盾纠纷128起，调解成功126起，调解成功率98.5%。化解信访积案5起，全年信访总量同比下降70.97%，排全市第二，获评长沙市信访工作“三无”乡镇（街道），宁乡市维护稳定工作先进单位。推进安全生产专项整治“三年行动”，定期组织第三方机构排查隐患700余条，全部按照要求进行整改；开展道路交通安全“打非治违百日会战”，成立治安和交通夜间巡逻队，配合街道和交警部门联合执法54次；组织95名志愿者每天到63个劝导点进行安全出行文明劝导，道路交通秩序明显好转，道路交通安全经验做法以《坚决筑牢道路交通安全“生命线”》为题在《人民网》刊登。

【民生事项】 2021年，历经铺街道两次组织相关线办及各社区政务系统主办人员集中学习培训，建立健全市民之家-街道-线办-社区服务体系，促进服务效率提高。通过政务服务系统办理业务1259件，签收“12345”工单224件，回访满意率98.6%。设立投诉举报箱，公开投诉电话，政务服务渠道更加畅通。完成新冠肺炎疫苗接种38122人，免费核酸检测78612人次。免费开设职业技能培训班6期共培训240人，创业培训63人。对4户防止返贫监测对象，制定精准帮扶措施并全部落实。科学划定学区学位，确保本街道居民和外来务工子女能就近入学。推进美的院子智慧健身中心建设，为群星社区申报2021年长沙市示范性综合文化服务中心。

【城乡建设】 2021年，历经铺街开展老旧小区提质改造、人居环境全面整治、停车位增设和智慧停车场建设，提升居民的生活品质。常态开展文明劝导和志愿服务，大力倡导“文明用语”“文明餐桌”“文明楼道”，推行“推广普通话”、创建“无烟办公室”等活动，推进更高水

楼台山公园（刘志春　摄）

准的文明城市建设。6个社区获评文明社区。重视粮食安全问题，完成双季稻面积124.66公顷，一季稻342.77公顷。利用近郊优势发展蔬菜和水果种植，确保种植有序、规划和高效。积极向上申报乡村振兴项目4个，重点发展优质稻种植和童牧谷田郊野旅游项目。申报新型职业农民12人，乡村工匠1人。申报农业贷款贴息补贴的家庭农场及企业2家。

【楼台山公园】 为加快创建全国园林城市和生态文明城市，根据历经铺街道城市环境肌理与功能布局，经2020年3月8日市长办公会研究，决定在历经铺街道南太湖社区建设楼台山公园。公园位于宁乡中心城区以南，北至宁乡岳宁大道，西至沩水河畔，东至桐木冲村（童牧谷），南至乌江河打鼓山庄（阳光山庄）。总区域范围约340公顷，是一条以生态山林为主、休闲健身游憩功能为辅的城市文化公园。该公园结合宁乡“驿道”文化和“铺”文化，总体定位为“综合性城市文化公园”。整体设计以游步道为主，从北至南贯通景区。入口以“古井”文化元素开头，以楼台阁主要景观为亮点，构筑穿插“将军厅”“驿道”“铺”文化等宁乡地域文化气息，以山顶，主游道向四周村庄发散，完善交通道路与基础配套设施，形成各个“小公园”，使得公园的功能性与组织性更加完善，有张力。项目计划分两期实施。一期项目以游步道为主，总长约为4500米，包括观景台、历经铺铺、将军亭等配套设施及绿化。二期项目主要以山体周围配套设施建设为主，主要包括环山路提质改造、民宿等的打造。2021年底，楼台山公园一期项目完成，对市民开放，成为幸福新城历经铺的全新名片，也填补了宁乡城区自然生态公园的空白。（何清军）

城郊街道

【概况】 城郊街道地处宁乡市城区东北部，沩江下游西北岸，东与历经铺街道相连，南与玉潭街道毗邻，西毗菁华铺乡，北接双江口镇，辖东沩、梅家田、怡宁、创业、罗宦、沩丰、石泉7个社区和关心、茶亭寺、石头坑3个村，总面积37.42平方千米，其中耕地面积154.19公顷。总户数4.39万户、总人口11.93万人。2021年共完成财政税收2.26亿元，完成规模工业产值15.8亿元。2021年，街道获评湖南省充分就业先进街道、湖南省文明卫生单位、湖南省先进财政所、长沙市禁毒工作突出乡镇（街道）、长沙市普法工作先进集体、宁乡市扫黑除恶专项工作先进集体、宁乡市蓝天保卫战工作先进单位、宁乡市2021年度统一战线先进集体称号，“爱泽郊扬”志愿服务队获评全省第二批“十百千”示范社会组织。

【基层党建】 2021年，城郊街道坚持党建引领，扎实开展理论学习教育。制定《2021年理论学习中心组学习计划》，全年组织集中学习12次，组织党史知识网络答题、党史学习教育主题征文和演讲比赛、党史专题宣讲、屋场夜话等活动。精心组织举办“学党史、忆峥嵘、当先锋”主题教育暨“七一”表彰大会，完成“光荣在党50周年”纪念章发放工作。党建基础工作不断强化，实施党组织书记工作月述职制度。严格依法依程序，顺利完成两级党代表推选工作。完成村（社区）“两委”换届，成功实现10个村（社区）书记、主任“一肩挑”。对所有村（社区）辖区内楼盘和安置区进行摸底建册，符合条件的所有小区建立联合党支部，推进39个小区联合党支部全覆盖。民情走访深入开展，形成“街道党工委、社区党总支、小区（商圈）党支部、楼栋（联组）党小组”四级组织共同参与的工作格局，全力以赴推进“四联五到位”民情大走访。街道对村（社区）推行网格化管理。走访联系群众2.52万户，累计收集问题1357个，解决问题1262个，问题办结率达92.99%。全面从严治党纵深推进，全年开展明察暗访和交叉检查9次，对工作作风不实、工作态度不好的15名机关干部、25名村（社区）干部进行约谈，立案审查违纪党员干部15人、监察调查非党干部1人、处分16人。

【经济民生】 2021年，城郊街道工业发展稳中向好。完成工业产值15.8亿元，完成技改并投入资金2500万元。完成新增高新企业3个。工业研发经费投入完成3580万元。引进九汇超市、奇益惠超市、嘉乐3个商贸地产项目。征地拆迁稳步推进。全年完成康美谷项目19户，关心村、石头坑村民生拆迁27户，楚天科技项目5户，原氮肥厂49户国有房屋的拆迁签约工作。完成福宁变电站220千伏线路工程的征地工作和海信二期33.33公顷的附着物和青苗清点工作。全年共计拆迁房屋113户，征地12.56公顷。民生福祉持续提升，完成财政惠民惠农补贴52项，累计发放低保109万元、临时救助8.5万元、大病救助4.26万元，残疾人补助6.64万元。建立防止返贫致贫监测和帮扶机制，收购农产品价值20多万元，培训失地农民1200余人。新建学校1所，新增学位2406个、车位400个以上、养老服务机构2家。5个老旧小区提质改造基本竣工。深化“放管服”改革，全面实现全网通办、部门协办，全年办理群众服务事项3368项，政务工单受理率、办结率100%，满意率达98.52%。建设规范化村级政务服务中心10处，办理医保、就业创业证认定等事项共1.12万件，街道及村（社区）无证明系统全面落实。

【疫情防控】 2021年，城郊街道主动担当，实行联村（社区）领导与驻村（社区）第一书记、指导员负总责，村（社区）干部与村（社区）医生具体负责，村民、邻居及医疗小分队协管的“4+X”工作机制，核查人员信息2.14万条，核酸检测9万余人次，18岁以上人群接种疫苗17万人次，发放群众所需的各类物资资金300余万元，关停培训机构、网吧、KTV等场所共计130余家。特别是奋战21天，打赢一场疫情防控阻击战。

【文明实践】 2021年，城郊街道完成志愿者注册8600人次，组织社区进行“逢十大清扫”“徒步母亲河”“反电诈宣传”等志愿服务活动，积极开展职业技能集中培训、庆祝中国共产党成立100周年主题演讲比赛等。顺利迎接山西省晋城市文明办等单位交流学习街道文明实践工作。城市环境显著改善，组织实施联合执法行动30余次，深入治理施工现场、娱乐场所等噪声扰民、扬尘污染等行为。开展牛皮癣广告、活禽屠宰、餐饮经营等专项整治行动90余次，发放宣传资料5万余份。

【服务管理】 2021年，城郊街道第一批国家集中交办来信来访投诉件共16件13人次，全部程序性办结，实现进京零上访。处理物业矛盾纠纷32起，调处成功率100%。成功下载4.1万件反电诈APP，实现电信案和受骗金额的大幅度下降。检查经营单位182家，排查安全隐患366条。联合第三方机构对餐馆和学校、幼儿园厨房开展食品安全执法检查，获中国食安推介报道。交通劝导1.86万人次，发放宣传资料7.3万份，排查交通安全隐患130余处，执法80余次，道路交通亡人数从上年12人减至5人，安全帽戴帽率从30%上升到95%。全年未发生安全生产事故。加强微信群、网络平台监管，摸底清查移动互联网应用程序、网络平台和网络工作群，组织干部职工申报个人相关自媒体账号并进行自查。积极开展对外宣传推介，在人民网、红网、新湖南等中央省市媒体刊发新闻136篇，较好地展示城郊形象。特别是应对突如其来的新冠肺炎疫情，舆情管控到位，未发生1起负面舆情事件。

（喻梦霖）

玉潭街道

【概况】 玉潭街道位于宁乡市境东部偏北，是宁乡市委、市人民政府驻地，宁乡市政治、经济、文化中心。2021年，辖八一、楚沩、合安、花明、金星、茆田、南苑、塘湾、通益、文中、香山、新城、新山、新康、学庵15个社区，面积22.8平方千米，人口24.4万人。玉潭距省会长沙35千米，长石铁路、长常高速、319国道、金洲大道对接长沙，两小时经济圈辐射8个地级城市。

2021年，完成本级税收入库6.54亿，同比增长6.95%。规模工业企业产值完成44亿元，累计增长42.81%；固定资产投资完成72亿，服务业销售收入完成3.14亿，累计增长9%；社会零售品销售总额完成13.27亿，累计增速21%；新增入规完成7家，全年财政支出重点保障三保支出、城市管理支出、学校建设等重点资金，共计6800万元。宁乡市防疫医疗设备研发中心项目（楚天科技延伸项目）有序推进。工业税收增长150%，外贸出口总额3400万欧元。12月28日，楚天科技、长宇科技获第一届“新湖南贡献奖”，楚天科技入选2021“三湘民营企业百强榜单”。全年新增米特酒吧、宁乡市防疫医疗设备研发中心等6个招商引资项目，培育智能制造企业1家，规模以上工业企业研发费用预计完成2.6亿元，高新企业认定3家、申报3家。

【基层党建】 2021年，玉潭街道有15个党总支、87个党支部，3121名党员。通益社区党总支、中水一品小区联合党支部被长沙市委组织部评为示范化党支部；通益社区党总支、塘湾社区党总支、新城社区旺和家园小区联合党支部获评宁乡市先进基层党组织。围绕党史学习教育，打造百年党史学习教育基地宁乡第一个支部宁党支部陈列馆，组织各类现场教学活动，开展唱红色经典歌曲大赛。探索党建引领基层治理，将街道干部、在职党员、热心老党员、楼栋长和居民小组长等群体纳入联户力量，155名街道干部联系3536户，2793名在职干部联系39887户，解民愁、办实事，解决问题1785起。全年新增34个小区实现“三个全覆盖”（小区联合党支部、业委会、物业公司全覆盖）。57个小区实现党建阵地规范化。开展街道党员培训和社区支居两委8批次13051人次，发展预备党员69名。组织开展重大节庆日、纪念日文化活动80余场，在各类主流媒体报道130余篇。

【民生工作】 2021年，玉潭街道强化联防联控，构筑抗疫屏障。组织多轮大规模核酸检测，开辟老年人新冠肺炎疫苗接种专场、儿童接种专场、学生接种专场等，共接种新冠肺炎疫苗第一剂次136465人，其中3-11周岁25469人，12周岁以上110996人；18岁以上人群接种新冠肺炎疫苗加强针5685人。玉潭街道巴普养老综合服务中心建成投入使用，是全市乡镇（街道）第一家居家养老综合服务中心。加强防返贫监测与帮扶，处理大病预警信息257条，设置公益性岗位14个。

【城市建管】 2021年，玉潭街道推进老旧改造项目，其中7个项目涉及4个社区27个小区，58栋房屋，直接惠及1272户。配合市政维护中心，推进2021年城区停车场建设相关工作。组织完成街道政务中心改造工程，重点组织对8所中小学共计14处存在安全隐患点进行维修除险。完成新山小学联合验收、金星小微水体和美丽屋场扫尾验收、春城中学维修、幼儿园二园改造等遗留项目的扫尾处理工作。完成街道辖区所有房屋普查任务，做好金星社区、恒大工棚、九悦公寓等多处国土卫片图斑处理处置工作。衔接城发集团、国资集团、市政维护中心、排水中心等城建职能单位，妥善处理群众反映各类城市建设中“急难愁盼”事项。开展“规范+执法”市场综合整治行动，促城市管理提标，共千余名志愿者、万余名业主共同参，处理各类问题万余起、整治道路10余千米、规范门店2000余家。通益、新康社区在“奋战百日 扮靓星城”活动中被长沙市城管委评为市容环境示范社区。

【环境整治】 2021年，玉潭街道办理中央环保督察交办件7件，对交办问题严格按照要求整改处理；省级环保督察“回头看”全部销号，抓好生态环境保护宣传，联合宁乡市环保协会举办六五环境日志愿环保活动启动式。落实排口制工作，定时监测各排口的污水排放情况，处理下水道堵塞等各类问题；坚持宣传引导为主，防重点部位，抓关键时节，巡查执法并举，禁燃禁放工作成效明显。抓好裸露地块动态清零，全年覆绿4000余平方米。开展垃圾分类宣教工作和劝导活动，对辖区内51个封闭式无物业小区进行垃圾分类清运并及时完善相关设施。督促金星、茆田社区337户农村改厕常态化管护，存在问题逐一完成整改。

【安全生产】 2021年，玉潭街道开展烟花爆竹和危险化学品专项整治，检查烟花门店120余家，销毁烟花鞭炮100余件。对非法储存、销售的危险化学品进行安全转移，退出非法经营销售危险化学品门店42家。开展安全生产检查366次，下达责令整改文书246份，责令整改安全隐患1374次，立案处罚25起，共罚没金额8.71万元。开展交通安全隐患排查，共计查处违法行为2996起，查扣车辆284台，行政拘留28人。联合交警、派出所、城管等进行路面联合执法86次，查处不戴头盔3548余起，拆除雨棚4562个，处罚违法行为1547起。开展"多合一"场所消防安全排查452家，全面排查高层建筑电井管道井消防安全专项检查，排查隐患问题326条。开展学校校园及周边食品安全"护苗"行动，对辖区内公、民办学校，幼儿园进行食品安全专项检查，完善食品安全应急救援体系，推进域内中、小、幼学校应急能力建设标准化。加强农村集体聚餐食品安全防控管理工作，共检查督导28例，并按时、按要求上报情况。

【基层治理】 2021年，玉潭街道申报长沙市社会治理创新项目，通过"四联五到位"共解决问题1785起，新建"玉潭治理通"助推社会治理，平台累计收到市民上报案件113件、结案99件，结案率87.6%，平台流转处置"12345"热线工单594件，满意率同比提升7.3%。政务中心全年收到各类诉求咨询594件，满意率达到97.3%，依法依规办理依申请公开6件，市长信箱6件。做好特护期稳控工作，信访积案化解工作和群体性问题的处置工作，全年共计受理调解矛盾纠纷1152件，其中典型案例60件，矛盾纠纷调解成功率达98%以上。加强平安玉潭建设，开展集中宣传，小喇叭播放音频、投影仪播放反电诈、防邪反邪、交通安全等平安建设小视频80余场、入户发放宣传资料20万余份、利用"塔群"转发相关宣传小知识、制作微信小视频、发公开信等方式开展宣传。

【为民服务】 2021年，玉潭街道低保累计发放3459户，5357人，金额279.7万元；临时救助68人，18.84万元；发放高龄津贴2143人，计203.22万元；养老保险待遇核查"回头看"共计核查61071人，社保卡核查54270人，疑似冒领、死亡核查203人，追缴83920元；异常数据20人，追缴10007元，已全部清零。上报丧葬补助67人，居民迁至公墓山35人；红十字会友阿基金救助2人；慈善会特困家庭子女高等教育助学14人。新办理残疾证48本，对89名目测对象进行重新鉴定发证，为650名困难残疾人申报困难补贴，发放金额82万元，为595名重度残疾人申请护理费补贴，发放金额54万元，一户多残补贴共有63户，126人享受，共发放11.4万元；完成残疾人辅助器具配送34人，发放辅具37件；为25名残疾学生和残疾困难家庭学生申请助学金，金额4.8万元。

【开发推广"玉潭治理通"】 2021年，玉潭街道创新基层治理手段，推出"玉潭随手拍"微信小程序，畅通为民办事最后一公里。群众通过手机扫描二维码进入"治理平台"群众端，将需反映的难点痛点、投诉问题、建言献策等事项的相应资料进行拍照上传。街道、社区网格长和网格员在"玉潭治理通"手机APP上接收群众上报的问题，迅速与群众取得联系，上门了解情况，组织协调力量解决问题。街道成立基层社会治理管理调度中心，调度中心结合网络划分，实现玉潭街道治理一张图指挥调度，问题上报、接收、调度、督办、办理、评价各个环节均制定规范，跟踪管理，确保上报事件都妥善处理。至2021年年底，"治理通"平台收到群众上报事项297件，办结率95%，回访满意率达98%。

【楚天科技、长宇科技获第一届"新湖南贡献奖"】 2021年12月28日，湖南举行第一届"新湖南贡献奖""三湘民营企业百强榜"新闻发布会。楚天科技、长宇科技获得第一届"新湖南贡献奖"先进集体称号。楚天科技入选2021"三湘民营企业百强榜单"。 （何猜清）

人　物

陈　剑　1970 年 8 月生，1995 年入党，湖南省宁乡市大成桥镇鹊山村党总支书记、村委会主任。鹊山村获评 2020 年全国文明村。“土地合作经营鹊山模式”入选“2016 年中国改革十大案例”，2017 年湖南首届改革创新奖。他是 2016 年湖南省第十一次党代会代表，2016 年中国农村十大新闻人物，并获评“2018 年农村旅游创新发展领军人物”。陈剑担任村党支部书记后，按照“围绕经济抓党建，抓好党建促发展”的思路，因地制宜地深化农村土地改革，组建土地合作社，推进“整村土地合作经营”，采取按人口和土地承包权结合的收益分配方案，形成“保底分红+二次分红”的分配模式，为“三权分置”的政策制定提供有效样本。结合鹊山村村域实情，以农旅结合为方针，因地制宜地建设“现代农业观光园、特色产业园、休闲旅游民宿区、养老服务中心”的“二园一区一中心”项目。初现休闲农业与乡村旅游产业联动，传统农业产业向民宿、加工、旅游观光等二、三产业的发展格局，村民收入日益提高，村级集体经济不断壮大。他组织党员带领群众全村推广“功德银行”积分制，以“群众自治”推动“乡村善治”。逐步构建了自治为基、法治为本、德治为先的乡村治理体系。2021 年 6 月，在全国“两优一先”表彰大会上，陈剑获评“全国优秀党务工作者”。

罗　健　1998 年 9 月参加工作，扎根基层 20 余年。2019 年 3 月起，任黄材镇党委书记。黄材镇是宁乡市贫困村最多的乡镇，基数大、底子薄，脱贫攻坚难度很大。罗健主动请缨决战决胜脱贫攻坚，创新思路带好全镇扶贫一帮人全力以赴干好脱贫攻坚工作，全镇 4 个贫困村全部脱贫出列，1535 户 4524 人贫困人口全部如期实现脱贫。他走遍辖区内的 17 个村（社区），研究谋划强基础、补短板、保增收、促脱贫的各项举措，主导构建“四级干部抓扶贫”机制，将 17 个村（社区）划分为 252 个网格，每个网格内安排联村领导、镇干部、村干部、组干部负责统筹落实扶贫工作，将脱贫攻坚责任压实到最底层，确保各项政策及时落地生效。他注重结合黄材实际，特别是在落实易地扶贫搬迁、就业扶贫和产业扶贫等政策方面取得明显成效。黄材镇“千手”爱心大屋入选全国“十三五”时期易地扶贫搬迁典型案例，搬迁群众成功实现搬得出、稳得住、有就业、能致富；2020 年，获评湖南省产业工人定向培养基地，11 个产业扶贫项目吸纳 1307 户 4063 人贫困人口参与，户均增收超 3000 元。从构建扶贫长效机制入手，用好黄材镇“南中国青铜文化中心”的文化底蕴和炭河古城等优质旅游资源，打造“青铜文化小镇农旅胜地黄材”，推动文旅融合和农旅融合。引进西周源田园综合体项目，支持建设本土企业唐辣子食品厂，协同建设“青铜小镇”和“辣椒小镇”，发展辣椒种植等富民产业，其中 2020 年种植近 7 千亩，带动周边农户用工 20 万人（次），为贫困劳动力提供就业岗位 3000 多个，实现劳务创收 300 多万元。2021 年 2 月 25 日，全国脱贫攻坚总结表彰大会在京举行，宁乡市黄材镇党委书记罗健获评全国脱贫攻坚先进个人。

贾志光　楚天科技股份有限公司生物工程制造部高级焊工。2018 年 12 月，贾志光凭借着自己过硬的技术参加长沙市“十行状元、百优工匠”竞赛获评焊工行业的“十行状元”称号；2019 年 4 月，他获评“湖南省五一劳动奖章”。贾志光有 20 余年焊接经验和技术积累，是楚天科技焊接技术骨干之一。在楚天科技，贾志光除了焊接生产及焊接技术攻关，还积极投身焊接人才培养，多年来在楚天科技及宁乡市职业中专等地担任培训师，为企业和社会的焊接人才培养做出了重要贡献。他的学员在 2017 年宁乡市焊接技能竞赛中包揽前三名，还在 2017 年世界技能大赛焊接竞赛湖南赛区获得优异成绩。2021 年 4 月，贾志光获评“全国五一劳动奖章”。

李　克　宁乡市司法局东湖塘司法所所长，党员，曾担任统计员、公安助理员、司法助理员等职务，因工作扎实、积极奋进、成绩突出，多次被宁乡市人民政府嘉奖，记三等功二次。他勤政务实，有强烈的事业心和责任感，扎根基层司法所 26 年，无论是上下班还是节假日，经常能看到其在纠纷调解现场或外出为民工维权的身影。他将“枫桥经验”本土化，形成梳理纠纷争议，讲法理、论事理；纠纷当事人对“理”进行辩护，认情、认理；当事人订协议的“理司法”纠纷调处模式，当地群众也形象地称他为“理（李）司法”。近10年来，在李克主持下有效化解辖区各类矛盾纠纷1215件，调处成功率99%，其中重特大纠纷42起，疑难复杂纠纷68起，未发生因调解不力导致民转刑案件或群体性事件，有效维护辖区的和谐稳定。2021年，李克获评“全国司法所模范个人”

罗汇灵 女，宁乡市文化馆群众文化工作者，党员，长期致力于基层文艺创作，坚持写宁乡唱宁乡、为讲好宁乡故事，她带领创作团队充分挖掘本土文化，创作《戏·角》《宁乡剁辣椒红》《宁乡吟》《匠心》《文化强国我助力》《永远的叔衡》《初心之问》等系列获省级荣誉的优秀作品，执导宁乡市首届全民运动会开幕式文艺演出及“龙腾盛世”舞龙大赛等系列群众文艺活动。2021年，在湖南省文旅厅组织的“艺心向党·云游湖南”——庆祝中国共产党建党百年主题创作活动中获评“优秀个人”称号。

欧正云 1965年10月出生，党员，宁乡市喻家坳中学教师。2021年6月获评湖南省优秀共产党员；2021年6月获评第六届长沙市“敬业奉献道德模范”；2021年12月获评宁乡市“义务教育阶段素质教育综合质量管理工作先进个人”。他扎根山区教学35年，担任班主任工作25年，以校为家，从未请过一天假。他关爱学生，家访10000余千米，让40余个留守孩子重返校园；2003年，他患上严重肾病，后发展为尿毒症，身上插着引流管，每天自己进行四次透析，却仍然微笑着坚守三尺讲台；把“黄梅生奖教奖学”基金奖给另外一位身患重病的老师。他担任学校语文教研组长，创新“五步教学法”，争当山区语文教改领头雁；担任学校党支部书记，学校党支部成功创建宁乡市标准化“五化”支部；他积极推进“党史育人”工作，带头上党课。他培养300余名学生考上重点大学，深受学生喜爱。

罗　灿 湖南宁乡黄材镇人，1985年出生，2003年入伍，2008年入党，中校军衔。2019年—2020年在中国第23批赴刚果（金）工兵维和分队担任副指挥长，2020年8月，刚果（金）乌维拉地区突发山洪，5号国家公路多处被冲毁，交通中断。受灾区域为刚果（金）与布隆迪两国交界区域，人员流动频繁，新冠肺炎疫情高发，疫情防控形势严峻，区域内常有境内外反政府武装活动，频繁袭扰维和部队及当地军民。受领联合国任务后，罗灿主动请战，带领分队果断逆行，提前20天完成任务，受到联合国和刚果（金）政府一致好评，有力展示国家形象。2021年，获评二等功。

宁　化 女，1979年出生，2002年入党，2004年起担任人民调解员。她始终秉承“信念坚定、勤政务实、敢于担当、清正廉洁、为民服务”的理念，成功化解各类矛盾纠纷800余件，其中疑难复杂纠纷48件，信访积案8起，调解成功率99%，为当事人挽回经济损失3000余万元。2021年，获评全国模范人民调解员。

刘海波 女，1978年出生，1998年入党，2017年1月至2021年12月，任宁乡市司法局党组书记、局长。她围绕宁乡市法治建设工作大局，突出重点、创新方法，拓展普法工作载体，深入开展法治宣传教育，完成宁乡市“七五”普法各项目标任务，推动“法治宁乡”建设，2021年5月宁乡市获评全省首批法治政府建设示范市。她推动“以宪法宣传为统领，谁执法谁普法”责任制落实落细，全国首创新媒体普法联盟。宁乡新媒体普法联盟获评全省普法创新大赛一等奖，宁乡新媒体普法联盟累计推送普法内容2万余篇，累计阅读量达5000多万，成为全省新技术新媒体普法的典范。2021年，刘海波获评全国普法工作先进个人。

谭　瑛 女，1974年5月出生，党员，曾任宁乡市政府办党组成员、副主任，2021年12月起担任宁乡市司法局党组书记、局长。在担任政府办副主任期间，分管社会管理科工作，同时兼任宁乡市禁毒委副主任、禁毒办主任，宁乡市交通问题顽障痼疾整治办主任，反电诈联席办主任。任职期间，全市社会管理线工作有序开展，全力保障宁乡社会大局稳定。宁乡连续5年获评“湖南省双拥模范城”。全市强制戒毒执行率、病残涉毒人员收治率100%，污水涉毒成分监测连续两年处十个区县最低；城郊街道、大成桥镇、龙田镇先后获评长沙市级社区戒毒（康复）示范点；经过有序引导和科学评估，有黄材镇、横市镇等五家微小型企业建成“蓝结家园”，让成功戒毒人员迅速回归社会。《中国禁毒报》《学习强国》将宁乡市禁毒工作特色作为经验进行推介。2021年6月，获评“全省禁毒工作先进个人”。

李可立家庭 李可立家住玉潭街道中水一品小区，每月组织小区党员和居民开展志愿服务活动，资助慰问困难党员和困难家庭，带动家庭成员积极参与各类社会公益活动；加入环保志愿者协会6年，积极参与并组织各类环保公益活动，推行垃圾分类、定期进行巡河护水、广泛开展人居环境整治等活动，现场调研并处理各类环境污染问题；该同志常年资助贫困家庭和学子，带头捐款捐物关心困难群众；并借助网络媒体传播文明风尚，助推公益慈善，发动爱心人士扶贫济困。多次获评长沙市“最美志愿者”、长沙市“优秀共产党员”、长沙市“五一劳动奖章”、长沙市“最美家庭”，宁乡市“优秀社会贤达”、“五好家庭”、“文明家庭”等。2021年，李可立家庭获评“全国文明家庭”。

在中国共产党宁乡市第二次代表大会上的工作报告

于新凡

（2021 年 7 月 31 日）

各位代表、同志们：

现在，我代表中国共产党宁乡市第一届委员会向大会报告工作，请予审议。

一、过去五年的工作

县第十二次党代会以来的五年，是宁乡有效应对风险挑战、经济实力进位争先、城乡建设蓬勃发展、民生福祉不断增进的五年。五年来，我们坚定沿着习近平总书记指引的方向奋勇前进，深入贯彻落实党中央决策部署和省委、长沙市委工作安排，抢抓机遇开拓创新，顶住压力攻坚克难，成功实现撤县设市的历史跨越，成功圆梦全国文明城市，连续三年荣获国务院真抓实干激励表扬，连续四年获评中国全面小康十大示范县（市），县域经济基本竞争力从全国百强县第 39 位跃居至第 21 位，各级各部门争创国家级荣誉 162 项，顺利实现了县第十二次党代会确定的主要目标任务。

五年来，我们坚持政治统领，理论武装实现新提升。始终坚持用党的创新理论武装头脑、指导实践，推进宁乡各项事业创新发展。市委常委会发挥领学促学作用，制定实施第一议题传达学习制度，深入学习贯彻习近平新时代中国特色社会主义思想、党的十九大和十九届二中、三中、四中、五中全会精神，全面贯彻习近平总书记在湖南考察时的系列重要讲话指示精神。市委共召开九次全会，分别就产业项目建设、营商环境优化、制造业高质量发展、“十四五”规划等重大问题作出决策部署，高度统一思想并确保各项任务落地见效。扎实开展“两学一做”学习教育、“不忘初心、牢记使命”主题教育和党史学习教育，全市党员干部和广大群众受到深刻教育洗礼，奋进力量持续高涨。

五年来，我们坚持兴工强市，综合实力迈上新台阶。面对严峻复杂的宏观环境，始终坚持兴工强市的发展定位，园区主力军作用进一步发挥，市域经济保持高质高效发展态势。全市经济总量由 2015 年的 800 亿元跨上 1100 亿元台阶，年均增长 8.1%，稳居全省县（市）前三强；地方一般公共预算收入由 47.4 亿元增至 61.2 亿元，年均增长 6.6%；固定资产投资、社会消费品零售总额等主要指标年均保持两位数增长。全市经济结构不断优化，先进储能、工程机械、食品加工等优势产业规模不断壮大，荣获中国工业百强县（市）第 14 位。全市税收过亿元工业企业由 3 家增至 8 家，工业税收占税收总额的比例超过 40%，“三类 500 强”企业由 16 家增至 26 家，建成投产 10 亿元以上项目 82 个。市域进出口总额由 3.59 亿美元增至 12.72 亿美元，全社会研发投入占生产总值比重由 1.3%增至 3.12%。

五年来，我们坚持克难奋进，重大攻坚取得新突破。认真贯彻新发展理念，积极应对各类风险挑战，坚决打赢打好三大攻坚战。坚持防范和化解政府债务风险，降低融资成本、加快国有平台市场化转型、科学规范政府投资项目管理，全市债务风险等级下调至二类；决战决胜脱贫攻坚，聚焦“两不愁三保障”，2554 户贫困户住房条件得到改善，666 户贫困户搬进安置点，产业扶贫、就业扶贫取得显著成效，31 个省定贫困村实现摘帽、20087 户 53561 名建档立卡贫困人口实现脱贫，对口帮扶的新化县和龙山县咱果乡完成脱贫摘帽；全面推进污染防治，全市空气优良率稳定在90%以上，城区黑臭水体、劣Ⅴ类排口、化粪池清掏整治实现历史性动态清零，修复治理重金属污染耕地24.9万亩，成功创建国家生态文明建设示范市。面对2017年特大洪灾、2018年低温雨雪冰冻、2019年非洲猪瘟、2020年新冠肺炎疫情等重大挑战，全市广大党员干部群众风雨同舟、众志成城，共同谱写了战天斗地、可歌可泣的壮丽篇章。

五年来，我们坚持改革创新，发展动能迸发新活力。认真落实“创新是第一动力”要求，蹄疾步稳推进全面深化改革。党政机构改革取得实质性进展，撤并重组灰汤镇、双江口镇和坝塘镇，完成市本级党政机构和直属事业单位的优化设置，全市行政格局和工作效能得到明显提升。“三集中三到位”改革全面推进，“市乡村”三级电子政务网络体系全面构建，“互联网+政务服务”融合发展获国务院通报表扬。398项“一件事一次办”事项全部落地，连续三年获得省真抓实干表彰奖励。新增市场主体8.5万户，总量突破12.8万户，获评营商环境全国百强县。基层社会治理创新、园区“亩均论英雄”、农村土地合作经营等50项重点改革任务稳步推进，土地合作经营“鹊山模式”入选中国改革年度案例，获评国家农村综合性改革试点市，全市发展动力和改革活力持续增强。

五年来，我们坚持协调发展，城乡品质呈现新面貌。稳步推进城乡统筹发展，着力形成区域竞争新优势。交通大格局加快构建，益娄高速、长益高速复线相继建成，石长铁路开通动车，岳宁大道、金岳公路、华强大道、人民北路、金唐公路、黄龙公路等城乡主干道建成通车。水资源集约安全利用取得新成果，累计完成水利项目建设投资34.6亿元，54座小Ⅱ型水库、10座大型水闸实现除险加固，63.2千米中小河流得到治理，城市防洪圈基本闭合。城市建管水平全面提升，县城建成区面积从49平方公里扩展到71平方公里，城镇化率从53%提升至65%，小区改造、拆违控违、文明停车等取得突破性进展，超过20万干群扮靓“志愿红”，宁乡正逐步成为独具魅力的幸福城市。乡村振兴加快推进，产粮大县地位进一步巩固，花猪产业实现提质升级，240个涉农村（社区）集体经济年收入均超10万元，成功获评中国乡村振兴百佳示范县。全域旅游蓬勃兴起，建成炭河古城、方特·东方神画等重大旅游项目，入选第二批国家全域旅游示范区创建名单，获评中国最具魅力文化旅游城市。

五年来，我们坚持人民至上，民生福祉达到新水平。着力践行以人民为中心的发展思想，民生支出累计达381亿元，是“十二五”期间的1.7倍；城乡居民人均可支配收入分别达到49151元、31568元，是2015年的1.45倍和1.47倍。学校建设和幼儿教育取得显著成效，新增学位4.9万个，义务教育阶段大班额全部得到化解。持续推进基层医疗卫生机构规范化建设，公立医院综合改革获国务院通报表扬。坚持就业是最大的民生，新增城镇就业近6万人，零就业家庭实现动态清零，教师和公务员工资福利保障水平稳步提高。扎实开展“我为群众办实事”实践活动，“四联五到位”民情大走访实现全市住户全覆盖，累计解决群众反映问题1.6万个，37个历史遗留问题有望得到根本性解决。纵深推进扫黑除恶专项斗争、政法队伍教育整顿、打击治理电信网络新型违法犯罪、打赢新时代禁毒人民战争，集中整治安全生产领域突出问题，道路交通安全事故亡人率明显下降，广大党员干部用自己的“实干指数”换得了人民群众更多的“幸福指数”。

五年来，我们坚持团结奋进，民主法治凝聚新合力。市委总揽全局、协调各方，市委常委会定期听取市人大常委会、市政府、市政协、市法院、市检察院党组工作汇报，党的领导作用充分发挥。支持人大依法履职，乡镇人大“三化”建设成为全国创新典型，宁乡成为全国和全省人大培训中心现场教学基地。支持政府全力打造人民满意政府，创建省级法治政府示范市，不断提高推动发展能力和社会治理水平。支持政协开展政治协商、民主监督、参政议政和贤达队伍建设，基层民主协商对话会获全国政协推介。加强军政军民团结，党管武装发展取得新进展。统战工作创新推进，“巷子花开”获全省统战工作实践奖，大统战工作格局加速构建。工会、共青团、妇联、科协、残联等群团组织作用进一步发挥。

五年来，我们坚持党建引领，党的建设呈现新局面。坚持把抓好党建作为最大政绩，把党的领导落实到各领域各方面各环节。坚定不移深化政治巡察，届内实现巡察全覆盖。着力夯实基层党建基础，认真落实省委全面加强基层建设“1+5”文件，高质量完成集中换届，向市域“两新”组织派驻党建指导员，实现规模以上企业党建工作全覆盖。牢牢掌握意识形态工作领导权，宁乡成为全国建设新时代文明实践中心试点单位。致力打造忠诚干净担当的干部队伍，先后在议事决策、作风建设、领导干部及亲属违规经商、科级干部初始提名推荐、调整不在状态不担当不作为科级领导干部等方面完善出台相关规章制度，全市公开比选50名优秀年轻干部，纪检监察机关有效运用“四种形态”处理9556人，选人用人之风进一步好转，群众身边腐败和作风问题得到有效惩治，全市政治生态进一步改善。

五年来取得的成绩，归功于省委、长沙市委的坚强领导，归功于历届县委打下的坚实基础，归功于全市各级党组织、广大党员干部和142万宁乡人民的共同奋斗。在此，我谨代表中共宁乡市委，向全市广大党员干部群众，向所有积极参与、关心支持宁乡建设发展的各界人士，表示最衷心的感谢和最崇高的敬意！

五年历程极不平凡，成绩来之不易，经验弥足珍贵，我们深切体会到：**发展需要保持定力。**坚持党的领导是党和国家的根本所在、命脉所在。面对百年未有之大变局，全市上下始终坚持党的领导，坚决贯彻习近平总书记系列重要讲话指示精神，认真落实党中央和省委、长沙市委的决策部署，确保发展方向不偏离、重点工作不松劲，成功化解了系列难题，实现了新的跨越。**发展需要真抓实干**。五年成果的一组组数据、一次次进步、一项项荣誉，是广大党员干部群众抢抓机遇谋发展、一心一意促项目、千方百计帮脱贫，以“撸起袖子加油干”的劲头干出来的。**发展需要精诚团结**。五年来，全市各级各部门和全市广大干群高度服从市委的统一领导，集思广益、群策群力，在各条战线中广泛凝聚了社会各界力量。**发展需要良好环境**。五年中，虽历经困难困惑，但我们负重前行、砥砺奋进，对内严管理，对外树形象，全力维护好宁乡和谐稳定发展的大好势头，呈现了经济社会高质量发展的崭新面貌。

同时，也必须清醒看到，我们的发展仍有差距，工作仍有不足。主要是：融入国家战略不够，开放程度不高，区域发展不平衡，具有强大支撑力、带动力、影响力的龙头企业不多，产业链竞争力整体不强，乡村振兴任重道远，民生保障存在短板，社会治理存在弱项，管党治党仍显松软。这些问题，必须务实加以解决。

二、开启全面建设社会主义现代化宁乡新征程

“十四五”期间的五年十分关键，全体党员干部要坚守初心使命，传承红色基因，勇担时代责任，抢抓机遇、接续奋斗，把宁乡各项事业继续推向前进。

（一）全面准确把握未来五年的战略定位

去年9月16日至18日，习近平总书记在湖南考察，强调湖南要着力打造国家重要先进制造业、具有核心竞争力的科技创新、内陆地区改革开放的高地，在推动高质量发展上闯出新路子，在构建新发展格局中展现新作为，在推动中部地区崛起和长江经济带发展中彰显新担当，奋力谱写新时代坚持和发展中国特色社会主义的湖南新篇章。“三高四新”是习近平总书记亲自为湖南发展擘画的宏伟蓝图，蕴含着对湖南的无比信任和莫大鼓励。宁乡作为省会副中心和先进制造业发展的重要组团，必须勇挑重担、冲锋在前，把服务湖南、长沙发展大局与发挥宁乡优势紧密结合起来，准确把握新发展阶段、新发展理念、新发展格局的实践要求，以“三高四新”战略引领各项工作，切实增强贯彻落实的思想自觉和行动自觉。

（二）全面准确把握未来五年的现实路径

坚持兴工强市的发展定位。回顾宁乡经济发展历程，我们深切感悟到，工业是宁乡发展的核心引擎，实现宁乡新发展重在抓工业。要突出工业主阵地，汇聚更大力量支持工业发展，不断增加工业贡献率，全力打造国家重要先进制造业高地示范区、具有核心竞争力的科技创新高地转化区、内陆地区改革开放高地先行区。**坚持“一江两岸、东进融城”的发展主轴**。城市是区域发展的龙头，转变宁乡城市发展方式，建设宜居安宁、和谐幸福、富有活力的现代化城市，是我们面临的重大发展课题。要着力提高城市的规划建管水平，统筹生产、生活、生态三大布局，高标准集中建设“一江两岸”现代城市居住区，启动金洲新城建设，完善融城干线路网，显著提高群众居住品质和生活水平。**坚持以人民为中心的发展思想**。我们的工作，要始终以群众满不满意、高不高兴、答不答应为出发点和落脚点。要坚持在发展中保障和改善民生，着力解决群众急难愁盼问题，让更多群众分享改革发展成果，凝聚起全市党群齐心协力、共促跨越的强大奋进力量。

（3）全面准确把握未来五年的目标要求

未来五年的指导思想是：**高举中国特色社会主义伟大旗帜，全面贯彻党的十九大和十九届二中、三中、四中、五中全会精神，深入贯彻习近平总书记系列重要讲话精神，把握新发展阶段，贯彻新发展理念，构建新发展格局，统筹发展和安全，落实“三高四新”战略，坚持兴工强市的发展定位，坚持“一江两岸、东进融城”的发展主轴，坚持以人民为中心的发展思想，全面建设“工业强市、幸福宁乡”，着力打造“三高四新”增长极、城乡统筹示范区、文旅融合样板区、宜居安宁幸福城，奋力谱写新时代坚持和发展中国特色社会主义的宁乡新篇章。**

未来五年的奋斗目标是：**坚持稳中求进的工作总基调，全面完成“十四五”规划的各项目标任务，力争地区生产总值年均增长7%以上，总量突破1500亿元；规模工业增加值达到550亿元，力争达到700亿元；城乡居民人均可支配收入年均增长7%以上**。未来五年，要在四个“新”上实现突破：

——**工业强市实现新跨越**。现代工业产业体系核心竞争力大幅提升，园区承载能力不断增强，产业基础高级化与产业链现代化水平明显提高，“3+N”产业集群加快形成，制造业科技创新能力显著增强。

——**市域发展迸发新活力**。城乡格局持续优化，乡村振兴加快推进，“一镇一特”产业格局初步形成。房地产市场平稳健康发展。营商环境更加优化，商贸业态更加繁荣，市场主体更加充满活力。公共服务等改革加快推进，改革创新对市域发展贡献度显著提升。

——**城市形象展现新魅力**。城市建管运营水平全面提高，城市颜值、气质、内涵、格调、品位显著提升。文旅融合进一步提效，红色教育与乡村旅游、研学旅游、康养旅游、生态旅游融合发展格局基本形成。基础设施配套完善，人居环境持续改善。

——**幸福宁乡迈上新台阶**。文明城市达到更高水准。城乡教育、医疗、文化服务、就业体系更加完善。民主法治广泛深入，基层社会治理体系和治理能力全面提升。防范化解风险能力持续增强，安全稳定和谐局面长效保障。党的建设和民主政治建设取得新成效。

三、举全市之力全面建设工业强市和幸福宁乡

全面建设“工业强市、幸福宁乡”是宁乡落实“三高四新”战略的具体实践，是统领宁乡“十四五”发展的行动纲领，是契合宁乡实际的科学决策。“工业强市”是发展路径，“幸福宁乡”是发展目标。全市各级各单位要找准位置、发挥优势，以一地一域的高质量发展服务全市发展大局。

（一）着力打造“三高四新”增长极

在打造国家重要先进制造业高地示范区上全面发力。始终把工业作为稳增长、促发展的首要支撑，坚持

兴工强市的发展定位不动摇，注重补短板与锻长板相结合，持续推进先进装备制造（含智能家电家居）、新材料（含先进储能）、食品及农产品加工 3 大千亿产业集群建设，引导产业链向两端延伸、价值链向高端攀升。进一步健全招商选资综合评价体系，瞄准龙头企业的供应链，精准引进一批配套项目、补位项目、支撑项目，提升主导产业本地配套化率。大力实施企业倍增、供应链内循环畅通、智能制造扩面攻坚、质量提升等行动，进一步提升产业竞争力。出台差异化扶持补助政策，推动中小企业专精特新发展，打造更多独角兽企业和“单打冠军”。坚持大抓项目和抓大项目，紧盯省“五个100”工程项目和长沙市制造业标志性项目，加大产业投资和制造业技术改造、设备更新投资力度，打造更多强有力的经济增长点。支持宁乡经开区、宁乡高新区创建“五好”园区，提升亩均效益，重点聚焦专业化园区建设和优势产业链构建，推动在打通内循环、平台建设、要素配置、基础配套等方面互促互补，加快挺进全国五十强园区方阵。

在打造具有核心竞争力的科技创新高地转化区上全面发力。推进国家创新型县（市）创建，做深“产业+科技”文章，不断浓厚创新氛围和拓展创新成果，到 2025 年，实现全社会研发投入占生产总值比重达 3.5%以上，高新技术产业增加值占地区生产总值比重达 28%以上。不断强化企业创新主体地位，鼓励企业加大研发投入，提高知识产权创造水平，建设技术创新中心、工程技术研究中心和国家级、省级实验室，促进科技成果就地高效转化、快速大规模应用。不断完善创新创业孵化平台，推动产业链上中下游、大中小企业融通创新，加快打造具有宁乡特色的制造业创新生态圈。不断激发人才创新活力，依托国家重点人才计划、省“芙蓉人才计划”和长沙高精尖人才工程等，培养引进更多科技领军人才、青年科技人才和高水平创新团队。全面深化产学研用合作，支持龙头企业与高校院所合作创新，建立创新联合体，推进科技成果产业化、项目化。推动企业“上云用数赋智”，扩大基础公共信息数据有序开放共享，实行“揭榜挂帅”制度，打通基础研究、应用研究、产业转化链条。大力弘扬科学家精神、企业家精神和工匠精神，更好推动产业科技创新、跑出产业发展“加速度”。

在打造内陆地区改革开放高地先行区上全面发力。推动构建东进西连、内外通达的综合交通体系，加快推进长宁快线、宁韶高速、长吉高速、城市外环线、普瑞大道西延线、金桥大道等重点路网建设，实现宁乡主城区融入长沙“半小时交通圈”、每个乡镇“15 分钟上高速”，实现宁乡人流、物流快进快出。积极对接“一带一路”、粤港澳大湾区建设、长三角一体化发展等国家战略，抢抓中国（湖南）自由贸易试验区发展机遇，支持市内优势产业和龙头企业主动融入全球产业分工体系，鼓励国际龙头企业对宁乡成长型企业进行投资、并购，实现高质量引进来和高水平走出去。进一步深化“放管服”改革，持续激发市场活力和社会创造力。构建“亲”“清”政商关系，打造便利化、法治化、国际化的营商环境。加速推进企业上市，力争上市公司数量实现倍增。持续推进平台公司市场化转型，有效防范化解政府债务风险。

（二）着力打造城乡统筹示范区

全面提升融城发展质效。按照省会副中心发展定位，落实长沙“五区”建设要求，着力建设“四精五有”品质城市。不断优化城市发展布局，依托交通轴线、发展基础、产业现状和地域实际，加快承载省会城市先进制造、文旅休闲、科教服务、创新转化、交通物流等现代功能，形成“一江两岸三洲六段十二景”总体格局。高质量推进重点片区建设，以金洲新城组团、经开区工业组团、老城区城市发展组团为主体，推进城市紧凑发展、精明增长，优化主城区与近郊区、沩东与沩西空间形态，培育宁乡未来新旧动能转换的主要空间载体，打造城市核心增长极。实施现代服务业发展行动，加快繁荣服务业态，提升服务品质，有序推进商业中心建设，促进住房消费健康发展，打造区域性商住新高地，更好满足产业转型升级需求和人民美好生活需要。持续做好生态文章，立足山水洲城生态优势，推动城市回归滨水，以沩江为生态环境根基，打造宁乡城市魅力名片和空间内核。

全面提升乡村建设质效。落实“产业兴旺、生态宜居、乡风文明、治理有效、生活富裕”总要求，加快推进产业振兴、人才振兴、文化振兴、生态振兴和组织振兴。以工业化思维抓农业，加强宁乡花猪、沩山毛尖、宁乡栀子等国家地理标志产品的市场化经营，不断完善现代农业发展体系，全力打造“一环两带、多点支撑”的现代农业产业发展布局，不断提升宁乡农副产品附加值和竞争力，争创国家级农业现代化示范区。依托主体园区和特色资源乡镇，重点培育灰汤温泉小镇、煤炭坝门业小镇等特色小镇，推动“一镇一特、一特一片”特色产业集聚发展。坚决扛稳粮食安全责任，全面落实永久基本农田特殊保护制度，坚决遏制违法乱占耕地行为，巩固湖南省产粮大市地位。切实增强城乡流通能力，支持农产品流通企业、电商、批发市场与特色产业精准对接，促进大宗消费、重点消费，更大限度释放农村消费潜力。着力发展壮大新型农村集体经济，力争所有涉农村（社区）年集体经济收入达到 30 万元以上。不断深化农民工等人员返乡创业国家级试点，鼓励支持大学生、乡友乡贤、退伍军人等群体回乡投身乡村建设，夯实乡村振兴的人才支撑。持续推进农村人居环境整治提升行动，注重保护传统村落和乡村特色风貌，全面提升农房建设品位和质量，打造更多美丽乡村。

全面提升污染防治质效。坚持人与自然和谐共生的基本方略，贯彻落实新发展理念，实施绿色发展深化行动，持续加强生态环境保护，突出精准治污、科学治污、依法治污，保持力度、延伸深度、拓宽广度，持续打好蓝天、碧水、净土保卫战。科学精准推进臭氧、PM2.5 污染防治，保持“六控十禁”高压态势，确保年均空气优良率稳定保持在 90%以上。统筹水资源、水环境、水生态治理，加强沩水、靳江、楚江、乌江、黄材水库等重要河库和湿地生态保护治理，坚决落实长江流域“十年禁渔”，确保沩江、靳江水质稳定在Ⅲ类标准以上，集中式饮用水水源保护区水质达标率 100%，全面消除劣Ⅴ类水体。推进土壤污染防治，整治涉污企业，加强污染源防控、检测、治理，提升固体废物专业化处置能力，着力解决好人民群众关心的环境保护历史遗留问题。坚决抓好中央生态环保督察及“回头看”反馈意见整改，持续改善生态环境质量，让绿色成为宁乡的底色，让人民群众享有更加舒适的居住环境。

（三）着力打造文旅融合样板区

构建全域旅游大格局。以打造“国家全域旅游示范区”为标准，加快旅游供给侧结构性改革，优化旅游产业布局，提升旅游业态品质，努力打造全国知名休闲度假旅游目的地。高质量建设方特文创休闲、沩山炭河文化体验、灰汤康养度假、少奇故里红色教育等四大文旅融合板块，力争到 2025 年，全市旅游总收入达到 480 亿元，年接待游客 2000 万人次。重点实施“14830”工程，深挖旅游资源，形成主题旅游板块—骨干旅游区—精品旅游点衔接联动的全域旅游发展格局，实现宁乡旅游业集约、高效、联动发展，着力推动我市建设成为湖南文旅融合发展新样板。

推动旅游效益大提升。坚持“一点一策”盘活现有文旅资源，提高灰汤、道林、沩山、花明楼、夏铎铺等地的文化旅游项目建设运营能力。强化精品线路、精品民宿集群打造和重大活动策划，深化“引客入宁”，打响宁乡文旅品牌。建设乡村旅游示范点，推进康养度假产品提质，拓展大健康产业链。推动传统和新型消费创新融合，培养和挖掘一批本地网红和网红打卡地，推动直播带货等线上经济加快发展。创新夜间消费场景，打造夜经济特色街区和主题景区，促进“夜经济”繁荣。持续办好旅游特色节会，不断增强景区魅力，增加节会引流，带动“吃住行游购娱”等旅游要素全链条发展。充分整合全市景区资源、餐饮美食、酒店住宿等资源要素，实现“掌上一站式”畅游宁乡全域旅游景区，让广大游客“旅游在宁乡、消费在宁乡、满意在宁乡”。

融入全国旅游大市场。积极参加国家、省、长沙市旅游推介活动，加大域外宣传营销力度，提高宁乡旅游市场占有率和游客复游指数。不断创新区域合作方式，主动融入“长沙—韶山”“长沙—张家界”等湖南省旅游黄金线路，加强与湘潭市、望城区等地合作交流，形成客源互送机制，完善区域旅游合作机制和宣传促销联动机制，建设“3—5 天深度旅游圈”。不断强化市场引导，鼓励旅行社、景区、酒店等旅游相关经营者形成旅游联盟，培育一批更具影响力的新兴旅游线路。加快建设智慧旅游，健全旅游大数据分析机制，开展特色旅游产品专题营销，提高旅游营销的精准度和实效性。

（四）着力打造宜居安宁幸福城

让人民群众共享美好生活。坚持以人民为中心，着力办好群众“急难愁盼”问题，推动各项社会事业齐头并进，不断满足宁乡人民对美好生活的需要。落实积极就业政策，扩大公益性岗位安置，做好高校毕业生、退役军人、农民工和城镇困难人员等重点群体就业工作。“十四五”期间，实现全市城镇新增就业 5 万人，新增农村劳动力转移就业 2 万人。办好人民满意教育，接续推进“五好”工程，落实立德树人根本任务，加强线上线下校外培训机构的规范管理，深化教育教学改革，持续擦亮宁乡教育强市品牌。加快健康宁乡建设，推动优质医疗资源扩容和区域均衡布局，构建以市级医院为龙头，基层医疗机构为基础，康复、护理等其他医疗机构参加的县域医共体管理模式，全面打造“15 分钟基层医疗服务圈”，到 2025 年，基层医疗卫生机构标准化达标率 100%。持续深化医药卫生体制改革，加快药品与耗材集中采购、医疗价格、医保支付方式等改革。加强公共卫生体系建设，提升预防、治疗、护理、康复服务水平，增强应对突发公共卫生事件的应急反应能力。加快发展养老服务业，构建以居家为基础、社区为依托、机构为补充、医养相结合的养老服务体系，让老年人老有所养、老有所乐。

让人民群众共享和谐安宁。着力推进市域社会治理现代化，充分发挥“四联五到位”民情大走访在矛盾纠纷分级减量中的重要作用，建设人人有责、人人尽责、人人享有的社会治理共同体。巩固政法队伍教育整顿成果，持续深化平安宁乡、法治宁乡建设，常态化开展扫黑除恶专项斗争，进一步加强道路交通安全管理，深入推进县域警务工作，依法打击黄赌毒、电信网络诈骗等突出违法犯罪，全力维护社会大局稳定。着力化解信访问题，压实乡镇（街道）党（工）委书记“第一责任”，积极化解一批社会矛盾，坚决防范发生群体性事件。深入推进食品安全“4812”工程，争创省食品安全示范市，确保群众“舌尖上的安全”。强化城市防洪保安，建成全面闭合达标的城市防洪圈。时刻绷紧安全生产这根弦，进一步压实企业主体责任，深化安全生产专项整治三年行动，持续推进重点行业领域攻坚，强化安全生产风险辨识和隐患排查治理，牢牢守住高质量发展的安全底线。

让人民群众共享文明成果。坚持常态长效、持续推进，拓展文明创建的广度和深度，着力建设更高水准的全国文明城市。持续打造“文明高地”，深化拓展新时代文明实践中心建设试点工作，加强社会公德、家庭美德、职业道德和个人品德教育，打造未成年人思想道德建设、志愿服务等方面的宁乡品牌。加快建设“书香城市”，加强城乡基层公共文化设施建设，全面建成科学规范适用的现代公共文化服务体系，到 2025 年，实现人均公共文化设施面积达 1.7 平方米以上。繁荣发展文化产业，加强文化市场体系建设，培育壮大新型文化企业、文化业态、文化消费模式，努力实现社会效益和经济效益相统一。加强文化专业队伍建设，培养群众文化优秀团队，培育一批富有民俗、民间特色的活动品牌。全面提升城市管理品质，加大城市乱源整治力度，统筹推进老旧小区改造、无物业小区管理、停车位划分、垃圾收集处理等各项工作，塑造整洁、有序、文明的城市形象。

四、全面加强新时代党的领导和党的建设

事业成败，关键在党，关键在党要管党、全面从严治党。要深入学习贯彻习近平总书记在庆祝中国共产党成立100周年大会上的重要讲话精神，用好用活党史学习教育成果，坚定不移把党的领导贯穿于经济社会发展全过程，落实到全面建设“工业强市、幸福宁乡”各方面，以高质量党建引领高质量发展。

（一）坚定不移抓实政治建设。党的政治建设是党的根本性建设，在干部干好工作所需的各种能力中，政治能力是第一位的。**提升政治判断力。**善于从一般事务中发现政治问题，善于从倾向性、苗头性问题中发现政治端倪，善于从错综复杂的矛盾关系中把握政治逻辑，做到在大是大非面前敢于亮剑，在歪风邪气面前敢于坚决斗争，确保政治信仰不变、政治立场不移、政治方向不偏。**提升政治领悟力。**深入学习领会党中央作出的重大判断和重大决策，深刻把握党中央、省委、长沙市委、宁乡市委提出的年度目标、“十四五”发展目标和2035年远景目标，打破本位主义、局部利益、地域观念，自觉从政治和全局的高度来谋划和推进地方发展。**提升政治执行力。**牢固树立正确政绩观，凡是对宁乡打基础、利长远、促发展的事，就要毫不动摇地持续干，对群众热切期盼的事，就要用心用情奋力干；凡是不符合高质量发展要求的就要坚决地改、彻底地改、全面地改，确保政令畅通、令行禁止，努力在实施“三高四新”战略中，交出一份高质量发展的优异答卷。

（二）坚定不移巩固基层基础。牢固树立抓基层、强基础的鲜明导向，推动基层党组织全面加强、全面过硬。**提升影响力。**坚持以“党建聚合力”工程为总抓手，结合自身职能和资源禀赋，进一步理顺体制、放活机制、整章建制，不断提高党建工作的整体性、系统性、融合度、贡献力，打造更多具有宁乡特色的党建品牌。**提升组织力。**统筹推进农村、街道社区、机关、企业、学校、医院等领域基层党组织建设。持续推进党支部“五化”建设提质工程。开展“五星”村（社区）党组织和“六零”社区建设。深化“三表率一模范”机关创建。深入实施“两新”组织党建指导员派驻制度，不断扩大党在新兴领域的号召力和凝聚力。**提升战斗力。**深入推进“四联五到位”民情大走访，推动力量资源更多向一线下沉。聚焦为基层减负，持续整治形式主义官僚主义。严格落实组织生活制度，严把党员入口关，抓实党员教育培训，不断强化党组织战斗堡垒作用和党员先锋模范作用。

（三）坚定不移建强班子队伍。增强领导班子功能、建强执政骨干队伍，是奋进“十四五”、开启新征程的重要保障。**坚持正确用人导向。**以正确用人导向引领干事创业导向，注重在学习实践中培养干部，在重大考验中考察识别干部，进一步调动干部干事创业的积极性、创造性。大力弘扬“三牛”精神，持续造就一支忠诚担当、勤勉务实、默默奉献的“黄牛型”干部队伍。**优化领导班子配备。**坚持精准科学选配，打破园区、部门、乡镇（街道）界限，形成梯次配备、搭配合理、上下贯通、优势互补的结构，进一步配优、配强领导班子。加强党员干部教育培训，完善精准化、专业化培训机制，不断提高党员干部破解难题、推动工作的能力素质。**用好考核的指挥棒。**推动政治建设考察常态化、制度化，增强党员干部忠诚干净担当的思想自觉。建立健全激励担当容错机制、保护干部的纠错机制和防错机制，营造想干事、敢干事、能干事的良好氛围。继续加大不在状态不担当不作为科级领导干部识别调整力度，让慢作为、不作为、乱作为的干部受到警醒和惩戒。

（四）坚定不移强化管党治党。党风决定政风，政风影响民风。没有良好的政治生态，一切发展都无从谈起。**强化责任落实。**全市各级党组织要牢牢抓住管党治党责任的“牛鼻子”，把落实管党治党责任作为最根本的政治担当，层层传导压力、层层压实责任。党组织书记当好第一责任人，班子成员履行好分管领域从严治党责任，形成齐抓共管的强大合力。**强化自我约束。**全市领导干部要增强廉洁自律意识，常敲廉政“警钟”，坚决抵制不正之风，在思想上筑牢拒腐防变的“防火墙”。要养成自觉接受监督的习惯，诚心诚意接受党内监督和人民群众监督。要自觉抵制利益诱惑，净化社交圈、工作圈、生活圈、朋友圈，主动划清亲情和公权界限，时刻警惕被“围猎”。**强化监督执纪。**认真贯彻落实中央八项规定精神，紧盯重点领域和关键环节，以铁纪管干部、铁腕治贪腐，切实做到真管真严、敢管敢严、长管长严。尤其对不收敛不收手，对严重阻碍市委决策部署贯彻执行，严重侵害人民群众利益的腐败问题，要从严查处、严加惩治，不断推动清廉宁乡建设取得新成效，巩固宁乡风清气正的政治生态。

宁乡经济社会高质量发展，离不开各级各部门的凝心聚力和创新实干。市委要充分发挥总揽全局、协调各方的领导作用，各级党组织要加强集中统一领导，确保党的各项决策部署得到全面贯彻落实。市人大要依法履职担当，强化法律监督和工作监督，更好发挥人大代表作用。“一府一委两院”要紧紧围绕中心，服务发展大局，聚焦全市工作重点，着力解决发展中存在的突出问题，全面实现好、维护好、发展好最广大人民的根本利益。市政协要进一步释放履职效能，深化民主协商、民主监督，汇聚广大委员和社会贤达力量。统一战线和人民武装是建设现代化新宁乡的重要力量，要不断挖掘放大政治优势，努力开创工作新局面，画出最美同心圆。要努力加强和改进老干部工作，切实做到在政治上尊重、思想上关心、生活上照顾。要加快群团工作改革步伐，积极发挥工会、共青团、妇联等群团组织桥梁纽带作用，共同唱响合力促发展的主旋律。

同志们，成就鼓舞人心，征程催人奋进。让我们更加紧密地团结在以习近平同志为核心的党中央周围，在省委、长沙市委的坚强领导下，坚定信心，锐意进取，奋力实施“三高四新”战略，全面建设“工业强市、幸福宁乡”，为实现“十四五”规划和二〇三五年远景目

标、谱写新时代坚持和发展中国特色社会主义的宁乡新篇章而努力奋斗！

【名词解释】

1. “三类500强”：世界财富500强、中国企业500强和民营企业500强。

2. “三集中三到位”改革：部门行政审批服务职能向一个科室集中、承担审批服务职能的科室向政务服务中心集中、行政审批事项向网上审批平台集中；审批事项、人员进驻落实到位，窗口授权到位，电子监察到位。

3. “四联五到位”民情大走访：市领导联乡镇（街道）、相关市领导和市直部门单位负责人联村（社区）、乡镇（街道）干部联组（网格）、党员干部和社会贤达联户，做到政策法规宣传到位、社情民意了解到位、群众诉求收集到位、矛盾纠纷化解到位、镇村履职监督到位。

4. “3+N”产业集群：先进装备制造（含智能家电家居）、新材料（含先进储能）、食品及农产品加工3大千亿产业集群和N个战略新兴产业。

5. “五好”园区：规划定位好、创新平台好、产业项目好、体制机制好、发展形象好。

6. 省“芙蓉人才计划”：2017年省委出台的人才政策，主要内容是“十大支持”“十大放开”。“十大支持”即支持科技创新团队、企业、高等院校、科教（学术）组织、高端人才、科技人才、海外人才、青年人才、基层人才、优秀人才发展；“十大放开”即放开人才编制、收入分配、职称评审、股权激励、居留落户、社保、子女就学、共享创新资源、柔性引进、招录等政策束缚。

7. 长沙“五区”建设：做大城区、做强园区、做优片区、做实县区、做靓社区。

8. “六控十禁”：控尘、控车、控排、控烧、控煤、控油；严禁渣土车、混凝土搅拌车、运砂车等各类车辆带泥上路，严禁违法倾倒渣土，严禁工地裸露黄土，严禁重污染天气下土石方施工，严禁燃烧散煤，严禁露天焚烧垃圾，严禁露天烧烤，严禁露天焚烧秸秆，严禁拖拉机等高排放车辆进城，严禁在禁燃区域时段燃放烟花爆竹。

9. “14830”工程：创建1个全域旅游示范区、打造4个核心旅游区、提质8个A级景区、培育30个乡村旅游示范点。

10. “五好”工程：营造全民尊师重教的好氛围，培养一批好校长、好教师、好学生，打造一批好学校、好课堂。

11. 食品安全“4812”工程：“4”指坚持“四个最严”，建立最严谨的标准、实施最严格的监管、实行最严厉的处罚、坚持最严肃的问责；“8”是指着力完善安全责任体系、监管执法体系、风险防控体系、技术支撑体系、投入保障体系、社会共治体系、产业发展体系、配套服务体系等八大体系；“12”指开展风险评估和标准制定专项行动、农药兽药使用减量和产地环境净化“护源”行动、食品生产和婴幼儿配方乳粉质量提升行动、校园食品安全“护苗”行动、农村假冒伪劣食品治理行动、餐饮业质量安全提升行动、保健食品“护老”行动、“优质粮油工程”行动、进口食品“国门守护”行动、网络食品安全“清网”行动、“三小”食品整治行动、“双安双创”示范引领行动等十二大攻坚行动。

12. “五星”村（社区）党组织和“六零”社区：产业振兴之星、人才振兴之星、文化振兴之星、生态振兴之星、组织振兴之星；建设零违章、环境零污染、安全零事故、治安零发案、居民零上访、服务零距离。

政府工作报告

黄　滔

（2022 年 2 月 17 日）

各位代表：

现在，我代表市人民政府向大会报告工作，请予审议，并请各位政协委员和其他列席人员提出意见。

一、2021 年工作回顾

2021 年是党和国家历史上具有里程碑意义的一年，也是“十四五”规划开局之年。我们在长沙市委、市政府和宁乡市委的坚强领导下，在市人大、市政协的监督支持下，在全市人民的共同努力下，高举习近平新时代中国特色社会主义思想伟大旗帜，深入贯彻党的十九大和十九届历次全会精神，坚持稳中求进工作总基调和高质量发展总要求，科学统筹发展和安全，巩固拓展疫情防控和经济社会发展成果，全面落实“三高四新”战略定位和使命任务，大力建设“工业强市、幸福宁乡”，经济运行稳中有进、稳中提质，实现了“十四五”良好开局。地区生产总值增长 7.3%，地方一般公共预算收入增长 20.26%，规模工业增加值增长 8.5%，固定资产投资增长 8.3%，社会消费品零售总额增长 15.3%，城乡居民人均可支配收入增长 8.7%。

——**综合实力不断增强。**全口径一般公共预算收入历史性地突破百亿元大关（103.98 亿元），县域经济基本竞争力从全国百强县第 21 位提升至第 18 位，县域经济与县域综合发展排名上升至全国第 15 位。

——**疫情防控坚实有力。**面对 7 月底突如其来的新冠肺炎疫情，全市上下众志成城、科学应对，突出“快、准、狠、稳”举措，果断率先实施“公安、公卫、通信”联合快速流调机制与接触人员提级管控措施，35 小时内完成 38.4 万份城区居民核酸采样，没有发生第二代传染病例。

——**产业链高质量发展。**中伟新能源产值突破 130 亿元，成为宁乡第二家、长沙第九家产值过百亿工业企业。新引进的邦盛新能源为长沙市年度内唯一新增的投资过百亿、产值过百亿企业，入选省十大产业项目。楚天科技承接国内新冠肺炎疫苗生产设备 80%以上的产能。星邦智能电动臂车助力点亮冬奥圣火。宁乡作为全省唯一区县市代表在全省制造强省建设推进大会上作典型发言。精准推进产业链高质量发展典型经验获省政府大督查通报表扬。

——**乡村振兴开创新局。**宁乡花猪获评 2021 年湖南省“一县一特”农产品优秀品牌。宁乡栀子和五里堆香干获评国家地理标志。粮食与生猪生产获得大丰收，粮食播种面积和产量均居全省第二。建成美丽宜居村庄 259 个。陈家桥村获评全国乡村治理示范村。

——**文旅融合提质增效。**道林古镇“千年铁魂·湖南人”景区正式开园，成为湖南文旅新地标。成功创建湖南省全域旅游示范区，获评 2021 年全国旅游百强县。

——**营商环境创新创优。**率先出台“纾困增效”专项行动十条措施。将每月 21 日确定为“市长企业接待日”。与 3 省 21 个城市签订政务服务“跨省通办”合作协议。主动审批大数据服务平台获评中国数字政府数字治理十佳典型案例。深化“放管服”和“一件事一次办”改革连续 4 年获省政府真抓实干督查激励。获评全国营商环境百强县第 24 名。

——**社会治理成效明显。**深入实施“四联五到位”民情大走访，主动开通书记、市长信箱“码”上办，12345 政务热线投诉同比减少 28.9%，综治民调近十年来在长沙首次排名第一，信访总量同比大幅下降，成功创建省级信访“三无”县（市区），获评长沙市唯一的全国信访工作示范县（市区）。

——**成功应对系列风险挑战。**以精准的方法和铁腕的措施，先后打赢防汛抗旱、道路交通安全、迎峰度夏保电、养老保险待遇限期清理、反电诈、新时代人民禁毒战争等系列硬仗。

一年来，我们主要做了以下工作：

（一）坚定不移强工业，智能制造汇聚新动能。优势产业不断壮大。工程机械产业链实现产值 457 亿元，三一重起产值达 190 亿元；储能材料产业链实现产值 393 亿元，增长 120.9%，占全省产值份额近 60%；智能家电智能硬件产业链实现产值 107 亿元，增长 38.3%，全国首个智能家电产业小镇建成运营。食品及农产品产业集群实现产值 179 亿元，华润怡宝、康师傅等 11 个项目增资扩产。全市产值、税收实现倍增的工业企业分别达 34 家、85 家，三一重起、格力暖通、楚天科技、邦普循环、华润怡宝、中伟新能源、巴斯夫杉杉、星邦智能等 8 家企业税收过亿元；新增规工企业 44 家、国家专精特新“小巨人”企业 6 家、国家级绿色工厂 3 家；星邦智能、楚天科技获评国家智能制造示范工厂。**园区建设成果丰硕。**新引进产业项目 176 个，其中投资 10 亿元以上工业项目 11 个，“三类 500 强”项目 6 个。邦普循环六期七期、星城石墨二期、美妆谷、斗禾科技等 211 个项目加快建设，比亚迪动力电池一期、楚天科技中央工厂、格力晶弘冰箱、三一中起等 141 个项目建成投产，彰显了宁乡速度。两个园区产值合计达

1430亿元，制造业占全市GDP比重达38%。宁乡经开区蝉联“中国先进制造业百强园区”。宁乡高新区创新发展绩效评价连续3年居省级高新区第一，获评五星级国家新型工业化产业示范基地。**科技创新再添新彩。**国家创新型县（市）创建工作全面启动。新认定高新技术企业122家，完成R&D[1]投入32亿元、技术合同成交额30.86亿元，转化科技成果300项，新增发明专利365件，微纳坤宸获全市首件中国专利银奖。新增省市企业技术中心10家。宁乡农科园获评全国优秀园区。

（二）对标一流提品质，城市面貌发生新变化。东进融城全面推进。金洲新城初步完成战略规划编制，成功纳入长沙市重点建设的“三大”产业功能片区。渝长厦高铁和宁韶高速（宁乡段）加速推进，金唐公路二期、黄龙公路、五巷公路等6条干线公路建成通车。长宁磁浮快线纳入《长株潭都市圈多层次轨道交通建设规划》项目库并上报国家发改委；长吉高速（宁乡段）完成预工可编制；大坝塘水库完成可研报告初稿；生活垃圾焚烧发电项目完成前期工作；“一江两岸”沿线征拆基本完成。**城市功能不断完善。**国土空间规划编制取得初步成果。城区建成区面积扩展至70.88平方公里，宁乡成为全省建成区面积最大的县级城市。沙河桥、汽车桥维修加固，建成金全路、东城大道等城区道路4条。城乡排水一体化项目加快推进，直饮水建设经验成为全省典型。首座500千伏安宁变投产送电。新建燃气管道25.3公里、5G基站1244个。52个老旧小区提质改造，筹集保障性租赁住房3408套。建成楼台山等城市公园3个。依法拆除违建12.6万平方米，清零征拆项目30个、腾地3936.5亩。顺利通过全国文明城市复检。获评中国智慧城市百佳县市。**现代服务业提质增效。**举办文化旅游主题节会38场次；“抖游宁乡”短视频大赛话题总播放量超3.6亿次；新发布红色旅游线路4条；新增3A景区1家、省级工业旅游示范点2个；全年接待游客932万人次，实现旅游收入102亿元。新建商品房销售163.3万平方米，“四上”建筑企业完成产值143.98亿元；“您来购·‘宁’有奖”等4项促消费活动惠及千家万户；实现电子商务交易额31亿元，服务业增加值增长7.6%。**生态环境持续改善。**坚持不懈打好蓝天、碧水、净土保卫战。积极推进各级环保督察及“回头看”反馈问题整改。全面推行林长制，率先全省设立百姓林长，森林防火经验成为全省典型，年度空气优良率达94.2%；深入实施河（湖）长制，保持常年禁渔水域“四清四无”[2]，沩水、靳江考核断面年均水质达到地表水Ⅱ类标准，饮用水水源地水质达标率100%；巩固调整种植结构6540公顷。

（三）示范引领强农业，乡村振兴展现新气象。现代农业加速发展。完成粮食播种总面积10.65万公顷、总产量72.92万吨，对长沙粮食增长贡献率达62%。出栏生猪128万头（其中宁乡花猪38万头）。生产烟叶8.26万担，茶叶、蔬菜、小水果等特色产业喜获丰收。全市农产品加工业实现总产值552亿元。新增新型职业农民806人、农民合作社92家、家庭农场136家。建成高标准农田5353.33公顷。除险加固小型水库4座、小型水闸26座，整治山塘183口。主要农作物综合机械化水平提升至82.4%。动物疫病防控工作获省市考核优秀。获评湖南省农产品质量安全县。**人居环境持续改善。**接续实施农村人居环境整治提升五年行动，新增农村公厕40座、改厕4280座；打造市级美丽幸福河流3条、小微水体示范片区5处；新（改）建农村公路789公里，加固危桥20座；充分发挥“四会一约”[3]作用，文明乡风持续涵养，新增市级乡村治理示范镇3个、示范村15个，青山桥镇、双凫铺镇获评省卫生镇，大成桥镇获评省文明镇。**集体经济提质增量。**常态化动态监测帮扶易返贫致贫人口，提供公益性岗位1878个，全年未发生返贫致贫现象，对口帮扶龙山县咱果乡工作扎实有效。着力发展“五型”村级集体经济[4]，108个村（社区）获评2021年省级乡村振兴示范村；全市240个涉农村（社区）年集体经济收入全部达20万元（经营性收入5万元）以上。

（四）深化改革优环境，市场主体迸发新活力。重点改革持续深化。“放管服”改革深入推进，实现“园区事园区办”事项173项、APP“不见面审批”事项510项。“领照即开业”“交地即开工”“交房即交证”的“三即”[5]改革强力实施。供销综合改革获中华全国供销合作总社肯定。城发和国资集团精简人员达40%。园区亩均效益改革取得阶段性成效，成功盘活低效闲置资产41宗。**对外开放持续扩大。**全市外贸业绩破零、倍增、过亿元企业分别达20家、26家、7家，外贸进出口总额增长59.4%。宁乡高新区获评国家装备制造外贸转型升级基地。“长株潭一体化”战略加快落实，宁益城际公交开通运营，主动与周边6个区县市明确合作事项72项。**营商环境持续优化。**创新推出“书记、市长企业直通车”“企业点单、政府备菜、用时即有”“龙头企业优先级”三项制度，“三抓两促”等服务活动深受企业点赞。转贷应急周转资金累计转贷24.67亿元，兑现本级各项产业奖补资金1.2亿元。全年新增市场主体19965户。

（五）以民为本促共享，民生福祉得到新提升。民生保障扩面提质。33项省市重点民生实事全面完成，民生支出占财政总支出的77.38%。新增城镇就业11340人，城乡居民人均可支配收入达43992元。城乡基本养老保险、基本医疗保险参保率均达98%。留守儿童、残疾人等特殊群体关爱工作深入推进，市社会福利中心建成运营，新增养老床位498张。**社会事业蓬勃发展。**积极落实“双减”[6]政策，创新推进“五课堂”[7]建设，新（改）建学校6所，完成农村集镇寄宿制学校提质等项目113个，新增学位6060个。基本药物实现全网采购。人民医院流沙河分院、中医医院巷子口分院建成运营；夏铎铺镇纳入国家健康乡镇试点；成功举办建党百年系列文艺活动和首届“市长文艺奖”评选，《永远的叔衡》获田汉音乐奖、表演奖。炭河里青铜王国成为全省首个考古研学项目。建成村（社区）综合文化服务中心25个、智慧健身中心17个。**社会治理创新实践。**

坚持和发展新时代“枫桥经验”，基层民主协商对话、行业协会、社会贤达、志愿者等作用积极发挥，创新开展“四联五到位”民情大走访，累计解决群众身边问题2万余个。处置房地产历史遗留问题32个。强力实施“十个一律”[8]铁腕治安举措，率先实施防疫与安全生产“敲门入户全覆盖”行动，道路交通安全风险隐患协同共治新模式获评全省县域警务优秀创新项目，全市道路交通事故起数、亡人数分别下降24.22%、22.89%。圆满完成5批次包机接待疫情防控任务，12岁及以上人群疫苗全程接种率达97.59%。市工商联获评全国“五好”县级工商联。扫黑除恶、双拥等工作领跑长沙，获评全省平安建设年度考核评估先进县（市区）、食品安全工作先进单位。

（六）创新实干铸底色，自身建设彰显新形象。坚持把政治建设摆在首要位置，扎实开展党史学习教育，办好“我为群众办实事”清单项目144个。自觉接受人大法律监督、工作监督和政协民主监督，办理各级人大代表建议128件、政协委员提案105件，办结率100%。邀请人大代表、政协委员、市民代表列席政府常务会议重大民生议题，出台政府合同审查备案管理工作规则，政府决策行为更加民主科学，获评全省首批法治政府创建示范市。全力压控一般性政府投资，切实降低融资成本，出台债务风险防控“十条举措”[9]，强力推进盘活“三资”“十个专班”[10]，全市债务风险退至三类。强化预算执行等审计监督整改。政府门户网站获评“中国政务网站领先奖”。努力践行了以真抓的实劲、敢抓的狠劲、善抓的巧劲、常抓的韧劲抓落实促发展的初心使命。

一年来，围绕全市经济社会高质量发展，人民武装、民族宗教、史志档案、武警、消防、人防、供销、科协、残联等事业取得了新进步；工会、共青团、工商联、红十字会、妇联、文联、老干、老龄、关工委等组织作出了新贡献。

各位代表！这些成绩的取得，得益于省委省政府、长沙市委市政府和宁乡市委的坚强领导，得益于市人大、市政协的监督支持，得益于全市广大干部群众的团结奋斗。在此，我代表市人民政府向全市人民，向人大代表、政协委员，向各民主党派、工商联、无党派人士、各人民团体及离退休老同志，向驻宁单位、武警驻宁部队，向所有关心、支持宁乡建设发展的社会各界人士，表示衷心的感谢和崇高的敬意！

在总结成绩的同时，我们也清醒地看到：经济发展的质效仍然不优，先进制造业集聚不够，大体量项目和企业偏少；城乡发展不平衡不充分问题依然突出，保障和改善民生与群众期待还有差距；防范化解政府债务、安全生产等领域风险还任重道远；部分干部抓落实、促发展的能力还需进一步提升；政府自身建设仍需进一步加强，等等。对此，我们将采取有效措施，切实加以解决。

二、2022年工作重点

2022年是党的二十大召开之年，也是实施“十四五”规划的关键之年，做好今年的工作意义重大。**今年政府工作指导思想是：以习近平新时代中国特色社会主义思想为指导，全面贯彻党的十九大和十九届历次全会以及中央经济工作会议精神，深入贯彻习近平总书记系列重要讲话重要指示批示精神，弘扬伟大建党精神，按照省、长沙市和宁乡市委部署要求，全面落实“三高四新”战略定位和使命任务，贯彻落实“强省会”战略，围绕“工业强市、幸福宁乡”发展定位和“建设省会副中心、挺进全国前十强”发展目标，坚持稳字当头、稳中求进工作总基调，完整、准确、全面贯彻新发展理念，加快构建新发展格局，深入开展“十强”[11]行动，强力实施“双十双百双千”工程[12]，着力打造“三高四新”增长极、城乡统筹示范区、文旅融合样板区、宜居安宁幸福城，以优异成绩迎接党的二十大胜利召开。**

全市经济社会发展主要预期目标：地区生产总值增长8%以上；规模工业增加值增长10%以上；固定资产投资增长8%以上；社会消费品零售总额增长8.5%以上；地方一般公共预算收入增长12%以上；R&D投入力争达到38亿元；居民收入增长与经济增长基本同步；生态环境质量持续改善。

为实现上述目标，我们将着重抓好六个方面工作：

（一）大力实施“工业强市”战略，让实体经济更加强大

坚持把发展经济作为最大的实事，把发展经济的着力点放在实体经济上，推动政策资源、要素配置向实体经济聚焦。

大力推进制造业高质量发展。深入实施“企业倍增”和“双十双百双千”工程，全力打造国家重要先进制造业高地示范区。持续做好选链建链、强链引链、延链补链、养链融链四篇文章，深耕工程机械、储能材料、智能家电智能硬件产业链，提升食品及农产品加工等产业竞争力，力争全市完成规工总产值1700亿元以上。加快数字经济发展，深化数字经济和实体经济融合，支持企业“上云用数赋智”[13]，加快培育“大智移云”[14]战略性新兴产业。加快海信智能家电、欣旺达智能硬件、星邦国际智造城、华润怡宝二期等项目建设，确保中伟新能源三期、邦盛新能源、三一“两室”、星城石墨二期等项目投产达效。完善优质企业梯度培育体系，力促格力暖通、邦普循环、弗迪电池产值过百亿元；全面落实企业上市“金芙蓉”跃升行动计划，加快万鑫精工、星邦智能、长宇科技、族兴新材、邦弗特、法恩莱特上市步伐；培育专精特新“小巨人”企业35家以上，努力打造更多细分领域“单项冠军”；积极扶持成长型企业，新增规工企业40家；推动现有企业挖潜增效、扩产扩能，实现产值、税收倍增企业各30家；突出产业链招商、靶向招商、二次招商，力争新引进产业项目150个以上，其中投资100亿元产业项目1个、50亿元产业项目1个、10亿元产业项目4个、1亿元产业项目20个以上。

大力推进科技创新。以创建国家创新型县（市）

为统领，开展中小企业技术创新“破零倍增”“湖湘精品”品牌提升行动，加快打造具有核心竞争力的科技创新高地转化区。新认定高新技术企业150家、科创平台10家以上，新增发明专利260件，万人有效发明专利拥有量达到14件。铺排重大科技成果转化专项10个，转化科技成果300件以上，技术贸易成交额突破40亿元。研究制定具有宁乡特色的市场化人才奖励扶持机制，出台促进产教融合、校企合作办法，大力弘扬精益求精、追求卓越的“工匠精神”，持续壮大科学家、工程师、产业工人等人才队伍。

大力推进“五好”园区建设。以创建“五好”园区[15]为统揽，推动园区高质量发展。系统推进“双十”工程、扩规调园、低效闲置土地清理、产城融合、产业基金等工作。两个主体园区力争实现亩均产值450万元、亩均税收18万元以上。实现园区规工增加值增长18%以上、地方税收增长20%以上，培育和引进千万税收企业15家以上，整体进入全省“五好”园区前15名。力促宁乡高新区升格为国家级高新区。

（二）全面建设省会副中心，让城市能级更快提升

坚决扛起“打造省会副中心”的使命担当，主动对标“省会主城区”典范，着力建设“四精五有”现代化品质宁乡。

加快建设金洲新城。抢抓宁乡纳入全省中等城市建设契机，积极对接长沙市“西提”行动，围绕打造“长沙新门户、西翼新引擎”目标，按照“规划先导、基础先行、产城融合、未来之城”的思路，完成金洲新城战略规划编制，启动控制性详规和专项规划编制。启动长宁磁浮快线建设，加力推进“一江两岸”、曾家河片区建设，开工建设生活垃圾焚烧发电项目、金洲新城污水处理厂；争取长吉高速（宁乡段）纳入湖南省高速公路中长期（2021-2035年）规划并进入“十四五”中期调规项目，逐步提升新城承载能力。

提升城市功能品质。完成国土空间总体规划编制。建成金林西路、胜利东路、尚义路等城区道路13条；启动狮子山水厂（一期20万吨）建设；提质改造城区排水管网5公里、乡镇污水处理厂4座；实施智慧电网新一轮“630”攻坚；新建燃气管道20公里。建成运营宁乡高铁西站综合客运枢纽（一期）。坚决不搞大拆大建，深入实施城市更新行动，完成既有多层住宅增设电梯50座，新建5G基站1400个、定点充电桩300座以上，提质改造城区背街小巷9条，积极争创国家园林城市；着力推进住宅小区多方协同治理；实施城市体检评估，集中整治市容市貌突出问题，深化控违拆违、渣土专项治理；全力推进公建项目BIM[16]、CIM[17]技术应用实施，加快创建国家新型智慧城市示范市。深化“全域、全员、全程、全面”创建，建设更高水准全国文明城市。

全力促进消费升级。坚持房住不炒，着力稳地价稳房价，推进房地产业良性循环和健康发展。加快建设区域消费中心，大力发展总部经济、楼宇经济、银发经济和她经济；启动邮政农村电商及跨境物流集散中心建设；打响一批主题消费节会品牌，培育夜间经济等特色街区2个，新增限上社零企业35家以上，实现电子商务交易额增长10%、服务业增加值增长8%。强化市场化运营，全力盘活现有文旅资源，着力发展沩山避暑康养、灰汤温泉疗养等产业，提高炭河古城、方特·东方神画、道林古镇“千年铁魂·湖南人”等景点效应，力争实现旅游人数1100万人次，着力打造省会近郊休闲度假目的地。

深化生态文明建设。以减污降碳协同增效为重点，深入推进“双碳”[18]工作，积极发展绿能、储能产业，推动陈家冲抽水蓄能电站建设。深入推进各级环保督察及“回头看”问题整改，持续开展“夏季攻势”，强化PM2.5和臭氧协同防控，确保空气优良率92%以上；做实“河湖林长”制，持续推进城镇污水处理提质增效三年行动，坚决落实长江流域“十年禁渔”，确保沩水、靳江考核断面年均水质达到地表水Ⅱ类标准，开展污染场地调查和受污染场地治理，争创“绿水青山就是金山银山”实践创新基地，让宁乡蓝、沩水清、楚沩绿成为宁乡高质量发展的鲜明底色。

（三）深入实施乡村振兴战略，让农业农村更添活力

巩固脱贫攻坚成果同乡村振兴有效衔接，强化初级农产品供给保障，大力实施乡村振兴提升年行动，争创省乡村振兴示范县（市）。

提质发展现代农业。严格耕地保护责任，坚决遏制耕地“非农化”、防止“非粮化”，新增高标准农田5333.33公顷。全面抓好粮食安全责任制，稳定粮食播种面积，确保粮食产量70万吨以上。加大宁乡花猪种质资源保护利用，出栏宁乡花猪45万头、生猪出栏量稳居全省前列。生产烟叶12万担。建成绿叶水果现代冷链物流园。做实“一环两带、多点支撑”[19]布局，做强“一镇一特、一特一片”示范基地，建设更多特色产业强镇。加强动植物疫病防控。推进国家农产品质量安全县创建。

实施乡村建设行动。出台全市乡村振兴总体规划，完成实用性村庄规划编制。加快推进“快递进村”。创建“四好农村路”全国示范县。建设市级小微水体示范片区3处、美丽幸福河流2条。除险加固小型水库4座、整治山塘205口。深入推进农村人居环境整治，新建农村公厕40座。在不增加镇村负债的前提下，因地制宜建设美丽宜居村庄230个，创建省级美丽乡村示范村（精品村）8个。健全自治、法治、德治相结合的乡村治理体系，建设善治乡村，夯实乡村振兴基础。

推动农民增收致富。常态化帮扶低收入人口，坚决守住不发生规模性返贫的底线；持续抓好对口支援协作。着力提升村级集体经济发展能力，深入推进“迎老乡回故乡建家乡”，力争年集体经济收入达50万元（经营性收入20万元）以上的涉农村（社区）突破100个。全面落实长沙乡村振兴产业人才“1+13”配套实施办法，新增新型职业农民550人、农民合作社50家、家庭农场80家。

（四）深化建设“幸福宁乡”战略，让民生福祉更有质感

坚持以人民为中心的发展思想，把促进共同富裕作为着力点，不断增强群众获得感、幸福感、安全感。

办好重点民生实事。在高标准完成省市重点民生实事任务的同时，重点办好十件民生实事：一是完成“双减”工作重点监测目标任务，新（改）建学校5所，新增学位6030个，提高公办义务教育学位占比至92.8%；二是完成孕产妇免费产前筛查6400人、新生儿先天性心脏病免费筛查5600人、“两癌”免费检查2.6万人；三是新增社区养老服务中心7家、护理型床位280张，提质改造儿童之家10个；四是提质改造农村旅游路、资源路、产业路80公里，新（改）建农村公路300公里、农村公路安防设施240公里，加固危桥20座；五是推进食品安全放心工程，推广应用放心肉智能监管平台，建设食品安全快检室29个；六是建成应急云广播系统，实现应急广播终端全覆盖；七是新（改）建室外运动场30处、健身点80处；八是开工改造老旧小区40个，筹集保障性租赁住房2855套，新（改）建停车场29个、新增停车位1.1万个以上；九是实施“爱心宁乡”帮扶工程[20]；十是完成农村电网乡村振兴工程。

健全社会保障体系。实施减负、稳岗、扩就业并举，做好农村转移劳动力、退役军人、高校毕业生等重点群体就业，确保零就业家庭动态清零。积极推动新的生育政策落地见效。强化社保、医保基金监管主体责任，落实药品耗材带量采购。持续做好残疾人、孤儿、留守儿童等特殊群体关爱工作。

加快社会事业发展。推进“五课堂”建设，理顺城区义务教育招生机制，规范民办义务教育发展，优化提质乡村小规模学校，推动公办幼儿园量质齐升，加快职业教育产教融合、高中教育“一校一特色”创新发展。加快推进长沙幼儿师专、长沙卫职院附属医院建设。完成新妇保院易地搬迁，加快中医医院灰汤分院建设，新（改）建标准化村卫生室10个以上，新增床位800张。深化文化惠民工程，建成村（社区）综合文化服务中心20个。广泛开展全民健身赛事活动。创造更多体现时代精神的文艺精品力作。

（五）着力深化改革开放，让市场主体更优成长

加强改革系统集成，激活高质量发展新动力，加快打造内陆地区改革开放高地先行区。

营造改革创新生态。持续推进“赋权强园”，突出抓好园区管理体制机制、行政审批、行政执法、绩效考核、人事薪酬制度改革。深入推进国有企业改革三年行动，健全现代企业制度，完善国资监管体制。积极争取要素市场化配置综合改革试点，统筹推进投融资、金融、工程建设项目审批等重点改革。

强化对外开放发展。推动渝长厦高铁、宁韶高速建成通车。健全与周边区域常态化协作机制，共同争取上级重大项目布局。推进宁乡高新区外贸综合服务中心建设，大力发展跨境电商外贸新业态，实现外贸进出口总额增长15%以上。积极融入“一带一路”建设、粤港澳大湾区、长江经济带、湖南自贸区等国家战略。

打造一流营商环境。全面落实湖南省优化营商环境规定，精准开展“纾困增效”专项行动，落实新的减税降费政策，促进中小微企业融资、扩面、降本。常态化开展“市长企业接待日”“三抓两促”“驻企帮扶”等系列活动。加快数字政府建设，升级“互联网+政务服务”。深化政务“跨省通办”、极简快办、就近办好、一次办完。把培育和发展市场主体摆到更加突出位置，大力弘扬企业家精神，净增市场主体1.88万户，其中企业6000家以上。

（六）防范化解重大风险，让发展底线更牢守住

当前，宁乡作为百强县中工业强市、农业大市、文旅名市，发展势头迅猛，但必须统筹好发展与安全，构建与中等城市相适应的重大风险防范体系，切实提高防灾减灾救灾能力，牢牢守住安全发展底线。

严守疫情防控底线。坚持“外防输入、内防反弹”不动摇，严格落实“四早”要求，有序推进新冠肺炎疫苗接种，强化公众防护知识教育，关心关爱疫情防控一线医护人员和防疫工作者，筑牢人防物防技防、监测预警、集中管控、医疗救治等常态化防控基础，持续增强应对突发公共卫生事件能力。

持续降低债务风险。深化“三控两增”措施，持续减少债务支出，稳妥降低利息成本和融资风险，一债一策健全风险防控预案，确保偿债资金不断链、债务风险“零发生”。深入实施财源建设工程，严格财税征管，盘活存量资产资源，推动“十个专班”落地见效，持续增强创收能力和政府投资效益。加强财政资金统筹使用管理，建立节约型财政保障机制，精准保障重点刚性支出，严格控制一般性支出，厉行节约办大事办要事。

深化平安宁乡建设。深入推进社会治安防控体系和智慧警务建设，常态化开展扫黑除恶专项斗争，重拳打击电信网络诈骗、“黄赌毒”、“黑拐抢”等违法犯罪，打好新一轮禁毒人民战争。强化矛盾纠纷源头化解和调处力度，全力推进信访积案攻坚化解。做实做细“四联五到位”民情大走访和书记、市长信箱“码”上办，确保“12345”平台投诉和信访总量持续下降、民调满意率持续上升。

筑牢安全生产防线。深刻吸取2017年洪灾教训，做好防大汛抗大旱的各种准备。落实“八个一批”[21]“十个一律”措施，突出道路交通安全“大排查、大整治、大管控”，强化消防、危险化学品、燃气、建筑施工等领域安全监管，坚决防范和遏制较大及以上事故发生，确保生产安全事故起数、亡人数明显下降。压实企业安全生产主体责任，对查处问题整改不力的企业依法严肃处置、毫不手软。建立健全应急救援力量体系，切实提高应急救援能力。

三、切实加强政府自身建设

（一）坚持党建引领讲政治。坚持以政治建设为统领，坚持用党的创新理论最新成果武装头脑、指导实践、推动工作，坚定捍卫“两个确立”、坚决做到“两个维护”，始终心怀“国之大者”，坚定不移沿着习近平总书记指引的方向前进。自觉维护市委权威，积极落实市委各项决策部署。

（二）坚持依法行政强法治。严格重大行政决策合法性审查和社会稳定风险评估，严格规范公正文明执法，将政府活动全面纳入法治轨道。做好国家统计督查整改，切实提高统计数据质量。自觉接受人大及其常委会的法律监督、工作监督和政协民主监督，认真办理人大代表建议和政协委员提案，让代表委员满意，让人民群众受益。

（三）坚持创新实干促发展。深入落实“党建聚合力”六大行动，不断增强应对复杂局面、防范化解风险的能力，努力做到精确识变、科学应变、主动求变。强化实干实绩导向，规范检查考核，改进文风会风，着力为基层减负、为干部赋能，弘扬“三牛”精神，激发干事创业激情。以知责尽责破除千难万难，以实干苦干凝聚民心民力，致力让创新实干成为新一届政府的鲜明标识。

（四）坚持清正廉洁作表率。巩固深化党史学习教育成果，严格履行全面从严治党主体责任和“一岗双责”，强化党风廉政和意识形态建设，持之以恒落实中央八项规定及其实施细则精神，深入实施“清廉宁乡”建设，坚决反对形式主义和官僚主义。牢固树立过“紧日子”思想，强化财政监督、审计监督，自觉接受社会监督，让清正廉洁的新风正气充盈楚沩大地。

各位代表，实干托举梦想、奋斗成就未来！让我们更加紧密地团结在以习近平同志为核心的党中央周围，在省委省政府、长沙市委市政府和宁乡市委的坚强领导下，踔厉奋发、笃行不怠，全面落实“三高四新”战略定位和使命任务，贯彻落实“强省会”战略，为全面建设“工业强市、幸福宁乡”而不懈奋斗！

【名词解释】

［1］R&D：即“研究与试验发展”，是指为增加人类知识总量以及运用知识创造新的应用而进行的系统性、创造性的活动。

［2］“四清四无”：四清，即清江、清湖、清船、清网；四无，即无渔船、无渔民、无网具、无生产。

［3］“四会一约”：即红白理事会、道德评议会、村民议事会、禁毒禁赌会，村规民约。

［4］“五型”村级集体经济：即土地合作型、资源开发型、物业经营型、文旅融合型和乡村服务型村级集体经济。

［5］“三即”：即“领照即开业”、“交房即交证”“交地即开工”。

［6］“双减”：即减轻义务教育阶段学生作业负担和校外培训负担。

［7］“五课堂”：即“小红花”思政课堂、“小才子”美育课堂、“小健将”体育与健康课堂、“小能手”创新探究实践课堂、“小帮手”劳动综合实践课堂。

［8］“十个一律”：即工作职责一律严明、工作底数一律严排、重点对象一律严管、隐患路段一律严治、违法违规一律严处、重点车辆一律严查、主要路口一律严守、宣传教育一律严抓、工作情况一律严督、事故发生一律严究。

［9］“十条举措”：即规范融资行为、降低融资成本、大力盘活“三资”、提升土地价值、推进平台转型、清理往来资金、严控项目投资、规范资产处置、突出“三保”保障、强化工作考核。

［10］“十个专班”：即为盘活“三资”，在全市组织成立砂石资源、锰矿资源、土地资源、广告位、停车位、加油站、国有房产盘活处置、产业引导基金、文旅资源资产、供排水资源专班。

［11］“十强”行动：即“强党建、强工业、强创新、强开放、强园区、强文化、强城乡、强生态、强民生、强治理”十项行动。

［12］“双十双百双千”工程：重点企业“双十”工程，即到 2026 年，新增 10 家百亿产值企业；上市企业增至 10 家。产业发展“双百”工程，即到 2024 年，主体园区外税收 100 万元以上企业新增 100 家；到 2026 年，税收 1000 万元以上企业新增 100 家。千亿园区和千亿产业“双千”工程，即到 2024 年，宁乡经开区、宁乡高新区工业总产值均达到 1000 亿元以上；到 2025 年，打造以先进储能材料为主导的新材料产业千亿产业集群；到 2026 年，打造以工程机械和智能家电为引领的装备制造产业千亿产业集群。

［13］“上云用数赋智”：“上云”指探索推行普惠型云服务支持，“用数”是在更深层次推进大数据的融合应用，“赋智”是要加大对企业智能化改造支持力度，特别是要推进人工智能和实体经济的深度融合。

［14］“大智移云”：“大”指大数据，“智”指智能化，“移”指移动终端，“云”指云计算。

［15］“五好”园区：即园区规划定位好、创新平台好、产业项目好、体制机制好、发展形象好。

［16］BIM：即“建筑信息模型”，是指在建设工程及设施全生命期内，对其物理和功能特性进行数字化表达，并依此设计、施工、运营的过程和结果的总称。

［17］CIM：即“城市信息模型”，是指以建筑信息模型、地理信息系统、物联网等技术为基础，整合城市地上地下、室内室外、历史现状未来多维多尺度的信息模型数据和城市感知数据，构建起三维数字空间的城市信息有机综合体。

［18］“双碳”：即碳达峰与碳中和。

［19］“一环两带、多点支撑”：一环，即环城区乡村振兴示范带；两带，即沩水乡村振兴示范带和靳江乡村振兴示范带；多点支撑，即建设多个乡村振兴示

范点。

［20］“爱心宁乡”帮扶工程：即聚焦孤寡老人、残疾人、失独家庭、事实上无人照顾的老人与小孩、贫困户和边缘监测户等特殊与困难群体，在全面落实法定救助的基础上，动态精准建立爱心帮扶需求与供给清单，广泛动员社会各界爱心力量开展个性化、多元化的结对帮扶，让众多困难群众得到实惠，感受到党和政府以及社会给予的暖心关爱，将宁乡建设成为一个不但产业有高度、社会也有温度的爱心之城。

［21］“八个一批”：即查处一批、约谈一批、立案一批、挂牌一批、处罚一批、停业一批、问责一批、罚拘一批。

统计资料

表 23　2021 年宁乡市乡镇（街道）年末户籍数和人口数

单位：万元

乡镇（街道）	年末总户数（户）	年末总人口	性别		城镇人口	乡村人口	人口密度（人/平方千米）
			男性	女性			
总　计	448321	1415389	714689	700700	721810	683579	487
玉　潭	29519	74305	36373	37932	74305		3274
白马桥	10697	27845	13703	14142	27845		1343
历经铺	10502	33421	16015	17406	33421		899
城　郊	12947	34296	16897	17399	34296		911
道　林	18415	55361	28364	26997	31189	24172	412
花明楼	17037	50514	25345	25169	23844	26670	446
东湖塘	15207	48581	24796	23785	27442	21139	369
夏铎铺	12626	45452	22278	23174	45452		442
双江口	26428	87075	44545	42530	40150	46925	556
煤炭坝	15982	48168	24587	23581	12776	35392	661
坝　塘	21828	71236	36129	35107	23786	47450	438
灰　汤	30182	98599	49582	49017	28291	70308	468
双凫铺	12951	40735	20720	20015	19141	21594	462
老粮仓	19599	63574	32650	30924	28110	35464	521
流沙河	21727	69504	35857	33647	32093	37411	494
巷子口	13672	45866	23360	22506	16025	29841	434
龙　田	7150	22910	11770	11140	10119	12791	319
横　市	16632	55494	28303	27191	21217	34277	447
回龙铺	12947	42802	21229	21573	32849	9953	588
黄　材	19430	66088	33677	32411	28570	37518	302
大成桥	10535	34574	17317	17257	26621	7953	585
青山桥	16447	51211	26148	25063	19196	32015	387
金　洲	10913	34549	16989	17560	34549		581
大屯营	13756	45188	22698	22490	25591	19597	424
资　福	12173	39109	19992	19117	4478	34631	443
菁华铺	10702	36782	18279	18503	20454	16328	559
喻家坳	12500	39989	20437	19552		29989	414
沙　田	10144	34472	17639	16833		34472	464
沩　山	5373	17689	9010	8679		17689	235

注：本表资料由公安局提供，按 2015 年底合并后的行政区划进行统计。

表 24　　2021 年宁乡市乡镇（街道）综合经济指标

单位：万元

乡镇（街道）	生产总值（GDP）	财政收入	农业总产值	规模以上工业总产值	限额以上社会消费品零售额	全社会固定资产投资
合　计	8475644	167754	2255803	2371331	677822	3245788
玉　潭	1159356	66666	3166	509083	126259	675761
白马桥	538850	19437	36290	57841	113693	474793
历经铺	578507	16078	39083	176350	78179	316009
城　郊	505144	22642	36537	157349	87467	362553
道　林	202081	1145	82493	2611	5845	56034
花明楼	314638	1824	78775	35230	13943	72363
东湖塘	154577	813	79567	11991	8179	59773
夏铎铺	810273	9098	63079	168222	23071	136720
双江口	291238	3219	168446	70605	9105	32979
煤炭坝	440618	2760	71979	457901	9226	64843
坝　塘	233917	1070	154215	19498	9038	41179
灰　汤	400307	3801	192758	407	15687	148672
双凫铺	390607	2237	76835	131778	16632	52629
老粮仓	158470	369	86790	268	8163	49190
流沙河	138872	530	115880	17965	25249	54904
巷子口	118905	341	58025	40354	14108	71650
龙　田	73806	647	40212	15767	4548	50855
横　市	216143	757	83098	85978	11462	23767
回龙铺	212182	2024	85705	85581	10769	26171
黄　材	194228	1383	113065		7377	94756
大成桥	200479	1601	74819	69793	12568	50282
青山桥	131271	304	82446	2642	7187	11462
金　洲	197523	3695	59668	114649	9346	60092
大屯营	187023	664	81282	28172	2235	61403
资　福	87469	415	70367		10485	41795
菁华铺	180635	1295	58928	42027	4678	40819
喻家坳	210956	2265	85557	34194	16696	64646
沙　田	64876	553	43029	4400	2697	24353
沩　山	82692	121	33709	30676	13933	25335

注：本表数据为各乡镇街道综合经济指标完成数据，规模工业总产值为 2021 年 12 月月报数据。

表 25　2021 年宁乡市乡镇（街道）耕地面积和粮食总产量

单位：万元

乡镇（街道）	耕地面积（万亩）	水田面积（万亩）	稻谷播种面积积（万亩）	稻谷总产量（万吨）
合　计	134.63	109.97	150.59	69.32
玉　潭	0.18	0.11	0.12	0.06
白马桥	0.69	0.60	0.60	0.28
历经铺	1.41	1.04	1.30	0.57
城　郊	0.47	0.28	0.40	0.18
道　林	6.57	5.66	8.44	3.84
花明楼	5.90	5.06	7.38	3.36
东湖塘	5.90	5.06	7.49	3.41
夏铎铺	4.34	3.22	4.75	2.10
双江口	11.74	8.91	15.19	6.60
煤炭坝	3.54	2.85	3.25	1.62
坝　塘	8.27	7.34	11.75	5.24
灰　汤	10.21	8.61	12.95	5.82
双凫铺	4.25	3.39	3.35	1.69
老粮仓	6.15	5.25	8.10	3.58
流沙河	7.34	5.81	8.04	3.69
巷子口	4.16	3.39	2.89	1.58
龙　田	2.13	1.93	1.26	0.69
横　市	5.38	4.33	5.07	2.45
回龙铺	4.41	4.08	6.55	2.89
黄　材	5.08	3.88	4.36	2.17
大成桥	3.66	3.10	4.15	1.91
青山桥	5.22	4.20	5.04	2.38
金　洲	2.93	2.53	3.64	1.66
大屯营	5.88	4.88	7.30	3.31
资　福	4.85	3.84	5.54	2.50
菁华铺	3.76	2.97	3.78	1.80
喻家坳	5.22	3.81	4.86	2.26
沙　田	3.41	2.87	2.31	1.27
沩　山	1.57	0.99	0.75	0.41

注：本表资料由农业局提供。

组织机构及其负责人

中国共产党宁乡市委员会

书　记　　于新凡
副书记　　付旭明（4月止）
　　　　　黄　滔（6月任）
　　　　　沈　光
常　委　　王湘云（7月止）
　　　　　彭　娟（7月止）
　　　　　刘　强
　　　　　彭　韬（2月止）
　　　　　刘俊武（7月止）
　　　　　钟利仁（7月止）
　　　　　李佑明（7月止）
　　　　　郑　旗（挂职，7月止）
　　　　　刘继帅（7月止）
　　　　　蒋　君（7月止）
　　　　　文　平（7月任）
　　　　　贺立权（7月任）
　　　　　李　磊（7月任）
　　　　　傅永超（7月任）
　　　　　胡珊珊（女，7月任）
　　　　　蒋改平（7月任）
　　　　　张永波（7月任）

市委工作机构

市委办公室

主　任　　贺立权（8月任）
副主任　　李志勇（5月任）
　　　　　潘志武
　　　　　彭铸陶
　　　　　杨平辉（女，挂职）
市委政策研究室
主　任　　谭永华
副主任　　欧明星（女）
市委保密办（保密局）
主　任（局长）
　　　　　杨平辉（女，挂职）
市委接待办
副主任　　李　双（女）
市委深改办
主　任　　贺立权
副主任　　杨　云
市委直属机关工作委员会
书　记　　贺立权（8月任）
副书记　　龚文生（常务）
纪工委书记　范献军
委　员　　周妹香
市委外事办
主　任　　刘胜光
市委机要局
副局长　　徐　翔
　　　　　黄拥华

市档案馆

馆　长　　彭智勇
副馆长　　姜小平
　　　　　姜治国

市委组织部

部　长　　李佑明（8月止）
　　　　　傅永超（8月任）
副部长　　王　辉（女，常务，9月止）
　　　　　陈志武（常务，9月任）
　　　　　邹素武（11月止）
　　　　　周泽秋
　　　　　唐朝晖
　　　　　陈伟平（兼，12月止）
　　　　　喻宏建（兼，12月任）
市纪委监委驻市委组织部纪检监察组
组　长　　姜　玲（女）
市委基层办
主　任　　邹素武（兼，11月止）
常务副主任　刘　蜜
市委非公有制经济组织和社会组织工作委员会
书　记　　唐朝晖
专职副书记　宋汝明（5月止）
　　　　　赖　屿（女）
市人才服务中心
主　任　　彭　丹（女）
副主任　　娄湘蜀
市委党员教育中心
主　任　　王　毅（12月止）
市绩效办
专职副主任　高开程
市委老干局
专职副局长　金章国
市老干部服务中心
主　任　　张兴荣（12月任）

市委宣传部

市委常委、宣传部长
　　　　　胡珊珊（女，7月任）
常务副部长　李　纯（11月止）
　　　　　邹素武（11月任）
副部长　　刘　飞
　　　　　周宇燕（女）
　　　　　叶　超
市文明办
主　任　　刘　飞

市委统战部

部　长　　钟利仁（女，8月止）
　　　　　沈　光（8月任）
副部长　　黄志刚（常务）
　　　　　李　杰（兼工商联党组书记）
　　　　　刘志强
　　　　　姜跃兵（兼民族宗教事务局局长）
市归侨侨眷联合会
主　席　　周常青（女）
市民族宗教事务局
局　长　　姜跃兵
副局长　　谢志强
新的社会阶层人士服务中心
主　任　　王丹丹（女，5月止）
　　　　　喻　霞（女，5月任）

市委政法委员会

书　记　　文　平（8月任）
　　　　　刘俊武（8月止）
副书记　　邹志平（常务）
　　　　　刘文军
　　　　　陈甘泉
　　　　　沈新宇（12月止）
纪检监察组长
　　　　　周杰文
委　员　　杨建兵
　　　　　王义飞（1月止）
　　　　　丁旭文
　　　　　李春香
宁乡市网格化综合服务中心
主　任　　俞　刚

市委网络安全和信息化委员会办公室

主　任　　邓利良

副主任　　王　珺（女）
　　　　　孙姣姣（女，6月任）

市委机构编制委员会办公室
主　任　　肖玉华
副主任　　梁继荣
　　　　　严和平
事业单位登记管理局局长
　　　　　廖凯平
监督检查科科长
　　　　　喻国栋
机构编制电子政务中心主任
　　　　　廖杜娃（女，5月止）
　　　　　胡胜兰（女，5月任）

直属事业单位

市委党校
校　长　　沈　光
常务副校长　贺志亮（5月任）
副校长　　贺俊军
　　　　　朱锡宁（女）
教育长　　任　纯（女，5月任）

市融媒体中心
党组书记、主任
　　　　　杨新貌
党组成员、总编
　　　　　张益华
党组成员、副主任
　　　　　袁　文
　　　　　喻　波
副主任　　贺小平

宁乡市人民代表大会常务委员会

宁乡市第一届人民代表大会常务委员会（10月止）
主　任　　喻亚军
副主任　　周泽祥
　　　　　熊志扬
　　　　　闵志平
　　　　　刘骥扬
　　　　　张　莹（女）
委　员（按姓氏笔画排序）
　　　　　王　辉（女）
　　　　　邓　英（女）
　　　　　朱爱英（女）
　　　　　朱跃辉
　　　　　伍学军
　　　　　刘　陵（女）
　　　　　刘　敏（女）
　　　　　刘义军
　　　　　刘洪涛
　　　　　汤命强
　　　　　李　纯
　　　　　李拥华（女）
　　　　　杨　斌
　　　　　杨正文
　　　　　何赞兵
　　　　　沈迪斌
　　　　　张立金
　　　　　罗建宇
　　　　　罗桂华
　　　　　周旭文
　　　　　周顺全
　　　　　赵聪明（女）
　　　　　钟建军
　　　　　洪敏强（女）
　　　　　陶文英（女）
　　　　　彭泽华
　　　　　喻林义（女）
　　　　　释贤心
　　　　　黎　宇
　　　　　潘继斌

宁乡市第二届人民代表大会常务委员会（10月任）
主　任　　王湘云
副主任　　陈德奇
　　　　　李　纯（女）
　　　　　张　莹（女）
　　　　　文　斌
　　　　　刘寄华
委　员（按姓氏笔画排序）
　　　　　丁　志
　　　　　王　旭
　　　　　王　勇
　　　　　毛卫星（女）
　　　　　文湘波
　　　　　孔　娜（女）
　　　　　邓　英（女）
　　　　　朱跃辉
　　　　　伍学军
　　　　　刘义军
　　　　　刘洪涛
　　　　　汤命强
　　　　　李　纯
　　　　　杨　斌
　　　　　杨正文
　　　　　吴达求
　　　　　何　平
　　　　　邹志平
　　　　　沈迪斌
　　　　　张　征
　　　　　张立全
　　　　　张红斌
　　　　　易爱媛（女）
　　　　　罗桂华
　　　　　周旭文
　　　　　周泽文
　　　　　周顺全
　　　　　胡铁文
　　　　　钟云华
　　　　　姜配良（女）
　　　　　陶湘黔
　　　　　彭海波
　　　　　彭强建
　　　　　喻科平
　　　　　释贤心
　　　　　谢勇军
　　　　　蔡运辉

市人大工作机构

宁乡市第一届人大及其常委会工作机构

办公室（10月止）
主　任　　杨正文
副主任　　郑小玲（5月止）
　　　　　颜顶元（5月任）

选举任免联络工作委员会
主　任　　杨　斌
副主任　　何　平

民族华侨外事委员会
主任委员　　汤命强
副主任委员　朱　灵

监察和司法委员会（法制委员会）
主任委员　　罗桂华
副主任委员　刘　涌（5月止）
　　　　　　蔡志伏（5月任）

财政经济委员会（预算工作委员会）
主任委员　　刘洪涛
副主任委员　王　旭

教育科学文化卫生委员会
主任委员　　伍学军
副主任委员　易爱媛

环境与资源保护委员会
主任委员　　沈迪斌
副主任委员　刘利兵

农业与农村委员会
主任委员　　周旭文
副主任委员　蔡运辉

社会建设委员会
主任委员　　朱跃辉
副主任委员　荆红叶

宁乡市二届人大及其常委会工作机构
办公室（10月任）
主　任　　　杨正文
副主任　　　颜顶元

选举任免联络工作委员会
主　任　　　杨　斌
副主任　　　何　平

民族华侨外事委员会
主任委员　　汤命强
副主任委员　朱　灵

监察和司法委员会（法制委员会）
主任委员　　罗桂华
副主任委员　蔡志伏

财政经济委员会（预算工作委员会）
主任委员　　刘洪涛
副主任委员　王　旭

教育科学文化卫生委员会
主任委员　　伍学军
副主任委员　易爱媛

环境与资源保护委员会
主任委员　　沈迪斌
副主任委员　刘利兵

农业与农村委员会
主任委员　　周旭文
副主任委员　蔡运辉

社会建设委员会
主任委员　　朱跃辉
副主任委员　荆红叶

宁乡市人民政府

市　长　　　付旭明（5月止）
　　　　　　黄　滔（6月任）
常务副市长　王湘云（10月止）
　　　　　　李　磊（10月任）
副市长　　　蒋改平（10月任）
　　　　　　冯智君（10月止）
　　　　　　陈德奇（10月止）
　　　　　　文　平（10月止）
　　　　　　贺立权（10月止）
　　　　　　黄　勇
　　　　　　李　磊（10月止）
　　　　　　杨焕胜（挂）
　　　　　　宋　强（10月任）
　　　　　　王　辉（10月任）
　　　　　　孙　勇（10月任）
　　　　　　杨　灿（10月任）
　　　　　　段志斌（10月任）
副调研员　　周明山
　　　　　　吴国强
　　　　　　孔秋生
　　　　　　胡　长
副县级干部　李志敏
　　　　　　袁德强
　　　　　　刘志勇
　　　　　　张向荣
　　　　　　王寿龙
　　　　　　刘润乾

市政府工作部门

市人民政府办公室
主　任　　　陈永胜（10月止）
常务副主任　罗亿清（12月任）
副主任　　　李　纯（12月止）
　　　　　　王万军
　　　　　　余树强（6月任、9月止）
　　　　　　贺粤湘（6月任）
　　　　　　曾曙光
　　　　　　范建强
　　　　　　刘　霞（女）
　　　　　　谭　瑛（女）
　　　　　　邹铁军（兼）
　　　　　　周兵山（挂）
市纪委监委驻市政府办纪检组长
　　　　　　刘建威
市人民政府督查室
主　任　　　邓伟雄（5月止）
　　　　　　戴奔奇（6月任）
市人民政府研究室
主　任　　　刘孟雄
市政府发展研究中心
主　任　　　孙姣姣（5月止）
　　　　　　唐次寅（6月任）

市发展和改革局
党组书记、局长
　　　　　　刘寄华（10月止）
　　　　　　田奇晖（10月任）
党组成员、副局长
　　　　　　叶刚毅
　　　　　　王　凯
　　　　　　文　强
　　　　　　文建华
党组成员　　周　苗

市教育局
党委书记、局长
　　　　　　欧正坤（12月止）
　　　　　　陈伟平（12月任）
党委委员、市纪委监委驻教育局纪检监察组组长　何　欣
党委委员、副局长
　　　　　　侯志宏
　　　　　　喻汉科
党委委员、总督学
　　　　　　曹金花（女）
宁乡教育工会主席
　　　　　　刘国强（12月止）

市科学技术局
党组书记　　张永胜
局　长　　　戴碧锋（8月止）
　　　　　　贺随超（9月任）
党组成员、副局长
　　　　　　尹红波（5月任）
　　　　　　黄胜男（女）
党组成员　　桂建科
办公室主任　胡锦军（1月止）
　　　　　　刘贞诚（2月任，5月止）
　　　　　　龚峻（6月任）
宁乡市高新技术中心主任
　　　　　　龚　峻（5月任）

市工业和信息化局
局　长、党组书记
　　　　　　彭海华（12月止）
　　　　　　张　毅（12月任）
副局长、副书记
　　　　　　邓志强（12月止）

主任科员　　肖　敏
副局长　　曾卉敏（女）
　　　　　刘国强（12 月任）
党组成员、工会主席
　　　　　曹正旺

市公安局

副市长、党委书记、局长
　　　　　黄　勇
副书记、政委
　　　　　陈魁昱（8 月止）
　　　　　杨海军（9 月任）
副书记、副局长
　　　　　刘志良
市纪委、监察委驻公安局纪检监察组组长、党委委员
　　　　　刘兴华
党委委员　　林山清（12 月止）
党委委员、副局长
　　　　　曾宁汉
　　　　　张浩平
　　　　　傅　涛
党委委员、副政委、政工室主任
　　　　　贺　任（12 月止副政委）

市民政局

党组书记、局长
　　　　　陈科军
党组副书记、副局长
　　　　　胡跃波
党组成员、副局长
　　　　　姜得意
主任科员、工会主席
　　　　　喻湘波
民政事务中心
主　任　　李新华
市救助管理站
党支部书记、站长
　　　　　成小平

市司法局

党组书记、局长
　　　　　刘海波（女，12 月止）
　　　　　谭　瑛（女，12 月任）
党组成员、政工室主任
　　　　　陈森林（5 月任）
党组成员、副局长
　　　　　吴泽平（5 月止）
　　　　　廖帅文（3 月任）
　　　　　唐　华（5 月任）

市财政局

党组书记、局长
　　　　　王春林
党组成员、市纪委派驻纪检组长
　　　　　成素芬（女）
党组成员、副局长
　　　　　陈拥军
　　　　　殷文肆
　　　　　赵文波
党组成员、总会计师
　　　　　李　珍（女）
国有资产事务中心
主　任　　左立平
副主任　　陶茂强
　　　　　陈　健（7 月任）
财政事务中心
主　任　　陈映霞（女）
乡镇财政资金监管中心
主　任　　贺　洲
国库集中支付中心
主　任　　刘　颖
政府采购事务中心
主　任　　张启文
财政预决算（投资）评审中心
主　任　　周喜良（女）
财政统发工资中心
主　任　　彭　晖（女）

市人力资源和社会保障局

市委组织部副部长，党组书记、局长
　　　　　陈伟平（12 月止）
　　　　　喻宏建（12 月任）
党组副书记、副局长
　　　　　丁　健
党组成员、副局长
　　　　　肖永忠（6 月止）
　　　　　姜安民
　　　　　孙　树（女）
就业服务中心
主　任　　王遏飞
人力资源公共服务中心
主　任　　杨春辉（6 月任）
劳动保障监察大队
大队长　　唐业华（6 月任）
工伤保险服务中心
主　任　　喻铁强

市自然资源局

党组副书记、局长
　　　　　彭海华
　　　　　文　斌（11 月止）
党组书记　　李命文
党组副书记、副局长
　　　　　汤照武
党组成员、副局长
　　　　　朱洪波
　　　　　彭宏献（12 月止）
　　　　　黄志雄
　　　　　潘　冠
　　　　　邓志强（12 月任）
党组成员、驻局纪检监察组组长
　　　　　罗文斌

市住房和城乡建设局（人民防空办公室）

党组书记、局长
　　　　　陈科军（11 月止）
　　　　　叶　辉（11 月任）
党组副书记、人防办主任
　　　　　谢　政
党组副书记、副局长
　　　　　杨文辉
　　　　　何昊强（6 月止）
党组成员、市纪委市监委驻市住建局纪检监察组组长
　　　　　盛治国
党组成员、副局长
　　　　　孟友良
班子成员、人防办副主任
　　　　　隆志中
　　　　　夏晓红
党组成员、总工程师
　　　　　殷习军

市交通运输局

党组副书记、局长
　　　　　杨瑞祥
党组副书记、副局长
　　　　　邹海洋
市纪委、监委派驻市交通运输局纪检监察组组长
　　　　　杨旺斌
党组成员、副局长
　　　　　黎正文
　　　　　何永胜（5 月止）
　　　　　袁署山（5 月任）
党组成员　　欧阳涌滨
　　　　　聂新桥
市公路养护中心
党总支部书记、主任
　　　　　易国强

党总支部副书记、副主任
胡建云
副主任　陶湘军
邓勇强
易　志
工会主席　吴志凡
市公共交通事务中心
党总支部书记、主任
张　鹏
市交通运输综合行政执法大队班子成员
吴　娟（女，原市交通建设质量监督站党支部书记）
李庆超（原市路政执法局党支部副书记）
周小妮（女，原市路政执法局副局长）
朱志为（原市路政执法局副局长）
喻海军（原市路政执法大队支部书记）

市水利局
党组书记、局长
胡君安
党组成员、副局长
熊佑武
龚江波（6月任）
党组成员、总工程师
谭　爽（8月任）
主任科员　罗君辉
蒋建国
副主任科员　邹建新

市农业农村局（扶贫开发办公室）
党组书记、局长
叶　辉（11月止）
熊佑新（11月任）
党组副书记、副局长
张　炜
四级调研员　陈新德
党组成员、市纪委监委驻市农业农村局纪检监察组组长
袁　欣
党组成员、副局长
罗德辉
黎　毅
党组成员、总农艺师
唐志尧

市委农村工作领导小组办公室专职副主任
陈有余（女）

市商务局
党组书记、局长
徐志平
党组成员、副局长
李文斌
李赛超（女）
党组成员、四级调研员
徐建军

市文化旅游广电体育局
党组书记、局长，执法大队大队长
蒋　宇（12月任）
党组书记、局长
喻宏建（12月止）
党组成员、副局长
谭光荣
赵胜强
杨瑞兰（女）
谷超俊（女）
党组成员、副局长，兼局机关支部书记
吴　婧（女）
党组成员　周向波

市卫生健康局
党委书记、局长蒋　宇（12月止）
童志国（12月任）
党委副书记、副局长
党委委员、市纪委市监委派驻卫健局纪检监察组长
彭立平
党委委员、副局长
陈再强
袁新华
王建新（5月任）
党委委员　李　建（女）
张胜全
王力支

市审计局
党组书记、局长
张四明（女）
党组成员、副局长
尹　胜
周景云
总审计师　邹群英（女）
党组成员　谭元清（女）
政府投资审计中心主任
杨轶彬（女）

市退役军人事务局
党组书记、局长
彭荣杰
党组成员、副局长
金　华
张　燕
郑海军（5月任）

市应急管理局
党委书记、局长
秦岳坤
党委委员、副局长
颜　剑
欧阳练兵
陈　勇
党委委员、政治部主任
周　竟
党委委员　戴　文

市市场监管局
党组书记、局长
姜小鹏
党组副书记、副局长
郑　强
党组成员、副局长
邓启洪
容胜强
刘万祥
姜　伟（5月任）
党组成员、市纪委派驻纪检组长
姜赛男（女）

市统计局
党组书记　刘旺球
局　长　段志斌（11月止）
欧子强（12月任）
党组成员、副局长
闵爱辉（女）
刘志扬
统计普查中心主任
刘志红

市城市管理和综合执法局
党组书记、局长
成　亮
党组副书记、副局长
杨向东
党组成员、副局长
黎艳阳
刘爱军（女）
党组成员　肖村安

副局长　　黄献文（挂）
市市容环境卫生维护中心
书记、主任　肖村安
市园林绿化维护中心
主　任　　贺随超（10月止）
书　记　　黄献文
市市场服务中心
主　任　　赵雪军
书　记　　赵石坚
市市政设施维护中心
书记、主任　李厚阳

市行政审批服务局
党组副书记、局长
　　刘宇雄
党组书记　匡乐红
副局长　　陈竞芳（女）
党组成员、副局长
　　陈　康
　　李大志

市信访局
党组书记、局长
　　邹铁军
党组成员、副局长
　　唐　华
　　李立红

市林业局
党组书记、局长
　　刘晴明
党组成员、副局长
　　易建芳（女）
　　青小华
党组成员　杨志国

市医疗保障局
党组书记　黎国希（11月止）
　　符灿阳（11月任）
局　长　　张超明
副局长　　夏美善
党组成员、副局长
　　杨青兰
　　杨　洋
市医疗保障事务中心
主　任　　谢宴朋

直属事业单位

市金融事务中心
党组书记、主任
　　卢志平
党组成员、副主任
　　周　海
　　钟　伟

市征地服务中心
党组书记、主任
　　刘肯登（11月止）
　　张慧明（11月任）
党组成员　陶择富
党组成员、副主任
　　喻应军
副主任　　黄　焜

市数据资源中心
党组书记、主任
　　姜佳宏
党组成员、副主任
　　成志强
　　杨小龙（5月止）
副主任　　廖杜娃（女，5月任）

市投资促进服务中心
党组书记、主任
　　邓新华
党组成员、副主任
　　程再文
　　宋光玉
　　刘寿华
　　童铁军
　　孙建国（12月止）
　　易鹏志
　　胡广智（12月任）

市供销合作社联合社
党组书记、主任
　　王　坚
党组成员、副主任
　　唐文兵
副主任　　曾志超
党组成员、监事会主任
　　熊灿辉
部门管理事业单位（2个）
市机关后勤服务中心
党组书记、主任
　　谢建华（11月止）
　　苏剑波（11月任）
党组成员、副主任
　　文　珍（女）
　　姜伟兵
市招商引资服务中心
党组书记、主任
　　尹　翔
党组成员、副主任
　　张淑文
　　李　洁（女）
副主任　　王引明

部门所属事业单位

市能源事务中心
主　任　　陈　浩
副主任　　陈放军
　　潘　虎

市住房保障服务中心
党总支书记、主任
　　胡铁强
党总支委员、副主任
　　何建武
　　刘志成
　　邓向前

市公路养护中心
党总支部书记、主任
　　易国强
副书记、副主任
　　胡建云
副主任　　邓勇强
　　陶湘军
　　易　志
党总支部委员
　　吴志凡
　　刘　毅

市烟叶生产指导管理办公室
主　任　　周兵才
副主任　　洪国华
　　谢志远
　　喻起宏

市畜牧水产事务中心
主　任　　刘　涌（6月任）
副主任　　张文宏（6月任）
　　李志坚
　　张英杰
宁乡市动植物疫病预防控制中心
主　任　　曾勇波
市农村集体经济发展中心
主　任　　贺　虎
副主任　　袁庆阳

刘轶苏
周立军

其他事业单位

长沙市黄材水库灌区管理局

党委书记　肖水平
局长　陶文良
党委副书记、副局长
　朱拥政
纪委书记　谭　果（12月任）
副局长　易福乔（12月止）
　黎　明
　徐海华

宁乡沩山风景名胜区管理委员会

党组书记　蒋政平（8月止）
党组副书记、管委会主任
　饶世坤
党工委副书记兼纪工委书记
　陶春雷
党组成员、副主任
　刘　洪
　王命珍

湖南宁乡国家农业科技园区管理委员会

党组书记　陈小平（女）
党组副书记、主任
　陶向荣
党组成员、副主任
　卢浩明
　杨　鹏
　戴　奇

市城发投资控股集团有限公司

董事长　潘志国（11月任）
　姚福平（11月止）
总经理　谢继韩
监事长　邹庆林
纪委书记　奉旨亨
副总经理　吴建龙
　胡携春
　黄放军
　周　波

宁乡市国资投资控股集团有限公司

党委书记、董事长
　曾　辉
党委副书记、总经理
　朱文祥
党委副书记、监事长
　黄勇华
党委委员、纪委书记
　刘文斌
党委委员、副总经理
　张亚光
　娄　强
副总经理　郭郁姿（女）
　谢建明

宁乡市沩东新城管理委员会

党组书记　刘庆丰
党组副书记、管委会主任
　何　冰（女）
党组成员、管委会副主任
　隆命洪
　胡华武
　黎运泉
党组成员、纪工委书记
　彭　野（六月任）

炭河里遗址管理处

主　任　张赞辉
副主任　熊　胜
　黄　奎

中国人民政治协商会议宁乡市委员会

中国人民政治协商会议第一届宁乡市委员会（10月止）

主　席　刘永红
副主席　彭曦明（女）
　李　纯（女，驻会）
　杨志武（驻会）
　曾含玲（女）
　胡　宇（女）
秘书长　苏剑波
常　委（按姓氏笔画排名）
　丁国强
　于子长
　马　莹（女）
　王应军
　王建存
　王　茜（女）
　王晓彬
　王智勇
　文玉华（女）
　左志华
　龙国安
　付　丹（女）
　皮　涛
　成五一
　向胜利
　刘雨菲（女）
　刘望平
　刘清波
　李志强
　李　杰
　杨建新
　杨柏松
　杨　柳（女）
　杨智光
　何红兵
　何　鑫（女）
　邹庆林
　沈新宇
　宋美纯（女）
　陈有余（女）
　欧阳立
　罗新文
　周常青（女）
　胡令强
　胡均平
　段志斌
　姜佳宏
　姜配良（女）
　贺小平
　贺永中
　袁雪梅（女）
　唐亚星
　唐春艳（女）
　陶海英（女）
　黄忠于
　黄海文
　喻文定（女）
　释如焰（女）
　谢　红（女）
　谢建华
　谢科军
　黎清华
　颜丽华（女）
　戴事雄
　戴　瑶（女）

中国人民政治协商会议第二届宁乡市委员会（10月任）

主　席　钟利仁
副主席　刘骥扬
　冯智君（驻会）
　曾含玲（女）
　胡　宇（女）
　陈永胜（驻会）
秘书长　苏剑波

常　委（按姓氏笔画排名）

丁国强
王泽良
王建存
王偲远（女）
艾翔宇
古湘龙
叶　菲（女）
冯　毅
成五一
任　泉
刘胜光
李志强
李茂桥
李　杰
李奇志
李海燕（女）
杨三梅（女）
肖松义
何红兵
何　鑫（女）
邹庆林
宋美纯（女）
陈代义
陈有余（女）
邵宝胜
欧阳立
罗介宇
易青平（女）
周诗婷（女）
孟　遥
侯志宏
贺小平
袁旭良
徐红斌
郭郁姿（女）
唐霞平（女）
黄志刚
盛新星（女）
彭　飞
彭世坚
粟　婷（女）
释如焰（女）
谢　红（女）
谢　芳（女）
廖　红（女）
黎清华
颜冬柱
潘剑灵

市政协工作机构

中国人民政治协商会议第一届宁乡市委员会工作部门（10 月止）

办公室

主　任　　苏剑波
副主任　　李雨璇（女）

委员学习联络委员会

主　任　　肖立云
副主任　　陈季青（女）
主任科员　张文兵

提案委员会

主　任　　周名生
副主任　　张建良
主任科员　向灿芳

经济科技和外事委员会

主　任　　欧阳立
副主任　　罗新华

农业农村和人口资源环境委员会

主　任　　何春章
副主任　　肖　华（5 月止）
　　　　　戴克难（5 月任）

文教卫体和文史委员会

主　任　　孙意谋
副主任　　喻　波

社会法制和民族宗教委员会

主　任　　潘顺秋
副主任　　凌金玉（女）

中国人民政治协商会议第二届宁乡市委员会工作部门（10 月任）

办公室

主　任　　苏剑波（11 月止）
　　　　　潘顺秋（11 月任）
副主任　　李雨璇（女）

委员学习联络委员会

主　任　　肖立云
副主任　　陈季青（女）
主任科员　张文兵

提案委员会

主　任　　周名生
副主任　　张建良
主任科员　向灿芳

经济科技和外事委员会

主　任　　欧阳立
副主任　　罗新华

农业农村和人口资源环境委员会

主　任　　何春章
副主任　　戴克难

文教卫体和文史委员会

主　任　　孙意谋
副主任　　喻　波

社会法制和民族宗教委员会

主　任　　潘顺秋（11 月止）
　　　　　黎国希（11 月任）
副主任　　凌金玉（女）

中国共产党宁乡市纪律检查委员会

书　记　　刘　强
副书记　　陈志武
　　　　　张　毅
　　　　　冯　毅
纪委常委　刘　强
　　　　　陈志武
　　　　　张　毅
　　　　　冯　毅
　　　　　廖国珍
　　　　　郑香平（女）
　　　　　罗建宇
　　　　　夏新华
　　　　　谢建华（12 月任）
　　　　　胡齐华
　　　　　陶虚谷（12 月任）

宁乡市监察委员会

主　任　　刘　强
副主任　　陈志武
　　　　　张　毅
　　　　　冯　毅
委　员　　廖国珍
　　　　　郑香平（女）
　　　　　罗建宇（12 月任）
　　　　　夏新华
　　　　　戴文平
　　　　　蒋泽云
　　　　　胡齐华（12 月任）

纪委监委内设机构、派驻机构

办公室主任　空缺

组织部部长　陈红兵（女）
宣传部部长　王天花（女）
党风政风监督室主任
陶虚谷（11 月止）
信访室主任　熊坤朋
案件监督管理室主任
吴素婵（女）
第一纪检监察室主任
丁友根
第二纪检监察室主任
李　俊
第三纪检监察室主任
黄旭江
第四纪检监察室主任
刘　可
第五纪检监察室主任
刘　舵
第六纪检监察室主任
丁尚军
案件审理室主任
曾志坚
干部监督室主任
张丽维（女）
驻市委办纪检监察组组长
王赛楠（女）
驻市政府办纪检监察组组长
刘建威
驻市委组织部纪检监察组组长
姜　玲（女）
驻市委政法委纪检监察组组长
周杰文
驻市公安局纪检监察组组长
刘兴华
驻市教育局纪检监察组组长
何　欣
驻市住房和城乡建设局纪检监察组组长
盛治国
驻市财政局纪检监察组组长
成素芬（女）
驻市交运局纪检监察组组长
杨旺斌
驻市卫生健康局纪检监察组组长
彭立平
驻市农业农村局纪检监察组组长
袁　欣
驻市自然资源局纪检监察组组长
罗文斌
驻市监局纪检监察组组长
姜赛男（女）

市委巡察工作领导小组办公室

主　任　符灿阳（11 月止）
谢建华（11 月任）
副主任　谭果（12 月止）
陶择富（12 月任）
曾志军（12 月任）

市委巡察组

组　长　蒋平波
张建元
陈小文
周国宁（女）
副组长　刘亚飞
谢志国
刘争科
毛文彪（12 月止）
赵国良（12 月任）

宁乡市人民法院

党组书记　吴　欣（8 月止）
唐珍枝（8 月任）
院　长　吴　欣（8 月止）
唐珍枝（10 月任）
党组副书记、副院长
张罗文
党组成员、副院长
刘舟舟（女）
副院长　袁晓河（3 月任）
党组成员　胡敬阳
党组成员、政治部主任
曾海滢（女）

宁乡市人民检察院

党组书记、检察长
钟孝明（8 月止）
党组书记　刘文广（8 月任）
检察长　刘文广（11 月任）
副检察长　贺永中
党组成员、副检察长
陈卓平
党组成员、机关党委书记
周文武
党组成员、工会主席
谢旭辉
党组成员、政治部主任
曹海波
检察委员会专职委员
钟晓利（女）
周　勇

开发区

宁乡经济技术开发区

党工委书记、宁乡市委书记
于新凡
党工委副书记、管委会主任
张　毅
党工委副书记、总工会主席
黄　瑶
党工委副书记
党工委委员、管委会副主任
刘　辉
郑　旗（11 月任）
党工委委员、纪工委书记、监工委主任
洪　健
管委会副主任
黄　梁

宁乡高新技术产业园区

宁乡市委常委、党工委书记
郑　旗（11 月止）
党工委书记　苏继桃（11 月任）
党工委副书记、管委会主任
苏继桃（12 月止）
陈　鑫（12 月任）
党工委委员、管委会副主任
喻　晓（3 月止）
刘　颖
高建阳（9 月任，12 月止）
党工委委员、纪工委书记
姜　伟（5 月止）
党工委委员、纪工委书记、监察工委主任　刘朝晖（9 月任）
管委会副主任
潘剑灵

民主党派·社会团体

民进宁乡市工委

民进宁乡市工委主委
张超明
民进宁乡市工委副主委
朱爱英
张　帅
杨柏松
民进宁乡市工委委员
戴　毅
彭湘艳
彭泽华
刘　敏
文小红

市总工会
主　席　　周泽祥
党组书记、副主席
　　张立金
党组成员、副主席
　　刘南科
　　文玉华
主任科员　　邹利红（女）
　　王京湘（女）
党组成员　　张怡汉
挂职副主席　　曾中镛
兼职副主席　　胡逖飞
　　唐少锋
　　彭　卓
经费审查委员会主任
　　王智茹（女）
女职工委员会主任
　　张宏伟（女）

共青团宁乡市委员会
书　记　　黎宇（5月止）
　　颜晓明（5月任）
副书记　　郭　婷
　　陈俊磊（5月任）

市妇女联合会
党组书记、主席
　　谢　文（女）
党组成员、副主席
　　资贝贝（女）
副主席　　周建新（女）

市工商业联合会
市政协副主席、工商联主席
　　曾含玲（女）
市委统战部副部长、工商联党组书记
　　李　杰
党组成员、副主席
　　杨　艳
　　莫华军
党组成员　　宋海波
党组成员、秘书长
　　阳凤斌

市科学技术协会
主　席　　王泽良
党组书记　　何友良
党组成员、副主席
　　谭菊初
　　罗灿军（5月任）

市残疾人联合会
党组书记、理事长
　　李　庆（女）
党组成员、副理事长
　　贺再春
　　陈建舟

市红十字会
会　长　　陈德奇
常务副会长　　陈敏芳（女）

市文学艺术界联合会
主　席　　胡　宇
副主席　　张　奇

垂直管理单位

长沙市生态环境局宁乡分局
党组书记、局长
　　李联明
党组成员、副局长
　　陈絮飞（女）
　　张　华
　　杨　华

国家税务总局宁乡市税务局
党委书记、局长
　　魏志凌
党委副书记、副局长
　　姜　楠（7月止）
党委委员、副局长
　　陈红辉
　　宗立平（女）
　　卢　剑
党委委员、纪检组长
　　吕　锦（女）

市烟草专卖局
党组书记、局长、经理
　　李　帆（2月止）
　　熊橙梁（2月任）
党组成员、副局长
　　柳灿辉
党组成员、纪检组长
　　荣方勇
党组成员、副经理
　　张庆富

气象局
副局长、党组副书记
　　陈久滕（9月任）
副局长　　崔剑峰（9月止）
　　陈向晖
　　肖　湘（1月任）

国网宁乡市供电公司
总经理　　彭信淞
党委书记　　王　香
副总经理　　蔡　荣
　　李　娟
纪委书记兼工会主席
　　曹　予

中国邮政集团公司湖南省宁乡市分公司
总经理　　张　丽
副总经理　　李峰彪
　　薛　冰
　　李　丹

湖南省新华书店有限责任公司宁乡市分公司
经　理　　郑劲松
支部书记、副经理
　　向方圆
副经理　　黄艳红
副经理、工会主席、纪检组长
　　彭正洪

水文局
局　长　　彭　平
党支部书记、副局长
　　胡海玉（女）
工会主席、副局长
　　蔡定桥

长沙住房公积金管理中心宁乡市管理部
主　任　　何海军
副主任　　郭红叶（女，7月止）
　　侯慧芬（女，7月任）

湖南龙骧交通发展集团有限责任公司宁乡分公司
党委书记、总经理
　　匡凌峰
党委副书记、工会主席、副总经理
　　周俊波（女）
党委委员、副总经理
　　成志兵
　　罗　旭
　　谭博海（7月止）
　　姚　欢（7月任）
　　李雄辉（8月任）

电信通讯

党委书记、总经理
张铭驿
党委委员、宁乡东区分局总经理
罗　坚
姜建佳（9月止）
党委委员、副总经理
王　艳（女）
纪委书记、副总经理
尹　勇
副总经理　蒋　波

移动通讯

经　理　王雄辉
副经理　刘国华（11月止）
彭　勇（11月止）
胡雪峰（1月止）
李海亮（11月任）
付　聪（11月任）
周　科（1月任）

联通通讯

总经理　汤周宁
副总经理　方　坚
李　丹

人民银行

党组书记、行长
李　旻
主任科员　周平武
党组成员、副行长
杨新兵
党组成员、纪检组长
焦　萍（女）

农业发展银行宁乡支行

党支部书记、行长
姜　彪（7月止）
涂　强（7月任）
党支部委员、副行长
李湘琦
李　筱（女，4月止）
何　沛（4月任）
党支部委员　唐小华

人寿保险

经理、党总支书记
谢　屹
副经理、工会主席
肖　凌（女）
副经理　王　军
经理助理　尹　驰

方正证券

总经理　黄谷丰

教育·卫健系统重点单位

宁乡市职业中专学校

党委副书记、校长
戴晓成（4月止）
蒋鹏海（4月任）
党委书记　洪瑞强（女）
党委副书记、兼任纪委书记
赵　欣
党委委员、副校长
郑志刚
朱清明（5月任）

宁乡一中

党委书记　蒋鹏海（3月止）
戴晓成（3月任）
党委副书记、校长
欧阳才
党委副书记　彭惠才（2月止）
文湘波（2月任）
党委委员、副校长
卢　炜
易富饶
卢文敏
党委委员、工会主席
欧铁强（2月止）
刘　勇（2月任）
党委委员　欧铁强

宁乡四中

党委副书记、校长
刘建军
党委书记　黎卫华（女）

宁乡市疾病预防控制中心

党总支书记、主任
徐红斌
党总支成员、副主任
彭智勇
周茂林
党总支成员、工会主席
曾　孜（女）
党总支成员　张　鹏

宁乡市人民医院

党委书记　文红军
院　长　刘　亮
党委副书记　邱国华
纪委书记　喻亮辉（女）
副院长　赵竞飞（女）
邓　英（女）
黎清华
郭　璇（挂职）
工会主席　龚含军
院长助理　袁高明

宁乡市中医医院

党委书记　刘清波
院　长　杨曙光
党委委员、纪委书记
潘湘华
党委委员、副院长
喻先群（女）
文志宁
副院长　王应军
工会主席、院长助理
曾昶明
院长助理　贺林战
张　亮

宁乡市妇幼保健计划生育服务中心

党委书记　刘　明
党委副书记、院长
岳志平（女）
党委副书记、纪委书记
陈雪莲（女）
副院长　文　慧（女）
杨桂芳（女）
工会主席　郑欣然
院长助理　蔡　永（女）
张彬彬（女）
钟瑞香（女）
李　军（女）
刘红梅（女）
李群林

宁乡市精神病医院

党委书记　聂　赟
党委副书记、院长
陈国强
党委委员、纪委书记
谭　建
党委委员、副院长
陈海燕（女）
副院长　杨兴文
院长助理　喻德明
刘正春

乡镇（街道）

道林镇

党委书记　彭　舜
党委副书记、镇长
　　姜　晓
党委副书记、统战委员（兼管政协工作）
　　陈伟军
党委委员、人大主席
　　谢勇军
党委委员、纪委书记
　　刘　军
党委委员、纪委书记
　　周　竞（5月止）
党委委员、组织委员
　　邹　培
党委委员、宣传委员、副镇长
　　蔡　敏（女，5月任）
党委委员、政法委员
　　陈义军（5月任）
党委委员、武装部长、副镇长候选人
　　黄荣国（10月任）
党委委员、武装部长、副镇长
　　周新湘（10月止）
党委委员、副镇长
　　张文宏（5月止）
副镇长　吴明兴（5月任）
副镇长　孟曙光（5月止）
人大副主席
　　唐　昊（5月任）
人大副主席
　　胡超群（5月止）

大屯营镇

党委书记　欧旭东
党委副书记、镇长
　　周术林
党委副书记、统战委员（兼管政协工作）
　　王晓东
党委委员、人大主席
　　郝德芳
党委委员、纪委书记
　　刘勋鑫
党委委员、组织委员
　　胡智勇
党委委员、宣传委员、副镇长
　　李玉梅（女）
党委委员、政法委员
　　周典范
党委委员、武装部长、副镇长
　　胡超群
副镇长　张倩（女）
人大副主席　张志兵

花明楼镇

党委书记　文　昊
党委副书记、镇长
　　张新灿（8月止）
　　周　曙（8月任）
党委副书记　文　勇（5月止）
党委副书记、统战委员（兼管政协工作）
　　文　勇（5月任）
党委委员、人大主席
　　黄颖娟（女）
党委委员、政协联络工作负责人、副镇长　贺实余（5月止）
党委委员、宣传委员、副镇长
　　贺实余（5月任）
党委委员、纪委书记、宁乡市监委派出监察办公室主任
　　刘　智
党委委员、组织委员
　　宋轩宏
党委委员、武装部长、副镇长
　　李记为
党委委员、政法委员
　　李志强（5月任）
副镇长　王　玲（女）
人大副主席　李志强（5月止）
　　刘　丹（8月任）

东湖塘镇

党委书记　肖冠雄（11月止）
党委副书记、镇长
　　贺粤湘（5月止）
　　黎　宇（5月任）
党委副书记　彭海波（5月止）
　　胡　鹏（5月任）
党委委员、人大主席
　　李　明（11月任）
党委委员、纪委书记
　　李　伟（5月止）
　　喻建华（5月任）
党委委员、组织委员
　　龚江波（5月止）
　　方　以（5月任）
党委委员、宣传委员、副镇长
　　刘伟强（4月任）
党委委员、政法委员
　　李术光（12月任）
党委委员、武装部长、副镇长
　　喻闲军（5月任）
副镇长　杨　黛（女，4月任）
人大副主席　何　杰（12月任）

夏铎铺镇

党委书记　李锷华
党委副书记、镇长
　　赵曦芝（女）
党委副书记　宋汝明
党委委员、人大主席
　　杨望伟
党委委员、副镇长、政协联络人
　　姚雨秋
党委委员、纪委书记
　　谈　超
党委委员、组织委员、机关党总支书记
　　肖　凯
党委委员、副镇长
　　贺爱中
党委委员、武装部长、副镇长
　　戴碧江
副镇长　谷　祥
人大副主席　刘定江

金洲镇

党委书记　童志国（12月止）
　　王　军（12月任）
党委副书记、镇长
　　张凤超
党委副书记、统战委员（兼管政协工作）
　　唐　鹏
党委委员、人大主席
　　张　征
党委委员、政协联络处负责人、副镇长
　　欧朝波（5月止）
党委委员、纪委书记
　　谈　超（5月止）
　　李　伟（5月任）
党委委员、组织委员
　　黄巧珍（女）
党委委员、宣传委员、副镇长
　　任　晖
党委委员、副镇长
　　刘朝晖（5月乡镇换届待安排，9月止）
党委委员、政法委员
　　张智勇（5月任）
党委委员、武装部长、副镇长
　　王啸岚（5月任）
副镇长　李文杰

副镇长候选人
温　博（女，12月任）
人大副主席　陶　干（5月止）
苏　鹏（5月任）

双江口镇

党委书记　孙　勇（9月止）
文再明（9月任）
党委副书记、镇长
刘肯登（11月止）
杨一帆（11月任）
党委副书记　贺星宇（5月止）
邓　毅（5月任）
党委委员、人大主席
黄荣国（8月止）
吴东跃（9月任）
党委委员、政协工作负责人、副镇长
罗灿军（5月止）
党委委员、纪委书记
胡　冠（12月止）
党委委员、组织委员
王湘哲（女，8月止）
尹　翔（9月任）
党委委员、宣传委员、副镇长
何臻繁（5月任）
党委委员、政法委员
谢智芳（5月任）
党委委员、武装部长、副镇长
谢　宇（5月任）
党委委员、副镇长
李湘辉（5月止）
谢智芳（5月止）
副镇长　王　林（女，5月止）
裴　喆（女，5月任）
人大副主席　夏　笑

菁华铺乡

党委书记　黎国君
党委副书记、乡长
杨靓雯（女）
党委副书记、统战委员（兼管政协工作）
邓伟雄（5月任）
党委委员、人大主席
易　维
党委委员、政协联络负责人、副乡长
黄　尚（5月止）
党委委员、宣传委员、副乡长
黄　尚（5月任）
党委委员、纪委书记
刘德民（5月止）
袁胜泉（5月任）
党委委员、组织委员
罗　杰（5月止）
潘海军（5月任）
党委委员、政法委员
刘德民（5月任）
党委委员、副乡长
喻　斌（5月止）
党委委员、武装部长、副乡长
喻　斌（5月任）
党委委员、副乡长
张仕明（5月止）
副乡长　李海燕（女）
人大副主席　张寿平（5月止）
张德华（5月任）

煤炭坝镇

党委书记　宋　强（9月止）
胡　浪（9月任）
党委副书记、镇长
胡　浪（9月止）
党委副书记、镇长提名人选
冯　亮（9月任）
党委副书记、统战委员
傅大成
党委委员、人大主席
周泽文
党委委员、副镇长、政协联络工作负责人　黄　剑（5月止）
党委委员、副镇长、宣传委员
陈　勇（5月任）
党委委员、纪委书记
熊平原（女）
党委委员、组织委员
周　敏（5月止）
姜　兵（5月任）
党委委员、政法委员
贺达勋
党委委员、武装部长、副镇长
潘吉斌
副镇长　杨大林（5月止）
邓秋剑（8月任）
提名副镇长　王倩倩（12月任）
人大副主席　贺利江（5月止）
刘义锋（8月任）

回龙铺镇

党委书记　张湘桥
党委副书记、镇长
潘　杰
党委副书记、统战委员
冯　亮（9月止）
党委委员、人大主席
刘俐华
主任科员　刘永强
党委委员、纪委书记
刘湘兵
党委委员、组织委员
代会平
党委委员、宣传委员
杨　林（5月任）
党委委员、政法委员
姜小平
副镇长　颜　磊
人大副主席　刘露莎

坝塘镇

党委书记　张慧明（11月任）
田奇晖（女，11月止）
党委副书记、镇长
蒋建华
党委副书记　张子亿（5月止）
党委副书记、统战委员
李新剑（5月任）
党委委员、人大主席
刘志江
党委委员、纪委书记
彭　敏
党委委员、组织委员
陈森林（5月止）
党委委员、组织委员
邓峰煜（5月任）
党委委员、宣传委员、副镇长
杨玉姣（女，5月任）
党委委员、副镇长
周国强（5月止）
党委委员、政法委员
周国强（5月任）
党委委员、副镇长
周志华
党委委员、副镇长
王啸岚（5月止）
副镇长　孟曙光（5月任）
人大副主席　付炎兵（5月止）
人大副主席　邓　博（5月任）

资福镇

党委书记　罗集华
党委副书记、镇长
周金国
党委副书记　戴彬文
党委委员、人大主席
钟建军

党委委员、纪委委员
陈 健（5月止）
陈湘楹（5月任）
党委委员、组织委员
任 纯（女，5月止）
彭雪晴（女，5月任）
党委委员、宣传委员、副镇长
黄志明（5月任）
党委委员、政法委员
喻拥军（5月任）
党委委员、武装部长、副镇长
王 科（5月任）
副镇长 邹建伟
人大副主席 张 华（5月止）
粟 健（5月任）

灰汤镇

党委书记 黄 果
党委副书记、镇长
徐 文
党委副书记 吴东跃（9月止）
党委委员、人大主席
周 勇
党委委员、纪委书记
张永强
党委委员、组织委员
潘海军（5月止）
曾有为（5月任）
党委委员、宣传委员、副镇长
江 波（女）
党委委员、政法委员
谢 鹏
党委委员、武装委员、副镇长
陶 干（5月任）
副镇长 唐 强
刘甲波（5月止）
杨大林（5月任）
黄 霄
夏剑桥（5月止）
人大副主席 郑 志

双凫铺镇

党委书记 李志勇（5月止）
陶 浊（5月任）
党委副书记、镇长
左志华
党委副书记 王玉元（女）
党委委员、人大主席
钟云华
党委委员、纪委委员
胡 赞（5月止）
谢 鑫（5月任）
党委委员、组织委员
贺军辉（5月止）
陈 颖（5月任）
党委委员、宣传委员、副镇长
贺军辉（5月任）
党委委员、政法委员
胡 赞（5月任）
党委委员、武装部长、副镇长
周典范（5月止）
王有为（5月任）
副镇长 李友明（女，5月止）
王丹丹（女，5月任）
人大副主席 刘映登

大成桥镇

党委书记 贺 伟
党委副书记、镇长
杨伟军
党委副书记 邓 毅（5月止）
党委副书记、统战委员
郑小玲（女，5月任）
党委委员、人大主席
贺湘锋
党委委员、政协联络处主任、副镇长
商利军（女，5月止）
党委委员、纪委书记
卢利平
党委委员、组织委员
唐可夫（5月止）
杨小龙（5月任）
党委委员、宣传委员、副镇长
唐可夫（5月任）
党委委员、副镇长
吴海兵（5月止）
何德明（5月止）
党委委员、政法委员
吴海兵（5月任）
党委委员、武装部长、副镇长
何德明（5月任）
副镇长 李志光（5月止）
王偲远（5月任）
人大副主席 邹钢国（5月止）
欧 强（5月任）

喻家坳乡

党委书记 王 军（12月止）
姜 晓（22年1月任）
党委副书记、乡长
龙凤明
党委委员、人大主席
彭灿军
党委委员、政法委员
贺胜军
党委委员、纪委书记
李 勇
党委委员、组织委员
姜 顺（5月止）
罗 娟（女，5月任）
党委委员、宣传委员、副乡长
曹智雄（5月任）
党委委员、武装委员、副乡长
张跃明
副乡长、工会主席
廖 娜（女，5月任）
人大副主席 汤 俊（5月任）

老粮仓镇

党委书记 颜志强
党委副书记、镇长
熊建兵
党委副书记 曾海鑫
党委委员、人大主席
邓铭心
党委委员、政协联络处主任、副镇长
马子文
党委委员、纪委书记
刘勋鑫（5月止）
李映岚（5月任，女）
党委委员、组织部长
胡胜兰（5月止，女）
王 棋（5月任）
党委委员、政法委员
王和平
党委委员、副镇长、武装部长
钟朝辉（5月止）
熊季兵（5月任）
副镇长 龚 峻（5月止）
徐洪明（5月任）
副镇长 张馨艺（9月止，女）
人大副主席 熊季兵（5月止）
文 烨（5月任）

流沙河镇

党委书记 陈 鑫（11月止）
李 纯（11月任）
党委副书记、镇长
余树强（5月止）
张 玮（5月任）
党委副书记 张 俊
党委委员、人大主席
陈 敏

党委委员、纪委书记
谢　鹏（5月止）
但　勇（5月任）
党委委员、组织委员
刘　瑛（女）
党委委员、宣传委员、副镇长
姚美全（5月任）
党委委员、政法委员
尹拥军
党委委员、武装部长、副镇长
彭春明（5月止）
贺利江（5月任）
副镇长　彭占平
副镇长　杨　雯（女，9月止）
人大副主席　姚美全（5月止）
廖海宁（5月任）

青山桥镇

党委书记　李洪波
党委副书记、镇长
欧子强
党委副书记　周　曙（5月止）
党委副书记　谢　明（5月任）
党委委员、人大主席
胡志辉
党委委员、政法委员
彭　华
党委委员、纪委书记
刘　鑫
党委委员、组织委员
蔡　敏（女，5月止）
党委委员、组织委员
彭国琦（女，5月任）
党委委员、副镇长
邓　博（5月止）
党委委员、宣传委员、副镇长
付炎兵（5月任）
党委委员、副镇长
钟广兵（5月止）
党委委员、武装部长、副镇长
周文勇（5月任）
副镇长　吴利民
人大副主席　熊少华（五月止）
人大副主席　谢宇花（女，五月任）

横市镇

党委书记　贺向阳
党委副书记、镇长
王宁波
党委副书记、统战委员（兼管政协工作）
张宁博
党委委员、人大主席
李　智（女）
党委委员、副镇长
尹红波（5月止）
党委委员、纪委书记
谢　宇（5月止）
杨　磊（5月任）
党委委员、组织委员
李　佳（女）
党委委员、宣传委员、副镇长
王治国
党委委员、政法委员
曾亮明（5月任）
党委委员、副镇长
蔡志伏（5月止）
党委委员、副镇长、武装部部长
胡志敏
副镇长　秦　顺
人大副主席　黄振宏（5月任）

黄材镇

党委书记　罗　健
党委副书记、镇长
周宏斌
党委副书记　张　炜（5月止）
邹　鑫（5月任）
党委委员、人大主席
贾命春（5月止）
龚学军（5月任）
党委委员、政联处主任
卢跃文
党委委员、纪委书记
刘海林
党委委员、组织委员
颜项元（5月止）
刘　威（5月任）
党委委员、副镇长
唐业华
谭　饶
副镇长　邹　彦
张　安（9月止）
卢玉立（5月任）
人大副主席　廖振兴

沩山乡

党委书记　邓旺华
党委副书记、乡长
文　献
党委副书记、兼管政协工作
王艳杰
党委委员、人大主席
张子亿（9月止）
刘伟强（9月任）
党委委员、纪委书记
邓　坤
党委委员、组织委员
颜晓明（女，5月止）
李　平（女，5月任）
党委委员、宣传委员、副乡长
王　科（5月止）
陈　苏（女，月任）
党委委员、政法委员
易开明
副乡长　裴江华（5月任）
龙　聃
罗云丰（9月止）
人大副主席　刘建良

巷子口镇

党委书记　唐　正
党委副书记、镇长
吴山川
党委副书记、统战委员、政协联络工作负责人　刘赛兰（女）
党委委员、人大主席
胡铁文
党委委员、宣传委员、副镇长
谢晓南
主任科员　戴凯军
党委委员、纪委书记
何银志
党委委员、组织委员
李建华（5月止）
邓　真（5月任）
党委委员、政法委员
张　华（5月任）
党委委员、武装部长、副镇长
陈义军（5月止）
胡德华（5月任）
副镇长　邓　真（5月止）
戴　奎（8月任）
人大副主席　胡德华（5月止）
胡　浩（8月任）

龙田镇

党委书记　戴永星（1月任）
党委副书记、镇长
陶　浊（5月止）
黄　煌（9月任）
党委副书记　刘金文（5月止）
谢腾云（5月任）
党委委员、人大主席
肖永忠（5月止）

彭海波（9月任）
党委委员、纪委书记
成小平（5月止）
龚党星（5月任）
党委委员、组织委员
彭　威（女）
党委委员、副镇长
朱学清
党委委员、政法委员
易大扬（5月任）
党委委员、副镇长
易大扬（5月止）
荣　毅（5月止）
周铁军（5月任）
副镇长　李千群
人大副主席　周铁军（5月止）
谢天涯（5月任）

沙田乡

党委书记　贺志亮（5月止）
张新灿（5月任）
党委副书记、乡长
胡志卓
党委副书记、何叔衡故居管理处主任
邵宝胜
党委委员、人大主席
谈江波
党委委员、政协联络工作负责人、副乡长　曾亮明（5月止）
党委委员、纪委书记
袁学文（5月任）
党委委员、组织委员
朱建波（5月任）
谢　明（5月止）
党委委员、副乡长
黄　勇
廖文武（5月任）
谢腾云（5月止）
党委委员、政法委员
邹钢国（5月任）
副乡长　廖　俊（女）
人大副主席　杨　帆（5月任）
廖文武（5月止）
何叔衡故居管理处副主任
王诗勤（女）
罗思斯（女）

白马桥街道

党工委书记　喻林义（女）
党工委副书记、办事处主任
吴宝林
党工委副书记、统战委员（兼管政协工作）　陈立波
党工委委员、人大工委主任
张红斌
党工委委员、政协联络处主任、办事处副主任　谢意鹏（5月止）
党工委委员、政法委员
胡　鹏（5月止）
黄　剑（5月任）
党工委委员、宣传委员、办事处副主任
欧朝波（5月任）
党工委委员、纪工委书记
汤红英（女）
党工委委员、组织委员
胡艳红（5月止）
周　敏（5月任）
党工委委员、办事处副主任
戴克难（5月止）
夏宏春
办事处副主任
李茂桥（5月任）
人大工委副主任
何　丹

历经铺街道

党工委书记　石启明
党工委副书记、办事处主任
蔡友良
党工委副书记、主任科员
张建军
党工委委员、人大工委主任
何卫斌（6月止）
党工委委员、政协联络负责人、办事处副主任　姜念东（5月止）
党工委委员、政法委员
姜念东（5月任）
党工委委员、纪工委书记
龚学军（5月止）
党工委委员、纪工委书记
高谷良（5月止）
党工委委员、组织委员
杨述红（女，5月止）
党工委委员、组织委员
罗　杰（5月任）
党工委委员、宣传委员、办事处副主任
周清洋
党工委委员、武装部部长
周新湘（9月任）
党工委委员、武装部部长、办事处副主任　黄勇强（5月任，9月止）
办事处副主任
杨　柳（女）
人大工委副主任
邓智勇

城郊街道

党工委书记　高建阳（9月止）
彭海龙（9月任）
办事处主任　彭海龙（9月止）
李贺钊（9月任）
党工委副书记
袁　义
党工委委员、人大工委主任
袁国命（2020年12月止）
谭新华（2020年12月任）
党工委委员、办事处副主任
秦　军
主任科员　黄腾飞
党工委委员、纪工委书记
喻小平
党工委委员、组织委员
张云开
党工委委员、办事处副主任
贺在春（5月止）
姜　顺（5月任）
彭春明（5月任）
办事处副主任
王晓东（5月止）
李友明（女，5月任）
人大工委副主任
刘俐锋（女）

玉潭街道

党工委书记　喻　尚
党工委副书记、街道办主任
文再明（10月止）
余树强（10月任）
党工委副书记
刘金文（5月任）
党工委委员、人大工委主任
袁国命
党工委委员、政协联络处主任、街道办副主任　袁署山（5月止）
党工委委员、纪工委书记
肖正乾
党工委委员、组织委员
李建华（5月任）
邹　鑫（5月止）

党工委委员、宣传委员、街道办副主任
杨述红（女，5月任）

党工委委员、政法委员
李逢钦

党工委委员、武装部长、街道办副主任
王　毅（12月任）

街道办副主任
王　书（女）

街道人大工委副主任
冯伏坚

索 引

说明：

一、本索引把年鉴的条目（统计资料、表格、概况、综述、彩页除外）用主题分析方法，按汉语拼音字母顺序排列。

二、类目、分目、专稿标题用黑体字表明。

三、索引名称后的阿拉伯数字表示内容所在的页码，拉丁字母（a、b、c）表示栏别（从左至右分 1、2、3 栏）。

T

W